Langenscheidt

Słownik uniwersalny

polsko-angielski
angielsko-polski

Nowe wydanie

Pod redakcją
Zespołu Redakcyjnego Langenscheidta

Langenscheidt

Berlin · Monachium · Warszawa
Wiedeń · Zurych · Nowy Jork

Langenscheidt

Universal Polish Dictionary

**Polish – English
English – Polish**

New Edition

Edited by the
Langenscheidt Editorial Staff

Langenscheidt

New York · Berlin · Munich
Warsaw · Vienna · Zurich

Compiled by
Michał Jankowski, Tadeusz W. Lange, Grzegorz Skommer

Neither the presence nor the absence of a des-
ignation that any entered word constitutes a
trademark should be regarded as affecting the
legal status of any trademark.

Zgodnie z praktyką przyjętą w publikacjach encyklopedyczno-
słownikowych nazwy handlowe wyrobów i produktów podaje
się w niniejszym słowniku bez informacji dotyczącej możliwych
ważnych patentów, zastrzeżonych wzorów użytkowych lub
znaków towarowych. Brak odnośnych wskazówek nie uzasad-
nia więc przypuszczenia, że dana nazwa handlowa nie podlega
ochronie.

© 2003 Langenscheidt KG, Berlin and Munich
Printed in Poland
ISBN 3-468-96174-X (polskie wydanie)
ISBN 1-58573-414-4 (English edition)

Contents – Spis treści

Zasady posługiwania się słownikiem
Notes on the Use of the Dictionary

Tylda (~) używana jest jako znak zamiany – dla oszczędności miejsca wyrazy o podobnej formie są często grupowane razem; używa się wówczas tyldy, która zastępuje w takich wypadkach cały wyraz hasłowy, lub tylko tę jego część, która występuje przed pionową kreską (|):

attent|ion uwaga *f*; **~ive** (= **attentive**) uważny

Jeżeli zmienia się pisownia pierwszej litery wyrazu, z dużej na małą i na odwrót, tylda (~) występuje z kółeczkiem (Ⓡ):

Ang|ielka *f* Englishwoman; **Ⓡielski** English

Odmienne kroje czcionek spełniają różną funkcję:

wytłuszczenie używane jest dla wyrazów hasłowych w hasłach głównych oraz dla cyfr arabskich, które dzielą hasło na części odpowiadające częściom mowy, a także gramatycznym formom wyrazu:

flow ... **1.** ⟨po⟩płynąć; **2.** strumień *m*, potok *m*

The swung dash or tilde (~) serves as a replacement mark. For reasons of space, related words are often combined in groups with the help of the swung dash, which in these cases replaces either the entire entry word or that part of it which precedes the vertical bar (|):

attent|ion uwaga *f*; **~ive** (= **attentive**) uważny

If there is a switch from a small first letter to a capital or vice-versa, the standard swung dash (~) appears with a circle (Ⓡ):

Ang|ielka *f* Englishwomen; **Ⓡielski** English

The various typefaces fulfil different functions:

bold type is used for main entries and for the Arabic numerals which structure the entry into the various parts of speech and the different grammatical forms of a word:

flow ... **1.** ⟨po⟩płynąć; **2.** strumień *m*, potok *m*

kursywa używana jest dla skrótów nazw kwalifikatorów gramatycznych (*adj*, *pf* itp.), nazw rodzajów gramatycznych (*m*, *f*, *n*), kwalifikatorów zakresowych (*ecol.*, *med.* itp.) oraz dla wszelkich dodatkowych uwag odnoszących się do wyrazu hasłowego lub jego tłumaczenia.

italics are used for grammatical abbreviations (*adj*, *pf* etc.), the gender abbreviations (*m*, *f*, *n*), subject labels (*econ.*, *med.* etc.) and for all additional explanatory notes on an entry or a translation:

lakier *m* ...; *do paznokci a.*: enamel; *samochodowy*: paint

lakier *m* ...; *do paznokci a.*: enamel; *samochodowy*: paint

Przykłady zdaniowe, ilustrujące użycie wyrazu hasłowego, jego formy fleksyjne – włącznie z nieregularnymi formami fleksyjnymi – oraz używane z nim przyimki, wydrukowane są przy użyciu **wytłuszczonej kursywy**:

The example sentences illustrating the use of an entry, the prepositions, and inflected as well as irregular forms and cross references all appear in **boldface italics**:

drive ... (**drove**, **driven**) ...
easy ...; **take it ~!** spokojnie!, nie przejmuj się!
nalegać insist (**na** on)
wbić → **wbijać**

drive ... (**drove**, **driven**) ...
easy ...; **take it ~!** spokojnie!, nie przejmuj się!
nalegać insist (**na** on)
wbić → **wbijać**

Wszystkie zaś tłumaczenia wydrukowano czcionką zwykłą.

Finally, all translations are given in normal type.

Przy zapisie wymowy angielskich wyrazów hasłowych i ich form fleksyjnych użyte zostały znaki Międzynarodowego Stowarzyszenia Fonetycznego (IPA) (patrz str 8). W zapisie wymowy, w celu uniknięcia powtórzeń, zastępuje się tyldy; zastępuje

The symbols of the International Phonetic Association (IPA) are used to indicate the pronunciation of the English headwords (cf. p.8). The swung dash (~) is also used here to avoid repetition and replaces the symbols already given. The correct intonation

ona ciągi znaków podanych już wcześniej. Właściwy akcent wyrazowy oznaczany jest symbolem ('), który umieszczony jest przed akcentowaną sylabą:

four ... [fɔ:] ...; **~teen** [ˌ'ti:n] ...

Nie podaje się wymowy wyrażeń złożonych, jeżeli poszczególne części składowe wyrażenia pojawiają się osobno jako wyrazy hasłowe w Słowniku:

im'**partial** bezstronny

W obu częściach słownika podaje się zawsze rodzaj gramatyczny polskich rzeczowników, także w frazach, jeżeli właściwy rzeczownik nie występuje jako wyraz hasłowy:

godzina f hour

ry|nek ...; **~kowy** adj: **gospodarka** f **~kowa** market economy

leisure ... wolny czas m

Polskie czasowniki dokonane umieszczone zostały albo we właściwym miejscu alfabetycznym w Słowniku wraz z odsyłaczem do formy niedokonanej czasownika, albo też mogą być podane w nawiasach trójkątnych bezpośrednio po formie niedokonanej czasownika:

dać pf → **dawać**
czytać ⟨prze-⟩ read
namydl|ać ⟨-ić⟩ soap

is indicated by the symbol ', which appears before the stressed syllable:

four ... [fɔ:] ...; **~teen** [ˌ'ti:n] ...

No details of pronunciation are given for compound entries if the individual parts of the compound appear as full headwords in the Dictionary:

im**partial** bezstronny

The gender of the Polish nouns is always given in both parts of the Dictionary. This also applies to compounds if the noun is not the headword:

godzina f hour

ry|nek ...; **~kowy** adj: **gospodarka** f **~kowa** market economy

leisure ... wolny czas m

Perfective Polish verbs appear either at the appropriate alphabetical position in the Dictionary with a cross-reference to the imperfective verb or, alternatively, in angle brackets ⟨ ⟩ immediately after the imperfective verb:

dać pf → **dawać**
czytać ⟨prze-⟩ read
namydl|ać ⟨-ić⟩ soap

Ta część bezokolicznika, która zmienia formę czasownika na niedokonaną, podawana jest w okrągłych nawiasach w obu częściach Słownika:

select ... wyb(ie)rać

Różnice między pisownią brytyjską a amerykańską ukazywane są albo w formie odsyłacza:

archeology *Am.* → **archaeology**

albo przez jawne wskazanie pisowni amerykańskiej w samym wyrazie hasłowym:

flavo(u)r ... (*Am.* = flavor)
centre, Am. -ter ...

Nieregularne wyrazy angielskie zostały oznaczone gwiazdką, zaś w Dodatku umieszczono spis najważniejszych nieregularnych czasowników. Gdy wyraz hasłowy ma diametralnie różne znaczenia, opisywany jest on w dwóch hasłach, lub większej ich ilości, wyróżnionych kolejnymi cyframi w indeksie górnym:

fly¹ ... mucha *f*
fly² ... rozporek *m*
fly³ (*flew, flown*) ⟨po⟩lecieć

Znaczenia, które wykształciły się z podstawowego znaczenia danego wyrazu, nie są rozróżniane w ten sposób.

The part of the infinitive ending that makes the verb imperfective is given in round brackets in both parts of the Dictionary:

select ... wyb(ie)rać

Differences between British and American spelling are indicated either by a cross reference:

archeology *Am.* → **archaeology**

or by an explicit reference to the American form in the headword:

flavo(u)r ... (*Am.* = flavor)
centre, Am. -ter ...

English verbs marked with an asterisk are irregular. A list of the most important irregular verbs can be found in the Appendix. Where a word has fundamentally different meanings, it appears as two or more separate entries distinguished by exponents, or raised figures:

fly¹ ... mucha *f*
fly² ... rozporek *m*
fly³ (*flew, flown*) ⟨po⟩lecieć

This does not apply to senses which have evolved directly from the primary meaning of the word.

Transkrypcja fonetyczna

ʌ	punk [pʌŋk]	a *krótkie jak* w bank
ɑː	after ['ɑːftə]	a *długie jak* w Saara, Saab
æ	flat [flæt]	*pośrednie między* a i e
ə	arrival [ə'raɪvl]	*brzmi pośrednio między* a i y
e	men [men]	e *krótkie jak* w Ren, deszcz
ɜː	first [fɜːst]	*pośrednie między* e i a
ɪ	city ['sɪtɪ]	i *krótkie, pośrednie między* y i i
iː	see [siː], weak [wiːk]	i *długie, podobnie jak* w i_inni
ɒ	shop [ʃɒp]	o *krótkie jak* w lot, szop
ɔː	course [kɔːs]	o *długie, podobnie jak* w zoo
ʊ	good [gʊd]	u *krótkie, jak* w ruch
uː	too [tuː]	u *długie, podobnie jak* w tu_u nas
aɪ	night [naɪt]	aj *jak* w rajd
aʊ	now [naʊ]	au *jak* w auto
əʊ	home [həʊm]	*zbliżone do* eu w neurologia wymawia się jak eᵃ
eə	air [eə]	e *jak* eᵃ
eɪ	eight [eɪt]	ej, *podobnie jak* w hej
ɪə	near [nɪə]	*zbliżone do jednosylabowej wymowy* ieᵃ
ɔɪ	join [dʒɔɪn]	oj, *podobnie jak* w bojkot
ʊə	tour [tʊə]	*zbliżone do jednosylabowej wymowy* ueᵃ
j	yes [jes], tube [tjuːb]	j *jak* w Jan
w	way [weɪ], one [wʌn]	*jak* ł w tłum (u *niezgłosko-twórcze*)
ŋ	thing [θɪŋ]	n *tylnojęzykowe, podobnie jak* w bank
r	room [ruːm]	r *jak* w rura, ruch
s	service [sɜːvɪs]	s *jak* w serwis
z	is [ɪz], zero ['zɪərəʊ]	z *jak* w zero
ʃ	shop [ʃɒp]	sz *jak* w szopa

tʃ	cheap [tʃiːp]	*cz jak w* czub
ʒ	television ['telɪvɪʒən]	*ż jak w* żona
dʒ	just [dʒʌst]	*dż jak w* dżuma
θ	thanks [θæŋks]	spółgłoska bezdźwięczna jak seplenione s (wymawia się kładąc czubek języka między zęby)
ð	that [ðæt]	dźwięczny odpowiednik θ (jak seplenione z)
v	very ['verɪ]	*w jak w* woda
x	loch [lɒx]	*ch jak w* loch
:	poprzedzająca ten znak samogłoska jest długa	

Spis przyrostków

-ity [-ətɪ; -ɪtɪ]
-ive [-ɪv]
-ization [-əˈzeɪʃən];
  Brt. [-aɪˈzeɪʃn]
-ize [-aɪz]
-izing [-aɪzɪŋ]
-less [-lɪs]
-ly [-lɪ]
-ment(s) [-mənt(s)]
-ness [-nɪs]
-oid [-ɔɪd]
-or [-ə]
-o(u)r [-ə]
-ous [-əs]

-ry [-rɪ]
-ship [-ʃɪp]
-(s)sion [-ʃn]
-sive [-sɪv]
-some [-səm]
-ties [-tɪz]
-tion [-ʃn]
-tional [-ʃənl]
-tious [-ʃəs]
-try [-trɪ]
-trous [-trəs]
-ward [-wə(r)d]
-y [-ɪ]

Skróty
Abbreviations

a.	*also* też, również	*cj*	*conjunction* spójnik
abbr.	*abbreviation* skrót	*comb.*	*combination* połączenie
adj	*adjective* przymiotnik	*comp*	*comparative* stopień
aer.	*aeronautics, aviation* lotnictwo		wyższy
agr.	*agriculture* rolnictwo	*constr.*	*construction* składnia
Am.	*American English* amerykański	*contp.*	*contemptuously* pogardliwy
anat.	*anatomy* anatomia	*eccl.*	*ecclesiastical* kościelny
appr.	*approximately* w przybliżeniu	*econ.*	*economics* ekonomia
arch.	*architecture* architektura	*electr.*	*electrical engineering* elektrotechnika
attr	*attributive* przydawkowo	*esp.*	*especially* szczególnie
biol.	*biology* biologia	*etc.*	*and so on* i tak dalej
bot.	*botany* botanika	F	*familiar, colloquial* wyraz potoczny
Brt.	*British English* brytyjski	*f*	*feminine* żeński (rodzaj)
chem.	*chemistry* chemia	*fig.*	*figuratively* w znaczeniu przenośnym
		form.	*formal* formalny

gastr.	*gastronomy* gastronomia
GB	*Great Britain* Wielka Brytania
geogr., geog.	*geography* geografia
gr.	*grammar* gramatyka
hist.	*history* historia
hunt.	*hunting* gwara myśliwska
inf	*infinitive* bezokolicznik
instr.	*instrumental (case)* narzędnik
int	*interjection* wykrzyknik
itd.	*i tak dalej* and so on
itp.	*i tym podobne* and the like
jur.	*legal term* prawo, prawniczy
ling.	*linguistics* językoznawstwo
m	*masculine* męski (rodzaj)
mar.	*nautical term* okrętownictwo, żegluga
math.	*mathematics* matematyka
med.	*medicine* medycyna
meteor.	*meteorology* meteorologia
mil.	*military term* wojskowość
mot.	*motoring* motoryzacja
mst	*mostly* w większości wypadków
mus.	*musical term* muzyka
n	*neuter* nijaki (rodzaj)

np.	*na przykład* eg., for example
num	*numeral* liczebnik
o.s.	*oneself* się, siebie, sobie
opt.	*optics* optyka
parl.	*parliamentary term* parlamentaryzm
pf	*perfective aspect* czasownik dokonany
phls.	*philosophy* filozofia
phot.	*photography* fotografia
phys.	*physics* fizyka
physiol.	*physiology* fizjologia
pl	*plural* liczba mnoga
poet.	*poetical* poetycki
pol.	*politics* polityka
post.	*post and telecommunications* poczta i telekomunikacja
pp	*past participle* imiesłów czasu przeszłego
pred.	*predicative* orzecznikowy
pres	*present* czas teraźniejszy
pres p	*present participle* imiesłów czasu teraźniejszego
print.	*printing* drukarstwo
pron	*pronoun* zaimek
prp	*preposition* przyimek
psych.	*psychology* psychologia
rail.	*railroad, railway* kolejnictwo
rel pron	*relative pronoun* zaimek względny

s	*substantive, noun* rzeczownik	*TM*	*trademark* znak towarowy zastrzeżony
s.o., *s.o.*	*someone* ktoś	*TV*	*television* telewizja
s.th., *s.th.*	*something* coś	*typ.*	*typography* typografia
sg	*singular* liczba pojedyncza	*univers.*, *uni.*	*university* uniwersytecki
sl.	*slang* wyrażenie slangowe	*usu.*	*usually* zwykle
sp.	*sport, sports* sport	*v*	*verb* czasownik
sup	*superlative* stopień najwyższy	*v/aux*	*auxiliary verb* czasownik posiłkowy
tech.	*technology* technika	*v/i*	*intransitive verb* czasownik nieprzechodni
teleph.	*telephony* telekomunikacja	*v/t*	*transitive verb* czasownik przechodni
thea.	*theater, Brt. theatre* teatr	*zo.*	*zoology* zoologia
tj.	*to jest* i.e.	→	*see, refer to* patrz

* nieregularne czasowniki angielskie zostały oznaczone gwiazdką

A

a *cj* and; *(ale)* but; **~ jednak** and yet

abażur *m* lamp shade

abecadło *n* the ABC

abon|ament *m* subscription; **~ent** *m* subscriber

absolutny *adj* absolute

absorbować ⟨**za-**⟩ *fig. używane biernie:* absorb, engross

absurd *m* absurdity; **to ~** that's absurd

aby *cj* (in order) to

aczkolwiek *cj* although, albeit

administr|acja *f* administration; **~ator** *m* administrator; **~ować** administer

admirał *m* admiral

adnotacja *f* note

adres *m* address; **~at** *m* addressee; **~ować** ⟨**za-**⟩ address (**do** to)

adwokat *m* lawyer, solicitor

afisz *m* poster

Afryka *f* Africa; **~nka** *f* (**~nczyk** *m*) African; 2**ński** *adj* African

agen|cja *f* agency; **~t** *m* (secret) agent; *econ.* agent

agrafka *f* safety pin

agresja *f* aggression

agrest *m* gooseberry

akacja *f* acacia

akademi|a *f* academy; **~cki** *adj* academic; **~k** *m* F (*dom studencki*) hall of residence *Brt.*, dormitory *Am.*, dorm F *Am.*

akcent *m* accent; *ling.* stress

akcesoria *pl* accessories *pl*

akcj|a *f* action; *econ.* share; **~onariusz** *m* shareholder

akompani|ament *m mus.* accompaniment; **~ować** accompany

akord *m mus.* chord; **praca** *f* **na ~** piece-work

aksamit *m* velvet

akt *m* act; *obraz itp.:* nude; *dokument:* certificate; **~ o-skarżenia** indictment; **~a** *pl* file, records *pl*

aktor *m* actor; **~ka** *f* actress; **~stwo** *n* acting

aktówka *f* briefcase

aktualny *adj* current

aktyw *m* activists *pl*; **~a** *pl econ.* assets *pl*; **~ność** *f* activity; **~ny** *adj* active

akumulator *m* battery

akwarela *f* watercolour

akwarium *n* aquarium

alarmować ⟨**za-**⟩ alert

albo *cj* or; ~ ... ~ either ... or

album *m* album

ale *cj* but

aleja *f* alley

alergiczny *adj* allergic

alimenty *pl* alimony

alkohol *m* alcohol; **~owy** *adj* alcoholic

alpejski *adj* alpine

altan(k)a *f* arbour, bower

aluzja *f* allusion (**do** to), hint (**do** at)

amator *m* amateur; lover; **~ski** *adj* amateur ...

ambasad|a *f* embassy; **~or** *m* ambassador

ambi|cja *f* ambition; **~tny** *adj* ambitious

ambona *f* pulpit

ambulatoryjn|y *adj*: **leczenie ~e** out-patient's treatment

Ameryka *f* America; **~nin** *m* (**~nka** *f*) American; **2ński** American

amnestia *f* amnesty

amortyz|acja *f* tech. shock absorption; econ. amortisation; **~ator** *m* shock absorber; **~ować** tech. absorb, cushion; **~ować się** econ. amortise, pay off

amputować amputate

amunicja *f* ammunition, ammo F

anali|za *f* analysis; **~ować** analyse

ananas *m* pineapple

anarchia *f* anarchy

anatomia *f* anatomy

anegdota *f* anecdote

aneks *m* appendix

anemiczny *adj* anaemic

Ang|ielka *f* Englishwoman; **2ielski** English; **po 2ielsku** (in) English; **ziele** *n* 2ielskie pimento; **~lia** *f* England; **~lik** *m* Englishman

ani not a; ~ ... ~ neither ... nor

anioł *m* angel; ~ **stróż** guardian angel

ankiet|a *f* (opinion) poll; (formularz) questionnaire; **~ować** poll

anonimowy *adj* anonymous

anons *m* advertisement, ad F

antybiotyk *m* antibiotic

antyczny *adj* antique; (klasyczny) ancient

antyk *m* (starożytność) antiquity; (mebel itp.): antique

antykoncepcyjny *adj*: **środek ~** med. contraceptive

antykwariat *m* second-hand bookshop

antypat|ia *f* antipathy; **~yczny** *adj* disagreeable

aparat *m* apparatus; radiowy, telewizyjny: set; ~ **fotograficzny** camera

apartament *m* hotelowy: suite

apatyczny *adj* apathetic

apel *m* appeal; obozowy: roll-call

apelacja *f* appeal

apety|czny *adj* appetising; **~t** *m* appetite

aprob|ata *f* approval; **~ować** ⟨za-⟩ approve (**coś** of s.th.)

apte|czka *f* domowa: medicine chest; *podręczna*: first-aid kit; **~ka** *f* pharmacy, chemist's *Brt.*, drugstore *Am.*

Arab(**ka** *f*) *m* Arab; **2ski** *adj* Arab ...; *język, cyfra*: Arabic; *Półwysep*: Arabian

arbuz *m* watermelon

archipelag *m* archipelago

architekt *m* architect; **~ura** *f* architecture

arcybiskup *m* archbishop

arcydzieło *n* masterpiece

areszt *m pomieszczenie*: gaol *Brt.*, jail *Am.*; *jur.* short confinement; **~ować** ⟨**za-**⟩ arrest; **~owanie** *n* arrest

arkusz *m* sheet

armator *m* shipowner

armia *f* army; **2 Zbawienia** Salvation Army

arogancki *adj* arrogant

arteria *f* (**a. ~ komunikacyjna**) artery

artretyzm *m* arthritis

artykuł *m* article; **~y** *pl* **spożywcze/żywnościowe** groceries *pl*

artyleria *f* artillery

artyst|**a** *m* (**~ka** *f*) artist; **~yczny** *adj* artistic

arytmetyka *f* arithmetic

asfalt|**a** *m* asphalt ...*.*

astronomiczny *adj* astronomical

atak *m* assault; attack (*a. fig.*); **~ować** ⟨**za-**⟩ assault; attack (*a. fig*)

atlas *m* atlas

atłas *m* satin

atlanty|**cki** *adj* Atlantic;

Ocean 2cki the Atlantic (Ocean); **2k** *F m* the Atlantic

atmosfera *f* atmosphere

atom *m* atom; **~owy** *adj* atomic

atrament *m* ink

atut *m* asset; *w kartach*: trump card

audycja *f* broadcast

Australi|**a** *f* Australia; **~jczyk** *m* (**~jka** *f*) Australian, Aussie *F*; **2jski** *adj* Australian

Austria *f* Austria; **2cki** *adj* Austrian; **~czka** *f* (**~k** *m*) Austrian

autentyczny *adj* genuine, authentic

auto *F n* car; **~bus** *m* bus; **~kar** *m* coach *Brt.*, bus *Am.*

automat *m* (automatic) machine; *F* (*broń*) sub-machine gun; **~ telefoniczny** pay phone; **~yczny** *adj* automatic

autor(**ka** *f*) *m* author

autostrada *f* motorway

autostop *F m* hitch-hiking; **jechać ~em** hitch-hike, hitch *F*; **~owicz** *F m* hitch-hiker

awans *m* promotion; **~ować** *v/i* get* a promotion; *v/t* promote

awantur|**a** *f* row; **~nik** *m* (*osoba terroryzująca otoczenie*) bully *F*; **~ować się** bicker, brawl

awaria *f* failure; *samochodu*: break-down

Azja *f* Asia; **~ta** *m* (**~tka** *f*)

Asian; **2tycki** *adj* Asian, Asiatic

azot *m* nitrogen

azyl *m* asylum

aż *cj* (a. **~ do**) until

ażeby *cj* in order to, so as to; **~ nie** in order not to, so as not to

B

bab|a *f* (old) woman; *wiejska:* (old) countrywoman; **~cia** *f* granny; **~ka** *f* grandmother; *gastr.* kind of Easter cake; F *(dziewczyna)* bird F *Brt.*, chick F *Am.*

bachor *m* brat

baczn|ość *f* attention; **~y** *adj* attentive, watchful

bać się fear, be* afraid of

bada|cz *m* researcher; **~ć** ⟨z-⟩ examine; *naukowo a.* research; **~nie** *n* examination; **~nia** *pl* research; **~wczy** *adj* research …

bagaż *m* luggage, baggage; **~nik** *m samochodowy:* boot *Brt.*, trunk *Am.*; *na dachu:* (roof) rack; *rowerowy:* carrier; **~owy 1.** *m* porter; **2.** *adj* luggage …

bagn|isty *adj* boggy, marshy, swampy; **~o** *n* bog, marsh, swamp, mire

baj|eczny *adj* fabulous; **~ka** *f* *gat. literacki:* fable; *dla dzieci:* fairy tale; *fig.* fable, fabrication, invention

bajer F *m* gimmick

bak *m* petrol tank *Brt.*, gas(o-line) tank *Am.*

bakier: na ~ *adv* cocked, tilted

bakteriobójczy *adj* germicidal

bal *m* ball

balanga F *f (pijaństwo)* drinking spree, booze-up F *Brt.*, piss-up V *Brt.*

baleron *m* (kind of) smoked ham

balet *m* ballet; **~nica** *f* ballet dancer

balkon *m* balcony; *thea. 1 piętro* dress circle

balon *m* balloon; **~ik** *m* (toy) balloon; F *test alkoholowy:* Breathalyser *TM*

balowy *adj* ball(room) …

bałagan *m* mess

Bałka|ny *pl* the Balkans *pl*; **2ński** *adj* Balkan

bałty|cki *adj* Baltic; *państwa* **~ckie** the Baltic States *pl*; **Morze 2ckie** the Baltic Sea; **2k** *m* the Baltic (Sea)

bałwan *m* snowman; *fig.* blockhead

banda *f* gang, band

bandaż *m* bandage; **~ować** ⟨za-⟩ bandage, dress

bandy|cki *adj:* *napad* *m* **~cki** criminal assault; **~ta** *m* bandit, thug

bank *m* bank

bankiet *m* banquet

banknot *m* (bank) note; bill *Am.*

bankru|ctwo *n* bankruptcy; **~tować ⟨z-⟩ go*** bankrupt

bańka *f* **bubble**; F *pojemnik:* can, (metal) container; ~ **mydlana** soap bubble

bar *m* snack-bar, diner *Am.; hotelowy itp.:* bar

barak *m* hut; (*prowizoryczny dom*) makeshift house

baran *m* ram; **~ek** *m* lamb; **~ina** *f* lamb (meat), mutton

barbarzyń|ca *m* barbarian, savage; **~stwo** *n* barbarity, savagery

barczysty *adj* broad-shouldered, square-built

bardzo| *adv* very; **~iej** more; **tym ~iej że** the more (so) because

barki *pl* shoulders *pl*

barman *m* barman, bartender *Am.;* **~ka** *f* barmaid

barszcz *m* borsch

barw|a *f* hue, colour(ing); **~ić ⟨za-⟩** colour, dye; **~nik** *m* dye, tint; **~ny** *adj* colourful; *fig.* vivid

barykada *f* barricade

bas *m* bass

basen *m* basin; ~ **pływacki** swimming pool

baśń *f* fairy tale

bat *m* whip; **~y** *pl* beating, lashing; (*lanie*) licking F

bateria *f* battery

bawełn|a *f* cotton; **~iany** *adj* cotton ...

bawić (*śmieszyć*) amuse; *gości:* entertain; ~ **się** play (**w kogoś** s.o.); toy (**czymś** with s.th.)

baza *f* (**danych** data) base

bazar *m* bazaar

bazgrać ⟨na-⟩ scribble; **~nina** *f* scribble

bażant *m* pheasant

bąbel *m* **na ciele:** blister; *powietrza:* bubble

bądź or; ~ **... ~** either ... or; **co** ~ (just) anything; **kto** ~ (just) anyone/anybody

bąk *m* (*owad*) gadfly; (*zabawka*) top; **~ać ⟨~nąć⟩** mutter, mumble

beczeć *owce:* bleat; F (*płakać*) blubber F

beczka *f* barrel, cask

befsztyk *m* (beef)steak

bejca *f* stain; **~ować ⟨za-⟩** stain

bek *m* owiec itp.: bleat; F (*płacz*) blubbering F

bekon *m* bacon

bela *f* materiału: bale; **pijany jak ~** drunk as a lord

Belg *m* Belgian; **~ia** *f* Belgium; **~ijka** *f* Belgian; **2ijski** *adj* Belgian

belka *f* arch. beam; **stalowa:** girder; **drewniana:** log

bełkot *m* gibbering, gibberish; **~ać ⟨wy-⟩** gibber

benzyn|a *f* petrol *Brt.*, gasoline *Am.*, gas F *Am.*; **~owy** *adj* petrol ... *Brt.*, gasoline ... *Am.; zapalniczka:* benzine ...; **stacja ~owa** filling station *Brt.*, gas(oline) station *Am.*

berbeć F *m* toddler, tot

beret *m* beret

bestia *f* (*zwierzę*) beast; (*człowiek*) brute; **~lski** *adj* bestial, atrocious

besztać ⟨z-⟩ scold, rebuke

beton *m* concrete; **~owy** *adj* concrete ...

bez¹ *m bot.* lilac

bez² *prp* without; **~ mała** almost; **~ ustanku** continually

bezalkoholowy *adj* non-alcoholic

bezbarwny *adj* colourless

bezbłędny *adj* faultless

bezbolesny *adj* painless

bezbożny *adj* godless, impious

bezbronny *adj* defenseless

bezbrzeżny *adj* boundless

bezcelowy *adj* aimless, purposeless; pointless

bezcen: **za ~** *adv* dirt cheap, for a song

bezcenny *adj* priceless

bezchmurny *adj* cloudless

bezczelny *adj* insolent, impudent, cheeky F

bezczynny *adj* idle

bezdomny *adj* homeless

bezduszny *adj* soulless; *człowiek*: insensitive, unfeeling

bezdzietny *adj* childless

bezgotówkowy *adj by cheque or money transfer*

bezgraniczny *adj* boundless, limitless

bezimienny *adj* nameless,

unnamed

bezinteresowny *adj* disinterested

bezkarny *adj* unpunished

bezkompromisowy *adj* uncompromising

bezkonkurencyjny *adj* unrivalled, matchless

bezkrytyczny *adj* uncritical

bezkształtny *adj* shapeless

bezlitosny *adj* pitiless, merciless

bezlud|ny *adj* (*wyludniony*) deserted; **~a wyspa** desert island

bezład *m* disorder

bezmyślny *adj* thoughtless

beznadziejny *adj* hopeless

bezokolicznik *m* infinitive

bezosobowy *adj* impersonal

bezowocny *adj* fruitless, futile

bezpański *adj* ownerless; derelict; *pies a.*: stray

bezpardonowy *adj* pitiless, merciless, ruthless

bezpartyjny *adj* non-partisan

bezpiecz|eństwo *n* (*brak zagrożenia*) safety; (*zabezpieczenie*) security; **~nik** *m electr.* fuse; *mil.* safety (catch); **~ny** *adj* (*nie zagrożony/zagrażający*) safe; (*zabezpieczony*) secure

bezpłatny *adj* free (of charge)

bezpłodny *adj* sterile, barren

bezpodstawny *adj* unfounded, groundless, baseless

bezpośredni *adj* direct; *czło-*

wiek a.: straightforward

bezprawny *adj* unlawful, illegal

bezpretensjonalny *adj* unpretentious; *człowiek:* unassuming

bezprzewodowy *adj* cordless

bezradny *adj* helpless

bezrobo|cie *n* unemployment; **~tny** *adj* unemployed, out of work

bezsenność *f* sleeplessness, insomnia

bezsensowny *adj* (*nonsensowny*) nonsensical; (*nie wart zachodu*) pointless

bezsilny *adj* helpless, powerless

bezskuteczny *adj* ineffective, futile

bez|sporny, ~sprzeczny *adj* unquestionable, undisputed; *fakt, argument:* irrefutable

bezstronny *adj* impartial, unprejudiced, unbiased

beztroski *adj* careless; *człowiek a.:* carefree

bezustanny *adj* continual

bezwartościowy *adj* worthless

bezwarunkowy *adj* unconditional

bezwiedny *adj* (*nieświadomy*) unconscious; (*nie zamierzony*) unintentional, involuntary

bezwład *m* inertia; **~ny** *adj* inert

bezwstydny *adj* shameless

bezwzględny *adj* *człowiek:* ruthless; *phys., math.* absolute

bezzębny *adj* toothless

bezzwłoczny *adj* immediate

bezzwrotny *adj* not repayable

beżowy *adj* beige

bęben *m* drum; **~ek** *m anat.* eardrum

bębnić drum; *deszcz:* pelt

biadać lament (**nad czymś** s.th.)

białaczka *f* leukemia; **~ko** *n* protein; **~y** *adj* white

Biblia *f* the Bible

bibliote|czka *f mebel:* bookcase; **~ka** *f* library; **~karka** *f* (**~karz** *m*) librarian

bibuł|a *f* blotting paper; **~ka** *f* tissue (paper); *papierosowa:* cigarette paper

bicie *n* beating; **~ serca** heartbeat; **~ zegara** striking (of the clock)

bić beat*, thrash; *zegar:* strike*; *monety:* mint; *dzwon:* peal, toll; *serce:* beat*; **~ się** fight*

biec run*; ⟨**po-**⟩ *a.* dash, rush

bied|a *f* poverty, distress; **~ak** *m* poor/needy person; **~aku!** poor you!; **~ny** *adj* poor, needy; **~ować** live in poverty, suffer want

bieg *m* run; *sp.* race; *mot.* gear; **~ zjazdowy** downhill race; **z ~iem czasu** in the course of time; **~acz** *m* runner; **~ać** run*; *dla zdrowia:* jog; **~le** *adv* efficiently; *mówić:* fluently; **~ły 1.** *adj* expert, efficient; **2.** *m* expert; **~nąć → biec**

biegun *m* pole

biegunka *f* diarrhoea

biel *f* white(ness); **~eć** ⟨z-⟩ whiten, turn white; **~ić** ⟨po-⟩ whitewash; ⟨wy-⟩ bleach, whiten; *~izna f* washing, laundry; *osobista:* underwear; *damska a.:* lingerie; **~iźniarka** *f* chest of drawers

bierny *adj* passive (*a. gr.*), listless

bierzmowanie *n* Confirmation

bieżąc|y *adj* current; **~a woda** running water

bieżni|a *f* racetrack; **~k** *m mot.* (tyre) tread

bigos *m* sauerkraut stewed with sausage, pork, mushrooms etc.

bijatyka *f* brawl

bilans *m* balance

bilard *m* billiards, pool; F *a.* snooker

bilet *m* ticket; **~ powrotny** return ticket; **~ wstępu** ticket, admission card; **~er(ka** *f*) *m* ticket collector

bilon *m* (small) change

bimber F *m* hoo(t)ch *Am.*, moonshine *Am.*

biodro *n* hip

biskup *m* bishop

biszkopt *m* sponge cake

bitka *f gastr.* cutlet; F *w kartach:* trick

bitwa *f* battle (**pod** of)

biuletyn *m* bulletin; *drukowany a.:* newsletter

biur|ko *n* desk; **~o** *n* office; **~o podróży** travel bureau/agency; **~owiec** *m* office building

biust *m* bust; **~onosz** *m* brassière, bra

biżuteria *f* jewellery

blacha *f* sheet metal; *na kuchni:* top plate (of cooking range); *do pieczenia:* baking pan/tin; **~rz** *m mot.* panel beater

blady *adj* pale

blaknąć ⟨wy-⟩ fade

blankiet *m* form

blask *m* brightness, brilliance; *fig.* glamour

blaszan|ka *f* (tin) can; **~y** *adj* tin ...

blat *m* (desk/table) top

blednąć ⟨z-, po-⟩ grow*/turn pale; *kolor:* fade; *fig.* pale

blisk|i *adj* close, near, nearby; **z ~a** at close quarters; **~o** *adv* close, near, nearby; **~oznaczny** *adj* synonymous

blizna *f* scar

bliźni *m* neighbour; **~aczka** *f* twin (sister); **~aczy** *adj* twin ...; **~ak** *m* twin (brother); **~ęta** *pl* twins *pl*

bliż|ej *adv* closer, nearer; **~szy** *adj* closer, nearer

blok *m* block; (*budynek*) block (of flats); *papierowy:*

pad; **~ować** ⟨**za-**⟩ block, obstruct

blond adj blond

blondynka f blonde

bluzka f blouse

bluźnierstwo n blasphemy

błaga|ć beseech*, implore, beg F (**o** for); **~lny** adj beseeching, imploring

bła|ostka f trifle; **~y** adj trifling, trivial

błaz|en m jester; fig. fool, buffoon, clown; **~enada** f tomfoolery, buffoonery; **~eński** adj clownish

błąd m mistake, error; (gafa) blunder

błądzić err; (błąkać się) wander about

błędny adj incorrect, erroneous

błękit m azure; **~ny** adj azure

błogi adj blissful, sweet

błogosławi|ć ⟨**po-**⟩ bless; **~eństwo** n blessing; eccl. benediction; **~ony** adj blessed

błona f anat. membrane, dziewicza: hymen; zo. web; phot. film; **~ śluzowa** mucous membrane

błot|nik m rowerowy: mudguard; samochodowy: wing; **~nisty** adj muddy; **~o** n mud

błysk m flash, sparkle; **~ać** v/t flash; v/i flash, sparkle; glitter; **~awica** f (flash/stroke of) lightning; **~awiczny** adj rapid, swift; → a. **zamek**;

~otliwy adj brilliant; (dowcipny) witty; **człowiek** a.: quick-witted; **~owy** → **lampa**

błysnąć flash

błyszcz|eć ⟨**za-**⟩ glitter, glimmer; **~ący** adj brilliant, shiny

bo F cj because, for

boazeria f wainscot, panelling

bobkowy adj: **liść** m ~ bay leaf

bochen(ek) m loaf (of bread)

bocian m stork

boczek m bacon

boczyć się sulk

bodziec m stimulus, incentive

boga|cić ⟨**wz-**⟩ **się** become*/get* rich; **~ctwo** n wealth; riches pl; **~ctwa** pl naturalne natural resources pl; **~ty** adj rich, wealthy, affluent

bohater m hero; **~ka** f heroine; **~ski** adj heroic; **~stwo** n heroism

boisko n szkolne: playground, playing field; sp. pitch

boja|źliwy adj timid, fearful; **~ń** f fear, fright

bojow|nik m (**~niczka** f) fighter; **~y** adj combat ..., battle ...

bok m side

boks|er m boxer; **~ować (się)** box

bol|ączka f ailment; **~eć** hurt*, ache; **~i mnie ...** my ... hurts; **~esny** adj sore,

painful, aching; *cios itp.*
painful; *wiadomość itp.* sad,
sorrowful; **~eść** *f* anguish;
(*smutek*) sorrow, grief
bomb|a *f* bomb; **~ardowanie**
n bombing; **~ka** F *f coloured
glass ball for Christmas tree*;
~owiec *m* bomber (plane)
bon *m* coupon, ticket
bonifikata *f* discount
borowik *m* *species of edible
fungus; zo.* cep
borówka *f* bilberry; **~ bru-
sznica** cranberry
borsuk *m* badger
bosaka: na ~ barefoot(ed)
bosk|i *adj* divine; *Matka* **2a** *f*
Our Lady, Mother of God
bos|o *adv*, **~y** *adj* barefoot(ed)
Bośnia *f* Bosnia; **2cki** *adj*
Bosnian; **~czka** *f* (**~k** *m*)
Bosnian
bowiem *cj* as, because, since
boż|ek *m* idol; **~y** *adj* God's;
2e Ciało *n* Corpus Christi;
2e Narodzenie *n* Christmas
bób *m* broad bean
bóbr *m* beaver
Bóg *m* God; *Pan m* **~ zapłać!**
may Heaven reward you!
bój *m* combat, battle; **~ka** *f*
brawl, fight
ból *m* pain, ache; **~ gardła**
sore throat
bóstwo *n* divinity, deity;
(*bożek*) idol
brać take*; **~ się** set* about
(*do robienia czegoś* doing
s.th.)
brak *m* lack, want; *odczu(-*

wa)ć ~ lack; **~ować** be*
missing
bram|a *f* gate; gateway; **~ka** *f*
sp. goal; **~karz** *m* *sp.* goal-
keeper, goalie F; F (*wykidaj-
lo*) bouncer, chucker-out
bransolet(k)a *f* bracelet
branża *f* line of trade/busi-
ness
brat *m* brother; **~ cioteczny/
stryjeczny** first cousin;
~anek *m* nephew; **~anica** *f*
niece
brat|erski *adj* brotherly; **~er-
stwo** *n* brotherhood; **~owa** *f*
sister-in-law
bratek *m* pansy
brąz *m kolor:* brown; *metal:*
bronze; **~owy** *adj kolor:*
brown; (*z brązu*) bronze ...
bre|dnie *pl* nonsense, rub-
bish, drivel; **~dzić** talk non-
sense/rubbish, drivel on
brew *f* eyebrow
brezent *m* tarpaulin, canvas
brnąć flounder, to work one's
way
broczyć: ~ krwią bleed*,
shed* blood
broda *f* beard; *anat.* chin; **~ty**
adj bearded
brodawka *f* wart; *piersi:* nipple
brodzić wade
broić <**z**-> do* mischief
bro|nić defend; **~ń Boże!**
God forbid!
broń *f* weapon(s *pl*), arms *pl*;
~ jądrowa nuclear weapons *pl*
broszka *f* brooch

broszur(k)a f pamphlet

browar m brewery

bród m ford; **w ~** galore

bru|d m dirt, filth, grime; **~dny** adj dirty, filthy, grimy; **~dzić ⟨za-⟩** f soil, smear, dirty

bruk m cobbles pl, cobblestones pl; pavement Am.

brukow|ać ⟨wy-⟩ cobble, pave; **~any** adj cobbled, paved; **~iec** m cobblestone, paving stone; gazeta: tabloid; **~y** adj prasa: tabloid

brukselka f Brussels sprouts pl

brulion m rough draft; (zeszyt) notebook

brun|atny adj brown; **~et** m dark-haired man; **~etka** f brunette

brutalny adj rough, brutal

bru|zda f furrow; **~ździć ⟨za-⟩ ~ździć ⟨na-⟩ komuś** F put* a spoke in s.o.'s wheel

brwi pl eyebrows pl

bryk|ać ⟨~nąć⟩ koń: buck; dziecko: romp

brylant m diamond

bryła f block, lump; ziemi: clump; lodu: block; math. solid

Bryt|ania f geog. Britain; fig. Britannia; **Wielka ~ania** Great Britain; **~yjczyk** m (**~yjka** f) Briton, Britisher, Brit F; **2yjski** adj British

bryzol m (thin) steak

brzeg m edge; filiżanki itp.

rim; morza: shore; rzeki: bank

brzemię n burden

brzęcze|ć ⟨za-, brzęknąć⟩ metal: rattle, clank, clink; szkło: chink, clink; **~nie** n metalu: rattling, clanking, clinking; szkła, monet: chinking, clinking

brzęk m metalu: rattle, clank, clink; szkła, monet: chink, clink; **~nąć → brzęczeć**

brzmie|ć ⟨za-⟩ sound; być heard; tekst: read*; **~nie** n sound; głosu: ring

brzoskwinia f peach

brzoza f birch (tree)

brzu|ch m stomach, belly F; anat. abdomen; **~chacz** m big-bellied person; **~chaty** adj pot-bellied; **~szek** m dziecięcy: tummy; **~szny** adj anat., med. abdominal

brzyd|ki adj ugly, unsightly, unlovely; pogoda: bad, foul, nasty; **~nąć ⟨z-⟩** become*/ grow* ugly; lose* one's looks; **~ota** f ugliness, unsightliness

brzydzić się abhor

bubel F m unsaleable product, trash F

buch|ać ⟨~nąć⟩ burst*/ ogień: flare up, flame out; krew itp.: gush

buczeć hoot

bud|a f shed; dla psa: kennel; F (szkoła) school; **~ka** f booth

budowa f construction;

building; *plac*: construction site; **~ać** ⟨z-⟩ build*; construct; **~la** f building, edifice; **~lany** adj construction ..., building ...; **~nictwo** n construction, building; **~nictwo mieszkaniowe** housing

buduljący adj edifying; inspiring; **~lec** m building material; *drewno*: timber

budynek m building

budyń m (*sweet creamy*) pudding

budzlić ⟨z-⟩ wake* (up); waken; *uczucia itp.* evoke; **~ć się** wake* (up), awaken; **~k** m alarm clock

budżet m budget; **~owy** adj budget ..., fiscal; **sfera** f **~owa** state employees pl

bufet m cafeteria, snack bar; *zimny*: buffet; *kolejowy itp.*: buffet; **~owa** f barmaid

bujalć rock; F ⟨*kłamać*⟩ kid; **~ się** rock

bujny adj lush, luxuriant, rank; *włosy*: luxuriant, thick

buk m beech (tree)

bukiet m bouquet; *kwiatów a.*: bunch

bulgotać bubble

bulleczka, **~ka** f roll; *słodka*: bun

Bułgar m Bulgarian; **~ia** f Bulgaria; **~ka** f Bulgarian; **2ski** adj Bulgarian

bunt m mutiny, rebellion; **~ować** ⟨z-⟩ incite; **~ować się** mutiny, revolt, rebel;

~ownik m mutineer, rebel

bura F f dressing-down, talking-to

burak m beet, beetroot Brt; **~ cukrowy** sugar beet; **zaczerwienić się jak ~** go* beetroot Brt F

burlczeć żołądek: rumble; *a.* ⟨**~knąć**⟩ growl

burda F f brawl

burmistrz m mayor

bursztyn m amber; **~owy** adj amber ...; **barwy bursztynu**: amber-coloured

burta f side; **lewa ~** port (side); **prawa ~** starboard (side)

bury adj dull brown/grey

burzla f storm; **~liwy** adj stormy; **~yć** ⟨z-⟩ pull down, demolish; **~yć się** seethe; → *a.* **buntować się**

but m shoe; *wysoki*: boot

buta f arrogance, haughtiness

butlelka f bottle; **~la** f (big) bottle, demijohn, carboy; *tech.* **stalowa** ⟨steel⟩ cylinder

butwieć ⟨z-⟩ moulder, rot

buzia F f (girl's/child's) face; **~k** F m kiss

by cj (in order) to

być be*; **~ może** maybe, perhaps

bydlę n beast, animal; *fig.* V bastard, skunk; **~lęcy** adj cattle ...; **~lo** n cattle

byk m bull; F (*błąd*) mistake; **strzelić ~a** put* one's foot in it, make* a blunder

byle[1] any(-); **~ co** anything,

any old thing F; **~ gdzie** any place, anywhere; **~ kto** anyone

byle² *cj* in order to, so as to; on condition that, provided that; as/so long as

były *adj* former, ex-

bynajmniej *adv* by no means; *w odpowiedzi:* not at all

bystry *adj* sharp, keen, bright; *wzrok:* keen; *nurt:* rapid

byt *m phls.* existence, being; **zapewnić ~** provide for;

~ność *f* stay

bywa|**ć** frequent (*w czymś* s.th.); be* often (*w* in; *u* at ...'s); go* often (*w* to; *u* at ...'s); **~lec** *m* habitue1

bzdur|**a** *f* nonsense, rubbish, humbug; **~ny** *adj* silly, ridiculous, preposterous

bzik F *m* craze, fad; **mieć ~a** be* potty, be* off one's rocker; **mieć ~a na punkcie ...** be* crazy about ..., be* a ... buff

bzyk|**ać** ⟨**~nąć**⟩ buzz

C, Ć

cacka|**ć się** (*z czymś*) handle (s.th.) delicately/gently

cacko *n* a beauty

cal *m* inch; **~ówka** *f* folding ruler

całkowi|**cie** *adv* entirely, wholly; **~ty** *adj* entire

cało *adv:* **wyjść ~** escape unhurt/unharmed

cało|**dzienny** *adj* daylong, all-day; **~kształt** *m* the whole; **~ść** *f* the whole; entirety

cało|**wać** ⟨**po-**⟩ kiss; **~wać się** kiss (each other); *nasto-latki:* neck F; **~us** *m* kiss; **posłać komuś ~usa** blow s.o. a kiss

cały *adj* whole; entire; all; **~ i zdrowy** safe and sound; **~ mi dniami** for days on end

campingowy → **kempingowy**

cebul|**a** *f* onion; **~ka** *f bot.* bulb; **~owy** *adj* onion ...

cech *m* guild

cech|**a** *f* feature, characteristic; **~ować się czymś** be* characterised by s.th.

cedz|**ak** *m* colander; **~ić** ⟨**prze-, od-**⟩ strain

cegi|**elnia** *f* brickyard; **~lany** *adj* brick ...; **~lasty** *adj* brick-red, orange-red; **~la** *f* brick

cel *m* (*zamiar docelowy*) aim, objective, purpose (*czegoś* of s.th.); *mil.* target

cela *f* cell

celem *adv* in order to

celnik *m* customs officer

celn|**y¹** *adj dotyczący cła:* customs ...; **odprawa ~a** *f* customs clearance

celny² *adj* (*trafny*) well-

-aimed, accurate

celow|ać ⟨**wy-**⟩ aim, take* aim (**do** at); **~nik** *m* mil. sight(s *pl*)

celow|o *adv* deliberately, on purpose; **~ość** *f* advisability; **~y** *adj* deliberate, purposeful

cementownia *f* cement works

cen|a *f* price; **~ić** appreciate; **~nik** *m* price list; **~ny** *adj* valuable, precious

centr|ala *f* head office; *teleph.* exchange; **~um** *n* centre

cera¹ *f* (*skóra twarzy*) complexion

cera² *f* na ubraniu: mend

cerami|czny *adj* ceramic; **~ka** *f* ceramics; pottery

cerata *f* oilcloth

ceregiel|e *pl:* **bez ~i** unceremoniously

cerować ⟨**za-**⟩ darn, mend

certować się make* a pretence of declining

cesarz *m* emperor; **~owa** *f* empress

cęgi *pl* pliers *pl*

cętkowany *adj* spotted

chaber *m* cornflower

chałup|a *f* (old, rambling) house; (*wiejska chata*) cottage; **~nictwo** *n* cottage work; **~nik** *m* cottage worker

cham *m* boor; **~ski** *adj* boorish; **po ~sku** boorishly

charakter *m* character; nature; **~ pisma** handwriting; **~ystyczny** *adj* characteristic (*dla* of); typical (*dla* of)

charczeć wheeze

chata *f* (country) cottage

chcie|ć want; wish; **~ałbym** I'd like

chciw|ość *f* greed; **~y** *adj* greedy, mean with money

chełp|ić się brag, boast; **~liwy** *adj* boastful

chemi|a *f* chemistry; **~czny** *adj* chemical; **~k** *m* chemist

cherlak F *m* weakling

chę|ć *f* wish, desire; **dobre ~ci** *pl* good intentions *pl*; **mieć ~ć na coś** fancy s.th., feel like s.th.; **~tka** *f* sudden desire, whim; **~tny** *adj* willing

chichotać giggle

Chi|nka *f* Chinese; **~ny** *pl* China; **~ńczyk** *m* Chinese; **2ński** *adj* Chinese

chlap|ać ⟨**~nąć**⟩ splash, spatter, splutter

chleb *m* bread

chlipać sob

chlor *m* chlorine

chlub|a *f* pride (*czegoś/kogoś* of s.th./s.o.); credit (*czegoś/kogoś* to s.th./s.o); **~ić się** pride oneself (*czymś* on s.th.), take* pride (*czymś* in s.th.); **~ny** *adj* glorious; creditable

chlup(ot)ać lap

chlus|tać ⟨**~nąć**⟩ *v/t* splash; *v/i* spurt (out), spout (out), gush

chłeptać lap (up)

chło|dnia *f* cold store; **samochód ~dnia** refrigerated lorry; **~dnica** *f* mot. radiator;

~dnik *m* cold borsch; *owocowy*: cold fruit soup; **~dny** *adj* cool; *dzień, wiatr*: chilly; **~dziarka** → **lodówka**; **~dzić** ⟨**o-**⟩ cool (down), chill

chłonąć ⟨**w-**⟩ absorb; *fig. a.* drink* in

chłop *m* peasant; F (*mężczyzna*) man; **~ak** *m* boy; F *sympatia*: boyfriend; **~czyk** *m* (little) boy; **~iec** *m* boy; **~ięcy** *adj* boy's; boyish, puerile; **~ka** *f* peasant woman; **~ski** *adj* peasant ...

chłód *m* cold, chill

chmiel *m bot.* hop

chmu|ra *f* cloud; **~rzyć się** ⟨**za-**⟩ become* overcast

chociaż, choć *cj* although, though

cho|dnik *m* pavement *Brt.*, sidewalk *Am.*; *tech.* gallery; *rodzaj dywanu*: carpet, runner; **~dzić** walk, go*; (*uczęszczać*) attend (**na coś** s.th.); **~dzić do szkoły** go* to school; **~dzić z kimś** go* out with s.o.; *jeśli* **~dzi o** ... as far·as ... is concerned

choinka *f sosna*: pine-tree; *świerk*: spruce; *świąteczna*: Christmas tree

cholera *f med.* cholera; **~ jasna!** V damn it! V

chomik *m* hamster

chorągiew *f* flag, banner, standard

choro|ba *f* illness, sickness; *med.* disease; **~bliwy** *adj* morbid; **~bowe** F *n* sick

leave; **~wać** be* ill, suffer (**na** from), be* down (**na** with) F; **~wity** *adj* sickly

Chorwa|cja *f* Croatia; **♀cki** *adj* Croat(ian); **♀t(ka** *f*) *m* Croat(ian)

chory *adj* ill; *być* **~m** suffer (**na** from), be* down (**na** with)

chować ⟨**s-**⟩ hide*, conceal; **~ się** hide*; → *a.* **wychowywać się**

chód *m* gait

chór *m* choir

chrap|ać snore; **~anie** *n* snoring; **~liwy** *adj* hoarse, husky

chroniczny *adj* chronic

chronić ⟨**o-, u-**⟩ protect; shield (**od/przed** from/ against); **~** ⟨**s-**⟩ **się** seek* shelter

chrop|awy, ~owaty *adj* rough, coarse

chrup|ać crunch; **~iący** *adj* crunchy, crispy

chryja F *f* row, scandal

chryp|(k)a *f* hoarseness; *mieć* **~ę** be* hoarse, have* a frog in one's throat F

chrzan *m* horseradish

chrząk|ać ⟨**~nąć**⟩ clear one's throat; *świnia*: grunt

chrząstka *f w mięsie*: gristle; *anat.* cartilage

chrząszcz *m* beetle

chrz|cić ⟨**o-**⟩ baptise, christen; **~ciny** *pl*, **~est** *m* baptism, christening; **~estny** *adj*: **~estna matka** *f* godmother; **~estny ojciec** *m* godfather

chrześcija|nin m (**~nka** f) Christian; **~ński** adj Christian

chrześnia|czka f goddaughter; **~k** m godson

chrzę|st m clank, clatter, clang; **~ścić** clank, clatter, clang

chuch|ać ⟨~nąć⟩ breathe

chud|nąć ⟨s-⟩ become* thinner; lose* weight; **~ość** f thinness; **~y** adj thin; lanky

chuligan m tough, rowdy, hooligan; **~ić** brawl

chust(ecz)ka f na głowę: kerchief; **~ do nosa** handkerchief, hanky F

chwa|lebny adj commendable, praiseworthy; **~lić ⟨po-⟩** praise, commend; **~lić się** brag, boast (**czymś** about/of s.th.); **~ła** f glory; **~ła Bogu!** thank God!

chwast m weed

chwi|ać ⟨za-⟩ shake*, rock; **~ać się** shake*, rock; na nogach: stagger, totter; **~ejny** adj stół itp.: unsteady; fig. a. shaky; człowiek: irresolute, vacillating

chwil|a f moment, while; **~eczkę!** just a moment!; **~owo** adv momentarily; (czasowo) temporarily; **~owy** adj momentary; (czasowy) temporary

chwyt m grasp, grip, hold; **~ać ⟨chwycić⟩** grasp, grip; gwałtownie: grab

chyba F surely; **~ że** unless

chybi|(a)ć miss; **~ony** adj ineffective, unsuccessful; uwaga: pointless

chylić bend*; głowę: bow; **~ ⟨po-⟩ się** bend* (down); do przodu: lean forward

chytry adj sly, clever

ci[1] F pron (tobie) you

ci[2] pron pl these

ciało n body; → a. **boży**

ciarki pl shudder, the shudders pl, the creeps F pl

ciasn|ota f lack of room/space; **~y** adj pokój itp.: (too) small; (wąski) narrow, poky F; ubiór: tight, close-fitting

ciast|ko n cake; **~o** n masa: dough, batter; produkt: cake

ciąć ⟨po-⟩ cut*

ciąg m sequence; **~ dalszy (nastąpi)** (to be) continued; **~ dalszy** continuation; filmu: sequel; **jednym ~iem** at a stretch; **w ~u** during, in the course of; **~le** adv continually, constantly, all the time; **~ły** adj continuous; continual

ciągn|ąć ⟨po-⟩ pull; **~ienie** n loteryjne: draw; **~ik** m tractor

ciąż|a f pregnancy; **być w (drugim miesiącu) ~y** be* (two months) pregnant; **~yć** weigh/lie* heavy (**komuś** on s.o.)

cich|aczem adv on the sly, stealthily; **~nąć ⟨u-⟩** człowiek: grow* silent, quiet down *Am.*; *wiatr itp.*: die down; subside; **~y** *adj* człowiek: quiet; *głos itp.* low

ciec → **ciec|nąć**

ciecz *f* liquid

ciekaw|ość *f* curiosity; **~y** *adj* człowiek: curious; *film itp.*: exciting, interesting

ciek|ły *adj* liquid; **~nąć** trickle; *rura itp.* leak

ciel|ak *m*, **~ę** *n* calf; **~ęcina** *f* veal; **~ęcy** *adj* calf ...; *kotlet itp.*: veal ...

ciemię *n* the crown of the head; *fig.* **nie w ~** no fool

ciemn|ia *f* darkroom; **~ieć** ⟨po-, ś-⟩ grow* dark; **~o** *adv* dark; *było* **~o** it was dark; **~ość** *f* dark, darkness; **~y** *adj* dark

cienki *adj* thin; fine

cień *m* człowieka *itp.*: shadow; *osłonięte te miejsce*: shade

ciep|larnia *f* hothouse, greenhouse; *efekt* **~larniany** greenhouse effect; **~lny** *adj* thermal; **~ło** **1.** *n* warmth; *phys.* heat; **2.** *adv* warm; *witać:* warmly; *tu jest* **~ło** it's warm here; **~łota** *f.* **~łota ciała** (body) temperature; **~łownia** *f* heating plant; **~ły** *adj* warm

cierpi|eć suffer (*na* from); *nie* **~ę** ... I can't stand/bear ...; **~enie** *n* suffering, torment

cierpki *adj* bittersweet

cierpliw|ość *f* patience; **~y** *adj* patient

cierpnąć ⟨ś-⟩ grow* numb;

skóra: creep*

cieszyć ⟨u-⟩ please; **~ się** be* pleased/glad/happy

cieśnina *f* straits *pl*

cięcie *n* cut

ciężar *m* (*obciążenie*) load; *fig. a.* burden; (*waga*) weight (*a. phys.*) ⟨*czegoś* of s.th.⟩; **~ny** *adj* pregnant; **~ówka** *f* lorry *Brt.*, truck *Am.*

ciężki *adj* heavy; *praca itp.*: hard

ciocia *f* auntie

cios *m* blow

ciot|eczny *adj:* **~eczny brat** *m*, **~eczna siostra** *f* (first) cousin; **~ka** *f* aunt

cis|kać ⟨**~nąć**⟩ hurl

cisnąć *pf* → **ciskać**

cisnąć ⟨**na-**⟩ press; *but:* tight; **~ się** press, crowd

cisza *f* silence; quiet

ciśnienie *n a. phys.* pressure

ciuch F *m* piece of clothing

ciułać ⟨u-⟩ *v/t* scrape up/together

ckliwy *adj* mawkish; *człowiek:* maudlin

clić ⟨o-⟩ collect duty (*coś* on s.th.)

cło *n* (customs) duty

cmentarz *m* graveyard, cemetery; *przykościelny:* churchyard

cnot|a *f* (*zaleta*) virtue; (*dziewictwo*) virginity: **stracić ~ę** lose one's virginity; **~liwy** *adj* chaste

co *pron* what; *rel.* which; **~ do** ... concerning/regarding ...;

~ godzinę every hour; **~ za ...** what ...; **w razie czego** if anything should happen, if the worst comes to the worst; **po czym** after which, whereupon

codzienny *adj* everyday; daily

cof|ać ⟨~nąć⟩ *pojazd itp.*: back; *słowo itp.* take* back, withdraw*; **~ać się** step back; *pojazd*: back up; *wojsko*: withdraw*

cokolwiek *pron* anything, whatever

coraz *adv*: **~ lepiej** better and better; **~ więcej** more and more

coroczny *adj* yearly, annual

coś *pron* something

cór|eczka *f* (little) daughter; **~ka** *f* daughter

cóż *pron*: **~ dopiero** let alone; **no ~** well

cuchnąć reek (**czymś** of s.th.)

cucić revive; **⟨o-⟩** bring* to/ round

cud *n* wonder, miracle; **~aczny** *adj* weird, bizarre; **~ny** *adj* lovely; **~owny** *adj* wonderful; **~owny** *adj* wonderful; **cudzoziem|iec** *m* (**~ka** *f*) foreigner, alien; **~ski** *adj* foreign; **Legia** *f* **£ska** Foreign Legion

cudzy *adj* somebody else's; **~słów** *m* quotation marks *pl*, inverted commas *pl*

cuk|ier *m* sugar; **~ierek** *m*

bonbon; candy *Am.*; **~iernia** *f* confectioner's; **~ierniczka** *f* sugar bowl; **~rownia** *f* sugar factory; **~rzyca** *f* gypsy

cumować ⟨przy-, za-⟩ moor

cwał *m* gallop

cwan|iak *m* crafty fellow; **~y** *adj* crafty, sly

cyfr|a *f* figure; *tech.* digit; **~owy** *adj* digital

Cygan *m* (**~ka** *f*) gypsy

cygaro *n* cigar

cylinder *m* (*kapelusz*) top hat, topper F; *tech.* cylinder

cyna *f* tin

cynamon *m* cinnamon

cynkować ⟨o-⟩ zinc, coat with zinc

cypel *m* promontory

Cypr *m* Cyprus; **~yjczyk** *m* (**~yjka** *f*) Cypriot, Cypriote; **£yjski** *adj* Cyprian, Cypriote

cyrk *m* circus

cysterna *f* (*pojemnik*) tank; (*samochód*) tanker

cyt|at *m* quotation, quote; **~ować ⟨za-⟩** quote

cytryna *f* lemon

cywil *m* civilian; **~ny** *adj* civilian

czad *m* *chem.* carbon monoxide; **da(wa)ć ~u** F play (music) very loud

czaić się lurk

czajnik *m* kettle

czapka *f* hat; **miękka:** (cloth) cap

czar *m* (*urok*) charm; **rzuco-ny:** spell

czarn|orynkowy *adj* black-

market; **~y** adj black
czaro|dziej m (**~ka** f) magician; **~dziejski** adj magic; **~wać** v/i use/do*/work magic; v/t ⟨**o-**⟩ charm, enchant; **~wnica** f witch
czar|ujący adj charming; **~y** pl magic
czas m time; **w/na ~** in time; **po pewnym ~ie** after a while, some time later; **~ami, ~em** adv sometimes, at times; **~opismo** n magazine; **~owo** adv temporarily; **~owy** adj temporary
czaszka f skull
czatować lie* in wait (**na** for); → a. **czaić się**
cząsteczka f molecule
ccić venerate; *Boga itp.* worship; *święto* celebrate, observe
czcionka f type
czczo: **na ~** adv on an empty stomach
Czech m Czech; **~y** pl Czech Republic; **~osłowacki** adj Czechoslovak
czego F pron: **~?** What do you want?
czek m cheque Brt., check Am.
czekać ⟨za-, po-⟩ wait (**na** for)
czekolad|a f (bar of) chocolate; **~ka** f (small) chocolate
czele: **na ~** adv at the head
czemu F why, how come
czepi(a)ć się F find* fault

(**kogoś** with s.o.); pick (**kogoś** on s.o.)
czereśnia f cherry
czer|nić ⟨po-⟩ blacken; **~nieć** loom black; ⟨**s-**⟩ turn black; **~ń** f blackness, black
czerpać scoop, ladle; *fig.* draw* (**z** from, on)
czerstwy *o chleb:* stale; *staruszek:* hale; still going strong F
czerwiec m June
czerwi|enić ⟨za-⟩ się *człowiek:* blush, redden; **~eń** f redness, red; **~onka** f dysentery; **~ony** adj red
czesać ⟨u-⟩ comb; **~ się** comb one's hair
czeski adj Czech; *hist.* Bohemian
Czeszka f Czech
cześć f worship, (religious) veneration; (*respekt*) reverence; *fig.* worship; **oddawać ~ ≡ czcić**; **~!** hullo!; (*pożegnanie*) bye!, see you!
często adv often, frequently; **~kroć** adv oftentimes, many a time; **~tliwość** f frequency
częstować ⟨po-⟩ (**kogoś czymś** s.o. s.th.); treat (**kogoś czymś** s.o. to s.th.)
częsty adj frequent
częściowo adv partly, in part; **~y** adj partial
część f part; (*udział*) share
czkawka f hiccups pl
człon m segment, section; **~ek** m member; *anat.* penis; (*ręka, noga*) limb; **~ek**

rodziny family member; **~kostwo** n membership

człowiek m man, human being

czmych|ać ⟨**~nąć**⟩ flee*, bolt

czołg m tank; **~ać się** crawl, creep*

czoł|o n brow; **~ówka** f sp. lead; *filmu:* opening credits

czosnek m garlic

czół|enka f pumps pl; **~no** n canoe

czter|dzieści num forty; **~naście** num fourteen; **~osuwowy** adj four-stroke; **~y** num four; **~ysta** num four hundred

czub m tuft; **mieć w ~ie** F be* tipsy; **~ek** m tip; F (*wariat*) loony F; **~ić się** bicker

czucie n feeling

czuć ⟨**po-**⟩ feel*

czujny adj alert, watchful; *sen:* light

czuł|ość f tenderness; phot. speed; **~y** adj (*kochający*) tender, affectionate; (*wyczulony*) sensitive (**na** to); phot. fast

czupryna f mop/crop of hair

czupurny adj defiant

czuwać be* vigilant, be* on the alert; **w nocy:** keep*/ hold* a vigil

czwart|ek m Thursday; **~y** num fourth

czwor|aczki pl quadruplets, quads F pl; **~o** num four (*children, people of different sexes*)

czwórka f cyfra: (a) four; *ludzi:* foursome; *ocena:* good mark; (*powóz*) four-in-hand

czy *pron w pytaniach:* **jesteś zdrowy?** are you well?; *rel pron* if, whether; **nie wiem, ~ ...** I don't know if/whether ...

czyhać lurk; lie* in wait (**na** for)

czyj ⟨**~a, ~e**⟩ *pron* whose; **~kolwiek** *pron* anybody's

czyli *cj* or, that is to say, in other words

czyn m act, deed; **~ić** ⟨**u-**⟩ make*; **~ić postępy** make* progress; **~ić trudności** make* difficulties; **~ić cuda** work miracles; **~nik** m factor; **~ność** f activity; *organu, mechanizmu:* function, action; **~ny** adj active; *sklep itp.:* open

czynsz m rent; **~owy** adj: **kamienica ~owa** tenement house

czyrak m med. boil

czy|stość f cleanness; *osobista:* cleanliness; *tech., fig.* purity; *dźwięku:* clearness; **~sty** adj clean; *tech., fig.* pure; **~szczenie** n cleaning, cleansing; **~szczenie chemiczne** dry-cleaning; **~ścić** ⟨**wy-**⟩ clean; cleanse; **~ściec** m purgatory

czyt|ać ⟨**prze-**⟩ read*; **~elnia** f library; *sala:* reading-room; **~elnik** m reader; **~el-**

ny adj legible
ćma f moth
ćwiartka f quarter; F a quarter-litre bottle of vodka
ćwicz|enie n practice; *fizyczne, pisane*: exercise; **~enia** pl

univ. seminar, class; **~yć** practise; *fizycznie*: exercise; (**wy-**) master; (**~ się** practise (*w czymś* s.th.)
ćwikła f beetroot and horseradish puree

D

dach m roof; **~ówka** f (roof)-tile
da|ć pf → **dawać**; **~j mi spokój!** leave me alone!
dal f distance; → a. **skok**
dale|j adv *o odległości*: farther/further away/off; *fig.* further; *w czasie*: next; later; *i tak* **~j** and so on; (*no*) **~j(że)!** come on!; **~ki** adj far-off, remote, distant; **~ko** adv far (away); *z* **~ka** from far away; *poet.* from afar
dalekobieżny adj: *pociąg* m **~** long-distance train
dalekowzroczność f med. hyperopia; *fig.* foresight
dalszy adj further
dama f lady; *w kartach*: queen
damski adj ladies', lady's
dancing m dance; *iść na* **~** go* to a dance
dane pl data
Dania f Denmark
danie n dish; (*część posiłku*) course; **drugie** **~** main course
dar m gift
daremny adj vain, futile

darmo, *za* **~** adv free (of charge)
darow(yw)ać present (*komuś coś* s.o. with s.th.); *jur.* *winę itp.* forgive*; *życie* spare
daszek m *czapki*: visor, peak
dat|a f date; **~ować** date; **~ownik** m date-marker
daw|ać give*; **~ca** m donor; **~ka** f dose; **~kować** dose; **~kowanie** n dosage
dawn|iej adv formerly, in the past; **~o** adv long ago; **~o temu** once upon a time; *od* **~a** for a long time; **~y** adj ancient; (*byty*) ex-, former
dąb m oak (tree)
dąć (*za-*) blow*
dąsać się sulk
dąż|enie n, **~ność** f striving; **~yć** strive* (*do* for)
dba|ć take* care (*o* of); look after (*o kogoś* s.o.); *nie* **~m** *o to* I don't care; **~łość** f care; **~ły** adj careful
debil F m moron F
decy|dować (*z-*) decide; **~dować się** make* up one's mind; **~zja** f decision

dedykować ⟨za-⟩ dedicate

defekt *m* fault, flaw, damage; *mot.* break-down; *silnika*: engine trouble

defraudacja *f* embezzlement

deko F *n* 10 grams (*1/45 of a pound*)

dekolt *m* décolletage

dekoracja *f* decoration

dekret *m* decree

delegat *m* delegate

delikatesy *pl* (*smakołyki*) delicacies *pl*; (*sklep*) delicatessen

delikatny *adj* delicate, gentle

demaskować ⟨z-⟩ coś: unmask; *kogoś*: find* out

demokratyczny *adj* democratic

demolować ⟨z-⟩ smash up

denat *m* the deceased

denerwować ⟨z-⟩ irritate, vex; ~ **się** be* angry (**na kogoś** with s.o.); **na egzaminie** *itp.*: be* nervous/uneasy

dentyst|a *m* dentist; **~yczny** *adj* dentist's; dental

deponować ⟨z-⟩ deposit

deptać ⟨z-⟩ trample, tread*

deseń *m* pattern

deser *m* dessert, pudding *Brt.*

deska *f* board

deszcz *m* rain; ~ **pada** it's raining; **~owy** *adj* rain ...; *dzień*: rainy

detaliczny *adj* retail

dębowy *adj* oak ..., oaken

dętka *f mot.* inner tube

diabe|lny *adj* devilish; **~lski** *adj* devil's, diabolic(al); **~ł**

m devil, fiend

diament *m* diamond

diet|a *f* diet; **~y** *pl* travelling allowance

dla *prp* for; **~czego** *pron* why; **~tego** *adv* that's why; therefore; **~tego że** because

dławić choke, smother; *fig.* stifle, smother

dłoń *f* hand, palm (of the hand)

dłuba|ć F tinker (**przy** at); **~nina** F *f* tiresome detailed work

dług *m* debt

długi *adj* long; **~o** *adv* long; **na ~o** for a long time

długofalowy *adj* long-term

długoletni *adj* of many years

długonogi *adj* long-legged

długopis *m* ball-point pen, Biro *Brt.*

długość *f* length

długoterminowy *adj* long-term

długotrwały *adj* prolonged; long-lasting

długowłosy *adj* long-haired

dłużej *adv* longer

dłużn|ik *m* debtor; **~y** *adj* indebted; **być komuś ~ym** owe s.o.

dłużyć się drag on

dmuchać ⟨**~nąć**⟩ blow*

dnie|ć: **~je** the day is dawning

dniówka *f* day's work; (*zapłata*) day's wages *pl*

dno *n* bottom; F (*osoba, sytuacja*) the pits F *pl*

do *prp* to; *wewnątrz*: into; **~**

dojrzały

domu home

doba *f* twenty-four hours, day and night

dobierać select; pick

dobi|(ja)ć give* the coup de grace, finish off F; **~tka: na ~tkę** F to make matters worse, on top of it all F

dob|orowy *adj* choice; *mil.* elite ...; **~ór** *m* selection; **~rać** *pf → dobierać*

dobranoc! good night!

dobro *n* good; **~byt** *m* prosperity; **~czynny** *f* charity; **~czynny** *adj* charitable; **~ć** *f* kindness, goodness; **~duszny** *adj* good-natured, kindly; **~tliwy** *adj* good-humoured, kind-hearted

dobrowolny *adj* voluntary

dob|ry *adj* good; **~rze** *adv* well

dobytek *m* belongings *pl*

doby(wa)ć take* out, pull out; *i pokazać:* produce

docelowy *adj* target ...

doceni(a)ć appreciate

dochodowy *adj* profitable; *podatek m ~* income tax

docho|dzenie *n jur.* investigation; **~dzić** reach (**dokądś** a place); **~dzić do czegoś** *fig.* be* successful

dochód *m* income; *z czegoś:* profit

dociąć *pf → docinać*

docierać ⟨**dotrzeć**⟩ *v/i* reach (**dokądś** s.th.); arrive (**do** at, in); *v/t mot.* run* in

docin|ać tease (**komuś** s.o.); pick (**komuś** on s.o.); **~ek**

m jibe

docis|kać ⟨**nąć**⟩ press home; (*dokręcać*) tighten

doczekać się live to see

doczepi(a)ć attach

dodać *pf → dodawać*; **~tek** *m* addition; *gazetowy:* supplement; *finansowy:* allowance; **na ~tek** in addition, on top of it all F; **~tkowo** *adv* in addition, additionally; **~tkowy** *adj* extra, additional; **~tni** *adj* positive; *fig.* favourable, beneficial; **~dawać** add; **~wanie** *n* addition

dogad|ać się *pf → dogadywać się*; **~ywać → docinać**; **~ywać się** come* to an agreement, make* a deal F

dogadzać please; *dziecku:* pamper

doganiać catch* up with

doglądać supervise; *pacjenta itp.* look after

dogodny *adj* convenient; opportune

dogodzić *pf → dogadzać*

dogonić *pf → doganiać*

dogorywać *człowiek:* be* dying, be* on one's deathbed; *ogień:* be* dying out

dogryzać → docinać

doić ⟨wy-⟩ milk

doj|azd *m* access, approach; **~azdowy** *adj* access ...; **~echać** *pf* reach (**do czegoś** s.th.); **~eżdżać** commute; → *a. dojechać*

dojrzał|ość *f* maturity; **~y** *adj* mature; *owoc, a. fig.:* ripe dojrzeć[1] v/t (zauważyć) notice, spot

dojrzeć[2] v/i pf → **~wać** mature; *owoc, a. fig.:* ripen

dojść pf → **dochodzić**

dokazywać romp (about); frolic (about)

dokąd pron where (to)

dokładać add

dokład|ość f accuracy, precision, exactitude; **~y** adj exact, precise, accurate

dokoła prp round; → a. **do-okoła**

dokon(yw)ać perform, carry out, execute; *przestępstwa* commit

dokończ|enie n end, conclusion; **~yć** complete, finish (off)

dokręcać ⟨**~ić**⟩ tighten

dokształcać ⟨**~ić**⟩ give* additional training

doktor m doctor; **~at** m doctorate, doctor's degree, Ph.D. F; (*praca doktorska*) Ph.D. dissertation

dokucz|ać tease; **~liwy** adj *człowiek:* trying; *rzecz a.:* persistent; **~yć** pf → **dokuczać**

dokument m document; **~y** F pl tożsamości: identification, I.D. F

dolać pf → **dolewać**

doleg|ać trouble, hurt*, ache; **~liwość** f complaint

dolewać pour (in) more; *drinka:* top up

dolicz|ać ⟨**~yć**⟩ add; *do ceny:* charge extra

dolina f valley

dolny adj lower, bottom ...; 2 geogr. Lower

dołącz|ać ⟨**~yć**⟩ v/t attach, connect; **~ać (się)** v/i join (**do kogoś** s.o.)

dołożyć pf → **dokładać**

dom m (*budowla*) house; *rodzinny:* home

domagać się demand (**czegoś** s.th., **żeby ...** that ...); insist (**czegoś** on s.th., **żeby ...** that ...)

domek m cottage

domiar m podatkowy: surtax; **na ~ złego** to make matters worse

domiesz|ać add; **~ka** f addition; *gastr.* dash

domniemany adj alleged

domo|stwo n (farm)house; **~wnik** m member of the household; **~wy** adj house ...; home ...; domestic; → **wojna**

domy|sł m guesswork; **~ślać** ⟨**~ślić**⟩ **się** guess, suspect, surmise; **~ślny** adj *osoba:* smart, bright

doniczka f flowerpot

donie|sienia pl news sg; report(s pl); **~ść** pf → **donosić**

doniosł|ość f importance, significance; **~y** adj important, significant

donosi|ciel m informer; **~ć** ⟨**donieść**⟩ inform (**na** on, against); *gazeta:* report

donośny adj sonorous, loud

dookoła *adv* around; → *a.* **dokoła**

dopadać hunt down, get*; (*chwytać*) grab, seize

dopasow(yw)ać fit; adjust

dopaść *pf* → **dopadać**

dopełni(a)ć complete; **~acz** *m gr.* genitive

dopędz|ać ⟨**~ić**⟩ catch* up with

dopiąć button up; *fig.* ~ **swego** have* one's way

dopie|c ⟨**~c**⟩ give* a hard time; → *a.* **docinać**

dopiero *adv* barely, scarcely, only; ~ **co** only just

dopilnować see* (*czego* to s.th.)

dopis|(yw)ać add; **nie ~(yw)ać** fail; **~ek** *m* post-script

dopła|cać ⟨**~cić**⟩ pay* an extra charge; **~ta** *f* extra charge, surcharge

dopomagać ⟨**~óc**⟩ help

dopom|inać ⟨**~nieć**⟩ **się** demand; claim (*o coś* s.th.)

dopóki *adv* as long as

dopomóc *pf* → **dopomagać**

doprawdy *adv* really, indeed

doprowadz|ać ⟨**~ić**⟩ lead* (*do* to); result (*do* in)

dopu|szczać allow (*do czegoś* s.th.); **~szczać się** commit, perpetrate; **~ścić** *pf* → **dopuszczać**

dopyt(yw)ać się inquire (*o* about)

dorabiać ⟨**~robić**⟩ *v/t* make* (a missing part *etc.*); *v/i* earn extra money; ~ **na boku** F moonlight F

dora|dca *m* adviser (-or); **~dzać** ⟨**~dzić**⟩ counsel, advise

dorastać ⟨**~rosnąć**⟩ grow* up

doraźny *adj* immediate; summary; emergency …

doręcz|ać hand in; deliver; **~enie** *n* delivery; **~yciel** *m* postman; **~yć** *pf* → **doręczać**

dorob|ek *m* achievements *pl*; *literacki:* output; **~ić** *pf* → **dorabiać**; **~kiewicz** *m* upstart

doroczny *adj* annual, yearly

dorodny *adj* healthy

doros|ły *adj* adult, grown-up; **~nąć** *pf* → **dorastać**

dorożka *f* cab

dorówn(yw)ać equal

dorsz *m* cod

dorywcz|y *adj: praca f ~a* odd job

dorzuc|ać ⟨**~ić**⟩ add, throw* in F

dosięg|ać ⟨**~nąć**⟩ reach

doskonal|ić perfect; **~ić się** strive* for perfection (*w* in); **~łość** *f* perfection; **~ły** *adj* perfect

doskwierać trouble

dosłowny *adj* literal

dosłysz|eć: nie ~ (*mieć słaby słuch*) be* hard of hearing

dostać *pf* → **dostawać**

dostarcz|ać ⟨**~yć**⟩ supply,

provide (**coś komuś** s.o.
with s.th.); *przesyłkę itp.* deliver

dostateczny *adj* sufficient;
ocena: fair

dostat|ek *m* affluence; **~ni**
adj affluent

dostawa *f* delivery

dostawać get*, obtain

dostaw|ca *m* supplier; *form.*
purveyor; **~i(a)ć** supply;
przesyłkę deliver

dostęp *m* access; **~ny** *adj*
miejsce: accessible; *towar*:
available

dostojn|ik *m* dignitary, high
official, V.I.P. F; **~y** *adj* dignified

dostosow(yw)ać adapt, adjust; **~ się** adapt, conform
(**do czegoś** to s.th.)

dostrze|c *pf* **~gać** notice;
~galny *adj* perceptible, no-
ticeable

dosyć *adv* (*całkiem*) pretty,
fairly, rather; (*wystarczają-
co*) sufficiently; *po przymiot-
niku*: enough; **~ tego!** e-
nough is enough!

dosyp(yw)ać add

doszczętnie *adv* totally, ut-
terly

dosztukow(yw)ać attach

dościg|ać (**~nąć**) catch* up
with

dość → **dosyć**

doświadcz|alny *adj* experi-
mental; **~enie** *n phys., chem.*
experiment; *życiowe itp.*: experience; **~ony** *adj* experi-

enced; *podróżnik*: seasoned

dotąd *adv o czasie*: till now,
until now, to date; *o miejscu*:
up to here; **jak ~** so far, as
yet

dotk|liwy *adj* severe, intense,
keen; **~nąć** *pf* → **dotykać**;
~nięcie *n* touch

dotrzeć *pf* → **docierać**

dotrzym(yw)ać keep*

dotychczas *adv* so far; as
yet; **~owy** *adj* ... so far, ... till
now

dotycz|ący *adj* relating (**cze-
goś** to s.th.); concerning
(**czegoś** s.th.); **~yć** concern

dotyk *m* touch; **~ać** touch

dowcip *m* joke, witticism;
~ny *adj* witty

dowi|adywać się inquire (**o**
about); *mst pf* ⟨**~edzieć
się**⟩ learn*, find* out

dowierzać: **nie ~** distrust

dowieść *pf* → **dowodzić²**

dowieźć *pf* → **dowozić**

dowodowy *adj*: **materiał ~**
the evidence

dowodzić¹ armią itp.: command

dowodzić² prawdy itp.: prove

dowolny *adj* (*jakikolwiek*)
any; (*przypadkowy*) random

dowozić bring*/supply by car

dowód *m* proof; *form.* evidence; **~ osobisty** identity
card, I.D.

dowó|dca *m* commander;
~dztwo *n* command

dowóz *m* delivery

doza *f fig.* degree

dozgonny m lifelong, undying

dozna(wa)ć feel*; experience

dozor|ca m caretaker; janitor Am.; **~ować** supervise

dozować → **dawkować**

doz|ór m supervision; **bez ~oru** unattended

dozwolony adj allowed; permitted; **~ od lat 18** X-rated

dożylny adj intravenous

dożynki pl harvest home (festival)

doży|(wa)ć live (**do** till; to be); **~wocie** F n jur. life F; **~wotni** adj life(long)

dół m (dziura) hole (in the ground); (dolna część) bottom; (parter) downstairs; **w ~** down(wards)

drabina f ladder

dramat m drama; fig. tragedy

drań m scoundrel, cad F

drapać ⟨po-⟩ scratch; **~ się** scratch oneself; F ⟨w-⟩ (wspinać) climb

drapieżn|ik m predator, beast of prey; **~y** adj predatory

dra|snąć ⟨za-⟩ graze; **~śnięcie** n cut, graze

draż|liwy adj sensitive; **~nić** ⟨po-⟩ irritate, annoy

drąg m pole, rod

drążyć ⟨wy-⟩ hollow (out)

dres m tracksuit

dreszcz m shiver, shudder, quiver; **~e** pl chill; **mieć ~e** shiver, shudder

drewn|iany adj wooden; **~o** n

wood; (budulec) timber

dręczyć torment

drętwieć ⟨z-⟩ grow* numb

drg|ać tremble; usta itp.: twitch; tech. vibrate; **~awki** pl convulsions pl; **~nąć** pf → **drgać**

drob|iazg m trifle; (przedmiot) knick-knack; **~iazgowy** adj detailed; meticulous; **~ne** pl change; **~nostka** f trifle; **~ny** adj tiny, small; osoba: petite

droga f road, way

drogeria f chemist's Brt., drugstore Am.

drogi adj expensive, dear; (kochany) dear

drogocenny adj precious

drogow|skaz m (road) sign; **~y** adj road ...; traffic ...; **wypadek** m **~y** road accident

drożdże pl yeast; **~owy** adj leavened

droż|eć ⟨po-⟩ go* up in price; rise* in price; **~yzna** f high cost of living

drób m poultry

drug|i num second; z dwóch: the other; **~a godzina** two o'clock; **po ~ie** secondly; **~orzędny** adj secondary; (lichy) second-rate

druk m print; **~arka** f printer; **~arnia** f printing shop; **~arski** adj printing ...; **~arz** m printer; **~ować** ⟨wy-⟩ print

drut m wire

druzgotać ⟨z-⟩ shatter,

smash; crush

drużyn|a f sp. team; mil. squad; harcerska: troop; **~owy 1.** adj team ...; **2.** m scoutmaster

drwa pl (fire)wood; **~l** m lumberjack

drwi|ć ⟨**za-**⟩ ridicule (**z kogoś** s.o.), scoff, sneer, jeer (**z** at); **~na mst ~ny** pl ridicule, jibe, sneer; jeers pl

drzazga f splinter

drzeć ⟨**po-**⟩ tear*

drzem|ać doze, nap; **~ka** f doze, nap

drzewo n tree; (drewno) wood

drzwi pl door

drżeć ⟨**za-**⟩ tremble, shiver (**z** with)

duch m ghost; spirit

duchow|ieństwo n clergy; **~ny 1.** m clergyman; priest; **2.** adj ecclesiastic; **~y** adj spiritual

dud|ek m: **wystrychnąć kogoś na ~ka** fig. make* a fool of s.o.

dudnić ⟨**za-**⟩ rumble; drum

dum|a f pride; **~ny** adj proud

Du|nka f (**~nczyk** m) Dane; **2ński** adj Danish

dur m mus. major; med. typhoid

dur|eń F m fool, nitwit F; **~ny** F adj stupid, foolish

durzyć się F have* a crush (**w** on)

dusić ⟨**u-**⟩ choke, stifle; (by zabić) strangle, throttle;

⟨**z-**⟩ papierosa put* out; fig. suppress, stifle; **~ się** choke, suffocate

dusza f soul

duszkiem adv in one gulp/draught

duszny adj pogoda: sultry; pokój: stuffy; zapach: sickly

duszony adj gastr. stewed

duż|o adv wody, mleka co itp.: a lot, much; **za ~o wody** too much water; książek, ludzi itp.: a lot, many; **za ~o ludzi** too many people; **~y** adj big, large

dwa num two; **~dzieścia** num twenty; **~naście** num twelve

dwieście num two hundred

dwo|ić się: ~ić się i troić bustle about; **~isty** adj dual, twofold; **~jaczki** pl twins pl; **~jaki** adj twofold; **~je** num two (children, people of different sexes)

dworcowy adj station ...

dworek m (small) manor-house

dworzec m (**kolejowy/autobusowy**) railway/coach) station

dwójka f (cyfra) (a) two; ludzi: twosome, couple; **w kartach**: deuce; (ocena) fail, bad mark

dwór m manor (house)

dwubarwny adj two-coloured

dwucyfrowy adj two-digit

dwudniowy adj two-day

dwudziestoletni adj twenty-

dziecięcy

-year-old
dwudziesty *num* twentieth
dwukołowy *adj* two-wheeled
dwukropek *m* colon
dwukrotnie *adv* twice
dwukrotny *adj* repeated
dwulicowy *adj* double-faced, double-dealing
dwunasty *num* twelfth
dwuosobowy *adj* for two persons; *mot.* **samochód** *m* ~ two-seater
dwupiętrowy *adj* two-storey
dwupokojowy *adj* two-room
dwustronny *adj* two-sided; *polit.* bilateral
dwutygodnik *m* biweekly
dwuznaczny *adj* ambiguous
dygnitarz *m* dignitary, V.I.P F
dygotać shiver, tremble
dykta → **sklejka**
dykt|ando *n* dictation; **~ator** *m* dictator; **~atura** *f* dictatorship; **~ować** ⟨po-⟩ dictate
dym *m* smoke; **~ić** ⟨się⟩ smoke
dymisj|a *f* resignation; **podać się do ~** *f* hand in one's resignation
dyndać dangle
dynia *f* pumpkin
dyplom *n* certificate
dyploma|cja *f* diplomacy; **~ta** *m* diplomat; **~tyczny** *adj* diplomatic
dyrek|cja *f* management, board of directors; **~tor** *m* director

dyryg|ent *m* conductor; **~ować** conduct
dysk *m* disc *Brt.*, disk *Am.*; *sp.* discus; *komputerowy*: disk; **twardy ~** hard disk; **~ietka** floppy (disk)
dyskretny *adj* discreet
dyskrymin|acja *f* discrimination; **~ować** discriminate (**kogoś** against s.o.)
dysku|sja *f* debate; **~tować** debate
dyskwalifik|acja *f* disqualification; **~ować** ⟨z-⟩ disqualify
dystans *m* distance
dystyngowany *adj* dignified
dysza *f* jet
dyszeć pant
dywan *m* carpet
dyżur *m* duty; **nocny ~** night duty; **~ny** *m* mil. orderly; *szkolny*: prefect *Brt.*
dzban(ek) *m* jug *Brt.*, pitcher *Am.*
dziać się occur, happen; **co się dzieje?** what's going on?, what's up?
dziadek *m* grandfather
dział *m* section, department
działa|cz *m* activist; **~ć be*** active; *maszyna*: work; **~lność** *f* work; **~nie** *n* activities *pl*
działka *f* plot (of land)
działo *n* gun, mil. artillery piece
dziarski *adj* brisk, lively
dziczyzna *f* game
dzieci|ak *m*, **~ę** *n* child; **~ęcy**

adj child ..., children's; **~inny** *adj* infantile; **~iństwo** *n* childhood; **~ko** *n* child

dziedzi|ctwo *n* heritage; **~czny** *adj* hereditary; **~czyć** ⟨o-⟩ inherit

dziedzina *f* field

dziedziniec *m* courtyard

dzie|je *pl* history; **~owy** *adj* historical

dziel|enie *n* distribution; *math.* division; **~ić** ⟨po-⟩ distribute; *math.* divide; **~ić się** share (**z** with); *math.* divide; be* divisible; **~nica** *f* quarter, district; neighbourhood F

dzieln|ość *f* gallantry; **~y** *adj* gallant

dzieło *n* work; **~ sztuki** work of art

dzie|nnie *adv* daily; ... a day; **~nnik** *m* daily; **~nnikarz** *m* journalist; **~nny** *adj* day ...; **~ń** *m* day; **co ~ń** daily, every day; **~ń powszedni** weekday; **~ń dobry!** good morning!; *po południu:* good afternoon!

dzierżaw|a *f* lease; **~ca** *m* leaseholder; **~ić** hold* on lease; ⟨wy-⟩ lease

dziesiątka *f* (a) ten; **~aty** *num* tenth; **~ciobój** *m* decathlon; **~ęciolecie** *n* decade; **~ęć** *num* ten; **~ętny** *adj* decimal

dziewczęcy *adj* girlish; **~yna** *f* girl; *(sympatia)* girlfriend; **~ynka** *f* little girl

dziewiąt|ka *f* (a) nine; **~y** *num* ninth

dziewi|ca *f* virgin; **~czy** *adj* virgin ...

dziewię|ć *num* nine; **~ćdziesiąt** *num* ninety; **~ćset** *num* nine hundred; **~tnaście** *num* nineteen

dziew|ka, **~ucha** *f* wench

dzięcioł *m* woodpecker

dzięk|czynny *adj* thanksgiving; **~i 1.** *pl* thanks *pl*; **2.** *prp* thanks, owing *(czemuś* to s.th.); **~i Bogu!** thank God!; **~ować** ⟨po-⟩ thank *(za* for)

dzik *m* (wild) boar

dziki *adj* wild

dziob|ać ⟨~nąć⟩ peck; **~aty** F *adj* pock-marked

dzi|obowy *adj* fore(...); **~ób** *m zo.* beak; bill; *mar.* bow(s *pl)*

dzi|siejszy *adj* today's; *fig.* present-day; **~siaj**, **~ś** *adv* today

dziur|a *f* hole; **~awić** ⟨po-⟩ make* a hole, make* holes; **~awy** *adj* with holes in it; *(cieknący)* leaky; **~ka** *f* little hole; **~kować** punch, perforate

dziw|actwo *n* eccentricity; **~aczny** *adj* eccentric; **~ak** *m* eccentric, crank F, oddball F; **~ić** ⟨z-⟩ **się** be* surprised *(czymś* at s.th.)

dziwka V *f contp.* slut F, tramp F; *(prostytutka)* whore

dziw|ny *adj* strange; odd; funny; **~oląg** *m* freak

dzwon *m* bell; **~y** *pl spodnie*: bell-bottoms *pl*; **~ek** *m do drzwi*: doorbell; **~ić** ⟨**za-**⟩ ring* (*czymś* s.th.); (*telefonować*) ring* up; call *Am.* (*do kogoś* s.o.); **~nica** *f* belfry

dźwię|czeć ⟨**za-**⟩ ring*; **~czny** *adj głos*: sonorous; *głoska*:

voiced; **~k** *m* sound, noise; **~kowy** *adj* sound …

dźwig *m* crane; → *a.* **winda**; **~ać** ⟨**~nąć**⟩ lift; **~nia** *f* lever

dżdżownica *f* earthworm

dżdżysty *adj* rainy

dżem *m* jam

dżins *m* (*materiał*) denim; **~y** *pl* jeans *pl*

dżungla *f* jungle

E

echo *n* echo

edy|cja *f* edition; *komputerowe* **~cje tekstu** word processing; **~tor** *m tekstu* word-processing program

efek|ciarski *adj* flashy; **~ciarz** *m* show-off; **~t** *m* effect; **~towny** *adj strój itp.*: showy; *uroda*: striking, impressive; (*widowiskowy*) spectacular

egoistyczny *adj* egoistic, selfish

egzamin *m* exam(ination)

egzekucja *f* execution

egzemplarz *m* copy; (*okaz*) specimen

ekipa *f* team

ekonomi|a *f* economy; **~sta** *m* economist

ekran *m* screen

ekspe|dient(ka *f) m* shop assistant; **~dycja** *f* (*dział*) dispatch office, shipping department; (*wyprawa*) expedition

ekspert *m* expert

eksploatacja *f* operation; (*utrzymanie*) maintenance

eksplo|dować explode; **~zja** *f* explosion

eksponat *m* exhibit

ekspres *m* (*pociąg*) express (train); (*list*) express letter *Brt.*, special delivery letter *Am.*

ekwipunek *m* equipment, gear

elastyczny *adj* elastic; *fig.* flexible

eleganc|ja *f* elegance; **~ki** *adj* elegant, smart *Brt.*

elektrociepłownia *f* heat-and power-generating plant

elektroni|czny *adj* electronic; **~ka** *f* electronics *sg*

elektrownia *f* power plant

elektrowóz *m* electric locomotive

elektryczn|ość *f* electricity; **~y** *adj* electric(al)

element *m* element; **~arny**

adj elementary, fundamental; **~arz** *m* ABC-book

eliminacje *pl sp.* preliminaries *pl*

emaliowany *adj* enamelled

emblemat *m* emblem

emeryt|(ka *f*) *m* old-age pensioner, OAP *Brt.*; **~ura** *f* retirement; (*świadczenie*) old age pension *Brt.*; **przejść na ~urę** retire, be* pensioned off

emigra|cja *f* emigration; **~nt** *m* emigrant; *polityczny:* émigré

energi|a *f* energy; **~czny** *adj* vigorous, energetic

entuzjazm *m* enthusiasm; **~ować się** be* enthusiastic

epilepsja *f* epilepsy

epizod *m* (unimportant) event

epok|a *m* epoch; **~owy** *adj* epoch-making

erekcja *f* erection

erotyczny *adj* erotic

erozja *f* erosion

esencja *f* essence

eskort|a *f* escort; **pod ~ą** under escort; **~ować** escort, follow

estetyczny *adj* pleasing to the eye; *phls.* (a)esthetic

Esto|nia *f* Estonia; **~nka** *f* (**~nczyk** *m*) Estonian; **2ński** *adj* Estonian

etap *m* stage

etat *adj* post, position; **~owy** *adj* full-time

ete|r *m fig.:* **na falach ~ru, w ~rze** on the air

etykiet(k)a *f* (*nalepka*) label

Europej|czyk *m* (**~ka** *f*) European; **2ski** *adj* European

ewakua|cja *f* evacuation; **~ować (się)** evacuate

evangeli|cki *adj* Protestant; Lutheran; **~k** *m* Protestant; Lutheran

ewentualny *adj* possible

ewidencja *f* records *pl*, files *pl*

F

fabry|czny *adj* factory ...; **znak ~ czny** trademark; **~ka** *f* factory, plant; **~kować** ⟨**s-**⟩ fabricate

fabularny *adj*: **film** *m* **~** feature film

fabuła *f* plot, story F

facet F *m* bloke F *Brt.*, guy F *Am.*

fachow|iec *m* professional,

expert; **~y** *adj* professional

fajka *f* pipe

fajny F *adj* terrific, great, neat *Am.*

fakt *m* fact; **~yczny** *adj* actual; real

fal|a *f a. phys.* wave; **~isty** *adj* wavy; **~ochron** *m* breakwater; **~ować** wave

fałda *f* fold; *na materiale:*

crease

fałsz *m* insincerity, falsity; **~erstwo** *n* forgery, falsification; **~erz** *m* forger; **~ować** ⟨**s-**⟩ forge, counterfeit; *zawartość dokumentu itp.* falsify; *mus.* sing*/play out of tune; **~ywy** *adj* fake, counterfeit; *człowiek*: false; *mus.* out of tune

fantazja *f* (*wyobraźnia*) imagination; (*wymysł*) fiction; (*kaprys*) whim

farb|a *f* paint; **~ować** ⟨**po-**⟩ dye

fartuch *m* apron

fasol|a *f* bean(s *pl*)

fason *m ubioru*: cut; *fig.* dash, style; **z ~em** with a dash, in style

faszy|zm *m* fascism; **~stowski** *adj* fascist

fatalny *adj* wretched

fatyg|a *f* trouble; **~ować** trouble; **~** ⟨**po-**⟩ **się** bother to go* (*and* get*)

faul *m* foul; **~ować** foul

faza *f* phase

federacj|a *f* federation; **~lny** *adj* federal

feralny *adj* ill-fated

fermentować ⟨**s-**⟩ ferment

festyn *m* festival, carnival, fair

fig|a *f* fig (tree); **~ę z makiem!** F nothing doing! F

figiel *m* joke, trick, prank, lark *Brt.*

figura *f* figure; *fig.* V.I.P. F

filc *m* felt; **~owy** *adj* felt ...

filharmonia *f* philharmonic

filia *f* branch (office *etc.*); *przedsiębiorstwa*: subsidiary (company)

filiżanka *f* cup

film *m* film; **~ować** ⟨**s-**⟩ film; **~owy** *adj* film ...; *form.* cinematic

filozof *m* philosopher; **~ia** *f* philosophy

filtr *m* filter

Fin *m* Finn

finał *m* final

finans|e *pl* finances *pl*; **~ować** ⟨**s-**⟩ finance; sponsor

finisz *m* the finish; the final spurt; **~ować** make* the final spurt in a race

Fin|ka *f* Finn; **~landia** *f* Finland

fiński *adj* Finnish

fioletowy *adj* purple, violet

fiołek *m* violet

firanka *f* net curtain

firm|a *f* company, firm; **~owy** *adj* company ...; **danie** *n* **~owe** chef's special; **znak** *m* **~owy** trademark

fizy|czny *adj* physical; **pracownik** *m* **~czny** blue-collar worker; **~ka** *f* physics *sg*

flaga *f* flag

flaki *F pl* guts *pl*; *gastr.* tripe

flakon *m* flower vase

flądra *f zo.* flounder

flegmatyczny *adj* phlegmatic; F sluggish

flesz *m* flashlight, flash F; (*sprzęt*) flashgun

flet *m* flute

flirtować flirt
flota f fleet
foka f seal
folia f wrapping film; *aluminiowa*: foil
folklor m folk traditions pl; folklore
form|a f form; *~alność* f formality; *~ować* ⟨u-⟩ form; *~uł(k)a* f formula
forsa f (money), bread F
forsow|ać advocate; ⟨prze-⟩ *~ięsień itp.* strain; ⟨s-⟩ *drzwi itp.* force; *~ny* adj strenuous
fortepian m (grand) piano
fortuna f fortune
fotel m armchair; easy chair
fotograf m photographer; *~ia* f (odbitka) photo(graph), print f; sztuka, rzemiosło: photography; *~iczny* adj photographic; *~ik* m photographer; *~ować* ⟨s-⟩ photograph
fotokopia f photocopy
fracht m carriage, freight; (towar a.) consignment, shipment; *~owiec* m freighter
frak m tails pl
Franc|ja f France; *2uski* adj

French; *~uz* m Frenchman; *~uzka* f Frenchwoman
frędzl|a f tassel; *~e* pl fringe
front m mil. front line; *~owy* adj front-line
fryzjer|(ka f) m hairdresser; *~jer męski* a. barber; *~ura* f hairstyle, hairdo V
fund|acja f foundation; *~ować* ⟨u-⟩ sponsor; ⟨za-⟩ F buy* (coś komuś s.th.); treat (coś komuś s.o. to s.th.); *~usz* m fund
funkcj|a f function; *~onariusz* m operative; *~onować* function
funt m pound
furgonetka f (delivery) van
furia f fury
furt(k)a f gate
fusy pl grounds pl
fuszer|ka f botch(-up); *~ować* ⟨s-⟩ botch (up), bungle
futerał m case
futro n fur; (płaszcz a.) fur coat
futryna f door frame; okienna: window frame
futrzany adj fur ...

<h1 style="text-align:center">G</h1>

gabinet m office; (prywatny pokój do pracy) study; *~ lekarski* surgery Brt., doctor's office Am.
gablot(k)a f showcase, glass case

gad m reptile
gad|ać F chatter; *~anie* n chatter; *~anina* F f idle talk; *~atliwy* adj talkative; *~uła* m, f chatterbox
gafa f blunder, bloomer

gaj m grove; **~owy** m game warden

galanteria f accessories pl

galaret(k)a f jelly

galeria f gallery

galon m (miara) gallon

galop m gallop; **skrócony ~** canter; **~ować ⟨po-⟩** gallop; **krótki:** canter

galowy adj: **strój** m **~** full dress

gałąź f branch

gałka f ball, knob; **~ oczna** eyeball

gama f muz. scale; fig. range, gamut, array

ganek m porch

ganić ⟨z-⟩ rebuke, blame

gap|a f sleepyhead; **na ~ę** adv without paying the fare; **pasażer** m **na ~ę** a passenger without a ticket; mar. stowaway; **~ić się** stare, gape; **~iowaty** F adj thick, slow (on the uptake)

garaż m garage

garb m hump

garb|aty adj with a hump; **~ić się ⟨z-⟩** stoop, hunch

garbus m contp. humpback, hunchback

gardło n throat; fig. **wąskie ~** bottleneck

gardzić → pogardzać

garmażeryjn|y: wyroby pl **~e** ready-to-cook/-serve foods

garnek m pot

garnitur m suit

garsonka f twin-set

gar|stka, ~ść f handful

gaslić ⟨z-⟩ papierosa, ogień put* out, extinguish; światło, silnik switch/turn off; **~nąć ⟨z-⟩** go* out, die down

gaśnica f fire extinguisher

gatun|ek m (jakość) quality; (rodzaj, typ) brand; zo., bot. species; **~kowy** adj high-quality

gawę|da f tale; **~dzić ⟨po-⟩** chat

gaworzyć babble

gaz m (łzawiący/ziemny) tear/natural) gas

gaza f gauze

gazet|a f (news)paper; **~owy** adj newspaper …

gazo|ciąg m gas main; **~mierz** m gas meter; **~wnia** f gasworks sg; **~wy** adj gas …

gaźnik m carburettor

gąbka f sponge

gąsienica f zo. caterpillar; tech. caterpillar track

gąszcz m thicket

gbur m boor; **~owaty** adj boorish

gderać grumble; nag

gdy cj when; as; **~by** cj if; **~ż** cj because

gdzie pron where; **~ indziej** pron somewhere else, elsewhere; **~kolwiek** pron anywhere

generał m general

geniusz m genius

geografi|a f geography; **~czny** adj geographic(al)

geologi|a f geology; **~czny** adj geological

geometr|ia f geometry; **~ycz-ny** adj geometrical

gęba F f mug F

gęst|nieć ⟨z-⟩ thicken; **~y** adj płyn: thick; mgła, tłum a.: dense

gęś f goose

giąć ⟨z-⟩ bend*

giełda f stock exchange

gięt|ki adj elastic; człowiek a.: flexible; **~ość** f elasticity; flexibility

gimnasty|czny adj gymnastic; **~ka** f gymnastics sg

ginąć ⟨z-⟩ ⟨stracić życie⟩ perish, die; ⟨przepaść⟩ be* gone, disappear; rzecz a.: be* lost

ginekolog m gyn(a)ecologist

gips m plaster; **~ować** ⟨za-⟩ plaster

gitara f guitar

glazura f glaze; ⟨płytki⟩ tiles

gleba f soil

glin|a f clay; **~iany** adj clay ...; **~iasty** adj clay-like

glista f worm

glon m alga, mst algae pl

gła|dki adj smooth; **~dzić** ⟨wy-⟩ smooth

głaskać ⟨po-⟩ stroke, pet

głaz m boulder, (big) stone

głęb|ia f depth; fig. profoundness; **~ia ostrości** depth of field; **w ~i** in the background; **~ina** f the deep; **~oki** adj deep; **~okość** f depth

głod|ny adj hungry; **~ować** starve; **~owy** adj hunger

..., starvation ...; **~ówka** f hunger strike

głos m voice; polit. vote; **na ~** adv aloud; **prosić o ~** ask leave to speak; **~ić** preach; **~ka** f speech sound; **~ować** vote; **~owanie** n vote, voting

głoś|nik m loudspeaker; **~no** adv aloud; loudly; **~ny** adj loud

głow|a f head; **~ica** f tech. head

głód m hunger; ⟨klęska głodu⟩ famine

głów|nie adv mostly, chiefly, mainly, for the most part; **~y** adj chief, main, principal

głuch|awy adj hard of hearing; **~nąć** ⟨o-⟩ grow*/become* deaf; **~oniemy 1.** adj deaf and dumb, deaf mute; **2.** m deaf-and-dumb person; deaf-mute; **~ota** f deafness; **~y** adj człowiek: deaf; dźwięk: dull, hollow

głup|i adj stupid; **~iec** m fool; **~ota** f stupidity, foolishness; **~stwo** n blunder; **palnąć ~stwo** put one's foot in; ⟨drobiazg⟩ trifle; **to ~stwo!** don't mention it!

gmach m edifice

gmatwać ⟨po-, za-⟩ confuse, muddle up

gmin|a f commune; F ⟨urząd gminny⟩ local administration; **~ny** adj community ...

gnębić harass, pester; hist. oppress

gniazd|ko n tech. socket; fig.

love nest; **~o** n nest

gnić ⟨z-⟩ decay, rot

gnieść ⟨z-⟩ crush, press, squash

gniew m anger; wrath; **~ać** ⟨roz-⟩ anger; **~ać się** be* angry (**na** with, at); **~ny** adj angry

gnieździć się fig. w ciasnym pokoju: be* cooped up

gnoi|ć ⟨z-⟩ F humiliate; **~jówka** f liquid manure

gnój m manure

godn|ość f dignity; **~y** adj worthy (**czegoś** of s.th.); ...worthy; **~y pochwały** praiseworthy; **~y podziwu** admirable; **~y pogardy** contemptible, despicable; **~y pożałowania** regrettable, lamentable

godzić ⟨po-⟩ się: **~ z kimś** be* reconciled with s.o.; **~ z czymś** reconcile o.s. with s.th.

godzina f hour; **która ~?** what's the time?; **pierwsza ~** one o'clock

godziwy adj fair

goić ⟨wy-⟩ heal; **~ się** ⟨za-⟩ heal

gol m goal

golas F m naked person; **na ~a** F adv in the nude, naked

goleni|e n shaving; **maszyn-ka f do ~a** F a shaver

goleń f shinbone

golić ⟨o-⟩ (się) shave

golonka f pickled knuckle of pork

gołąb m pigeon, dove; **~ek** m gastr. stuffed cabbage

gołoledź f black ice

gołosłowny adj unfounded

goły adj naked

goni|ć chase; **~ec** m office boy; szachy: bishop; **~twa** f chase, pursuit; sp. race

gont m shingle

gończy adj: **list m ~** warrant; plakat: most wanted poster

gorąc|o 1. n heat; 2. adv hotly, hot; **jest ~o** it's hot; **jest mi ~o** I'm hot; **~y** adj hot

gorączk|a f fever; **~ować** have* a fever, be* feverish; **~ować się** F be* all worked up

gorliw|ość f zeal, ardour, eagerness; **~y** adj zealous, ardent, eager, keen

gorszący adj scandalous; disgraceful; **~y** adj worse; inferior; **~yć** ⟨z-⟩ shock; (demoralizować) corrupt; **~yć** ⟨z-⟩ **się** be* scandalized/ shocked

gorycz f bitterness

goryl m zo. gorilla; F (ochroniarz) bodyguard

gorzał(k)a F f booze F

gorzej adv comp. worse

gorzk|i adj bitter; **~nieć** ⟨z-⟩ grow*/become* bitter

gospod|arczy adj economic; **~arka** f economy; **~arny** adj thrifty; **~arować** keep house; run (a farm); **~ar-stwo** n: **~arstwo domowe** household; **~arstwo rolne**

farm; **~arz** *m* host; *na wsi:* farmer; **~yni** *f* hostess; *na wsi:* farmer's wife

goś|cić *v/t a.* ⟨u-⟩ receive, have*, entertain; *v/i be* a guest, be* received/entertained; **~cina** *f* visit; **być u kogoś w ~cinie** be* s.o.'s guest; **~cinny** *adj* hospitable; **pokój m ~cinny** guest room; **~ć** *m* guest; → *a.* **facet**

gotowa|ć ⟨u-⟩ cook; **~ny** *adj* boiled

got|owość *f* readiness; **~owy**, **~ów** *adj* ready; **~ówka** *f* cash

goździk *m bot.* carnation; **~i** *pl gastr.* cloves *pl*

gó|ra *f* (*górna część*) top; *geogr.* mountain; (*górne piętro*) upper floor; **w ~rę** up(-wards); **~ral(ka** *f) m* highlander; **~rka** *f* mound, hillock; **~rnictwo** *n* mining; **~rniczy** *adj* mining ...; **~rnik** *m* miner; **~rny** *adj* upper; **~rować** dominate, rule (*nad czymś* s.th.); *człowiek:* outshine* (*nad kimś* s.o.); **~rski** *adj* mountain ...; **~ry** *pl* mountains *pl*; **~rzysty** *adj* mountainous

gra *f* game

grabić[1] ⟨o-⟩ (*łupić*) plunder, pillage, loot

grabi|ć[2] ⟨z-⟩ *grabiami:* rake (up); **~e** *pl* rake

grabieć ⟨z-⟩ grow* numb (with cold)

grabież *f* plunder, pillage

gracz *m* player

grać ⟨za-⟩ play; **~ w karty** play cards; **~ na fortepianie** play the piano

grad *m* hail; (*kulka*) hailstone

grafi|czny *adj* graphic; **~k** *m* graphic artist; **~ka** *f* graphics *pl*; (*obrazek*) etching, engraving, print F

gramatyka *f* grammar

gramofon *m* gramophone, record player

granat[1] *mil.* grenade; *bot.* pomegranate

granat[2] *m* (*kolor*) navy blue; **~owy** *adj* navy blue

granda F *f* scandal

grani|ca *f* border, frontier; *fig.* limit; **~ce** *pl* bounds *pl*, confines *pl*, frontiers *pl*; (*być*) **za ~cą** (be*) abroad; **jechać za ~cę** go* abroad; **~czyć** border (**z** on)

grat F *m* (*samochód*) boneshaker, banger *Brt.*; **~y** *pl* (*stare meble itp.*) lumber, junk

gratis(owy) *adj* free (of charge)

gratulacje *pl* congratulations *pl*

grdyka *f* Adam's apple

Gre|cja *f* Greece; **2cki** *adj* Greek; **~k** *m* (**~czynka** *f*) Greek

grob|owiec *m* tomb; **~y** *adj fig.* dismal, gloomy

groch *m* pea(s *pl*); **~ówka** *f* pea soup

grodzić ⟨o-⟩ fence

groma|da *f* herd, bunch F; **~dzić** ⟨na-, z-⟩ accumulate, gather; **~dzić się** gather

grono *n* cluster, bunch; **~zna-jomych** acquantaincees; **~wy** *adj* grape ...

grosz *m* penny

grosz|ek *m gastr.* green pea(*s pl*); *bot.* sweet pea; **w ~ki** polka-dotted

gro|za *f* terror; **~zić** threaten; **~źba** *f* threat, menace; **~źny** *adj* threatening, menacing, sinister; *choroba:* grave; *wypadek:* serious, ugly F, nasty F

grób *m* grave

grubas F *m* fatty F, fatso F

grubia|nin *m* boor; **~ński** *adj* rude, coarse, boorish

grubość *f* thickness

gruboziarnisty *adj* coarse-grained

gruby *adj* thick; *człowiek:* fat

gruchać coo

gruczoł *m* gland

grudzień *m* December

grunt *m* (*ziemia*) land; **~owny** *adj* thorough; *wiedza a.:* profound

grup|a *f* group; **~owy** *adj* group ...; (*wspólny*) common

grusz|a *f* pear (tree); **~ka** *f* pear; → **a. grusza**

gruz *m* rubble; **~y** *pl* débris, rubble; *fig.* ruins

gruźlica *f* tuberculosis, TB F

grypa *f* influenza, flu F

gryzący *adj* pungent, acrid

gryzmolić 〈**na-**〉 scrawl, scribble

gryzoń *m* rodent

gryźć 〈**u-**〉 bite*

grzać 〈**o-**〉 heat, warm (up)

grzałka *f* heater; *tech.* heating element

grzanka *f* toast

grząski *adj* miry, sticky

grzbiet *m* back; *anat. a.* spine; *górski:* ridge

grzebać *v/i* fumble; 〈**po-**〉 *v/t* bury

grzebień *m* comb

grzech *m* sin

grzechot|ać rattle; **~ka** *f* rattle

grzeczn|ość *f* politeness, courteousness; (*przysługa*) favour; **~y** *adj* polite, courteous; *dziecko:* good

grzejnik *m* heater; (*kaloryfer*) radiator

grzeszyć 〈**z-**〉 sin

grzęznąć 〈**u-**〉 get* stuck

grzm|ieć 〈**za-**〉 roar; *piorun:* thunder; *głos itp.:* boom; **~ot** *m* thunder(bolt)

grzyb *m* mushroom; *med., bot.* fungus

grzyw|a *f* mane; **~ka** *f* fringe

grzywna *f* fine

gubić 〈**z-**〉 lose*

gum|a *f* rubber; *w odzieży:* elastic; **~a do żucia** chewing gum; **~ka** *f* eraser *Am.*, rubber *Brt.*; *do włosów itp.* rubber/elastic band; **~owy** *adj* rubber ...

gust *m* taste; **~owny** *adj* tasteful, in good taste

guz *m* bump; *med.* tumour

guzdrać się F dawdle, dally
guzik m button
gwałcić ⟨z-⟩ rape; *fig.* violate; **~t** m rape; **~towny** *adj* violent
gwaran|cja f guarantee; **~tować** ⟨za-⟩ guarantee
gwiazd|a f star; (*aktorka*) starlet; **2ka** f Christmas; **~kowy** *adj* Christmas ...; **~ozbiór** m

constellation
gwiezdny *adj* star ...; *form.* astral
gwint m thread
gwizd m whistle; *syreny itp.*: hoot, toot; **~ać** *v/i* whistle; *syrena itp.*: hoot, toot; **~ek** m whistle; **~nąć** F *v/t pf* pinch F, rip off F; → *a.* **gwizdać**
gwóźdź m nail

H

haczyk m hook; **~owaty** *adj* hooked
haft m embroidery; **~ka** f hook and eye; **~ować** ⟨wy-⟩ embroider
hak m hook
hala f *wystawowa itp.*: hall; *górska*: mountain pasture; *fabryczna*: shop
halka f slip
hała|s m noise; din; **~sować** make* a noise; **~śliwy** *adj* noisy
hamak m hammock
ham|ować ⟨za-⟩ brake; **~ulec** m brake; **~ulec bezpieczeństwa** emergency cord Am., communication cord Brt.
hand|el m business, commerce; (*detaliczny/wewnętrzny/zagraniczny*) retail/domestic/foreign) trade; **~larz** m trader, tradesman; **~lować** trade, deal (*czymś*

in s.th.); **~lowiec** m salesman; **~lowy** *adj* trade ..., commercial
haniebny *adj* shameful, disgraceful
hańb|a f disgrace, shame, dishonour; **~ić** ⟨z-⟩ disgrace
harce|rstwo n scouting; **~rka** f scout Am., girl guide Brt.; **~rz** m (boy) scout
hardy *adj* haughty
harmoni|a f harmony; F (*instrument*) accordion; **~jka** f → **organki**
harować toil
hart m fortitude; **~ować** ⟨za-⟩ *tech.* temper, anneal; *fig.* toughen
hasło n slogan; *słownikowe*: entry
hazard m gambling
hełm m helmet
herb m (coat of) arms; (*tarcza herbowa*) escutcheon
herbat|a f tea; **~nik** m biscuit

herezja f heresy

hetman m szachy: queen

higien|a f hygiene; **~iczny** adj hygienic

hierarchia f hierarchy

hipno|tyczny adj hypnotic; **~za** f hypnosis

hipopotam m hippopotamus, hippo F

hipoteka f mortgage

hister|ia f hysteria; (opowieść) story; **~yczny** adj historical; **~yk** m historian

histor|ia f history; (opowieść) story; **~yczny** adj historical; **~yk** m historian

Hiszpa|nia f Spain; **~n(ka** f) m Spaniard; **2ński** adj Spanish

hodow|ać ⟨wy-⟩ raise; zwierzęta a. breed, rear; rośliny a. grow; **~ca** m zwierząt: breeder; roślin: grower; **~la** f zwierząt: breeding, farming; roślin: growing; (zakład) farm; (dziedzina) animal husbandry

hojn|ość f generosity; **~y** adj generous

hokej m: **~ na lodzie** ice hockey; **~ na trawie** hockey Brt.; field hockey Am.

hol m (przedpokój) hall; mar., mot. tow line; **na ~u** on tow

Holandia f the Netherlands pl, Holland; **~ender** m Dutchman; **~enderka** f Dutchwoman; **2enderski** adj Dutch

holow|ać ⟨od-⟩ tow; **~nik** m tug (boat)

hołdować zasadom: profess; modzie: follow indiscriminately

hołota f rabble, riffraff

honor m honour; słowo **~u!** take my word for it!, honour bright! F Brt.; **~arium** n fee; **~owy** adj człowiek, wyjście: honourable; (tytularny) honorary

horyzont m horison

hotel m hotel

hrabi|a m count, earl Brt.; **~na** f countess

hucz|eć ⟨za-⟩ roar, boom; **~ny** adj (okazały) ostentatious; (hałaśliwy) riotous

huk m bang, boom, roar; **~nąć** bang; (krzyknąć) bellow, roar

hula|ć carouse; **~jnoga** f scooter

humor m humour; (nastrój) mood

huragan m hurricane

hurt m wholesale trade; **~em** adv wholesale; **~ownia** f wholesale outlet

huśta|ć (się) rock, swing; **~wka** f swing; pozioma: seesaw

hut|a f: **~a szkła** glassworks; **~a żelaza** ironworks; **~nictwo** n metallurgy; **~niczy** adj metallurgic; piec m **~niczy** blast furnace; **~nik** m ironworker

hydraulik m plumber

hymn m państwowy: anthem

I

i *cj* and

ich *pron* their(s)

idea *f* idea, notion; **~lny** *adj* ideal, perfect

idiota *m* idiot, moron F

igła *f* needle

igra|**ć** play; **~szka** *f* play

igrzyska *pl:* ♀ **olimpijskie** Olympic Games

ile *pron wody, miłości* how much; *książek, ludzi* how many; **~kroć** *adv* every time, whenever

ilo|**czyn** *m* product, ratio; **~raz** *m* quotient; **~ść** *f* quantity, amount

iluzjonista *m* conjurer, (stage) magician

im: ~... tym ... the ... the ...; **~ wcześniej tym lepiej** the sooner the better

imadło *n* vice

imbryk *m* teapot

imię|**niny** *pl* nameday; **~ennik** *m* namesake; **~ę** *n* Christian name *Brt.,* first name *Am.*

impon|**ować** impress (**komuś** s.o.); **~ujący** *adj* impressive

import *m* import; **~owany** *adj* imported

impreza *f artystyczna:* show; F *(przyjęcie)* party

inaczej *adv* differently; *(w przeciwnym razie)* otherwise

incydent *m* incident, (unimportant) event

indy|**czka** *f* turkey hen; **~k** *m* turkey (cock)

inform|**acja** *f* (piece of) information, dope F; **~ować** inform; **~ować się** inquire

inny *adj* (some) other; *(różny)* different *(niż* from)

inspekcja *f* (tour of) inspection

instalator *m* fitter; *(hydraulik)* plumber

instrukcja *f* instruction; **~ ob-sługi** instruction book / manual

instrument *m* instrument

instytucja *f* institution

inteligen|**cja** *f (grupa)* intelligentsia; *psych.* intelligence; **~tny** *adj* intelligent, bright F

intencja *f* intention

interes *m* interest; *econ.* business; **~ant** *m member of the public who has business in an office;* (*osoba pytająca*) inquirer; *(klient)* customer; **~ować się** be* interested (**czymś** in s.th.); **~ujący** *adj* interesting; exciting

interpretacja *f* interpretation

intratny *adj* lucrative, profitable

intruz *m* intruder

inwalida *m* disabled person, invalid

inwentaryzacja f cataloguing; (*remanent*) stock-taking

inżynier m engineer; *graduate of a school of engineering*

Irlan|dczyk m Irishman; **~dia** f Ireland; **~dka** f Irishwoman; **2dzki** adj Irish

irytacja f irritation, vexation

isk|ra f spark; **~rzyć** spark; **~rzyć się** sparkle

Islan|dczyk m (**~dka** f) Icelander; **~dia** f Iceland; **2dzki** adj Icelandic

ist|nieć exist; **~ota** f (*stworzenie*) creature, being; *rzeczy:* essence, gist; **~otny** adj essential, fundamental, crucial

iść → chodzić

izol|acja f isolation; *tech.* insulation; **~ować** a. ⟨**wy-**⟩ isolate; *tech.*, a. ⟨**za-**⟩ insulate

J

ja pron I

jabł|ecznik m (*placek*) apple pie; (*wino*) cider; **~ko** n apple; **~oń** f apple tree

jad m venom

jadaln|ia f dining room; **~y** adj edible

jadło|dajnia f (cheap) restaurant; **~spis** m menu

jadowity adj venomous

jagnię n lamb

jagoda f berry; *czarna:* blueberry

jaj|(k)o n egg; **~ecznica** f scrambled eggs pl; **~nik** m ovary

jak 1. pron how; **2.** cj as; **~ najszybciej** as soon as possible; **~i** pron what (... like); **~a ona jest?** what is she like?; **~iś** pron some; **~o** pron as; **~o tako** not too bad; **~oś** pron somehow; one way or another

jakoś|ć f quality; **~ciowy** adj qualitative

jałowy adj barren; *fig.* futile

jama f cave(rn), den, hollow; *anat.* cavity

Japo|nia f Japan; **~nka** f (**~ńczyk** m) Japanese; **2ński** adj Japanese

jarmark m (country) fair

jarski adj vegetarian

jarzeniówka f glow lamp; neon light

jarzyna f vegetable

jaskinia f cave

jaskółka f swallow

jaskrawy adj bright; loud

jasn|o- light ...; **~ość** f brightness; **~owidz** m clairvoyant; **~y** adj light; (*zrozumiały*) clear

jastrząb m hawk

jaszczurka f lizard

jaśnieć shine*; gleam

jaw: wyjść na ~ come* to

light, transpire; **~ny** *adj* open, public, overt

jazda *f* ride, riding; **~ konna** horseback riding; → *a.* **prawo**

jądro *n biol., fiz.* nucleus; *owocu, tech., fig.* core; *orzecha:* kernel; *anat.* testicle; **~wy** *adj* nuclear

jąkać się stammer

jątrzyć provoke; irritate; **~ się** *rana:* fester

jechać ⟨po-⟩ go*; *(prowadząc pojazd)* drive*; **~ konno** ride

jeden *num* one; **wszystko ~no** it makes no difference

jedena|sty *num* eleventh; **~ście** *num* eleven

jednak *adv* however; still; yet

jednakowy *adj* identical

jednoczesny *adj* simultaneous

jednoczyć ⟨z-⟩ (się) unite

jednodniowy *adj* one-day

jednogłośny *adj* unanimous

jednokierunkowy *adj* one-way

jednolity *adj* uniform, homogenous

jednomyślny *adj* unanimous

jednoosobowy *adj* one-man; *pokój:* single

jednorodzinny *adj:* **dom m ~** detached house

jednorzędowy *adj garnitur.* single-breasted

jednostajny *adj* unvarying, monotonous, steady

jednostka *f ludzka:* individual; *tech., mil.* unit

jednostronny *adj* one-sided; *polit.* unilateral

jedność *f* unity

jednoznaczny *adj* unequivocal

jedwab *m* silk; **~ny** *adj* silk ...

jedyn|ie *adv* merely; only; **~ka** *f* (a) one; **~y** *adj* (the) only; (the) sole

jedzenie *n* food

jego *pron* his

jej *pron* her(s)

jeleń *m* hart, stag, deer

jelit|o *n* intestine; **~a** *pl a.* entrails *pl*

jeniec *m* captive; **~ wojenny** prisoner of war, p.o.w.

jesienny *adj* autumn ...; **~eń** *f* autumn *Brt.,* fall *Am.;* **~onka** *f* (type of) overcoat

jeszcze *adv* (nadal) still; *(dodatkowo)* ... more; **~ nie** (...) not (...) yet

jeść ⟨z-⟩ eat*; **~ śniadanie** *itp.* have* breakfast *etc.*

jeśli *cj* if

jezdnia *f* roadway; street

jezioro *n* lake

jeździć travel; *pojazdem, konno:* ride; **~ć konno** ride a horse; **~ć na rowerze** ride a bicycle; **~ć na nartach** ski; **~ec** *m* rider

jeż *m* hedgehog

jeżeli *cj* if

jeżyna *f* blackberry; *(krzak a.)* bramble

jęczeć moan, groan

jęczmień *m* barley; *med.* stye
jęk *m* groan, moan; **∼nąć** *pf* →
jęczeć
język *m* *anat.* tongue; *ling.*
language; **∼ ojczysty** mother
tongue; **∼oznawstwo** *n* linguistics *sg*
jodła *f* fir (tree)
jogurt *m* yoghurt
jubiler *m* jeweller
jubileusz *m* jubilee

Jugosławia *f* Yugoslavia;
∼owianin *m* (**∼owianka** *f*)
Yugoslav; **ʒowiański** *adj* Yugoslav(ian)
jur|or *m* member of the jury; **∼y**
n jury
jut|ro *n, adv* tomorrow; **∼rzej-
szy** *adj* tomorrow's; **∼rzenka**
f dawn; *poet.* aurora
już *adv* already; *w pytaniach:*
yet

K

kabanos *m* type of thin, smoked and dried pork sausage
kabina *f* cabin; *kierowcy:* cab;
pilota: cockpit; **∼ telefoniczna** (tele)phone booth/box,
call box
kacz|ka *f* duck; **∼or** *m* drake
kadłub *m* *samolotu:* fuselage;
statku: hull
kadra *f* staff, personnel
kafel(ek) *m* tile
kaftan *m* jacket; *hist.* doublet;
∼ bezpieczeństwa straitjacket
kajak *m* kayak
kajdan|ki *pl* handcuffs *pl;* **∼y**
pl shackles *pl*
kajuta *f* cabin
kalafior *m* cauliflower
kale|ctwo *n* (physical) handicap; disability; **∼czyć ⟨s-⟩
⟨się⟩** hurt/injure (oneself);
⟨o-⟩ cripple; **∼ka** *m, f* disabled person, cripple F
kalendarz *m* calendar; **∼yk** *m*

terminowy: diary
kalesony *pl* long johns pl
kalka *f* *maszynowa:* carbon
paper; *techniczna:* tracing
paper
kalkulator *m* calculator
kaloryfer *m* radiator
kalosz *m* rubber boot
kał *m* excrement; *med.* faeces
pl
kałuża *f* puddle, pool
kamera *f* camera; **∼ filmowa**
cine camera
kamienica *f* tenement house
kamie|niołom *m* quarry;
∼nisty *adj* stony; **∼nny** *adj*
stone...; **∼ń** *m* stone
kamizelka *f* waistcoat *Brt.,*
vest *Am.*
kampania *f* (**wyborcza** election) campaign
kamy|cze)k *m* small stone,
pebble
kana|lizacja *f* plumbing; **∼ł**
m a. tech. channel; *sztucz-*

ny: canal

kanap|a f sofa; **~ka** f sandwich; (*tartinka*) canapé

kanciasty *adj* angular

kantor *m hist.* merchant's office; **~ wymiany** bureau de change

kantować ⟨o-⟩ F cheat, swindle, trick

kapać drip

kapelusz *m* hat

kapitał *m* capital

kapitan *m* captain

kaplica f chapel

kapłan *m* priest

kapral *m* corporal

kapry|s *m* caprice, whim; **~sić** be* capricious; (*grymasić*) be* fussy, fussy; **~śny** *adj* capricious; moody

kaptur *m* hood

kapu|sta f cabbage; **~sta biała** white cabbage; **~sta czerwona** red cabbage; **~sta kiszona** sauerkraut; **~sta włoska** savoy; **~śniak** *m* cabbage soup

kara f punishment; *jur.* penalty; **~ć** ⟨u-⟩ punish (**za** for)

karabin *m* rifle; **~ maszynowy** machine gun

karaluch *m* cockroach, roach F

karb *m fig.:* **złożyć na ~ czegoś** put down to s.th.

karcić ⟨s-⟩ rebuke, scold

karczować ⟨wy-⟩ clear, grub up, root up

karetka f: **~ pogotowia** ambulance

kark *m* nape (of the neck); **~ołomny** *adj* hazardous, risky; *tempo:* breakneck

karłowaty *adj* dwarf ..., midget ...

karmić ⟨na-⟩ feed*

karnawałowy *adj* carnival ...

karo *n* diamonds *pl;* **trójka f ~** three of diamonds

karp *m* carp

kart|a f card; **~ka** f sheet of paper; *w książce:* leaf; *pocztowa:* postcard

kartof|el *m* potato; **~lanka** F f potato soup

karuzela f merry-go-round, roundabout *Brt.,* carousel *Am.*

karygodny *adj* (*skandaliczny*) unpardonable; *błąd:* gross

karzeł(ek) *m* midget, dwarf

kasa f dworcowa: booking office *Brt.,* ticket office *Am.; sklepowa:* cash desk; *tech.* cash register; *teatralna, kinowa:* box office, booking office *Brt.*

kaset|a f magnetofonowa, video: cassette; **~ka** f casket, jewel box

kasjer(ka f) *m* cashier

kasować ⟨s-⟩ *taśmę* erase; *komputer a.* delete

kasza f groats *pl;* (*potrawa*) gruel; **~nka** f black/blood pudding, blood sausage *Am.*

kasz|el *m* cough; **~leć** cough

kasztan *m* chestnut

kat *m* hangman, executioner

katar *m* catarrh, runny nose F

katedra f cathedral; *uniwersytecka*: chair

katolic|ki adj Catholic; **~czka** f (**~k** m) Catholic

kaucja f jur. bail; *za butelkę itp.*: deposit

kawa f coffee

kawale|r m bachelor; **~rka** f bedsitter; **~ria** f cavalry; **~rzysta** m cavalryman

kawał m (*części*) (large) piece, chunk; (*dowcip*) joke; **~e(cze)k** m bit, (small) piece

kawiarnia f café, coffee bar; **~owy** adj coffee-coloured; *bar* m **~owy** coffee shop

kazać order, tell*

kazanie n sermon

każd|orazowo adv each time; **~y** adj every; each

kąp|ać ⟨**wy-**⟩ bath *Brt.*, bathe *Am.*; **~ać się** bathe; take* a bath; **~iel** f bath; **~ielisko** n bathing place; **~ielowy** adj bathing ...; bath ...; *strój* m **~ielowy** bathing costume/suit, swimsuit; **~ielówki** pl swimming trunks pl

kąs|ać bite*; **~ek** m bite, morsel

kąt m corner; *math.* angle

kelner m waiter; **~ka** f waitress

kemping m camping site, campsite, campground *Am.*; **~owy** adj: *domek* m **~owy** (holiday) cabin

kędzierzawy adj curly

kęs m bite

kibic m piłkarski: (football) fan

kich|ać ⟨**~nąć**⟩ sneeze

kiedy pron when; **~ś** adv o przeszłoś ci: once; at one time; o przyszłoś ci: one day

kieliszek m (small) glass

kiełbasa f sausage

kiepski adj poor, lousy F

kier n hearts pl; *walet* m **~** jack of hearts

kierow|ać ⟨**po-**⟩ run*, manage; ⟨**s-**⟩ direct (**do** to); *samochodem*: drive*; **~ca** m driver; **~nica** f steering wheel; **~nictwo** n management; **~nik** m (**~niczka** f) manager

kierun|ek m direction; **~kowskaz** m mot. indicator

kiesz|eń f pocket; **~onkowiec** m pickpocket; **~onkowy** adj pocket ...

kij m stick

kilka a few, some, several; **~krotnie** adv several times, repeatedly, more than once; **~naście** a dozen or so

kilo|bajt m kilobyte; **~gram** m kilogram; **~metr** m kilometre

kim: *z* **~** with whom; *o* **~** about whom

kiosk m kiosk

kipieć ⟨**za-**⟩ boil over; *fig.* seethe

kisić ⟨**za-**⟩ pickle

kisiel m kind of fruit-flavoured jelly

kiszony → *kapusta*

kit m putty

kiw|ać ⟨**~nąć**⟩ ręką: wave; beckon (**na** to); głową: nod; **~ać się** sway, rock

klakson m horn

klamka f doorknob

klamra f tech. clamp, brace; pasa: buckle

klapa f flap, cover; włazu itp.: trapdoor; thea. itp. flop

klasa f class; w szkole a.: form, grade Am.

klaskać clap (one's hands), applaud

klas|owy adj class …; **~ówka** f class test

klasyczny adj classic; (starożytny) classical

klasztor m żeński: convent; męski: monastery

klatka f cage

klawi|atura f keyboard; **~sz** m key

kląć ⟨**za-**⟩ swear*

klecić ⟨**s-**⟩ cobble together

kle|ić ⟨**s-**⟩ glue, stick*; paste; **~ik** m pap; **~isty** adj gluey, sticky; **~j** m glue

klejnot m jewel; herbowy: crest

klekotać ⟨**za-**⟩ clatter

klepać clap, slap

kler m the clergy

kleszcze pl (pair of) tongs pl; med. forceps pl

klę|czeć kneel*; **~kać** ⟨**~nąć**⟩ kneel* down

klęska f defeat, failure

klient m customer; form., adwokata: client

klimat m climate; **~yzacja** f air-conditioning; (urządzenie) air conditioner; **~yzowany** adj air-conditioned

klinika f teaching hospital

kloc m log; block of wood; **~ek** m (building) block

klomb m flowerbed

klon m maple (tree)

klops(ik) m meatball

klosz m lampy: lampshade

klucz m key

kluski f noodles pl

kłam|ać ⟨**s-**⟩ lie; **~ca** m liar; **~stwo** n lie

kłaniać się bow

kłaść put*; starannie: lay*; **~ się** lie* down; (iść spać) go* to bed/sleep

kłębek m ball, bundle

kłoda f log

kłopot m problem; poważny: trouble; **~liwy** adj inconvenient, troublesome

kłos m ear (of corn)

kłócić ⟨**po-**⟩ **się** quarrel, squabble

kłódka f padlock

kłót|liwy adj quarrelsome; **~nia** f quarrel; squabble

kłuć ⟨**po-, u-**⟩ prick

kłus m trot; **~ować** koń: trot; (polować nielegalnie) poach; **~ownik** m poacher

kminek m caraway

knajpa F f pub Brt., saloon Am.; joint F

kobie|cy adj (typowy dla kobiet) feminine, womanly; odzież itp.: women's; **~ta** f

woman, female
koc *m* blanket
kocha|ć love; **~ć się** *wzajem-
nie:* love each other; (*oddy-
wać stosunek*) make* love,
have* sex; **~nek** *m* lover;
~nka *f* lover, mistress; **~ny**
adj darling
kod *m* code
kodeks *m* code; **~ drogowy**
traffic rules *pl*, Highway
Code *Brt.*; **~ karny** penal
code
kogo *pron* who(m)
kogut *m* cock, rooster *Am.*
koić ⟨u-⟩ soothe
kojarzyć ⟨s-⟩ associate;
(*łączyć*) match
kokard(k)a *f* bow
koktajl *m* cocktail; (*przyjęcie*)
cocktail party; **~ mleczny**
milk shake
kolacj|a *f* supper; *gorąca:* din-
ner; *jeść ~ę* have* supper/
dinner, sup, dine
kolano *n* knee
kola|rstwo *n* cycling; **~rz** *m*
cyclist, rider F
kolba *f mil.* butt (of a rifle/pis-
tol); *chem.* flask; *kukurydzy:*
cob
kolczasty *adj* prickly; **drut** *m*
~ barbed wire
kolczyk *m* earring
kolebka *f* cradle
kolec *m* spike; *bot.* thorn
kolega *m* mate; *form.* colleague
kolej *f* railway; railroad *Am.*;
(*kolejność*) turn; **~ podziem-**

na the underground *Brt.*,
subway *Am.*; **~arz** *m* railway-
man *Brt.*, railroad worker
Am.; **~ka** *f* → **kolej**; (*ogonek*)
queue *Brt.*, line *Am.*; **stać w
~ce** queue (up) *Brt.*, line
Am.; **~no** *adv* in turn, one
after the other; **~ny** *adj* subsequent; **~owy** *adj* railway
…
kolekcj|a *f* collection; **~ono-
wać** collect
koleżeński *adj* sporting
kolęda *f* Christmas carol
kolizja *f* conflict; *mot.* collision
kolor *m* colour; **~owy** *adj* colour …, colourful; **~owy telewizor** *m* colour TV
kolumna *f* column
kołatać bang, knock
kołdra *f* quilt
kołek *m* peg
kołnierz *m* collar
koło¹ *prp* round
koło² *n mot. itp.* wheel; (*figura*) circle
kołys|ać (się) rock, swing*;
~ka *f* cradle
komar *m* gnat, mosquito
kombinerki *pl* combination
pliers *pl*
kombinezon *m* overalls *pl*,
boiler suit *Brt.*
komedia *f* comedy
komenderować command;
fig. boss (*kimś* s.o. around/
about); lord it (*kimś* over
s.o.)
komiczny *adj* comical

komin m chimney; **~ek** m fireplace; **~iarz** m chimney sweep

komis m (*sklep*) second-hand shop

komisariat m police station

komisja f committee, commission

komitet m committee

komor|a f chamber; **~ne** n rent; **~nik** m bailiff

komórka f biol. cell

komplet m set; **~ny** adj complete

kompot m compote

kompres m compress

kompromit|acja f blunder; **~ować** ⟨s-⟩ compromise

komputer m computer

komu pron (to) whom

komunik|acja f (public) transport; ... service; **~at** m annoucement; **~ować** ⟨za-⟩ announce

komuni|styczny adj Communist; **~zm** m Communism

koncert m concert; (*utwór*) concerto

koncesja f licence

kondolencje pl condolences pl

konduktor m conductor

kondycja f (physical) shape, form

kondygnacja f floor, storey; level

konfitury pl candied fruit

koniczyna f clover

koniec m end; **w końcu** in the end, finally, eventually

konieczn|ie adv necessarily; F absolutely; **~y** adj necessary

konik m fig. hobby-horse

konkretny adj definite, concrete

konkurencja f competition; sp. event

konkurs m contest, competition

konno → **jechać, jeździć**

konsekwentny adj consistent

konserwować ⟨za-⟩ preserve

konspiracja f clandestine resistance movement

konstytucja f constitution

konsumpcja f consumption

kontakt m contact; F electr. switch; **~ować się** ⟨s-⟩ contact (**z kimś** s.o.), make* contact, get* in touch (**z kimś** with s.o.)

kontener m (shipping) container

kontrakt m contract

kontrol|a f inspection; **~er** m inspector; **~ować** ⟨s-⟩ inspect

kontuzja f injury

kontynu|acja f continuation; **~ować** continue, carry on

konw|ojent m guard, escort; **~ojować** escort; **~ój** m convoy

koń m horse; **~ mechaniczny** horsepower, HP

koń|cowy adj final, end ...; **~cówka** f final part; **~czyć**

⟨**s-**⟩ finish; ⟨**u-**⟩ *a.* complete; ⟨**za-**⟩ *a.* end; **~czyć się** end, finish

kooperacja *f* cooperation

kop|ać¹ ⟨**~nąć**⟩ *nogą:* kick

kopa|ć² ⟨**s-**⟩ *w ziemi:* dig*; **~lnia** *f* mine; **~rka** *f* excavator

koper *m* dill

koperta *f* envelope

kopia *f* duplicate; *w sztuce:* replica

kopi|arka *f* copier; **~ować** ⟨**s-**⟩ copy

kopul|acja *f* copulation; **~ować** copulate

kopuła *f* dome

kopyto *n* hoof

kora *f bot.* bark

korale *pl* bead necklace; *z koralu:* coral necklace

korek *m* cork; *drogowy:* traffic jam

korekta *f* proof-reading

korepetycj|e *pl* private lessons *pl*; **udzielać komuś ~i** coach s.o.

koresponden|cja *f* correspondence; **~t** *m* correspondent

korko|ciąg *m* corkscrew; **~wać** ⟨**za-**⟩ cork (up)

koron|a *f* crown; **~ka** *f* (*tkanina*) lace

kort *m* (tennis) court

korytarz *m* corridor, passage(way)

korze|nić ⟨**za-**⟩ **się** take* root; **~ń** *m* root

korzy|stać ⟨**s-**⟩ benefit (z

from); (*używać*) use; **~stny** *adj* favourable; *econ.* profitable; **~ść** *f* benefit

kos *m* blackbird

kos|a *f* scythe; **~iarka** *f* mower; **~ić** ⟨**s-**⟩ mow*

kosmety|czka *f* beautician; (*torebka*) vanity bag; **~k** *m* cosmetic

kosm|iczny *adj* space ...; *form.* cosmic; **~os** *m* outer space; (*wszechświat*) the universe/cosmos

kosmyk *m* wisp (of hair)

kostium *m* costume; *damski:* suit; **~ kąpielowy** bathing suit/costume *Brt.*; swimsuit

kost|ka *f lodu itp.:* cube; *anat.* ankle; → *a.* **kość**; **~nieć** ⟨**s-**⟩ (*drętwieć*) grow* numb; **~ny** *adj* bone ...

kosz → **koszyk**

koszary *pl* barracks *pl*

koszt *m* cost; **~orys** *m* estimate; **~ować** *v/i* cost*; *ile to ~uje?* how much is it?; *v/t* ⟨**s-**⟩ taste; **~owny** *adj* costly, precious

koszula *f* shirt

koszyk *m* basket; **~ówka** *f* basketball

kości|elny *adj* church ...; *instytucja:* ecclesiastical; **~ół** *m* church

koś|cisty *adj* bony; **~ć** *f* bone

kosławy *adj* crooked

kot *m* cat

kotara *f* curtain

kotlet *m* chop; *siekany:* hamburger

kotlina *f* dell, valley

kotłować ⟨za-⟩ się swirl, whirl

kotłownia *f* boiler room/house

kotwica *f* anchor

koz|a *f zo.* (nanny) goat; **∼ica** *f* chamois; **∼ioł** *m* (*samiec kozy*) (billy) goat

kożuch *m* sheepskin coat

kółko *n tech.* wheel; (*figura*) circle

kpić ⟨za-⟩ (sobie) mock (*z kogoś* (at) s.o.); **∼na** *f* (**∼ny** *pl*) mockery

kra *f* cake of ice; *w morzu*: ice floe

kraciasty *adj* check(er)ed

kradzi|eż *f* theft; **∼ony** *adj* stolen

kraj *m* country

krajać ⟨po-⟩ cut* (up); *w plasterki*: slice (up)

krajobraz *m* landscape

krakowski *adj* Cracovian, of Cracow

kran → **kurek**

krasnoludek *m* dwarf

kraść ⟨u-⟩ steal*

krat|(k)a *f* (*wzór*) check; *w oknie itp.*: grating, grill(e), bars *pl*; **w ∼ę**, **∼kowany** *adj* check ..., check(er)ed

krawat *m* (neck)tie

krawcowa *f* seamstress, dressmaker

krawę|dź *f* edge; **∼żnik** *m* kerb *Brt.*, curb *Am.*

krawiec *m* tailor

krąg *m* circle

krążek *m* disc

krąż|enie *n* circulation; **∼yć** circle, hover

kreda *f* chalk

kredens *m* cupboard

kredka *f* crayon; **∼ do ust** lipstick

kredyt *m* credit

krem *m* cream; **∼owy** *adj* creamy

kresk|a *f* line; **∼owany** *adj* lined

kreślić draw*

krew *f* blood; **∼ki** *adj* hot-blooded; **∼niak**, **∼ny** *m* relative, relation

kręc|ić ⟨po-, za-⟩ turn (round); spin; **∼ić się** *tech.* spin, revolve, rotate; *włosy*: curl; *dziecko itp.*: fidget; **∼ony** *adj włosy*: curly; *schody*: winding

kręgle *pl* skittles *pl*, ninepins *pl Am.*; (*gra a.*) bowling

kręgosłup *m* spine, backbone

krępować ⟨s-⟩ (*wiązać*) tie (up); (*żenować*) embarrass; **∼ się** feel* embarrassed

krępy *adj* stocky, squat, thickset

kręt|acz *m* wriggler, dishonest person; **∼y** *adj* winding

kroczyć pace

kroić ⟨u-⟩ cut* (off); ⟨po-, s-⟩ cut* (up)

krok *m* step

kromka *f* slice (of bread)

kronika *f* chronicle; (*film*) newsreel

krop|ić ⟨po-⟩ sprinkle; *deszcz*: drizzle; **~ka** *f* dot; **~la** *f* drop; **~lówka** *f* drip

krosta *f* pimple

krowa *f* cow

krój *m* cut

król *m* king; **~estwo** *n* kingdom; **~ewski** *adj* royal

królik *m* rabbit

król|owa *f* queen; **~ować** reign

krótki *adj* short; (*krótkotrwały*) *a.* brief

krótkometrażowy *adj*: **film** *m* ~ short

krótkoterminowy *adj* short-term

krótkotrwały *adj* brief; short-lived

krótkowzroczny *adj* (*a. fig.*) short-sighted

kruchy *adj* fragile, brittle

kruk *m* raven

krupnik *m gastr.* barley soup

kruszyć ⟨po-, s-⟩ crumble, crush

krwaw|ić bleed*; **~ienie** *n* bleeding; **~y** *adj* bloody

krw|iobieg *m* blood circulation; **~iodawca** *m* blood donor; **~ionośny** *adj*: **naczynie** *n* ~**ionośne** blood vessel; **~iożerczy** *adj* blood-thirsty; **~otok** *m* h(a)emorrhage

kry|ć ⟨s-, u-⟩ hide*, conceal; **~ć się** hide*; **~jówka** *f* hiding place; *ludzka a.*: hideout

krymina|lny *adj* criminal; **~ł** F *m* (*więzienie*) prison; (*po-*

wieść) detective story

kryształ *m* crystal

kryty *adj sp. itp.* indoor

kryty|czny *adj* critical; **~ka** *f* criticism; **~kować** ⟨s-⟩ criticize

kryzys *m* crisis

krzak *m* bush

krząta|ć się busy oneself (**przy czymś** with s.th.), bustle about/around

krzepi|ć ⟨po-⟩ invigorate; **~ć się** fortify oneself; **~ki** *adj* vigorous; **~nąć** ⟨s-⟩ coagulate

krzesło *n* chair

krzew *m* shrub; **~ić** teach*, promulgate, promote

krzy|czeć cry, shout; **~k** *m* cry, shout; **~kliwy** *adj* loud, noisy

krzywa *f* curve

krzyw|da *f* wrong, harm; **~dzić** ⟨s-⟩ harm, wrong

krzyw|ić ⟨s-⟩ bend*; **~ić się** frown (**na** at); **~izna** *f* curvature; **~y** *adj* crooked

krzyż *m* cross; **~ować** ⟨s-⟩ cross; **~ówka** *f* crossword (puzzle); *biol.* cross

kserokopia *f* Xerox TM copy

ksiądz *m* priest

książeczka *f* booklet; **~ oszczędnościowa** savings-bank book

książę *m* prince; duke

książka *f* book

księg|arnia *f* bookshop *Brt.*, bookstore *Am.*; **~owość** *f* accountancy, bookkeeping;

~owy m accountant, book-keeper

księ|stwo n duchy; **~żna** f duchess; **~żniczka** f princess

księżyc m moon

kształ|cić ⟨wy-⟩ educate; **~cić się** study, train; **~t** m shape, form; **~tny** adj shapely; **~tować ⟨u-⟩** shape, form, fashion; **~tować się** take* shape/form

kto pron who; **~kolwiek** pron anybody, anyone; whoever; **~ś** pron somebody, someone

któr|ędy pron which way; **~y** pron which; rel a. that; rel o ludziach: who, that; **~ykolwiek** pron any, whichever

ku prp towards

kube|ł m mug; **~ł** m bucket; na śmieci: bin

kuch|arka f cook; **~arski** adj cooking …; **książka** f **~arska** cookery book, cookbook; **~arz** m cook; **~enka** f cooker; **~enny** adj kitchen …; **~mistrz** m chef, head cook; **~nia** f (pomieszczenie) kitchen; fig. cuisine, cooking

kuć żelazo forge; **⟨o-⟩** konia shoe; **⟨u-⟩** słowo coin

kudłaty adj hairy, shaggy

kufel m beer mug

kukułka f cuckoo

kukurydza f maize Brt., corn Am.

kula f ball; geom. sphere; mil. bullet

kul|a f inwalidzka: crutch; **~awy** adj lame; **~eć** limp

kulisty adj spherical, ball-shaped

kulka f small ball; **~owy** adj: **łożysko** n **~owe** ball bearing

kultura f culture; **~lny** adj człowiek: cultivated, well-mannered

kundel F m mongrel

kunsztowny adj ingenious

kupa f heap

kup|ić pf → **kupować**; **~iec** m merchant; **~no** n purchase; **~ować** buy*

kura f hen

kuracj|a f treatment, cure; **~usz** m patient (esp. in a spa)

kurcz m cramp

kurcz|ak m, **~ę** n chicken

kurcz|owy adj convulsive; **~yć ⟨s-⟩ się** shrink*; contract; liczba: dwindle

kurek m tech. tap

kuropatwa f partridge

kurs m course; **~ować** run*

kurtka f jacket

kurtyna f curtain

kurz m dust; **~yć** raise dust; **~ się** (zbierać kurz) gather dust

kusić ⟨s-⟩ tempt

kuszetka f couchette

kuśnierz m furrier

kuzyn m (male) cousin; **~ka** f (female) cousin

kwadrans m quarter (of an hour)

kwadrat m square

kwalifik|acje pl qualifications pl; **~ować się ⟨za-⟩** qualify

kwarta|lnik m quarterly; **~lny** adj quarterly; **~ł** m quarter (of a year)

kwa|s m acid; **~sić ⟨za-⟩** → **kisić**; **~skowaty** adj sourish; **~śny** adj sour

kwatera f quarters pl; mil. a. billet

kwesti|a f question; **~ona-riusz** m questionnaire; **~onować ⟨za-⟩** (call into) question

kwia|ciarnia f florist's; **~t** m flower

kwiczeć ⟨za-⟩ squeal

kwiecień m April

kwiecisty adj flowery

kwit m receipt; **~ bagażowy** luggage receipt, luggage token

kwitnąć ⟨za-⟩ bloom, blossom; drzewo a.: be* in bloom/blossom

kwitować ⟨po-⟩ sign (coś for s.th.)

kwota f amount, sum

L

lać v/t płyn pour; krew, łzy shed*; F (tłuc) lick F; v/i pour (with rain); **~ się** flow, run*, pour (forth)

lada f counter

laik m layman

lakier m varnish; do paznokci a.: enamel; samochodowy: paint; **~ki** pl patent-leather shoes pl; **~ować ⟨po-⟩** varnish; samochód paint

lakować ⟨za-⟩ seal

lalka f doll; thea. puppet

lamentować wail; lament (nad czymś s.th.)

lampa f lamp; **~ błyskowa** flashlight

lampart m leopard

lampka f small lamp; **~ wina** glass of wine

lanie F n licking F

laryngolog m ENT specialist

las m wood, (iglasty/liściasty coniferous/leafy) forest

laska f walking stick

latać fly*; (biegać) run* around/about

latar|ka f torch Brt., flashlight Am.; **~nia** f lantern; **~nia morska** lighthouse

lato n summer; **~em, w lecie** in (the) summer

laur m laurel; **~eat** m prize winner; form. laureate

ląd m land; **~ować ⟨wy-⟩** land; **~owanie** n landing

lecieć ⟨po-⟩ pf → latać; **muszę ~** I must dash

lecz cj but, however

lecz|enie n treatment, cure; **~nica** f hospital, infirmary; **~nictwo** n medical care, health service; **~niczy** adj curative; ćwiczenia itp.: remedial; **~yć** treat; **⟨wy-⟩** cure; **~yć się** undergo* treatment

ledwi|e, **~o** adv barely, hardly, scarcely

legitymacja f identification, ID (card) F; czlonkowska: membership card

lejek m funnel

lek m remedy, medicine; **~ar- ka** f (woman) doctor; **~arski** adj doctor's ...; **~arstwo** n medicine (**na** for); **~arz** m (medical) doctor, physician

lekceważ|ący adj supercilious, disrespectful; **~yć** ⟨z-⟩ (okazywać lekceważenie) disdain; niebezpieczeństwo itp. ignore

lekcj|a f lesson, class; **na ~i** in class

lekki adj light

lekkoatletyka f athletics, track-and-field Am.

lekko|myślny adj reckless; **~ść** f lightness

lemoniada f lemonade

len m flax

leni|ć się laze about; **~wy** adj lazy; idle

leń m lazybones, idler

lepić mould; **~ się** be* sticky

lepiej adv better

lepki adj sticky

lepszy adj better; form. superior

leszczyna f hazel

leśn|ictwo n forestry; (okręg) forest district; **~iczówka** f forester's lodge; **~iczy** m forester; forest ranger Am.; **~y** adj forest ...

letni adj summer ...; płyn itp.: tepid, lukewarm; **~k** m holidaymaker Brt., vacationer Am.

lew m lion

lewarek m mot. jack

lew|ica f pol. the left; **~icowy** adj left-wing; **~ostronny** adj left-sided; ruch: on the left-hand side of the road; **~y** adj left; **na ~o** on the left(-hand side); **w ~o** left, to the left

leż|ak m deckchair; **~anka** f couch; **~eć** lie*

lęk m fear; **~ać się** fear, be* afraid

libacja F f drunken orgy

liceum n secondary school

lichy adj poor-quality, shoddy

licytacja f auction; w kartach: bidding

licz|ba f number; **~nik** m meter; **~ny** adj numerous; **~yć** ⟨po-, z-⟩ count

lider m leader

likier m liqueur

lil|a, **~iowy** adj lilac, purple

lin|a f rope; **~ia** f line; **~iowy** adj linear

lipa f lime/linden (tree)

lipiec m July

lis m fox

list m letter

lista f list

listonosz m postman, mailman Am.

listopad m November

listwa f batten

liść m leaf

litera f letter; **~cki** adj literary; **~tura** f literature

litewski adj Lithuanian

lito|ść f mercy; **~ściwy** adj merciful; **~wać się** feel* pity (**nad** for); a. ⟨**u-**⟩ take* pity (**nad** on)

litr m litre (1.76 pints)

Litwa f Lithuania; **~in(ka** f) m Lithuanian

liz|ać ⟨~nąć⟩ lick

lo|dowaty adj ice-cold; **~dowisko** n ice rink; **~dowy** adj ice ...; **~dówka** f refrigerator, fridge F; **~dy** pl ice cream; **~dziarz** m ice-cream man

lokator m lodger

lokomo|cja f: **środek** m **~cji** means of transport; **~tywa** f railway engine, locomotive

lokować ⟨u-⟩ place; econ. invest

lornetka f binoculars pl, field-glasses pl

los m (przeznaczenie) fate, destiny; (dola) lot; loteryjny: (lottery) ticket; **ciągnąć ~y**

draw* lots; **~ować ⟨wy-⟩** draw* lots

lot m flight; **~nictwo** n aviation; **~nik** m flyer, pilot; **~nisko** n airport; mil. airfield; **~niskowiec** m aircraft carrier

loża f thea. box; masońska: lodge

lód m ice; gastr. ice-cream

lub cj or

lubić like, be* fond of

lud m population; **~ność** f population; **~owy** adj people's

ludz|ie pl people; **~ki** adj human

luka f gap

luksusowy adj luxury ..., luxurious

lusterko n kieszonkowe: vanity mirror; **~erko wsteczne** rear-view mirror; **~ro** n mirror, looking-glass

luty m February

lu|z m w linie itp.: play; F w zachowaniu: ease; mot. neutral gear, the neutral; **~zować ⟨z-⟩** relieve; **~źny** adj loose

lżej adv, **~szy** adj easier

Ł

łabędź m swan

łachman m rag

łaciaty adj spotted

łaci|na f Latin; **~ński** adj Latin

ład m orderliness, order

ładny adj pretty, nice, cute

Am.

ładowa|ć ⟨za-⟩ load; **~nia** f hold

ładunek m load, freight; mar. cargo

łago|dny adj mild; człowiek: gentle; **~dzić ⟨z-⟩** soothe

łajdak m scoundrel, rascal

łakomy adj greedy

łam|ać ⟨po-, z-⟩ break*; **~liwy** adj brittle

łańcu|ch, ~szek m chain

łap|a f paw; **~ać** ⟨z-⟩ catch*; *ręka*: grab; **~czywość** f greediness; **~ownictwo** n bribery; **~ówka** f bribe

łaska f grace; **~wy** adj kind, gracious

łaskotać tickle

łata f patch; **~ć** ⟨za-⟩ patch (up)

łatw|opalny adj (in)flammable; **~ość** f easiness; **~owierny** adj credulous; **~y** adj easy

ław|(k)a f bench; **~a oskarżonych** the dock; **~nik** m member of the jury

łazienka f bathroom

łaźnia f bathhouse

łącznie adv inclusive (**z** of), together/along (**z** with); (**w** sumie) altogether

łącz|nik m mil. liaison officer; **~ność** f communications pl; **~ny** adj total, global; **~yć** ⟨po-, z-⟩ connect, join; fig. combine; **~yć się** ⟨z-⟩ unite; ⟨po-⟩ teleph. get* a connection

łąka f meadow

łeb F m zwierzęcia: head

łkać sob

łobuz m rascal

łodyga f stem; liścia: stalk

łokieć m elbow

łom m crowbar

łono n lap; matki: womb

łopat|a f spade; **~ka** f ogrodowa: trowel; anat. shoulder blade

łoskot m rumble, thud

łosoś m salmon

łotewski adj Latvian

łotr m knave, scoundrel

Łotw|a f Latvia; **~ysz(ka** f) m Latvian

łowi|ć ⟨z-⟩ catch*; **~ecki** adj hunting; **~ectwo** n hunting ...;

łożysko n tech. bearing

łó|dka, ~dź f boat; **~dź podwodna** submarine

łóżko n bed

łuk m arch; (broń) bow

łup m booty; **~ać** orzechy crack; szczapy split

łupież m dandruff

łupin|a f peel; (skorupka) shell

łuska f scale; mil. cartridge case; **~ć** shell, scale

łuszczyć się flake (off)

łydka f calf

łyk m gulp; **~ać** ⟨~nąć⟩ swallow, gulp down

łykowaty adj tough

łys|ina f bald spot; **~y** adj bald

łyż|eczka f teaspoon; czegoś: teaspoonful; **~ka** f spoon; czegoś: spoonful

łyżw|a f skate; **~iarstwo** n skating

łza f tear; **~wić** water

M

macać ⟨po-⟩ feel*

mach|ać ⟨∼nąć⟩ swing*; *ręką, chusteczką itp.*: wave

macierzyństwo n maternity

macocha f stepmother

maczać dip

magazyn m store, warehouse; *(pomieszczenie)* storeroom; *(czasopismo)* magazine; ∼ier m storekeeper; ∼ować ⟨z-⟩ store

mag|iel m mangle; ∼lować ⟨z-⟩ mangle

magne|s m magnet; ∼tofon m tape recorder; ∼towid m video cassette recorder, VCR

maj m May

majątek m fortune; *ziemski*: estate; *econ., jur.* assets pl

majonez m mayonnaise

majsterkować tinker

majtki pl *damskie*: panties, knickers pl; *dziecięce*: panties pl; *męskie*: underpants pl

mak m poppy; *(ziarno)* poppy seed

makaron m noodles pl, macaroni

makijaż m make-up

makowiec m poppy-seed cake

mala|rstwo n painting; ∼rz m painter

malina f raspberry (bush)

malow|ać ⟨na-⟩ paint; ∼idło n painting; ∼niczy adj picturesque

mało adv little; ∼letni 1. adj under age; 2. m minor; ∼mówny adj taciturn; ∼obrazkowy adj 35-millimetre; ∼stkowy adj petty; *człowiek*: narrow-minded

małpa f zo. monkey; *duża*: ape

mały adj small, little

małż|eński adj marital; ∼eństwo n marriage; ∼onek m husband; spouse; ∼onka f wife; spouse; ∼onkowie pl husband and wife, married couple

mamrotać ⟨wy-⟩ mumble

mandarynka f tangerine, mandarin

mandat m polit. mandate; *(kara)* fine, ticket F

manewr m man(o)euvre

mankiet m cuff; *u spodni*: turn-up

mańkut m left-hander

mapa f map

marchew(ka) f carrot

margaryna f margarine, marge F

margines m margin

marka f *towaru*: brand; *samochodu*: make; *(waluta)* mark

markotny adj sullen

marmolada f jam

marmur m marble

marn|ieć ⟨z-⟩ deteriorate;

człowiek: waste away; **~otrawstwo** *n* waste; **~ować** ⟨z-⟩ waste

marny *adj* poor

marsz *m* march

marszałek *m* marshall

marszczyć ⟨z-⟩ crease; ~ **się** crease; *człowiek*: frown

martwić ⟨z-⟩ worry; ~ **się** worry, be* anxious (**o** about)

martwy *adj* dead

marudzić F grumble; (*guzdrać się*) dally

marynarka[1] *f* jacket

maryna|rka[2] *f wojenna*: navy; *handlowa*: merchant marine; **~rz** *m* seaman

marynować ⟨za-⟩ marinate, pickle

marzec *m* March

marzenie *n* dream

marznąć freeze*

marzyć dream(*) (**o** about)

masa *f* mass

masaż *m* massage

mask|a *f* mask; *mot.* bonnet *Brt.*, hood *Am.*; **~ować** ⟨za-⟩ camouflage

masło *n* butter

masować massage

mas|owy *adj* mass ...; **~ówka** F *f* mass production

maszt *m* mast

maszyn|a *f* machine; **~a do pisania** typewriter; **~a do szycia** sewing machine; **~ista** *m* engine driver; **~istka** *f* typist

maszynka *f kuchenna*: cooker; **~do golenia** safety ra-

zor; *elektryczna*: (electric) shaver

maść *f* ointment

matematy|czny *adj* mathematical; **~ka** *f* mathematics *sg*, math(s) F

materia *f* matter

materiał *m* material; (*tkanina*) *a.* cloth, fabric

matka *f* mother

matowy *adj* dull; *farba*: matt

matura *f secondary school finals*

matrymonialn|y *adj*: **biuro** *n* **~e** marriage bureau

mazać ⟨za-, po-⟩ smear

mącić ⟨z-⟩ cloud

mądr|ość *f* wisdom; **~y** *adj* wise

mąka *f* flour

mąż → **małżonek**

mdleć ⟨o-, ze-⟩ faint

mdł|ości *pl* nausea; **~y** *adj* insipid

meb|el *m* piece of furniture; **~lować** ⟨u-⟩ furnish; **~lować się** furnish one's flat

mech *m* moss

mechanik *m* mechanic

mecz *m* match

medal *m* medal

medy|cyna *f* medicine; **~czny** *adj* medical; **~k** *m* medic F

meldować ⟨za-⟩ report; ~ **się** report (**gdzieś** to somewhere); *w hotelu*: check in at

melon *m* melon

menstruacja *f* menstruation

meta *f sp.* goal, winning post

metal *m* metal; **~owy** *adj* metal ...

meteorologiczny *adj*: **komunikat** *m* ~ weather report

metr *m* metre

metro *n* underground *Brt.*, subway *Am.*

metryka *f* birth certificate

mewa *f* seagull

męczący *adj* strenuous, tiring; **~yć** ⟨z-⟩ tire; ⟨za-⟩ ⟨*gnębić*⟩ nag, pester, torment; **~yć się** suffer

męka *f* torment

męski *adj* men's, male; *gr.*, *mężczyzna*: masculine

mętny *adj* cloudy; (*niejasny*) vague, obscure

mężatka *f* married woman; **~czyzna** *m* man; **~ny** *adj* gallant, brave

mglisty *adj* misty, foggy; *fig.* vague; **~ła** *f* fog, mist

mgnieni|e *n*: **w ~u oka** in a flash

mianować appoint

mianowicie *adv* namely

miara *f* measure

miasto *n* town; *duże*: city

miażdży|ca *f med.* sclerosis; **~ć** ⟨z⟩ crush

miąć ⟨z-⟩ crumple; **~ się** crease

miecz *m* sword

mieć have*

miednica *f* (wash) basin; *anat.* pelvis

mie|dziany *adj* copper ...; **~dź** *f* copper

miejsc|e *n* place; (*przestrzeń*) room; space; **~owość** *f* locality, town/village; **~owy** *adj* local; **~ówka** *f* (seat) reservation ticket

miejski *adj* city ...; *form.* municipal

mielić grind*

mieli|zna *f* shallows *pl*; sandbank; **na ~źnie** aground, on the rocks

mielon|y 1. *adj* ground; **2.** F *m* *kotlet*: hamburger; **~e** *n mięso*: minced meat

mienie *n* possessions *pl*; property

mierny *adj* mediocre

mierzyć ⟨z-⟩ measure, gauge

miesiąc *m* month; **~ączka** F *f* menstruation; **~ęczny** *adj* monthly

miesza|ć ⟨z-⟩ mix, blend; *np.* herbatę stir; **~nina**, **~nka** *f* mixture, blend

mieszczański *adj* middle-class

mieszka|ć live; *czasowo*: stay; **~nie** *n* flat *Brt.*, apartment *Am.*; **~niec** *m* inhabitant; **~niowy** *adj* housing ...

mieścić contain; **~ się** be* situated

miewać się: Jak się miewa ...? How is ...?

między 1. *prp* between; **2.** *prefix*: inter-; **~miastowy** *adj* *teleph.* trunk ...; long-distance ... *Am.*; **~narodowy** *adj* international

mięk|ki adj soft; **~nąć ⟨z-⟩** soften

mięsień m muscle

mięs|ny adj meaty, meat ...; **~o** n flesh; w handlu: meat

mięt|a f mint; **~owy** adj mint ..., mint-flavoured

mig: w ~ adv in no time, in a flash; **~acz** m indicator; **~ać** flash; **~awka** f news flash; phot. shutter

migdał m almond; anat. (a. **~ek)** tonsil

migotać ⟨za-⟩ flicker, glimmer

mijać v/t a. **⟨wy-⟩** pass (by); go* past; v/i pass; **~nie** n → **światło**

mikro|bus m minibus; **~fon** m microphone, mike F

mikser m kuchenny: blender

mila f mile

milcz|eć be*/keep* silent; **~nie** n silence

mile, miło adv pleasantly, agreeably

miłosierny adj merciful

miło|sny adj love ...; **~ść** f love; **~śnik** m lover

miły adj pleasant, agreeable, nice

mimo prp in spite of; **~ to** nevertheless, nonetheless; **~ woli** unwittingly; **~wolny** adj unwitting, involuntary

min|a¹ f facial expression; **robić ~y** make* faces

mina² f mil. mine

min|ąć pf → **mijać**; **~iony** adj past

minister m minister; **~stwo** n ministry; **⋛stwo Spraw Wewnętrznych** Ministry of the Interior, Home Office Brt.; **⋛stwo Spraw Zagranicznych** Ministry of Foreign Affairs, Foreign Office Brt., State Department Am.

minuta f minute

miotła f broom

miód m honey; **~ pitny** mead

mis(k)a f bowl

misja f mission

mistrz m master; sp. champion; **~ostwo** n mastery; sp. championship; **~owski** adj masterly; **~yni** f sp. (woman) champion

miś m bear; (zabawka) teddy bear

mit m myth

mizern|ieć ⟨z-⟩ grow* wan/ haggard; **~y** adj wan, haggard

mlecz|arnia f dairy; **~arski** adj dairy ..., **~ny** adj milk ...

mleć → **mielić**

mleko n milk

młod|ociany 1. adj juvenile; **2.** m juvenile, minor; **~ość** f youth; **~szy** adj younger; form. junior; **~y** adj young

młodzie|niec m young man, youth; **~ńczy** adj youthful; **~ż** f youth

młot(ek) m hammer

młyn m: **~ek do kawy** coffee grinder

mnich m monk

mnie pron me; **u ~** at my place

mniej adv less; **~więcej** more or less; **~szość** f minority; **~szy** adj smaller; form. lesser, minor

mniemać presume, suppose, believe, be* in* conviction; **~nie** n conviction, opinion

mnożenie n multiplication; **~yć ⟨po-⟩** multiply

mnóstwo n plenty (**czegoś** of s.th.), multitude (**czegoś** of s.th.), loads (**czegoś** of s.th.)

moc f power; **na ~, ~ą** by virtue of; **~arstwo** n world power; **~ny** adj powerful; człowiek : strong; **~ować się** wrestle

moczyć ⟨za-⟩ drench, wet, soak

moda f fashion, vogue

model m model

modli|ć ⟨po-⟩ się pray; **~twa** f prayer

modny adj fashionable, in fashion

mok|nąć ⟨z-⟩ get*/become* wet, soak; **~ry** adj wet

molo n jetty, pier

moneta f coin

monitorować send* reminders

mont|aż m assembly assembling; **~er** m fitter

moralność f morals pl; morality

mord|erca m murderer; **~erstwo** n murder; **~ować ⟨za-⟩** murder; form. assassinate

morela f apricot (tree)

morski adj sea ...; form. maritime

morze n sea

mosi|ądz m brass; **~ężny** adj brass ...

most m bridge; **~ek** m (small) bridge; anat. breastbone, sternum

motłoch m mob, rabble

moto|cykl m motorcycle, motorbike; **~r** m → **silnik**; F (motocykl) bike F; **~rniczy** m tram driver; **~rower** m moped; **~rówka** f motorboat

motyl m butterfly

motyw m motive; artystyczny: motif; **~ować ⟨u-⟩** justify

mowa f speech; **~ ojczysta** mother tongue

mozolny adj arduous

moździerz m mortar

moż|e perhaps, maybe; **~liwość** f possibility; (sposobność) opportunity; **~liwy** adj possible; feasible; **~na** pred ... one can ...; → **wolno; czy ~na?** may I?

móc can*; be* able to

mój pron my, mine

mól m (clothes) moth

mów|ca m speaker; **~ić** speak*; talk

mózg m brain

móżdżek m gastr. brains pl

mroczny adj dark, gloomy

mrok m darkness, the dark

mrowisko n ant hill

mro|zić ⟨za-⟩ freeze*; **~źny** adj frosty; **~żonki** pl frozen foods pl

mrówka f ant
mróz m frost
mruczeć murmur; *kot*: purr
mrug|ać (**~nąć**) blink; *porozumiewawczo*: wink; → a. **migać**
mrzonka f fantasy, daydream
msza f Mass
mścić (**po-**) avenge
much|a f fly; **~omor** m toadstool
muł[1] m zo. mule
muł[2] m (*błoto*) ooze, mud
mundur m uniform
mur m wall; **~arz** m bricklayer; **~ować** (**wy-**) build* (in brick)
Murzyn(ka f) m Negro; *w USA*: black person
musieć must*; have* to
muskularny adj muscular
muszka f (*krawat*) bow tie; *zo.* midge

muszla f shell; *klozetowa*: bowl
musztarda f mustard
Muzułma|nin m (**~nka** f) Muslim; **źński** adj Muslim
muzyk m musician; **~a** f *music*; **~alny** adj musical
my *pron* we
myć (**u-**) (**się**) wash
mydl|ić (**na-**) soap; **~ło** n soap
myjnia f *samochodowa*: car wash
myl|ić (**po-**) confuse (**z** with); mistake* (**z** for); **~ić** (**o-**) **się** err; be* wrong/mistaken; **~ny** adj wrong; erroneous
mysz f mouse
myśl f thought; **~eć** (**po-**) think*; **~enie** n thinking; **~iciel** m thinker
myśli|stwo n hunting, shooting *Brt.*; **~wy** m hunter
mż|awka f drizzle; **~yć** drizzle

N

na *prp stole itp.*: on; *konferencji/weselu/zebraniu*: at; **~bok** aside; to the side; **~końcu** at the end
nabawić się contract, develop
nabiał m dairy produce
nabić *pf* → **nabijać**
nabierać fill (*czegoś do czegoś* s.th. with s.th.); scoop; (*oszukiwać*) put* on, kid F
nabijać *broń* load; **~ty** adj

(*zatłoczony*) crammed; *broń*: loaded
nabożeństwo n service
nabój m cartridge
nabrać *pf* → **nabierać**
nabrzeże n wharf; embankment
nabrzmie(wa)ć swell*
naby|cie n: **do ~cia** available; **~ć** *pf* → **nabywać**; **~tek** m purchase, buy F; **~wać** (*kupować*) purchase; (*przyswoić*

sobie) acquire; **~wca** *m* buyer

nachyl|ać ⟨~ić⟩ **się** bend*, lean* forward

naciąć *pf* → **nacinać**; **~ się** be* tricked

naciąg|ać ⟨~nąć⟩ *v/t* (*naprężać*) tighten; (*oszukać*) take* in; trick (**kogoś, żeby coś zrobił** s.o. into doing s.th.); *v/i herbata*: draw*

nacierać *v/t* (*smarować*) rub; *v/i* (*atakować*) attack

nacinać incise

nacis|k *m* pressure; **~kać** ⟨~nąć⟩ (de)press

naczeln|ik *m* head; **~y** *adj* leading; chief, main

naczynie *n* vessel; *kuchenne*: dish

nad *prp* over; **~rzeką** on the river

nada|ć *pf* → **nadawać**; **~jnik** *m* transmitter

nadal *adv* still, as before

nadaremny *adj* vain

nadaw|ać *post.* post; *tel.* transmit; (*udzielać*) grant; **~ca** *m* sender

nadąż|ać ⟨~yć⟩ keep* up (**za** with)

nadchodzić approach

nadciśnienie *n* hypertension

nadczynność *f* excessive functional activity

naddźwiękowy *adj* supersonic

nadejś|cie *n* arrival; approach; **~ć** *pf* → **nadchodzić**

nadepnąć step, tread* (**na** on)

nader *adv* most, extremely, exceedingly

nadgodziny *pl* overtime (hours)

nadje|chać *pf* ~żdżać arrive, come*

nadliczbow|y *adj* supernumerary; **godziny ~e** → **nadgodziny**

nadludzki *adj* superhuman

nadmiar *m* excess

nadmieni(a)ć mention

nadmierny *adj* excessive

nadmuch(iw)ać inflate, blow* up

nadprogramowy *adj* additional, supplementary

nadprzyrodzony *adj* supernatural

nadr|abiać ⟨~obić⟩ make* up (**coś** for s.th.)

nadruk *m* imprint

nadrzędny *adj* superior, primary

nadspodziewany *adj* … beyond expectation

nadużyci|e *n* abuse; **~a** *pl jur.* embezzlement

nadwag|a *f*: **mieć ~ę** be* overweight

nadweręż|ać ⟨~yć⟩ strain

nadwozie *n* (car) body

nadwyżka *f* surplus

nadzie|ja *f* hope; **mieć ~ę** hope

nadz|orca *m* supervisor; **~orować** supervise; **~ór** *m* supervision

nadzwyczaj adv exceedingly, exceptionally; **~ny** adj extraordinary

naft|a f petroleum, oil; do lamp itp.: paraffin, kerosene Am.; **~owy** adj petroleum ..., oil ...

nagabywać trouble

nagana f reprimand

nagi adj nude, naked

nagl|ący adj urgent; **~e** adv suddenly

nagłówek m headline; w liście: letterhead

nagły adj sudden

nago adv naked; in the nude; **~ść** f nakedness, nudity

nagr|adzać ⟨**~odzić**⟩ reward

nagrobek m tombstone

nagroda f reward; oficjalna: award, prize

naiwny adj naive

najazd m invasion

nająć pf → **wynajmować**

najmować pf → **wynajmować**

najem|ca m tenant; **~nik** m mil. mercenary; **~ny** adj hired

najeźdźca m invader

najgorszy adj the worst

najlepszy adj the best

najpierw adv first (of all)

najwięcej adv the most

nakaz m jur. warrant; **~(yw)ać** order, command

naklej|ać ⟨**~ić**⟩ paste, stick, glue; **~jka** f sticker; (etykieta) label

nakład m gazety itp.: circulation; książki: print-run; **~y** pl expenditure; **~ać** put* on

nakł|aniać ⟨**~onić**⟩ persuade (**kogoś do zrobienia czegoś** s.o. to do s.th.)

nakrę|cać ⟨**~cić**⟩ wind*; **~tka** f na śrubę: nut; na tubkę: cap

nakry|cie n stołu: tableware; **~(wa)ć** cover; **~wać do stołu** lay* the table

nalać pf → **nalewać**

nalegać insist (**na** on); urge (**żeby ktoś coś zrobił** s.o. to do s.th.)

nalep|i(a)ć paste; **~ka** f → **naklejka**

naleśnik m pancake

nal(ew)ać pour (out)

nale|żeć belong (**do** to); be* among; **~żność** f amount due, charge; **~żny** adj due, owed

nalot m air raid; F policji: bust

naładować broń load; akumulator itp. charge

nałogowiec m addict

nałożyć pf → **nakładać**

nałóg m bad habit, addiction

namacalny adj tangible

namawiać incite (**do** to); persuade (**kogoś do zrobienia czegoś** s.o. to do s.th.); talk (**kogoś do zrobienia czegoś** s.o. into doing s.th.)

namiastka f substitute, ersatz

namiętność f passion

namiot m tent

namoczyć soak

nam|owa f incitement; instigation; **~ówić** pf → **namawiać**

namydl|ać ⟨**~ić**⟩ soap

namyśl|ać ⟨**~ić**⟩ **się** make* up one's mind

naoczny → **świadek**

naokoło prp around

napad m assault; **~ać** assail; *fizycznie*: assault (**na kogoś** s.o.)

napast|liwy adj aggressive; **~nik** m assailant

napaść 1. pf → **napadać; 2.** f → **napad**

napchać pf → **napychać**

napełni|a(ć) fill (up)

nape|d m drive; **~dzać** ⟨**~dzić**⟩ drive*

napiąć pf → **napinać**

napić się have* a drink

napięcie n tension; *electr.* voltage

napinać string*

napis m inscription

napiwek m tip

napły|nąć pf → **napływać; ~w** m influx; **~wać** pour in

napominać admonish

napomknąć pf → **napomykać**

napomnieć pf → **napominać**

napomykać mention

napot(y)kać come* across

napój m drink

napraw|a f repair(s); **~i(a)ć** repair, fix F

naprawdę adv really, truly; indeed

naprzeciw(ko) adv, prp opposite

naprzód prp forward; ahead

naprzykrz|ać ⟨**~yć**⟩ **się** make* a nuisance of oneself

napychać stuff

narada f council; conference

naradz|ać ⟨**~ić**⟩ **się** confer

naraz adv at the same time; (*nagle*) suddenly, all of a sudden

nara|zić pf, **~żać** expose (**na** to)

narcia|rski adj skiing ...; **~rstwo** n skiing; **~rz** m skier

nareszcie adv at last, finally

narko|man m drug addict; **~tyk** m drug; **~tyzować się** take* drugs; be* on drugs; be* a drug addict

narodow|ość f nationality; **~y** adj national

Narodzenie n **⌕ Boże Narodzenie** Christmas

narośl f growth

narożn|ik m corner; **~y** adj corner ...

naród m nation; (*lud*) people sg

narta f ski

narusz|ać infringe; **~enie** n infringement; **~yć** pf → **naruszać**

narząd m organ

narzecz|eni pl engaged couple; **~ona** f fiancée; **~ony** m fiancé

narzekać complain

narzędzie n tool

narzu|cać ⟨**~cić**⟩ impose; **~t** m econ. surcharge

nas pron us; **u ~** at our place

nasada f base

nasenny adj: **środek** m ~ sleeping pill/tablet

nasienie n bot. seed; ludzkie: semen

nasilenie n increase, escalation

naskórek m epidermis

nasmarować tech. grease, lubricate

nasta(wa)ć v/i follow; come* (about)

nastawi(a)ć set*; ~ **się** prepare (**na** for)

nast|ąpić pf → **następować**; **~epca** m successor; **~epnie** adv next; subsequently; **~epny** adj next; **~epować** follow (**po czymś** s.th.); **~epstwo** n sequence; **~epujący** adv as follows; **~epujący** m following

nastraszyć frighten

nastręcz|ać ⟨**~yć**⟩ trudności itp.: present, offer

nastr|ojowy adj romantic; **~ój** m mood; atmosphere

nasu|nąć pf **~wać się** occur (**komuś** to s.o.)

nasyc|ać ⟨**~ić**⟩ saturate; głód itp. satisfy

nasyp m embankment; **~(yw)ać** pour (out)

nasz pron our(s)

naszyć pf → **naszywać**

naszyjnik m necklace

naszywać sew* on

naśladować imitate, copy

naśmiewać się poke fun, laugh (**z** at)

naświetlać ⟨**~ić**⟩ phot. expose

natar|cie n advance; **~czywy** adj importunate; insistent

natężenie n intensity

natłu|szczać ⟨**~ścić**⟩ grease

natomiast adv however

natrafi(a)ć come* across/upon (**na kogoś, coś** s.o., s.th.)

natrętny adj importunate, insistent

natrysk m shower

natrząsać się to make* a laughing stock (**z kogoś** of s.o.)

natrzeć pf → **nacierać**

natura f nature; **~lny** adj natural

natychmiast adv immediately; **~owy** adj immediate

naucz|ać ⟨**~yć**⟩ teach*; **~yć się** learn*; **~yciel(ka** f) m teacher

nauk|a f science; (uczenie się) study, studying; **~owiec** m scientist; (humanista) scholar; **~owy** adj scientific; w humanistyce: scientific

naumyśln|ie adv deliberately, on purpose; **~y** adj deliberate, purposeful

nawałnica f (rain)storm

nawet even

nawias m parenthesis; **~em mówiąc** by the way, incidentally

nawierzchnia f (road) surface

nawieźć pf → **nawozić**

nawijać ⟨-nąć⟩ wind*, coil

nawle|kać ⟨-c⟩ thread

nawoływać exhort (**to** to)

naw|ozić fertilize; **~óz** m fertilizer; *naturalny*: manure

nawr|acać ⟨-ócić⟩ (się) convert; **~ót** m sp. round; med. relapse

nawyk|ać⟨**~nąć**⟩become*accustomed, get* used (**do** to)

nawzajem adv (wzajemnie) mutually; **~** the same to you!; **się/sobie ~** one another, each other

nazbyt adv too

naz|wa f name; **~wać** pf → **nazywać**; **~wisko** n surname Brt., last name Am.; **~ywać** call; **~ywać się** be* called; **~ywam się ...** my name is ...

neg|atyw m negative; **~atywny** adj negative; **~ować** ⟨za-⟩ negate

neonowy adj neon ...

nerka f kidney

nerw m nerve; **~ica** f neurosis; **~owy** adj nervous; *człowiek*: excitable, jumpy, irritable

nędz|a f poverty; (kiepski) trashy, lousy F

nękać harass

niby (jakby) as if/though; (podobny do) like; (udawany, pozorowany) sham, make-be-lieve ..., mock ...

nic pron nothing; **~ a ~** nothing at all

niczyj adj nobody's

nić f thread

nie *zaprzeczenie*: no; *z czasownikiem*: not

niebezpiecz|eństwo n danger, peril; **~ny** adj dangerous

niebieski¹ adj kolor: blue; *na niebie*: sky ...

niebieski² adj (niebiański) heavenly, divine

niebo¹ n sky

niebo² n eccl. Heaven

nieboszcz|ka f, **~yk** m the deceased

niebywały adj unheard-of

niech: **~ pan(i) ...** will you please ...; **~ żyje ...!** long live ...!

niech|cący adv unintentionally; **~ęć** f dislike (**do** for); bias (**do** against); **~ętny** adj reluctant, unwilling

niecierpliw|ić się be* impatient/restless; **~y** adj impatient

nieco adv somewhat

nieczuły adj callous, insensitive

nieczynny adj sklep: closed; *urządzenie*: out of order

nieczytelny adj illegible

niedaleki adj close, nearby; **~o** adv close, near, nearby

niedawno adv recently, not long ago

niedba|łstwo n carelessness, negligence; **~ły** adj careless, sloppy F

niedobór m deficiency, shortage

niedobry adj (*niewłaściwy*)
wrong; (*niegrzeczny*) naughty

niedogodny adj inconvenient

niedojrzały adj immature;
owoc: not ripe

niedokładny adj inaccurate,
inexact

niedokończony adj unfinished

niedomagać be* ailing

niedopałek m cigarette end,
fag end F

niedopuszczalny adj unacceptable, inadmissible

niedorzeczny adj absurd,
preposterous

niedoskonały adj imperfect

niedostate|k m scarcity,
shortage; (*bieda*) want; **~cz-
ny** adj insufficient; *ocena*:
unsatisfactory

niedostępny adj inaccessible

niedoświadczony adj inexperienced

niedowidzieć be* short-
-sighted

niedozwolony adj prohibited

niedożywiony adj underfed,
undernourished

niedrogi adj inexpensive

nieduży adj not large

niedziel|a f Sunday; **w ~ę** on
Sunday; **~ny** adj Sunday ...

niedźwiedź m bear

niefachowy adj inexpert

niegdyś adv once, in the past

niegościnny adj inhospitable

niegrzeczny adj naughty

nieistotny adj immaterial,

inessential

niejadalny adj inedible

niejaki adj: **~ pan X** a Mr. X

niejasny adj obscure, vague

niejednokrotnie adv repeatedly, many a time

niekiedy adv sometimes, now
and then

niekorzystny adj unfavourable; *econ.* unprofitable

niektórzy adj some (people)

nielegalny adj illegal, unlawful

nieletni 1. adj juvenile, under
age; **2.** m minor, juvenile

nieliczn|i pl few (people); **~y**
adj small (in number)

nieład m disorder, disarray,
mess

nieładny adj not nice; (*nie-
urodziwy*) plain, unattractive

nie ma *z l. pojedynczą*: there
isn't any; *z l. mnogą*: there
aren't any; **~ za co** not at all

niemały adj considerable,
pretty big F

Niem|cy pl Germany; **~iec** m
German; **2iecki** adj German; **~ka** f German

niemodny adj out of fashion

niemowlę n baby, infant

niemożliwy adj impossible

niemy adj dumb, mute

nienaganny adj impeccable,
faultless

nienaruszalny adj inviolable

nienawi|dzić hate, loathe;
~ść f hatred, hate

nieobecny adj absent

nieobliczalny *adj* unpredictable

nieoczekiwany *adj* unexpected

nieodłączny *adj* inseparable

nieodpowiedni *adj* unsuitable

nieodpowiedzialny *adj* irresponsible

nieodwołalny *adj* irrevocable

nieograniczony *adj* unlimited

nieokreślony *adj* undefined, nondescript

nieomylny *adj* infallible, unerring

nieopanowany *adj* uncontrollable

nieopisany *adj* indescribable

nieostrożny *adj* careless, incautious

nieostry *adj obraz:* blurred

niepalący *m* non-smoker

nieparzysty *adj* odd

niepełny *adj* incomplete

niepewny *adj* uncertain

niepijący *m* teetotaller

niepoczytalny *adj* insane

niepodległość *f* independence; **~y** *adj* independent

niepodobny *adj* unlike (**do czegoś, kogoś** s.th., s.o.), dissimilar (**do** to)

niepogoda *f* bad weather

niepokoić ⟨**za-**⟩ trouble; bother; worry; **~oić się** worry, be* anxious; **~ój** *m* anxiety

niepokonany *adj* unconquerable, invincible

niepomyślny *adj (niekorzystny)* unfavourable; *wróżba:* ill-boding

niepoprawny *adj człowiek:* incorrigible; *gr.* incorrect

nieporozumienie *n* misunderstanding

nieporządek *m* disorder

nieposłuszny *adj* disobedient

niepospolity *adj* uncommon

niepotrzebny *adj* unnecessary; *(do wyrzucenia)* useless

niepowodzenie *n* failure

niepozorny *adj* inconspicuous, nondescript

niepożądany *adj* undesirable

nieprawd|a *f* untruth, lie; **~a?** isn't that so?; **~opodobny** *adj* improbable, unlikely

nieprawdziwy *adj* untrue; *(udający)* fake, not genuine

nieprawidłowy *adj* incorrect

nieproszony *adj* unwelcome

nieprzeciętny *adj* uncommon, extraordinary

nieprzekupny *adj* incorruptible

nieprzemakalny *adj* waterproof, water-resistant

nieprzepuszczalny *adj* impenetrable

nieprzerwany *adj* uninterrupted

nieprzetłumaczalny *adj* untranslatable

nieprzewidziany *adj* unforeseen

nieprzezroczysty *adj* opaque

nieprzychylny *adj* unfriendly

nieprzydatny *adj* useless

nieprzyja|ciel *m* enemy; **~zny** *adj* hostile

nieprzyjemn|ości *pl* trouble; **~y** *adj* unpleasant

nieprzystępny *adj* unapproachable

nieprzytomny *adj* unconscious

nieprzyzwoity *adj* indecent

niepunktualny *adj* unpunctual

nieraz *adv* many a time, repeatedly

nierdzewny *adj* stainless

nieregularny *adj* irregular

nierentowny *adj* unprofitable

nierozłączny *adj* inseparable

nierozpuszczalny *adj* insoluble

nierozsądny *adj* unwise

nierozważny *adj* imprudent, rash

nierów|ność *f powierzchni:* unevenness; **~ny** *adj po-wierzchnia:* uneven

nieruchomy *adj* motionless, immobile

nierząd *m* prostitution

nieskazitelny *adj* unblemished

nieskończony *adj* endless

niesłowny *adj* unreliable

niesłuszny *adj* unjust; (*bez-podstawny*) groundless

niesłychany *adj* unheard-of, incredible

niesmaczny *adj* unseemly

niespodzi|anka *f* surprise; **~any**, **~ewany** *adj* unexpected

niespokojny *adj* restless; (*za-niepokojony*) anxious

niesprawiedliwy *adj* unjust, unfair

niestety *adv* unfortunately, alas

niestosowny *adj* improper

niestrawny *adj* indigestible

niesumienny *adj* unconscientious

nieszczery *adj* insincere

nieszczęś|cie *n* (*tragedia*) misfortune, disaster; **~liwy** *adj* unhappy

nieszkodliwy *adj* harmless

nieścisły *adj* inexact

nieść carry

nieślubny *adj* illegitimate

nieśmiały *adj* shy, timid

nieśmiertelny *adj* immortal

nieświadomy *adj* unaware/ unconscious (*czegoś* of s.th.)

nieświeży *adj* not fresh; *chleb:* stale; *mięso, oddech:* bad

nietakt *m* tactlessness; **~owny** *adj* tactless

nietoperz *m* bat

nietrzeźwy *adj* intoxicated, tipsy F

nietypowy *adj sposób:* unconventional

nieuczciwy *adj* dishonest

nieudany *adj* unsuccessful, failed

nieufnoś|ć *f* distrust; **wotum**

n **~ci** a vote of no confidence

nieuleczalny *adj* incurable

nieumiejętny *adj* unskilful

nieumyślny *adj* unintentional

nieuniknony *adj* inevitable, unavoidable

nieurodzaj *m* bad harvest

nieustanny *adj* continual, unceasing

nieustraszony *adj* fearless

nieuważny *adj* careless

nieuzasadniony *adj* unjustified

nieuzbrojony *adj* unarmed

nieważny *adj szczegół*: unimportant; *dokument*: invalid, null and void

niewątpliwy *adj* undoubted, unmistakable

niewdzięczny *adj dziecko*: ungrateful; *praca*: thankless, unrewarding

niewesoły *adj sytuacja*: unpleasant; *mina*: sad

niewiadoma *f math.* unknown quantity

niewiara *f* lack of confidence (**w coś** in s.th.)

niewidomy *adj* blind

niewidzialny *adj* invisible

niewiel|**e** *świata, wody itp.*: little, not much; **~e**, **~u** few, not many; **~ki** *adj* little, small

niewiern|**ość** *f małżeńska*: infidelity; **~y 1.** *adj mąż*: unfaithful; **2.** *m* infidel

niewierzący *m* atheist, unbeliever

niewinny *adj* innocent; *jur.* not guilty

niewłaściwy *adj* improper; *odpowiedź*: incorrect, wrong; *człowiek*: wrong

niewol|**a** *adj* captivity; **~nica** *f* (**~nik** *m*) slave

niewrażliwy *adj* insensitive (**na** to)

niewskazany *adj* inadvisable

niewybaczalny *adj* unforgivable

niewygodny *adj fotel*: uncomfortable; *świadek*: unfortunate; (*niedogodny*) inconvenient

niewykształcony *adj* uneducated

niewypłacalny *adj jur.* insolvent

niewyraźny *adj obraz*: fuzzy, blurred; *głos*: indistinct

niewyspany *adj* sleepy

niewytłumaczalny *adj* inexplicable

niezadowol|**enie** *n* dissatisfaction (**z czegoś** with s.th.), discontent (**z czegoś** with s.th.); **~ony** *adj* dissatisfied (**z czegoś** with s.th.)

niezależny *adj* independent (**od** of)

niezamężny *adj kobieta*: unmarried, single

niezapominajka *f bot.* forget-me-not

niezapomniany *adj* unforgettable

niezasłużony *adj* undeserved

niezawodny *adj* dependable,

reliable

niezbędny adj indispensable, necessary

niezdatny adj unfit (**do** for)

niezdecydowany adj undecided; *człowiek*: hesitant

niezdrowy adj unwell, unhealthy

niezgrabny adj (*niezdarny*) clumsy, awkward

niezliczony adj countless, innumerable

niezły adj not bad, quite good

niezmienny adj unchangeable, invariable

nieznaczny adj inconsiderable, slight; *zwycięstwo*: narrow

nieznajom|a f stranger; **~y 1.** m stranger; **2.** adj strange, unknown

nieznany adj unknown

nieznośny adj intolerable, unbearable

niezręczny adj clumsy

niezrozumiały adj incomprehensible

niezupełnie adv not exactly, not quite

niezwłocznie adv at once, immediately

nieźle adv quite well

nieżonaty adj *mężczyzna*: unmarried, single

nieżyczliwy adj unfriendly

nieżywy adj dead; *noworodek*: still-born

ni|gdy adv never; **~gdzie** nowhere; **Gdzie byłeś?** - **2gdzie.** Where have you been? - Nowhere.; **~gdzie nie pójdę** I'm not going anywhere

nijaki adj indistinct; *gr.* neuter

niknąć ⟨z-⟩ v/i disappear, vanish

ni|kogo, ~komu pron → **~kt** pron nobody, no one; **Kto tu był?** - **2kt.** Who was here? - Nobody.; **~kogo nie ma** there's nobody here; **nie ufam ~komu** I don't trust anybody

nim 1. cj before; → **zanim; pomyśl** ⟨za⟩**~ coś powiesz** think before you say anything; **2.** pron **o ~** about him; **z ~** with him

nisk|i adj low; *człowiek*: short; *głos*: low; (*basowy*) deep; **~o** adv low

niszcz|eć ⟨z-⟩ v/i deteriorate; **~yciel** m *mil.* destroyer; **~yć** ⟨z-⟩ v/t destroy, devastate; *zdrowie* ruin; **~yć się** *płaszcz itp.*: wear* out; *wzajemnie*: destroy one another

nit m rivet

nitka f thread

nizina f lowlands pl

niż[1] cj than

niż[2] m *meteor.* depression; **~ej** adv comp. of **nisko** lower; **~ej podpisany** the undersigned; **~szy** adj comp. of **niski** lower; *człowiek*: shorter

no int well; F; **~** F! **~** podziw: wow! F; **~ cóż** oh well; **~ dalej!** (*pospiesz się!*) come on!; **~ to co?** so what?

noc *f* night, **w ~, ~ą** at night; **całą ~** all night (long); **~leg m: dawać komuś ~leg** put s.o. up (for the night); **~nik** *m* (chamber) pot, potty; **~ny** *adj* night ...; **~ować ⟨prze-⟩** *v/i* spend* the night (**u kogoś** with s.o.)

noga *f* leg; **do góry ~mi** upside down; **~wka** *f* (trouser) leg

nominacja *f* nomination (**na** for); appointment

nora *f* burrow; F (*mieszkanie*) pigsty F, dump F

norma *f społeczna itp.*: norm; *przemysłowa itp.*: standard; *pracy*: quota

Norwe|g *m* Norwegian; **~gia** *f* Norway; **Ⴍski** *adj* Norwegian; **mówić po Ⴍsku** speak* Norwegian; **~żka** *f* Norwegian

nos *m* nose

nosi|ciel *m wirusa itp.*: carrier; **~ć** carry; *ubranie* wear*

nosorożec *m* rhinoceros, rhino F

nosze *pl* stretcher

nośnik *m* magnetyczny *itp.*: medium

notariusz *m* notary

not|atka *f* note; **~atnik** *m*, **~es** *m* notebook; **~ować ⟨za-⟩** write* down, make* a note of

nowoczesny *adj* modern, up-to-date

noworodek *m* newborn baby

nowość *f* novelty

now|y *adj* new; **~o** *adv* newly; **na ~o, od ~a** all over again

noży|ce, **~czki** *pl* scissors *pl*

nóż *m* knife

nud|a *f* boredom; **~ności** *pl* nausea; **~ny** *adj* boring, dull

nudysta *m* nudist

nudzi|arz *m* bore; **~ć** bore (**czymś** with s.th.); **~ć się** be bored

numer *m* number; (*egzemplarz*) issue; **~ować ⟨po-⟩** number

nur|ek *m* diver; **~kować ⟨za-⟩** dive

nurt *m* current

nuta *f mus.* note

nuż|ący *adj* tiresome; **~yć ⟨z-⟩** *kogoś* make* (s.o.) tired

O

o *prp mówić, martwić się*: about; *opierać się*: against, on; *prosić, walczyć*: for; *o-skarżyć*: of

ob|a, **~aj** both

obal|ać **⟨~ić⟩** *rząd, ustrój* overthrow; *teorię* disprove

obaw|a *f* fear; **~iać się** fear; **~iam się, że nie masz racji** I am afraid you are wrong

obcas *m* heel; **buty** *pl* **na wysokich ~ach** high-heeled shoes *pl*

ob|cążki, **~cęgi** *pl* pincers *pl*
obchodzi|ć *miejsce*: walk
round; *święto* celebrate; **to
mnie nie ~** I don't care
about that; **~ć się** handle
(**z czymś** s.th.); *bez czegoś:*
do* without (s.th.)
obchód *m w szpitalu*: round
obciąć *pf* → **obcinać**
obciąż|ać ⟨**~yć**⟩ weight;
kosztami: charge
obcinać cut* (off)
obcisły *adj* tight, close-fit-
ting
obcokrajowiec *m* foreigner
obcować be in contact (**z**
with)
ob|cy 1. *adj człowiek, miejsce*:
strange, unknown; *ciało*: foreign; **2.** *m* stranger; **~czyzna**
f: na ~czyźnie in exile
obdarz|ać ⟨**~yć**⟩ present
(**czymś kogoś** s.th. to s.o.,
s.o. with s.th.); **~ć kogoś
zaufaniem** put* one's trust
in s.o.; **~ony** endowed
(**czymś** with s.th.)
obecn|ie now, at present;
~ość *f* presence; **~y** *adj* present
obej|mować ⟨**objąć**⟩ *ramio-
nami*: embrace; (*dotyczyć*)
include, comprise; **~mować
urząd** take* office
obejrzeć *pf* → **oglądać**
obejść *pf* → **obchodzić**
obel|ga *f* insult; **~żywy** *adj* in-
sulting, offensive
oberwać *pf* → **obrywać**

obfity *adj* abundant
obgry|zać ⟨**~źć**⟩ *kość* gnaw;
paznokcie bite*
obiad *m wieczorem*: dinner;
po południu: lunch
obi|cie *n* upholstery; **~ć** *pf* →
obijać
obie → **oba**
obiec *pf* → **obiegać**
obiec(yw)ać promise
obieg *m* circulation; **~ać** run*
round
obiekt *m* object; *sportowy,
przemysłowy*: complex
obie|rać *ziemniaki, owoce*
peel; **~rzyny** *pl* peelings *pl*
obietnica *f* promise
obijać *meble* upholster
objaśni|(a)ć explain; **~enie** *n*
explanation
objaw *m* symptom; **~ienie** *n*
revelation
objazd *m* detour; **~owy** *adj
teatr*: travelling
objąć *pf* → **obejmować**
objeżdżać ⟨**~chać**⟩ tour
objętość *f* volume
obl|ew)ać *wodą itp.*: pour
(water *etc.*) on; F *egzamin*
flunk F; **~się** *wodą itp.*: spill*
(water) on oneself
oblężenie *n* siege
oblicz|ać calculate; **~enie** *n*
calculation; **~yć** *pf* → **obliczać**
obligacja *państwowa*: bond
obliz(yw)ać *lick
oblodzony icy
obława *f* manhunt
obł|ąkany *adj* mad; **~ęd** *m*

madness; **~edny** F *adj* fabulous

obłud|a *f* hypocrisy; **~nik** *m* (**-nica** *f*) hypocrite; **~ny** *adj* hypocritical

obmac(yw)ać feel* (with one's fingers)

obm|awiać (**~ówić**) slander

obmyśl|ać (**~ić**) devise

obnażony *adj* naked

obniż|ać (**~yć**) lower; **~ać się** *temperatura*: drop; **~ka** *f* reduction, drop; *cen*: (price) cut; **~ony** *adj cena*: reduced

obojczyk *m* collarbone

oboje → **oba**

obojętn|ość *f* indifference; **~y** *adj* indifferent (**na** to); *chem.* neutral

obok *prp* by, next to; *mieszkać*: next door

obora *f* cowshed

obowiąz|ek *m* duty; **~kowy** *adj przedmiot*: obligatory, compulsory; *uczeń*: conscientious; **~ywać** be obligatory

obozow|ać camp out; **~isko** *n* encampment

obój *m mus.* oboe

obóz *m* camp

obrabia|ć *metal* shape; **~rka** *f* machine tool

obrabować rob; *na ulicy*: mug

obracać turn; **~ na drugą stronę** turn over; **~ się** turn round

obrać *pf* → **obierać**

obrad|ować deliberate; **~y** *pl*

deliberations *pl*; *rządu*: debate

obraz *m* picture; *malowany*: painting; *w wyobraźni*: image, (mental) picture; *TV* picture; *phys., phot.* image

obraza *f* insult

obrazek *m* picture

obrazić *pf* → **obrażać**

obrazowy *adj* picturesque

obraźliwy *adj* offensive, insulting

obrażać insult, offend; **~ się** take* offence (**o** at)

obrażenia *pl* injuries *pl*

obrączka *f* (**ślubna** wedding) ring

obręb *m*: **w ~ie** within; **poza ~em** beyond

obrobić *pf* → **obrabiać**

obro|na *f* defence (**przed** against); **~ńca** *m* defender; *moralności*: guardian; *jur.* counsel for the defence, advocate

obrotowy *adj* revolving

obroża *f* (dog) collar

obró|cić *pf* → **obracać**; **~t** *m* *koła*: revolution; *ciała*: turn

obrus *m* tablecloth

obrywać *guzik, liść* tear* off

obrz|ądek *m* → **~ęd** *m* ceremony

obrzęk *m med.* swelling

obrzuc|ać (**~ić**) pelt (**czymś** with s.th.)

obrzydl|iwy *adj* disgusting; **~dzenie** *n* disgust

obsa|da *f* *film., thea.* cast; **~dzać** (**~dzić**) cast*

obserw|acja f observation; *policyjna:* surveillance; **~ator** m observer; **~atorium** n observatory; **~ować** observe; *(śledzić)* watch

obsłu|ga f service; *(pracownicy)* personnel, staff; **stacja f ~gi** service station; **instrukcja f ~gi** instructions (booklet); **~giwać ⟨~żyć⟩** serve; *w restauracji:* wait on; *maszynę* operate, work

obstawa f bodyguard

obstrzał m gunfire; **pod ~em** under fire

obsyp(yw)ać *kwiatami, prezentami:* shower (**kogoś czymś** s.o. with s.th.); *pochwałami:* heap (**kogoś czymś** s.th. on s.o.)

obszar m area; *lądu, wody:* stretch

obszarpany adj ragged

obszerny adj large; *sprawozdanie:* extensive, exhaustive

obu → oba

obudowa f cover

obudzić pf → **budzić**

oburz|ać ⟨~yć⟩ się become* indignant (**na** at); **~enie** n indignation; **~ony** adj indignant (**na** at)

obustronny adj *rozmowy:* bilateral; *zaufanie, korzyść:* mutual

obuwie n footwear

obwąch(iw)ać sniff (**coś** s.th.)

obwiąz(yw)ać *ranę* bandage (up); *paczkę* tie up

obwieszczenie n announcement

obwini(a)ć blame (**kogoś o coś** s.o. for s.th.)

obwodnica f bypass

obwód m math. circumference; *electr.* circuit; **~ w pasie** waist measurement

obyczaj m custom; **~owy** adj customary

obyć się pf → **obywać się**

obydw|a, ~oje → oba

obywać się manage (**bez** without)

obywatel|(ka f) m citizen; **~stwo** n citizenship

ocal|ać ⟨~ić⟩ rescue; **~ać komuś życie** save s.o.'s life; **~eć** pf survive; **~enie** n rescue

ocen|a f evaluation; *szkolna:* grade, mark; **~i(a)ć** evaluate; *prace uczniów* mark

ocet m vinegar

ochlap(yw)ać splash (**kogoś czymś** s.o. with s.th.)

ochładzać, ochłodzić → chłodzić

ochot|a f willingness, desire; **mieć ~ę na coś** feel* like (doing) s.th.; **~niczy** adj voluntary; **~nik** m volunteer

ochrani|acz m sp. pad; **~ć → chronić**

ochron|a f protection; *osobista:* bodyguard; **~iarz** F m bodyguard; **~ny** adj protective

ociemniały → niewidomy

ocieplać ⟨~lić⟩ *dom itp.* insulate; **~ się** get* warmer

ocleni|e n: **coś do ~a** something to declare

oczarowa|ć enchant; **~ny** adj enchanted

oczekiwa|ć await (**kogoś, czegoś** s.o., s.th.), wait (**kogoś, czegoś** for s.o., s.th.); **~nie** n expectation

ocz|ko n igły: eye; w pończosze: ladder Brt., run Am.; (gra) blackjack; **~ny** adj nerw: optic; **gałka i ~na** eyeball; **~y** pl → **oko**

oczy|szczać ⟨**~ścić**⟩ skórę, ranę cleanse; teren clear; **~szczalnia ścieków** sewage farm; **~szczanie** n purification; **~szczony** purified; cukier: refined

oczytany adj well-read

oczywi|sty adj obvious; **~ście** obviously; (na pewno) certainly

od prp miejsca: from; roku, godziny: for; w porównaniach: than; **starszy ~ ciebie** older than you; **młodszy ~ mnie** younger than me; **~ samego początku** from the very beginning

od|bić pf → **odbijać**; **~bicie** n w lustrze: reflection; piłki o ziemię: bounce; piłki do przeciwnika: return; phys. fali: deflection

odbie|gać ⟨**~c**⟩ run* away (**od** from); od tematu: deviate (from)

odbierać take* away (**komuś** from s.o.); bagaż itp. collect (**z** from); telefon answer; wiadomość receive

odbijać światło reflect; piłkę o ziemię bounce; piłkę do przeciwnika return; (kopiować) photocopy, run* off; **~ się** światło: reflect; piłka: bounce (**o** off); phys. fala: deflect

odbi|orca m recipient; **~ornik** m receiver (a. radio); TV, radio: set; **~ór** m TV, radio: reception; listu itp.: receipt

odbitka f phot. print; (ksero) Xerox TM (copy)

odbudow|a f reconstruction; **~(yw)ać** reconstruct

odbyć pf → **odbywać**

odbyt m anat. anus

odbywać karę serve; szkolenie take*, undergo*; rozmowę hold*; **~ się** take* place, be* held, happen

odcho|dzić f faeces pl; **~dzić** walk away (**od** from); pociąg: leave*; (opuszczać) leave* (**od kogoś** s.o.)

odchudz|ać ⟨**~ić**⟩ się slim

odci|ąć pf → **odcinać**

odcią|gać ⟨**~nąć**⟩ pull away (**od** from)

odcień m shade

odci|ęty adj cut off (**od** from); **~nać** cut* off (**od** from); **~nek** m section; drogi: stretch; serialu: episode; biletu: stub; math. line segment

odcisk m imprint; na stopie: corn; **~ palca** fingerprint

odczyt *m* (*wykład*) lecture;
pomiaru: reading
oddać *pf* → **oddawać**
oddal|**ać** ⟨**~ić**⟩ **się** (*odchodzić*) walk away; **~ony**:
**~ony o 10 kilometrów od
czegoś** situated 10 kilometres away from s.th.
odda|ny *adj* devoted (**komuś,
czemuś** to s.o., s.th.); **~wać**
pieniądze, książkę return,
give* back (**komuś** to s.o.);
głos w wyborach cast* (**na
kogoś** on s.o.); *myśl* express,
render; **~wać mocz** urinate,
pass water; **~wać się** (*zajmować się*) devote oneself
(**czemuś** to s.th.); **~wać się
w ręce władz** give* oneself
up to the authorities
od|dech *m* breath; **~dychać**
breathe; (*filia*) branch; **~dychanie** *n* respiration
oddział *wojska*: troop; *w szpitalu*: ward; (*filia*) branch; **~
intensywnej opieki medycznej** intensive-care unit
oddziaływać affect (**na kogoś** s.o.), have* an effect
(**na kogoś** on s.o.); *wzajemnie*: interact (**na siebie** with
one another)
oddziel|**ać** ⟨**~ić**⟩ separate (**od**
from); **~nie** *adv* separately;
~ny *adj* separate
oddzierać tear* off
oddźwięk *m* repercussions *pl*
ode → **od**
odebrać *pf* → **odbierać**
odedrzeć *pf* → **oddzierać**

odegnać *pf* → **odganiać**
odegrać *pf* → **odgrywać**
odejmować *math.* subtract
odejście *n* departure; *od tematu*: deviation
odejść *pf* → **odchodzić**
odepchnąć *pf* → **odpychać**
oderwać *pf* → **odrywać**
odesłać *pf* → **odsyłać**
odetchnąć take* a deep
breath
odezwać się *pf* → **odzywać
się**
odgad|ywać ⟨**~nąć**⟩ guess
odgłos *m* noise
odgrywać play (back)
odgryzać bite* off
odgrz(ew)ać warm up
odjazd *m* departure
odjąć *pf* → **odejmować**
od|jeżdżać ⟨**~jechać**⟩ depart, leave* (**do** for)
odkąd *prp* since
odklejać unstick*; **~ się** unstick*, come* unstuck
odkładać *na miejsce*: put*
away; *pieniądze* save; *spotkanie*: postpone, put* off; *słuchawkę* replace, put* down
odkop(yw)ać dig* out
odkorkow(yw)ać uncork
odkręc|ać ⟨**~ić**⟩ unscrew
odkry|cie *n* discovery; **~ty** *adj*
stadion: uncovered, outdoor; **~(wa)ć** uncover; *nieznany kontynent* discover;
~wca discoverer
odkurz|acz *m* vacuum cleaner; **~ać** ⟨**~yć**⟩ *półkę* dust;
dywan vacuum

odpowiadać

odlać *pf* → **odlewać**

odl|atywać ⟨∼ecieć⟩ fly* away; *samolot z lotniska*: depart

odległ|ość *f* distance; **w ∼ości 10 mil** 10 miles away; ∼y *adj* distant

odlew|ać **wodę** pour off; (*robić odlew*) cast*; ∼nia *f* foundry

odlot *m* departure; **czas *m* ∼u** departure time

odłam|ek *m* fragment; *mil.* piece of shrapnel; ∼(yw)ać break* off

odłącz|ać ⟨∼yć⟩ *część od całoś ci*: detach (**od** from); ∼ać się break* away (**od** from)

odłożyć *pf* → **odkładać**

odmawiać refuse, deny; ∼ **modlitwę** say* a prayer

odmi|ana *f* change; (*urozmaicenie*) variety; *gr.* declension; *bot.* variety; **dla ∼any** for a change; ∼eni(a)ć (się) *gr.* inflect; ∼enny *pogląd, płeć*: opposite; *gr.* inflected

odmierz|ać ⟨∼yć⟩ measure, gauge

odmł|adzać ⟨∼odzić⟩ *kogoś* make* (s.o.) look younger; *zespół* inject new blood into

odmow|a *f* refusal; ∼ny *odpowiedź*: negative

odmówić *pf* → **odmawiać**

odmr|ażać ⟨∼ozić⟩ *lodówkę* defrost; ∼ozić **sobie stopę** get* one's foot frostbitten; ∼ożenie *n* frostbite

odna|jdywać ⟨∼leźć⟩ find*, discover; ∼jdywać się be discovered, turn up F

odnawiać *dom* redecorate, renovate; *znajomość* renew

odn|iesienie *n*: **punkt *m* ∼iesienia** point of reference; ∼osić ⟨∼ieść⟩ **na miejsce**: take* back, carry back; ∼osić się **refer** (**do** to); ∼oszący się **do czegoś** relating to s.th.

odnowić *pf* → **odnawiać**

odosobnienie *n* isolation

odpa|dać ⟨∼ść⟩ **z konkursu**: drop out (of); ∼dki *pl* rubbish *Brt.*, garbage *Am.*; ∼dy *pl* **przemysłowe** industrial waste; ∼ść *pf* → **odpadać**

odpędz|ać ⟨∼ić⟩ chase off

odpiąć *pf* → **odpinać**

odpiłow(yw)ać saw* off

odpinać unfasten

odpis|(yw)ać *na list*: reply; (*ściągać*) cheat, copy (**od** from), crib F

odpły|w *m* ebb; (*otwór, rura*) outlet; ∼wać ⟨∼nąć⟩ *pływak*: swim* away; *jacht*: sail away

odpocz|ąć *pf* → **odpoczywać**; ∼ynek *m* rest; ∼ywać rest

odporn|ość *f* resistance; *med.* immunity (**na** to, against); ∼y *adj* immune (**na** to, against)

odpowia|dać[1] ⟨∼edzieć⟩ answer, respond (**na coś** to s.th., **czymś** with s.th.); (*być odpowiedzialnym*) be* responsible (**za** for); *na list*: answer, reply (to); **~adać na pytanie** answer a question

odpowi|adać² suit; *opisowi*: answer (to); **~edni** *adj* suitable (**do** for); *(odnośny)* relevant; **~ednik** *m* counterpart; *w innym języku*: equivalent

odpowiedzialn|ość *f* responsibility (**za** for); **~y** *adj* responsible (**za** for); *(solidny)* reliable

odpowiedź *f* answer (**na** to), response (**na** to); *na list*: reply (**na** to)

odpraw|a *f* *(zebranie)* briefing; **~a celna** customs clearance; **~a pasażerów** check-in; **~i(a)ć** *towary* dispatch; **~iać Mszę** celebrate Mass

odpręż|ać **~yć** się relax; **~enie** *n pol.* détente

odprowadz|ać **~ić** see* off; **~ać kogoś do samochodu** see* s.o. to the car; **~ać kogoś do domu** see* s.o. home

odpychać push away (**od siebie** from one's self)

odrabiać *zaległość ci* catch* up on; **~ lekcje** do* one's homework

odra|dzać **~dzić** advise (**komuś** s.o. against s.th.)

odr|astać **~osnąć** *włosy itp.* grow* back

odra|za *f* disgust, abhorence; **~żający** *adj* disgusting, re-

pulsive

odrębny *adj* separate, distinct

odręczny *adj list*: hand-written; *rysunek*: free-hand

odrętwienie *n* numbness

odrobić *pf* → **odrabiać**

odrobina *f (troche)* a little bit (**czegoś** of s.th.)

odro|czenie *n* postponent; *jur.* reprive; **~czyć** *pf* → **odraczać**

odro|dzenie *n* revival; *hist.* Renaissance; **~dzić się** *pf* → **odradzać się**

odróżni(a)ć differentiate, tell* (**jedną rzecz od drugiej** one thing from another); **~ się** stand* out

odruch *m* reflex

odrywać *deskę, guzik* tear* off; **nie mogę od nich oderwać oczu** I can't wrench my eyes away from them; **~ się** break* off

odrzu|cać **~cić** *piłkę* throw* back (**do kogoś** to s.o.); *propozycję* reject; **~cenie** rejection; **~ać** *m towar*: reject; *broni palnej*: recoil; **~to-wiec** *m* jet plane

odsetki *pl econ.* interest

odsk|akiwać **~oczyć** jump back; **~akiwać na bok** jump aside

odsł|aniać **~onić** *coś zakrytego* uncover, expose; *pomnik* unveil; **~aniać okno** draw* the curtain; **~ona** *f thea.* scene; **~onięcie** *n pomnika*: unveiling

odstawać (*wyróżniać się*) stand* out (**od** from)

odstawi|a|ć *na miejsce*: put* away, put* back

odstąpić *pf* → **odstępować**

odstęp *m* distance; *między wyrazami*: space; *między wierszami tekstu*: line spacing

odstrasz|ać 〈~yć〉 scare away, *form.* deter; **środek** *m* **~ający** deterrent

odsu|wać 〈~nąć〉 push away (**od** from); **~wać na bok** push aside; **~wać do tyłu** push back; **~wać się** draw* back

odsyła|cz *m w tekście*: reference; **~ć** send* back; *do literatury*: refer (back) (**do** to)

odszkodowanie *n* (*pieniądze*) damages *pl* (**za** for)

odszukać *pf* find*; **~ się** *wzajemnie*: find* one another

odświeża|ć 〈~yć〉 *meble itp.* restore; *powietrze* freshen; *po podróży*: freshen (**się** oneself); **~ać komuś coś w pamięci** refresh one's memory about s.th.

odświętny *adj nastrój*: festive; **~ strój** *m* (one's) Sunday best

odtąd *prp* (*do teraz*) since; (*od teraz*) from now on

odtłuszczon|y *adj* low-fat; **~e mleko** *n* skim(med) milk

odtwa|rzać 〈~orzyć〉 recreate

oducz|ać 〈~yć〉: **~ać kogoś**

robić coś train s.o. not to do s.th.; **~ać się** (*odzwyczajać się*) break the habit (**robić coś** of doing s.th.); (*przestawać umieć*) unlearn (**czegoś** s.th.)

odurzający *adj* hallucinogenic

odwaga *f* courage

odważnik *m* weight

odważ|ny *adj* brave, courageous; **~yć się** have* the courage (**zrobić coś** to do s.th.)

odwdzięcz|ać 〈~yć〉 **się** return the favour

odwet *m* retaliation

odwiąz|(yw)ać untie

odwie|dzać 〈~dzić〉 *kogoś* visit (s.o.), call (on s.o.); **~dziny** *pl* visit

odwieźć *pf* → **odwozić**

odwijać unwrap

odwilż *f* thaw

odwinąć *pf* → **odwijać**

odwoła|nie *n ze stanowiska*: dismissal, removal; *od decyzji*: appeal; **do ~ania** until further notice; **~(yw)ać** *ze stanowiska*: dismiss; *spotkanie* call off, cancel; **~ywać się** appeal (**do** to)

odwozić take*/drive* back; **~ kogoś do domu** drive* s.o. home

odwr|acać 〈~ócić〉 *uwagę* divert; **~acać się** turn round; **~otnie** *adv* the other way round; **~otny** *adj* reverse; **~ócić** *pf* → **odwracać**; **~ót**

m retreat; **na ~ocie** overleaf

odwzajemni(a)ć *uczucia* return

odziedzicz|ać ⟨**~yć**⟩ inherit

odzież *f* clothing, clothes *pl*; **przemysł** *m* **~owy** textile industry

odzna|czać się stand* out; **~czenie** *n* decoration, medal; **~ka** *f* badge

odzwierciedl|ać ⟨**~ić**⟩ reflect

odzwyczaja|ć ⟨**~ić**⟩ **się** break* the habit (**od robienia czegoś** of doing s.th.)

odzysk|(iw)ać recover; *niepodległość* regain

odżywać się speak*

odży(wa)ć come* back to life

odży|wi(a)ć nourish; **~wiać się zwierzę:** feed* (**czymś** on s.th.); **~wka** *f do włosów:* conditioner, tonic; *dla dzieci:* baby food, formula *Am.*

ofensywa *f* offensive

ofer|ować ⟨**za-**⟩ offer; **~ta** *f* offer

ofiar|a *f* victim; *wypadku:* casualty; *(poświęcenie)* sacrifice; **~ność** *f* dedication; **~ny** *adj* dedicated; **~ow(y-w)ać** donate

ofic|er *m* officer; **~jalny** *adj* official; *zaproszenie:* formal; *osoba:* stand-offish

ogień *m* fire; **sztuczny ~** sparkler

ogier *m* stallion

oglądać look at, view; *film, telewizję* watch; **~się do tyłu** look back; **~się dookoła**

look round

oględziny *pl* inspection

ogł|aszać ⟨**~osić**⟩ announce; *zwycięstwo* proclaim; **~oszenie** *n* announcement; **~oszenia** *pl* **drobne** small ads *pl Brt.*, classified ads *pl Am.*

ogłuchnąć go* deaf

ogłusz|ać ⟨**~yć**⟩ deafen

ogni|otrwały *adj* fireproof; **~sko** *n* (bon)fire; *optyczne:* focus

ogniwo *n łań cucha:* link

ogon *m* tail; **~ek** *m liścia, owocu:* stalk

ogóln|ie *adv* generally; **~ie mówiąc** broadly/generally speaking; **~okrajowy** *adj* nationwide; **~oświatowy** *adj* worldwide; **~y** *adj* general

ogół *m* *(wszyscy ludzie)* society, the public; **~em** *adj* in general, all in all; **na ~** generally; **w ogóle** on the whole; *(wcale)* at all

ogórek *m* cucumber

ogranicz|ać ⟨**~yć**⟩ limit, restrict; **~enie** *n handlu itp.:* restriction; **~enie prędkości** speed limit; **~ony** *adj* limited, restricted; *człowiek:* narrow-minded

ogrodni|ctwo *n* gardening; *(nauka)* horticulture; **~k** *m* gardener

ogrodzenie *n* fence

ogromn|ie *adv* extremely; **~y** *adj* huge; *obszar:* vast

ogród *m* garden

ogrz|(ew)ać *dłonie* warm; *dom, wodę* heat; **~ewać się** warm oneself; (**centralne**) **~ewanie** (central) heating

ogumienie *n* tyres *pl*

oj|ciec *m* father; **~ciec chrzestny** godfather; **~costwo** *n* fatherhood; **~czym** *m* stepfather

ojczy|sty *adj* native; → **mowa**; **~zna** *f* homeland, native country

okalecz|ać ⟨**~yć**⟩ maim; → **kaleczyć**

okaz *m* specimen; *zdrowia itp.*: picture; **~ać** *pf* → **okazywać**

okazja *f* opportunity, chance; *specjalna*: occasion; (*korzystny zakup*) bargain; *sp.* chance

okazywać show*; *uczucie* demonstrate

okiennica *f* shutter

oklaski *pl* applause; **~wać** applaud

okład *m med.* compress; **~ka** *f książki*: cover; *płyty*: sleeve

okłam|(yw)ać lie* (**kogoś** to s.o.); **~ywać samego siebie** deceive oneself

okno *n* window

ok|o *n* eye; **widzieć coś gołym ~iem** see* s.th. with the naked eye; **na czyichś oczach** in front of/before/under one's eyes; **na pierwszy rzut ~a** at first glance; **w mgnieniu ~a** in the twinkling of an eye; **tracić ⟨s-⟩**

coś z oczu lose* sight of s.th.

okolica *f* area

okoliczności *pl* circumstances *pl*; **~ łagodzące** extenuating circumstances

około about, approximately; **~ czwartej** at about four o'clock

okoń *m zo.* perch, bass

okop *m* trench

okra|dać ⟨**~ść**⟩ rob (**kogoś z czegoś** s.o. of s.th.)

okrąg *m* circle; **~ły** *adj* round; **~żać** ⟨**~żyć**⟩ surround; (*omijać*) walk/drive/sail round; **~żenie** *n sp.* lap

okres *m* period; *polowań*: season; *u władzy*: term; **~owy** *adj* periodical; (*tymczasowy*) temporary

określ|ać ⟨**~ić**⟩ *przyczynę itp.* determine; **~ony** *adj* definite

okręg *m wyborczy*: constituency; *rolniczy itp.*: region; *administracyjny*: province, district; **~owy** regional

okręt *m* ship; **~ podwodny** submarine; **~ wojenny** battleship

okrężn|y *adj*: **droga** *f* **~a** detour

okropny *adj* awful

okruch *m* crumb (*a. fig.*)

okru|cieństwo *n* cruelty; **~tny** *adj* cruel

okry(wa)ć cover

okrzyk *m* shout, cry

okul|ary *pl* glasses *pl*; **~ista** *m* optician

okup m ransom

okupacja f occupation

olbrzym m giant; **~i** adj enormous, colossal

olej m oil; F (obraz) oil (painting); **~ napędowy** diesel (oil); **~ek** m (do opalania sun tan) oil; **~ny obraz** m oil painting

olimpi|ada f the Olympics pl; **~jski** adj Olympic; **igrzyska** pl **~jskie** the Olympic Games pl

oliw|a f oil; **~ka** f bot. olive; **~kowy** adj olive (green)

ołów m lead

ołówek m pencil

ołtarz m altar

omal (nie) nearly; **omal nie upadł** he nearly fell

omawiać discuss

omdle|nie n faint; **~wać →** **mdleć**

omijać ⟨~nąć⟩ miasto itp. bypass

omlet m omelette

omówić pf → **omawiać**

omyl|ić pf **się → mylić**; **~ka** f mistake

on pron he; **~a** pron she; **~e, ~i** pron they

onieśmielony adj abashed

ono pron it

opad m deszczu: rainfall; śniegu: snowfall; **~ać** fall*; poziom: drop; **~y** pl precipitation

opakow|anie n towaru: packaging, wrapping; jedno: packet; **~(yw)ać** wrap up

opal|ać się sunbathe; **~ić się** pf tan, get* a suntan; **~enizna** f (sun)tan; **~ony** adj (sun-)tanned, sunburnt Brt.

opał m fuel

opanow|anie n self-control; umiejętności: command (czegoś of s.th.); **~any** adj człowiek: composed; **~(yw)ać** take* control of; strach itp. fight* back, hold* back; umiejętność master; **~ywać się** control oneself

oparcie n krzesła: back; dla głowy: (head)rest; w kimś: support

oparzenie n burn; parą, wrzątkiem: scald; słoneczne: sunburn

opaska f band

opasły adj fat, obese

opaść pf → **opadać**

opat|runek m med. dressing; **~runek gipsowy** med. (plaster) cast; **~rywać** ⟨~rzyć⟩ ranę dress

opera f opera; (budynek) opera house

operac|ja f operation, surgery; **~yjny** adj: **system** m **~yjny** komputer: operating system

operator m operator

operetka f operetta

operować operate (kogoś on s.o.)

opiec pf → **opiekać**

opieczętować seal

opieka f medyczna itp.: care; (odpowiedzialność) charge

(**nad** of)

opieka|ć toast; **~cz** m toaster

opiek|ować się take* care (**czymś** of s.th.), look after; **~un** m prawny: guardian; (przełożony) supervisor; **~un(ka** f) **do dziecka** baby-sitter

opierać głowę rest (**na** on); film base (**na** on); rower itp. lean (**o** against); **~ się** lean (**na** on, **o** against)

opini|a f reputation; (pogląd) opinion, view (**na** on); **~a publiczna** public opinion; **~ować ⟨za-⟩** review

opis m description; **~(yw)ać** describe

opła|cać ⟨**~ić**⟩ pay* for; **~ić się** pay* off; **~alny** adj profitable; **~ony** adj paid for

opłakiwać mourn (**coś** for/over s.th.)

opłata f fee; za przejazd: fare; za usługi: charge

opły|wać ⟨**~nąć**⟩ dookoła: swim* round; jachtem: sail round

opodatkow|anie n taxation; **~(yw)ać** tax

opona f tyre Brt., tire Am.

oporn|ik m resistor; **~y** adj stubborn

opowi|adać ⟨**~edzieć**⟩ tell*; **~adanie** n story; **~eść** f tale

opór m a. phys., electr. resistance; **bierny** ~ passive resistance; **stawi(a)ć ~ komuś/ czemuś** resist s.o./s.th.; **ruch** m **oporu** the resistance

movement

opóźni|(a)ć delay; **~(a)ć się** be delayed; **~enie** n delay; **~ony** adj late, delayed; w rozwoju: retarded

opracow|(yw)ać plan itp. devise, work out; muzycznie: arrange

opraw|a f setting; książki: binding; obrazu: frame; okularów: frames pl; **~i(a)ć** obraz frame; książkę bind*; **~ka** f okularów: frames pl; żarówki: socket

oprocentowanie n bankowe: interest

oprogramowanie n software

opro|wadzać ⟨**~wadzić**⟩ **kogoś (po czymś)** show* s.o. around (s.th.)

oprócz prp besides, apart from; **~tego** (poza tym) besides, apart from that

opróżni(a)ć empty

opry|skiwacz m ogrodowy: sprinkler; **~(iw)ać** splash (**czymś** with s.th.)

oprzeć pf → opierać

optyk m optician

optymalny adj optimum

optymi|sta m optimist; **~styczny** adj optimistic; **~zm** m optimism

opuch|ły, **~nięty** adj swollen

opustoszały adj deserted

opuszcz|ać ⟨**~ścić**⟩ dom, rodzinę: leave*; lekcję, dzień pracy: miss, skip; statek abandon; (pominąć) leave* out, omit; (obniżać) lower; **~ony** *adj* abandoned; (*pominięty*) omitted, left out

orać ⟨za-⟩ plough

oranżada *f* lemonade

oraz *cj* and

orbita *f* orbit

orchidea *f bot.* orchid

order *m* medal

ordynarny *adj* vulgar; *człowiek*: crude

organ *m* organ; *władzy*: authority, body; **~iczny** *adj* organic; **~izacja** *f* organization; **Ǫizacja Narodów Zjednoczonych** the United Nations (Organization); **~izator** *m* organizer; **~izm** *m* organism; *ludzki*: system; **~izować** ⟨z-⟩ organize

organ|ki *pl* harmonica; **~y** *pl mus.* organ

orgazm *m* orgasm

orient|acja *f* orientation; (*znajomość*) acumen, sense; *polityczna*: tendencies *pl*; **~acyjny** *adj pomiar, cena*: approximate; **~ować się** know* one's way about/around; **~ować się, że ...** be aware that ...; **nie ~uję się** I don't know

orkiestra *f* orchestra

ortografia *f* spelling

orygina|lny *adj* original; **~ł** *m* original

orzech *m* nut; **~owy** *adj* nutty; **~ówka** *f* ...

orzeczenie *n sądu*: ruling; *gr.* predicate

orzeł *m zo.* eagle

orzeźwiający *adj* refreshing

osa *f zo.* wasp

osa|d *m* sediment; *na zębach*: plaque; *na języku, garnku*: fur; *chem.* precipitate; **~da** *f* settlement; **~dnik** *m* settler; **~dzać się** *kurz itp.*: settle; *chem.* precipitate

osądz|ać ⟨~ić⟩ judge

oset *m bot.* thistle

osiad|ać → osiedlać się; ~ać na mieliźnie run*/go* aground; **~ły** *adj* settled

osiąg|ać ⟨~nąć⟩ achieve; *porozumienie* reach; *popularność* gain, win*; **~nięcie** *n* achievement

osiąść *pf → osiadać*

osiedl|ać ⟨~ić⟩ się settle (down); **~e** *n* (*osada*) settlement; **~e mieszkaniowe** housing development, housing estate *Brt.*

osiem *num* eight; **~dziesiąt** *num* eighty; **~naście** *num* eighteen; **~set** *num* eight hundred

osioł *m* donkey; F *fig.* nitwit F

oskarż|ać accuse (**o** of); *jur.* charge (**o** with); **~enie** *n* accusation; *jur.* charge, indictment; **~ony 1.** *m jur.* defendant; **2.** *adj* accused; **~yciel** *m jur.* prosecutor; **~yć** *pf → oskarżać*

osłab|i(a)ć weaken; *wiarę* shake*; **~nąć** *władzę* diminish, blunt; **~enie** *n* weakening

osł|aniać ⟨~onić⟩ protect; **~ona** *f* cover; *maszyny*:

guard, hood; *części ciała*: guard, shield; *przed deszczem, wiatrem*: shelter; **pod ~oną nocy** under cover of the night

osłupienie *n* amazement

osob|a *f* person, individual; *gr.* person; **we własnej ~ie** in the flesh; **~istość** *f* personality, celebrity; **~isty** *adj* personal; **~iście** *adv* personally; **~iwość** *f* (*osobliwa rzecz*) curiosity; (*niezwykłość*) idiosyncrasy, peculiarity; **~iwy** *adj* idiosyncratic, peculiar; **~no** → **oddzielnie**; **~ny** → **oddzielny**; **~owy** *adj* personal; *pociąg*: local

ostat|ecznie *adv* (*w końcu*) finally; **~eczność**: **w ~eczności** in the last resort; **~eczny** *adj* final; *wola*: last; **~nio** *adv* lately, recently

ostro *adv* krytykować: sharply; **~ść** *f* sharpness

ostrożn|ość *f* caution; **~y** *adj* careful, cautious

ostry *adj* sharp; *med.* acute; *potrawa*: hot; *kolor*: vivid; **kąt** *m* → *math.* acute angle

ostryga *f* oyster

ostrze *n* blade

ostrze|gać ⟨~c⟩ warn (**przed** against)

ostrzel|iwać shoot* at; *artylerią*: shell

ostrzeżenie *n* warning

ostrzyć ⟨**na-**, **za-**⟩ sharpen; *na osełce*: hone

ostudzić *pf* → **studzić**

oswaj|ać ⟨**~oić**⟩ tame; **~ajać się** get* accustomed (**z** to)

oswob|adzać ⟨**~odzić**⟩ liberate

oszaleć go* mad

oszczep *m* spear; *sp.* javelin; **~nik** *m* sp. javelin thrower

oszczerstwo *n* slander; *jur.* libel

oszczę|dnie *adv* economically, frugally; *używać*: sparingly; *przesadnie*: thrift; **~dności** *pl* savings *pl*; **~dność** *f* economy; *przesadna*: thrift; (*zysk*) saving (**czegoś** in s.th.); **~dny** *adj* economical; *człowiek, tryb życia*: frugal; sparing (**w używaniu czegoś** with s.th.); *przesadnie*: thrifty; **~dzać** ⟨**~dzić**⟩ save; economize (**na** on); *kogoś, komuś zmartwień itp.*: spare

oszklony *adj* drzwi *itp.*: glazed

oszpec|ać ⟨**~ić**⟩ disfigure (*a. fig.*)

oszu|k(iw)ać *v/t* deceive; **~kiwać** *v/i* cheat (**w** at); **~kiwać się** deceive oneself; **~kiwanie** *n* deceit; **~st(ka** *f*) *m* cheat, fraud; **~stwo** *n* cheat, deception

oś *f* axis; *mechanizmu*: pivot, shaft; *wozu, samochodu*: axle

ość *f* fishbone

ośle|p|i(a)ć *światłem*: blind, dazzle; **~iający** *adj* dazzling; **~nąć** go* blind ośmiel|ać ⟨~ić⟩ encourage; ~ać się dare (zrobić coś (to) do s.th.)

ośmiornica f zo. octopus

ośrodek m centre; ~ zdrowia health centre Brt.

oświadcz|ać ⟨~yć⟩ state, declare; ~ać się propose (komuś to s.o.); ~enie n statement; ~yny pl proposal (of marriage)

oświat|a f (system of) education; ~atowy adj educational; ~ecenie n hist. the Enlightenment

oświetl|ać ⟨~ić⟩ light* (up), illuminate; ~enie n lighting, illumination; ~ony adj illuminated, lighted/lit (up)

otaczać surround; (stawać dookoła) encircle, surround; (osaczać) close in (kogoś on s.o.)

oto here ... is/are etc.; ~ jestem here I am

otocz|enie n environment, surroundings pl; ~ony adj surrounded; ~yć pf → otaczać

otóż → oto; ~to that's it

otruć pf poison (się oneself)

otrząs|ać ⟨~nąć⟩ się recover (z czegoś from s.th.)

otrzym(yw)ać get*, receive

otwar|cie 1. adv bluntly; 2. n opening; godziny pl ~cia opening hours; ~ty adj open; wrogo: open, overt; rana: gaping

otwi|eracz m opener; ~eracz do konserw tin opener Brt., can opener Am.; ~ierać ⟨~orzyć⟩ open; zamek kluczem unlock; pochód, listę head; ~ór m opening; na monetę: slot; wiercony: hole

otyły adj obese

owad m insect

ow|ca f sheep; ~czarek m sheepdog

owies m oats pl

owij|ać ⟨~nąć⟩ wrap (up) (w in); wind (coś czymś s.th. round s.th.)

owłosiony adj hairy

owoc m fruit; ~owy fruit ...; smak, zapach: fruity

owszem yes

ozd|abiać decorate; ~oba f decoration; ~obić pf zamek → zdabiać; ~obny adj decorative

oziębi|(a)ć (się) chill; ~ły adj cool; kobieta: frigid

oznacza|ć[1] ⟨~yć⟩ mark

oznaczać[2] mean*; skrót: stand* for

oznaka f czegoś: sign

oży|(wa)ć come* back to life; ~wi(a)ć bring* back to life

Ó

ós|emka f (an) eight; **~my** num eighth; **~ma godzina** eight o'clock

ów that; **~czesny** adj contemporary; *premier, dyrektor itp.*: the then

ówdzie: tu i ~ here and there

P

pach|a f armpit; **pod ~ą** under one's arm

pachnieć ⟨za-⟩ smell*

pacierz m prayer

paciorki pl (string of) beads

pacjent(ka f) m patient

pacz|ka f parcel, package; *(opakowanie)* packet; *(grupa)* pack; **~uszka** f packet

pad|ać fall*; → **deszcz, śnieg; ~lina** f carrion

pagórek m hill

paj|ąk m spider; **~ęczyna** f (cob)web

pak|iet m listów itp.: bundle; *econ. papierów wartościowych*: portfolio; *transakcyjny akcji*: lot; **~ować ⟨za-⟩** pack (up), wrap (up)

pakt m pact

pal m stake, pale

pal|acz m *papierosów itp.*: smoker; **~arnia** f smoking area; **~ący** m smoker; **przedział** m **dla (nie)~ących** (non-) smoking compartment

palec m *u ręki*: finger; *u nogi*: toe

palenie n smoking; **~ wzbronione** no smoking

paletka f bat

pal|ić ⟨s-⟩ v/t burn*; *tytoń* smoke; *kawę* roast; **~ić się** burn*; *w domu*: heat (house *etc.*); **~iwo** n fuel

palma f palm tree

palnik m burner

palto n coat

pałac m palace

pał|eczka f *dyrygenta, w sztafecie*: baton; *perkusisty*: drumstick; **do chińskich dań**: chopstick; **~ka** f club; *policyjna*: baton, truncheon

pamiątk|a f souvenir; **~owy** adj *znaczek, medal*: commemorative

pamię|ć f a. *komputer*: memory; **na ~ć** by heart; **~tać** remember (o about); **~tnik** m diary; **pisać ~tnik** keep* a diary; **~tniki** pl memoirs pl; **~tny** adj memorable

pan m gentleman; *przed nazwiskiem*: Mr; **to ~ Smith** this is Mr Smith; **w bezpo-**

średnich zwrotach: sir, you; **dzień dobry** *u* good morning, sir; **jedzie ⹁ do domu?** are you going home?; *w listach*: Sir; **Szanowny ⹁ie** Dear Sir; *dla psa, niewolnika, służby*: master; **~ młody** (bride)groom

pance|rny *adj wóz itp.*: armoured; **~rz** *m* armour

pan|i *f* lady; *przed nazwiskiem*: Mrs, Miss, Ms; **to ⹁i Smith** this is Mrs Smith; *w bezpośrednich zwrotach*: madam, miss, you; **dzień dobry ⹁i** good morning, madam; **jedzie ⹁i do domu?** are you going home?; *w listach*: Madam; **Szanowna ⹁i** Dear Madam; *dla psa, niewolnika, służby*: mistress; **~ieński** *nazwisko n* **⹁eńskie** maiden name; **~na** *f* unmarried woman, girl; *przed nazwiskiem*: Miss; **to ⹁na Smith** this is Miss Smith; **~na młoda** bride; **stara ⹁na** old maid

pan|ować *król*: rule, reign; *tradycja, styl itp.*: prevail; **~ować nad kimś** control s.o.; **~owanie** *n* rule, reign; **~ujący** *adj władca*: ruling; *pogląd*: prevalent

pańs|ki *adj w bezpośrednich zwrotach*: your(s); **czy to ⹁ki płaszcz?** is this your coat?; **~two** *n* state; *przed nazwiskiem*: Mr and Mrs; **~two Smith poszli do domu**

Mr and Mrs Smith have gone home; *w bezpośrednich zwrotach*: you; **czy ⹁two tu mieszkają?** do you live here?; **~twowy** *adj zakład*: state-owned; *wizyta*: state ...; *flaga*: national

papier *m* paper; **~ listowy** notepaper; **~ścierny** sandpaper; **~ toaletowy** toilet paper; **~ek** *m od cukierka*: wrapper; *na ziemi*: paper; **~niczy** *adj*: **sklep m ~niczy** stationer('s); **artykuły** *pl* **~nicze** stationery; **~os** *m* cigarette; **~owy** *adj* paper ...

papież *m* (the) Pope

paproć *f bot.* fern

papryka *f* pepper; *w proszku*: paprika

papu|ga *f* parrot; **~żka** *f* falista budgerigar

para¹ *f (dwa)* pair

para² *f wodna itp.*: steam

parada *f* parade

paradoks *m* paradoks

parafia *f* parish; **~nin** *m* parishioner

paraliż *m* paralysis; **~ować** ⟨**s-**⟩ paralyse

parametr *m* parameter

parasol *m* umbrella; *przeciwsłoneczny*: parasol, sunshade

parę **a couple (of)**; **~ dni temu** a couple of days ago

park *m* park

parkan *m* fence

parkiet *m* parquet

park|ing *m car park Brt.*, parking lot *Am.*; **~ować** park;

~owanie n parking; **zakaz** m **~owania** no parking

parlament m parliament; **~arny** adj parliamentary

parow|ać **⟨wy-⟩** v/i woda: evaporate; v/t (gotować na parze) steam; **~iec** m steamer; **~óz** m steam locomotive; **~y** adj steam ...

parówka f frankfurter, sausage

parter m ground floor Brt., first floor Am.; **~owy** adj budynek: one-storey Brt., one-story Am.

partia f polityczna: party; towaru: batch, consignment

partner m partner; w interesach a.: associate

partyzant m guerilla

parzyć¹ **⟨s-⟩** kawę, herbatę make*

parzyć² **⟨o-⟩** burn* **⟨się** oneself⟩; wrzątkiem: scald **⟨się** oneself⟩

parzysty adj math. even

pas¹ m jezdni: lane; (wąski obszar) strip; (część ciała) waist; **~ bezpieczeństwa** safety belt; **~ startowy** runway

pas² m w kartach: pass

pasażer m passenger; **~ski** adj passenger

pas|ek m do spodni itp.: belt; przy spódnicy, spodniach: waistband; (wzór) stripe; papieru: strip; do walizki: strap; **~ek do zegarka** watchband

pasierb m stepson, stepchild;

~ica f stepdaughter

pasja f passion

pasjans m patience

paskudny F adj lousy F; rana: bad, nasty

pasmo n zwycięstw itp.: run; włosów: strand; tech. radiowe: band

pasować fit; ubranie: suit **(komuś** s.o.); do siebie wzajemnie: match

pasożyt m parasite

pasta f spożywcza: paste; do chleba a.: spread; **~ do butów** shoe polish; **~ do zębów** toothpaste

pasterz m shepherd

pastor m minister

pastować **⟨wy-⟩** buty polish; podłogę wax

pastylka f tablet, pill

pasza f feed; krów, koni: fodder

paszport m passport

pasztet m âté

paść v/t zwierzęta graze; v/i pf fall*; **~ się** animals: graze

patelnia f frying pan

patent m patent

patriot|a m patriot; **~yzm** m patriotism

patrol m patrol

patrzeć look **(na** at)

paw m zo. peacock

pawian m zo. baboon

paznokieć m (finger)nail

pazur m claw

październik m October

pączek m (ciastko) doughnut; na drzewie: bud

pchać push; *mocno, gwałtownie:* shove; *nożem itp.:* stab

pchła *f* flea

pchnąć *pf* → **pchać**; **~ięcie** *n* push; **~ kulą** *sp.* shot put

pchowy *adj* unlucky

pedagog *m* educationalist

pedał *m* pedal; F (*homoseksualista*) gay F, queer F

pediatra *m* p(a)ediatrician

pejzaż *m* landscape

pełnia *f* (**~ księżyca**) full moon; **w ~i** fully; **~o** F (*dużo*) lots (of); **~oletni** *adj* adult; **~omocnik** *m* plenipotentiary; **~y** *adj* full (*czego* of s.th.), filled (*czegoś* with s.th.)

pensja *f* salary; *tygodniowa:* wages *pl*

pensjonat *m* boarding house

perfumy *pl* perfume, scent

periodyk *m* periodical

perkusja *f* percussion

perła *f* pearl

peron *m* platform

person|alny *adj* personal; *dział* **~alny** personnel (department); **~el** *m* personnel, staff

perspektywa *f* prospect; *optyczna:* perspective

peruka *f* wig

peryferie *pl* outskirts *pl*, suburbs *pl*

pestka *f jabłka, pomarańczy:* pip; *śliwki, śliwki:* stone

pesymi|sta *m* pessimist; **~styczny** *adj* pessimistic; **~zm** *m* pessimism

pew|ien *adj* (*jakiś*) some; *form.* certain; **~nego dnia** one day; **jestem ~ien** I am sure; **~no** *adv:* **na ~no** definitely; **~nie** *adv* (*mocno*) firmly; (*chyba*) probably; **no ~nie!** certainly; **~ność** *f* certainty; **~ność siebie** self-assurance, self-confidence; **z ~nością** surely; **~ny** *adj* sure, certain (*czegoś/kogoś* of s.th./s.o.); *osoba, źródło:* reliable; *dowód, informacja:* firm; **~ny siebie** self-assured, self-confident

pęcherz *m* bladder; *na skórze:* (water) blister; **~yk** *m* powietrza: bubble

pęczek *m rzodkiewek:* bunch

pęd *m* rush; *bot.* bud

pędzel *m* (paint)brush

pęk *m* bunch

pęk|ać ⟨**~nąć**⟩ crack; *balonik, serce:* burst*; **~nięcie** *n* crack; **~nięty** cracked

pępek *m* navel

pętla *f* loop; *na szyi:* noose

piać ⟨**za-**⟩ *kogut:* crow

piana *f* foam; *z mydła:* lather; *na wodzie:* froth; *na piwie:* head

piani|no *n* upright piano; **~sta** *m* pianist

piasek *m* sand; **~kowiec** *m* sandstone; **~kownica** *f* sandpit *Brt.*, sandbox *Am.*

piasta *f* hub

piaszczysty *adj* sandy

piąt|ek *m* Friday; **~ka** *f* (*cyfra*) (a) five; (*ocena*) very good;

~y num fifth

pi|cie n drinking; F drink(s); **woda** f **do ~cia** drinking water; **~ć ⟨wy-⟩** v/i drink*; v/t drink*, have*

piec¹ m stove; przemysłowy: furnace

piec² ⟨**u-**⟩ ciasto bake; mięso roast

piec³ oczy, rana: sting*

piechot|a f mil. infantry; **~ą, na ~ę** on foot

pieczar|a f cavern; **~ka** f champignon, mushroom F

pieczątka f (rubber) stamp

pieczeń f roast

pieczę|ć f seal; gumowa: rubber stamp; **~tować ⟨za-⟩** seal

piecz|ony adj chleb: baked; kurczak: roast; **~ywo** n bread

pieg m freckle; **~owaty** adj freckled

piek|arnia f bakery; (sklep) the baker('s), bakery; **~arz** m baker

piekło n hell

pielęgn|iarka f nurse; **~ować** care for, nurse

pielgrzym m pilgrim; **~ka** f pilgrimage

pieluszka f nappy Brt., diaper Am.

pieniądz m (moneta) coin; econ. kupiec; **~e** pl money

pienić się foam

pień m trunk

pieprz m pepper; **~ny** adj peppery; dowcip: dirty; **~yć**

⟨**po-**⟩ v/t pepper; F v/i talk nonsense

piernik m gingerbread

pierś f breast; (górna część tułowia) chest

pierścionek m ring

pierwiastek m chem. element; math. root

pierwotny adj primeval; człowiek: primitive; (pierwszy) original

pierwsz|eństwo n priority; **~eństwo przejazdu** right of way; **~orzędny** adj first-class, first-rate; **~y** adj first

pierzje n down; **~yna** f duvet

pies m dog

pieszczot|a f caress; **~liwy** adj tender

piesz|o adv on foot; **~y** m pedestrian

pieścić caress

pieśń f song

pietruszka f parsley; (korzeń) parsnip

pięcio|bój m pentathlon; **~raczki** pl quintuplets pl, quins pl F

pięć num five; **~dziesiąt** num fifty; **~set** num five hundred

piękn|o n beauty; **~y** adj beautiful

pięść f fist

pięta f anat. heel

piętnaście num fifteen

pięt|ro n floor; (kondygnacja) storey Brt., story Am; **na drugim ~rze** on the second (third Am.) floor Brt.

pigułka f pill

pija|cki adj śmiech, zabawa: drunken; **~k** m drunk, drunkard; **~ny** adj drunk, drunken; **jestem ~ny** I'm drunk; **~ny kierowca** m drunken driver

pik m spades; **dama f ~** queen of spades

pikantny adj piquant

pilnik m file

pilność f diligence

pilnować więźniów, drzwi: guard; dzieci: look after, watch over

pilny adj diligent; uczeń: studious; wiadomość: urgent

pilot m pilot; F do telewizora itp.: remote control (unit)

pilśniowy adj: **płyta f ~a** hardboard

piła f saw; **~ mechaniczna** power saw

piłka f ball; **~ nożna** soccer, football Brt.; **~rz** m footballer

piłować saw*

pinezka f drawing pin Brt., thumbtack Am.

pingwin m zo. penguin

pion m the vertical; szachowy itp.: pawn; **~ek** m counter; szachowy: pawn; **~owy** adj vertical

piorun m thunder

piosenka f song; **~rka f (~rz** m) singer

pióro n pen; ptaka: feather

pirat m pirate

pis|ać **(na-)** write*; **~ak** m

felt-tip (pen); gruby: marker; **~arka f (~arz** m) writer; **~emny** adj test itp.: written

pisk m squeak, squeal, screech; opon: screech; **~lę** n chick, fledgling

pis|mo n writing; odręczne: handwriting; (list) memorandum, note; **2mo Święte** the Scripture; **~ownia** n spelling

pistolet m pistol, gun F

piszczeć squeak, squeal, screech; opony: screech

piśmien|nictwo n literature; **~y** adj literate

piw|iarnia f pub; **~nica f** cellar; mieszkalna, użytkowa: basement; **~o** n beer

piżama f pyjamas pl

plac m square; **~ zabaw** playground

placek m cake, ~ pie

plakat m poster

plam|a f stain; **~ić (po-, s-)** stain

plan m plan; **~ lekcji** timetable, class schedule; **~ miasta** city map; **pierwszy ~** foreground; **~ować (za-)** plan; **~owanie** n planning; **~owy** adj planned

planeta f planet

plaster m plaster; miodu: honeycomb; **~ek** m sera: slice

plastyczka f (graphic) artist

plast|ik m plastic; **~ikowy** adj plastic; **~yk¹ → plastik**

plastyk² m (graphic) artist

platyna *f* platinum

plaża *f* beach

plebania *f rzymsko-katolicka*: presbytery; *anglikańska*: vicarage

plec|ak *m* rucksack; **~y** *pl* back

plemię *n* tribe

plemnik *m* sperm

plene|r *m filmowy*: location; **w ~rze** in the open air; *film*: on location

pleść ⟨za-⟩ *włosy* plait *Brt.*, braid *Am.*; **~ bzdury** F talk nonsense/rubbish

pleś|nieć ⟨s-⟩ gather mould; **~ń** *f* mould

plik *m papierów*: pile; *listów*: bundle; *banknotów*: wad; *komputer*: file

plomba *f* seal; *med.* filling

plon *m* crop, harvest

plotka *f* rumour, (a piece of) gossip; **~ować** gossip

pluć spit*

plus *m* plus; (*zaleta*) advantage, asset; **~ minus** more or less, give or take

plusk|wa *f* bedbug; **~iewka** → pinezka

pluton *m żołnierzy*: platoon; *chem.* plutonium; **~ egzekucyjny** firing squad

płac|a *f* pay; **~ić** ⟨za-⟩ pay*; **~ić gotówką** pay* (in) cash; **~ić czekiem** pay* by cheque (check *Am.*)

pła|cz *m* crying; **~kać** cry

płask|i *adj* flat; **~orzeźba** *f* relief; **~owyż** *m* plateau

płaszcz *m* coat; **~ kąpielowy** bathrobe

płaszczyzna *f* surface; *math.* plane

płat|ek *m śniegu*: flake; *kwiatu*: petal; **~ki** *pl* **owsiane** oatmeal; **~ki** *pl* **kukurydziane** cornflakes *pl*

płat|nik *m* payer; **~ność** *f* payment; **~ny** *adj* paid; *rachunek*: payable; **~e przy odbiorze** cash on delivery, COD

płaz *m zo.* amphibian

płciowy *adj* sexual; **stosunek** *m* **~** sexual intercourse

płeć *f* sex

płetwa *f* fin; *nurka*: flipper

płomie|ń *m* flame; **stanąć w ~niach** burst* into flames

płon|ący *adj* flaming; **~ąć** burn*, blaze

płoszyć ⟨s-⟩ scare away

płot *m* fence; **~ek** *m sp.* hurdle

pł|ód *m* f(o)etus; **~ody** *pl* **rolne** produce

płótno *n* cloth, fabric; *obrazu*: canvas; (*obraz*) canvas

płuco *n* lung

płyg *m* plough

płukać ⟨wy-⟩ rinse; **~ gardło** gargle

płyn *m* liquid; *tech.* fluid; **~ do mycia naczyń** washing-up liquid *Brt.*, dishwashing liquid *Am.*; **~ po goleniu** aftershave; **~ąć** *statek*: sail; *człowiek*: swim*; *płyn, elektryczność*: flow; **~nie** *adv* fluently; **mówić ~nie po polsku** speak* fluent Polish,

płynny

liquid; *mowa:* fluent; *ruch,
granica:* fluid

płyt|a f *kamienna, drewniana,
betonowa:* slab; *metalowa:*
sheet; *(metalowa pokrywa)*
plate; *gramofonowa:* record;
~a kompaktowa compact
disc, CD; **~ka** f tile

płytki adj shallow

pływa|ć *statek:* sail; *człowiek:*
swim*; **~ający** adj tech.
buoyant; **~ak** m swimmer;
tech. float; **~alnia** f swimming pool

po prp *powierzchni, terenie:*
on, over, around; **~ pod
łodze** on the floor; *pióro
sunęło* **~ papierze** the pen
flowed over the paper;
biegła **~ trawie** she ran over
the grass; **~ mieści/kraju**
around the city/country;
czasie: after; **~ śniadaniu**
after breakfast; **~ drugiej**
after two o'clock; *na zegarku:* past; **~ pięć ~ szóstej**
past six; **~ co?** what for?; **~
schodach** up/down the
stairs; **~ cichu** quietly; **~
ciemku** in the dark; **~pierwsze** first(ly); **mówić ~ polsku** speak* Polish; **powiedzieć coś ~ polsku** say*
s.th. in Polish; **przyjść ~ pomoc** come* for help

pobić beat* up; *(pokonać)*
beat*

pob(ie)rać collect; *z banku:*
withdraw*; **~ się** get* married

pobliż|e: w ~u in the vicinity
(czegoś of s.th.)

pobłażliwy adj lenient

pobocze n roadside *Brt.;*
shoulder *Am.*

pobory pl salary

pobożny adj pious

pobór m conscription, draft
Am.

pobrudzić soil, dirty

pobu|dka f *mil.* reveille; *(bodziec)* motive; **~dzać
〈~dzić〉** stimulate; *emocjonalnie:* rouse; **~dzający**
stimulating; *emocjonalnie:*
rousing; *(odświeżający)* invigorating; **środek** m
~dzający stimulant

pobyt m stay, visit

pocałować kiss, give* a kiss;
~unek m kiss

pochleb|ny adj flattering;
~stwo n flattery

pochł|aniać 〈~onąć〉 absorb;
książki devour; *jedzenie* gobble (up) F

pochmurny adj cloudy

pochodnia f torch

pochodz|enie n origin; *Amerykanie polskiego* **~enia**
Americans of Polish descent; *Rosjanin z* **~enia** a
Russian by birth; **~ić** come*
(z from); *zabytek itp.:* date *(z*
from, back to)

pochód m march

pochwa f *anat.* vagina; *na pistolet:* holster; *na nóż:* sheath;
na miecz: scabbard

pochwała f praise

pochyl|ać ⟨.ić⟩ bend*; ~ać się stoop (down), bend* (down); ~ony adj bent (nad over)

pochyły adj inclined

pociąć cut* (up)

pociąg m train; (pragnienie) drive* (do robienia czegoś to do s.th.); ~ ekspresowy express train; ~ towarowy goods train Brt., freight train Am.; ~ać → ciągnąć; za szklanki: sip; nosem: sniff; fizycznie: attract; ~ać za sobą (powodować) cause; ~nąć pf → pociągać; ~nięcie n ze szklanki: sip; nosem: sniff; pędzlem: stroke; za linę: tug (at s.th.)

pocić ⟨s-⟩ się perspire, sweat*

pociecha f consolation

pocierać → trzeć

pociesz|ać ⟨.yć⟩ comfort, console; ~ający adj comforting; ~enie n consolation; → nagroda

pocisk m karabinowy: bullet; artyleryjski: shell; rakietowy: missile

począć pf → poczynać; ~tek m beginning, start; na ~tku in the beginning; zacząć od ~tku start from scratch; ~tkowo adv in the beginning, initially; ~tkowy adj initial; ~tkujący m beginner

poczeka|ć pf → czekać; ~lnia f waiting room

poczt|a f post, mail; (urząd) post office; ~a lotnicza airmail; ~owy adj postal; ~ówka f postcard

poczucie n sense (czegoś of s.th.)

poczynać conceive

pod prp under; ~ ścianą at the wall; ~ kątem at an angle; ~ wiatr against the wind; ~ wieczór towards evening; ~ warunkiem że ... on condition that

poda|ć pf → podawać; ~nie n (pismo) application; sp. piłki: pass

podar|ować present (komuś coś s.o. with s.th.); ~unek m gift

podat|ek m tax; ~nik m tax payer

podawać do ręki: hand, give*; do stołu : serve; przy stole: pass; informacje give*; piłkę pass; ~ się pose (za as)

podaż econ. supply

podbiegać run* up (do to)

podb|i(ja)ć kraj conquer; serca win*; ~ój m conquest

podburz|ać ⟨.yć⟩ incite (przeciw against)

podchodzić walk up (do to); do problemu, osoby: approach

podchwytliwy adj pytanie itp.: tricky

podczas prp during; ~ gdy while

podda|ć pf → poddawać; ~ny m subject

poddasze *n* attic

poddawać *miasto* surrender (**komuś** to s.o.); *krytyce, próbie*: subject (**czemuś** to s.th.); *pomysł* suggest; **~ się** surrender, give* in

podejmować *gości* receive

podejrz|any **1.** *m* suspect; **2.** *adj* suspicious; **~enie** *n* suspicion; **~ewać** suspect (**kogoś o coś** s.o. of s.th.); **~liwość** *f* mistrust; **~liwy** *adj* mistrustful

podejś|cie *n* approach; (*próba*) attempt; **~ć** *pf →* **podchodzić**

podeprzeć *pf →* **podpierać**

podeptać *pf* trample

poderwać *pf* F (*zapoznać*) * pick up F

podeszwa *f* sole

podglądać → **podpatrywać**

podgłówek *m* na łóżku: bolster; *w samochodzie*: headrest

podgrz(ew)ać warm up, heat up

podjazd *m* przed domem: driveway

podjąć *pf →* **podejmować**; **~ się** undertake (**zrobić coś** to do s.th.)

podje|żdżać ⟨**~chać**⟩ *samochodem*: drive* up (**do** to); *samochód*: pull in

podkład *m* muzyczny: backing; *pod farbę*: primer; *rail.* sleeper *Brt.*, tie *Am.*; **~ka** *f* *tech.* washer

podkoszulek *m* vest *Brt.*, un-

dershirt *Am.*

podkowa *f* horseshoe

podkreśl|ać ⟨**~ić**⟩ underline, underscore; (*akcentować*) stress, emphasize, underscore

podlać *pf →* **podlewać**

podległy *adj* subordinate

podl(ew)ać *kwiaty itp.* water

podlicz|ać ⟨**~yć**⟩ sum up

podłoga *f* floor

podłoże *n* foundation

podłużny *adj* kształt: elongated; *przekrój*: longitudinal

podły *adj* mean

podmiejski *adj* suburban

podmiot *m* gr. subject

podmorski *adj* undersea

podmuch *m* wiatru: gust; *powietrza*: blast

podmy(wa)ć undermine

podnie|cać ⟨**~cić**⟩ excite; *seksualnie*: turn on F; **~cać się** get* excited; *seksualnie*: get* aroused; **~cenie** *n* excitement; **~ta** *f* incentive

podni|osić ⟨**~eść**⟩ raise, lift; *z ziemi*: pick up; **~osić się** (*wstawać*) stand* up, rise*; *z ziemi*: pick oneself up; **~oszenie** *n* ciężarów *sp.* weightlifting; **~ośnik** *m* mechaniczny: hoist; *ręczny*: jack

podnóże *n* góry: foot; **~k** *m* footstool

podoba|ć się appeal (**komuś** to s.o.); **~asz mi się** I like you; **~ał ci się film?** did you like the film?; **~ieństwo** *n* *n* similarity (**pomiędzy** between, **do** to); *fizyczne:* resemblance (**pomiędzy** between, **do** to); **~nie** *adv* similarly, in a similar way; **~ny** *adj* similar (**do** to)

podpalać ⟨**~lić**⟩ *coś* set* fire to (s.th.), set* (s.th.) on fire

podpatrywać peep (**kogoś** at s.o.)

podpierać (się) support (oneself)

podpinka *f kurtki itp.:* detachable lining

podpis *m* signature; *pisarz:* autograph

podpły|wać ⟨**~nąć**⟩ *statek:* sail up (**do** to); *człowiek:* swim* up (**do** to)

podpora *f* support

podporządkow(yw)ać subordinate (**coś czemuś** s.th. to s.th.); **~ się** toe the line, conform (**czemuś** to s.th.)

podpowi|adać ⟨**~edzieć**⟩ prompt

podrabiać forge, counterfeit

podrapać *pf* → **drapać**

podrażni|a|ć irritate; **~ony** *adj* irritated

podręczn|ik *m* textbook; **~y** *adj:* **bagaż ~y** hand luggage

podrobi|ć *pf* → **podrabiać**; **~ony** *adj* forged, counterfeit

podrożeć *pf* → **drożeć**

podróż *f ogólnie:* travel; *krótka:* trip; *dłuższa:* journey; *morska, kosmiczna:* voyage; *promem itp.:* crossing; **~nik**,

~ny *m* traveller; **~ować** travel (**po czymś** around s.th.)

podrzędny *adj* secondary

podrzu|cać ⟨**~cić**⟩ *przedmiot do góry* throw* (s.th.) up (in the air), toss; F → **podwozić**

podsk|akiwać *na jednej nodze:* hop; *na obu nogach:* skip; **~oczyć** *w górę:* jump up, spring*, leap*; **~ok** *m* hop, skip

podsłuch *m telefoniczny:* wire-tapping; **~(iw)ać** *telefon* wire-tap, listen in (**coś** to s.th.); *ludzie:* eavesdrop (**coś** on s.th.)

podstaw|a *f basis;* (*dolna część*) base; **na ~ie** *czegoś* on the basis of s.th., based on s.th.; **~ka** → **spodek**; **~owy** *adj* basic, elementary, essential; **~y** *pl* essentials *pl*

podstęp *m* trick

podsumow|anie *n summary;* **~(yw)ać** sum up

podszewka *f* lining

podświadom|ość *f* the subconscious; **~y** *adj* subconscious

poduszk|a *f do spania:* pillow; *do siedzenia:* cushion; **~owiec** *m* hovercraft

podwajać double

podważać lever, prise; *argument* challenge

podwieczorek *m* (afternoon) tea *Brt.*

podwieźć *pf* → **podwozić**

podwi|jać ⟨**~nąć**⟩ *rękawy* roll up

podwładny *m* subordinate

podwodny *adj* underwater; → **łódź**

podwoić *pf* → **podwajać**

pod|wozić *osobę samochodem* give* (s.o) a lift (**do** to); **~wozie** *n samochodu*: chassis; *samolotu*: undercarriage

podwójny *adj* double

podwó|rko, **~rze** *n* yard

podwyż|ka *f płacy*: rise Brt., raise Am.; **~ka cen** price increase; **~szać** ⟨**~szyć**⟩ raise

podział *m* division (**na** into); (*konflikt*) split

podziel|ać *poglądy* share; **~ić** *pf* → **dzielić**; **~ny** *adj* divisible; **~ony** *adj* divided; (*skłócony*) split

podziem|ie *n* underground; *przestępcze*: underworld; **~ny** *adj* underground

podziękowanie *n* gratitude

podziwiać admire

podzwrotnikowy *adj* subtropical

poe|mat *m* (longer epic or lyric) poem; **~ta** *m* (**~tka** *f*) poet; **~zja** *f* poetry

pogada|ć F chat; **~nka** *f* talk

poganiać *kogoś* hustle (s.o.)

poganin *m* pagan

pogar|da *f* contempt; **~dzać** despise; **~dzić** refuse

pogarszać *coś* make* (s.th.) worse; **~ się** deteriorate

pogląd *m* view

pogłębi(a)ć (się) deepen

pogłoska *f* rumour

pogod|a *f* weather; *jutro będzie **~a** it will be fine tomorrow; **~ny** *adj dzień*: nice, fine; *człowiek*: cheerful

pogodzić się → **godzić**; (*akceptować*) resign oneself (**z czymś** to s.th.)

pogoń *f* pursuit, chase

pogorsz|enie *n* worsening; **~yć** *pf* → **pogarszać**

pogotowie *n* (*gotowość*) readiness; *mil. itp.* alert; **~ ratunkowe** (*część szpitala*) casualty (ward) Brt., emergency ward Am.; (*stacja*) emergency clinic; (*karetka*) ambulance

pogranicze *n* frontier; *fig.* borderland

pogrzeb *m* funeral

pogrzebacz *m* poker

pohamow(yw)ać się control oneself

pojawi(a)ć się show* up, turn up

pojazd *m* vehicle

pojąć *pf* → **pojmować**

pojechać *pf* → **jechać**

pojedyn|czy *adj* singular; **~ek** *m* duel

pojemn|ik *m* container; **~ik na śmieci** (litter) bin, garbage can Am.; **~ość** *f* capacity

poję|cie *n* idea (**o czymś** of s.th.); *logiczne itp.*: notion; **nie mam ~cia** I have no idea

pojutrze *adv* the day after tommorow

pokarm *m* feed

pokaz *m* mody itp.: show; *ogni itp.*: display; *umiejętności*: exhibition; **na ~** for show; **~(yw)ać** show*; *publicznie*: display

pokaźny *adj* fair, considerable

poklask *m* fig. approval

pokła|d *m statku*: deck; *węgla*: seam; **na ~d** aboard; **na ~dzie** on board; **na ~dzie statku** aboard the ship

pokłon *m* bow

pokochać *kogoś* fall* in love with (s.o.)

pokoj|owy *adj traktat*: peace ...; *rozwiązanie*: peaceful; *temperatura*: room ...; **~ówka** *f* chambermaid

pokolenie *n* generation

pokon(yw)ać *trudności* overcome*; *odległość* cover; *przeciwnika* defeat, beat*

pokor|a *f* humility; **~ny** *adj* humble

pokój¹ *m* (*pomieszczenie*) room

pokój² *m* (*nie wojna*) peace

pokrajać *pf* cut* up; *chleb, ciasto* slice

pokrew|ieństwo *n* kinship; **~ny** *adj* related

pokroić *pf* → **pokrajać**

pokropić *pf* → **kropić**

pokrótce *adv* briefly, in short

pokry|cie *n* (*materiał*) covering; *czeku*: cover, coverage; **~ć** *pf* → **pokrywać**

po kryjomu *adv* in secret, by stealth

pokry|wać cover; **~ty** *adj* covered; **~wa** *f* cover; **~wka** *f na garnek*: lid

pokusa *f* temptation

pokuta *f* atonement

pokwitowanie *n* receipt

polać *pf* → **polewać**

Polak *m* Pole

polana *f* clearing

pole *n* field; *math.* area

polec|ać ⟨~ić⟩ recommend; *do wykonania*: → **zlecać**; **~enie** *n* recommendation; *wykonania*: instruction; **~ony** *adj*: **list ~ony** registered letter

polegać depend (**na** on); (*obejmować*) consist (**na** in)

polewa *f* glaze; *czekoladowa*: icing; **~ć** *czymś kogoś*: pour (s.th. on s.o.); *wodą*: water (s.o.)

polędwica *f* sirloin

policja *f* police; **~nt** *m* policeman; **~ntka** *f* policewoman

policzek *m* cheek; (*cios*) slap in the face

poliklinika *f* out-patient clinic

politechnika *f* polytechnic

polisa *f ubezpieczeniowa*: policy

polity|czny *adj* political; **~k** *m* politician; **~ka** *f* politics

Polka *f* Pole, Polish woman

polny *adj* field ...

polow|ać hunt (**na coś** s.th.); **~anie** *n* hunt (**na coś** for s.th.)

Polsk|a *f* Poland; **2i** *adj* Polish

polubić *kogoś* get* to like

(s.o.), take* a liking to (s.o.)

połączenie n link (**między** between); *electr.* contact; *kolejowe:* connection; **uzyskiwać ~** *teleph.* get* through (**z kimś** to s.o.)

połknąć pf → **połykać**

poło|wa f half; **w ~wie maja** in the middle of May; **do ~wy, w ~wie** halfway

położenie n position; **~na ~** midwife; **~yć** pf → **kłaść**

południe n *geogr.* south; *czas:* noon; **przed ~em** in the morning; **po ~u** in the afternoon; **w ~e** at noon; **~owy** *adj* south(ern); *wiatr, kierunek:* southerly

połykać swallow

połysk m shine

pomagać help, aid

pomału *adv* slowly

pomarańcza f orange

pomiar m measurement

pomidor m tomato

pomieszczenie n room

pomiędzy → **między**

pomi|jać ⟨**~nąć**⟩ ignore

pomimo → **mimo**

pomnażać → **mnożyć**

pomniejszać pf → **zmniejszać**

pomnik m monument

pomoc f help; **przy pracy, rada, pieniądze:** assistance; *medyczna, żywnościowa:* aid; *(ratunek)* rescue; **przyjść (komuś) z ~ą** come* to the/one's rescue; **za ~ą czegoś** with the aid of s.th., by

means of s.th.; **pierwsza ~** first aid; **~niczy** *adj* sprzęt *itp.:* auxiliary; **~nik** m helper; **~ny** *adj* helpful

pomost m *na jeziorze:* pier

pomóc pf → **pomagać**

pomp|a f pump; *fig.* pomp; **~ować** ⟨**na-**⟩ pump

pomy|lić się be*/go* wrong, make* a mistake; **z czymś:** get* (s.th.) wrong; **~łka** f mistake, error; *teleph.* wrong number

pomysł m idea; **~owy** *adj* clever, ingenious

pomyśln|ość f prosperity; **~y** *adj* skutek: positive; *zbieg okoliczności:* happy; *wiatr:* favourable

ponad *adv* above; *obszarem:* over; **~ w złożeniach:** super-, ultra-; **~to** besides, moreover

ponętny *adj* tempting

poniedziałek m Monday

poniekąd *adv* in a way, as it were

ponieść pf → **ponosić**

ponieważ *cj* because

poniż|ać ⟨**~yć**⟩ humiliate

poniżej *adv* below

ponosić skutki, koszty itp. bear*

ponown|ie *adv* again; **~y** *adj* renewed

pończocha f stocking

poparcie n support

popatrzeć pf look (**na** at)

popchnąć pf → **popychać**

popeł|nia(ć) błąd make*:

zbrodnię, grzech commit

popęd *m* ⟨żądza⟩ urge; *psych.* drive; **~liwy** *adj* impulsive

popękany *adj talerz itp.:* cracked

popielaty *adj* grey, gray *Am.*; **~niczka** *f* ashtray

popierać support; **wniosek a.** second

popiersie *n* bust

popiół *m* ash(es *pl*)

popis *m* show

popołudni|e *n* afternoon; **~owy** *adj* afternoon; → **po-łudnie**

popraw|a *f* improvement; *econ.* recovery; **~i(a)ć** improve; *prace uczniów, błędy* correct; **~i(a)ć się** improve; *(powiedzieć drugi raz)* correct oneself; *pod względem moralnym:* mend one's ways, shape up F; **~ka** *f (modyfikacja)* alteration; *jur.* amendment *(do* to*)*; *egzaminu:* make-up examination *Am.*; **~ność** *f* correctness; **~ny** *adj* correct

poprzecz|ka *f sp.* bar; **~ny** *adj* element: transverse; **prze-krój** *m* **~ny** cross-section

poprzeć *pf* → **popierać**

poprze|dni *adj* previous; **~dnik** *m* predecessor; **~dnio** *adv* previously, formerly; **~dzać** ⟨**~dzić**⟩ precede

poprzek: **w ~** across

poprzez → **przez**

popsuty *adj telewizor itp.:* broken, out of order

popularn|ość *f* popularity; **~y** *adj* popular

popychać push, shove

popyt *m econ.* demand

po|ra *f* time; **~ra roku** season; **do tej ~ry** so far, up till now; **od (tam)tej ~ry** from then on; **od tej ~ry** *(od teraz)* from now on; **o tej ~rze** at this time; **w samą ~rę** just in time

pora|da *f* (a piece of) advice; **~dnia** *f* med.czyna: clinic; **~dnik** *m* guide(book); **~dzić** *pf* → **radzić**

poran|ek *m* morning; **~ny** *adj* morning

porażenie *n med.* stroke

porażka *f* defeat

porcelana *f* china

porcja *f* portion

poręcz *f* banister, rail; **~e** *pl sp.* parallel bars *pl*

poręczny *adj* handy

pornografia *f* pornography

poronienie *n* miscarriage

porosnąć *pf* → **porastać**

porozumie|nie *n* agreement; **~(wa)ć się** communicate

poród *m* delivery

porówn|anie *n* comparison; **~awczy** *adj* comparative; **~(yw)ać** compare **(coś do czegoś** s.th. to s.th.*)*

port *m (basen wodny)* harbour; *(miasto, teren)* port; **~lotniczy** airport

portfel *m* wallet

portret *m (obraz)* portrait; *(opis)* portrayal

porucznik *m* lieutenant

porusz|ać ‹~yć› move; *temat* touch (up)on; ~ać się move; ~enie *n* commotion; ~ony *adj* agitated

por|wanie *n* kidnapping; *samolotu:* hijacking; ~ywacz *m* kidnapper; *samolotu:* hijacker; ~ywać ‹~wać› *wiatr, prąd rzeki itp.:* catch*; *dla okupu:* kidnap; *samolot* hijack

porząd|ek *m* order; w ~ku (zgoda) fine, all right; ona jest w ~ku she's all right; coś jest nie w ~ku something's wrong; ~ki *pl* (wiosenne) (spring) cleaning; ~kować ‹u-› *pokój itp.* tidy; ~ny *adj* (czysty) neat; (uczciwy) honest, decent

porzuc|ać ‹~ić› abandon

posa|da *f* post, position; ~dzić *pf* → sadzać, sadzić

posag *m* dowry

posądz|ać ‹~ić› *kogoś* accuse (s.o.) (o coś of s.th.)

posąg *m* statue

poseł *m* member (of parliament), MP *Brt.*; (przedstawiciel) envoy

posiad|acz *m* owner; *dokumentu:* bearer, holder; ~ać own; ~łość *f* estate

posiedzenie *n* (zebranie) session

posiłek *m* meal

posł|ać send*; ~aniec *m* messenger; ~anka *f* member (of parliament), MP *Brt.*

posłu|szeństwo *n* obedience; ~szny *adj* obedient

pospiech → pośpiech

pospolity *adj* common

post *m* fast

postać *f* (forma) form, shape; *literacka:* character; *sławna:* celebrity; (sylwetka) figure

postan|awiać ‹~owić› decide (coś zrobić to do s.th.)

postar|ać się *pf* arrange (o coś dla kogoś s.th. for s.o.)

postaw|a *f* posture; *fig.* stance (wobec on), attitude (wobec to/towards); ~ić *pf* stand*

postąpić *pf* → postępować

postęp *m* progress; ~ować (zachowywać się) act, behave (w stosunku do towards), deal* (with); ~owanie *n* behaviour; ~owy *adj* progressive

postój *m* stop; ~ taksówek taxi rank *Brt.*, taxi stand *Am.*

postrzelić shoot*

posu|nięcie *n* move; ~wać ‹~nąć› (się) move; do przodu: advance

posyłać → (po)słać

posyp|(yw)ać sprinkle (czymś with s.th.)

poszerz|ać ‹~yć› widen

poszukiwa|ć search (czegoś for s.th.); ~nie *n* search (czegoś for s.th.); w ~niu czegoś in search of s.th.

pościć fast

pościel *f* bed linen

pościg *m* pursuit (za czymś/

powielać

kimś of s.th./s.o.)

pośliz|g m skid; **wpaść w ~g go*** into a skid; **~nąć się** slip

pośmiertny adj posthumous

pośpie|ch m haste, hurry; **w ~chu** in haste, in a hurry; **~szny** adj hasty

pośredni adj indirect; **~ctwo** n mediation; **za ~ctwem czegoś** with the aid of s.th.; **~czyć** mediate; **~k** m mediator

pośród prp among

poświadcz|ać ⟨~yć⟩ certify; **~enie** n certificate

poświęc|ać ⟨~ić⟩ devote (**coś/się czemuś** s.th./oneself to s.th.); **w ofierze**: sacrifice; **~enie** n devotion (**czemuś** to s.th.); (**ofiara**) sacrifice; **~enie się** dedication

pot m sweat

potajemny adj secret

potem adv after that, afterwards; **na ~** for later; → **wkrótce**

potęga f power

potępi|a|ć condemn

potężny adj powerful, mighty F

potknąć się pf → **potykać się**

potoczny adj colloquial

potok m stream; fig. torrent, deluge

potom|ek m descendant; **~stwo** n offspring

potop m deluge

potrafić can*, be* able to, be* capable of; **nie ~** cannot,

be* unable to, be* incapable of

potrawa f dish

potrąc|ać ⟨~ić⟩ samochodem: hit*, knock down, knock over

potrójny adj triple

potrzeb|a 1. f need (**czegoś** for s.th., **zrobienia czegoś** to do s.th.); **2.** pred it is necessary; **a nam cierpliwości** what we need is patience; **~ny** adj necessary; **~ować** need

potwierdz|ać ⟨~ić⟩ confirm; **~enie** n confirmation

potwór m monster

potyka|ć się stumble (**o** on), trip (**o** over)

poucz|ać ⟨~yć⟩ instruct

poufny adj confidential

powabny adj seductive

powaga f gravity

powali|ć pf → **obalić, przewracać**

poważ|ać respect; **~anie** n: **z ~aniem** w liście: yours sincerely; **~nie** adv seriously; **uszkodzić**: badly; **~ny** adj serious; **sytuacja**: grave

powiać pf → **wiać, powiewać**

powiad|amiać ⟨~omić⟩ inform

powiązanie n connection

powiedzieć say*; **komuś**: say* (to s.o.), tell* (s.o.); **~ prawdę** tell* the truth

powieka f eyelid

powielać duplicate

powierzchnia *f* surface

powieść *pf* → **wieszać**

powieści|opisarka *f* (**~ciopisarz** *m*) novelist; **~ć** *f* novel

powietrz|e *n* air; **na ~u** outdoors; **~ny** *adj* air ...; *fotografia:* aerial

powiew *m* gust; **~ać** *flaga itp.:* flutter

powiększ|ać ⟨**~yć**⟩ enlarge; *optycznie:* magnify; **~enie** *n phot.* enlargement, blow-up; *mikroskopu itp.:* magnification

powin|ien ⟨**~na**, **~no** he, she, it should); **~ien być ostrożniejszy** he should be more careful; **nie ~ien tyle pracować** he should not work so much; **~ien był to zrobić** he should have done it

powitanie *n* welcome

powle|kać ⟨**~lec**⟩ *warstwą:* coat; **~loka** *f* layer; *farby:* coat

powodować ⟨**s-**⟩ cause; **~ się czymś** be* prompted/ motivated by s.th.

powo|dzenie *n przedsięwzięcia:* success; *materialne:* prosperity; **~dzenia!** good luck!; *życzę:* **jak się panu ~dzi?** how are you getting on?; **~dzi im się dobrze** they are doing fine/well

powojenny *adj* post-war

powoli *adv* slowly; **~ny** *adj* slow; *człowiek:* languid

powołanie *n* calling, vocation; *do wojska:* call-up

Brt., draft *Am.*; **~(yw)ać na stanowisko:** appoint; *do wojska:* call up, draft *Am.*; **~ywać się** refer (**na coś** to s.th.)

pow|ód *m* reason; **z ~odu** because of, due to

powódź *f* flood

powr|otny *adj:* **bilet** *m* **~otny** return (ticket) *Brt.*, round-trip ticket *Am.*; **~ót** *m* return; **z ~otem** iść, jechać: back

powsta|ć → **(po)wstawać**; **~nie** *n zbrojne:* uprising; *(początek)* establishment; **~wać** come* into being

powsze|chny *adj* universal; *opinia itp.:* public; *wybory:* general; **~dni** *adj* common; **dzień** *m* **~dni** workday

powtarzać repeat; *przed egzaminem:* revise; **~ się** repeat oneself/itself

powtó|rka F *f* revision; **~rnie** *adv* again; **~rny** *adj* done again; **~rny** *adj* re-used; **~rne wybory** *pl* re-election; **~rzyć** *pf* → **powtarzać**

powyżej *adv* above

poza¹ *f* pose

poza² *prp krajem itp.:* out of; *granicami:* beyond; *kimś:* apart from; **~ tym** besides

pozbawi(a)ć deprive (**kogoś czegoś** s.o. of s.th.)

pozby(wa)ć się czegoś: get* rid of (s.th.)

pozdr|awiać ⟨**~owić**⟩ *kogoś* say* hallo to (s.o.); **~ów go ode mnie** say hallo to him for me; **~owienie** n greeting; **~owienia z Londynu** greetings from London

poziom m level; *math.* the horizontal; **~y** adj horizontal

pozłacany adj gold-plated

pozna|ć pf → **poznawać**; **~nie** n: **zmienić się nie do ~nia** change beyond recognition; **~wać** kogoś get* to know (s.o.); **~wać się** get* to know each other; (*rozpoznać*) recognize; **miło mi panią ~ć** I'm pleased to meet you, Madam

pozosta|ć pf → **pozostawać**; **~łość** f remainder; **~ły** adj remaining; **~wać** stay; *bez zmian*: remain; **~wać z tyłu** stay/lag behind; **~wi(a)ć** leave*

poz|ory pl, **~ór** m pretence, appearances pl; **na ~ór** to/by all appearances; **pod żadnym ~orem** on no account

pozwać pf → **pozywać**

pozwalać let* (**komuś coś zrobić** s.o. do s.th.), allow (**komuś coś** s.o. s.th., **komuś coś zrobić** s.o. to do s.th.); **~ na coś** allow oneself s.th., afford s.th.; **~ sobie na zrobienie czegoś** allow oneself to do s.th., afford to do s.th.

pozwany m defendant

pozwol|enie n permission; **~enie na pracę** work permit; **~ić** pf → **pozwalać**

pozycja f position; *społeczna*: status; *listy*: item

pozywać do sądu: sue, take* to court

pożar m fire; **~ny** adj → **straż**

pożąda|ny adj desirable; **~ie** n desire

pożegna|ć się say* goodbye (**z kimś** to s.o.); **~lny** adj farewell ...; **~ie** n farewell

pożycz|ać (**~yć**) lend* (**coś komuś** s.th. to s.o.); borrow (**coś od kogoś** s.th. from s.o.); *zwłaszcza pieniądze*: loan (**komuś coś** to s.o.); **~ka** f loan

pożyte|czny adj useful; **~k** m benefit

pożywi|enie n food; **~ny** adj nutritious

pójść pf go*; → **iść, chodzić**

póki cj while; **~ pamiętam** before I forget

pół half; **na ~ ugotowany** half-cooked; **przeciąć coś na ~** cut* s.th. in half; **dzielić coś ~ na ~** split* s.th. fifty-fifty; **~ do piątej** half past four

półfinał m semi-final

półgłówek m half-wit

półka f shelf

półkole n semicircle

półksiężyc m crescent

półkula f *geogr.* hemisphere

półmisek m dish

północ|ny f *geogr.* north; *czas*: midnight; **o ~y** at midnight; **~ny** adj north(ern); *wiatr, kierunek*: northerly

półtora one and a half

półwysep *m* peninsula

późn|iej *adv* later; **~iejszy** *adj* later; **~y** *adj* late

pra|- great ...; **~babka** *f* great grandmother

prac|a *f* work; *fizyczna:* labour; *(posada)* job; **~a naukowa** research; **~ochłonny** *adj* laborious; **~ować** work; **~owity** *adj* człowiek: hard-working; *dzień:* busy; **~ownia** *f naukowa:* lab(oratory); *artystyczna:* studio; **~ownica** *f* (**~ownik** *m*) worker; → **fizyczny, umysłowy**

prać wash; **~ chemicznie** dry-clean

pradziadek *m* great grandfather

pragn|ąć desire, hanker *(czegoś* after/for s.th.); **~ę** *form.* I'd like; **~ienie** *n* desire, wish; hankering; *wody itp.:* thirst

prakty|czny *adj* practical; **~ka** *f (nauka)* on-the-job training; *(doświadczenie)* on-the-job experience

pra|lka *f* washing machine; **~lnia** *f* laundry; **~lnia chemiczna** dry-cleaner('s); **~nie** *n (rzeczy)* laundry, wash, washing; *(czynność)* wash; **w ~niu** in the wash

pras|a¹ *f tech.* press; **~ować** ⟨**wy-**⟩ iron, press

pras|a² *f (gazety, dziennikarze)* the press; **~owy** *adj* rzecznik, konferencja: press ...

prawd|a *f* truth; **~ę mówiąc** to be honest; **~a?** right?

prawdopodob|ieństwo *n* probability; **~nie** *adv* probably; **~ny** *adj* probable

prawdziwy *adj* real; *(typowy)* real, true; *historia:* true

prawic|a *f pol.* the right; **~owy** *adj* right-wing

prawidłowy *adj* odpowiedź: right, correct

prawie *adv* almost

praw|niczy *adj* legal; **~nik** *m* lawyer; **~ny** *adj* legal; **~o¹** *n* law; *człowieka, obywatela:* right; **~o jazdy** driving licence *Brt.*, driver's license *Am.*; **~o natury** the law of nature

prawo² *adv:* **na ~** on the right(-hand side); **w ~** right, to the right

prawosławny *rel.* orthodox

praw|ostronny *adj* right-sided; *ruch:* on the right-hand side of the road; **~y** *adj* right; *człowiek:* honourable; *burta statku:* starboard ...

prąd *m* current; **~ stały** direct current, DC; **~ zmienny** alternating current, AC; **~nica** *f* generator

premedytacj|a *f: morderstwo n z ~ą** premeditated murder

premier *m* prime minister; **~a** *f* premiere, first night

prenumer|ata f subscription;
~ować ⟨za-⟩ subscribe (coś
to s.th.)

preria f prairie

prestiż m prestige

pretekst m pretext

pretensj|a f (żal) grudge;
~onalny adj pretentious

prezent m present, gift;
~ować present

prezerwatywa f condom

prezes m president, chairman (of the board)

prezydent m president

prędko adv quickly, fast;
~dko! quick!; ~dzej czy później sooner or later; im
~dzej tym lepiej the sooner
the better; ~dkość f speed;
tech. velocity

prędzej → prędko

pręga f streak

pręt m rod

prima aprilis m April Fools'
Day

problem m problem

proboszcz m katolicki: parish
priest; protestancki: rector

probówka f test tube

procent m per cent; (część)
percentage

proces m process; jur. trial

proch m gunpowder; ~y pl sl.
drugs pl

prochowiec m trench coat

produ|cent m manufacturer,
producer; ~kcja f production; ~kować ⟨wy-⟩ produce; w fabryce: manufacture; ~kt m product

prognoza f (pogody weather-
er) forecast

program m programme, program Am.; komputerowy:
program; ~nauczania curriculum; ~ista m programmer; ~ować ⟨za-⟩ program

projekt m (plan budowy) design; ~ant m designer; ~or
m projector

prokurat|or m prosecutor;
~ura f prosecutor's office

prom m ferry; ~ kosmiczny
space shuttle

promie|niotwórczy adj
radioactive; ~niować radiate; ~niowanie n radiation;
~ń m światła, nadziei: ray;
słoń ca, latarki: beam; math.
radius

promocja m promotion; (za-
kończenie szkoły) graduation

propo|nować ⟨za-⟩ suggest,
propose; ~zycja f suggestion

pro|sić ⟨po-⟩ ask (kogoś o
zrobienie czegoś s.o. to
do s.th., kogoś o coś s.o.
for s.th.); ~szę please; po-
dając coś: here you are;
~szę bardzo (nie ma za co)
it's all right Br.; you're welcome Am.; (co) ~szę? (I beg
your) pardon?, sorry? Brt.,
excuse me? Am.; ~ pana
Sir; ~ panią Madam

prost|a f math., sp. straight;
~acki adj coarse; ~o adv
straight; ~okąt m rectangle;
~opadły adj perpendicular;

~ota f simplicity; **~ować ⟨wy-⟩ (się)** straighten; **~y** adj simple; (nie krzywy, pionowy) straight; **kąt ~y** right angle

prostytutka f prostitute

proszek m powder; **~ek do prania** washing powder Brt., laundry detergent Am.

pro|szę → prosić; ~śba f request (**o coś** for s.th.)

protest m protest; **~ować ⟨za-⟩** protest

proteza f prosthesis; dentystyczna: denture

protokół m z zebrania: minutes pl

prowadzenie n sklepu: running; lekcji: conducting; pojazdu: driving; sp. lead; **~ć** v/t **⟨po-⟩** kogoś lead*; sklep run*; lekcję conduct; pojazd drive*; v/i w wyścigu, droga: lead*

prowincja f the provinces, negatywnie: backwater; (okręg) province

prób|a f attempt; thea. rehearsal; laboratoryjna: test, trial; **~ka** f sample; **~ny** adj test ...; **~ować ⟨s-⟩** attempt, try (**coś zrobić** to do s.th.); potrawę taste; **⟨wy-⟩** nowy sposób itp. test

próch|nica f med. caries; **~nieć ⟨s-⟩** zęby itp.: decay

prócz → oprócz

próg m threshold; domu: doorstep

próżn|ia f vacuum; **~iak** F m

slacker F

próżn|o adv (a. **na ~o**) in vain; **~ować** loaf (about/around)

próżny adj człowiek: vain; zbiornik: empty

prys|kać ⟨~nąć⟩ splash

pryszcz m pimple, spot

przebacz|ać ⟨~yć⟩ forgive*; **~enie** n forgiveness

przebić pf → **przebijać**

przebie|c pf → **przebiegać**; **~g** m wydarzeń: course; **~gać** przez las, tłum: run* through; przez ulicę, most: run* across/over; przez pokój: run* across; **~gły** adj shrewd, sly

przebierać: nie ~ w słowach not to mince words; **~ się** change

przebijać pierce; (być widocznym) show through (**przez coś** s.th.)

przebój hit

przebywać stay

przece|ni(ać) overestimate, overrate; towary reduce the price of

przech|adzka f stroll; **~odzić** v/i pass (**obok** by); walk; przez las, tłum: walk through; przez ulicę, most: walk across/over; przez pokój: walk across; do następnej sprawy: go* on (to), proceed (to); v/t operację undergo; dystans walk, cover; **~odzień** m passer-by

przechow|alnia bagażu left luggage office Brt., baggage

room *Am.*; **~(yw)ać** store;
~ywanie *n* storage

przechy|la|ć **⟨~lić⟩** tip, tilt;
~lać się tilt; *teren*: slope; →
a. chylić

przeciąć *pf* → przecinać

przeciąg *m* draught, draft
Am.; **~nąć** *(przedłużać)* drag out; **~ać się** *człowiek*: stretch

przeciąż|ać **⟨~yć⟩** overload
(czymś with s.th.); **~enie** *n*
overload; **~ony** *adj* over-
loaded **(czymś** with s.th.);
pracą: overworked

przeciek *m* leak *(a.fig.)*

przeciąć *pf* → przecinać

przecier *m* jabłkowy *itp.*:
purée

przecież *adv* after all

przeciętn|a *f* the average; **~ie**
adv on average; **~y** *adj* average

przecin|ać cut*; **~ać się**
cross; **~ek** *m* comma

przecis|kać **⟨~nąć⟩** (się)
push through

przeciw *prp* against; *sp., jur.*
versus

przeciwdziałać oppose,
counteract

przeciwko → przeciw

przeciwległy *adj* opposite

przeciwn|ie *adv* contrary *(do
to)*; **(wprost)** **~ie** on the contrary; **~iczka** *f* **(~nik** *m)* opponent, adversary; *czegoś*:
opponent, enemy; *(konku-
rent)* rival; **~y** *adj kierunek*:
opposite; *człowiek*: opposed

(*czemuś* to s.th.); *w ~ym razie* otherwise

przeciwpożarowy *adj* fire
fighting; *przepisy pl ~e* fire
regulations *pl*

przeciwstawi(a)ć contrast
(*coś czemuś* s.th. to s.th.);
~się *komuś*: stand* up *(to
s.o.)*; *władzy itp.*: defy **(czemuś** s.th.)

przeczenie *n gr.* negation

przeczyszczający *adj* *(a.
środek m)* laxative

przeczytać *pf* read* (from
cover to cover); *coś krótkie-
go* read* through

przed *prp punktem w czasie*:
before; *okresem*: ago; *domem*: in front of; **(wcześniej
niż)** before, ahead of; *przyszła ~ drugą* she arrived before two o'clock; *przyszła
~ dwiema minutami* she arrived two minutes ago

przed|dzień *m* **w ~dzień, w
~edniu** the day before, *form.*
on the eve of

przede → przed

przedimek *m gr.* article

przedłuż|acz *m* extension
lead *Brt.*, extension cord
Am.; **~ać ⟨~yć⟩** prolong, ex-
tend

przedmieście *n* suburb

przedmiot *m* object; *szkolny*:
subject

przedmowa *f* preface

przedni *adj* front ...

przedostatni *adj* penulti-
mate, next-to-last

przedosta(wa)ć się get*
(through) (**do** to); *do prasy:*
be* leaked

przedpokój *m* hall(way)

przedpołudnie *n* morning; →
południe

przedramię *n* forearm

przedsię|biorca *m* businessman; **~biorstwo** *n* business,
firm, company; **~wzięcie** *n*
undertaking; *ryzykowne:*
venture, enterprise

przedstawi|a(ć) introduce
(**kogoś komuś** s.o. to s.o.);
argument, propozycję put*
forward (**komuś** to s.o.); *obraz, fotografia:* show, present; **~ać się** introduce oneself; **~ciel(ka** *f) m* representative; **~cielstwo** *n* agency;
~enie *n thea.* performance

przedszkole *n* kindergarten

przedtem *adv* before

przedwcze|sny *adj* premature; **~śnie** *adv* prematurely

przedwczoraj *adv* the day
before yesterday

przedwojenny *adj* pre-war

przedział *m rail.* compartment; **~elać** ⟨**-lić**⟩ separate

prze|dzierać ⟨**~drzeć**⟩ tear*;
~dzierać się force one's way
(**do/przez** into/through)

przedziwny *adj* bizarre, weird

przegapi(a)ć F overlook; *autobus itp.* miss

przegląd *m* review; *wiadomości:* roundup, newsflash;
twórczości: retrospective; **~**
techniczny *samochodu:*

MOT test; **~ać** look over,
look through; *książkę* thumb
through

przegra|ć *pf* → **przegrywać**;
~na *f* defeat

przegrywać *mecz, bitwę*
lose*

przegry|zać ⟨**~źć**⟩ *coś* bite*
through (s.th.)

przegub *m* wrist

przejaśni(a)ć się *pogoda:*
clear up

przejaw *m* manifestation

przejazd *m* passage; **~ kolejowy** crossing

przejażdżka *f* ride

przejąć *pf* → **przejmować**

prze|jeżdżać ⟨**~chać**⟩ *v/i*
przez las: drive* through;
przez most: drive* across/
over; *przez plac:* drive*
across; *koło czegoś:* drive*
past (s.th.); *v/t człowieka*
run* over

przej|ęcie *n władzy:* takeover,
seizure; *przedsiębiorstwa:*
takeover; **~ęty** (*zaniepokojony*) worried; (*podniecony*) excited; **~mować** *władzę*
seize, take* over; *przedsiębiorstwo, stanowisko* take*
over; **~mować** *sobie czymś*
take* (s.th.) to heart, take*
(s.th.) seriously; (*niepokoić
się*) worry about (s.th.); **nie
~muj się** don't worry

przejrz|eć *pf* → **przeglądać**;
~ysty *adj* transparent

przej|ście *n* passage; *między
rzędami, regałami:* aisle; *z*

jednego stanu w drugi: transition; **~cie dla pieszych** pedestrian crossing; **~cie podziemne** underpass; **~ciowy** *adj (tymczasowy)* temporary; *okres, stan*: transitional; **~ć** *pf* → **przechodzić**

przekaz *m*: **~ pocztowy** money order; **~(yw)ać** *dokument* hand over; *tradycje* hand down; *sygnały* transmit; *wiadomości* communicate; *na konto*: transfer

przekaźnik *m tech.* relay

przekąska *f* snack

przekl|eństwo *n* curse; *(słowo)* swearword; **~inać** curse

przekład *m* translation; **~ać** *(tłumaczyć)* translate; *w inne miejsce*: move; **~nia** *f* gear

przekłu(wa)ć pierce

przekon|anie *n* conviction; **~any** *adj* convinced; **~(yw)ać** convince *(kogoś o czymś* s.o. of/about s.th.); persuade *(kogoś by coś zrobił* s.o. to do s.th.); **~ujący** *adj* convincing

przekracz|ać *próg, rów* step over; *rzekę, granicę* cross; *poziom, budżet* exceed; *przepisy* break**~; ~ dozwoloną prędkość** exceed the speed limit, speed F

przekrawać cut* **(na połowę** in two)

przekreśl|ać **⟨~ić⟩** *słowo* cross out

przekręc|ać **⟨~ić⟩** *gałkę* turn; *słowa* distort

przekrocz|enie *n przepisów*: breach; **~enie dozwolonej prędkości** speeding; **~yć** *pf* → **przekraczać**

przekr|oić *pf* → **przekrawać**; **~ój** *m tech., fig.* cross-section

przekształc|ać **⟨~ić⟩** *(się)* transform; **~enie** *n* transformation

przekup|stwo *n* bribery; **~ywać** **⟨~ić⟩** bribe

przelać *pf* → **przelewać**

przel|atywać **⟨~ecieć⟩** *nad czymś*: fly* (over s.th.); *wiatr, samochody*: sweep*

przelew *na konto*: transfer; **~ać** *płyny*: pour **(z czegoś do czegoś** from s.th. to s.th.); *krew, łzy* shed*; *na konto*: transfer; **~ać się** overflow

przelicz|ać **⟨~yć⟩** *pieniądze* count (out); **~yć się** miscalculate

przelot *m* flight **(nad czymś** over s.th.)

przeludnienie *n* overpopulation

przełam(yw)ać break* **(na połowę** in two)

przełącz|ać **⟨~yć⟩** *TV na inny kanał*: switch over (to); **~nik** *m* switch

przełęcz *f* pass

przełom *m* breakthrough

przełoż|ony *m* superior; **~yć** *pf* → **przekładać**

przełyk gullet; **~ać** swallow; *(szybko jeść)* gulp

przemar|zać **⟨~znąć⟩** freeze*

przemęczenie *n* exhaustion
przem|iana *f* change; ~ie-
ni(a)ć (się) change (*w coś*
into s.th.)
przemie|szczać ⟨~ścić⟩
(się) move
przemi|jać ⟨~nąć⟩ pass, go*
by
przemoc *f* violence
przemoczyć *pf* soak
przemówienie *n* speech;
form. address
przemy|cać ⟨~cić⟩ smuggle
(*do/z* into/out of, *przez granicę* across the border)
przemyć *pf* → **przemywać**
przemysł *m* industry; ~owy
adj industrial
przemyśleć *pf coś* think*
(s.th.) over; *jeszcze raz:* reconsider
przemyt *m* smuggling; *towary:* contraband; ~nik *m*
smuggler
przemywać wash
przenie|sienie *n* transfer;
~ść *pf* → **przenosić**
przeno|sić carry; *pracownika*
transfer; ~śny *adj* magnetofon *itp.*: portable; *zwrot, znaczenie:* figurative
przeobra|żać ⟨~zić⟩ (się)
transform
przeocz|ać ⟨~yć⟩ overlook;
~enie *n* oversight
przepa|dać ~dać *za czymś/
kimś* be crazy about s.th./
s.o.
przepalać ⟨~lić⟩ się *bezpiecznik:* blow*

przepaść *f* abyss
przepełniony *adj* crowded
przepędz|ać ⟨~ić⟩ drive*away
przepis *m* regulation; *gastr.:*
recipe; ~(yw)ać copy (out);
lekarstwo prescribe
przepłuk|iwać ⟨~ać⟩ *naczynie:*
rinse out
przepły|wać *v/i rzeka:* flow
through; *v/t rzekę*
swim* across; *statkiem:* sail
across
przepona *f anat.* diaphragm
przepowi|adać ⟨~edzieć⟩
predict
przepracowany *adj* over-
worked
przepr|aszać ⟨~osić⟩ apolo-
gize (**kogoś** to s.o.);
~aszam! excuse me!; *wy-
rażając żal:* I'm sorry
przeprowadz|ać ⟨~ić⟩ *bada-
nia* conduct, carry out; *kogoś
np. przez ulicę* help (s.o.
across the street); ~ać się
move (*z - do* from - to); *do
kogoś:* move in (*do* with);
~ka *f* move
przepuklina *f* hernia
przepu|stka *f* pass; ~szczać
⟨~ścić⟩ *kogoś (robić komuś
miejsce)* let* (s.o.) through;
zdającego egzamin pass
przepych *m* splendour; ~ać
się push (one's way) (*przez
coś* through s.th.)
przerabiać *dom, pokój*
remodel; *odzież* alter; *temat*
cover
przera|żać ⟨~zić⟩ horrify;

~żający adj horrific, terrifying; **~żenie** n horror; **~żony** adj terrified

przer|obić pf → **przerabiać**; **~óbka** f odzieży: alteration

przer|wa f break; w rozmowie: pause; w obradach: recess; w podróży: stopover; w filmie, koncercie: intermission; **~wać** pf → **~ywać** komuś: interrupt (s.o.), cut* (s.o.) off; pracę, budowę stop; bójkę, przyjęcie, spotkanie break* up; znajomość break* (off); łączność break*

przesa|da f exaggeration; **~dny** adj exaggerated; **~dzać** ⟨**~dzić**⟩ v/i exaggerate, overdo (z czymś s.th.); v/t drzewo itp. transplant

przesąd m superstition; **~ny** adj superstitious

przesi|adać ⟨**~ąść**⟩ się podczas podróży: change (z czegoś na coś from s.th. to s.th.), change trains, buses etc.

przesk|akiwać ⟨**~oczyć**⟩ coś jump over (s.th.)

przesłać pf → **przesyłać**

przesłuch|iw)ać podejrzanego: interrogate; **~anie** n podejrzanego: interrogation; przed sądem: hearing; kandydatów: interview; aktorów itp.: audition

przesta|(wa)ć stop (robić coś doing s.th.); (uprawiać nałóg)

przestawi|a(ć move; **~ się** switch (z czegoś na coś from s.th. to s.th.)

przestęp|ca m criminal; **~czość** f crime; **~czy** adj criminal; **~stwo** n offence; poważne: crime

przestrach m fright; **~szyć** pf frighten; scare; **~szyć się** get* scared; take* fright (czegoś at s.th.)

przestrze|gać zwyczaju, prawa: observe; ⟨**~c**⟩ kogoś warn, caution

przestrzeń f space; **~ kosmiczna** outer space, cosmos; **~ powietrzna** airspace

przesy|łać ⟨**~nąć**⟩ move

przesy|łać pocztą: send*, mail Am. (komuś to s.o.); towary ship; **~łka** f delivery

przeszczep m transplant

przeszk|adzać ⟨**~odzić**⟩ v/i disturb, interfere; (stać na drodze) be in the way; v/t prevent (komuś w zrobieniu czegoś s.o. from doing s.th.); **~oda** f obstacle, hindrance

przeszł|o adv over; **~ość** f (the) past; **~y** adj past

przeszuk|(iw)ać dom search (w celu odnalezienia czegoś for s.th.)

prześcieradło n sheet

prześladow|ać oppress; myśl: haunt; nag; **~ca** m

oppressor

prześliczny *adj* lovely

przeświadczenie *n* conviction

prześwietl|ać ⟨**~ić**⟩ X-ray; **~enie** *n* X-ray

przetarg *m* auction

przetrwać survive

przetw|arzać ⟨**~orzyć**⟩ process; **~arzanie** *n* processing

przewaga *f* advantage (**nad** over); *liczebna*: predominance; *przemysłowa, militarna*: supremacy

przewi|dywać ⟨**~dzieć**⟩ forecast*

przewie|trzać ⟨**~trzyć**⟩ *pokój itp.* air; **~w** *m* draught *Brt.*, draft *Am.*; **~wny** *adj* airy

przewieźć *pf* → **przewozić**

przewij|ać ⟨**~nąć**⟩ *taśmę* rewind*, wind* back; *do przodu*: wind* forward

przewodni *adj* leading; **~czący** *m* chairperson, chair; (*mężczyzna*) chairman; (*kobieta*) chairwoman; **~k** *m* guide; (*książka*) guide (book); *electr.* conductor

przewodzić *strajkowi itp.* lead*; *prąd itp.* conduct

przewoźić *transport; samolotem*: fly*; *samochodem*: drive*

przewód *m electr.* cable, lead; *zasilający*: flex *Brt.*, cord *Am.*; *med.* duct, tube, tract; **~ pokarmowy** digestive tract; **~ kominowy** flue

przewóz *m* transport

przewr|acać ⟨**~ócić**⟩ *osobę* knock down, knock over; *przedmiot* knock over, upset*, overturn; **~acać coś do góry nogami** turn s.th. upside down; **~acać** ⟨**~ócić**⟩ **się** fall* (over/down), overturn; **~ót** *m* revolution; *wojskowy*: takeover; coup; *społeczny*: upheaval

przez *prp czas*: for; *cały okres*: through(out); *most, ulicę*: across, over; *rzekę, pole, pokój*: across; *las, tłum, okno, miasto, ścianę*: through; *telefon*: on; *dzielić, zrobione itp.*: by; *miasto na trasie*: via

przezię|bić się catch* cold; **~enie** *n* cold; **~ony** *adj*: **jestem ~ony** I've got a cold

przeznacz|ać ⟨**~yć**⟩ allocate; *fundusze a.* appropriate; **~enie** *n* destiny; **~ony** *adj* intended (**na coś** for s.th., **dla kogoś** for s.o.)

przezorny *adj* cautious

przezrocz|e *n* slide; **~ysty** *adj* transparent

przeżegnać się cross oneself

przeży|cie *n* experience; **~(wa)ć** experience; *katastrofę* survive

przod|ek *m* ancestor; **~ujący** *adj* leading

prz|ód *m* front; **w ~ód, do ~odu** forward; **~odem, na ~edzie, z ~odu** in front; **z ~odu czegoś** in the front of s.th.

przy *stole, oknie, drzwiach*: at; *pracy*: at; *kimś*: beside; *ulicy*: on; *sobie*: on; *biegu*: off

przybierać *v/i rzeka*: rise*; *v/t* (*zdobić*) decorate (**czymś** with s.th.); **~ na wadze** put* on weight

przybi(ja)ć *gwoździem*: nail (**coś do czegoś** s.th. to s.th.)

przybliża|ć ⟨~yć⟩ się approach (**do czegoś** s.th.); **~ony** *adj* approximate

przybory *pl* accessories *pl*; *wędkarskie*: tackle *sg*; **~ do golenia** shaving things *pl*

przybra|ć *pf* → **przybierać**; **~ny** *adj ojciec, syn*: foster; **pod ~nym nazwiskiem** under an assumed name

przybrzeżny *adj* coastal

przyby|cie *n* arrival; **~(wa)ć** arrive

przych|odnia *f* clinic, health centre *Brt.*; *przy szpitalu*: outpatient clinic; **~odzić** come*; **~odzić komuś do głowy** occur to s.o.; **~odzić z pomocą** come* to the rescue; **~odzić do kogoś z wizytą** pay* s.o. a visit; **~odzić do siebie** come* to; **~ód** *m* proceeds *pl*

przychyl|ać ⟨~ić⟩ się (*zgodzić się*) accede (**do czegoś** to s.th.); **~ny** *adj* sympathetic; *opinia itp.*: favourable

przyci|ąć *pf* → **przycinać**

przyciąg|ać ⟨~nąć⟩ attract; **~ać czyjąś uwagę** attract s.o.'s attention

przycinać trim

przycis|kać ⟨~nąć⟩ press (**coś do czegoś** s.th. to s.th.)

przyczep|a *f mot.* trailer; **~a kempingowa** caravan *Brt.*, trailer *Am.*; **~i(a)ć** attach (**coś do czegoś** s.th. to s.th.)

przyczyn|a *f* reason; **~i(a)ć się** contribute (**do czegoś** to s.th.)

przyda|tny *adj* useful; **~(wa)ć się** be* of use (**do czegoś, na coś** for s.th., **jako coś** as s.th.)

przydział *m* allocation; *żywności*: ration

przydziel|ać ⟨~ić⟩ allocate; *do pracy*: assign

przyglądać się look (**czemuś** at s.th.); (*sprawdzać*) inspect (**czemuś** s.th.)

przygnębienie *n* depression

przygod|a *f* adventure; *miłosna*: affair, fling F; **~ny** *adj* casual

przygotow|anie *n* preparation; *~ania pl* arrangements *pl*; **~(yw)ać (się)** prepare (oneself) (**na coś, do czegoś** for s.th., to do s.th.)

przyimek *m gr.* preposition

przyjaci|el *m* friend; **~elski** *adj* friendly; **~ółka** *f* friend

przyjazd *m* arrival

przyja|zny *adj* friendly; **~źnić się** be* friends (**z kimś** with s.o.); **~źń** *f* friendship

przyjąć *pf* → **przyjmować**

przyjechać *pf* → **przyjeżdżać**

przyjemn|ość f pleasure; **z ~ością** with pleasure; **~y** adj pleasant

przyjeżdżać arrive, come*

przyjęcie n party, reception; pomocy, nowego członka: acceptance; **(nie) do ~ęcia** (un)acceptable; **~mować** accept; gości receive; pacjentów admit; **nie ~mować** refuse; **~mować się** poglądy, nowa moda: catch* on

przyjrzeć się pf → **przyglądać się**

przyjś|cie n arrival; **~ć** pf → **przychodzić**

przykazanie n commandment

przykle|jać ⟨~ić⟩ stick* **(coś do czegoś** s.th. to s.th.)

przykład m example; **na ~** for example

przykładać put* **(coś do czegoś** s.th. to s.th.); **~się** apply oneself **(do czegoś** to s.th.)

przykrę|cać ⟨~cić⟩ śrubą: screw **(coś do czegoś** s.th. to s.th.)

przykr|o adv: **~o mi** I'm sorry; **~ość** f: **robić komuś ~ość** hurt s.o.; **z ~ością zawiadamiam, że...** I am sorry to inform you that...; **z ~ością muszę przyznać, że...** I regret to admit that...; **~y** adj unpleasant

przykry(wa)ć cover (up)

przylądek m cape

przylegać adhere **(do cze-**

goś to s.th.)

przylepi|(ać ⟨się⟩ stick* (by plane)

przylot m arrival (by plane)

przyłącz|ać ⟨~yć⟩ attach; electr. connect; **~ać się** join **(do czegoś** s.th.)

przyłożyć pf → **przykładać**

przymi|arka f u krawca: fitting; **~erzać ⟨~erzyć⟩** try on

przymiotnik m adjective

przymocow(yw)ać fasten **(coś do czegoś** s.th. to s.th.)

przymus m compulsion; **~owy** adj praca, lądowanie: forced

przynajmniej adv at least

przynależność f do organizacji: membership

przynęta f bait (a. fig.)

przy|nosić ⟨~nieść⟩ bring*; **(iść i wracać z czymś)** fetch

przypad|ek m chance, accident; gr., med. case; **~kiem/ przez ~ek** by accident, by chance; **w ~ku czegoś** in the event of s.th., in case of s.th.; **~kowo** adv accidentally, by chance; **~kowy** adj accidental

przypa|lać ⟨~ić⟩ żelazkiem: scorch, singe; ogniem: singe; **~ać się** jedzenie: burn*

przypilnować pf → **pilnować**

przypi|nać ⟨~ąć⟩ pin (up)

przypis m (foot)note; **~(yw)ać** attribute **(coś komuś** s.th. to s.o.)

przypływ m (incoming) tide; uczucia: rush, surge

przypom|inać ⟨~nieć⟩ remind (**komuś o czymś/ kimś** s.o. of s.th./s.o.); (**być podobnym**) remind (**komuś coś/kogoś** s.o. of s.th./s.o.), resemble (**coś/kogoś** s.th./ s.o.), *~inać* **komuś by coś zrobił** remind s.o. to do s.th.; *~inać sobie* remember, recall

przyprawja *f* condiment, seasoning; *korzenna*: spice; *ziołowa*: herb; *~wy pl* seasoning(s *pl*); *~wi(a)ć* season

przyprowadz|ać ⟨*~ić*⟩ bring* (along)

przyroda *f* nature

przyrodni *adj*: *~ brat m* stepbrother; *~a siostra f* step-sister

przyrodni|czy *adj* natural; *~k m* naturalist

przyrost *m* growth, increase; *~naturalny* birth rate; *~ek gr.* suffix

przyrząd *m* instrument; *~dzać* ⟨*~dzić*⟩ *potrawę* make*

przyrze|czenie *n* promise; *~kać* ⟨*~c*⟩ promise (**coś komuś** s.th. to s.o.)

przysiad *m* sit-up; *~ać* ⟨*~ąść⟩ sit* (**do kogoś** next to s.o.)

przysięg|a *f* oath; *~ać* ⟨*~nąć*⟩ swear*; *~ły m jur.*: *ława f ~łych* jury

przysłać *pf* → **przysyłać**

przysłowie *n* proverb

przysłówek *m* adverb

przysługa *f* favour

przysmak *m* delicacy, titbit

przyspiesz|ać ⟨*~yć*⟩ accelerate, speed up; *~ać kroku* quicken one's pace; *~enie n* acceleration, pickup F

przysta|wać *pf* → **przystawać**; *~nek m* stop; *~ń f* harbour; *fig. a.* haven; *~wać* stop, halt

przystawka *f gastr.* starter, hors d'oeuvre

przyst|ąpić *pf* → **przystępować**; *~ępny adj język:* clear; *cena:* moderate, reasonable; *~ępować pf → ~ępować do np. rozmów:* enter into (e.g. talks)

przystojny *adj* good-looking, handsome

przystosow(yw)ać (**się**) adapt (**do czegoś** to s.th.)

przysu|wać ⟨*~nąć*⟩ *krzesło* pull up; *~wać się* come*/ move closer (**do kogoś** to s.o.)

przysyłać send* (**coś do kogoś** s.th. to s.o.)

przyszł|ość *f* future; *~y adj* future; *tydzień, miesiąc:* next

przyszy|wać *guzik* sew* (**do czegoś** onto s.th.)

przyśrubow(yw)ać screw (**coś do czegoś** s.th. to s.th.)

przytom|ność *f* consciousness; *~ność umysłu* presence of mind, wits; *~ny adv* conscious

przytrzym(yw)ać hold* down

przytul|ać ⟨*~ić*⟩ cuddle; *~ać*

się cuddle up F (**do kogoś** to s.o.); **~ny** adj cosy

przywiąz|anie n fig. attachment; **~any** adj attached (**do czegoś** to s.th.); **~(yw)ać** tie (**coś do czegoś** s.th. to s.th.); **~ywać się** fig. become* attached (**do kogoś** to s.o.)

przywieźć pf → przywozić

przywilej m privilege

przywitać welcome

przywozić **samochodem, pociągiem:** bring*

przywódca m leader

przywyk|ać ⟨**~nąć**⟩ get* used/accustomed (**do czegoś** to s.th.)

przyzna|nie n: **~nie się do winy** admission of guilt

przyzna|(wa)ć admit; **nagrodę, tytuł** award; **fundusze** appropriate; **~wać komuś rację** admit that s.o. is right; **~wać się do czegoś** admit s.th., confess s.th.

przyzwoit|ość f decency; **~y** adj decent, respectable

przyzwyczaja|ć ⟨**~ić**⟩ accustom (**do czegoś** to s.th.); **~jać się** get* accustomed/used (**do czegoś** to s.th.); **~jenie** n habit; **~jony** adj accustomed

pseudonim m pseudonym; **literacki:** nom de plume

psi adj canine; **~akrew!** int damn it!

psota f prank, mischief

pstrąg m zo. trout

psuć ⟨**po-, ze-**⟩ **zabawę, widok, dziecko** spoil*; **maszynę** break*, damage; **reputację** harm, damage; **~się maszyna:** break* (down); **jedzenie:** go* bad; **ząb:** rot

psych|iatra m psychiatrist; **~iatryczny** adj psychiatric; **~iczny** adj psychic(al); **choroba f ~iczna** mental disease; **~ika** f psyche; **~olog** m psychologist; **~ologia** f psychology; **~ologiczny** adj psychological; **~opata** m psychopath

pszczoła f bee

pszen|ica f wheat; **~ny** adj wheat ...

pta|ctwo n fowl; **~ctwo domowe** poultry; **~k** m bird

ptyś m (**ciastko**) puff

publi|czność f audience; **~czny** adj public; **~kacja** f publication; **~kować** ⟨**o-**⟩ publish

puch m down

puchar m cup

puchnąć ⟨**s-**⟩ swell*

pucz m **wojskowy:** (military) coup

pudel m poodle

pudełko n box; **~ zapałek** box of matches

puder m (**face-**)powder; **~niczka** f (powder) compact

pudło n (big) box; F (**niecelny strzał**) miss

pukać ⟨**za-**⟩ knock (**do drzwi** at/on the door)

pula f pool

pulchny *adj* plump
puls *m* pulse; **~ować** throb
pułapka *f* trap
pułk *m* regiment; **~ownik** *m* colonel
puma *f* puma
punkt *m* point; *na liście*: item; *w tekście*: section; *programu*: event; **~ kontrolny** checkpoint; **~ kulminacyjny** climax, culmination; **~ obserwacyjny** viewpoint, vantage point; **~ orientacyjny** landmark; **~ oparcia** purchase; **~ sporny** point at issue; **~ widzenia** point of view, viewpoint, standpoint; **~ zapalny** *pol.* hot spot; **~ zwrotny** turning point, watershed; **~ martwy** standstill, deadlock; **mocny ~** asset
punktualn|ie *adv* on time; **~y** *adj* punctual
pupa F *f* bottom
pustelni|a *f* hermitage; **~k** *m* hermit
pust|ka *f* emptiness, vacuum;

mam ~kę w głowie my mind's a blank; **~kowie** *n* wastes *pl*; **~oszeć ⟨o-⟩** *sala itp.*: empty; **~oszyć ⟨s-⟩** devastate; **~y** *adj* empty; *w środku*: hollow
pustyni|a *f* desert; **~ny** *adj* desert …
puszcza *f* forest
puszczać ⟨puścić⟩ let* go (**coś** of s.th.); *na ziemię*: drop; *na wolność*: let* (s.o.) go; *wodę* run*; *taśmę* play; **~ coś w obieg** pass s.th. round; **~ się czegoś**: let* go (of s.th.); F *kobieta*: sleep* around F
puszka *f* tin *Brt.*, can *Am.*
puścić *pf* → **puszczać**
puzon *m mus.* trombone
pył *m* dust; **~ek kwiatowy** pollen
pysk *m* mouth; *psa*: snout, muzzle
pyszny *adj* delicious
pyta|ć ⟨s-, za-⟩ ask (**kogoś o coś** s.o. about s.th.); **~nie** *n* question

R

rabarbar *m* rhubarb
rabat *m* discount
rablować ⟨ob-⟩ rob (**kogoś z czegoś** s.o. of s.th.); **⟨z-⟩** steal* (**coś komuś** s.th. from s.o.); **~unek** *m* robbery
rachu|ba *f*: **tracić ~bę czasu** lose* track of time; **~nek** *m* *w restauracji*: bill, check *Am.*;

w sklepie: receipt; *w banku*: account; **~nkowość** *f econ.* accounting, book-keeping
racja¹ *f* ration
racj|a² *f*: **mieć ~ę** be* right (**co do czegoś** about s.th.); **przyznać komuś ~ę** admit that s.o. is right
raczej *adv* rather

rad|a f (a piece of) advice; (*grupa*) council; **dawać sobie ~ę** cope (**z czymś** with s.th.); manage (**z czymś** s.th.); **~ca** m counsellor

radi|o n radio; **przez ~o** by radio; **w ~u** on the radio; **~oodbiornik** m radio receiver; **~ostacja** f radio (station); **~owóz** m patrol car; **~owy** adj radio

radny m councillor

rado|sny adj joyful, cheerful; **~ść** f joy

radykalny adj radical

radzić ⟨**do-, po-**⟩ advise (*komuś* s.o.); ~ ⟨**po-**⟩ **sobie** cope (**z czymś** with s.th.); ~ ⟨**po-**⟩ **się** consult (*kogoś* s.o.)

rafa f reef

rafineria f refinery

raj m paradise

rajd m rally; *pieszy*: hike

rak m crayfish; (*choroba*) cancer

rakieta[1] f *kosmiczna*: rocket

rakieta[2] f *sp.* racquet, racket

rama f frame

rami|ączko n shoulder-strap; (*wieszak*) hanger; **~ę** n arm; (*bark*) shoulder

rana f wound

randka f date

ranek m morning

ran|ić ⟨**z-**⟩ (**się**) injure (oneself), hurt* (oneself); **~ni** *pl* the wounded *pl*; **~ny**[1] adj wounded, injured

ran|ny[2] adj morning ...; **~o 1.**

n morning; **2.** adv in the morning

raport m report

ras|a f race; *konia, psa*: breed; **~owy** adj racial; *kot, pies*: pedigree ...

rat|a f instalment; **na ~y** in instalments; **~alny** adj: **sprzedaż** f **~alna** hire purchase *Brt.*, installment plan *Am.*

ratow|ać ⟨**u-**⟩ save (*kogoś* **przed czymś/od czegoś** s.o. from s.th.); **z pożaru**: rescue; **~niczy** adj sprzęt itp.: rescue ..., emergency ...; **~nik** m rescuer; **na plaży**: lifeguard

ratun|ek m rescue; **~ku!** help!; **~kowy** adj akcja, samolot: rescue ..., emergency ...

ratusz m town hall

ratyfikować ratify

raz 1. adv once; **2.** m time; (*jeden*) ~ once; **dwa ~y** twice; **trzy ~y** three times; **choć** ~ for once; **jeszcze** ~ one more time; **następnym ~em** next time; **innym ~em** some other time; **tym ~em** this time; **na ~ie** for the time being; F *pożegnanie*: see you; **od ~u** at once; **w ~ie potrzeby** if need be; **w żadnym ~ie** by no means

razem adv together; **~z** along with

razić *światło*: glare

razowy adj: **chleb** m **~** wholemeal bread

rażący adj glaring

rąbać ⟨po-⟩ chop (up)

rączka f *torby:* handle

rdza f rust; **~wy** adj kolor: rusty

rdzewieć ⟨za-⟩ rust

rea|gować ⟨za-⟩ react (**na coś** to s.th., **przeciw czemuś** against s.th); **~kcja** f reaction; **~ktor** m reactor

real|istyczny adj realistic; **~izować** realize, fulfil; czek cash

recenzja f review

recepc|ja f reception; **~onista** m (-tka f) receptionist

recepta f fig. recipe; med. prescription

redak|cja f *tekstu:* editing; (*redaktorzy*) editorial staff; (*biuro*) editorial office; **~cyjny** adj editorial; **~tor** m editor

refleksja f reflection

reflektor m searchlight, floodlight; *thea.* spotlight; *mot.* headlight

reforma f reform

regal m: **~ (na książki)** bookcase

region m region; **~alny** adj regional

regula|cja f adjustment; *prawna:* regulation; *cen itp.:* controls pl; **~min** m regulations pl, code (of practice)

regu|larny adj regular; **~lować ⟨wy-⟩** adjust; *ceny* control; **~ła** f rule

rejestr m record, register; **~acja** f registration; **~ować**

(się) register

rejon m region

rejs m voyage

rekin m shark

reklam|a f advertising; (*promocja*) publicity, promotion; *w gazecie:* ad(vertisement); *w telewizji:* commercial; *na planszy:* hoarding *Brt.*, billboard *Am.*; **~acja** f complaint; **~ować** (*promować*) advertise; (*składać reklamację*) complain (**coś** about s.th.)

rekord m record; **~owy** adj record …

rektor m vice-chancellor *Brt.*, president *Am.*

relacja f relation; (*sprawozdanie*) account

relig|ia f religion; **~ijny** adj religious

remis m *sp.* draw, tie

remont m renovation, overhaul; **~ować ⟨wy-⟩** renovate, overhaul

ren|cista m (**~cistka** f) pensioner; **~ta** f pension

rentgen F m X-ray

reorganiz|acja f reorganization; **~ować ⟨z-⟩** reorganize

reperować ⟨z-⟩ repair

repertuar m repertoire

reporter m reporter, correspondent

represja f repression

reprezent|acja f representation; **~ant** m representative; **~ować** represent

reprodukcja f reproduction

republika *f* republic

resor *m mot.* spring

restauracja *f* restaurant

reszt|a *f* rest; *w sklepie:* change; ~ki *pl* remains *pl*; *jedzenia:* leftovers *pl*, scraps *pl*

reumatyzm *m med.* rheumatism

rewanż *m sp.* return match; ~ować ⟨z-⟩ się reciprocate, repay (*komuś za coś* s.o. for s.th.)

rewelac|ja *f* revelation; ~yjny *adj* sensational

rewia *f* variety, revue

rewi|dować ⟨z-⟩ search (*kogoś w poszukiwaniu czegoś* s.o. for s.th.); ~zja *f* search

rewoluc|ja *f* revolution; ~yjny *adj* revolutionary

rewolwer *m* revolver

rezerw|a *f* reserve; *w ~ie* in reserve; ~acja *f* reservation, booking; ~ować ⟨za-⟩ reserve, book

rezultat *m* result, consequence

rezygnować ⟨z-⟩ *z czegoś:* give* (s.th.) up; *z rezerwacji:* cancel (*z czegoś* s.th.); *ze stanowiska:* resign (*z czegoś* from s.th.)

reżyser *m* director; ~ia *f* direction; ~ować ⟨wy-⟩ direct

ręcznik *m* towel; ~czny *adj* manual; ~czyć ⟨po-⟩ za-, vouch (*za kogoś* for s.o.); ~ka *f* (*dłoń*) hand; (*ramię*) arm; ~ce do góry! hands

up!; *pod ~ką* (close) at hand; *trzymać coś pod ~ką* keep* s.th. handy; ~kaw *m* sleeve; ~kawiczka *f* glove; ~kojeść *f* handle; ~kopis *m* manuscript

robak *m* worm; F (*insekt*) bug F

robić ⟨z-⟩ do*; *błąd, obiad, wyjątek, postępy* make*

robo|czy *adj* strój *itp.:* working; ~t *m* robot; *kuchenny:* food processor; ~tnica *f* (~tnik *m*) worker

roczn|ica *f* anniversary; ~ik *m* (*czasopismo*) yearbook; *ludzi:* age group; *wina:* vintage; ~y *m* annual, yearly

rod|ak *m* compatriot; ~owity *adj* native; ~owód *m* origin; *psa:* pedigree

rodzaj *m* kind, sort, type; *gr.* gender; ~ajnik *m gr.* article; ~eństwo *n* siblings *pl*; ~ice *pl* parents *pl*; ~ić ⟨u-⟩ *dziecko* have*, give* birth to; *uczucia* give* rise to; ~ić się be* born; *gdzie się urodziłeś?* where were you born?; ~ina *f* family; ~inny *adj* family ...

rodzynek *m* (*a.* rodzynka *f*) raisin

rogalik *m* croissant

rogi *pl → róg*

rok *m* (*pl* lata) year; ~temu a year ago; *w zeszłym/ przyszłym ~u* last/next year; *za ~* in a year; *ile masz lat?* how old are you?; *mam 25 lat* I am 25 years old; *lata osiemdziesiąte* the (nineteen) eighties, the 80s

rola *f* role; *filmowa*: part

rolka *f* roll

rolni|ctwo *n* agriculture; **~k** *m* farmer

roman|s *m* romance; (*przygoda miłosna*) affair, fling F; **~tyczny** *adj* romantic

rondo *n* roundabout *Brt.*, traffic circle *Am.*; *kapelusza*: brim

ropa *f naftowa*: oil; *med.* pus

ropucha *f* toad

rosa *f* dew

Rosja *f* Russia; **~nin** *m* (**~nka** *f*) Russian

rosnąć ⟨**u-**⟩ grow*

rosół *m* broth

rosyjski *adj* Russian

roślin|a *f* plant; **~ność** *f* vegetation; **~ny** *adj* plant ...; *olej itp.*: vegetable ...

rowek *m* groove

rowe|r *m* bicycle, bike F; **~rzysta** *m* cyclist

rozbawi(a)ć amuse

rozbierać *kogoś* undress (s.o.), *coś* take* (s.th.) apart; **~ się** undress

rozbi(ja)ć break* (up); *namiot* put* up

rozbiór *m* partition; **~ka** *f* demolition

rozbr|ajać ⟨**~oić**⟩ disarm; **~ojenie** *n* disarmament

rozbudow|a *f* development; **~(yw)ać** develop

rozchodzić się *tłum.*: dis-

perse; *małżeństwo*: break* up; *plotki*: get* round/about; *ciepło*: radiate

rozchorować się *pf* fall* ill

rozciąć *pf* → **rozcinać**

rozciąg|ać ⟨**~nąć**⟩ (**się**) stretch

rozcieńcz|ać ⟨**~yć**⟩ dilute

rozcinać cut* (*na pół* in half)

rozczarowa|nie *n* disappointment; **~ć** disappoint, let* down; **~ć się** be* disappointed; **~ny** *adj* disappointed, discontented

rozda(wa)ć (*podawać*, *wręczać*) give* out, hand out; *majątek* give* away; *karty* deal*

rozdrażni|enie *n* irritation; **~ony** *adj* irritated

rozdwojenie *n*: **~jaźni** split personality

rozdzia|ł *m* chapter; **~elać** ⟨**~elić**⟩ (**się**) separate (*na grupy* into groups, *coś od czegoś* s.th. from s.th.)

rozdzierać tear*; *na kawałki*: tear* apart; **~ się** tear*

rozebrać *pf* → **rozbierać**

rozedrzeć *pf* → **rozdzierać**

rozegrać *pf* → **rozgrywać**

rozejm *m* truce

rozejrzeć się *pf* → **rozglądać się**

rozejść się *pf* → **rozchodzić się**

rozerwać *pf* → **rozrywać**

rozesłać *pf* → **rozsyłać**

roześmiać się *pf* burst* out laughing

rozglądać się look around

rozgniatać ⟨‑nieść⟩ crush

rozgniewa|ć pf kogoś make*
(s.o.) angry; **~ć się** pf get*
angry; → **gniewać (się)**;
~ny adj angry

rozgotow(yw)ać się get*
overcooked

rozgrywka f sp. game

rozgrzesz|ać ⟨‑yć⟩ absolve
(**kogoś z czegoś** s.o. of
s.th.); **~enie** n absolution

rozgrz|(ew)ać ciało warm
(up); **~(ew)ać się** warm oneself; sp., fig. warm up; **~ew-
ka** f warm-up (a. sp.)

rozkaz m order, command;
~(yw)ać order, command
(**komuś zrobienie czegoś**
s.o. to do s.th.)

rozkład m biol., chem. decay,
decomposition; (rozmie-
szczenie) distribution; (roz-
jazdy/lotów/zajęć timetable,
schedule; **~ ramiona, ma-
pę, gazety** spread* (out); na
części: take* apart; składanie
mebli set* up; biol., chem.
decompose, break* down;
~ać się chem. decompose;
ciało: putrify

rozkosz f delight; **~e** pl plea-
sures pl; **~ny** adj delightful;
~ować się bask (**czymś** in
s.th.); delight (**czymś** in
s.th.)

rozkwit m bloom; **~ać** ⟨‑nąć⟩
blossom, flourish

rozlać pf → **rozlewać**

rozl|atywać ⟨‑ecieć⟩ się F

fall* apart

rozległy adj extensive

rozlewać spill*

rozluźni|ać (się) relax; **~enie**
n relaxation (**czegoś** of
s.th.)

rozład|ow(yw)ać unload; sy-
tuację defuse; **~unek** m un-
loading

rozłą|czać ⟨‑czyć⟩ discon-
nect; ludzi separate; **~czać
się** get* disconnected; **~ka**
f separation

rozłożyć pf → **rozkładać**

rozmaity adj various

rozmawiać talk (**z kimś, o
czymś** to s.o., about s.th.)

rozmiar m odzieży: size; zni-
szczeń: extent

rozmieni(a)ć   pieniądze
change

rozmie|szczać ⟨‑ścić⟩ ar-
range, place; wojsko, rakiety
deploy; **~szczenie** n arrangement

rozmn|ażać ⟨‑ożyć⟩ (się) re-
produce; **~ażanie** n reproduction

rozmow|a f conversation,
talk; **~ny** adj talkative

rozmów|ca m interlocutor;
~ić się have* a word (**z kimś**
with s.o.); **~ki** pl phrase book

rozmrażać ⟨‑ozić⟩ defrost

rozmyśl|ać meditate (**nad
czymś** on/upon s.th.); **~ić
się** pf change one's mind;
~ny adj deliberate

rozn|osić ⟨‑ieść⟩ listy deliver

rozpacz f despair; **~ać** de-

spair (**nad czymś** at s.th.);
~liwy adj desperate

rozpad m break-up, dissolution; **~ać się** break* up; **~ać się na kawałki** break* into pieces

rozpakow(yw)ać (się) unpack

rozpal|ać ⟨~ić⟩ kindle

rozpaść się pf → **rozpadać się**

rozpat|rywać ⟨~rzyć⟩ sprawę, podanie consider

rozpęd m momentum; **~zać ⟨~dzić⟩** demonstrację break* up; **~dzać się** pick up speed

rozpiąć pf → **rozpinać**

rozpie|szczać ⟨~ścić⟩ spoil; **~szczony** adj spoilt

rozpinać undo*, unbutton

rozplą|t(yw)ać untangle

rozpocz|ęcie n beginning; **~ynać ⟨~ąć⟩ (się)** begin*, start

rozporek m fly

rozpowszechni(a)ć informacje disseminate; **~anie** n dissemination; **~ony** adj widespread

rozpozna|(wa)ć recognize; **~nie** n recognition

rozpraw|a f sądowa: trial; doktorska: thesis, dissertation; **~ić się** crack down (z kimś on s.o.)

rozprowa|dzać ⟨-dzić⟩ distribute

rozprzestrzeni(a)ć się pro-

liferate

rozpusta f debauchery

rozpu|szczać ⟨~ścić⟩ (się) dissolve; **~szczalnik** m solvent; **~szczalny** adj soluble; **kawa** f **~szczalna** instant coffee

rozpyl|acz m atomizer; **~ać ⟨~ić⟩** atomize

rozróżni(a)ć tell* apart

rozru|chy f riots pl; **~sznik** m mot. starter

rozryw|ać tear* apart; kopertę tear* open; **~ka** f entertainment; **~kowy** adj entertainment ...

rozrzu|cać ⟨~cić⟩ scatter; **~tność** f extravagance; **~tny** adj extravagant

rozsąd|ek m sense; **zdrowy ~ek** common sense; **~ny** adj sensible

rozst|anie (się) n parting; **~(aw)ać się** part (z kimś with s.o.)

rozstrzel|anie n death by firing squad; **~(iw)ać** execute

rozstrzyg|ać ⟨~nąć⟩ decide; **~ający** adj decisive; **~nięcie** n solution

rozsyp(yw)ać spill*

rozszerz|ać ⟨~yć⟩ broaden, widen; **~ać się** broaden, widen; metal: expand; **~enie** n broadening

rozśmieszyć kogoś make* (s.o.) laugh

rozt|apiać ⟨~opić⟩ → **topić**

roztargniony adj absent-minded

roztropny adj cautious

roztrzask(iw)ać smash

roztwór m solution

rozum m reason; **~ieć** ⟨z-⟩ understand*; **~ieć się** understand* each other; **~ny** adj reasoning; **~owanie** n reasoning

rozwaga f prudence

rozwal|ać ⟨**~ić**⟩ smash

rozważ|ać ⟨**~yć**⟩ consider; **~ny** adj prudent

rozwiąz|anie n solution (**czegoś** to s.th.); **~(yw)ać węzeł** untie; organizację dissolve; problem solve

rozwie|dziony adj divorced; **~ść się** pf → **rozwodzić**

rozwi|jać ⟨**~nąć**⟩ develop; bandaż itp. unwind; **~jać się** develop, evolve

rozwo|dnik F m divorcée; **~dowy** adj divorce ...; **~dzić się** divorce (**z kimś** s.o.); dwell (**nad czymś** on s.th.)

rozwolnienie n diarrhoea

rozwód m divorce; **~ka** f divorcée

rozwój m development, evolution

rozwścieczony adj furious

rozżalony adj bitter

rozżarzony adj glowing

rożen m spit; ogrodowy: barbecue

róg m byka: horn; jelenia: antler; ulicy itp.: corner; **na rogu** on the corner

rów m ditch

równ|ać się equal (**czemuś** s.th.); **~anie** n equation; **~ie** adv equally

również adv also

równik m equator

równina f plain

równo adv equally; **~czesny** adj simultaneous; **~legły** adj parallel (**do czegoś** to s.th.); **~leżnik** m parallel; **~mierny** adj steady; **~rzędny** adj equivalent

równość f equality

równowa|ga f balance; **~żny** adj equivalent

równy adj equal (**czemuś** to s.th.); powierzchnia: even, level; (staly) steady

róża f rose; **~niec** m rosary

różdżka f divining rod; **~ czarodziejska** magic wand; **~rstwo** n dowsing; **~rz** m dowser

różni|ca f difference; **~ć** się differ (**od czegoś** from s.th.)

różnorodn|ość f variety, diversity; **~y** adj varied

różny adj (nie ten sam) different; → **różnorodny**

różowy adj pink

ruch m motion, movement; (posunięcie) move; **~ uliczny** traffic; **w ~u** in motion; **~liwy** adj mobile; ulica: busy; **~omy** adj mobile, moving; **~omy czas m pracy** flexitime

ruda f ore; F kobieta: redhead

rud|owłosy, ~y adj red-haired

ru|ina f ruin; **~jnować** ⟨z-⟩ ruin

rum *m* rum

rumieni|ć ⟨za-⟩ się blush; **~ec** *m* blush

rumsztyk *m* rumpsteak

Rumu|n *m* Romanian; **~nia** *f* Romania; **~nka** *f* Romanian; **Ꞧński** *adj* Romanian

runda *f* round

rur|a *f* tube, pipe; **~a wyde-chowa** exhaust pipe; **~ka** *f* tube; *do picia*: straw; **~ociąg** *m* pipeline

rusz|ać ⟨-yć⟩ move; *(doty-kać)* touch; *samochodem*: pull away; **~ać się** move

ruszt *m* grill; **~owanie** *n* scaffolding

rwać ⟨wy-⟩ *ząb* pull (out); ⟨ze-⟩ *owoc, kwiat* pluck

ryb|a *f* fish; **~acki** *adj* fishing ...; **~ak** *m* fisherman; **~ny** *adj*: **zupa** *f* **~na** fish soup; **~ołówstwo** *n* fishing

rycerz *m* knight

rycze|ć roar, bellow *(ze śmie-chu* with laughter); *lew*: roar; *krowa*: moo, low; *byk*: bellow; *osioł*: bray; F *(pła-kać)* blubber

ryk *m* roar; **~nąć** *pf* → ryczeć

rym *m* rhyme; **~ować się** rhyme

ryn|ek *m* market; **~kowy** *adj*: **gospodarka** *f* **~kowa** market economy

rynna *f* gutter

rys *m* sketch; **~y** features *pl*

rysa *f* scratch; **~ik** *m* lead; **~opis** *m* description; **~ować** ⟨na-⟩ draw*; **~ownica** *f*

drawing board; **~unek** *m* drawing

ryś *m* zo. lynx

rytm *m* rhythm; **~iczny** *adj* rhythmic

rywal *m* rival

ryzykow|ać ⟨za-⟩ risk, take* a chance; **~ny** *adj* risky

ryż *m* rice

rzadk|i *adj* rare, uncommon; *(nie częsty)* infrequent; *dym, płyn, las*: thin; **~o** *adv* rarely, seldom; **~ość** *f* rarity

rząd *m* row; *biol., math.* order; *pol.* government, administration *Am.*; *(ministrowie)* cabinet; **~owy** *adj* government ...

rządzić rule; *państwem*: govern

rzecz *f* thing; **~y** F *pl* clothes *pl*

rzecznik *m* spokesman

rzeczownik *m* noun

rzeczoznawca *m* expert

Rzeczpospolita *f* ⟨**Polska** Polish⟩ Republic

rzeczywi|stość *f* reality; **~sty** *adj* actual, real; **~ście** *adv* really

rzeka *f* river

rzemie|ślnik *m* craftsman; **~osło** *n* craft

rzepa *f bot.* turnip

rzetelny *adj* reliable

rzeźb|a *f* sculpture; **~iarz** *m* sculptor; **~iarstwo** *n* sculpture; **~ić** ⟨wy-⟩ sculpture

rzeźni|a *f* slaughterhouse; **~k** *m* butcher; *(sklep)* the butcher's

rzeżączka f *med.* gonorrhea

rzęsa f eyelash

rzodkiewka f radish

rzu|cać (~cić) throw*; *mocno:* hurl, fling*; *mocno, w gniewie:* dash; *mocno, celując:* pitch (*w coś* at s.th.); (*upuszczać*) drop; *palenie, pracę* give* up, quit* F; *przekleństwa:* hurl; *światło, cień, spojrzenie* cast*;

wszystko drop; ~cać **monetą** toss (a coin); ~cać **komuś wezwanie** challenge s.o.; ~cać **się** throw* oneself, fling* oneself; *podczas snu:* toss; *za czymś:* dive* (for s.th.); ~t *m* throw; ~t **oka** glimpse, look; ~t **dyskiem** *sp.* discus; ~t **karny** *sp.* penalty kick; ~t **rożny** *sp.* corner kick

rzymski *adj* Roman

S

sad *m* orchard

sadza f soot

sadzać *kogoś* sit* (s.o.) (down)

sadz|ić (~za~) plant; ~**onka** f seedling

sadzon|y *adj: jajka pl* ~**e** fried eggs *pl*

sakrament *m* sacrament

saksofon *m* saxophone

sal|a f room; *lekcyjna:* classroom; ~**a gimnastyczna** gymnasium, gym F; ~**a koncertowa** concert hall; ~**a operacyjna** operating theatre *Brt.*; ~**on** *m* lounge; *mody, fryzjerski, artystyczny:* salon

sałat|a f lettuce; ~**ka** f (vegetable) salad

sam[1] *adv* alone, on one's own; **byłem** ~ I was alone; *osobiście:* -self; ~ **reżyser tam był** the director himself

was there; → **ten**

sam[2] F *m* self-service shop, supermarket

sami|ca f female, she-; ~**ca żaby** female frog; ~**ca słonia** she-elephant; ~**ec** *m* male, he-; ~**ec żaby** male frog; ~**ec słonia** he-elephant

samo- self-

samobój|ca *m* (~**czyni** f) suicide; ~**stwo** *n* suicide

samochód *m* car; ~ **ciężarowy** lorry *Brt.*, truck *Am.*

samodzielny *adj* independent

samogłoska f *gr.* vowel

samokrytyka f self-criticism

samolot *m* aeroplane *Brt.*, airplane *Am.*, plane F

samo|obrona f self-defence; ~**obsługa** f self-service; ~**obsługowy** *adj* self-service ...; ~**poczucie** *n* mood, state of mind; ~**rząd** *m* self-government

samotn|ość f (stan) solitude; (uczucie) loneliness; **~y** adj spacer, dom: solitary; człowiek: lonely

samouk m self-taught person

sandał m sandal

sanie pl sleigh

sanitar|iusz m orderly; **~ny** adj sanitary

sankcja f sanction

sanki pl sledge Brt., sled Am.

sardynka f sardine

sarna f (female) deer

satelita m satellite; **~rny** adv satellite …

satyr|a f satire; **~yczny** adj satirical

są → **być**

sąd m court; (opinia) view, claim; **~ apelacyjny** court of appeal; **~ dla nieletnich** juvenile court; **~ wojenny** court-martial; **przed ~em** on trial; **~owy: medycyna f ~owa** forensic medicine

sądzi|ć v/i (uważać) feel*, think*, believe; v/t w sądzie: try (**kogoś za coś** s.o for s.th.)

sąsia|d(ka f) m neighbour; **~adowaćy** pokój: adjoin (**z czymś** s.th.); **~edni** adj neighbouring; pokój: adjoining; **~edztwo** n neighbourhood

scen|a f scene; w teatrze: stage; **~ariusz** m screenplay; **~iczny** adj stage…

sceptyczny adj sceptical

schabowy adj: **kotlet** m **~** pork chop

schemat m diagram

schnąć (**wy-**) dry (up)

scho|dy pl stairway; wewnętrzne: staircase; **~dy ruchome** escalator; **~dzić** descend, go* down, come* down, get* down; **~dzić się** get* together, gather

schowa|ć (się) hide*; **~ek** m hiding place; na dworcu, w szatni: locker; mot. glove compartment

schron m shelter; **~ienie** n shelter, refuge; **~isko** n hostel; **~isko górskie** mountain refuge; **~isko młodzieżowe** youth hostel

schwycić pf → **chwytać**

schylać pf → **chylić**

scyzoryk m pocket knife, penknife

seans m filmowy: show

sedno n crux, essence

sejf m safe

Sejm m Polish parliament

sekcja f section, division; **~ zwłok** autopsy, post mortem

sekret m secret; **~ariat** m secretary's office, secretariat; **~arka** f (**~arz** m) secretary

seks m sex; **~owny** adj sexy; **~ualny** adj sexual

sektor m sector

sekunda f second

seler m bot. celery

semafor m rail. semaphore

seminarium n seminar

sen m sleep; (wizja, marze-

nie) dream
senat *m* senate; **~or** *m* senator
senny *adj* sleepy
sen|s *m* sense; **to nie ma ~su**
it doesn't make sense; **nie
ma ~su czekać** it's no use
waiting, there's no point in
waiting; **w pewnym ~sie** in
a way
sensac|ja *f* sensation; **~yjny**
adj sensational
sensowny *adj* reasonable,
sensible
seplenić lisp
ser *m* cheese
ser|ce *n* heart; **z całego ~ca**
with all one's heart; **~deczne życzenia** *pl* best wishes
pl
seria *f* series, sequence; *wydarzeń*: rash, string; *modeli*:
line
serio *adv (a.* **na ~)** seriously
sernik *m* cheesecake
serw|eta *f* tablecloth; **~etka** *f*
napkin; **~is** *m* service; *telewizyjny:* coverage; *sp.* serve;
~ować serve
seryjny *adj* serial
sesja *f* session
set *m sp.* set
setka *f* (a) hundred; F *sp.* 100-metre dash; F *a 100-millilitre
shot of vodka*
sezon *m* season; **poza ~em**
out of season; **w ~ie** in season
sędzi|a *m* judge; *sp.* umpire;
piłka nożna, boks, zapasy:

referee; **~a liniowy** linesman; **~a śledczy** magistrate;
~ować umpire; *w piłce nożnej, boksie, zapasach:* referee
sęp *m zo.* vulture
sfera *f* sphere
siać ⟨za-⟩ sow*
siadać sit* (down)
siano *n* hay
siarka *f* sulphur
siatk|a *f* net; **~ówka** *f anat.*
retina; *sp.* volleyball
siąść *pf →* **siadać**
siebie *pron* oneself (myself,
yourself *etc.*); *wzajemnie:*
each other, one another:
zrobiłem to dla ~ I did it
for myself; **zaadresowała
list do ~** she addressed the
letter to herself; **nie patrzymy na ~** we aren't looking at
each other; **oni piszą do ~**
they write to each other;
→ **sobą, sobie**
sieć *f* network; *rybacka:* net
siedem *num* seven; **~dziesiąt**
num seventy; **~naście** *num*
seventeen; **~set** *num* seven
hundred
siedzący *adj* sitting; **~enie** *n*
seat; **~iba** *f organizacji:* seat;
~ieć sit* (down); **~ieć w więzieniu** F be* in prison
siekiera *f* axe
sierota *f* orphan
sierpień *m* August
sierść *f* fur
się *pron* oneself (myself,
yourself *etc.*); *wzajemnie:*
each other, one another;

bezosobowo: one, you, *etc.;*
zaciąłem ~ przy goleniu I
cut myself shaving; **odwiedzaliśmy ~ co tydzień** we
visited each other every
week; **gazety dostarcza ~
samolotem** newspapers
are delivered by air; **szybko
~ o tym zapomina** one
quickly forgets about that

sięg|ać ⟨~nąć⟩ reach ((**po**)
coś (for) s.th.)

silnik *m* engine; *elektryczny:*
motor

silny *adj* strong; *uderzenie:*
powerful, hefty; *światło,
ból:* intense; *zapach:* powerful; *chwyt:* firm; *opozycja:*
stout; *osoba:* powerful, sturdy, lusty; *wiatr:* up; *akcent:*
broad

sił|a *f fizyczna:* strength;
*(zdolność oddziaływania na
otoczenie)* power; *phys.*
force; **z całej ~y** with
all one's strength; **~a ciężkości**
gravity; **~a robocza** manpower, labour; **~a woli** willpower; **~y zbrojne** the
(armed) forces *pl*, the services *pl*

sin|iec *m* bruise; **~y** *adj* blue

siodło *n* saddle

siost|ra *f* sister; **~rzenica** *f*
niece; **~rzeniec** *m* nephew

siód|emka *f* (a) seven; **~my**
num seventh

sit|o *n* sieve; **~ko** *n* do herbaty:
strainer

siwy *adj* grey; *człowiek:* grey-

-haired

skafander *m* (*kurtka*) anorak;
~ kosmiczny spacesuit

skakać jump, leap*; *na jednej
nodze, ptak:* hop; *do wody:*
dive; *ceny:* rocket, zoom

skala *f* scale

skaleczenie *n* cut

ska|listy *adj* rocky; **~ła** *f* rock

skamieniały *adj* petrified

skandal *m* scandal; **~iczny**
adj scandalous

skarb *m* treasure; **~ państwa**
treasury; **~iec** *m* vault; **~nik**
m treasurer; **~onka** *f* moneybox; (*świnka*) piggy bank

skarga *f* complaint

skarpet(k)a *f* sock

skarżyć ⟨za-⟩ do sądu: sue
(**kogoś za coś** s.o. for
s.th.); **⟨na-⟩** sneak (**na kogoś** on s.o.); **⟨po-⟩ się**
complain (**komuś na coś**
to s.o. about s.th.)

skaz|(yw)ać condemn (**na
coś** to s.th.); (*wydawać wyrok*) convict, sentence (**na
to**)

skąd *adv* where from; **~ jesteś?** where are you from?

skąpy *adj* stingy, tight-fisted
F; (*skromny*) meagre

skierow(yw)ać *pf* → **kierować**

skinąć beckon (**na kogoś** to
s.o.); **~ głową** nod (one's
head)

sklejać ⟨~ić⟩ coś glue (s.th.)
together; **~jka** *f* plywood

sklep *m* shop, store Am.

sklepienie n arch. vault

skład m (magazyn) store, warehouse; (chemiczny) composition; (drużyny) line-up; **~ać na pół**: fold; namiot, koszulę, gazetę, stolik itp. fold (up); z części: put* together; jajko lay*; zamówienie place; pieniądze deposit; **~ać przysięgę** take* an oath; **~ać coś w ofierze** sacrifice s.th.; **~ać skargę** complain; **~ać się** consist (z czegoś of s.th.), be composed (z czegoś of s.th.); (stanowić) constitute (na coś s.th.); stolik, scyzoryk: fold (up); **~ak** F m folding bicycle; **~any** adj folding; **~ka** f członkowska (membership) fee; F (zbiórka) collection; **~nia** f gr. syntax; **~nica** f store; **~nik** m constituent, component; potrawy: ingredient; **~ować** store; **~owy** adj constituent

skł|aniać ⟨**~onić**⟩ kogoś induce (s.o.) (do zrobienia czegoś to do s.th.); **~onność** f tendency, inclination; **~onny** adj inclined (do zrobienia czegoś to do s.th.)

skocz|ek m jumper; wzwyż: highjumper; spadochronowy: parachutist, skydiver; szachowy: knight; **~nia** f **~nia narciarska** ski jump; **~yć** pf → **skakać**

skojarzenie n association

skok m jump, leap; na jednej nodze, ptaka: hop; do wody:

dive; cen itp.: increase, hike F; **~ o tyczce** sp. pole vault; **~ w dal** sp. long jump; **~ wzwyż** sp. high jump

skomplikowany adj complicated

skończony adj finished, through F

skoro cj since

skoroszyt m folder

skorowidz m index

skorpion f scorpion

skorup|a f crust; orzecha, żółwia, ślimaka: shell; **~ka** f jajka: eggshell

skos m slant; **na ~** at a slant

skośny adj oblique

skowronek m lark

skór|a f człowieka: skin; zwierzęca: skin, pelt, hide; (surowiec) leather; **~ka** f jabłka, ziemniaka, banana: skin; chleba: crust; szynki, sera, cytryny: rind; **~rzany** adj leather...

skracać shorten

skradać się sneak up (za kimś behind s.o.)

skradziony adj stolen

skrajn|ość f extremity; **~y** adj extreme

skrapiać sprinkle (coś czymś s.th. with s.th.)

skreśl|ać ⟨**~ić**⟩ cross out

skręc|ać ⟨**~ić**⟩ v/i turn (w lewo/prawo left/right); nagle: swerve; v/t nogę sprain, turn, twist, wrench; papierosa roll; **~ać się** squirm (z czegoś with s.th.)

słowny

skrępowany *adj* uneasy
skromn|ość *f* modesty; **~y** *adj* modest; (*zwykły, prosty*) humble
skroń *f* temple
skropić *pf* → **skrapiać**
skró|cić *pf* → **skracać**; **~t** *m* (*krótsza droga*) short cut
skrupulatny *adj* meticulous
skrupuły *pl* scruples *pl*, qualms *pl*
skry|ć *pf* → **kryć, skrywać**; **~tka** *f* hiding place; *w samochodzie*: glove compartment; **~tka bankowa** safe-deposit box; **~tka pocztowa** box; **~wać (się)** hide*
skrzydło *n* wing
skrzyn|ia *f* box, chest; **~ia biegów** gearbox; **~ka** *f* box; *do towarów*: crate; **~ka pocztowa** post-box, mailbox *Am.*
skrzyp|aczka *f* violinist; **~ce** *pl* violin; **~ek** *m* violinist; **~ieć** (**~nąć**) creak
skrzywi(a)ć → **krzywić**
skrzyżowanie *n* cross (*czegoś z czymś* between s.th. and s.th.); *dróg*: crossroads *pl*
skupi(a)ć concentrate; *uwagę* focus; **~ać wzrok** focus one's eyes; **~ać się** concentrate; **~enie** *n* concentration
skurcz *m* spasm
skut|eczny *adj* effective; **~ek** *m* effect, result; **~ek uboczny** side-effect
skuter *m* scooter
skutkować (**po-**) work, be*

effective
slajd F *m* slide
sleeping *m* sleeping car, sleeper F
slogan *m* slogan, catch-phrase
słab|nąć (**o-**) weaken; *deszcz, chwyt*: slacken; *ból, wiatr, głos*: subside; *wiara*: waver; **~ość** *f* weakness; **~y** *adj* weak; (*niezadowalający*) poor
słać[1] (**po-, wy-**) *list* send*
słać[2] (**po-**) *łóżko* make*
sław|a *f* fame; **~ny** *adj* famous
słod|ki *adj* sweet; **~kowodny** *adj* fresh-water; **~ycze** *pl* sweets *pl*, candy *Am.*
słodzić (**o-, po-**) sweeten; *herbatę* sugar
słoik *m* jar
słom|a *f* straw; **~iany** *adj* straw ...; **~ka** *f* straw
słoneczn|ik *m* sunflower; **~y** *adj* sunny; **układ** *m* **~y** solar system
słonina *f* pork fat
słoniowy → **kość**
słony *adj* salty
słoń *m* elephant
słońce *n* sun
Słowa|cja *f* Slovakia; **2cki** *adj* Slovak; **~czka** *f* (**~k** *m*) Slovak
Słowenia *f* Slovenia
Słowia|nin *m* (**~nka** *f*) Slav; **2ński** *adj* Slavonic, Slavic
słowik *m* *zo.* nightingale
słow|nie *adv* verbally; **~nik** *m* dictionary; **~ny** *adj* verbal;

~o *n* word; **~em** in a word; **~o w ~o** word for word; **w kilku ~ach** in a nutshell, briefly

słój *m* jar

słuch *m* hearing; **~acz** *m* listener; **~ać ⟨po-⟩** listen (*czegoś/kogoś* to s.th./s.o.); **~am?** pardon? *Brt.*, excuse me? *Am.*; **~awka** *f* earphone; *telefonu:* receiver

słup *m* pillar; *metalowy, drewniany:* pole; *latarni:* lamppost; *electr.* pylon; **~ek** *m* post; *mot.* bollard; *sp.* goalpost

słuszn|ość *f:* **masz ~ość** you are right; **~y** *adj* right; *wyrok:* just, fair

służ|ąca *f* maid; **~ący** *m* servant; **~ba** *f* service; *domowa:* servants *pl;* **~ba wojskowa** military service; **~bowy** *adj* podróż: business …; **~yć** serve

słychać: *nic nie ~* I can't hear anything; **co ~?** how are you?

słynny *adj* famous

słysz|alny *adj* audible; **~eć ⟨u-⟩** hear* (*coś* s.th., *o czymś* of s.th.)

smacz|ny *adj* tasty; **~nego!** *said before a meal*

smak *m* taste; **~ować** taste; **to mi ~uje** I like it, it tastes good; **~owity** *adj* tasty

smalec *m* lard

smar *m* grease; **~ować ⟨po-⟩** *mechanizm* grease, lubricate; **~ować chleb masłem**

spread* butter on bread, butter bread; **~ować twarz kremem** put* cream on the face

smaż|ony *adj* fried; **~yć ⟨u-⟩ (się)** fry

smoczek *m do zabawy:* dummy *Brt.*, pacifier *Am.*; *do karmienia:* teat *Brt.*, nipple *Am.*

smok *m* dragon

smoła *f* tar

smród *m* stink, stench

smucić ⟨za-⟩ sadden; **~ się** feel* sad

smut|ek *m* sadness, sorrow; **~ny** *adj* sad

smycz *f* leash

smycz|ek *m* bow; **~ki** *pl* the strings *pl;* **~kowy** *adj:* **kwartet m ~kowy** string quartet

snuć *nić, pajęczynę itp.* spin*; **~ opowieść** tell* a story; **~ się** *bezczynnie:* moon about/around

sobą **~ie** *pron* self (myself, yourself *etc.*); (*wzajemnie*) each other, one another; **bądź ~ą** be yourself; *przyglądał się ~ie w lustrze* he was looking at himself in the mirror; *nie rozmawiają ze ~ą* they are not talking to each other; *powiedzieli ~ie prawdę* they told each other the truth; *był ~ie …* there once was …

sobota *f* Saturday

sobowtór *m* double

socj|alistyczny *adj* socialist; **~alizm** *m* socialism; **~olog**

m sociologist; **~ologia** *f* sociology

soczewka *f* lens

soczysty *adj* juicy

sod|a *f* soda; **~owy** *adj*: **woda ~owa** soda water

soj|a *m* soy (bean); **~owy** *adj* soy

sojusz *m* alliance; **~nik** *m* ally

sok *m* juice

sokół *m* falcon

solić ⟨po-⟩ salt

solidarność *f* solidarity

solist|a *m* (**~ka** *f*) soloist

sol|niczka *f* salt cellar, salt shaker *Am.*; **~ony** *adj* salted

solo *n* solo; **~wy** *adj* solo

sonda *f* probe; **~ż** *m*: **ż opinii publicznej** public opinion poll

sortować ⟨po-⟩ sort

sos *m* sauce; *do mięsa*: gravy

sosna *f* pine

sowa *f* owl

sól *f* salt

spacer *m* walk; **~ować** ⟨po-⟩ walk; **~ówka** *f* pushchair *Brt.*, stroller *Am.*

spać sleep*; **iść ~** go* to sleep; **chce mi się ~** I'm sleepy

spad|ać fall*; *liczby, ceny*: plunge, plummet; **~ek** *m* decrease; *temperatury*: drop; *wydajności*: fall; *cen*: plunge; *jur.* inheritance

spadkobierca *m* inheritor, beneficiary

spadochron *m* parachute; **~iarz** *m* parachutist; *sp.* sky-diver; *mil.* paratrooper

spadzisty *adj dach*: slanting

spal|ać ⟨~ić⟩ ⟨się⟩ burn* (down); **~anie** *n phys.* combustion; **~inowy** *adj*: **silnik ~inowy** internal combustion engine; **~iny** *pl* exhaust (fumes *pl*); **~ony** *adj* burned; *dom*: burned down; **na ~onym** *sp.* offside

spaść *pf* → **spadać**

spawać weld

specjal|ista *m* specialist, expert; **~istyczny** *adj* specialist; **~izacja** *f* specialization; **~izować się** specialize (**w czymś** in s.th.); **~nie** *adv* specially; *(celowo)* deliberately, on purpose; **~ność** *f* specialty *Brt.*, specialty *Am.*; **~ny** *adj* special

spełni|ać ⟨(**a)ć** *funkcję, cel, obietnicę, wymagania, życzenie, groźbę* fulfil; *obowiązek, rozkaz* carry out; *oczekiwania* live up to, meet*; *potrzeby, warunki* meet*; **~(a)ć się** *nadzieja, sen*: come* true; **~enie** *n obietnicy, marzeń*: fulfilment (**czegoś** of s.th.)

sperma *f* semen

spędz|ać ⟨~ić⟩ *czas, wakacje* spend*

spiąć *pf* → **spinać**

spierać się argue (**z kimś o coś** with s.o. about s.th.)

spieszyć ⟨po-⟩ **się** hurry (up), be* in a hurry; *zegarek*: be* fast

spięcie *n* short-circuit

spiker(ka f) m TV announcer

spin|acz m paper clip; **~ać kartki** clip together; **~ka f do włosów**: hair-grip, hair-pin; *do mankietów*: cufflink; *do krawata*: tie-pin

spirala m spiral; *grzejna*: element

spis m list; **~ treści** table of contents; **~ ludności** census

spisek m plot, conspiracy

spis(yw)ać copy down; **~ na straty** write* off

spiżarnia f larder, pantry

spłac|ać ⟨~ić⟩ pay* off

spłonąć burn* down

spłuk(iw)ać rinse; *toaletę*: flush

spły|wać ⟨~nąć⟩ *łzy itp.*: flow (**po czymś** down s.th.)

spocony adj sweaty

spocz|ynek m rest; **~ywać** rest (**na czymś** on s.th.); ⟨~ąć⟩ *odpowiedzialność*: rest (**na kimś** with s.o.)

spod prp from under

spod|ek m saucer; **~enki** pl shorts pl; **~nie** pl trousers pl, pants pl Am.

spodziewać się expect (**czegoś** s.th., **że ktoś coś zrobi** s.o. to do s.th.)

spo|glądać ⟨~jrzeć⟩ look (**na kogoś** at s.o.); **~jrzenie** n look; *krótkie*: glance; *gniewne*: glare; *długie*: gaze

spok|ojny adj calm; *miejsce, ludzie*: peaceful, restful; *las, łąka*: still, tranquil; *dzień, podróż*: uneventful; *lot*:

smooth; *kolor*: quiet, soft; *głos*: steady; **~ój** m peace; (*cisza*) calm

spokrewniony adj related

społecz|eństwo n society; **~ność** f community; **~ny** adj social

spomiędzy prp from among

sponsor m sponsor; **~ować** sponsor

spontaniczny adj spontaneous

sporo adv a great deal (**czegoś** of s.th.)

sport m sport; **dzień** m **~u** sports day; **~owiec** m athlete, sportsman, sportswoman; **~owy** adj sporting; *zachowanie*: sportsmanlike, sporting; **~owy samochód** m sportscar; **~owa odzież** f sportswear

sporządz|ać ⟨~ić⟩ *listę* draw* up, make* (up)

sposobność f opportunity

sposób m way, manner; **w ten ~** like this, this way; thus; **w pewien ~** in a way; **~ postępowania** procedure

spostrze|gać ⟨~c⟩ notice; **~żenie** n observation

spośród prp out of, from (among)

spot|kanie n meeting, encounter *form.*, get-together F; *umówione*: appointment, date F; **~(y)kać (się)** meet* (**z kimś** s.o., with s.o. Am.)

spowi|adać ⟨wy-⟩ się confess (**z czegoś** s.th.); **~edź f** confession

spożywczy adj: **sklep** m ~ grocer's *Brt.*, grocery store *Am.*

spód m beczki, łodzi: bottom; *samochodu:* underneath; **~nica** f skirt

spójnik m gr. conjunction

spółdziel|czy adj cooperative; **~nia** f cooperative, coop F; **~nia mieszkaniowa** housing cooperative

spółgłoska f gr. consonant

spółka f company

spór m dispute

spóźni|(a)ć się be* late; *na pociąg: zegarek:* be* slow; **~enie** n delay

spragniony adj thirsty

spraw|a f matter; *pol.* affair; *jur.* case; **zdawać sobie ~ę** be* aware (**z czegoś** of s.th.); **to nie twoja ~a** that's none of your business; **~ca** m perpetrator; culprit; **~dzać** ⟨**~dzić**⟩ check; *prawdziwość:* verify; *słowo w słowniku* look up; **~dzić się** *prognoza:* come* true; **~dzian** m test; **~i(a)ć** *kłopot* cause

sprawiedliw|ość f justice; **~y** adj just, fair

spraw|ność f efficiency; *fizyczna:* fitness; **~ny** adj effective; *fizycznie:* fit; **~ować** *funkcję, kontrolę* perform; **~ować się** behave; **~owanie** n behaviour; **~ozdanie** n report; *(relacja)* account; *sp.* commentary; **~ozdawca** m

reporter; *sp.* commentator

spręż|ać ⟨**~yć**⟩ compress; **~arka** f compressor

spręży|na f spring; **~sty** adj resilient

sprostać pf trudnościom, obowiązkom: cope (**czemuś** with s.th.)

sprowadz|ać ⟨**~ić**⟩ bring*, fetch; **~ać się do czegoś** boil down to s.th.

spryskiwacz m sprinkler

spryt m artfulness; **~ny** adj artful

sprzączka f buckle

sprząt|aczka f cleaning lady; **~ać** ⟨**~nąć**⟩ clean (up)

sprzeciw m opposition; *słowny:* objection; **~i(a)ć się** oppose (**czemuś** s.th.); *słownie:* object (**czemuś** to s.th.)

sprzecz|ać się quarrel, argue; **~ka** f argument; **~ność** f contradiction; **~ny** adj contradictory

sprzeda|(wa)ć sell*; **~wca** m ⟨**~wczyni** f⟩ shop assistant *Brt.*, salesclerk *Am.*; **~ż** f sale

sprzęgło n mot. clutch

sprzęt m equipment; *komputer:* hardware; **~ kuchenny** kitchen utensils pl; **~ gospodarstwa domowego** (home) appliances pl

sprzyjać favour (**czemuś** s.th.)

sprzymierz|eniec m ally; **~ony** adj allied

sprzysięg|ać ⟨**~ąc**⟩ się conspire (**przeciwko komuś**

against s.o.); **~ężenie** n conspiracy

spust m *pistoletu:* trigger; *phot.* shutter (release)

spu|szczać ⟨**~ścić**⟩ *na ziemię:* drop; *(obniżać)* lower; *psy release;* **~ścizna** f legacy

sputnik m satellite

spychacz m bulldozer

srebr|ny *adj* silver; **~o** n silver

sroka f magpie

ssa|ć suck; **~k** m mammal

stacja f station; → **benzynowy, obsługa;** **~yjka** F ignition

staczać roll (**z czegoś** down s.th.); **~ się** roll (**z czegoś** down s.th.)

stać[1] stand*; *maszyna, fabryka:* be* idle; **~ się** pf happen, take* place

stać[2]: **(nie) ~ mnie na nowy samochód** I can(not) afford a new car

stadion m stadium

stadium m stage

stad|nina f stud (farm), stable(s); **~o** n herd; *wilków, psów:* pack; *owiec, kóz:* flock; *ptaków:* flight, flock

stajnia f stable

stal f steel

stał|ość f constancy; **~y** *adj (niezmienny)* permanent, constant; *wzrost, praca:* steady; *klient, praca:* regular; *adres:* permanent

stan m condition, shape; *zdrowia, finansowy:* state; **~y** pl **Zjednoczone (Ameryki)** the United States (of America); **~y** F the States F; **~ąć** pf → **stawać**

stanik m bra

stanowczy *adj osoba:* wilful, determined; *decyzja:* firm

stanowi|ć constitute; **~sko** n *(pogląd)* position, opinion; *(posada)* position, post; *(miejsce)* post

stara|ć się try one's best; *(zabiegać)* try **(o coś** for s.th./to get s.th.); **~nia** pl efforts pl; **~nny** *adj* careful, accurate

starcie n demonstrantów z policją: clash; *fig.* clash, skirmish, brush

starcz|ać ⟨**~yć**⟩ suffice

staro *adv* old; **~dawny** *adj* old-fashioned; **~ść** f old age; **~świecki** F *adj* old-fashioned; **~żytny** *adj* ancient

start m start; *samolotu:* take-off; **~ować** start; *samolot:* take* off

star|uszek → **starzec; ~uszka** f old woman; **~y** *adj* old; *chleb:* stale

starz|ec m old man; **~eć** ⟨**ze-⟩ się** age

statek m ship; **~ kosmiczny** spaceship

statut m charter

statyst|a m ⟨**~ka** f⟩ *film:* extra

statysty|czny *adj* statistical; **~ka** f statistics sg

statyw m tripod

staw m pond; *anat.* joint

stawa|ć *(zatrzymywać się)* stop; *(podnosić się)* stand* (up); *maszyna*: break* down; *zegar*: stop; **~ać na baczność** stand* at attention; **~ać się** become*; **~iać ⟨postawić⟩** put*, set*; *namiot, ścianę* put* up; **~iać coś komuś** stand* s.o. s.th., treat s.o. to s.th.; **~ka** f *godzinowa itp.*: rate; *w grach*: stake

staż m training (period); **~ysta** m trainee

stek m *gastr.* steak

stempel m (rubber) stamp; **~lować ⟨o-⟩** stamp

ster m rudder

sterczeć stick* out

stereo: *zestaw* m **~** stereo (equipment); **~foniczny** *adj* stereo

sternik m helmsman

sterta f heap

stękać ⟨~nąć⟩ groan

stężenie n concentration; **~ony** *adj* concentrated

sto *num* hundred

stocznia f shipyard

stoczyć *pf* → **staczać**

stodoła f barn

stoisko n stand*

stok m slope

stokrotka f *bot.* daisy

stolarz m *meblowy*: cabinet-maker; *budowlany*: joiner

stolec m *med.* stool

stolica f capital

stolik m coffee table; **~nocny** bedside table

stołek m stool; **~owy** *adj* table ...; **~ówka** f cafeteria

stop m *metali*: alloy

stopa f foot; **~ procentowa** interest rate; **~ życiowa** standard of living

stopień m degree; *schodów*: step; *(ocena szkolna)* mark, grade; *wojskowy*: rank; **~niowy** *adj* gradual

stos m stack, pile

stosować ⟨za-⟩ use; **~ać się** *(dotyczyć)* apply **(do czegoś/kogoś** to s.th./s.o.); *do przepisów itp.*: follow (s.th.); **~ny** *adj* appropriate

stosunek m attitude; *(zależność)* relation(ship); *math.* ratio; **~ek płciowy** sexual intercourse; **~kowo** *adv* relatively

stowarzyszenie n association

stożek m cone

stół m table

strach m fear **(przed czymś** of s.th.); **mieć ~** be* afraid; **~ na wróble** scarecrow

stragan m stall, stand, booth

strajk m strike; **~ować ⟨za-⟩** strike*, go* on strike

straszliwy *adj* horrible; **~nie** *adv*: **~nie mi przykro** I'm awfully sorry; **~nie za tobą tęsknię** I miss you terribly; **~ny** *adj* horrible; **~yć ⟨prze-, wy-⟩** frighten, scare

strata f loss; *czasu, pieniędzy*: waste

straż f guard; **~ pożarna** fire brigade *Brt.*, fire depart-

ment *Am.*; **~acki** *adj*: **wóz** m
~acki fire engine *Brt.*, fire
truck *Am.*; **~ak** m fireman;
~nik m guard

strącać ⟨**~ić**⟩ knock off (**z**
czegoś s.th.)

strefa f zone

stres m stress

streszczenie n summary; *artykułu, referatu*: abstract

stroić ⟨**na-**⟩ tune; **~ się**
kiestra: tune up; **~** ⟨**wy-**⟩
się dress (oneself) up

stromy *adj* steep

strona f side; *książki*: page;
gr. voice: **w tę** ~ this way;
w ~ę czegoś towards s.th.;
z drugiej ~y *fig.* on the other
hand

stronnictwo n *pol.* party

strop m ceiling

strój m dress, *form.* attire;
specjalny, sportowy: outfit

stróż m watchman

struga f *cieczy*: stream

struktura f structure

strumień m stream

struna f *mus.* string; **~ głosowa** vocal cord

strup m scab

struś m ostrich

strych m attic, loft

strzał m shot; **~a** f arrow; **~ka**
f arrow

strzec guard; **~ się** beware
(**czegoś** s.th.)

strzelać ⟨**~ić**⟩ shoot*; *ogień, silnik*: sputter; **~anina** f
shoot-out; **~ba** f shotgun;
~ec m shot; **~ec wyborowy**

marksman; **~nica** f rifle
range

strzemię n stirrup

strzępić ⟨**po-**, **wy-**⟩ **się** fray

strzyc ⟨**o-**⟩ *coś* cut*/trim
(s.th.); *trawnik* mow*; *kogoś*
cut*/trim (s.o.'s) hair

strzykawka f syringe

studenck|i *adj*: **dom** m **~encki** hall of residence *Brt.*, dormitory *Am.*; **~ent(ka** f) m
student; **~ia** pl studies pl;
~iować study

studnia f well

studzić ⟨**o-**⟩ cool (down)

stuk|ać ⟨**~nąć**⟩ clatter; **~ać
do drzwi** knock at/on the
door

stulecie n century; (*rocznica*)
centenary

stwarzać create

stwierdz|ać ⟨**~ić**⟩ state;
~enie n statement

stworz|enie n creation; (*istota
żywa*) creature; **~yć** pf →
stwarzać

Stwórca m the Creator

styczeń m January

stygnąć ⟨**o-**⟩ cool (down)

styk m contact; **~ać się**
come* into contact (**z
czymś/kimś** with s.th./s.o.);
ze sprawą: encounter (**z
czymś** s.th.), come* across
(**z czymś** s.th.)

styl m style; *pływacki*: stroke

stypendi|um n scholarship;
~ysta m scholar

subiektywny *adj* subjective

sublokator m lodger

substancja *f* substance

subtelny *adj* subtle

suchy *adj* dry

su(cz)ka *f* bitch, she-dog

sufit *m* ceiling

sugerować suggest (*coś komuś* s.th. to s.o.)

sukces *m* success; *odnosić ~* succeed

suk|ienka *f* dress; *~nia f* (*esp.* formal) dress

suma *f* sum

sumienie *n* conscience; *~ienny adj* diligent

supeł *m* knot

surow|iec *m* raw material; *~y adj* (*nie ugotowany*) raw; (*bez litości*) harsh, hard, strict, stern; *klimat, warunki*: harsh, hard

surówka *f* (raw vegetable) salad

susz|a *f* drought; *~arka f* dryer; *do włosów:* (hair)-dryer; *~yć* ⟨*wy-*⟩ ⟨*się*⟩ dry

sutek *m* nipple

suw|ać slide*; *~ak m tech.* slider; (*zamek błyskawiczny*) zip (fastener) *Brt.*, zipper *Am.*

suwerenny *adj* sovereign

sweter *m* sweater

swędzi(e)ć itch

swobod|a *f* freedom; *~ny adj* free; *strój:* casual

swój *pron* one's (my, your *etc*); *mam ~ własny pokój* I have my own room

syczeć hiss

sygnał *m* signal; *teleph.* tone

syk *m* hiss; *~nąć pf → syczeć*

sylaba *f gr.* syllable

Sylwester *m* New Year's Eve

sylwetka *f* silhouette

symbol *m* symbol; *~iczny adj* symbolic

symfonia *f* symphony

sympat|ia *f* liking (*do kogoś* for s.o.); (*dziewczyna*) girlfriend, (*chłopak*) boyfriend, *~yczny adj* likeable

symulować simulate

syn *m* son; *~owa f* daughter-in-law

synte|tyczny *adj* synthetic; *~za f* synthesis

sypać ⟨się⟩ pour

sypia|ć sleep*; *~lnia f* bedroom

syrena *f morska:* mermaid; *alarmowa:* siren

syrop *m* syrup

system *m* system; *~atyczny adj* systematic

sytuacja *f* situation

szabla *f* sabre, sword F

szablon *m* template

szach|ista *m* chess player; *~ownica f* chessboard; *~y pl* chess

szacować ⟨*o-*⟩ estimate

szacun|ek *m* respect (*dla kogoś* for s.o.); *~kowy adj* approximate

szafa *f na rzeczy:* wardrobe

szafka *f* cabinet

szajka *f* gang

szal *m* shawl

szale|ć *człowiek:* be* crazy (*za kimś* about s.o.); *burza:*

rage; **~nie** adv madly; **~niec** m madman, lunatic F; **~ńczy** adj mad; **~ństwo** n madness, insanity

szalik m scarf

szalony → **szaleńczy**

szalupa f ratunkowa: lifeboat

szał m frenzy; **wpaść w ~** go* berserk; **doprowadzać kogoś do ~u** drive* s.o. crazy

szałas m shed

szampan m champagne

szampon m shampoo

szanow|ać kogoś respect (s.o.); **~ać się** (dbać o siebie) take* care of oneself; **~ny: Ωny Panie** Dear Sir

szansa f chance

szantaż m blackmail; **~ować** blackmail; **~ysta** m blackmailer

szarfa f sash

szarlotka f apple pie

szarp|ać ⟨~nąć⟩ (się) jerk

szary adj grey

szata f robe; **graficzna**: layout

szatan m Satan

szatnia f cloakroom; (przebieralnia) locker room

szczątki pl remains pl, fragments pl; samolotu, budynku: debris, wreckage

szczebel m rung

szczególny adj particular

szczegół m detail; **~owo** adv in detail; **~owy** adj detailed

szczekać ⟨za-⟩ bark

szczel|ina f crack, chink; w skale: fissure, crevice; **~ny** adj tight

szczen|iak m, **~ię** n puppy

szczep m Indian: tribe; **~ić ⟨za-⟩** vaccinate; **~ienie** f vaccination; **~ionka** f vaccine

szczer|ość f sincerity; **~y** adj sincere, frank

szczęka f jaw; **sztuczna ~** denture

szczęś|cie n happiness; (nie pech) (good) luck; **mieć ~cie** be* lucky; **na ~cie** luckily; **~liwy** adj happy

szczodr|ość f generosity; **~y** adj generous

szczot|eczka f: **~eczka do zębów** toothbrush; **~ka** f brush; **~kować ⟨wy-⟩** brush

szczudło n stilt

szczupak m zo. pike

szczup|leć ⟨ze-⟩ lose* weight; **~ły** adj slender, slim

szczur m rat

szczyp|ać pinch; **~ce** pl pincers pl

szczypiorek m bot., gastr.: chives

szczyt m top, peak, summit; pol. summit (meeting); dachu: gable; **~owy** adj top

szef m boss; **~ kuchni** chef

szele|st m rustle; **~ścić ⟨za-⟩** rustle

szelki pl braces pl Brt., suspenders pl Am.

szept m whisper; **~tać ⟨~nąć⟩** whisper

szereg m row; (pewna liczba) several, some; **~ować ⟨u-⟩** sort; **~owiec** m mil. private

szermie|rka f fencing; **~rz** m fencer

szerok|i adj broad, wide; **~uśmiech:** broad; **~o** adv wide; **~o otwarty** wide open; **~ość** f width, breadth; **~ość geograficzna** latitude

szerzyć (się) spread*

szesnaście num sixteen

sześ|cian m cube; **~cienny** adj cubic; **~ć** num six; **~ćdziesiąt** num sixty; **~ćset** num six hundred

szew m seam

szewc m shoemaker

szkatuł(k)a f casket

szkic m sketch; **~ownik** m sketchbook, sketchpad

szkielet m skeleton

szk|lanka f glass; **~lany** adj glass ...; **~larz** m glazier; **~lić ⟨o-⟩** glaze; **~liwo** n na porcelanie: glaze; na zębach: enamel; **~lo** n glass; **~la** pl **kontaktowe** contact lenses pl

Szkoc|ja f Scotland; **2ki** adj Scottish, Scots; whisky: Scotch; **2ki angielski** (język) Scots

szkod|a f damage; **~!** pity!, that's too bad!; **~liwy** adj harmful; **~nik** m pest

szkodzić ⟨za-⟩ harm (**komuś** s.o.); jedzenie: disagree (**komuś** with s.o.); **nic nie ~** that's all right, no harm done F

szkol|enie n training; **~ić** train; **~nictwo** n the school

system; (nauczanie) education; **~ny** adj school ...

szkoła f school; **~ podstawowa** primary (elementary Am.) school (6-14); **~ średnia** secondary (high Am.) school (15-18); **~ zawodowa** vocational school (15-18)

Szkot m Scot, Scotsman; **~ka** f Scotswoman

szlach|cic m nobleman; **~ectwo** n nobility; **~etny** adj noble; **~ta** f the nobility

szlafrok m dressing gown

szlak m route; turystyczny: trail

szlif|ierka f sander; **~ować ⟨o-⟩** sand

szmat|a f rag; **~ka** f cloth

szmer m (rustling) noise

szminka f lipstick

sznur m rope; **~ek** m string; **~ować ⟨za-⟩** buty itp. do up, lace (up); **~owadło** n (shoe)lace

szofer → kierowca

szok m shock; **~ować ⟨za-⟩** shock

szopa f shed

szor|ować scrub; **~stki** adj rough

szorty pl shorts pl

szosa f main road, highway Am.

szósty num sixth

szpada f sword

szpara f crack, chink

szparag m bot. asparagus

szpic m point

szpieg m spy; **~ostwo** n spying; ~ować spy (**kogoś** on s.o.)

szpik m (bone) marrow

szpilka f pin

szpinak m spinach

szpital m hospital; ~ny adj: **leczenie** n ~ne hospital treatment

szpon m claw

szprycha f spoke

szpul(k)a f spool, reel

szron m frost

sztab m staff

sztaba f bar

sztandar m flag, banner

sztorm m na morzu: storm

sztruks m cord(uroy)

sztucz|ka f trick; ~ny adj artificial; zęby, wąsy itp.: false

sztućce pl cutlery

sztuka f art; teatralna: play

sztur|chać ⟨~chnąć⟩ poke; łokciem: nudge

szturmować storm

sztylet m dagger

sztywn|ieć ⟨ze-⟩ stiffen; ~y adj stiff; przepis: rigid

szubienica m gallows sg, pl

szuf|elka f dustpan; ~la f (łopata) shovel

szuflada f drawer

szukać search, look (**czegoś** for s.th.)

szum m hum; ~ieć hum

szwagier m brother-in-law; ~ka f sister-in-law

Szwajcar m Swiss; ~ia f Switzerland; ~ka f Swiss; 2ski adj Swiss

Szwe|cja f Sweden; ~d(ka f) m Swede; ~dzki adj Swedish

szyb m shaft; ~ naftowy oil well

szyba f (glass) pane; **przednia** ~ mot. windscreen Brt., windshield Am.

szybk|i adj fast, quick; ~ościomierz m speedometer; ~ość f speed

szybowiec m glider

szyć ⟨u-⟩ sew*

szydełko n crochet needle; ~wać crochet

szyfr m code, cipher; do sejfu: combination

szyj|a, ~ka f neck

szyk m chic

szykować ⟨na-, przy-⟩ (się) prepare

szyld m signboard

szympans m zo. chimpanzee

szyna f rail; med. splint

szynka f ham

szyszka f cone

Ś

ściana f wall

ściąć pf → **ścinać**

ściąg|ać ⟨~nąć⟩ w dół: take* down; odzież take* off; (naciągać) tighten; F (odpisywać) crib (**od kogoś** off/ from s.o.)

ściec pf → **ściekać**

ściek m sewer; ~i pl sewage; ~ać flow down, trickle down

ścielić pf → **słać²**

ściemni(a)ć dim; ~ się get* dark

ścienny adj wall ...

ścier|ać wipe off; ~ka f rag; do kurzu: duster; do wycierania naczyń: tea-towel Brt., dish towel Am.

ścieżka f path; na taśmie: track

ścięgno n anat. sinew, tendon

ścigać chase; ~ się race (**z kimś** (against) s.o.)

ściąć cut* down; kogoś behead

ścisk m squeeze; ~ać squeeze; w dłoni: clutch; w ramionach: hug

ścisł|ość f: jeśli chodzi o ~ość to be exact; ~y adj związek: close; dyscyplina: strict; **nauki** pl ~e exact sciences

ścisnąć pf → **ściskać**

ślad m stopy: (foot)print; obecności: trace; (wskazów-

ka) clue; (trop) trail; **bez ~u** without trace; ~y tracks pl

śle|dczy m (oficer) investigator; ~dzić follow, shadow F

śledziona f anat. spleen

śledztwo n investigation

śledź m herring

ślep|iec m blind man; ~nąć ⟨o-⟩ go* blind; ~ota f blindness; ~y adj blind

śliczny adj lovely

ślimak m snail

ślin|a f saliva; ~ia(cze)k m bib

śliski adj slippery

śliwka f plum; ~ suszona prune

ślizga|cz m speedboat; ~ć (się) slide*; ~wka f slide

ślub m wedding; ~ny adj wedding ...; suknia f ~na wedding dress; ~ować vow; ~owanie n vow

ślusarz m locksmith

śluz m mucus

śluza f sluice

śmiać się laugh

śmiał|ość f courage; ~y adj courageous, bold, brave

śmiech m laughter, laughing

śmieci|arka F f dustcart Brt., garbage truck Am.; ~arz F m dustman Brt., garbage collector Am.; ~ć ⟨na-⟩ litter; ~(e) pl rubbish, garbage Am.

śmie|ć dare; **jak ~sz!** how

dare you!

śmiercionośny *adj* deadly, lethal

śmierć *f* death

śmier|dzący *adj* smelly; **~dzieć** stink* (**czymś** of s.th.)

śmierteln|ość *f* mortality; (*liczba*) death rate; **~y** *adj* mortal; *wypadek*: fatal

śmiesz|ny *adj* funny; **~yć** ⟨**roz-**⟩ amuse (**kogoś** s.o.)

śmietan|a *f* (*bita*) whipped cream; **~ka** *f* cream

śmietni|czka *f* dustpan; **~k** *m* rubbish dump *Brt.*, dustheap *Am.*; (*pojemnik*) dustbin *Brt.*, garbage can *Am.*; *fig.* mess; **~sko** *n* rubbish tip *Brt.*, garbage dump *Am.*

śmigło *n* propeller

śniadanie *n* breakfast

śnić dream* (**o czymś** of s.th.)

śnieg *m* snow; *pada* **~** it is snowing

śnież|ka *f* snowball; **~yca** *f* blizzard

śpiący *adj* sleepy, drowsy

śpieszyć → **spieszyć**

śpiew *m* singing; **~aczka** *f* singer; **~ać** sing*; **~ak** *m* singer; **~nik** *m* songbook; **~ny** *adj* melodious

średni *adj* (*przeciętny*) average; *temperatura*: mean; *wielkość*: middle; **~ca** *f* diameter; **~k** *m* semicolon; **~o** *adv* on average; **~owiecze** *n* the Middle Ages

środ|a *f* (*popielcowa* Ash) Wednesday; **~ek** *m* middle, centre; (**zapobiegawczy** preventive) measure; **~ki** *pl* **pieniężne** means *pl*, funds *pl*; **~kowy** *adj* middle, central; **~owisko** *n* *biol.* environment; (*otoczenie*) surroundings *pl*

śród|mieście *n* city centre; **~ziemnomorski** Mediterranean

śrub|a *f* screw; *okrętowa*: propeller; **~okręt** *m* screwdriver

śrut *m* shot

świad|czenia *pl* services *pl*; **~czyć** bear* witness (**o to**), testify (**o** to); **~ectwo** *n* certificate; **~ek** *m* (*naoczny* eye-) witness; **~omość** *f* consciousness, awareness; **~omy** *adj* conscious (**czegoś** of s.th.), aware (**czegoś** of s.th.)

świat *m* world

świat|ło *n* light; **~a** *pl* **drogowe/mijania** main/dipped beam; **~okopia** *f* photocopy; **~omierz** *m* exposure meter

świato|pogląd *m* outlook on life; **~wy** *adj* world, worldwide

świąt|eczny *adj* holiday ..., festive; **~ynia** *f* temple

świder *m* drill; **~rować** drill

świe|ca *f* candle; **~ca zapłonowa** *mot.* spark plug; **~cić** shine*

świecki *adj* lay, secular

świecznik *m* candlestick

świerk *m* spruce

świerszcz *m* zo. cricket

świetlica *f* dayroom, common room

świetl|ny *adj* light ...; **~ówka** *f* fluorescent lamp

świetn|ość *f* magnificence, splendour; **~y** *adj* splendid, great, terrific

śwież|ość *f* freshness; **~y** *chleb, powietrze*: fresh; *farba*: wet; *na **~ym** powietrzu* in the open air

święcić ⟨po-⟩ rocznicę celebrate; *dzień* keep*; **~to** *n* holiday, feast; **~tokradztwo**

n sacrilege; **~tość** *f* (*cecha*) holiness, sacredness; *narodowa itp.*: sanctity; **~ty** *adj* holy, sacred; *Wszystkich 2tych* All Saints' Day

świ|nia *f* pig; *contp. człowiek*: swine; **~nka** *f morska* guinea pig; **~ński** *adj* piggish, piggy; *fig.* dirty; **~ństwo** *n* dirty trick

świs|nąć *pf* → **świstać**; F (*ukraść*) nick F, pinch F; **~t** *m* whistle; *kuli*: zip; *bata*: swish; **~tać** ⟨za-⟩ whistle

świt *m* dawn, daybreak; **~ać** dawn

T

ta *pron* → *ten*

tabaka *f* snuff

tabela *f* table

tabletka *f* pill, tablet

tabli|ca *f* (black)board; **~ca rejestracyjna** numberplate *Brt.*, license plate *Am.*; **~ca rozdzielcza** switchboard, panel board; **~czka** *f* (small) board; *pamiątkowa itp.*: plaque; *na drzwiach*: plate; **~czka czekolady** bar of chocolate; **~czka mnożenia** multiplication table

taboret *m* stool

tac(k)a *f* tray

taczka *f* (wheel)barrow

tafla *f* slab; *lodu itp.*: sheet

taić ⟨za-⟩ conceal, hide*

tajać ⟨roz-⟩ thaw, melt

tajemni|ca *f* mystery; (*sekret*) secret; **~czy** *adj* mysterious

tajny *adj* secret

tak yes; so; *i ~ dalej* and so on/forth

taki *pron* such; so; *~ sam* identical; *~ sobie* so-so

taks|a *f* rate; **~ować** ⟨o-⟩ assess; **~ówka** *f* taxi, cab; **~ówkarz** *m* taxi driver

takt *m* tact; **~owny** *adj* tactful

taktyczny *adj* tactical

także also, too; *w przeczeniu*: either; *~ nie* nor, neither

talent *m* talent, gift (*do* for)

talerz *m* plate

tali|a *f* waist; *kart*: pack, deck

talk *m* talc, talcum powder

tam (over) there; *~ i z powrotem* to and fro

tam|a f dam, dike; ~ować
⟨za-⟩ stem, stop; *ruch* clog;
krew staunch

tam|ten that; ~tędy that way,
the other way

tance|rka f (~rz m) dancer

tandet|a f trash, rubbish; ~ny
adj shoddy, trashy

tani adj cheap

taniec m dance

tanieć ⟨po-⟩ cheapen

tankowiec m tanker

tańczyć ⟨po-, za-⟩ dance

tapczan m couch

tapicer m upholsterer

tarapat|y F pl straits pl; *być w*
~ach be* in trouble

taras m terrace

tarcie n friction

tarcz|a f shield; (*cel*) target;
zegara: face, dial; ~yca f
anat. thyroid (gland)

targ m market(place); ~i pl
econ. fair

targ|ać ⟨~nąć⟩ drag, pull; F
(*dźwigać*) lug

tarka f grater

tartak m sawmill

taryfa f tariff

tarzać się roll, wallow

tasiemka f ribbon, band

taśma f tape; ~ klejąca adhesive tape, Sellotape *TM Brt.*,
Scotch tape *TM Am.*

tata m dad(dy)

tatuaż m tattoo

tchawica f *anat.* windpipe,
trachea

tchórz m coward, chicken F;
~liwy adj cowardly; ~ostwo

n cowardice

te pron → **ten**

teatr m theatre; ~alny adj
theatrical

techni|czny adj technical; ~k
m technician, engineer; ~ka
f technology; (*metoda*) tech-
nique; ~kum n technical college

teczka f briefcase

tekst m text

tektura f cardboard

telefon m (tele)phone;
~ować ⟨za-⟩ phone, call
(*do kogoś* s.o.)

tele|graf m telegraph; ~gra-
fować ⟨za-⟩ telegraph,
cable; ~gram m telegram,
wire; ~komunikacja f tele-
communications pl; ~turniej
m TV quiz show; ~wizja f
TV, television; ~wizor m
TV, television (set)

temat m *pracy*: subject; *rozmowy a.*: topic; *utworu a.*:
theme; *gr.* stem

temperatura f temperature

temper|ować ⟨za-⟩ sharpen;
~ówka f (pencil) sharpener

ten pron m, ta f, to n (ci, te pl);
this (these); ~ *sam, ta sama,
to samo* the same

tendencyjny adj biased; *osoba a.*: partial

tenis m (*stołowy* table) tennis; ~ista m tennis player

teoretyczny adj theoretical

teraz now; ~źniejszość f the
present; ~źniejszy present;
(*bieżący*) current

teren *m* (*obszar*) area; *budowy itp.*: site; ground; **~owy** local, regional

termin *m* deadline; (*nazwa*) term; **~owy** *adj* prompt

termo|metr *m* thermometer; **~s** *m* Thermos *TM* flask, flask F

terrorystyczny *adj* terrorist ...

teściowa *f* mother-in-law; **~ć** *m* father-in-law

też also, too

tęcza *f* rainbow

tędy *adv* this way

tęgi *adj* stout

tępa|k F *m* dimwit, blockhead; **~ić** ⟨**wy-**⟩ exterminate; **~y** *adj* dull

tęskni|ć miss (**za kimś/czymś** s.o./s.th.); **~ota** *f* longing

tętni|ca *f* artery; **~ć** *ić* pulsate, throb; **~o** *n* pulse

tka|ć ⟨**u-**⟩ weave; **~nina** *f* fabric; **~nka** *f* *biol.* tissue

tkliwy *adj* tender, loving

tknąć *pf* touch

tlen *m* oxygen; **~ek** *m* *chem.* oxide

tlić się smoulder

tło *n* background

tłoczyć ⟨**wy-**⟩ *olej itp.* press; *wodę itp.* pump; **~ się** crowd

tłok¹ *m* crush, squeeze

tłok² *m* *tech.* piston

tłu|c ⟨**po-, s-**⟩ break; (*miażdżyć*) crush; **~czek** *m* pestle

tłum *m* crowd

tłumacz|(ka *f*) *m* translator;

---

ustny: interpreter; **~enie** *n* translation; **~yć¹** ⟨**prze-**⟩ translate; *ustnie*: interpret; **~yć²** ⟨**wy-**⟩ explain; **~yć się** explain oneself

tłumi|ć ⟨**s-**⟩ *bunt* suppress; *ogień* extinguish, put* out; *śmiech* stifle; **~k** *m* *mil.* silencer; *mot.* silencer *Brt.*, muffler *Am.*

to *pron* it, this, that; **co ~ za jeden?** F who's that guy?

toaleta *f* toilet; **~owy** *adj* toilet ...

toast *m* toast (**za** to)

toczyć (*kulać*) roll; *taczkę itp.* wheel; *tech.* turn; **~ się** roll; *fig.* be* set, take* place

tok *m* course

toka|rka *f* lathe; **~rz** *m* turner

toksyczny *adj* toxic

tolerować tolerate

tom *m* volume

ton *m* tone

tona *f* ton(ne)

tonacja *f* *mus.* key

tonąć ⟨**za-**⟩ drown; ⟨**za-**⟩ *statek*: sink*

topić ⟨**u-**⟩ drown; ⟨**za-**⟩ sink*; ⟨**roz-**⟩ melt; **~ się** **tonąć, topnieć**

topnieć ⟨**s-**⟩ melt, thaw

topola *f* poplar

topór *m* axe

tor *m* (**wyścigowy** race-) track; **~ pocisku** trajectory

torba *f* (**na zakupy** shopping) bag

torebka f (hand)bag

tornister m satchel

torować ⟨u-⟩ **drogę** clear, pave

torsje pl vomiting; **mieć ~** vomit

tort m (layer) cake

tortura f torture; fig. agony, torment

towar m article, commodity; **~owy** adj **pociąg** itp.: goods ... Brt., freight ... Am.; **dom** m **~owy** department store

towarzy|ski adj sociable; **~stwo** n (a. organizacja) society, company; **dotrzymywać komuś ~stwa** keep* s.o. company; **~sz(ka** f) m companion; partyjny: comrade; **~szyć** accompany

tożsamość f identity

tracić ⟨s-, u-⟩ lose

traf m luck; **~i(a)ć** hit; (znajdować drogę) find* one's way (**do** to); (dostawać się) get*, land (**do więzienia** in jail); **~i(a)ć się** happen; **~ny** adj apt, to the point

tragiczny adj tragic

trak|t m road; **w ~cie** during, in the course of

traktor m tractor

traktowa|ć ⟨po-⟩ treat; **~nie** n treatment

trampolina f springboard

tramwaj m tram Brt., streetcar Am.

transformator m transformer

transfuzja f transfusion

transmi|sja f transmission; **~tować** transmit

transparent m banner

transport m transport; **~ować** transport, carry

tranzystor m transistor

tranzyt m transit

trapić m med. worry

trasa f route

tratować ⟨s-⟩ trample

tratwa f raft

trawa f grass

trawi|ć ⟨s-⟩ digest; **~enie** n digestion

trawnik m lawn

trąb|a f trumpet; słoniowa: trunk; **~ić** ⟨za-⟩ **trąbką:** blow a trumpet; **klaksonem:** hoot, toot; F (rozgłaszać) trumpet F

trąc|ać ⟨~ić⟩ jog, nudge; **~ać** ⟨~ić⟩ **się kieliszkami:** clink

trąd m med. leprosy

trefl m clubs; **król** m **~** king of clubs

trema f stage fright

tren|er m trainer, coach; **~ing** m training, practice; **~ingowy** adj training ...; **~ować** ⟨wy-⟩ train

tres|ować ⟨wy-⟩ train; **~ura** f training

treść f content

troch|ę a little, some; **ani ~ę** not at all; **po ~u** little by little

trofeum n trophy

tro|ić ⟨po-⟩ **się** triple; **~jaczki** pl triplets pl; **~jaki** threefold; **~je** num three (children, *people of different sexes)*

trolejbus m trolley(bus)

tron m throne

trop m trail, track; **~ić** trail, track

tropikalny adj tropical

tro|ska f care, worry; **~skliwy** adj caring, solicitous; **~szczyć się** care (**o** for)

trój|barwny adj three-coloured; **~ka** f (a) three; **~kąt** m triangle; **~skok** m sp. triple jump

tru|cizna f poison; **~ć** ⟨**o-**⟩ poison

trud m toil; **~nić się czymś** do* s.th. for a living; **~ność** f difficulty; **~ny** adj difficult

trudzić się toil

trujący adj poisonous, toxic

trumna f coffin

trup m corpse, dead body

truskawka f strawberry

trwa|ć ⟨**po-**⟩ last, linger; **jak długo to będzie ~ło?** how long will it take?; **~ły** adj durable, lasting; **~nie** n duration

trwoga f fear, terror

trwonić ⟨**roz-**⟩ waste, squander

tryb m mode; gr. mood; tech. cog

trybuna f (mównica) rostrum; sp. (grand)stand; **~ł** m tribunal

trys|kać ⟨**~nąć**⟩ gush, squirt, spurt; **radością, dumą itp.**: brim over with

trzas|k m crack, crackle; **~kać** ⟨**~nąć**⟩ crack; bang

trząść ⟨**po-, za-**⟩ shake*; **~ się** shake*, shiver (**z zimna** with cold)

trzcina f reed; **~ cukrowa** sugarcane

trzeba pred one should/must; it is necessary; **do kłótni ~ dwóch** it takes two to make a quarrel; **nie ~** it is unnecessary

trzeci third; **~orzędny** adj third-rate

trzeć ⟨**po-**⟩ rub

trzepa|czka f do dywanów: (carpet) beater; do jaj: egg beater, whisk; **~ć skrzydłami:** flutter; ⟨**wy-**⟩ dywan beat*

trzepnąć F pf slap

trzeszczeć ⟨**za-**⟩ creak

trzeź|wieć ⟨**o-, wy-**⟩ sober up; **~wy** adj a. fig. sober

trzęsienie n: **~ ziemi** earthquake

trzmiel m bumblebee

trzoda f: **~ chlewna** pigs pl

trzon m main part, stem; **~ek** m shaft; **~owy** adj: **ząb** m **~owy** molar

trzpień m shank

trzustka f med. pancreas

trzy num three; **~dzieści** num thirty

trzyma|ć v/t hold*; kurczowo: clutch; (utrzymywać) keep*; v/i mróz: last; klej: hold*; **~ć się** hold*/hang* on (**czegoś** to s.th.); przepisów itp.: abide by; (zachowywać kondycję) keep* well; **~ł się!** take care!

trzy|naście num thirteen;

~sta num three hundred

tu here; **~ i tam** here and there

tubka f tube

tulej(k)a f tech. sleeve

tulić ⟨**przy-**⟩ cuddle, hug; **~ się** nestle, snuggle (**do** to)

tulipan m tulip

tułów m trunk

tuman F m fig. nitwit, fathead

tunel m tunnel

tuńczyk m tuna (fish)

tupl|ać ⟨**~nąć**⟩ tramp, stamp

tupet m nerve, cheek

tupot m tramp

tura f round

turban m turban

turbina f turbine

Tur|cja f Turkey; **~czynka** f Turk; **2ecki** adj Turkish; **~ek** m Turk

turkotać rattle

turniej m tournament

turyst|a m (**~ka** f) tourist; **~yczny** adj tourist ...; **~yka** f tourism

tusz m Indian ink; mus. flourish

tusza f corpulence

tuszować ⟨**za-**⟩ hush up

tut|aj → **tu**; **~ejszy** adj local

tuzin m dozen

tuż w przestrzeni: close, near; w czasie: just; **~ obok** close by, hard by; **~ przed/po** just before/after

twardn|ieć ⟨**s-**⟩ harden; **~ość** f toughness, hardness; **~y** adj przedmiot: hard; człowiek, mięso: tough

twarożek m, **twaróg** m cottage cheese

twarz f face; **do ~y ci w tej sukni** this dress suits you; **~owy** adj becoming

twierdza f fortress, stronghold

twierdz|enie n assertion, affirmation; **~ić** claim, maintain

tworzy|ć ⟨**s-**⟩ create; ⟨**u-**⟩ form; **~wo** n material, substance; **~wo sztuczne** plastic

twój pron your(s)

twór m (stworzenie) creature; (wytwór) creation; **~ca** m creator; **~czość** f creation; literacka itp.: production; **~czy** adj creative

ty pron you

tyczka f a. sp. pole; **~rz** m pole vaulter

tyczy|ć się refer, concern; **co się ~** as regards

tyć ⟨**u-**⟩ put on weight

tydzień m week; **Wielki 2** Holy Week

tyfus m typhus; → **dur**

tygodni|k m weekly; **~owy** adj weekly

tygrys m tiger

tyka f → **tyczka**

tykać[1] → **tknąć**; **tykać**[2] tick

tyle so/as much, so/as many; **~kroć** so many times

tylko only; **~ co** just this moment

tylny adj siedzenie, drzwi: back; lampa, wejście: rear;

noga: hind

tył *m ciała, przedmiotu, sklepu*: back; *pojazdu, budynku*: rear; **w tyle** at the back/rear; **od ~u, z ~u** from behind; **do ~u** backwards; **~ek** F *m* bottom, rear F, bum F *Brt.*

tymczas|em meanwhile, in the meantime; **~owy** *adj* temporary, provisional

tymianek *m* thyme

tynk *m* plaster; **~ować ⟨o-⟩**

plaster

typ *m* type; **~ować** tip; **⟨wy-⟩** choose*, pick out; **~owy** *adj* typical (**dla** of)

tyran *m* tyrant; **~izować** tyrannize

tysiąc *num* thousand; **~lecie** *n* millennium

tytoń *m* tobacco

tytuł *m* title; **~ować** address, style; **⟨za-⟩** entitle, give a title; **~owy** *adj* title ...

U

u *prp* at; **~ dołu schodów** at the foot of the stairs; **~ nas** at our place; **~ Johna** at John's

uaktualni(a)ć update

ubezpiecz|ać insure (**od** against); **~enie** *n* (**na życie** life, **od nieszczęśliwych wypadków** accident, **społeczne** social) insurance; **~yć** *pf* → **ubezpieczać**

ubić *pf* → **ubijać**; **~ interes** strike* a bargain

ubie|c *pf* anticipate (**kogoś** s.o.); **~gać się** apply (**o** for)

ubiegły *adj* last

ubierać (się) dress

ubijać ziemię ram; *śmietanę* whip, beat

ubikacja *f* toilet

ubiór *m* clothing

ubliż|ać ⟨~yć⟩ insult, offend (**komuś** s.o.)

ubocz|e *n*: **na ~u** out of the

way; **~ny** *adj* side; by-

ubogi *adj* poor

ubolew|ać be* sorry (**nad** for); *⟨żałować⟩* regret; **~anie** *n* regret; **godny ~ania** regrettable

ubóstwo *n* poverty

ubra|ć *pf* → **ubierać**; **~nie** *n* clothing; *(garnitur)* suit; **~ny** *adj* dressed (**w coś** in s.th.); wearing (**w coś** s.th.)

ubrudzić *pf* dirty, soil

uby(wa)ć decrease, dwindle

ucho *n* ear; *(uchwyt)* handle; *igły*: eye

ucho|dzić *(uciekać)* escape; *gaz itp.*: escape, leak; *(być poczytywanym)* pass (**za** for/as); **~dźca** *m* refugee

uchronić *pf* protect; **~ się** guard oneself (**od** against)

uchwa|lać ⟨~lić⟩ *prawo* pass; *wniosek* carry; **~ła** *f* resolution

uchwy|cić pf → **chwytać**; ~t m grip; (*rączka*) handle; ~tny adj perceptible; *osoba*: available

uchybi(a)ć offend (*komuś/ czemuś* s.o./s.th.)

uchyl|ać ⟨~ić⟩ *kapelusza*: raise; *drzwi*: set ajar; *prawo* rescind, lift; ~ać ⟨~ić⟩ **się** *od ciosu itp.*: dodge; *od odpowiedzialności*: shirk, avoid (**od czegoś** s.th.); *od płacenia*: evade (**od czegoś** s.th.) *od odpowiedzi*: decline

uciąć pf → **ucinać**

uciążliwy adj troublesome, strenuous

uciec pf → **uciekać**

uciecha f joy

ucie|czka f escape, flight; ~kać escape; ~kinier m fugitive

ucierpieć suffer

ucinać cut* off

ucisk m pressure; *fig.* oppression; ~ać press; *fig.* oppress

ucisz|ać ⟨~yć⟩ silence, hush

uczcić pf honour; (*uświetnić*) celebrate

uczciw|ość f honesty; ~y adj honest

uczel|nia f college; university; ~nnica f (~ń m) pupil, student Am.

uczesanie n hairstyle

uczestni|ctwo n participation; ~czka f participant; ~czyć participate, take* part (**w** in); ~k m participant

uczęszczać attend

uczony m scholar, scientist

uczta f feast

uczuci|e n feeling; ~owy adj emotional

uczul|enie n med. allergy (**na** to); ~ony adj allergic (**na** to)

uczyć teach*; ~ **się** learn; *przed testem itp.*: study

uczyn|ek m deed; ~ić form. (*zrobić*) do*; (*sprawić*) make*; ~ny adj obliging, helpful

udać pf → **udawać**; ~ny adj succesful

udar m med.: ~ **mózgu** stroke; ~ **słoneczny** sunstroke

udaremni(a)ć frustrate, thwart

udawać v/t simulate; v/i pretend; ~ **się** (*powieść się*) succeed; (*podążać*) proceed (**do** to)

uderz|ać ⟨~yć⟩ strike*, hit*; ~enie n blow, hit, stroke

udławić się choke

udo n thigh

udogodnienie n facility, convenience

udoskonal|ać ⟨~ić⟩ perfect, improve; ~enie n improvement

udostępni(a)ć make* accessible/available

udow|adniać ⟨~odnić⟩ prove, demonstrate

udręka f torment, anguish, agony

udusić pf strangle; ~ **się** suffocate

udział m participation;

(*wkład*) share; **brać ~** participate, take* part (*w* in); **~owiec** *m* partner, shareholder

udziel|**ać** ⟨**~ić**⟩ give*; *zezwolenia:* grant

udźwignąć *pf* → **dźwigać**

uf|**ać** ⟨**za~**⟩ trust (*komuś* s.o.); **~ność** *f* confidence; **~ny** *adj* trustful

uganiać się run (**za** after), chase (**za kimś** s.o.)

ugasić *pf* put* out, extinguish; *pragnienie* quench

ugi|**nać** ⟨**~ąć**⟩ bend*; **~nać się** bend*; *pod ciężarem:* yield; *fig.* be* weighed down (**pod brzemieniem trosk** with cares)

ugoda *f* agreement, settlement

ugór *m*: **leżeć ugorem** lie* fallow

ugrzęznąć *samochód itp.:* get*/be* bogged (**w śniegu** in snow)

ujawni(**a**)**ć** disclose, reveal; **~ się** come* to light

ująć *pf* → **ujmować**

ujemny *adj* negative

uje|**żdżać** ⟨**~ździć**⟩ *konia* break in; **~żdżalnia** *f* riding school

ujma *f* discredit

ujmować ⟨*chwycić*⟩ grasp, seize; (*formułować*) formulate

ujmujący *adj* prepossessing

ujrzeć *pf* see*, catch* sight of

ujś|**cie** *n* outlet; *rzeki:* mouth,

estuary; **~ć** *pf* → **uchodzić**

ukarać punish

ukaz(**yw**)**ać się** *a. książka:* appear, come* out

uką|**sić** *pf* → **kąsać**; **~szenie** *n* bite, sting

uklęknąć *pf* → **klękać**

układ *m* (*ułożenie*) arrangement, set-up; (*system*) system (*a. anat.*); *pol.* treaty; *graficzny:* layout; **~ać** ⟨*kłaść*⟩ lay, put* (in order); (*porządkować*) arrange; (*plan* draw up; *włosy* set; **~anka** *f* jigsaw puzzle; **~y** *pl* negotiations *pl*; (*powiązania*) connections *pl*

ukłon *m* bow; **~y** *pl* a. regards *pl*; **~ić się** *pf* → **kłaniać się**

ukochan|**a** *f* (**~y** *m*) darling, sweetheart

ukończyć complete, finish

uko|**s** *m*: **na ~** diagonally, obliquely; **patrzeć z ~sa** look askew; **~śny** *adj* oblique

ukradk|**iem** by stealth, stealthily; **~owy** *adj* furtive

Ukrai|**na** *f* Ukraine; **~niec** *m* (**~nka** *f*) Ukrainian; **2ński** *adj* Ukrainian

ukraść *pf* steal*

ukroić cut* off

ukry(**wa**)**ć** (**się**) hide*

ukształtować shape

ul *m* (bee)hive

ulatniać się leak, escape; F *fig.* disappear, vanish

ulatywać ⟨*ulecieć*⟩ fly* away

uleczalny *adj* curable

ule|**gać** ⟨**~c**⟩ (*poddawać się*)

succumb; (*podporządkować się*) give* in, yield; *zmianom itp.*: undergo*, be* subject to; *pokusie itp.*: be* seized (*czemuś* with s.th.); *to nie ~ga wątpliwości* there is no doubt about it; **~gły** *adj* submissive

ulepsz|ać ⟨**~yć**⟩ improve; **~enie** *n* improvement

ulew|a *f* downpour; **~ny** *adj* torrential

ulg|a *f* relief; **~owy** *adj* reduced

uli|ca *f* street; **~czka** *f* (*ślepa* blind) alley; **~czny** *adj* street ...

ulotka *f* leaflet

ulotnić się *pf* → **ulatniać się**

ulubi|eniec *m* favourite; (*a. zwierzę*) pet; **~ony** *adj* favourite, pet ...

ulżyć lighten; ease

ułam|(yw)ać (się) break* off; **~ek** *m* (*kawałek*) fragment; *math.* fraction

ułaskawi(a)ć pardon

ułatwi|(a)ć make* easier, facilitate; **~enie** *n* facilitation

ułomn|ość *f* infirmity, handicap; **~y** *adj* infirm, disabled

ułożyć *pf* → **układać**

umacniać strengthen; *mil.* fortify

umarły *adj* dead, deceased

umarzać *dług* remit; *jur.* *sprawę* dismiss

umawiać się make* an appointment

umiar *m* moderation, restraint; **~kowany** *adj* moderate

umie|ć can*, be* able to; **~jętność** *f* skill; **~jętny** *adj* competent, skilful

umiejscawiać ⟨**~owić**⟩ locate

umierać die

umie|szczać ⟨**~ścić**⟩ place, put*

umknąć *pf* → **umykać**

umniejsz|ać ⟨**~yć**⟩ belittle, denigrate

umo|cnić *pf* → **umacniać**; **~cnienia** *pl* mil. fortifications *pl*; **~cow(yw)ać** fasten, secure

umorz|enie *n* remission; *jur.* dismissal; **~yć** *pf* → **umarzać**

umow|a *f* agreement; *pol.* treaty; **~a o pracę** contract (of employment); **~ny** *adj* contractual; (*fikcyjny*) fictional

umożliwi(a)ć make* possible

umówić się *pf* → **umawiać się**

umrzeć *pf* → **umierać**

umyć *pf* → **myć**

umykać escape, flee*

umysł *m* mind; **~owy** *adj* mental; **pracownik ~owy** white-collar worker

umyślny *adj* deliberate; *jur.* premeditated

umywalka *f* washbasin

uncja *f* ounce

unia *f* union

uniemożliwi(a)ć make* impossible

unieruchomić *pf* immobilize

unieszkodliwi(a)ć render harmless, neutralize

unieść się *pf → unosić się*

unieważni(a)ć invalidate; (*znosić*) annul

uniewinni(a)ć acquit; **~enie** *n* acquittal

uniezależni(a)ć się set* up on one's own

unik|ać **(~nąć)** avoid, evade

uniwersy|cki *adj* university ..., academic; **~t** *m* university

unormować (się) normalize

unosić raise, lift; **~ się** rise; *zapach*: waft, be* wafted; **~ się gniewem** fly* into a rage

unowocześni(a)ć modernize

uodporni(a)ć się (*na* to); immunize (*przeciw* against)

uogólni(a)ć generalize; **~enie** *n* generalization

upa|dać fall*; *fig.* decay; **~dek** *m* fall

upa|lny *adj* sweltering, torrid; **~ł** *m* heat

upaństwowić *pf* nationalize

uparty *adj* stubborn, obstinate

upaść *pf → upadać*

upat|rywać **(~rzyć)** choose*, single out

upewni(a)ć assure; **~ się** make* sure

upić się *pf → upijać się*

upiec *pf → piec²*

upierać się insist (*przy* on), stick (*przy* to)

upiększ|ać **(~yć)** decorate; *a. fig.* embellish

upijać się get* drunk

upiór *m* ghost

upłyn|ąć *pf → upływać*

upływ *m czasu*: lapse; **~ krwi** loss of blood; **~ać** *czas*: lapse; *okres*: expire

upok|arzać **(~orzyć)** humiliate; **~orzenie** *n* humiliation

upom|inać rebuke, admonish; **~inać się** demand, claim (*o coś* s.th.); **~inek** *m* gift, present; **~nieć** *pf → upominać*; **~nienie** *n* rebuke, reprimand

upor|ać się cope (*z* with); **~czywy** *adj* persistent

uporządkować *pf* arrange, tidy (up)

uposażenie *n* salary

upośledz|enie *n* handicap; **~ony** *adj* handicapped, disabled

upoważni(a)ć authorize (*do* to); **~enie** *n* authorization

upowszechni(a)ć spread, disseminate

upór *n* stubbornness, obstinacy

upraszczać simplify

upraw|a *f* cultivation; **~iać** cultivate; *sport* practise

uprawni(a)ć entitle (*do* to); **~enie** *n* entitlement; *mst pl* (*kwalifikacje*) qualification(s *pl*)

uprościć *pf → upraszczać*

uprowadz|ać **(~ić)** *człowieka*: abduct, kidnap; *samolot itp.*

hijack; **~enie** n *człowieka*: abduction, kidnapping; *samolotu*: hijacking

uprząż f harness

uprzeć się pf → **upierać się**

uprzedz|ać ⟨**~ić**⟩ (*ubiegać*) forestall; (*ostrzec*) warn (**o** of); **~enie** n bias, prejudice

uprzejm|ość f politeness, courtesy; **~y** adj polite, courteous

uprzytomni(a)ć sobie realize

uprzywilejowany adj privileged

upuścić drop

uradować pf gladden

uratować pf save, rescue

uraz m injury; **~a** f grudge; **~ić** pf hurt*, offend

urlop m holiday; *macierzyński itp.*: leave; **~owicz** F m holidaymaker

urna f urn; *wyborcza*: ballot box

uroczy adj charming

uroczyst|ość f ceremony, celebration, festivity; **~y** adj solemn, festive

uroda f beauty

urodzaj m harvest; **~ny** adj fertile; *form.* fecund

urodz|enie n birth; **data f ~enia** date of birth; **~ić** pf give* birth; **~ić się** be* born; **~iny** pl birthday

urojenie n delusion

urok m charm; (*magia*) spell

urosnąć pf grow*

urozmaic|enie n variety,

change; **~ony** adj varied

uruch|amiać ⟨**~omić**⟩ start (up)

urwać pf → **urywać**

urwis|ko n precipice; **~ty** adj precipitous, steep

uryw|ać tear* off; **~ać się** come* off; **~ek** m fragment; *tekstu*: excerpt, passage

urząd m (**stanu cywilnego** registry) office; **~zatrudnienia** job centre

urządz|ać ⟨**~ić**⟩ arrange, organize; **~enie** n device, appliance

urzeczywistni(a)ć realize

urzęd|niczka f (**~nik** m) *biurowy*: clerk; *wyższy*: official; *państwowy*: civil servant; *form.* office-holder; **~ować** (*pracować w urzędzie*) work; (*sprawować urząd*) hold* office; **~owanie** n: **godziny** pl **~owania** office hours pl; **~owy** adj *dokument, język*: official; *ton, styl*: formal

uschnąć pf → **usychać**

usiąść pf → **siadać**

usilny adj insistent

usiłow|ać pf try, attempt, endeavour; **~anie** n attempt

uskarżać się complain (**na** about/of)

usłuchać pf obey (**kogoś** s.o.), listen (**kogoś** to s.o.)

usług|a f service; **~gi** pl services; **~giwać** pf serve, attend; **~gowy** adj service ...; **~żny** adj obliging

usłyszeć pf hear*

usnąć *pf* fall* asleep

uspok|ajać ⟨**~oić**⟩ calm; **~ajać się** calm down

usposobienie *n* disposition, nature

usprawiedliwi|(a)ć excuse (**się** oneself); **~enie** *n* excuse

usprawni|(a)ć improve, rationalize; **~enie** *n* improvement, rationalization

usta *pl* mouth

ustal|ać ⟨**~ić**⟩ (*wyznaczać*) fix, settle; (*stwierdzać*) ascertain; **~enie** *n* settlement

usta|nawiać ⟨**~nowić**⟩ impose, introduce; **~wa** *f* law, act

ustawi(a)ć put* up, set* up

ustawiczny *adj* incessant, continual

ustawodaw|ca *m* legislator; **~stwo** *n* legislation

ustawowy *adj* statutory

ustąpić *pf* → **ustępować**

usterka *f* fault, flaw

ustęp *m* (*urywek*) passage, excerpt; (*toaleta*) toilet

ustęp|liwy *adj* compliant; **~ować** *ze stanowiska:* resign; (*ulegać*) make* concessions, yield, give* in (*wobec czegoś* to s.th.); *ból:* wear* off; (*być gorszym*) be* inferior (*od* to); **~stwo** *n* concession

ustn|ik *m* (*papierosa*: filter tip; *a. mus.* mouthpiece; **~y** *adj* oral

ustosunkować się *pf* take* a stand (*do* on)

ustrój *m* (*organizm*) organ-

ism; *kapitalistyczny itp.*: system; **~państwowy** system of government, regime

usu|wać ⟨**~nąć**⟩ remove; *ząb* extract; *błąd* put* right; *usterkę* repair

usychać wither, wilt

usypi|ać *dziecko* lull; *zwierzę* put* to sleep, put* down

uszczel|ka *f tech.* gasket, seal; **~ni(a)ć** seal

uszczerbek *m* harm, damage

uszczęśliwi|(a)ć make* happy

uszczyp|liwy *adj* cutting, biting; **~nąć** *pf* → **szczypać**

uszkadzać damage, impair

uszk|o *n kubka*: handle; *igły:* eye; **~a** *pl* gastr. ravioli

uszkodz|enie *n* damage; **~ić** *pf* → **uszkadzać**; **~ony** *adj* damaged

uścis|k *m* embrace; **~k dłoni** handshake; **~kać**, **~nąć** *pf* embrace

uśmiech *m* smile; *szeroki:* grin; *szyderczy:* smirk; **~ać** ⟨**~nąć**⟩ się smile

uśmierc|ać ⟨**~ić**⟩ kill

uśmierz|ać ⟨**~yć**⟩ *ból* relieve

uśpić *pf* → **usypiać**

uświad|amiać ⟨**~omić**⟩ enlighten; **~omić sobie** realize

utajony *adj* latent

utalentowany *adj* talented, gifted

utarty *adj* widespread, general

utk|nąć *pf* get* stuck/bogged; **~wić** *pf* oczy fix, fasten; *w* *pamięci*: stick

uto|nąć *pf* człowiek: drown, statek: sink*; **~pić (się)** *pf* drown

utracić *pf* lose*

utrata *f* loss

utrudni(a)ć make* difficult, impede

utrwal|ać ⟨~ić⟩ strengthen; *tech.* fix

utrzeć *pf* → **ucierać**

utrzym(yw)ać *v/t* hold*; *w czystości*: keep*; *rodzinę* maintain; *v/i (twierdzić)* maintain, claim; **~ się** make* a living (**z** from)

utw|orzyć *pf* create, form; *(ustanowić)* establish; **~ór** *m* composition, work

utykać limp

uwag|a *f* attention, notice; *(spostrzeżenie)* remark; *w tekście*: note; *(wymówka)* reprimand, rebuke; **brać coś pod ~ę** take s.th. into consideration; **~a!** look out!, caution!

uwalniać free *(się* oneself)

uwarunkow(yw)ać condition

uważ|ać *v/i* pay attention; *(być ostrożnym)* be* careful, watch out; *(mniemać)* think*, be* of the opinion; *v/t* regard (**za** as), consider (**kogoś za coś** s.o. s.th.); **~ny** *adj* attentive

uwid|aczniać ⟨~ocznić⟩ show, reveal

uwielbi|ać adore; **~enie** *n* adoration

uwierzyć *pf* believe

uwieść *pf* → **uwodzić**

uwięzić *pf* imprison

uwikłać się *pf* get* involved/ entangled (**w** in)

uwłaczający *adj* derogatory, abusive

uwodzi|ciel(ka *f*) *m* seducer; **~ć** seduce

uwolnić *pf* → **uwalniać**

uwydatni(a)ć set* off; *(akcentować)* stress

uwzględni(a)ć take* into account

uzależni|enie *n* dependence (**od** to); *narkotyczne itp.*: addiction (**od** to); **~ony** *adj* addicted (**od** to)

uzasadni(a)ć *teorię itp.* justify (**coś** s.th.); *postępowanie itp.* give* reasons (**coś** for s.th.); **~enie** *n* justification, reason

uzbr|ajać ⟨~oić⟩ (się) arm; **~ojenie** *n* armament, arms *pl*

uzdolni|enie *n* talent, gift; **~ony** *adj* talented, gifted

uzdr|awiać ⟨~owić⟩ heal; **~owiciel** *m* healer; **~owisko** *n* spa, watering place

uzgadniać ⟨~odnić⟩ agree (on), co-ordinate

uziemienie *n electr.* earth

uzmysł|awiać ⟨~owić⟩ illustrate; → **uprzytomniać**

uzna|nie *n* recognition, acknowledgment; **~(wa)ć** recognize, acknowledge uzupełni|a)ć supplement, complete; **~enie** n supplement, complement

uzysk(iw)ać obtain, gain, receive

uży|cie n use; **~ć** pf → **uży-**

~wać; **~teczny** adj useful; **~tek** m use; **~tkować** use, utilize; **~tkowanie** n use, utilization; **~tkownik** m user; **~wać** use; **~wany** adj used, second-hand

W

w prp in; **~ nocy** at night; **dzień ~ dzień** day after day, day in day out; **~ domu** at home; **we wtorek** on Tuesday; **grać ~ coś** play s.th.

wabić ⟨z-⟩ decoy

wachlarz m fan

wad|a f fault, defect; **~liwy** adj defective, faulty

wafel m wafer (a. fig.); (przyrząd) balance, scales pl

waga f weight (a. fig.); (przyrząd) balance, scales pl

wagon m (**restauracyjny** dining, **sypialny** sleeping) car

waha|ć się hesitate; **~dło** n pendulum; **~nie** n hesitation

wakacje pl holiday(s pl)

walc m waltz

walczyć fight

walec m roller; math. cylinder

walet m karciany: jack, knave

Walia f Wales sg

walić (uderzać) batter; F (bić) wallop; śnieg itp.: fall* heavily; serce: thump; → **obalać, zwalać**; **~ się** tumble (down)

Walij|czyk m Welshman; **~ka** f Welshwoman; **2ski** adj

Welsh

walizka f (suit)case

walka f combat, fight; a. fig. struggle; **~ wręcz** hand-to-hand fight

walor m value, quality, merit

waluta f currency

wał m embankment; mil. rampart; tech. (**napędowy** drive) shaft; **~ek** m shaft, roller; maszyny do pisania: platen; **~ek do ciasta** rolling pin

wałęsać się roam

wałkować ⟨roz-⟩ ciasto roll out; F temat itp. harp on, rabbit on Brt.

wampir m vampire

wanilia f vanilla

wanna f bath, tub Am.

wap|ienny adj calcium ...; limy; **~ień** m limestone; **~no** n lime; **~ń** m calcium

warcaby pl draughts pl

warczeć snarl, growl

warga f lip

wari|actwo n lunacy, madness; **~at** m lunatic; **dom ~atów** a. fig. madhouse; **~ować** ⟨z-⟩ go* mad

warkocz m plait Brt., braid Am.

warkotać whirr, drone

warstwa f layer; farby itp.: coat; (a. fig.) stratum

warsztat m workshop; ~ **samochodowy** garage

wart adj worth

warta f (straż) guard; (wartownik) sentry

wartki adj rapid, fast

warto pred it is worth(while); **to ~ zobaczyć** it is worth seeing; **~ściowy** adj valuable; **~ść** f value, worth

wartownik m sentry, guard

warun|ek m condition; **~kowy** adj a. tryb: conditional

warzyw|ny adj vegetable ...; **sklep** m **~ny** greengrocer's; **~o** n vegetable

wasz pron your(s)

wat m phys. watt

wata f cotton wool Brt., cotton Am.

waza f vase; do zupy: tureen

wazelina f Vaseline TM

wazon m vase

ważka f dragonfly

waż|ność f importance, significance; dokumentu itp.: expiry; **stracić ~ność** expire; **~ny** adj important, significant; paszport itp.: valid; osoba: influential, important; **~na figura** F big shot F, big noise F; **~yć ⟨z-⟩** a. fig. weigh

wąchać smell

wąs m (often **~y** pl) mous-

tache; **~aty** adj with a moustache

wąsk|i adj narrow; **~otorowy** adj narrow-gauge

wątek m thread, plot

wątły adj frail

wątp|ić doubt (**w coś** s.th.); **~ienie** n: **bez ~ienia** undoubtedly; **~liwość** f doubt; **~liwy** adj doubtful

wątroba f liver

wąwóz m ravine, gorge

wąż m zo. snake; tech. hose

wbić pf → **wbijać**

wbie|gać ⟨~c⟩ run* into; (a. **na górę**) run* up

wbijać knock into, drive (**w coś** into s.th.)

wbrew prp in spite of, counter to, against

wcale adv: **~ nie** not at all; **~ dobrze** quite well

wchł|aniać ⟨~onąć⟩ absorb; a. fig. soak up

wchodzić enter, come* in; na górę, na schody: ~ go* up, climb

wciąć pf → **wcinać**

wciąg|ać ⟨~nąć⟩ drag in, draw* in; podwozie retract

w ciągu during, in the course of

wciąż adv still

wcielać incorporate, annex; mil. call up Brt., conscript Brt., draft Am.

wcierać rub in

wcięcie n incision, notch; a. typ. indentation

wcinać notch; a. typ. indent;

F (*jeść*) tuck in F

wcis|kać ⟨**~nąć**⟩ press in, push in

wczasowicz m holiday-maker *Brt*., vacationer *Am*.; **~owy** adj holiday ...; **~y** pl holiday(s pl), vacation *Am*.

wczesny adj early

wczoraj yesterday; **~szy** adj yesterday('s) ...

wczu(wa)ć się empathize (*w* with)

wda(wa)ć się get* involved (*w* in)

wdepnąć step (*w* in); F (*odwiedzić*) drop in (**do kogoś** on s.o.)

wdow|a f widow; **~iec** m widower; **słomiany ~iec** grass widower

wdychać inhale, breathe in

wdzierać się force an entry (**do** into), break* into

wdzię|czność f gratitude; **~czny** adj grateful; *ruchy*: graceful; **~k** m grace, charm

we → **w**

według prp according to

wedrzeć się pf → **wdzierać się**

wejści|e n (*wchodzenie*) entrance, entry; (*miejsce*) entrance; *tech*. input; **~a nie ma** no admittance; **~owy** adj entrance ...

wejść pf → **wchodzić**

weksel m *econ*. bill of exchange

welon m veil

wełn|a f wool; **~iany** adj woollen

weneryczn|y adj: **choroba** f **~a** venereal disease

wentyla|cja f ventilation; **~tor** m ventilator; *elektryczny*: fan

weranda f veranda(h)

werb|ować ⟨**z-**⟩ enlist, recruit; **~unek** m enlistment, recruitment

werdykt m verdict

wersja f version

wesel|e n wedding; **~ić się** rejoice; **~ny** wedding ...

wesoł|ość f merriness, cheerfulness, gaiety; **~y** adj merry, cheerful, gay

wesprzeć pf → **wspierać**

westchn|ąć pf → **wzdychać**; **~ienie** n sigh

wesz f louse

weterynarz m vet(erinary surgeon)

wetknąć pf → **wtykać**

wetrzeć pf → **wcierać**

wewn|ątrz adv inside, within; **do ~ątrz** inwards; **od ~ątrz** from the inside; **~ętrzny** adj *choroby, handel*: internal; *ucho, życie*: inner; *kieszeń, tor*: inside; **Ministerstwo Spraw ₂ętrznych** Ministry of Internal Affairs, Home Office *Brt*.

wezwa|ć pf → **wzywać**; **~nie** n call; *jur*. summons

węch m smell

wędk|a f fishing rod; **~arski** adj fishing ...; **~arz** m angler; **~ować** angle

wędliny *pl smoked meats, cold cuts, and sausages*

wędrow|ać hike, ramble; **~iec** *m* hiker, rambler; **~ny** *adj* wandering; *lud:* nomadic; *ptak:* migratory

wędrówka *f* ramble, hike

wędzi|ć ⟨u-⟩ smoke; **~ony** *adj* smoked

węgiel *m* coal; *chem.* carbon; **~ drzewny** charcoal; **~ny** *adj:* **kamień ~ny** *a. fig.* cornerstone

Węgier|(ka *f) m* Hungarian; **~ski** Hungarian

węglowodan *m chem.* carbohydrate; **~ór** *m chem.* hydrocarbon

węgorz *m* eel

Węgry *pl* Hungary

węszyć sniff

węz|eł *m* knot; **~łowy** *adj fig.* fundamental, crucial

wgiąć *pf* dent

wgłębi|(a)ć się immerse oneself (**w** in); **~enie** *n* hollow, depression

wgniatać ⟨**~eść**⟩ dent

wiać blow*; F (*uciekać*) bolt

wiadomo it is known, everybody knows

wiadom|ość *f* (piece of) news, message; **podać do ~ości** announce, make* known; **~y** *adj* (*znany*) known; (*pewien*) certain

wiadro *n* bucket

wiara *f* belief; *eccl.* faith

wiarogodny *adj* reliable, credible

wiatr *m* wind; **~ak** *m* windmill; **~ówka** *f* windcheater; (*broń*) airgun

wiąza|ć ⟨z-⟩ tie, bind*; **~ać się z** be* connected with; **~anie** *n narciarskie:* binding; **~ka** *f* bundle; *światła:* beam

wice- *m* vice-

wicher *m* gale

wichura *f → wicher*

widel|ec *m* fork; **~lki** *pl teleph.* cradle; *rowerowe:* forks *pl*

wideo *n* (*urządzenie*) video, VCR; (*film*) video; **~kaseta** *f* videotape

widły *pl* fork

wid|mo *n* phantom; *wojny, bezrobocia:* spectre; *phys.* spectrum; **~nokrąg** *m* horizon; **~ny** *adj* light; **~oczność** *f* visibility; **~oczny** *adj* visible; **~ok** *m* view, sight; **~okówka** *f* postcard; **~owisko** *n* show, spectacle; **~ownia** *f* audience

widz *m* spectator; **~enie** *n:* **punkt** *m* **~enia** point of view; **do ~enia!** goodbye!, bye!; **~alny** *adj* visible; **~ieć** see*

wiec *m* rally

wieczko *n* lid

wiecz|ność *f* eternity; **~ny** *adj* eternal, everlasting; → *pióro*

wieczor|ek *m* evening; **~em** in the evening; **dziś ~em** tonight; **~ny** *adj* tonight's ...; *każdego wieczora:* nightly; **~owy** *adj strój:* evening ...

wieczór m evening; **dobry** ∼! good evening!

wiedz|a f knowledge; ∼**ieć** know*

wiedźma f witch

wiejski adj rural, country ...

wiek m age; (*stulecie*) century; ∼**owy** adj aged, ancient; *grupa:* age ...

wielbiciel(ka f) m admirer, fan

wielbłąd m camel

wiele 1. adj *ludzi:* many, a lot, a great deal; **2.** adv much, a great deal; **o ∼ lepszy** much/ far better; **tego już za ∼!** that's a bit thick!

Wielkanoc f Easter; **na ∼** at Easter; ∼**ny** adj Easter ...

wielk|i adj large, big, great; *fig. a.* grand; **∼a Brytania** Great Britain; **∼i Piątek** Good Friday; **∼i Tydzień** Holy Week; ∼**ość** f size; *fig.* greatness

wielokrotny adj repeated

wieloryb m whale

wielostronny adj multilateral

wieloznaczny adj equivocal, ambiguous

wieniec m wreath

wieńcowy adj *med.* coronary

wieprz m hog; ∼**owina** f pork; ∼**owy** adj pork ...

wiercić drill, bore; **∼ się** wriggle

wiern|ość f faithfulness, loyalty; ∼**y 1.** adj faithful, loyal, true; **2.** m the faithful, believer

wiersz m poem; verse; (*linia*) line

wiert|arka f drill; ∼**ło** n drill bit; ∼**niczy** adj drilling, boring

wierzący m believer → a. **wierny** 2

wierzba f willow

wierzch m upper part, top, surface; **na ∼** on top; ∼**ni** adj top, outer; ∼**ołek** m top; *góry:* summit, peak; ∼**owiec** m mount

wierzy|ciel m creditor; ∼**ć** believe (**w** in); ∼**telności** pl liabilities pl

wiesz|ać hang*; *człowieka* hang; ∼**ak** m (coat) hanger; (*mebel*) coatrack; (*haczyk*) hook

wieś f village

wie|ść 1. f news; (*pogłoska*) rumour; **2.** v/t lead; ∼**ść się: jak ci się ∼dzie?** how are you getting along?, how are things?

wieśnia|czka f (∼**k** m) villager

wietrz|ny adj windy; ∼**yć** air, ventilate

wiewiórka f squirrel

wieźć ⟨**od-, za-**⟩ carry, transport

wież|a f tower; *szachowa:* rook, castle; ∼**owiec** m high-rise building

więc so, therefore; **a ∼ przy** *wyliczaniu:* namely

więcej more; **mniej ∼** more or less

więdnąć ⟨z-⟩ wither, wilt

większ|ość f majority; **~y** adj bigger, larger, greater

więzi|ć hold*/keep* prisoner; **~enie** n prison, jail; **~eń** m prisoner

więzy pl bonds pl

wigilia f eve; **⚥ Bożego Narodzenia** Christmas Eve

wiklin|a f osier; **~owy** adj wicker

wilgo|ć f moisture; w powietrzu: humidity; **~tny** adj moist, powietrze: humid, damp

wilk m wolf

wina f guilt, fault, blame

winda f lift Brt., elevator Am.

winiak m brandy; **~arnia** f wine bar

wini|ć blame; **~ien, ~na: ile jestem ci ~ien?** how much do I owe you?; → a. winny²

winnica f vineyard

winny¹ adj wine-, vinous

winny² adj guilty; → a. winien

wino n wine; **~branie** n vintage; **~grona** pl grapes pl; **~rośl** f vine

winszować ⟨po-⟩ congratulate

wiolonczela f cello

wioska f village

wiosło n krótkie: paddle; długie i pojedyncze: oar; **~wać na kajaku:** paddle; na łodzi: row

wiosna f spring

wioślar|ski adj rowing; **~rstwo** n rowing; **~rz** m

oarsman

wir m whirlpool

wiraż m curve, bend

wir|nik m tech. rotor; **~ować** rotate, revolve, spin*; **~ówka** f centrifuge

wirus m virus

wi|sieć hang*; **~szący** adj pendent; most m **~szący** suspension bridge

wiśnia f cherry; **~niowy** adj cherry; **~niówka** f kirsch, cherry vodka

witać ⟨po-⟩ greet, welcome; **~ się ⟨przy-⟩** greet (z kimś s.o.), say hello (z to)

witamina f vitamin

witraż m stained glass (window)

witryna f shop window

wiza f visa

wizj|a f vision; **~er** m phot. viewfinder; mil. sight(s pl)

wizyt|a f visit; **~ówka** f card

wjazd m approach, entrance, entry; (droga) driveway; **~owy** adj entrance …

wje|żdżać ⟨**~chać**⟩ enter, drive* in; (najeżdżać) run* (na słup into a post); windą itp.: go* up

wklej|ać ⟨**~ić**⟩ paste in

wklęsły adj concave

wkład m pieniężny itp.: contribution; długopisu: refill; **~ać** insert, put* in; (nakładać) put* on; **~ka** f insert

wkoło prp round

wkraczać enter; (najeżdżać) invade; fig. step in

wkra|dać ⟨~ść⟩ **się** skulk

wkręcać ⟨~cić⟩ screw in; **~t** *m* screw; **~tak** *m* screwdriver

wkroczyć *pf* → **wkraczać**

wkrótce *adv* soon, shortly

wkuwać F swot (up) F *Brt.*, grind F *Am.*

wlec drag, lug; **~ się** drag

wleźć *pf* → **włazić**

wliczać ⟨~yć⟩ include, count in

wład|ać rule; (**dobrze**) **~ać angielskim** have* a (good) command of English; **~ca** *m* ruler; **~czy** *adj* imperious; **~ny** empowered, authorized (**coś zrobić** to do s.th.)

władza *f* (**rządzenie**) power, authority; **mst** *pl* (**instytucja**) authorities *pl*

włam|ać się *pf* → **włamywać się**; **~anie** *n* burglary, breaking in; **~ywacz** *m* burglar; **~ywać się** break* in(to)

własn|ość *f* property; **~y** *adj* own

właściciel(ka *f*) *m* owner, proprietor

właściw|ość *f* property, quality; **~y** *adj* proper, right; (**stosowny**) suitable, appropriate; (**charakterystyczny**) typical (**komuś** of s.o.); **~ie** *adv* actually; (**poprawnie**) properly

właśnie *adv* (**dokładnie**) exactly, just, precisely; (**potwierdzająco**) exactly, just so

właźić get* into (**do czegoś** s.th.), clamber (**na** on)

włącz|ać ⟨~yć⟩ include; **światło** *itp.* switch on, turn on; **~ać się** join (**do czegoś** s.th.); **~nie** *adv* inclusive, including; **ze mną ~nie** including me

Włoch *m* Italian; **~y** *pl* Italy

włochaty *adj* hairy

włos *m* hair

wło|ski *adj* Italian; **2szka** *f* Italian

włożyć *pf* → **wkładać**

włóczęga *m* tramp

włóczka *f* yarn

włók|ienniczy *adj* textile ...; **~nisty** *adj* fibrous, stringy; **~no** *n* fibre

wmawiać **~ coś komuś** make s.o. believe s.th., talk s.o. into believing s.th.

wmieszać *pf* mix in; (**wplątać**) involve; **~ się** *pf* mingle (**w** with), involve o.s. (**w** in)

wmówić *pf* → **wmawiać**

wmu|szać ⟨~sić⟩ **~szać coś komuś** force s.th. upon s.o.

wnęka *f* recess, niche

wnętrz|e *n* interior; **do ~a** inwards; **~ności** *pl* bowels *pl*, entrails *pl*

wnieść *pf* → **wnosić**

wnik|ać ⟨~nąć⟩ penetrate; (**roztrząsać**) go* into; **~liwy** *adj* penetrating

wnio|sek *m* (**wynik**) conclusion; (**propozycja**) motion; **~skodawca** *m* mover; **~skować** ⟨**wy-**⟩ infer, conclude (**z** from)

wnosić carry in, bring* in; *fig.* submit

wnu|czka f granddaughter; **~k** m grandson

woalka f veil

wobec *prp* in view of, considering; *kogoś*: towards; **~ tego** in that case

woda f water

wodo|ciąg m waterworks *sg*, *pl*; **~lot** m hydroplane; **~odporny** *adj* waterproof; **~rost** m seaweed; **~spad** m waterfall; falls *pl*; **~szczelny** *adj* waterproof, watertight; **~trysk** m fountain; **~wać** *mar.* launch; *aer.* land on the water; *pojazd kosmiczny* splash down

wodór m hydrogen

wojenny *adj* war ...; martial

województwo n voivodship; province

woj|na f war; **~na domowa** civil war; **~owniczy** *adj* militant, belligerent; **~ownik** m warrior; **~sko** n army, the military, troops *pl*, the forces *pl*; **~skowy 1.** *adj* military; **2.** m serviceman, soldier

wokoło → **wkoło**

wol|a f will; **siła f ~i** willpower; **~eć** prefer (*coś od czegoś* s.th. to s.th.)

wolno 1. *adv* slow(ly); **2.** *pred*: **czy ~?** may I?

wolnocłowy *adj* duty-free

wolnorynkowy *adj* market ...

woln|ość f freedom, liberty; **~ość słowa/wyznania** free-

dom of speech/religion; **~y** *adj* free; (*powolny*) slow

woła|ć ⟨**za-**⟩ cry (out), call out; **~nie** n cry, call

wołow|ina f beef; **~y** *adj* beef ...

woń f fragrance

wore|czek m bag, pouch; **~czek żółciowy** *med.* gall bladder; **~k** m sack, bag

wosk m wax; **~ować** wax

wotum n: **~ zaufania** vote of confidence

wozić transport, carry; *wózkiem*: cart

woźnica m carter; *powozu*: coachman

woźny m caretaker *Brt.*, janitor *Am.*

wódka f vodka

wódz m chief; (*przywódca*) leader

wół m ox

wór m sack

wóz m cart; *kryty*: wagon; F (*samochód*) car; **~ek** m barrow, cart; *dziecinny*: pram *Brt.*, baby buggy *Am.*; *spacerowy*: pushchair *Brt.*, stroller *Am.*; *inwalidzki*: wheelchair

wpadać fall* in(to)/down; *rzeka*: flow into

wpajać inculcate, instil

wpakow(yw)ać stuff into; **~ się w kłopoty** get* into trouble

wpaść *pf* → **wpadać**

wpat|rywać ⟨**~rzeć**⟩ **się** stare (*w* at)

wpędz|ać ⟨**~ić**⟩ drive* in; *on*

mnie ~*i do grobu fig.* he will be the death of me

wpierw *adv* first

wpi|nać ⟨~ać⟩ pin on

wpis *m* record, registration; ~**owe** *n* fee; ~**(yw)ać** register, record

wpła|cać ⟨~cić⟩ pay (in); ~**ta** *f* deposit, payment

wpław *adv:* **przepłynąć rzekę** ~ to swim a river

wpły|w *m* influence, impact; *a. tech.* effect; ~**wać** ⟨~**nąć**⟩ influence (**na coś** s.th.); *statek:* put in; *poczta:* arrive; ~**wowy** *adj* influential

wpoić *pf* → **wpajać**

wpół *adv* (in) half; ~ **do drugiej** half past one; **objąć kogoś** ~ hold* s.o. round the waist; **zgiąć się** ~ bend* double

wprawa *f* skill, practice

wprawdzie *adv* admittedly, to be sure

wpraw|i(a)ć *szybę* fix into; ~**i(a)ć się** practise, train; ~**ny** *adj* skilful

wprost *adv* straight; (*bezpośrednio*) directly; (*bezogródek*) outright

wprowadz|ać ⟨~**ić**⟩ show in, usher; (*wsuwać*) introduce (**do** into); ~**ić się** move (**do** into); ~**enie** *n* introduction

wpu|szczać ⟨~**ścić**⟩ let* in, admit

wracać return, come*/get* back; ~ **do domu** return

home

wrak *m* wreck, wreckage

wrastać grow* in

wraz *adv* (**z**) with, along with

wrażenie *n* impression

wrażliw|ość *f* sensitivity; ~**y** *adj* sensitive (**na** to)

wredny F *adj* mean, wicked

wreszcie *adv* at last, eventually, finally

wręcz *adv* outright; ~ **przeciwnie** on the contrary; → **walka**

wręcz|ać ⟨~**yć**⟩ hand (in), present (**komuś coś** s.o. with s.th.)

wrodzony *adj* innate, inborn

wrogi *adj* hostile; *a. mil.* enemy ...

wrona *f* crow

wrosnąć *pf* → **wrastać**

wrotk|i *pl* roller skates *pl*; ~**arz** *m* roller skater

wróbel *m* sparrow

wrócić *pf* → **wracać**

wróg *m* enemy

wróż|ba *f* omen, augury; ~**ka** *f* (*czarodziejka*) fairy; (*kabalarka*) fortune-teller; ~**yć** ⟨**po-**⟩ tell fortunes, predict

wrzask *m* scream, shriek; ~**nąć** *pf* → **wrzeszczeć**

wrzawa *f* uproar

wrzą|cy *adj* boiling; ~**tek** *m* boiling water

wrze|ć boil; *fig. walka:* rage; ~**nie** *n* boil; *fig.* ferment

wrzesień *m* September

wrzeszczeć scream, shriek, yell

wrzos *m* heather; **~owisko** *n* heath, moor

wrzód *m* ulcer

wrzucać (**~ić**) throw* in(to)

wsadzać (**~ić**) put* in(to)

wscho|dni *adj* east(ern); *wiatr, kierunek:* easterly; **~dzić** *słońce:* rise*; *ziarno:* germinate

wschód *m* east; **2** the Orient; **Bliski/Środkowy/Daleki 2** the Near/Middle/Far East; **~ słońca** sunrise

wsi|adać (**~ąść**) get* on; *do samolotu itp.:* board; *na konia:* mount

wsiąk|ać (**~nąć**) soak, sink* in

wskaz|ać *pf* → **wskazywać**; **~ania** *pl med.* indications *pl;* *tech.* readings *pl;* **~any** *adj* advisable, desirable; **~ówka** *f* clue; *zegara:* hand; **~ywać** point out, show; *(świadczyć)* indicate

wskaźnik *m* indicator; index

wskoczyć *pf* → **wskakiwać**

wskutek *prp* as a result of, through; **~ tego** therefore

wspaniał|omyślny *adj* generous; **~y** *adj* splendid

wsparcie *n* support

wspiąć się *pf* → **wspinać się**

wspierać support

wspina|czka *f* mountaineering, mountain climbing; **~ć się** climb (**na górę a** mountain)

wspomi|nać (**~nieć**) remember; *(wzmiankować)* men-

tion (**o czymś** s.th.); **~niany** in question; **~nienie** *n* memory

wspólnie *adv* together

wspólni|czka *f* (**~ik** *m*) partner; **~ota** *f* community, fellowship; *(organizacja)* commonwealth; **2ta Europejska** the European Community, EC; **~y** *adj* common, joint; **2y Rynek** the Common Market

współczesn|ość *f* the present day; **~y** *adj* contemporary, present-day

współczu|cie *n* sympathy, compassion; **~ć** sympathize (**komuś** with s.o.)

współczynnik *m* coefficient

współdziałanie *n* in cooperation

współlokator *m* roommate

współprac|a *f* collaboration, cooperation; **~ować** collaborate, cooperate; **~ownik** *m* collaborator, co-worker

współudział *m* participation

współwłaściciel *m* joint owner, co-owner

współzawodni|ctwo *n* competition; **~k** *m* competitor

współżycie *n* coexistence

wsta(wa)ć *z łóżka:* get* up; *z krzesła:* stand* up

wstawi|ać put* in, insert; **~(a)ć się** stand up (**za** for), intercede (**za** for); **~ennictwo** *n* intercession; **~ony** F *adj* drunk, plastered F

wstąpić *pf* → **wstępować**

wstążka *f* ribbon

wstecz *adv* back(wards); **~ny** *adj* retrograde; **bieg** *m* **~y** reverse (gear)

wstęga *f* band, ribbon

wstęp *m* admission, admittance; (*wprowadzenie*) preface; **~ny** *adj* preliminary, introductory; **artykuł ~ny** editorial, leader *Brt.*; **egzamin** *m* **~ny** entrance examination; **~ować** *do sklepu*: call by; *z wizytą*: call on; (*dołączać*) join (**do czegoś** s.th.)

wstręt *m* repugnance, disgust; **~ny** *adj* repugnant, disgusting

wstrząs *m* shock; **~ać** ⟨**~nąć**⟩ shake

wstrzemięźliwy *adj* moderate, restrained; *w jedzeniu itp.*: abstemious

wstrzyk|iwać ⟨**~nąć**⟩ inject

wstrzym|yw)ać hold* up, suspend; **~ się** refrain; *od głosu*: abstain

wsty|d *m* shame; **~dliwy** *adj* shy, bashful; **~dzić się** be ashamed (**za** *of*)

wsu|wać ⟨**~nąć**⟩ slip into, slide into

wsyp|(yw)ać pour into

wszcz|ynać ⟨**~ąć**⟩ institute, start

wszechmocny *adj* omnipotent, all-powerful, almighty

wszechstronny *adj* versatile; comprehensive

wszechświat *m* universe

wszechwiedzący *adj* omniscient

wszelki *adj* every (possible), all (sorts of); **~mi siłami** by every possible means

wszerz *adv* across, crosswise; **wzdłuż i ~** all over

wszędzie *adv* everywhere

wszyscy *pl* all, everybody

wszyst|ek (**~ka**, **~ko**, **~kie** *pl*) *adj* all; **~ko** *n* all, everything; **przede ~kim** first of all

wścibski *adj* nosy

wście|kać ⟨**~c**⟩ **się** F go* mad, fly* into a rage; **~klizna** *f* rabies *pl*; **~kłość** *f* rage, fury; **~kły** *adj* furious

wśród *prp* among

wtajemnicz|ać ⟨**~yć**⟩ initiate (**w** into); **~ony** *adj* initiate

wtargnąć force an entry; (*najechać*) invade

wtedy then

wtem *adv* suddenly, all of a sudden

wtłaczać ⟨**~oczyć**⟩ force into, cram into

wtorek *m* Tuesday

wtór|ny *adj* secondary; **~y** *adj*: **po raz ~y** for the second time; **po ~e** secondly

wtrąc|ać ⟨**~ić**⟩ *uwagę* put* in; *do więzienia*: cast; **~ać się** interfere; *do rozmowy*: put* in, cut* in

wtrys|kiwać ⟨**~nąć**⟩ inject

wty|czka *f electr.* plug; **~kać** stick, push into

wuj(ek) *m* uncle

wulgarny *adj* vulgar

wulkan m volcano; **~izować**
⟨z-⟩ vulcanize

ww｜ozić ⟨~ieźć⟩ bring* in;
import; **~óz** m import(ation)

wy pron you

wybacz|ać ⟨~yć⟩ forgive*;
~alny adj pardonable; **~enie**
n forgiveness

wybaw|ca m, **~iciel** m sa-
viour; **~i(a)ć** save; eccl. re-
deem; **~ienie** n rescue; eccl.
redemption

wybić pf → **wybijać**

wybieg m dla zwierząt: run;
(wykręt) excuse, evasion

wybier|ać select, choose*;
osobę elect; **~ się** (be* about
to) go*, think* of going

wybij|ać knock out; (wy)
szybę break*; zegar: strike*; **~tny**
adj prominent, outstanding

wyblakły adj watery, faded

wyboisty adj rough, bumpy

wybor｜ca m voter; **~czy** adj
electoral, election ...; **~ny**
adj exquisite, delicious;
~owy adj choice, select; **~y**
pl election

wybój m pothole

wybór m choice, selection

wybrać pf → **wybierać**

wybredny adj fussy, fastid-
ious

wybryk m prank; **~ natury**
freak of nature

wybrzeże n coast

wybuch m explosion; wojny:
outbreak; **~ać ⟨~nąć⟩** explode; wojna: break* out;
~owy adj explosive

wybujały adj roślina: rank,
rampant

wyceni(a)ć price, estimate

wychodzić leave* (z pokoju
the room), go* out (z pokoju
of the room); książka: come*
out; w kartach: lead*; okno
itp.: face (na ogród the garden); **~ za mąż** get* married

**wychow｜a(wa)ć → wychowy-
wać**; **~anek** m (**~anica** f)
ward; **~anie** n upbringing,
education; (ogłada) breed-
ing; **~any** adj: dobrze **~any**
well-bred, well-mannered;
źle **~any** ill-bred; **~awca** m
tutor; klasy: form master
Brt.; **~awczyni** f (female) tutor; klasy: form mistress Brt.;
~ywać bring* up, raise, rear;
~ywać się grow* up

wychyl|ać ⟨~ić⟩ put*/stick*
out; kieliszek: toss off; **~ać
się** lean out

wyciąć pf → **wyciąć**

wyciąg m (ekstrakt, wypis) extract; z konta: statement; **~
krzesełkowy** chair lift; **~ać
⟨~nąć⟩** pull out; extract;
~ać ⟨~nąć⟩ się stretch

wycie n howl

wyciec pf → **wyciekać**

wycieczk｜a f trip, outing, excursion; **~owicz** F m tripper

wyciek m leak(age); **~ać** leak

wycier|aczka f doormat;
mot. windscreen wiper; **~ać
nogi, nos** wipe; gumką: erase

wycięcie n notch; (dekolt)
neckline; **~nać** cut* out;

notch; *drzewa* cut* down, fell; **~nanka** f cut-out; **~nek** m segment, section; **~nkowy** adj fragmentary

wycis|kać ⟨**~nąć**⟩ *(wyżymać)* squeeze, press out; *(odciskać)* impress

wycof(yw)ać withdraw*, retract; **~ się** retreat, withdraw*; *(rezygnować)* resign

wyczek|(iw)ać expect, await; **~ujący** adj expectant

wyczerp|ać pf → **wyczerpywać**; **~anie** n exhaustion; **~any** adj exhausted; *nakład*: out of print; **~ujący** adj *(dokładny)* exhaustive; *(męczący)* exhausting; **~ywać** *a. fig.* exhaust; **~ywać się** *(kończyć się)* run* out

wyczu|(wa)ć sense; **~walny** adj palpable

wyczyn m feat, achievement, performance; **~owiec** m top athlete, professional, pro F; **~owy** adj professional, competitive; *sport* m **~owy** competitive sport

wyczyścić pf → **czyścić**

wyć howl

wydać pf → **wydawać**

wydaj|ność f productivity, efficiency; **~ny** adj productive, efficient

wyda|lać ⟨**~lić**⟩ expel; **~lenie** n expulsion

wyda|nie n *książki*: edition; **na ~niu** *panna*: marriageable

wydarz|ać ⟨**~yć**⟩ się happen,

occur; **~enie** n event

wydat|ek m expense; **~kować** form. expend

wydatny adj *(wystający)* prominent; *(znaczny)* considerable

wyda|wać *pieniądze* spend*; *wyrok* pass; *(zdradzać)* give* away; **~wać się** appear, seem; **~je (mi) się** it seems (to me); **~wca** m publisher; **~wnictwo** n *(instytucja)* publishing house; *(dzieło)* publication; **~wniczy** adj publishing

wydech m exhalation, expiration; **~owy** adj: **rura** f **~owa** exhaust (pipe)

wydłuż|ać ⟨**~yć**⟩ lengthen, extend

wydma f dune

wydoby|cie n extraction; **~(wa)ć** extract, mine; **~(wa)ć się** *gaz*: escape

wydosta(wa)ć extricate; **~ się** extricate o.s.

wydra f otter

wydrążyć hollow; *jabłko* core

wydruk m *komputerowy*: print-out; **~ować** print out

wydrzeć pf → **wydzierać**

wydział m department; *uniwersytetu*: faculty; **~owy** adj departmental; *univ.* faculty

wydziel|ać ⟨**~ić**⟩ *zapach*: give off; *biol.* secrete; **~anie** n secretion; **~ina** f secretion

wydzierać tear* out; *włosy a.* pluck

wydzierżawi(a)ć lease out
wydrzeć pf → **wydzierać**
wydźwięk m undertone
wyga m F old hand
wygad|ać pf (wyjawić) blurt
out, give* away; **~any** adj
wordy, verbose
wyganiać drive*/chase
away; (wyrzucać) kick out,
turn out
wyga|sać (**~snąć**) go* out;
fig. die out; **~szać** (**~sić**)
put* out; **~sły** adj extinct
wygi|ęty adj bent; **~nać**
(**~ąć**) (się) bend*
wyginąć pf become* extinct,
perish
wygląd m appearance, looks
pl; **~ać** przez okno: look
out; (mieć określony wygląd)
look (like)
wygładz|ać (**~ić**) smooth
out/down, plane
wygł|aszać (**~osić**) opinię
express; wykład, mowę de-
liver
wygłupi(a)ć się F play the
fool, fool about/around
wygni|atać (**~eść**) squeeze;
ciasto knead; **~eść się** become* crumpled
wygod|a f fizyczna: comfort;
(udogodnienie) convenience;
~ny adj comfortable
wygoić się pf heal (up/over)
wygonić pf → **wyganiać**
wygórowany adj excessive,
exorbitant
wygra|ć pf → **wygrywać**; **~na**
f winnings pl, prize; (zwycię-

stwo) victory
wygrażać threaten; shake*
one's fist
wygrywać win*
wygwizd(yw)ać boo, hiss
wyhodować zwierzę breed*;
roślinę grow*
wyjaśni|(a)ć explain; **~(a)ć
się** become* clear; **~enie** n
explanation
wyjawi(a)ć reveal
wyjazd m (odjazd) departure;
(podróż) travel, journey
wyjąć pf → **wyjmować**
wyjąkać stammer
wyjąt|ek m exception; **~ek od
reguły** exception to the rule;
z ~kiem Johna with the exception of John, except for
John; **~kowo** adv exceptionally, for once F; **~kowy** adj
exceptional; **stan m ~kowy**
state of emergency
wyje|żdżać (**~chać**) leave*,
go*; (wydostawać się)
come*/drive* out (z from)
wyjmować take* out (z of)
wyjrzeć pf → **wyglądać**
wyjście n exit; (sposób) way
out; **punkt m ~a** point of departure; **~owy** adj exit ...;
(początkowy) initial
wyjść pf → **wychodzić**
wykałaczka f toothpick
wykańczać finish (off); F (zabić) finish off
wykaz m register, list;
~(yw)ać (udowadniać)
prove; (przejawiać) show,
display; **~(yw)ać się** show

wykąpać pf bath; **~ się** have* a bath Brt., bathe Am.

wykipieć pf boil over

wykl|inać ⟨**~ąć**⟩ curse; eccl. excommunicate

wyklucz|ać ⟨**~yć**⟩ exclude (z from)

wykład m lecture; **~ać** lay* out, display; (nauczać) lecture; tapetą: cover; kamieniami: pave; **~owca** m lecturer

wykładzina f podłogowa: fitted carpet, wall-to-wall carpeting

wykon|ać pf → **wykonywać**; **~alny** adj feasible; **~anie** n execution; a. mus. performance; **~awca** m utworu: performer; testamentu: executor; **~awczy** adj executive; **~ywać** pracę carry out; wyrok execute (**na kimś** s.o.); mus. perform

wykończ|yć pf → **wykańczać**; **~enie** n finish

wykop m ditch, excavation; **~ać** pf → **wykopywać**, **~alisko** n excavation; **~ywać** excavate

wykorzeni|ać ⟨**~ć**⟩ fig. root out

wykorzyst|(yw)ać use, utilize; fig. exploit; **~anie** n utilization

wykraczać exceed, go* beyond; jur. transgress (**przeciw czemuś** s.th.)

wykre|s m graph, chart, diagram; **~ślać** ⟨**~ślić**⟩ draw*; (skreślić) cross out

wykrę|cać ⟨**~cić**⟩ screw off;

rękę twist; (wyżymać) wring* out; **~cać się** F (wywijać się) wriggle out; (unikać) shirk (**od czegoś** s.th.); **~t** m excuse, evasion; **~tny** adj evasive

wykrocz|enie n offence; **~yć** pf → **wykraczać**

wykrój m pattern

wykrwawi(a)ć się bleed* to death

wykry|cie n detection; **~(wa)ć** detect

wykrztusić pf stammer out

wykrzyk|iwać shout; **~nik** m exclamation mark Brt., exclamation point Am.

wykrzywi(a)ć twist, crook; twarz distort, contort

wykształc|ać ⟨**~ić**⟩ educate; **~enie** n education; **~ony** adj educated

wykwalifikowany adj skilled

wykwintny adj exquisite, refined

wylać pf → **wylewać**

wylatywać fly* out; F fig. z pracy: get* the sack F; → **odlatywać**

wylądować pf land

wylecieć pf → **wylatywać**

wyleczyć pf cure; **~ się** be* cured (z of)

wylegitymować pf check (**kogoś** s.o.'s papers); **~ się** identify o.s., prove one's identity

wylew m outflow, overflow; med. h(a)emorrhage; **~ać** pour out/away; (rozlewać) spill; *rzeka*: overflow

wylicz|ać ⟨**~yć**⟩ enumerate

wylot → *odlot*; *m* outlet, mouth; *lufy*: muzzle; **na ~** *fig.* inside out

wyludnienie *n* depopulation

wyład|ow(yw)ać unload; **~unek** *m* unloading

wyłam(yw)ać break* off; *drzwi* break* open

wyłaniać się loom, appear

wyławiać fish up

wyłącz|ać ⟨**~yć**⟩ switch off, turn off, shut* off; (*eliminować*) exclude; **~nik** *m* switch; **~ny** *adj* sole, only

wyło|nić się *pf* → **wyłaniać się**; **~wić** *pf* → **wyławiać**; **~żyć** *pf* → **wykładać**

wyłu|dzać ⟨**~dzić**⟩ swindle (*coś od kogoś* s.o. out of s.th.)

wymaga|ć require, demand; **~jący** *adj* demanding, exacting; **~nie** *n* demand, requirement

wymarły *adj* extinct

wymawiać *dźwięki* pronounce; *pracę* dismiss (*komuś* s.o.)

wymiana *f* exchange

wymiar *m* dimension, size; **~ sprawiedliwości** dispensation of justice

wymiatać sweep* (out)

wymieni|(a)ć exchange; (*zastępować*) replace; (*przytaczać*) mention; **~ny** *adj* exchangeable, interchangeable, replaceable; **handel**

m **~nny** barter

wymierać die out; *gatunek itp.*: become* extinct

wymie|rny *adj* measurable; **~rzać** ⟨**~rzyć**⟩ measure; *karę* administer; *broń* level (*w* at), aim (*w* at)

wymię *n* udder

wymig|iw(ać) się shirk (*od czegoś* s.th.)

wymij|ać ⟨**~nąć**⟩ → *mijać*

wymiot|ować ⟨**z-**⟩ vomit, throw* up, be* sick *Brt.*; **~y** *pl* vomiting

wymknąć się steal* out

wymogi *pl* requirements *pl*

wymow|a *f* pronunciation; **~ny** *adj* spojrzenie *itp.*: meaning …

wymóc extort (*coś na kimś* s.th. from s.o.)

wymów|ić *pf* → **wymawiać**; **~ienie** *n* (*zwolnienie*) notice; **~ka** *f* excuse

wymrzeć *pf* → **wymierać**

wymu|szać ⟨**~sić**⟩ *pf* → **wymóc**; **~szony** *adj* uśmiech: constrained

wymy|sł *m* invention; **~słać** *v/i* (*ubliżać*) abuse; *v/t* ⟨**~ślić**⟩ *coś nowego* invent; *historię itp.* make* up; **~ślny** *adj* elaborate, ingenious

wynagr|adzać ⟨**~odzić**⟩ reward; *stratę* compensate, make* up for; **~odzenie** *n* pay

wynaj|ać *pf* → **wynajmować**; **~em** *m*, **~ęcie** *n* hire; **do ~ęcia** to let, for hire; **~mo-**

wać (*brać w najem*) hire, rent; (*oddawać w najem*) hire out, let*

wynalaz|ca *m* inventor; **~ek** *m* invention

wynieść *pf* → **wynosić**

wynik *m* result, outcome; **~ać** ⟨**~nąć**⟩ result (**z** from); **z tego ~a że ...** it follows from this that ...

wyniosły *adj* (*wysoki*) towering; (*dumny*) haughty

wyniszcz|ać ⟨**~yć**⟩ devastate; **~ony** *adj osoba*: emaciated

wynosić *v/t* carry out, remove; (*utworzyć sumę*) amount to

wynotow(yw)ać note

wynurz|ać ⟨**~yć**⟩ **się** *z wody*: surface; (*ukazywać się*) emerge

wyobraźnia *f* imagination; **~żać** ⟨**~zić**⟩ (*przedstawiać*) represent; **~żać sobie** imagine; **~żenie** *n* representation; (*mniemanie*) notion, idea

wyodrębni(a)ć separate, isolate

wyolbrzymi(a)ć magnify

wypa|czać ⟨**~czyć**⟩ *a. fig.* warp

wypad *m a.* mil. sortie

wypad|ać fall* out; **gwiazdka ~a w niedzielę** Christmas falls on a Sunday; (*nie*) **~a** it is (not) fitting/proper/becoming; **~ek** *m* event, incident; **~ek drogowy** road ac-

cident; **na wszelki ~ek** just in case

wypa|sać ⟨**~ść**⟩ graze, pasture

wypaść *pf* → **wypadać**

wypa|trywać look out (**kogoś** for s.o.); **~trzyć** *pf* → **wypatrywać**

wypchnąć *pf* → **wypychać**

wypełni(a)ć fill in; (*spełniać*) fulfil

wypę|dzać ⟨**~dzić**⟩ drive* out, turn out

wypić *pf* → **wypijać**

wypierać oust; **~ się** deny

wypijać drink* (up)

wypis *m* extract; **~(yw)ać** write* out

wyplatać weave

wypła|cać ⟨**~cić**⟩ pay; **~calny** *adj* solvent; **~ta** *f* pay

wypły|wać ⟨**~nąć**⟩ sail out; *rzeka*: rise*; (*wynurzać się*) surface, emerge

wypocząć *pf* → **wypoczywać**

wypoczy|nek *m* rest; **~wać** rest

wypo|gadzać ⟨**~godzić**⟩ **się** clear up

wypo|minać ⟨**~mnieć**⟩ reproach (**komuś coś** s.o. for s.th.)

wyposaż|ać ⟨**~yć**⟩ equip, provide (**w** with); **~enie** *n* equipment

wypowi|adać ⟨**~edzieć**⟩ express; *umowę* cancel; **~adać komuś pracę** give* s.o. notice; **~adać wojnę** declare war (**komuś** on s.o.); **~adać się** express one's opinion; **~edzenie** n utterance; (*zwolnienie*) notice; **~edź** f statement

wypożycz|ać ⟨**~yć**⟩ (*dawać*) lend*, hire (out); (*brać*) borrow, hire; **~alnia** f rental service; **~alnia** f **książek** lending library

wypracow|anie n composition, essay; **~(yw)ać** work out

wypraszać obtain by imploring; **~ć kogoś z pokoju** show s.o. the door; **~ć sobie takie traktowanie** I won't stand for that sort of treatment

wyprawa f expedition

wypraw|ia(ć) send; *przyjęcie* arrange, give*; *skórę* tan

wyprodukować produce, make*

wyprosić pf → **wypraszać**

wyprostow(yw)ać → **prostować**; straighten (**się** up)

wyprowadz|ać ⟨**~ić**⟩ take* out, bring* out; **~ać ⟨~ić⟩ się** move

wypróbowany adj tried, tested

wypróżni(a)ć clear out, empty; **~ się** defecate

wyprzeda(wa)ć sell* off; **~ż** f sale

wyprzedz|ać ⟨**~ić**⟩ *biegnąc, a. fig.* outstrip; *samochodem:* overtake*

wypukły adj convex

wypu|szczać ⟨**~ścić**⟩ drop; (*uwolnić*) let* out; *płytę itp.* release; → *a.* **puszczać**

wypychać *za drzwi:* push out; *zwierzę* stuff

wypyt(yw)ać question, interrogate

wyrabiać produce, make*

wyrachowany adj calculating, mercenary

wyrastać grow* (**na kogoś** into s.o.); *z ubrania itp.*: grow* out (**z czegoś** of s.th.), outgrow* (**z czegoś** s.th.)

wyra|z m (*obcy* loan-) word; **~zić** pf → **wyrażać**; **~zisty** adj expressive; (*wyraźny*) clear-cut, distinct; **~źny** adj distinct, clear; **~żać** express; **~żać się** speak* (**dobrze/źle o kimś** well/ill of s.o.); **~żenie** n expression, phrase

wyręcz|ać ⟨**~yć**⟩ *kogoś* help s.o. out

wyrob|ić pf → **wyrabiać**; **~ienie** n experience; *towarzyskie:* urbanity

wyrok m verdict; **~ skazujący** sentence; **~ uniewinniający** acquittal; **~ować ⟨za-⟩** pass judgement; → **decydować**

wyros|nąć pf → **wyrastać**; **~t** m: **na ~t ubranie:** meant to be grown into; *plany:* allowing for future modifications; **~tek** m stripling, youngster; *anat.* appendix

wyrośnięty adj overgrown

wyrozumiały adj lenient, forbearing; **~ość** f lenience, forbearance

wyr|ób m product; *rolniczy:* produce; **~oby** pl (-)ware; **~oby ze srebra** silverware

wyrówn|anie n compensation, equalization; *sp.* equalizer; **~(yw)ać** a. *sp.* equalize

wyróżni|(a)ć favour; (*rozróżniać*) distinguish; **~enie** n distinction

wyrusz|ać 〈**~yć**〉 set* off/out

wyr|wa f w murze: breach; w ziemi: crater; **~(y)wać** tear* out, pull (**coś z czegoś** s.th. out of s.th.); **zęby** (*y*) extract; **~(y)wać się** wrench free/away

wyrzą|dzać 〈**~dzić**〉 zło, szkodę do

wyrzec pf form. (*powiedzieć*) say*; → **wyrzekać**

wyrzeczenie n sacrifice

wyrze|kać 〈**~c**〉 **się** renounce, relinquish

wyrzu|cać 〈**~cić**〉 throw* away; z domu itp.: turn out; ze szkoły itp.: expel; (*zwolnić*) sack F; (*robić wyrzuty*) reproach (**komuś coś** s.o. with s.th.); **~t** m (*rzut*) throw; (*zarzut*) reproach; **~ty** pl **sumienia** remorse, qualms pl, pangs pl of conscience; **~tnia** f launching pad, launcher

wyrzynać cut* out, carve out; F (*zabijać*) massacre, slaughter; **~ć się: ~ją mu**

się zęby he is cutting his teeth

wyrżnąć pf → **wyrznąć**; F bang

wysa|dzać 〈**~dzić**〉 pasażerów put* down; most itp. blow up

wysepka f islet; *na jezdni:* traffic island

wysi|adać 〈**~ąść**〉 z samochodu: get* out; z pociągu itp.: get* off; form. alight

wysied|lać 〈**~lić**〉 displace

wysi|lać 〈**~lić**〉 strain; **~lać się** exert oneself; **~łek** m effort

wys|kakiwać 〈**~koczyć**〉 jump/leap out

wysł|ać pf → **wysyłać, wyściełać; ~annik** m (**~anniczka** f) envoy, emissary

wysł|awiać 〈**~owić**〉 **się** express o.s.

wysłu|ga f: **~ga lat** seniority; **~żony** adj worn-out

wysmukły adj slender

wyso|ce adv form. highly, extremely; **~ki** adj high; człowiek, drzewo: tall

wysokogórski adj alpine

wysokoprężny adj tech. high--pressure

wysokościomierz m altimeter

wysokościowiec m high--rise building

wysokość f height, altitude

wyspa f island, isle

wyspać się pf get* enough sleep

wysportowany adj sporty

wystający adj protruding, prominent

wystar|czać (~czyć) suffice, be* sufficient

wystaw|a f exhibition, display; ~ać protrude; ~ca m exhibitor; ~i(a)ć put* out; exhibit; thea. stage; ~ny adj sumptuous; ~owy adj exhibition ...; okno n ~owe shop window

wystąpi|ć pf → **występować**; ~enie n speech

występ m performance; skalny: shelf, ledge; ~ gościnny guest performance; ~ować naprzód: step out; (pojawiać się) occur, be* found; thea. perform; (wypisać się) leave*

wystraszyć pf frighten, scare; ~ się be* frightened, be* scared, chicken out F

wystrzał m shot

wystrzegać się beware (czegoś of s.th.)

wystrzel|ić pf fire (z czegoś s.th.), shoot*; rakietę launch; → **strzelać**

wystrzępić fray

wysuwać put* out, draw* out; pomysł itp. propose

wysył|ać send*, dispatch; ~ka f dispatching

wysypać pf → **wysypywać**

wysypiać się sleep* late

wysyp|ka f rash; ~ywać pour out, tip out

wyszarp|(yw)ać (~nąć) wrench out

wyszukany → **wytworny**;

~(iw)ać find*

wyszyć pf → **haftować**

wyszydzać jeer

wyszywać → **haftować**

wyście|lić pf, ~łać stuff, upholster

wyścig m race; ~ zbrojeń arms race; ~i pl konne horse race, the races pl; ~owy adj racing, race ...

wyśledzić pf track down

wyślizgnąć się pf slip out

wyśmienity adj exquisite

wyśmi(ew)ać mock, poke fun (kogoś at s.o.); ridicule (coś s.th.); ~ się mock, poke fun (z kogoś at s.o.)

wyświadcz|ać (~yć) przysługę render

wyświechtany adj shabby; zwrot itp.: hackneyed

wyświetl|ać (~ić) film show; (wyjaśniać) clear up

wytaczać roll out; tech. turn; ~ komuś proces take* s.o. to court

wytapiać tech. smelt

wytarty adj (wyświechtany) shabby, worn-out

wytchnienie n rest; chwila f ~a breathing space; bez ~a tirelessly

wytępi(a)ć → **tępić**

wytęż|ać (~yć) strain; siły exert; ~ony adj strenuous

wytknąć pf → **wytykać**

wytł|aczać (~oczyć) sok itp. press; ~ a. tłoczyć

wytłumacz|enie n explanation; ~yć explain

wyto|czyć pf → **wytaczać**; **~pić** pf → **wytapiać**

wytrawny adj wino: dry; człowiek: experienced, seasoned

wytrąc|ać ⟨**~cić**⟩ z ręki itp.: knock out; ~**cić kogoś z równowagi** throw* s.o. off balance

wytrwa|ć pf hold* out, endure, persevere; **~łość** f perseverance; **~ły** adj persevering

wytrych m skeleton key

wytrys|k m med. ejaculation; **~ać** ⟨**~nąć**⟩ → **tryskać**

wytrzą|sać ⟨**~nąć**⟩ shake* out, empty

wytrzeć pf → **wycierać**

wytrzym|ać pf → **wytrzymywać**; **~ałość** f endurance; u ludzi, koni: stamina; tech. strength, resistance; **~ały** adj tough; materiał: durable; → **wytrwały**; **~ywać** hold* out, stand*, put* up (coś with s.th.)

wytw|arzać ⟨**~orzyć**⟩ make*, produce, manufacture

wytworny adj refined, elegant

wytwór m product; → **twór**; **~ca** f manufacturer, producer; **~czy** adj productive; **~nia** f factory, plant; filmowa: film company

wytycz|ać ⟨**~yć**⟩ mark out; palikami: stake out; **~na** f guideline

wytykać reproach (**komuś coś** s.o. for s.th.)

wytypować choose*; (mianować) appoint

wywabi|acz m (**~acz plam**) stain remover; **~(a)ć plamy** remove

wywal|ać ⟨**~ić**⟩ chuck out; z pracy: fire

wywalcz|ać ⟨**~yć**⟩ win*, secure

wyważ|ać ⟨**~yć**⟩ drzwi force open; tech. balance; fig. weigh (up)

wywiad m interview; pol., mil. intelligence; **~owca** m secret agent; **~owczy** adj intelligence ...

wywiąż(yw)ać się fulfil (z czegoś s.th.)

wywier|ać wpływ itp. exert; wrażenie make*

wywie|szać ⟨**~sić**⟩ post up; **~szka** f notice, sign

wywieść pf → **wywodzić**

wywietrz|nik m ventilator; **~yć** air, ventilate

wywieźć pf → **wywozić**

wywij|ać ⟨**~nąć**⟩ rękawy itp. roll down; (machać) swing*; bronią itp.: brandish; ~ **jać się** fig. wriggle out

wywodzić się derive, be* descended (z from)

wywoł|ać pf → **wywoływać**; **~awczy** adj sygnał: call; cena: reserve; **~ywacz** m phot. developer; **~ywać** call out; duchy call up; (powodować) cause, result in; phot. develop

wyw|ozić take* away, re-

move; F export; **~ozowy** *adj*
export ...; **~óz** *m* removal,
disposal; (*eksport*) export
wywr|acać (się) → *przewra-*
cać (się); **~otka** *f* dump(er)
truck; F (*upadek*) fall; **~oto-**
wy *adj* subversive; **~ócić** *pf*
→ *wywracać*
wywyższ|ać ⟨~yć⟩ się give*
o.s. airs
wyzby(wa)ć się get* rid
(**czegoś** of s.th.), shake off
wyzdrowieć *pf* recover
wyznać *pf* → *wyznawać*
wyznacz|ać ⟨~yć⟩ mark out;
datę itp. fix, assign; *osobę* appoint
wyzna|nie *n* confession; *eccl.*
religion; **~wać** confess; *reli-*
gię profess; **~wca** *m* believer; (*zwolennik*) adherent
wyzwać *pf* → *wyzywać*
wyzwala|cz *m* phot. shutter
release; **~ć** liberate
wyzwanie *n* challenge
wyzwisko *n* term of abuse
wyzwol|enie *n* liberation;
~eńczy *adj* liberation ...;
~ony *adj* liberated
wyzysk *m* exploitation;
~(iw)ać exploit; **~iwacz** *m*
exploiter
wyzywa|ć challenge; (*wy-*
myślać komuś) call s.o.
names; **~jący** *adj* provoca-
tive
wyż *m* high, anticyclone
wyżąć *pf* → *wyżymać*
wyżej *adv comp* higher,
above; *jak* **~** as above; **~ wy-**

mieniony above-mentioned
wyżł|abiać ⟨~obić⟩ hollow
out; **~obienie** *n* groove
wyższ|ość *f* superiority; **~y**
adj comp higher; *człowiek,*
budynek: taller
wyżyć *pf* survive
wyżyma|czka *f* wringler; **~ć**
wring*
wyżyn|a *f* upland, uplands *pl*;
~ny *adj* upland ...
wyżywi|ć *rodzinę* maintain;
~enie *n* food, board
wzajemn|ie *adv* one another,
each other, mutually; **~y** *adj*
mutual, reciprocal
wzbogac|ać ⟨~ić⟩ enrich;
~ać się get* rich
wzbr|aniać ⟨~onić⟩ forbid*;
~aniać się be* unwilling
(**przed czymś** to do s.th.);
~oniony *adj* forbidden; *pa-*
lenie ~onione no smoking
wzbudz|ać ⟨~ić⟩ arouse,
awake; *wątpliwość* raise; *za-*
interesowanie a. excite
wzburz|enie *n* ferment, un-
rest; *morze:* rough, heavy; **~yć** agi-
tate, perturb
wzdłuż *adv* lengthways; *prp*
along
wzdrygnąć się start
wzdychać sigh
wzdyma|ć się puff out;
brzuch: distend; *żagle:*
swell* (out)
wzejść *pf* → *wschodzić*
wzgar|da *f* disdain, con-
tempt; **~dzać ⟨~dzić⟩** dis-

dain, scorn

wzgl|ąd *m* regard, consideration; **~ędy** *pl* (*powody*) reasons *pl*; *pod każdym ~edem* in every respect; **~ędnie** *adv* relatively, comparatively; **~ędny** *adj* relative

wzgó|rek *m* hillock, hummock, mound; **~rze** *n* hill

wziąć *pf* → **brać**

wzię|cie *n* (*popularność*) popularity; **~ty** *adj* popular

wzmacnia|cz *m* amplifier; **~ć** strengthen, reinforce; *dźwięk* amplify

wzmagać (się) intensify

wzmianka *f* mention

wzmocnić *pf* → **wzmacniać**

wzmożony *adj* intensive, increasing

wzmóc *pf* → **wzmagać**

wznak *adv:* *na ~* on one's back

wznawiać resume; *thea. itp.* revive

wzn|iesienie *n* hill, height;

~ieść *pf* → **wznosić**; **~iosły** *adj* lofty, high-sounding; **~osić** raise, lift; *toast* propose; **~osić się** rise

wznowi|ć *pf* → **wznawiać**; **~enie** *n* revival

wzorcowy *adj* model, standard

wzorow|ać się imitate (*na czymś* s.th.), pattern o.s. (*na* upon); **~y** *adj* exemplary

wzór *m* pattern; model; *math., chem.* formula

wzrastać grow* up

wzrok *m* eyesight; (*spojrzenie*) gaze

wzros|nąć *pf* → **wzrastać**; **~t** *m* height; *cen itp.*: rise

wzruszać move, touch; *ramionami*: shrug; **~ający** *adj* moving, touching; **~enie** *n* emotion; *ramionami*: shrug; **~yć** *pf* → **wzruszać**

wzwyż *adv* up, upwards; → **skok**

wzywać call, summon

Z

z, ze *prp* *punkt wyjścia*: from; *~ Londynu* from London; *punkt wyjścia a.*: off; *spaść ~ krzesła* fall off the chair; *przyczyna*: out of; *~ ciekawości* out of curiosity; *towarzyszenie*: with; *~ tobą* with you; *~ przyjemnością* with pleasure; (*około*) about, more or less; *~ godzinę*

about an hour; *~ lekka* slightly; *~ nazwiska* by name; *~ widzenia* by sight

za 1. *prp* *miejsce*: behind, beyond; *~ nami* behind us; *~ górami* beyond the mountains; *czas*: in; *~ 2 tygodnie* in two weeks'time; (*podczas*) during; *~ panowania* during the reign of; *~ moich cza-*

sów during my time; *kolejność:* after; *jeden ~ drugim* one after another; *~ stołem* at table; *~ pomocą* by means of; *~ rękę* by the hand; *~ rogiem* round the corner; **2.** *adv* too; *~ młody* too young

zaawansowany *adj* advanced

zabarwienie *n* colour, tinge

zabaw|*a* *f* game, play; *(impreza)* party; *~a taneczna* dance; *~i(a)ć* entertain; *~i(a)ć się* amuse o.s.; *~ka* *f* toy; *~ny* *adj* funny, amusing

zabezpiecz|*ać* ⟨*~yć*⟩ secure; *~enie* *n* *(ochrona)* protection *(przed* against); *(gwarancja)* security; *~ony* *adj* secured

zabić *pf* → **zabijać**

zabieg *m* med. (minor) surgery; *pl (starania)* efforts *pl*; *~ać* court *(o coś* s.th.)

zabierać take* away; *czas itp.* take* up; *~ głos* take* the floor; *~ się* begin* *(do czegoś* to do s.th.), set* about *(do czegoś* doing s.th.)

zabij|*ać* ⟨*~ć*⟩ kill *(o.s.)* *~jaka* *m* thug; *~ty* *adj* dead, killed

zabłą|*dzić* *pf,* *~kać się* *pf* get* lost, stray; *~kany* *adj* stray

zabobonny *adj* superstitious

zabor|*ca* *m* invader; *~czy* *adj* fig. greedy

zabój|*ca* *m* killer; *~czy* *adj* lethal; *~stwo* *n* murder; *jur.* manslaughter; *form.*

homicide

zab|*ór* *m* annexation; *~rać* *pf* → **zabierać**

zabr|*aniać* ⟨*~onić*⟩ forbid*, prohibit

zabrudz|*ać* ⟨*~ić*⟩ dirty

zabudowa *f* *(budowanie)* building; *~nia* *pl* buildings *pl*; *~ny* *adj*: *teren m ~any* built-up area

zaburzenie *n* *mst pl* disorder

zabyt|*ek* *m* monument; *~kowy* *adj* antique, historical

zachcianka *f* whim

zachę|*cać* ⟨*~cić*⟩ encourage; *~ta* *f* encouragement

zachłanny *adj* greedy

zachmurz|*ać się* *pf* → **chmurzyć się**; *~ony* *adj* cloudy, overcast

zacho|*dni* *adj* west(ern); *wiatr, kierunek:* westerly; *~dzić słoń ce:* set*, go* down; *(odwiedzać)* drop in, call on; *(zdarzać się)* happen, occur; *~dzić na siebie* overlap; *~dzić w ciążę* become* pregnant

zachorować *pf* fall* ill, be* taken ill *(na* with)

zachow|*anie* *n* behaviour; *~(yw)ać* keep, retain; *~(yw)ać się* behave

zachód *m* west; *Ձ* the West; *Dziki Ձ* the Wild West; *~ słońca* sunset

zachrypnięty *adj* hoarse

zachwalać praise

zachwy|*cać* ⟨*~cić*⟩ delight; *~cać się* be* enchanted

(*czymś* by/with s.th.); **~cający** adj ravishing, delightful; **~t** m delight

zaciąć pf → **zacinać**

zaciąg|ać ⟨**~nąć**⟩ pull, drag; *zasłony* draw*; *pożyczkę* contract; **~gać się do wojska**: enlist; *dymem*: inhale

zaciekawi|(a)ć arouse curiosity; **~enie** n curiosity

zaciekły adj ardent, zealous

zacierać *ślady* cover up; **~ ręce** rub one's hands; **~ się** *silnik*: seize up

zacieśni(a)ć tighten; fig. strengthen

zacię|cie n F (*uzdolnienie*) flair; **~tość** f doggedness; **~ty** adj dogged; *opór*: stiff

zacinać v/t (*skaleczyć*) cut*; *batem*: whip; v/i *w deszcz*: lash; **~ się** cut* (o.s.); *maszyna*: seize up, jam

zacis|k m clamp, clasp; **~kać** ⟨**~nąć**⟩ clamp, clasp; *śrubę itp.* tighten; *zęby* clench

zacisze n shelter, nook; *domowe*: privacy; **~ny** adj secluded

zacofan|ie n backwardness; **~y** adj backward

zaczaić się lie* in wait (*na* for)

zaczarowa|ć cast* a spell (*kogoś* over s.o.); **~ny** adj magic

zacząć pf → **zaczynać**

zaczep m catch; **~i(a)ć** attach, hook; F *kogoś* accost; *natarczywie*: pester; **~ny** adj tru

culent; *broń*: offensive

zaczerp|ywać ⟨**~nąć**⟩ scoop; ladle out; *powietrza*: breathe in, take* a breath

zaczerwienić się redden; *na twarzy a.*: blush

zaczynać (się) begin*, start

zaćmienie n (*słońca* solar) eclipse

zad m rump

zada|ć pf → **zadawać**; **~nie** n task; *szkolne*: exercise; *matematyczne*: problem

zadatek m deposit, down payment

zadawać give*, assign; *pytanie* ask; *ból itp.* inflict

zadłuż|enie n indebtedness; **~ony** adj indebted

zadośćuczyni|ć compensate (*za* for); **~enie** n (*rekompensata*) compensation

zadow|alać satisfy, please; gratify; **~alać się** content o.s. (*czymś* with s.th.); **~alający** adj satisfactory; **~olenie** n satisfaction; **~olić** pf → **zadowalać**; **~olony** adj satisfied, pleased, content

zadra f splinter; **~p(yw)ać** scratch

zadrzeć pf → **zadzierać**

zaduch m fustiness, fug F

zaduma f thoughtfulness, pensiveness; **~ny** adj thoughtful, pensive

Zaduszki pl All Souls' Day

zadymka f blizzard

zadzierać v/t głowę crane;

spódnicę itp. pull up; **~ nosa** put* on airs; *v/i (poklócić się)* fall* foul (**z kimś** of s.o.)

zadziwi|(a)ć amaze, baffle; **~ający** *adj* amazing

zagadk|a *f (riddle,* puzzle; **~owy** *adj* mysterious, puzzling

zagadnienie *n* problem, issue

zagajnik *m* copse, coppice

zagarn|iać ⟨**~ąć**⟩ sweep*; *(przywłaszczać)* appropriate

zagę|szczać ⟨**~ścić**⟩ condense, thicken

zagi|ąć *pf* → **zaginać**; **~ęcie** *n* fold; **~nać** bend, crook

zagin|ąć *pf* be* missing; → **przepadać**; **~iony** *adj* missing

zaglądać peep (**do środka** inside); *(odwiedzać)* pop in, drop in (**do kogoś** on s.o.)

zagłada *f* extermination

zagłęb|i(a)ć się penetrate, plunge in; *w fotelu:* sink*; *w pracy itp.:* be* absorbed, pore (**w czytaniu** over a book); **~e** *n* (**węglowe** coal-)field; **~enie** *n* depression

zagłówek *m* headrest

zagłusz|ać ⟨**~yć**⟩ drown (out); *tech.* jam

zagmatwany *adj* complicated

zagnie|żdżać ⟨**~ździć**⟩ się nest; *robactwo:* infest

zagoić się heal up/over

zagorzały *adj* fanatic, ardent

zagotować boil; **~ się** boil, start boiling

zagrać *pf* → **grać**

zagradzać bar, block; *(ogradzać)* fence

zagrani|ca *f* foreign countries *pl;* **z ~cy** from abroad; **~czny** *adj* foreign

zagrażać threaten; → **grozić**

zagro|da *f (miejsce ogrodzone)* enclosure; *(gospodarstwo)* farm, farmstead *Am.;* **~dzić** *pf* → **zagradzać**

zagro|zić *pf* → **zagrażać**; **~żenie** *n* threat, menace

zagrzać *pf* → **zagrzewać**

zagrzewać heat (up), warm up; *fig.* spur

zahacz|ać ⟨**~yć**⟩ *v/t* hook; *v/i* catch; **~yć się** catch*, get* caught

zahamowanie *n* inhibition

zahartowany *adj* hardened

zaimek *m* pronoun

zainteresowan|ie *n* interest; **~y** *adj* interested (**czymś** in s.th.)

zajad|łość *f* bitterness; **~y** *adj* bitter, fierce; → **zapamiętały**

zajazd *m* inn

zając *m* hare

zająć *pf* → **zajmować**

zaje|żdżać ⟨**~chać**⟩ arrive

zaję|cie *n* occupation; *pl univ.* class; **~ty** *adj* occupied, busy

zajm|ować occupy; **~ować się** occupy o.s. (**czymś** in s.th.), busy o.s. (**czymś** with s.th.); **~ujący** *adj* interesting

zajrzeć *pf* → **zaglądać**

zajś|cie *n* incident, event; **~ć**

pf → **zachodzić**

zakamar|ek *m* recess; **~ki** *pl* nooks and crannies

zakańczać *pf* → **kończyć**

zakatarzony *adj*: **być ~m** have* a cold

zakaz *m* ban, prohibition; **~ postoju** no parking; **~any** *adj* forbidden

zaka|zić *pf* → **zakażać**; **~zić się** be* infected; *form.* contract (**czymś** s.th.)

zakaz(yw)ać forbid*, prohibit

zakaźny *adj* infectious, contagious; **oddział** *m* **~źny** isolation ward; **~żać** *v/t* infect; **~żenie** *n* infection; **~żenie krwi** blood poisoning

zakąska *f* appetizer, hors d'oeuvre; *snacks to follow up a glass of vodka*

zakątek *m* nook, corner

zakle|jać ⟨**~ić**⟩ stick, glue; *kopertę* seal

zakle|cie *n* incantation; **~ty** *adj* magic

zaklinać (*błagać*) entreat; *węże* charm; **~ się** swear*

zakład *m* (*przedsiębiorstwo*) enterprise; *produkcyjny:* works *sg, pl*; (*instytucja*) institution; (*umowa*) bet; **~ać** found, establish; *okulary itp.* put* on; (*instalować*) install; **~ać się** bet; **~ka** *f* bookmark; **~niczka** *f* (**~nik** *m*) hostage; **~owy** *adj* works ..., company ..., factory ...

zakłamany *adj* hypocritical

zakłopotan|ie *n* embarrassment; **~y** *adj* embarrassed

zakłóc|ać ⟨**~ić**⟩ disturb; **~enie** *n* disturbance; *pl TV itp.* interference

zakocha|ć się fall* in love; **~ny** *adj* in love (**w kimś** with s.o.)

zakomunikować announce, inform (**coś komuś** s.o. of s.th.)

zakon *m* order; **~nica** *f* nun; **~nik** *m* monk; **~ny** *adj* monastic

zakończ|yć *pf* → **kończyć**; **~enie** *n* end, ending

zakop(yw)ać bury

zakorzeni(a)ć się *a. fig.* **~** root

zakra|dać ⟨**~ść**⟩ **się** sneak, steal*

zakres *m* scope, range

zakreśl|ać ⟨**~ić**⟩ mark; *koło itp.* describe

zakręc|ać ⟨**~ić**⟩ *v/t* (*obracać w koło*) turn; *kurek itp.* turn off; *pokrywkę itp.* screw on; *v/i* (*brać zakręt*) turn, take a turning; *droga:* curve; **~t** *m* bend, curve; **~tka** *f* cap

zakrwawiony *adj* bloody, covered with blood

zakryć *pf* → **zakrywać**

zakrystia *f* vestry, sacristy

zakrywać cover

zakrztusić się *pf* choke

zakulisowy *adj a. fig.* backstage

zakup *m* purchase; **robić ~y do*** the shopping; **~ywać**

⟨.ić⟩ buy*, purchase

zakurzony adj dusty

zakwaterowanie n lodging(s pl); mil. billet

zala|ć pf ~ zalewać F; ~ny adj F plastered F, sloshed F

zalążek m fig. germ

zalec|ać ⟨.ić⟩ recommend; ~ać się court, woo (do kogoś s.o.); ~enie n recommendation

zaledwie adv barely, hardly, only just

zaleg|ać be* in arrears (z with); ~łość f mst pl arrears pl; ~ły adj outstanding, overdue

zalepi(a)ć seal up

zaleta f advantage, virtue

zalewać flood, pour over; ~ się (upijać się) get* plastered; ~ się łzami burst into tears

zależ|eć depend (od kogoś/ czegoś on s.o./s.th.); to ~y od ciebie it's up to you; ~nie adv depending (od on); according (od to); ~ność f dependance; ~ny adj dependent (od on); mowa f ~na gr. reported speech

zalicz|ać number (do as); ~ać się number, be* numbered (do among); rank (do as); ~enie n univ. credit mst Am.; za ~eniem COD; ~ka f advance; ~yć pf → zaliczać

zalotny adj flirtatious, coquettish

zaludni|(a)ć populate; gęsto

~ony densely populated; ~enie n population

załad|ow(yw)ać load; ~unek m loading

załam|anie n światła: refraction; ~anie nerwowe nervous breakdown; ~(yw)ać bend, fold; phys. refract; ~(yw)ać ręce wring* one's hands; ~(yw)ać się collapse; fig. break* down

załatwi|(a)ć settle, fix; ~enie n: mam coś do ~enia I have s.th. to attend to

załącz|ać ⟨.yć⟩ enclose; ~enie n: w ~eniu enclosed; ~nik m enclosure

załoga f crew; ~owy adj manned

założ|enie n foundation, establishment; (teza) assumption; ~yciel(ka f) m founder; ~yć pf → zakładać

zamach m udany: assassination; attempt (na czyjeś życie on s.o.'s life); ~ stanu coup (d'état); ~owiec m assassin

zamarz|ać ⟨.znąć⟩ freeze* (over); (umrzeć) freeze* to death

zamaszysty adj sweeping, vigorous

zamawiać order; miejsca, pokój itp. book

zamaz(yw)ać smear; fig. blur

zamążpójście n (woman's) marriage

zamek m castle; u drzwi: lock; ~ błyskawiczny zip (fastener) *Brt.*, zipper *Am.*

zamęcz|ać ⟨**~yć**⟩ torment; *fig.* pester

zamęt *m* confusion

zamężna *adj kobieta:* married

zamglony *adj* hazy, misty

zamian: w ~ za in exchange for; **~a** *f* exchange

zamiar *m* intention

zamiast *prp* instead (**kogoś/ czegoś** of s.o./s.th.)

zamiatać sweep*

zamieć *f* blizzard

zamiejscow|y *adj* visiting; **rozmowa f ~a** long-distance call

zamien|i(a)ć exchange; **~ny** *adj* exchangeable; **części** *pl* **~ne** spare parts *pl*, spares *pl Brt.*

zamierać *życie itp.:* decay, waste away; *dźwięk itp.:* die away, fade away

zamierzać intend (**coś robić** to do s.th.)

zamierzchły *adj* immemorial, ancient

zamie|rzenie *n* intention; **~rzyć** *pf* → **zamierzać**

zamiesza|nie *n* → **zamęt**; **~ny** *adj* involved (**w coś** in s.th.), mixed up (**w coś** in s.th.)

zamieszcza|ć → **umieszczać**: *ogłoszenie* put* (**do gazety** in a paper)

zamieszki *pl* unrest, riot

zamieścić *pf* → **zamieszczać**

zamiłowan|ie *n* fondness, liking, passion (**do** for); **~y** *adj* keen

zamkn|ąć *pf* → **zamykać**; **~ięcie** *n do drzwi itp.:* fastening; *zebrania, fabryki itp.:* closure; **~ięty** *adj* closed

zamordować murder

zamorski *adj* overseas

zamożny *adj* well-off, affluent

zamówi|ć *pf* → **zamawiać**; **~enie** *n* order

zamraża|ć freeze*; **~rka** *f* freezer, deep freeze

zamrozić *pf* → **zamrażać**

zamrzeć *pf* → **zamierać**

zamsz *m* suede; **~owy** *adj* suede ...

zamyka|ć (się) close, shut*; *na klucz:* lock

zamy|sł *m* intention; **~ślać** ⟨**~ślić**⟩ intend; **~ślić się** *pf* fall* to thinking; **~ślony** *adj* thoughtful

zanadto *adv* too, unduly

zaniechać abandon, drop F

zanieczy|szczać ⟨**~ścić**⟩ *wodę, powietrze* pollute; *żywność, wodę* contaminate

zaniedb(yw)ać neglect

zaniemówić *pf* become* speechless, be* struck dumb

zaniepokojenie *n* concern, alarm

zanieść *pf* → **zanosić**

zanik *m* decay; *a. med.* atrophy; **~ać** ⟨**~nąć**⟩ decay, fade; *med.* atrophy

zanim *cj* before

zanosić carry, take*; **~ się** (*zapowiadać się*) look like, be* imminent

zanurz|ać ⟨~yć⟩ dip; **~ać się** dip, sink*; **łódź podwodna:** submerge; **~enie** *n* submersion

zaokrąglony *adj* round, rounded

zaopat|rywać ⟨~rzyć⟩ provide, supply, stock (up); **~rzenie** *n* supply

zaostrz|ać ⟨~yć⟩ (się) sharpen

zaoszczędzić *pf* save

zapach *m* smell, fragrance

zapad|ać ⟨~ść⟩; noc: fall*; **decyzja:** be* made; **~ać się droga, budynek:** subside; **dach:** fall* in; **~ły** *adj* out-of-the-way, remote; **policzki:** sunken, hollow

zapal|ać light*; silnik: start; **~ać się light*;** catch* fire; *fig.* become* enthusiastic (**do** about); **~czywy** *adj* hot-headed, impetuous; **~enie** *n med.* inflammation; **~ić** *pf* → **zapalić; ~niczka** *f* lighter; **~nik** *m* fuse; **~ny** *adj* inflammable; **punkt** *m* **~ny** trouble spot; **~ony** *adj* keen

zapał *m* enthusiasm, keenness, zeal

zapałka *f* match

zapamięta|ć *pf* remember, keep* in mind; **~ły** *adj* passionate

zaparz|ać ⟨~yć⟩ infuse; F make* (tea, coffee)

zapas *m* supply, stock; **~y** *pl* provisions *pl*, reserves *pl*;

sp. wrestling; **~owy** *adj* spare ...

zapaść 1. *f med.* collapse; **2.** *pf* → **zapadać**

zapaśnik *m* wrestler

zapatrywa|ć się view (**na coś** s.th.); **~nie** *n* view, opinion

zapełni(a)ć (się) fill

zapew|ne *adv form.* (*chyba*) presumably; (*niewątpliwie*) surely; **~ni(a)ć** (*wierdzić*) assure (**kogoś o czymś** s.o. of s.th.); (*gwarantować*) secure (**komuś coś** s.o. s.th.)

zapędz|ać ⟨~ić⟩ (*zaganiać*) drive*; (*przynaglać*) urge

zapiąć *pf* → **zapinać**

zapie|kać ⟨~c⟩ roast; **~kanka** *f* casserole

zapinać guziki button (up), do* up; **pas** fasten, buckle

zapis *m* record; *jur.* legacy; *parl.* enrolment, registration; **~ać** *pf* → **zapisywać; ~ek** *m mst pl* note; **~ywać** record; *na kurs itp.:* register, enrol, sign up (**na** for); *lekarstwo:* prescribe; *jur.* bequeath; **~ywać się** enrol, register, sign up; *do partii:* join

zaplą|t(yw)ać się tangle (up); *a. fig.* become* entangled; *fig.* get* mixed up (**w** in)

zaplecze *n* (*baza*) base; *sklepu:* back

zapleść *pf* → **zaplatać**

zapłacić *pf* pay

zapł|adniać ⟨~odnić⟩ fertilize

zapłata f pay

zapłodnienie n fertilization

zapłon m ignition

zapobie|gać ⟨~c⟩ prevent, ward off; ~gawczy adj preventive; ~gliwy adj provident, thrifty

zapoczątkow(yw)ać begin*, start

zapo|minać ⟨~mnieć⟩ forget*

zapomoga f benefit

zapora f barrier; wodna: dam

zapotrzebowanie n demand

zapowi|adać ⟨~edzieć⟩ announce; ~edź f announcement; ogłosić ~edzi publish the banns

zapozna(wa)ć acquaint (z with); ~ się get*/become* acquainted

zapożycz|ać ⟨~yć⟩ borrow; ~yć się get* into debts

zapracow(yw)ać earn; → zarabiać

zapraszać invite

zapraw|a f tech. mortar; gastr. seasoning; sp. work-out; ~i(a)ć season

zaprosić pf → zapraszać; ~szenie n invitation

zaprowadz|ać ⟨~ić⟩ lead*, conduct; ~ić porządek establish order

zaprzecz|ać ⟨~yć⟩ deny; ~enie n negation

zaprzesta|wać cease (robienia czegoś doing s.th.), discontinue

zaprzęg m team; ~ać ⟨~nąć⟩ harness

zaprzysięgać ⟨~ąc⟩ (zobowiązać się) swear; (zobowiązać kogoś) swear in

zapu|szczać ⟨~ścić⟩ plunge in, dip into; brodę itp. grow*; ~ szczać korzenie fig. put* down roots

zapyt|anie n: znak m ~ania question mark; ~(yw)ać pf → pytać

zara|biać v/t pieniądze earn; v/i (pracować zarobkowo) make*/earn one's living (czymś from s.th.)

zaradczy adj remedial

zaradny adj resourceful

zaradzić pf remedy

zaraz adv at once; (wkrótce) soon

zara|za f plague; ~zek m germ; ~źliwy adj contagious, infectious (a. fig.); ~żać ⟨~zić⟩ infect (czymś with s.th.); ~zić się contract, be* infected; ~żony adj infected

zardzewiały adj rusty

zaręcz|ać ⟨~yć⟩ → ręczyć guarantee; ~yć się become* engaged (z to); ~ynowy adj engagement ...; ~yny pl engagement

zarob|ek m (wynagrodzenie) earnings pl; (zarabianie) livelihood; ~ić pf → zarabiać; ~kowy adj praca: paid

zarod|ek m (wynagrodzenie) stłumić coś w ~ku fig. nip s.th. in the bud

zaro|st m growth, stubble;

~śla *pl* thicket

zarozumiały *adj* conceited

zarówno *adv*: **~ ... jak i ...** both ... and ...

zarumienić się *pf* flush, blush

zarys *m* outline; **~ow(yw)ać się** become* scratched; *fig.* arise

zarząd *m* board, management

zarządz|ać ⟨~ić⟩ order; *impf* manage; **~anie** *n* management; **~enie** *n* directive, instruction, order

zarzu|cać ⟨~cić⟩ throw on/over; *wędkę* cast; *(pokrywać)* cover; *(rozrzucać)* scatter; *(obwiniać)* blame (**komuś coś** s.o. for s.th.); **~t** *m* reproach, blame; **bez ~tu** faultless, irreproachable

zasad|a *f* principle, rule; *chem.* base; → *a.* **regula;** **~niczy** *adj* fundamental, basic; *(gruntowny)* radical; **~owy** *adj chem.* alkaline

zasadz|ać ⟨~ić⟩ plant

zasadzka *f* ambush

zasądz|ać ⟨~ić⟩ sentence (**kogoś** s.o.); *odszkodowanie itp.* adjudge

zasi|adać ⟨~ąść⟩ be* seated; *w parlamencie itp.*: have* a seat

zasięg *m* range, reach; **~ać ⟨~nąć⟩** *informacji* inquire; *rady* ask

zasilacz *m* power module; **~lać ⟨~lić⟩** supply; **~lek** *m*

benefit; **~lek chorobowy** sick pay, sickness benefit; **~lek dla bezrobotnych** unemployment benefit, dole F; **na ~lku** on the dole F

zaskak|iwać surprise; **~ujący** *adj* surprising

zaskarż|ać ⟨~yć⟩ sue (**kogoś za coś** s.o. for s.th.); *wyrok* appeal against

zaskocz|enie *n* surprise; **~ony** *adj* surprised; **~yć** *pf* → **zaskakiwać**

zaskroniec *m* grass snake

zasł|aniać ⟨~onić⟩ cover; *oczy itp.* screen; *widok* block off, be* in the way; **~ona** *f* curtain; **~ona dymna** *mil.* smokescreen

zasłu|ga *f* merit; **~giwać ⟨~żyć⟩** deserve (**na coś** s.th.); **~żony** *adj* well-earned; *człowiek*: distinguished

zasnąć *pf* → **zasypiać**

zasob|nik *m* container; **~ny** *adj* wealthy; *człowiek*: well off; *w coś* resources *pl*

zasób *m* store, supply; **~ słów** vocabulary

zaspa *f* snowdrift

zaspa|ć *pf* oversleep*; **~ny** *adj* sleepy

zaspok|ajać ⟨~oić⟩ satisfy, appease; *pragnienie* quench

zastać *pf* → **zastawać**

zastan|awiać ⟨~owić⟩ się wonder, think* (**nad** about), ponder (**nad** upon)

zastaw *m* pledge, security; *za*

butelkę: deposit; **oddać w ~** pawn; **~a** *f* service; **~ać** meet; **~i(a)ć** pawn; **~ka** *f med.* valve

zastąpić *pf* → **zastępować**

zastęp|ca *m* substitute, *(wice)* deputy; **~czy** *adj* substitute; **~ować** replace, substitute; **~stwo** *n* replacement, substitution

zastosow|anie *n* application, use; **~(yw)ać** apply, use

zastój *m* stagnation, recession

zastrasz|ać ⟨**~yć**⟩ intimidate; **~ający** *adj* alarming

zastrze|gać ⟨**~c**⟩ reserve (**sobie prawo do** the right to)

zastrzelić *pf* shoot* (dead)

zastrzeż|enie *n* reservation, provision, proviso; **~ony** *adj* reserved

zastrzyk *m* injection, shot F; **~iwać** ⟨**~nąć**⟩ inject

zasu|w(k)a *f* bolt; **~wać** ⟨**~nąć**⟩ push; **zasłonę** draw*

zasypiać fall* asleep

zasyp|ka *f* powder; **~(yw)ać** fill up

zaszczy|cać ⟨**~cić**⟩ honour; **~t** *m* honour, privilege; **~tny** *adj* honourable

zaślubi(a)ć marry

zaświadcz|ać ⟨**~yć**⟩ certify; **~enie** *n* certificate

zataczać *koło* describe a circle; **~ się** stagger

zataj|ać ⟨**~ić**⟩ conceal (*coś przed kimś* s.th. from s.o.)

zatapiać sink*; *(zalać)* flood

zatarg *m* clash, conflict

zatem *adv* therefore

zatk|ać *pf* → **zatykać; ~nąć** *pf* → **wtykać**

zatłoczony *adj* crowded

zato|czyć *pf* → **zataczać; ~ka** *f geogr.* bay, gulf; *anat.* sinus

zato|nąć *pf* sink; **~pić** *pf* → **zatapiać**

zator *m* jam; *med.* embolism

zatru|cie *n* poisoning; *środowiska*: pollution; **~ć** *pf* → **zatruwać**

zatrudni|(a)ć employ; **~enie** *n* employment; **~ony** *m* employee

zatruwać poison; *środowisko* pollute, contaminate

zatrzas|k *m* latch; **~kiwać** ⟨**~nąć**⟩ *drzwi* latch, leave* on the latch

zatrzeć *pf* → **zacierać**

zatrzym|(yw)ać stop; *samochodem a.*: pull up; *(aresztować)* arrest; **~ać się** stop; *w hotelu itp.*: put* up

zatwardzenie *n med.* constipation

zatwierdz|ać ⟨**~ić**⟩ confirm, ratify; **~enie** *n* confirmation

zaty|czka *f* plug; **~kać** plug, clog, stop (up); **~kać się** get* clogged/stopped

zaufa|nie *n* confidence, trust; **~ny** *adj* reliable, trustworthy, confidential

zaułek *m* alley

zauważ|ać ⟨**~yć**⟩ notice

zawadz|ać be* in the way; ⟨**~ić**⟩ brush, graze (**o coś** s.th.)

zawa|lać ⟨**~lić**⟩ (*zasypać*) cover; (*zatarasować*) block; F **sprawę** screw up F; **~lać się** collapse, fall* down; **~ł** *m med.* coronary (thrombosis)

zawdzięcz|ać *owe* (**komuś coś** s.th. to s.o.)

zawezwać *pf* → **wzywać**

zawiad|amiać ⟨**~omić**⟩ notify, inform, let* (s.o.) know; **~omienie** *n* notification

zawiadowca *m* station master

zawias *m* hinge

zawieja *f* snowstorm, blizzard

zawierać contain, comprise; *umowę* enter into, contract; *związek małżeński* marry

zawie|sić *pf* → **zawieszać**; **~sisty** *adj* sos: thick; **~szać** hang (up); (*wstrzymywać*) suspend; **~szenie** *n* suspension (*a. tech.*); **~szenie broni** armistice, cease-fire; *wyrok m z ~szeniem* suspended sentence

zawieść *pf* → **zawodzić**; **~źć** *pf* → **zawozić**

zawi|jać *v/i* (*pakować*) wrap (in/up); (*podwijać*) roll up; *v/i statek:* put* in; **~ły** *adj* intricate; **~nąć** *pf* → **zawijać**

zawinić *pf* be* guilty

zawi|stny *adj* envious; **~ść** *f* envy

zawodni|czka *f* ⟨**~k** *m*⟩ competitor, contestant

zawodny *adj* unreliable

zawod|owiec *m* professional, pro F; **~owy** *adj* professional; **~y** *pl* contest, competition, event, games *pl*

zawodzić (*sprawić zawód*) disappoint, frustrate; (*nie udać się*) fail; (*lamentować*) wail

zawozić take*, carry; *samochodem:* drive*

zawód¹ *m* occupation

zawód² *m* disappointment

zawór *m* valve

zawr|acać ⟨**~ócić**⟩ turn back; **~otny** *adj* wysokość: dizzy, giddy; *szybkość itp.:* terrific; **~ót** *m:* **~ót głowy** dizziness, giddiness, vertigo

zawrzeć *pf* → **zawierać**

zawsze *adv* always; **na ~** for ever, for good, for keeps F

zazdro|sny *adj* jealous (**o coś/coś** of s.o./s.th.); **~ścić** be* jealous/envious (**czegoś** of s.th.), envy (**komuś czegoś** s.o. s.th.); **~ść** *f* jealousy, envy

zazębi(a)ć się mesh, interlock

zaziębi(a)ć się catch* (a) cold; **~enie** *n* cold

zaznacz|ać ⟨**~yć**⟩ mark; (*stwierdzać*) point out; (*podkreślać*) stress

zaznaj|amiać ⟨**~omić**⟩ acquaint (**z** with); **~amiać się** become* acquainted

zazwyczaj *adv* usually

zażalenie *n* complaint

zażarty *adj* intense, keen; *zwolennik itp.*: diehard; *bój*: stiff

zażenowany *adj* embarrassed

zażyłość *f* familiarity

zaży(wa)ć *lekarstwo* take*

ząb *m* (**mądrości** wisdom, **mleczny** milk) tooth

zbaczać deviate (**z** from)

zbadać *pf* → **badać**

zbaw|iać *n* saviour; **Ściciel** *eccl.* the Saviour; **~ienie** *n* salvation (*a. eccl.*); **~ienny** *adj* salutary, beneficial

zbędny *adj* superfluous, redundant; → *a.* **zbyteczny**

zbić *pf* give* a spanking/liking (**kogoś** to s.o.); *stłuc* break*; → **zbijać**

zbie|c *pf* flee*, run* away, escape; → **zbiegać**; **~g**[1] *m* fugitive, runaway; **~g**[2] *m ulic*: intersection; **~g okoliczności** coincidence; **~gać** *ze schodów itp.*: run* down; **~gać się** flock; *w czasie*: coincide; *tkanina*: shrink*; *drogi*: converge; **~gowisko** *n* crowd

zbieżny *adj* convergent

zbijać nail (together); **~z nóg** knock down; **~z tropu** confuse

zbiornik *m* container, tank; **~owiec** *m* tanker

zbiorow|isko *n* collection; *ludzkie*: crowd; **~y** *adj* collective, group …

zbiór *m* collection; **~ka** *f* assembly; *pieniężna*: collection

zbliż|ać bring* closer; **~ać się** approach; **~enie** *n phot.* close-up; *fizyczne*: intercourse; **~ony** *adj* similar (**do** to)

zbłaźnić się *pf* make* a fool of o.s.

zbocze *n* slope

zbocze|nie *n med.* perversion; **~eniec** *m* pervert; **~yć** *pf* → **zbaczać**

zboże *n* cereal, grain

zbrodni|a *f* crime; **~arz** *m* criminal; **~czy** *adj* criminal

zbroić → **uzbrajać**; *pf* → **broić**

zbroj|a *f* (suit of) armour; **~enie** *n* armament; → **wyścig**; **~ny** *adj* armed

zbutwiały *adj* decayed, rotten

zbyt 1. *adv* too; **2.** *m* sale, sales *pl*

zbyt|eczny *adj* needless, superfluous; **~ni** *adj* undue, excessive

zdać *pf egzamin* pass; (*zwrócić*) return; → **zdawać**

zdaln|y *adj*: **~e sterowanie** *n* remote control

zdanie *n* sentence, clause; (*opinia*) opinion; **moim ~m** in my opinion, to my mind

zdarz|ać ⟨**~yć**⟩ **się** happen, occur; **~enie** *n* event

zdatny *adj* fit, suitable (*do* for), -able; ~ **do picia** drinkable

zdawać hand over; *egzamin* take*; ~ **się** trust (**na** to); (*wydawać się*) seem; → **wydawać się**

zdążać *pf* → **nadążać, podążać**; head (**do** for); ~**yć** *pf* be* in time; *na pociąg:* catch*; **nie** ~**yć na pociąg:** miss

zdechnąć *pf* → **zdychać**

zdecydowan|ie 1. *n* determination; **2.** *adv* decidedly; ~**y** *adj* resolute, firm

zdejmować take* off, remove

zdenerwowany *adj* nervous, irritated

zderz|ać ⟨~yć⟩ się collide, crash; ~**ak** *m* bumper; ~**enie** *n* collision, crash

zdjąć *pf* → **zdejmować**; ~**ęcie** *n* photo(graph), picture, shot F

zdobić ⟨o-⟩ decorate

zdoby|cz *m* capture; *zwierzęcia:* prey; ~**(wa)ć** capture, win*; *wiedzę itp.* acquire; *bramkę* score; ~**wca** *m* conqueror; *nagrody:* winner

zdoln|ość *f* ability, faculty; ~**y** *adj* able, capable (**do** of); (*bystry*) able, gifted, talented

zdra|da *f* treachery; (*stanu* high) treason; ~**da małżeńska** unfaithfulness; ~**dzać ⟨~dzić⟩** betray; *partnera*

be* unfaithful; ~**dziecki** *adj* treacherous; ~**jca** *m* (~**jczyni** *f*) traitor

zdrętwieć *pf* go* numb

zdrobni|ały *adj* diminutive; ~**enie** *n* diminutive

zdrowie *n* health; **na** ~**!** cheers!; *po kichnięciu:* bless you!

zdrowy *adj* healthy, sound, fit, well

zdrów → **zdrowy**

zdumi|enie *n* amazement, astonishment; ~**e(wa)ć** amaze, astonish; ~**e(wa)ć się** be* astonished/amazed; ~**ewający** *adj* astonishing, amazing; ~**ony** *adj* amazed

zdw|ajać ⟨~oić⟩ redouble

zdychać F die, rot

zdyskwalifikować *pf* disqualify

zdzierać tear* off; *buty itp.* wear* out

zdziwi|ć *pf* surprise, astonish; ~**ć się** be* surprised; ~**ony** *adj* surprised

ze → **z**

zebra *f* zebra

zebra|ć *pf* → **zbierać**; ~**nie** *n* meeting

zecer *m* compositor

zechcieć *pf* care, want

zedrzeć *pf* → **zdzierać**

zegar *m* clock; ~**ek** *m* watch; ~**mistrz** *m* watchmaker

zejść *pf* → **schodzić**

zel|ować ⟨pod-⟩ sole; ~**ówka** *f* sole

zemdleć *pf* faint

zemsta f vengeance, revenge

zepsu|cie n moralne: depravity, corruption; **~ty** adj broken, out of order; (zdemoralizowany) corrupt; → **psuć**

zer|o n zero, nought; sp. nil, love; **poniżej ~a** below zero

zerwać pf → **zrywać**

zesła|ć pf → **zsyłać**; **~nie** n banishment, exile; **~niec** m exile

zespal|ać ⟨~olić⟩ (się) unite; **~ołowy** adj joint, collective, team ...; **~ół** m team

zestarzeć się pf age, grow* old

zestaw m set; **~i(a)ć** take* down; (łączyć) set*; med. knit; (porównywać) confront; **~ienie** n (kompozycja) composition; (wykaz) list, specification

zestrzelić shoot* down

zeszł|oroczny adj last year's; **~y** adj last

zeszyt m exercise book

ześliz|giwać ⟨~nąć⟩ się slide down, slip

zetknąć się pf → **stykać się**

zetrzeć pf → **ścierać**

zew m call

zewn|ątrz adv outside; **z ~ątrz** from the outside; **na ~ątrz** (on the) outside; **~ętrzny** adj outside

zewsząd adv from all sides/ directions, from far and wide

zez m squint; **mieć ~a** squint

zezna|(wa)ć testify, give* evidence; **~nie** n testimony

zezowa|ć squint; **~ty** adj cross-eyed

zezwal|ać ⟨~olić⟩ → **pozwalać**

zęb|aty adj toothed; **koło** n **~ate** cog(wheel); **~owy** adj dental; **~y** pl → **ząb**

zgad|ywać ⟨~nąć⟩ guess

zgadzać się agree (**na** to, **z** with); concur; **nie ~** disagree

zgaga f heartburn

zganić pf criticize, censure

zgarn|iać ⟨~ąć⟩ rake

zgas|ić pf put* out, switch off; **~nąć** pf go* out

zgę|szczać ⟨~ścić⟩ thicken, condense

zgiełk m din

zginać ⟨zgiąć⟩ (się) bend

zginąć pf → **ginąć**

zgładzić kill, put* to death

zgł|aszać ⟨~osić⟩ submit; **~aszać się** report (**na/do** to)

zgłoszenie n application

zgni|atać ⟨~eść⟩ crush; fig. suppress

zgnilizna f decay, rot; fig. corruption; **~ły** adj rotten, putrid

zgo|da f agreement, harmony, concord, consent; **~dność** f compatibility; **~dny** adj complaisant; (jednomyślny) unanimous; (niesprzeczny) compatible, consistent (**z** with); **~dny z prawdą** truthful; **~dzić się** pf → **zgadzać się**

zgolić pf shave off

zgon *m* decease; *akt m ~u* death certificate

zgorsz|enie *n* depravity; *ze ~eniem* with indignation; *~ony adj* scandalized, shocked

zgrabny *adj* shapely

zgromadz|ać ⟨~ić⟩ → gromadzić; ~enie *n* assembly, meeting

zgroza *f* horror

zgrubi|ały *adj* calloused, roughened; *~enie n med.* callus

zgryźliwy *adj* spiteful

zgrzyt *m* rasp; *~ać ⟨~nąć⟩* rasp; *zębami*: grind*

zgub|a *f* lost property; *(zagłada)* ruin, downfall; *~ić pf* lose*; *~ić się* get* lost; *~ny adj* disastrous, fatal

zgwałcić *pf* rape

ziarn|isty *adj* grainy, granular; *~o n* grain, seed; *kawy:* bean

ziele *n* herb

ziele|nić ⟨za-⟩ się *drzewo:* come* into leaf; *~nieć* turn/go* green; *~ń f* green

zielony *adj* green *(a. fig.)*; *Qe Świątki* Whitsun

ziem|ia *f* earth; *(kraina)* land; *(grunt)* ground; *(gleba)* soil; *upaść na ~ę* fall* to the ground; *pod ~ą* underground; *Q* the Earth

ziemniak *m* potato

ziem|ny *adj* earth ...; *~ski adj* earth ...; land ...; *(doczesny)* earthly; *kula f ~ska* the globe

ziew|ać ⟨~nąć⟩ yawn

zięć *m* son-in-law

zim|a *f* winter; *~no n, adv* cold; *~nokrwisty adj* cold-blooded; *~ny adj* cold; *~ować ⟨prze-⟩* winter; *zwierzę:* hibernate; *~owy adj* winter ...

ziołowy *adj* herb ..., herbal

zjadać *v/t* eat*

zjadliwy *adj* malicious, spiteful

zjaw|a *f* phantom; *~i(a)ć się* show up, turn up, appear; *~isko n* occurence; *(fenomen)* phenomenon

zjazd *m* congress; *rodzinny itp.:* reunion; *sp.* downhill *(race)*

zje|chać *pf → zjeżdżać*; *~dnać pf → zjednywać*

zjednocz|enie *n* unification; *~yć* unite

zjednywać win*, gain

zjeść → zjadać

zjeżdżać go*/run*/race downhill; *windą:* go* down, descend; *~ się* arrive; *(gromadzić się)* gather, assemble

zlać *pf F (zbić)* beat* up, give* a spanking/licking *(kogoś* to s.o.)*; *~ się* F wet o.s.; *→ zlewać*

zlec|ać ⟨~ić⟩ commission; *~enie n* commission; *~eniodawca m* customer

zlew *m* sink; *~ać* pour (off), decant; *(polewać)* drench; *wężem:* hose; *~ać się* mingle, mix; **~ozmywak** m sink

zleźć pf → **złazić**

zlęknąć się pf take* fright

złagodzić pf alleviate, ease; **karę** commute

złama|ć break*; **~nie** n med. fracture; *przepisów itp.*: breach; **~ny** adj broken; (*przygnębiony*) prostrate, broken-hearted

złapać pf → **łapać**

złaźć F z *łóżka itp.*: get* off; z *drabiny itp.*: come* down; *farba*: peel off

złącz|e n tech. joint; *kompute-rowe*: interface; **~yć** pf → **łączyć**

zło n evil

złoci|ć (po-) gild; **~sty** adj gold(en)

złodziej|ka f) m thief

złom m scrap (metal)

złoś|cić (roz-) irritate, annoy; **~cić się** be* irritated; **~ć** f irritation, annoyance; **~liwy** adj malicious, spiteful; med. malignant

złot|nik m goldsmith; **~o** n gold; **~y 1.** adj gold(en); **2.** m zloty

złowić pf catch*

złowrogi adj ominous, portentous

złoże n deposit, layer

złoż|ony adj complex, compound, composite; (*skompli-kowany*) intricate, **~yć** pf → **składać**

złu|dny adj illusory, deceiving; **~dzenie** n illusion

---

zły adj bad, evil; (*rozgniewa-ny*) angry, cross; (*niewłaści-wy*) wrong

zmagać się cope (**z** with)

zmarły 1. adj deceased, dead; form. late; **2.** m the deceased

zmarnować pf waste

zmarszcz|ka f wrinkle; **~yć** pf → **marszczyć**

zmartwi|ć pf → **martwić**; **~enie** n worry

zmartwychwstanie n eccl. the Resurrection

zmarznąć pf → **marznąć**

zmęcz|enie n fatigue, tiredness; **~ony** adj tired; **~yć** pf tire; **~yć się** get* tired

zmiana f change; *nocna itp.*: shift

zmiatać sweep*

zmieni|a(ć) (się) change, alter, vary; **~ny** adj variable, changeable

zmierzać make* (**do** for), head (**do** for); *fig.* aim (**do** at)

zmierzch m twilight, dusk; **~ać** darken

zmieszany adj confused, embarrassed

zmie|ścić pf → **mieścić**; **~ść** pf → **zmiatać**

zmiękcz|ać (~yć) soften

zmniejsz|ać (~yć) (się) diminish, decrease, lessen

zmowa f plot, conspiracy

zmrok m → **zmierzch, mrok**

zmu|szać (~sić) force (*ko-goś do czegoś* s.o. to do s.th.), make* (*kogoś do cze-*

goś s.o. do s.th.)

zmyć pf → **zmywać**

zmykać scurry, scuttle

zmylić pf mislead*

zmysł m sense; **~owy** adj sensual

zmyśl|ać ⟨~ić⟩ invent, make* up; **~ny** adj ingenious; **~ony** adj imaginary

zmywa|cz m remover; **~ć** wash up; **~lny** adj washable

znacz|ek m mark; (odznaka) badge; pocztowy: stamp; **~enie** n meaning, sense; (ważność) importance, significance; **~ny** adj considerable; **~yć** (zawierać znaczenie) mean; (znakować) mark

znać know*; **dać komuś ~** let* s.o. know; **~ się** be* acquainted, know* each other; (być znawcą) be* an expert (**na czym** at s.th.)

znajdować find*; **~ się** be*

znajom|ość f acquaintance; (wiedza) knowledge; **~y 1.** adj familiar; **2.** m acquaintance

znak m sign, mark

znakomity adj (wybitny) eminent; (doskonały) excellent

znal|azca m finder; **~eziony** adj: biuro **n** rzeczy **~ezionych** lost-property office; **~eźć** pf → **znajdować**; **~eźne** n reward

znamienny adj significant, symptomatic

znamię n birthmark, mole

zna|lny adj known; **~wca** m expert, connoisseur

znęcać się bully, torment (**nad kimś** s.th.)

znicz m: **~ olimpijski** the Olympic torch

zniechęc|ać ⟨~ić⟩ discourage, deter (**do** from); **~ać się** be* discouraged

zniecierpliwienie n impatience

znieczul|ać ⟨~ić⟩ anaesthetize; **~enie** n anaesthetic

zniedołężniały adj infirm, senile

znienacka adv all of a sudden

zniesławi|(a)ć libel, slander; **~enie** n libel, slander, defamation

znieść pf → **znosić**

zniewa|ga f insult, offence, affront; **~żać ⟨~żyć⟩** insult, offend, affront

znik|ać ⟨~nąć⟩ disappear, vanish

znikomy adj slender

zniszcz|enie n destruction, devastation; **~ony** adj devastated, destroyed

zniweczyć pf plany itp. frustrate

zniż|ać ⟨~yć⟩ lower; **~ka** f reduction; **~kowy** adj reduced

znosić take*/bring* down; jajka lay*; (unieważniać) cancel, repeal; ból bear*, stand*; **nie ~szę go** I can't stand the sight of him; **~śny** adj tolerable, bearable

znowu, **znów** adv again

znudzeni|e n boredom; **aż do**

~a ad nauseam

znużony adj tired, weary (**czymś** of s.th.)

zobacz|enie n: **do ~enia!** see you!, so long!; **~yć** see*; **~ się** meet* (**z kimś** s.o.)

zobojętnieć pf become* indifferent

zobowiąz|anie n obligation, commitment; **~(yw)ać** o-blige, bind*; **~(yw)ać się** commit o.s. (**do** to)

zodiak m zodiac

zoo n zoo

zorza f.: **~ poranna** (red light of) dawn; **~ wieczorna** afterglow; **~ polarna** northern lights pl

zosta(wa)ć remain, stay; (po-zostawać) be* left; (stawać się) become*

zostawi|ać leave*

zrani|ć pf wound; a. fig. hurt*; **~ć się** hurt* o.s.; **~enie** n injury

zrastać się rana: heal up; kość: knit (together)

zra|żać <~zić> discourage; (znie-chęcać) discourage; **~żać się** take* a dislike (**do** to); (znie-chęcać się) become* discouraged

zrealizować pf realize, carry* into effect

zreszta adv besides, after all

zrezygnować pf give* up, resign, quit (**z czegoś** s.th.)

zręczn|ość f dexterity; skill; **~y** adj adroit, dexterous; skilful

zrobić pf → **robić**

zrozpaczony adj desperate

zrozumieć się pf → **zrastać się**

zrozumia|ły adj understand-able, comprehensible; (uza-sadniony) justifiable; **~eć** pf → **rozumieć**; **~enie** n under-standing

zrówn|oważony adj com-posed, serene; **~(yw)ać zie-mię** level; (traktować jedna-kowo) equalize

zrujnować pf ruin (a. fig.)

zryć pf → **ryć**

zrywać tear* off; kwiaty itp. pick; stosunki itp. break* off; **~ się** sznur itp.: snap, break*; (wstawać) spring* to one's feet

zrze|kać <~c> **się** relinquish, renounce (**czegoś** s.th.)

zrzu|cać <~cić> throw* off; z samolotu: drop; **~t** m drop

zsiad|ać <~siąść> get* off, dismount; **~ły** adj: **~łe mleko** n sour milk

zsu|wać <~nąć> **się** slip (down)

zsyłać form. z nieba: send*; (deportować) exile, banish

zsyp m (rubbish) chute

zszy|wacz m stapler; **~(wa)ć** stitch together; ranę suture; **~wka** f staple

zubożały adj impoverished

zuch m w harcerstwie: cub, brownie; **~walstwo** n, **~wałość** f impudence, au-dacity; **~wały** adj impert-inent; (odważny) bold, cheeky

zupa f soup

zupełnie adv completely; **~y** adj complete, utter

zuży|cie n consumption; **~tkować** pf utilize; **~ty** adj worn-out; **~(wa)ć** use up

zwać call; **~ się** be* called

zwal|ać **~ić** heap, pile up; (*przewracać*) knock down; **~ać winę** put* the blame (**na kogoś** on s.o.); **~ić się** fall*, tumble

zwalczać fight*; **~yć** pf overcome*

zwalniać slow down; (*luzować*) loosen; (*uwalniać*) release; *pokój* vacate; **~ kogoś z pracy** dismiss s.o.

zwarcie n electr. short circuit

zwariowa|ć go* mad; **~ny** adj mad, crazy

zwarty adj dense, compact

zważa|ć consider; pay* attention (**na** to); **nie ~jąc na ...** regardless of ..., heedless of ...

zważyć pf weigh

zwąchać pf nose out

zwątpienie n doubt

zwędzić pf F (*ukraść*) pinch F

zwę|żać **~zić** narrow; *spodnie itp.* take* in; **~żać się** narrow

zwiać pf → **zwiewać**

zwiad m reconnaissance; **~owca** m scout

związ|ek m connection, relationship; (*zrzeszenie*) union, association; **~ek zawodowy** trade union; **~(yw)ać** tie,

bind*

zwichn|ąć pf sprain; **~ięcie** n sprain

zwiedz|ać **~ić** tour, visit; **~anie** n sightseeing

zwierciadło n mirror, looking-glass

zwierz|ać **~yć** się confide (**komuś** in s.o.)

zwierzchni adj superior; **~czka** f (**~k** m) superior

zwierzę n animal; **~cy** adj animal (*a. fig.*); **~yna** f game

zwie|szać **~sić** hang* down

zwietrzały adj stale; *piwo*: flat; *skała*: weathered

zwiewać blow* away; F (*uciekać*) make* off, bunk off

zwiększ|ać **~yć** enlarge, increase

zwięzły adj concise

zwijać roll up, wind* up

zwilż|ać **~yć** moisten, damp

zwinąć pf → **zwijać**

zwinny adj nimble, agile

zwis|ać **~nąć** hang*, droop

zwleka|ć hesitate; **nie ~jąc** without delay

zwłaszcza adv especially, chiefly, above all

zwłoka f delay

zwłoki pl corpse

zwodz|ić delude; **~ony** adj: **most** m **~ony** drawbridge

zwolenni|k m (**~czka** f) advocate, adherent

zwolni|ć pf → **zwalniać**; **~enie** n jur. exemption;

pracy: dismissal; (*uwolnienie*) release; **~enie lekarskie** sick leave; (*dokument*) doctor's certificate

zwoł(yw)ać call, summon

zwój *m* roll, scroll

zwracać give* back; (*wymiotować*) vomit, throw* up; (*odwracać*) turn; **~ czyjąś uwagę** catch*/attract one's attention; **nie ~ uwagi** pay* no attention (**na** to); **~ się** address (**do kogoś** s.o.)

zwrot *m* turn; *językowy*: expression, phrase; *prawniczy itp.*: term; **~ka** *f* verse; **~nica** *f* point(s *pl*) *Brt.*, switch *Am.*; **~nik** *m* tropic; **~nikowy** *adj* tropical; **~ny** *adj* (*zwinny*) agile; *samochód*: manoeu-

vrable; *gram.* reflexive; **punkt** *m* **~ny** turning point

zwrócić *pf* → **zwracać**

zwycię|ski *adj* victorious; **~stwo** *n* victory; *sp. a.* win; **~zca** *m* winner; **~żać ⟨~żyć⟩** win*; **~żczyni** *f* winner

zwyczaj *m* custom, practice; **~ny** *adj* ordinary, commonplace

zwyk|le *adv* usually; **~ły** *adj* ordinary, regular

zwyżka *f* rise

zysk *m* profit, gain; **~(iw)ać** gain, profit; **~owny** *adj* profitable

zza from behind

zży(wa)ć się get* accustomed (**z** to)

Ź

źdźbło *n* stalk, blade

źle *adv* badly, wrongly; **~ się zachowywać** misbehave; **~ się czuć** feel* ill at ease; **~ z nim** he is in a bad way

źreb|ak *m*, **~ię** *n* foal

źrenica *f* pupil

źród|lany *adj* spring ...; **~ło** *n* spring; *a. fig.* source; **~łowy** *adj* source ...

Ż

żaba *f* frog

żad|en (**~na**, **~ne**) (*ani jeden*) no, no one; *z wielu*: none; *z dwóch*: neither

żag|iel *m* sail; **~lowiec** *m* sailing ship; **~lowy** *adj* sailing, sail ...; **~lówka** *f* sailboat,

sailing boat, yacht

żakiet *m* jacket

żal *m* sorrow, grief; **~ mi** I'm sorry; **~ mi go** I am/feel sorry for him; **~ić ⟨po-⟩ się** complain

żaluzja *f* Venetian blind

żało|ba f mourning; **~bny** adj funeral; **marsz** m **~bny** dead march; **msza** f **~bna** f requiem; **~sny** adj pathetic; **~wać ⟨po-⟩** regret, be*/feel* sorry, pity

żar m glow; (*upał*) heat

żarcie n F grub F, chow F

żarliwy adj ardent

żarło|czny adj voracious, gluttonous; **~k** m glutton

żarówka f bulb

żart m joke, jest; **~obliwy** adj jocular, jesting; **~ować ⟨po-, za-⟩** joke, jest; **~owniś** m joker

żarzyć się glow

żąda|ć ⟨za-⟩ demand, claim; **~nie** n demand, claim

żądło n sting

żądza f lust

że that; **dlatego, ~** because

żebra|czka f beggar; **~ć** beg; **~k** m beggar

żebro n rib

żeby (in order) to

żegl|arski adj sailing, yacht ...; **~arstwo** n sailing, yachting; **~arz** m sailor, yachtsman; **~ować ⟨po-⟩** sail; **~uga** f navigation, shipping

żegnać ⟨po-⟩ się say* goodbye (**z** to); **⟨prze-⟩ się** cross o.s.

żelatyna f gelatine

żelaz|ko n iron; **~ny** adj iron; **~o** n iron

żenić ⟨o-⟩ się marry

żeński adj female

żerdź f perch

żłobek m crèche; *eccl.* crib *Brt.*, crèche *Am.*

żłób m manger

żmija f viper

żmudny adj strenuous, arduous

żniw|a pl harvest; **~iarka** f (*kobieta, maszyna*) harvester

żołąd|ek m stomach; **~kowy** adj stomach ..., gastric

żołądź f acorn

żołd m pay

żołnierz m soldier

żona f wife; **~ty** adj o męż-czyźnie: married

żongl|er m juggler; **~ować** juggle

żół|ć f bile; **~ciowy** adj bile ..., gall ...; **~knąć ⟨po-⟩** yellow, turn yellow; **~taczka** f med. jaundice; **~tawy** adj yellowish; **~tko** n yolk; **~ty** adj yellow

żółw m tortoise; *wodny:* turtle

żr|ący adj corrosive; **~eć ⟨po-, ze-⟩** F gobble F

żubr m zo. European bison

żu|cie n: **guma** f **do ~cia** (chewing) gum; **~ć ⟨prze-⟩** chew

żuk m beetle

żur(ek) m a kind of sour soup

żuraw m zo., tech. crane

żużel m slag; (*popiół*) cinder; F sp. speedway

żwawy adj brisk

żwir m gravel; **~ownia** f gravel pit

życi|e n life; **~orys** m CV, curriculum vitae; **~owy** adj vi-

tal; (*praktyczny*) practical
życz|enie *n* wish; **~liwość** *f*
kindness, friendliness; **~liwy**
adj friendly, warm-hearted,
kind, benevolent; **~yć** wish
żyć live
Żyd *m* Jew; **2owski** *adj* Jew-
ish; **~ówka** *f* Jew
żyletka *f* razor blade
żył|a *f* vein; **~ka** *f wędkarska*:
fishing line; *fig.* flair
żyrafa *f* giraffe
żyt|ni *adj* rye ...; **~niówka** *f*

rye vodka; **~o** *n* rye; F rye
vodka
żyw|cem *adv* alive; **~ica** *f*
resin; **~iciel(ka** *f*) *m* bread-
winner; **~ić** ⟨**wy-**⟩ feed*
żywioł *m* elements *pl*; **~owy**
adj spontaneous
żywność *f* food
żyw|ot *m form.* life; **~otność** *f*
vitality; **~otny** *adj* vivacious,
lively; **~y** *adj* living, live;
pred alive
żyzny *adj* fertile

A

a [ə, *when stressed* eɪ], *before vowel:* **an** [ən, *when stressed* æn] *(przedimek nieokreślony)* jeden; jakiś, pewien; *with name:* niejaki

abandon [əˈbændən] zaniechać; *hope etc.* porzucać ⟨-cić⟩

abbreviation [əbriːviˈeɪʃn] skrót *m*

ABC [eɪbiːˈsiː] elementarz *m*

abdicate [ˈæbdɪkeɪt] abdykować; *right etc.* zrzekać ⟨zrzec⟩ się

abdomen [ˈæbdəmen] brzuch *m*; **~inal** [-ˈdɒmɪnl] brzuszny

abduct [əbˈdʌkt] por(y)wać

abhor [əbˈhɔː] czuć wstręt (*s.th.* do czegoś)

ability [əˈbɪlətɪ] zdolność *f*

able [ˈeɪbl] zdolny; **be ~ to** być w stanie, móc

abnormal [æbˈnɔːml] nienormalny

aboard [əˈbɔːd] na pokład(zie)

abolish [əˈbɒlɪʃ] znosić ⟨znieść⟩

abortion [əˈbɔːʃn] (sztuczne) poronienie *n*

about [əˈbaʊt] **1.** *prp contents:* o; **What ~ doing that?** Może byśmy to zrobili; *I had no money ~ me* nie miałem przy sobie pieniędzy; **2.** *adv (around)* tu i tam; *with figures, time:* mniej więcej, około; **be ~ to do s.th.** mieć coś właśnie zrobić

above [əˈbʌv] **1.** *prp* ponad, nad; **~ all** nade wszystko; **2.** *adv* powyżej, na górze; **3.** *adj* powyższy

abroad [əˈbrɔːd] za granicą, za granicę

abrupt [əˈbrʌpt] nagły; *person:* obcesowy

absence [ˈæbsəns] nieobecność *f*, brak *m*

absent [ˈæbsənt] nieobecny; **be ~** brakować; **~-minded** roztargniony

absolute [ˈæbsəluːt] absolutny

absorb [əbˈsɔːb] ⟨za⟩absorbować; *brak m* w; **~ent** wchłaniający, higroskopijny; **~ent cotton** *Am.* wata *f*

abstain [əbˈsteɪn] wstrzym(yw)ać się (*from* od)

abstract 1. [ˈæbstrækt] *adj* abstrakcyjny; **2.** [-ˈstrækt] streścić

absurd [əbˈsɜːd] absurdalny

abundan|ce [əˈbʌndəns] obfitość *f*; **~t** obfity

abus|e 1. [əˈbjuːs] nadużycie *n*; (*insult*) obelgi *pl*; **2.** [-z] naduży(wa)ć; (*insult*) znieważać ⟨-żyć⟩; **~ive** [-sɪv] znieważający, obraźliwy

academ|ic [ækəˈdemɪk] akademicki; **~y** [əˈkædəmɪ] akademia *f*

accelerat|e [əkˈseləreɪt] przyspieszać ⟨-szyć⟩; *mot.* doda(wa)ć gazu; **~or** pedał *m* gazu; (*collision etc.*) wypadek *m*; *by* ~ przypadkiem; **~al** [-ˈdentl] przypadkowy

accent [ˈæksent] akcent *m*

accept [əkˈsept] przyjmować ⟨-jąć⟩, ⟨za⟩akceptować

access [ˈækses] *a. computer:* dostęp *m* (*to* do); **~ible** [əkˈsesəbl] dostępny

accident [ˈæksɪdənt] przypadek *m*; (*collision etc.*) wypadek *m*; *by* ~ przypadkiem; **~al** [-ˈdentl] przypadkowy

accommodat|e [əˈkɒmədeɪt] przyzwyczajać ⟨-czaić⟩ się (*to* do); ~ *s.o.* pogodzić kogoś; da(wa)ć nocleg; **~ion** [-ˈdeɪʃn] (*Am. pl*) mieszkanie *n*

accompany [əˈkʌmpənɪ] towarzyszyć

accomplish [əˈkʌmplɪʃ] osiągać ⟨-gnąć⟩; **~ed** utalentowany

accord [əˈkɔːd] **1.** przyzwolenie *n*; *of one's own* ~ z własnej woli, sam z siebie; *with one* ~ jednomyślnie; **2.** zga-

dzać ⟨zgodzić⟩ się (*with* z); **~ance:** *in* ~*ance with* zgodnie z; *~ing:* ~*ing to* według; **~ingly** stosownie do tego

account [əˈkaʊnt] **1.** *banking:* konto *n* (*with* w), rachunek *m*; *pl in companies:* księgowość *f*; (*story*) relacja *f*; *on no* ~ pod żadnym pozorem; *on* ~ *of* wskutek; *take into* ~ wziąć pod uwagę; **2.** ⟨wy⟩tłumaczyć (*for s.th.* coś); **~ant** księgowy *m* (*-wa f*)

accumulate [əˈkjuːmjuleɪt] ⟨z⟩gromadzić

accura|cy [ˈækjʊrəsɪ] ścisłość *f*; **~te** [-ˈrət] ścisły, wierny

accus|ation [ækjʊˈzeɪʃn] *jur.* oskarżenie *n*; **~e** [əˈkjuːz] *jur.* oskarżać ⟨-żyć⟩ (*s.o. of* kogoś o); zarzucać ⟨-cić⟩ (*s.o. of s.th.* komuś coś); **~ed:** *the* ~*ed* oskarżony *m*, oskarżeni *pl*

accustom [əˈkʌstəm] przyzwyczajać ⟨-czaić⟩ (*to* do); *get* ~*ed to* przyzwyczajać ⟨-czaić⟩ się do; ~*ed* przyzwyczajony

ace [eɪs] as *m* (*a. fig.*)

ache [eɪk] **1.** boleć; **2.** ból *m*

achieve [əˈtʃiːv] *v/t* osiągać ⟨-gnąć⟩; *v/i* odnosić ⟨-nosić⟩ sukces; **~ment** osiągnięcie *n*

acid [ˈæsɪd] **1.** kwaśny; *fig.* cierpki; **2.** kwas *m*

acknowledg|e [əkˈnɒlɪdʒ] uzna(wa)ć; *receipt* potwierdzać ⟨-dzić⟩; **~(e)ment** potwierdzenie *n*; *pl in books*

etc.: podziękowania *pl*
acquaint [əˈkweɪnt] zaznajamiać ⟨-jomić⟩; *be ~ed with s.o.* znać kogoś; **~ance** znajomość *f*; znajomy *m* (*-ma f*)
acquire [əˈkwaɪə] naby(wa)ć
acquit [əˈkwɪt] uniewinni(a)ć
across [əˈkrɒs] **1.** *prp* przez; na drugą stronę; **2.** *adv* w poprzek, na krzyż; *with measurements:* ... szerokości; *street, river:* po drugiej stronie
act [ækt] **1.** działać; (*behave*) postępować; *thea.* grać; **~ as** funkcjonować jako; **2.** czyn *m*, uczynek *m*; *jur.* ustawa *f*; *thea.* akt *m*; (*show*) występ *m*; **~ion** czyn *m*, działanie *n*; *tech.* mechanizm *m*; *jur.* proces *m*; *mil.* akcja *f*
activ|e [ˈæktɪv] aktywny; **~ity** [-ˈtɪvɪtɪ] działalność *f*; (*occupation*) czynność *f*
act|or [ˈæktə] aktor *m*; **~ress** [-trɪs] aktorka *f*
actual [ˈæktʃʊəl] faktyczny, konkretny
acute [əˈkjuːt] przenikliwy; *med.* ostry (*a. fig.*)
ad [æd] F → *advertisement*
adapt [əˈdæpt] dostosow(yw)ać; *text* ⟨za⟩adaptować; **~er, ~or** [əˈdæptə] złączka *f*
add [æd] doda(wa)ć
addict [əˈdɪkt] nałogowiec *m*, osoba *f* uzależniona; **~ed** [-ˈdɪktɪd] uzależniony (*to* od)
addition [əˈdɪʃn] dodatek *m*; *math.* dodawanie *n*; *in ~* na

dodatek, ponadto; **~al** dodatkowy
address [əˈdres] **1.** ⟨za⟩adresować; *words etc.* ⟨s⟩kierować (*to* do); zwracać ⟨-rócić⟩ się (*s.o.* do kogoś); **2.** adres *m*; (*speech*) przemowa *f*; **~ee** [ædreˈsiː] adresat(ka *f*) *m*
adequate [ˈædɪkwət] wystarczający, stosowny
adhe|re [ədˈhɪə] przylegać ⟨-lgnąć⟩ do; *fig.* trzymać się (*to s.th.* czegoś); **~sive** [-ˈhiːsɪv] klej *m*; **~sive plaster** przylepiec *m*; **~sive tape** taśma *f* klejąca; *Am.* przylepiec *m*
adjacent [əˈdʒeɪsənt] przylegający (*to* do)
adjoin [əˈdʒɔɪn] sąsiadować, stykać się (*s.th.* z czymś)
adjourn [əˈdʒɜːn] zakańczać ⟨-kończyć⟩ (*obrady*)
adjust [əˈdʒʌst] dostosow(yw)ać (się); *tech.* ⟨pod⟩regulować; ⟨do⟩stroić; **~able** dający się regulować
administer [ədˈmɪnɪstə] administrować; *drugs* zaordynować; *justice* wymierzać ⟨-rzyć⟩; **~ration** [-ˈstreɪʃn] administracja *f*; *esp. Am.* rząd *m*; **~rative** [-ˈmɪnɪstrətɪv] administracyjny; **~tor** [-treɪtə] zarządca *m*
admirable [ˈædmərəbl] godny podziwu, zachwycający
admiral [ˈædmərəl] admirał *m*
admir|ation [ædməˈreɪʃn] po-

dziw *m*; **~e** [əd'maɪə] podziwiać; **~er** [-rə] wielbiciel(ka *f*) *m*

admiss|ible [əd'mɪsəbl] dopuszczalny; **~ion** [-'mɪʃn] *(entry)* wstęp *m*; *(acknowledgement)* przyznanie *n* się; *(admittance)* przyjęcie *n*; **~ion free** wstęp *m* wolny

admit [əd'mɪt] *(confess)* przyzna(wa)ć (się); *(let in)* wpuszczać ⟨wpuścić⟩

adopt [ə'dɒpt] *(assume)* przyb(ie)rać, przyjmować ⟨-jąć⟩

adore [ə'dɔː] uwielbiać

adult ['ædʌlt] **1.** *adj* dojrzały, dorosły; **2.** *(człowiek)* dorosły *m*

advance [əd'vɑːns] **1.** *v/t* awansować; *argument* wysuwać ⟨-sunąć⟩, przedstawi(a)ć; *money* wypłacać ⟨-cić⟩ zadatkiem; *v/i* posuwać ⟨-sunąć⟩ się do przodu; **2.** *(development)* postęp *m*; *money*: zaliczka *f*; *mil.* natarcie *n*; **in ~** z góry; **~ payment** opłata *f* z góry; **~d** wyższy, zaawansowany

advantage [əd'vɑːntɪdʒ] korzyść *f*; *(supremacy)* przewaga *f*; **take ~ of** wykorzyst(yw)ać; **~ous** [ædvən'teɪdʒəs] korzystny

adventure [əd'ventʃə] przygoda *f*

advertise ['ædvətaɪz] da(wa)ć ogłoszenie *(for* o); *(publicize)* ⟨za⟩reklamować; **~ement** [əd'vɜːtɪsmənt] *for*

job etc.: ogłoszenie *n*; *for product*: reklama *f*; **~ing** ['ædvətaɪzɪŋ] reklamowanie *n*, reklama *f*

advice [əd'vaɪs] (po)rada *f*; **take s.o.'s** → pójść za czyjąś radą

advis|able [əd'vaɪzəbl] wskazany; **~e** [-z] ⟨po⟩radzić; **~er** doradca

aerial ['eərɪəl] *esp. Brt.* antena *f*

aero|bics [eə'rəubɪks] aerobik *m*; **~plane** ['eərəpleɪn] *Brt.* samolot *m*

affair [ə'feə] sprawa *f*; *love*: romans *m*

affect [ə'fekt] oddział(yw)ać, mieć wpływ *(s.o./s.th.* na kogoś/coś); *med.* zaatakować, dotykać ⟨-tknąć⟩

affection [ə'fekʃn] uczucie *n*, przywiązanie *n*; **~ate** [-ʃnət] kochający, czuły

affirmative [ə'fɜːmətɪv] **1.** *adj* twierdzący; **2. answer in the ~** odpowiadać ⟨-wiedzieć⟩ twierdząco

affluent ['æfluənt] zamożny

afford [ə'fɔːd] pozwalać ⟨-wolić⟩ sobie *(s.th.* na coś); **I can't ~ it** nie stać mnie na to

afraid [ə'freɪd]: **be ~** bać się *(of s.th.* czegoś)

African ['æfrɪkən] **1.** afrykański; **2.** Afrykanin *m* -nka *f*)

after ['ɑːftə] **1.** *prp space*: za, po; *time, fig.*: po; **~ all** jakby nie było; **~ that** potem; **2.** *cj* gdy już; **~'noon** popołudnie n; **in the ~noon** po południu; **this ~noon** dziś po południu; **good ~noon** *after 12 o'clock:* dzień dobry; **~ward(s** *Brt.*) ['·wəd(z)] później, następnie, potem

again [ə'gen] znów, jeszcze raz

against [ə'genst] przeciw

age [eɪdʒ] **1.** wiek *m;* **at the ~ of ...** w wieku ... lat; **of ~** pełnoletni; **under ~** niepełnoletni; **for ~s** F lata całe; **2.** ⟨po⟩starzeć (się); **~d** ['eɪdʒɪd] stary; **~ ...** ['eɪdʒd] w wieku ... lat

agency ['eɪdʒənsɪ] agencja *f*

agenda [ə'dʒendə] porządek *m* dzienny

agent ['eɪdʒənt] przedstawiciel *m; intelligence:* agent *m*

aggress|ion [ə'greʃn] *psych.* agresja *f; esp. mil.* napaść *f;* **~ive** [.·sɪv] napastliwy, agresywny

agitat|e ['ædʒɪteɪt] *(stir)* ⟨wy⟩mieszać; *(upset)* poruszyć, wyprowadzać ⟨·dzić⟩ z równowagi; **~ion** [.·'teɪʃn] poruszenie *n*

ago [ə'gəʊ] *time:* ...temu: **5 minutes ~** 5 minut temu; **long ~** dawno temu

agony ['ægənɪ] udręka *f,* katusze *pl*

agree [ə'griː] *v/i* zgadzać ⟨zgodzić⟩ się **(to, with** na, z), wyrażać ⟨·razić⟩ zgodę **(to** na); *(reach consent)* poro-

zumieć się; *food:* ⟨po⟩służyć **(with s.o.** komuś); *v/t* uzgodnić; **~able** [.·ɪ-] przyjemny; **~ment** [.·iː-] zgodność *f,* porozumienie *n,* układ *m,* umowa *f*

agricultur|al [ægrɪ'kʌltʃərəl] rolny, rolniczy; **~e** ['·ʃə] rolnictwo *n*

ahead [ə'hed] *(forward)* naprzód; *(in front/advance)* z przodu, na przedzie; **~ of** przed

aid [eɪd] **1.** pomagać; **2.** pomoc *f*

aim [eɪm] **1.** *v/i* ⟨wy⟩celować, ⟨wy⟩mierzyć **(at** w, do); *v/t weapon* wycelować **(at** w); **2.** cel *m*

air[1] [eə] **1.** powietrze *n;* **by ~** samolotem; **in the open ~** na (otwartym) powietrzu; **on the ~** na antenie; **~ room** ⟨wy⟩wietrzyć; *dog* wyprowadzać ⟨·dzić⟩ na spacer *f*

air[2] [.] *(attitude)* postawa *f; (atmosphere)* nastrój *m,* atmosfera *f*

'air|-conditioned klimatyzowany; **'~-conditioning** *f;* **'~craft** *(pl -craft)* samolot *m;* **'~field** lotnisko *n;* **~ force** lotnictwo *n;* **~ hostess** stewardesa *f;* **'~line** linia *f* lotnicza; **'~mail** poczta *f* lotnicza; **'~plane** *Am.* samolot *m;* **'~port** port *m* lotniczy, lotnisko *n;* **'~space** przestrzeń *f* powietrzna; **~ terminal** dworzec *m* lotniczy; '**~tight** hermetyczny; '**~traffic control** kontrola *f* naziemna; '**~y** przewiewny

aisle [aɪl] przejście *n* między ławkami *itd.*; *arch.* nawa *f* boczna

alarm [ə'lɑːm] **1.** urządzenie *n* alarmowe; (*a.* ~ **clock**) budzik *m*; (*anxiety*) trwoga *f*, niepokój *m*; *give/raise the* ~ podnieść alarm; *fig.* bić na trwogę; **2.** zaniepokoić, zatrwożyć

alcohol ['ælkəhɒl] alkohol *m*; **~ic** [~'hɒlɪk] **1.** *adj* alkoholowy; **2.** alkoholik *m* (-liczka *f*)

ale [eɪl] rodzaj angielskiego piwa bezchmielowego

alert [ə'lɜːt] **1.** *adj* czujny; **2.** alarm *m*; (*signal*) sygnał *m* alarmowy; **3.** (za)alarmować

alien ['eɪljən] **1.** *adj* obcy, cudzoziemski; **2.** cudzoziemiec *m* (-mka *f*)

alike [ə'laɪk] **1.** *adv* podobnie, jednakowo; **2.** *adj* podobny, jednakowy

alimony ['ælɪmənɪ] alimenty *pl*

alive [ə'laɪv] żywy, żyjący

all [ɔːl] **1.** *adj* cały, wszystek; *with pl nouns*: wszyscy/ wszystkie *pl*; **2.** *adv* całkiem, zupełnie; **3.** *pron* wszystko; *with pl nouns*: wszyscy; ~ *at once* nagle; ~ *but* wszyscy oprócz; ~ *of us* my wszyscy; ~ *over* wszędzie; ~ *right* w

porządku; ~ *the better* tym lepiej; ~ *the time* (przez) cały czas; *not ... at* ~ wcale nie; *not at* ~/ nic nie szkodzi, nie ma za co dziękować!; *for* ~ *I care* jeżeli o mnie chodzi; *for* ~ *I know* o ile wiem; *two* ~ *sp.* dwa - dwa

alleged [ə'ledʒd] rzekomy, domniemany

allerg|ic [ə'lɜːdʒɪk] uczulony (*to* na); **~y** ['ælədʒɪ] alergia *f*, uczulenie *n*

alley ['ælɪ] (boczna) uliczka *f*; *with trees on both sides*: aleja *f*; *bowling*: tor *m* kręglarski

alli|ance [ə'laɪəns] sojusz *m*, przymierze *n*; **~ed** [ə'laɪd, (*attr* 'ælaɪd)] sprzymierzony (*with, to* z)

allocate ['æləkeɪt] *funds* ⟨wy⟩asygnować; *people* przydzielać ⟨-lić⟩

allow [ə'laʊ] pozwalać ⟨-wolić⟩, dopuszczać ⟨-puścić⟩ (*do*); *sum, amount* przeznaczać ⟨-czyć⟩; *time* da(wa)ć; ~ *for* brać ⟨wziąć⟩ poprawkę na; *be* ~*ed* móc, mieć pozwolenie; ~*ance* asygnowane fundusze *pl*; *maternity, fuel etc.*: dodatek *m* (do pensji); (*pocket money*) kieszonkowe *n*

alloy ['ælɔɪ] stop *m*

'all-purpose uniwersalny, ogólnego zastosowania; **'~round** wszechstronny, uniwersalny

ally 1. [ə'laɪ]: ~ *o.s.* sprzymie-

rzyć się (**with** *a*); **2.** ['ælaɪ]
sprzymierzeniec *m*, sojusz-
nik *m*

almond ['ɑːmənd] migdał *m*

almost ['ɔːlməust] prawie

alone [ə'ləun] sam, samotnie;
let ~ nie mówiąc już o

along [ə'lɒŋ] **1.** *prp* wzdłuż,
po; **2.** *adv* naprzód, dalej; **~
with** razem z; **all ~** od samego początku

aloud [ə'laud] na głos, głośno

alphabet ['ælfəbet] alfabet *m*;
~ical [ˌ-'betɪkl] alfabetyczny

alpine ['ælpaɪn] alpejski

already [ɔːl'redɪ] już

also ['ɔːlsəu] także, też, również

altar ['ɔːltə] ołtarz *m*

alter ['ɔːltə] zmieni(a)ć (się);
~ation [ˌ-'reɪʃn] zmiana *f*

alternat|e 1. ['ɔːltəneɪt] (*use in
turn*) używać na przemian;
(*occur in turn*) występować
naprzemiennie; **2.** [ˌ-'tɜːnət]
naprzemienny; **'~ing current** prąd *m* zmienny; **~ive**
[ˌ-'tɜːnətɪv] alternatywny, inny

although [ɔːl'ðəu] chociaż

altitude ['æltɪtjuːd] wysokość
f

altogether [ˌɔːltə'geðə] całkiem, całkowicie, zupełnie

always ['ɔːlweɪz] zawsze

am [æm] *1 pers. sg pres of* **be**

amateur ['æmətə] **1.** amator(-
ka *f*) *m*; **2.** amatorski

amaze [ə'meɪz] zadziwi(a)ć,
zdumie(wa)ć; **~ing** zadzi-

wiający

ambassador [æm'bæsədə]
pol. ambasador *m*

amber ['æmbə] bursztyn *m*; **at
~** na żółtym świetle

ambiguous [æm'bɪɡjuəs]
dwuznaczny, niejasny

ambition [æm'bɪʃn] ambicja
f; **~ous** [ˌ-ʃəs] ambitny

ambulance ['æmbjuləns] karetka *f* (pogotowia)

amend [ə'mend] poprawi(a)ć
się; *v/t* poprawi(a)ć, napra-
wi(a)ć; **~ment** poprawa *f*;
parl. poprawka *f*; **~s** odszkodowanie *n*, rekompensata *f*

America [ə'merɪkə] Ameryka;
~n [ə'merɪkən] **1.** amery-
kański; **2.** Amerykanin *m*
(-nka *f*)

ammunition [ˌæmju'nɪʃn]
amunicja *f*

amnesty ['æmnəstɪ] amnestia
f

among(st) [ə'mʌŋ(st)] wśród,
pośród, (po)między

amount [ə'maunt] **1.** ilość *f*,
kwota *f*, suma *f*; **2. ~ to** równać się, wynosić ⟨-nieść⟩

ample ['æmpl] obfity, dostat-
ni; (*sufficient*) wystarczający

amplif|ier ['æmplɪfaɪə]
wzmacniacz *m*; **~y** ['-aɪ]
wzmacniać ⟨-mocnić⟩

amputate ['æmpjuteɪt] amputować

amus|e [ə'mjuːz] rozba-
wi(a)ć, rozweselać ⟨-lić⟩;
~ement rozrywka *f*; **~ement
arcade** salon *m* gier zręcz-

nościowych; **~ement** park
Am. wesołe miasteczko n;
~ing zabawny

an [ən, when stressed æn]
(przedimek nieokreślony) jakiś, pewien; (one) jeden

analy|se, Am. a. **~ze**
['ænəlaız] ⟨prze⟩analizować; **~sis** [ə'næləsıs] (pl
-ses [-sız]) analiza f

anatomy [ə'nætəmı] anatomia f

ancestor ['ænsestə] przodek
m

anchor ['æŋkə] **1.** kotwica f;
2. ⟨za⟩kotwiczyć

ancient ['eınʃənt] starożytny

and [ænd] i, oraz

angel ['eındʒəl] anioł m

anger ['æŋgə] **1.** gniew m,
złość f; **2.** ⟨roz⟩gniewać

angle[1] ['æŋgl] kąt m

angle[2] [*-*] wędkować; ' **~r**
wędkarz

angry ['æŋgrı] gniewny, zły

anguish ['æŋgwıʃ] udręka f,
ból m

angular ['æŋgjulə] kanciasty

animal ['ænıml] **1.** zwierzę n;
2. zwierzęcy

animat|e ['ænımeıt] oży-
wi(a)ć; **2.** ['-mət] adj ożywiony; ' **~ed cartoon** film
m rysunkowy; **~ion**
[-'meıʃn] ożywienie n; ani-
macja f

ankle ['æŋkl] anat. kostka f

annex [ə'neks] ⟨za⟩anekto-
wać, przyłącz⟨-czyć⟩; **2.** a.
~e ['æneks] s pawilon m, ofi-

cyna f

anniversary [ænı'vɜːsərı]
rocznica f

announce [ə'nauns] ogłaszać
⟨-łosić⟩, oznajmi(a)ć; TV
etc.: zapowiadać ⟨-wie-
dzieć⟩; **~ment** ogłoszenie n;
TV etc.: zapowiedź f; **~r** TV
etc.: spiker(ka f) m

annoy [ə'nɔı] ⟨z⟩irytować,
⟨roz⟩gniewać, ⟨z⟩denerwo-
wać; **be~ed** być złym/zirito-
wanym; **~ance** irytacja f;
~ing denerwujący

annual ['ænjuəl] (co)roczny,
doroczny

anonymous [ə'nɒnıməs]
anonimowy

another [ə'nʌðə] (different)
inny; (one more) jeszcze jeden

answer ['ɑːnsə] **1.** odpowiedź
f; **2.** odpowiadać ⟨-wie-
dzieć⟩ (**s.th.** na coś); the
bell/door otwierać ⟨-worzyć⟩
(komuś); the telephone odbierać ⟨-debrać⟩ telefon; **~**
for odpowiadać za

ant [ænt] mrówka f

antenna [æn'tenə] (pl **-nas**)
esp. Am. antena f

anthem ['ænθəm] hymn m

anti|... [æntı] przeciw..., anty-
...; **~ed cartoon** film m
[-'baı'ɒtık] an-
tybiotyk m; **'~body** przeciw-
ciało n

anticipat|e [æn'tısıpeıt] prze-
widywać ⟨-widzieć⟩, spo-
dzedać ⟨-dzić⟩ (wypadki);
(look forward to) cieszyć

się (*s.th.* na coś); **~ion** [~'peɪʃn] oczekiwanie *n*; uprzedzenie *n* (w wypadkach)

anticlockwise [æntɪ'klɒk- waɪz] w kierunku przeciw- nym do ruchu wskazówek zegara

antipathy [æn'tɪpəθɪ] antypa- tia *f*, niechęć *f*

antiquated ['æntɪkweɪtɪd] przestarzały

antique [æn'tiːk] **1.** stary, sta- rożytny, antyczny; **2.** antyk *m*; **~ity** [~'tɪkwətɪ] starożyt- ność *f*

antisocial [æntɪ'səʊʃl] *per- son:* nietowarzyski; *behav- iour:* aspołeczny

anxiety [æŋ'zaɪətɪ] niepokój *m*, lęk *m*; troska *f*

anxious ['æŋkʃəs] niespokoj- ny; pragnący (*for s.th.* cze- goś)

any ['enɪ] **1.** *adj and pron* jakiś, jakikolwiek, którykolwiek; *not~* żaden; *at~ time* kiedy- kolwiek; **2.** *adv* (*in negative sentences*) wcale, ani trochę, nic a nic; '**~body** każdy, kto- kolwiek; *in questions:* ktoś; '**~how** tak czy owak; '**~one** → **anybody**; '**~thing** coś; ~ *but* wszystko tylko nie...; ~ *else?* (czy) coś jeszcze?; *not* ... ~ nic; '**~way** → **any- how**; '**~where** gdziekolwiek; *not* ... ~ nigdzie

apart [ə'pɑːt] (*away*) z dala; (*separately*) osobno; ... ~ ... od siebie; ~ *from* poza, o-

prócz, prócz

apartment [ə'pɑːtmənt] *Am.* mieszkanie *n*; *pl* apartament *m*

apathetic [æpə'θetɪk] apa- tyczny

ape [eɪp] małpa *f*

apolog|ize [ə'pɒlədʒaɪz] przepraszać ⟨-rosić⟩; **~y** przeprosiny *pl*

appal(l) [ə'pɔːl] przerażać ⟨-razić⟩; **~ling** przerażający

apparent [ə'pærənt] oczywis- ty, widoczny; (*seeming*) po- zorny

appeal [ə'piːl] **1.** *jur.* składać ⟨złożyć⟩ apelację; ⟨za⟩ape- lować; zwracać ⟨-rócić⟩ się (*to* do, *for* o); **2.** *jur.* apelacja *f*, odwołanie *n*; (*call*) apel *m*, wezwanie *n*; (*charm*) urok *m*

appear [ə'pɪə] zjawi(a)ć się, ukaz(yw)ać się; (*seem*) wy- da(wa)ć się; *TV etc.:* wystę- pować ⟨-tąpić⟩; **~ance** [~rəns] pojawienie się; (*looks*) wygląd *m*; *mst pl* po- zór *m*

appendix [ə'pendɪks] (*pl -dixes, -dices* [~dɪsiːz]) *book:* załącznik *m*, aneks *m*; *med.* wyrostek *m* robacz- kowy

appetite ['æpɪtaɪt] apetyt *m* (*for* na); żądza *f* (*for s.th.* czegoś); **~izing** ['~zɪŋ] ape- tyczny

applau|d [ə'plɔːd] *v/i* klaskać; *v/t* oklaskiwać; **~se** [~z] okla- ski *pl*, aplauz *m* apple ['æpl] jabłko *n*; **~ pie** szarlotka *f*

appliance [ə'plaɪəns] przyrząd *m*, urządzenie *n*

application [æplɪ'keɪʃn] (*use*) zastosowanie *n*; *in writing*: podanie *n*; *in studies*: pilność *f*; *lotion etc.*: smarowanie *n*

apply [ə'plaɪ] zwracać ⟨-rócić⟩ się, składać ⟨złożyć⟩ podanie (**for** o); (*be relevant*) ⟨za⟩stosować się, odnosić ⟨-nieść⟩ się (**to** do); (*use*) ⟨za⟩stosować (**to** do); *lotion etc.* ⟨po⟩smarować (**to s.th.** coś)

appoint [ə'pɔɪnt] *person* mianować; *time* wyznaczać ⟨-czyć⟩; **~ment** umówione spotkanie *n*; *person*: mianowanie *n*, wybór *m* na stanowisko, *form.* nominacja *f*

appreciate [ə'priːʃɪeɪt] cenić, uznać wartość; (*understand*) rozumieć

apprehen|d [æprɪ'hend] zatrzymać, aresztować; *nature etc.* chwytać ⟨uchwycić⟩ sens; **~sion** [-ʃn] (*misgiving*) obawa *f*; (*understanding*) zrozumienie *n*; *form.* (*arrest*) aresztowanie *n*; **~sive** [-sɪv] pełen obaw (**for** o, **that** że)

approach [ə'prəʊtʃ] **1.** *v/i* zbliżać ⟨-żyć⟩ się, nadchodzić ⟨-dejść⟩; *v/t* podchodzić ⟨-dejść⟩ do; **2.** zbliżanie *n*

appropriate [ə'prəʊprɪət] stosowny, odpowiedni

approv|al [ə'pruːvl] aprobata *f*; *formal*: zatwierdzenie *n*; **~e** [-v] ⟨za⟩aprobować, pochwalać ⟨-lić⟩; *formally*: zatwierdzać ⟨-dzić⟩

approximate [ə'prɒksɪmət] przybliżony

apricot ['eɪprɪkɒt] morela *f*

April ['eɪprəl] kwiecień *m*

apron ['eɪprən] fartuch *m*

apt [æpt] *remark etc.*: trafny; *person*: skłonny (**to do** do (z)robienia)

Arab ['ærəb] **1.** Arab(ka *f*) *m*; **2.** *adj* arabski; **~ic** ['-ɪk] *esp. ling.* arabski

arbit|rary ['ɑːbɪtrərɪ] arbitralny, samowolny; **~rate** ['-treɪt] rozsądzać ⟨-dzić⟩, rozstrzygać ⟨-gnąć⟩

arbo(u)r ['ɑːbə] altan(k)a *f*

arcade [ɑː'keɪd] arkady *pl*, podcienia *pl*; hala *f* targowa

arch [ɑːtʃ] **1.** łuk *m*; **2.** wyginać ⟨-giąć⟩ (się) w łuk

arch(a)eology [ɑːkɪ'ɒlədʒɪ] archeologia *f*

archaic [ɑː'keɪɪk] archaiczny, przestarzały

archbishop [ɑːtʃ'bɪʃəp] arcybiskup *m*

archeology *Am.* → **archaeology**

archer ['ɑːtʃə] łucznik *m* (-niczka *f*); **~y** ['-rɪ] łucznictwo *n*

architect ['ɑːkɪtekt] architekt *m* (*f*); **~ure** ['-ktʃə] architektura *f*

are [ɑː] *pl* and 2 *pers. sg pres of* **be**

area ['eərɪə] *math.* powierzchnia *f*; (*district etc.*) okolica *f*; (*field*) obszar *m*, pole *n*; **~ code** *Am. teleph.* numer *m* kierunkowy

argue ['ɑːgjuː] argumentować, dowodzić; (*quarrel*) sprzeczać się

argument ['ɑːgjʊmənt] argument *m*; (*quarrel*) spór *m*

arise [ə'raɪz] (*arose, arisen*) powsta(wa)ć; (*appear*) uka-z(yw)ać się; (*happen*) nadarzać ⟨-rzyć⟩ się; (*result*) wynikać ⟨-knąć⟩; **~n** [ə'rɪzn] *pp of* **arise**

arithmetic [ə'rɪθmətɪk] arytmetyka *f*

arm[1] [ɑːm] ramię *n*, ręka *f*; *furniture*: poręcz *f*; *pl mil.* broń *f*

arm[2] [_] uzbrajać ⟨-broić⟩ (się)

armchair [ɑːm'tʃeə] fotel *m*

armo(u)r ['ɑːmə] **1.** *hist.* zbroja *f*; *mil., zo.* pancerz *m*; **2.** opancerzać ⟨-rzyć⟩

'armpit pacha *f*

arms ['ɑːmz] *pl* broń *f*; (*family sign*) herb *m*

army ['ɑːmɪ] armia *f*; *institution*: wojsko *n*; wojska *pl* lądowe

arose [ə'rəʊz] *past of* **arise**

around [ə'raʊnd] **1.** *adv* wokoło, naokoło, dookoła; **2.** *prp* dokoła

arouse [ə'raʊz] *interest etc.* pobudzać ⟨-dzić⟩; *sexually*: podniecać ⟨-cić⟩

arrange [ə'reɪndʒ] (*organize*) ⟨z⟩organizować; (*lay out*) ustawi(a)ć, układać ⟨u-łożyć⟩; **~ment** załatwienie *n*; (*deal*) układ *m*; (*agreement*) umowa *f*

arrears [ə'rɪəz] *pl* zaległości *pl*

arrest [ə'rest] **1.** aresztowanie *n*; **2.** ⟨za⟩aresztować; (*check*) wstrzym(yw)ać

arrival [ə'raɪvl] przybycie *n*; *by train/car etc.*: przyjazd *m*; **~e** [_v] przyby(wa)ć; *by train/car etc.*: przyjeżdżać ⟨-jechać⟩

arrogant ['ærəgənt] arogancki, wyniosły

arrow ['ærəʊ] strzała *f*

art [ɑːt] sztuka *f*; *pl* (*education*) nauki *pl* humanistyczne

artery ['ɑːtərɪ] *med.* tętnica *f*; *mot.* arteria *f* komunikacyjna

article ['ɑːtɪkl] *newspaper*: artykuł *m*; *jur. etc.* paragraf *m*; *gram.* przedimek *m*

articulate **1.** [ɑː'tɪkjʊleɪt] ⟨wy⟩artykułować; **2.** [_lət] wyraźny; *person*: elokwentny

artificial [ɑːtɪ'fɪʃl] sztuczny

artisan [ɑːtɪ'zæn] rzemieślnik *m*

artist ['ɑːtɪst] artysta *m* (-tka *f*); **~ic** [ɑː'tɪstɪk] artystyczny

as [æz] **1.** *adv* tak; jako; **2.** *cj* jako że, ponieważ, skoro; **~ ... ~** tak ... jak; **~ for** jeśli chodzi o

ascen|d [əˈsend] *lift etc.*: uda(-wa)ć się do góry; (*climb*) wstępować ‹-tąpić› (**s.th.** na coś); **~t** [_t] *path*: podejście *n*; (*climbing*) wspinaczka *f*

ash¹ [æʃ] jesion *m*

ash² [_] *a.* **~es** popiół *m*; ♀ **Wednesday** Popielec *m*

ashamed [əˈʃeɪmd] zawstydzony; **be ~ of** wstydzić się

ash| bin, **~ can** *Am.* → **dustbin**

ashore [əˈʃɔː] na brzeg(u); **go ~** schodzić ‹zejść› na ląd

'**ashtray** popielniczka *f*

Asia [ˈeɪʃə] Azja; **~n** [ˈeɪʃn] 1. azjatycki; 2. Azjata *m* (-tka *f*); **~tic** [eɪʃ'ætɪk] azjatycki

aside [əˈsaɪd] na bok(u)

ask [ɑːsk] *v/t s.o.* ‹s›pytać; (*request*) prosić (**for** o); (*demand*) wymagać (**of** od); **~ a question** zadać pytanie; *v/i* ‹po›prosić (**for** o)

asleep [əˈsliːp]: **be** (**fast, sound**) **~** (mocno, głęboko) spać; **fall ~** zasnąć

asparagus [əˈspærəgəs] szparag *m*

aspect [ˈæspekt] aspekt *m*

asphalt [ˈæsfælt] 1. asfalt *m*; 2. ‹wy›asfaltować

ass [æs] osioł *m*; *fig.* dureń *m*

assassin [əˈsæsɪn] *pol.* zabójca *m*, zamachowiec *m*; **~ate** [_eɪt] *esp. pol.* zamordować; **~ation** [_ˈneɪʃn] *esp. pol.* zabójstwo *n*, mord *m*

assault [əˈsɔːlt] 1. *mil.* atak *m*,

szturm *m*; *fig.* atak *m*; *jur.* napaść *f*; 2. ‹za›atakować

assemb|le [əˈsembl] ‹z›gromadzić (się); *tech.* ‹z›montować; **~y** zgromadzenie *n*, zebranie *n*; *tech.* montaż *m*; 2. wyrazić zgodę (**to** na)

assert [əˈsɜːt] (*declare*) stwierdzać ‹-dzić›; (*demand*) domagać się

assess [əˈses] *situation etc.* oceni(a)ć; *value* ‹o›szacować (**at** na)

asset [ˈæset] zaleta *f*; *pl econ.* aktywa *pl*; *pl jur.* majątek *m*; *fig. person:* mocny punkt *m*

assign [əˈsaɪn] (*appoint*) wyznaczać ‹-czyć›; (*task*) zadanie *n*; (*appointment*) przydział *m*

assist [əˈsɪst] pomagać ‹-móc› (**s.o.** komuś); **~ance** pomoc *f*; **~ant** pomocnik *m* (-nica *f*); (**shop**) **~** Brt. sprzedawca *m* (-wczyni *f*)

associat|e 1. [əˈsəʊʃɪeɪt] obcować, trzymać się (**with s.o.** kogoś); *psych.* ‹s›kojarzyć; 2. [_ʃɪət] współpracownik *m* (-nica *f*); **~ion** [_eɪˈʃn] stowarzyszenie *n*, związek *m*

assorted [əˈsɔːtɪd] różnorodny

assume [əˈsjuːm] zakładać ‹założyć›; przyjmować ‹-jąć›

assur|ance [əˈʃɔːrəns] (*assertion*) zapewnienie *n*; (*confidence*) wiara *f*; (*insurance*) *esp. Brt.* ubezpieczenie *n* na życie; **~e** [ə'fɔ:] *s.o.* zapewni(a)ć; *esp. Brt. life* ubezpieczać ⟨-czyć⟩; **~ed** (*confident*) pewny; (*insured*) *esp. Brt.* ubezpieczony (na życie)

astonish [ə'stɒnɪʃ] zdumieć; *be* **~ed** ⟨z⟩dziwić się (*at s.th.* czemuś); **~ing** zdumiewający; **~ment** zdumienie *n*

astronomy [ə'strɒnəmɪ] astronomia *f*

asylum [ə'saɪləm] *med.* szpital *m* psychiatryczny; *pol.* azyl *m*

at [æt] *prp place:* w, u, przy, na; *direction:* w (kierunku); *occupation:* przy, w trakcie; *price:* za; *time:* o; *age:* w wieku; **~ the cleaner's** w pralni; **~ my grandmother's** u mojej babci; **~ the door** przy drzwiach; **~ 10 pounds** za 10 funtów; **~ 5 o'clock** o piątej; **~ 18** w wieku lat 18; *not* **~ ... all** wcale nie

ate [et] *past of eat*

athlete [æθli:t] sportowiec *m*; **~ic** [-'letɪk] wysportowany; **~ics** *sg* lekka atletyka *f*

Atlantic [ət'læntɪk] atlantycki

atmosphere ['ætməsfɪə] atmosfera *f*

atom ['ætəm] atom *m*; **~ bomb** bomba *f* atomowa

atomic [ə'tɒmɪk] atomowy, jądrowy

atomizer ['ætəʊmaɪzə] rozpylacz *m*

atrocious [ə'trəʊʃəs] okrut-

ny, nieludzki; **~ty** [-ɒsətɪ] okrucieństwo *n*

attach [ə'tætʃ] (*to*) przymocow(yw)ać; *importance etc.* przywiąz(yw)ać; *be* **~ed to** być przywiązanym do

attack [ə'tæk] **1.** ⟨za⟩atakować; **2.** atak *m*

attempt [ə'tempt] **1.** usiłować; **2.** próba *f*

attend [ə'tend] *v/t* doglądać ⟨-dnąć⟩; *lecture etc.* być(obecnym) na; *school etc.* uczęszczać (**s.th.** na coś, do czegoś); *v/i* **~ to** załatwi(a)ć, zajmować ⟨-jąć⟩ się; (*at a restaurant etc.*) obsługiwać ⟨-łużyć⟩ (**to s.o.** kogoś); **~ance** frekwencja *f*, obecność *f*; (*serving*) obsługa *f*; **~ant** osoba *f* z obsługi; *park, zoo:* dozorca *m*; *cinema, theatre:* bileter(ka *f*) *m*

attention [ə'tenʃn] uwaga *f*; **~ive** [-tɪv] uważny

attic ['ætɪk] strych *m*

attitude ['ætɪtjuːd] stosunek *m*, podejście *n* (*to*(*wards*) do)

attract [ə'trækt] *attention* przyciągać ⟨-gnąć⟩; *person* pociągać ⟨-gnąć⟩; **~ion** [-kʃn] powab *m*; **~ive** pociągający, atrakcyjny

attribute [ə'trɪbjuːt] przypisać (*to* do)

auction ['ɔːkʃn] **1.** aukcja *f*; **2.** *mst* **~ off** sprzedać na aukcji

audience ['ɔːdjəns] publiczność *f*; *radio:* słuchacze *pl*;

thea., cinema: widzowie *pl*

August [ˈɔːɡəst] sierpień *m*

aunt [ɑːnt] ciotka *f*

austere [ɒˈstɪə] surowy, srogi

Australia [ɒˈstreɪljə] *f* Australia *f;* **~n** [ɒˈstreɪljən] **1.** australijski; **2.** Australijczyk *m* (-jka *f*)

Austria [ˈɒstrɪə] *f* Austria *f;* **~n** [ˈɒstrɪən] **1.** austriacki; **2.** Austriak *m* (-riaczka *f*)

authentic [ɔːˈθentɪk] autentyczny

author [ˈɔːθə] autor(ka *f*) *m*

authority [ɔːˈθɒrɪtɪ] (*power*) władza *f;* (*permission*) upoważnienie *n;* (*expert*) autorytet *m;* mst *pl* władze *pl;* **~ze** [ˈɔːθəraɪz] *s.o.* upoważni(a)ć; *s.th.* ⟨u⟩sankcjonować, zgadzać ⟨zgodzić⟩ się na

automatic [ɔːtəˈmætɪk] automatyczny

autumn [ˈɔːtəm] jesień *f*

auxiliary [ɔːgˈzɪljərɪ] pomocniczy, posiłkowy

available [əˈveɪləbl] dostępny; *econ.* do nabycia, dostępny na rynku

avalanche [ˈævəlɑːntʃ] lawina *f*

avenge [əˈvendʒ] pomścić (*s.o., s.th.* kogoś, coś), wziąć odwet (*s.o.* na kimś)

avenue [ˈævənjuː] ulica *f;* (*alley*) aleja *f*

average [ˈævərɪdʒ] **1.** średnia *f*, przeciętna *f;* **2.** średni, przeciętny

avert [əˈvɜːt] odwracać ⟨-wrócić⟩

aviation [eɪvɪˈeɪʃn] lotnictwo *n*

avoid [əˈvɔɪd] unikać ⟨-knąć⟩

awake [əˈweɪk] **1.** przebudzony, nie śpiący; **2.** (*awoke* or *awaked*, *awoken* or *awaked*) *v/t* ⟨o⟩budzić, ⟨z⟩budzić; *v/i* ⟨o⟩budzić się; **~n** [-ən] → *awake* 2

award [əˈwɔːd] **1.** nagroda *f*, wyróżnienie *n;* **2.** prize etc. przyznać

aware [əˈweə]: **be ~ of s.th.** być świadomym czegoś, mieć świadomość czegoś

away [əˈweɪ] *adv and adj* z dala, w oddaleniu; (*travelling*) poza domem, w podróży

awe [ɔː] **1.** (bezbrzeżny) podziw *m*, respekt *m;* (*dread*) groza *f;* **2.** wzbudzać ⟨-dzić⟩ lęk

awful [ˈɔːful] straszny

awkward [ˈɔːkwəd] *person, movement:* niezdarny, niezgrabny; *time etc.:* nieзгрęczny

awoke [əˈwəuk] *past of awake* 2; **~n** [-ən] *pp of awake* 2

ax(e) [æks] siekiera *f*, topór *m*

axis [ˈæksɪs] *pl* (*axes* [ˈ-siːz]) *mat.* oś *f*

axle [ˈæksl] oś *f* (koła)

B

baby ['beɪbɪ] **1.** dziecko *n*, niemowlę *n*; **2.** dziecięcy; **~carriage** *Am.* wózek *m* dziecięcy; '**~sit** (**-sat**) pilnować dziecka; '**~sitter** opiekun(-ka *f*) *m* do dziecka

bachelor ['bætʃələ] kawaler *m*

back [bæk] **1.** *s anat.* plecy *pl*, grzbiet *m*; *book*: grzbiet *m*; *chair etc.*: oparcie *n*; *paper*: odwrotna strona *f*; (*rear*) tył *m*; *sp.* obrońca *m*; **2.** *adj* tylni; **3.** *adv* w tył, do tyłu, wstecz; *with movement*: z powrotem; **4.** *v/t a.* **~ up** popierać ⟨-przeć⟩; cofać ⟨-fnąć⟩, wycof(yw)ać; *v/i often* **~up** cofać ⟨-fnąć⟩ się, wycof(yw)ać się; '**~bone** kręgosłup *m*; '**~fire** nie powieść się, dać efekt przeciwny do zamierzonego; '**~ground** tło *n*; '**~ing** poparcie *n*; '**~pack** *esp. Am.* plecak *m*; **~ seat** tylne siedzenie *n*; '**~space** (**key**) *typewriter, computer*: cofacz *m*; '**~up** poparcie *n*; *tech.* rezerwa *f*; *computer*: kopia *f* bezpieczeństwa; **~ward** ['-wəd] *adj country*: zacofany; *child*: niedorozwinięty; **2.** *adv* (*a.* **~wards** ['-wədz]) do tyłu, w tył

bacon ['beɪkən] bekon *m*

bad [bæd] *smell, etc.*: rzykry;

food: zepsuty; *wound*: paskudny; *accident*: fatalny; *language*: wulgarny; *money*: fałszywy

bade [bæd] *past of* **bid** 1

badge [bædʒ] odznaka *f*

badger ['bædʒə] borsuk *m*

badly *want, need*: strasznie, bardzo; (*poorly*) niedobrze, kiepsko; *hurt*: paskudnie, fatalnie; **he is ~ off** kiepsko mu się wiedzie

baffle ['bæfl] zbi(ja)ć z tropu

bag [bæg] torba *f*; *lady's*: torebka *f*; *under eye*: worek *m*

baggage ['bægɪdʒ] *esp. Am.* bagaż *m*; '**~car** *Am. rail.* wagon *m* bagażowy; '**~check** *Am.* kwit *m* bagażowy; **~room** *Am.* przechowalnia *f* bagażu

baggy ['bægɪ] workowaty; *trousers*: powypychany

bail [beɪl] **1.** kaucja *f*; **2. ~ s.o. out** zapłacić za kogoś kaucję

bait [beɪt] przynęta *f* (*a. fig.*)

bak|e [beɪk] ⟨u⟩piec (się); '**~bricks** wypalać (*fig.*); '**~er** piekarz *m*; '**~ery** ['-əri] piekarnia *f*; '**~ing powder** proszek *m* do pieczenia

balance ['bæləns] **1.** waga *f*; równowaga *f* (*a. fig.*); *econ.* bilans *m*; *econ.* saldo *n*; *econ.* reszta *f*, pozostałość *f*; **2.** *v/t* ⟨z⟩równoważyć; *accounts* *etc.* ⟨z⟩bilansować; *v/i* balansować; być w równowadze; *accounts*: zgadzać się; **'~d** zrównoważony; **~ sheet** bilans *m*; zestawienie *n* bilansowe

balcony ['bælkənɪ] balkon *m*
bald [bɔːld] łysy
ball [bɔːl] *in games*: piłka *f*; (*sphere*) kula *f*; *billiards etc.*: bila *f*
ballad ['bæləd] ballada *f*
ball bearing [bɔːl'beərɪŋ] łożysko *n* kulkowe
ballet ['bæleɪ] balet *m*
balloon [bə'luːn] balon *m*; *children's*: balonik *m*
ballpoint (pen) ['bɔːlpɔɪnt] długopis *m*
ban [bæn] **1.** zakaz *m*; **2.** zakaz(yw)ać
banana [bə'nɑːnə] banan *m*
band [bænd] opaska *f*, przepaska *f*; *pattern*: pasek *m*; *tech.* pasmo *n*; *jazz, rock etc.*: zespół *m*, orkiestra *f*
bandage ['bændɪdʒ] **1.** bandaż *m*; **2.** bandażować
'Band-Aid *TM Am.* plaster *m* (z gazą)
bang [bæŋ] **1.** huk *m*, trzask *m*, łoskot *m*; **2.** trzaskać ⟨-snąć⟩, huknąć
bank¹ [bæŋk] **1.** *econ., a. blood, data etc.*: bank *m*; **2.** *v/t money* wpłacić do banku; *v/i* mieć konto (**with** u)
bank² [-] *river etc.*: brzeg *m*; *sand*: nasyp *m*, wał *m*
bank| account konto *n* ban-

kowe; **'~book** książeczka *f* oszczędnościowa; **'~er** bankier *m*; **~ holiday** *Brt.* dzień *m* wolny od pracy; **~ note** banknot *m*; **~rate** stopa *f* procentowa
bankrupt ['bæŋkrʌpt] **1.** zbankrutowany; *go~* ⟨z⟩bankrutować; **2.** doprowadzać ⟨-dzić⟩ do bankructwa; **~cy** [' -rəptsɪ] bankructwo *n*
banner ['bænə] transparent *m*; (*flag*) sztandar *m*
bapti|sm ['bæptɪzəm] chrzest *m*; **~ze** [-'taɪz] ⟨o⟩chrzcić
bar [bɑː] **1.** pręt *m*; szlaban *m*; *pl* krata *f*; (*gold etc.*) sztaba *f*; *mus.* takt *m*; bar *m*; *hotel*: bar *m*; **~ of chocolate** tabliczka *f* czekolady, baton *m*; **~ of soap** kostka *f* mydła; **2.** *door* ⟨za⟩ryglować; *way* ⟨za⟩grodzić; *use* zakaz(yw)ać; *person* nie wpuszczać ⟨wpuścić⟩ (**from** do)
barbecue ['bɑːbɪkjuː] (*grill*) ruszt *m* ogrodowy; (*dish*) pieczeń *f itp.* z rusztu
barbed wire [bɑːbd 'waɪə] drut *m* kolczasty
barber ['bɑːbə] fryzjer *m* (męski)
bare [beə] **1.** nagi, goły; **2.** obnażać ⟨-żyć⟩, ogołacać ⟨-łocić⟩; **'~foot** *adj* bosy; **2.** *adv* boso; **'~ly** ledwo, ledwie
bargain ['bɑːgɪn] **1.** interes *m*, transakcja *f*; okazja *f* (handlowa), udany zakup *m*; **2.**

targować się; układać się

bark[1] ['bɑːk] kora f

bark[2] [-] **1.** szczekać ⟨-knąć⟩; **2.** szczeknięcie n

barley ['bɑːlɪ] jęczmień m

barn [bɑːn] stodoła f

barracks ['bærəks] sg koszary pl

barrel ['bærəl] baryłka f; gun: lufa f

barricade [bærɪ'keɪd] barykada f

barrier ['bærɪə] bariera f, szlaban m; fig. przeszkoda f

barrister ['bærɪstə] Brt. adwokat m; obrońca m

barter ['bɑːtə] handel m wymienny

base[1] [beɪs] nikczemny, niski, podły

base[2] [-] **1.** podstawa f; mil. baza f; **2.** opierać (**on, upon** na); '**~ment** suterena f

bashful ['bæʃful] nieśmiały, wstydliwy

basic ['beɪsɪk] **1.** podstawowy; **2.** pl podstawy pl; '**~ally** w zasadzie

basin ['beɪsn] miednica f; wash: umywalka f

basis ['beɪsɪs] (pl **-ses** ['-siːz]) podstawa f

basket ['bɑːskɪt] kosz(yk) m; '**~ball** koszykówka f

bass [beɪs] mus. bas m

bastard ['bɑːstəd] nieślubne dziecko n, bękart m V; V skinsyn m V

bat[1] [bæt] zo. nietoperz m

bat[2] [-] sport. kij m (do kry-

kieta itp.); rakietka f (do ping-ponga)

batch [bætʃ] goods: partia f (towaru); people: turnus m; computer: plik m wsadowy

bath [bɑːθ] **1.** (pl **baths** [-ðz]) kąpiel f (w wannie); have/take a ~ brać ⟨wziąć⟩ kąpiel; ⟨wy⟩kąpać się; **2.** ⟨wy⟩-kąpać (w wannie)

bathe [beɪð] **1.** v/t wound etc. przemy(wa)ć; v/i kąpać się (w rzece itp.), pływać; Am. ⟨wy⟩kąpać; **2.** kąpiel f (w rzece itp.)

bathing ['beɪðɪŋ]: **~ costume**, **~ suit** strój m kąpielowy; **go ~** iść ⟨pójść⟩ popływać; '~robe płaszcz m kąpielowy; Am. szlafrok m, podomka f; '~room łazienka f; Am. toaleta f, ubikacja f; '~ towel ręcznik m kąpielowy

battery ['bætərɪ] bateria f; mot. akumulator m

battle ['bætl] bitwa f (**of** pod); '~field, '~ground pole n bitwy

bay [beɪ] zatoka f

bazaar [bə'zɑː] bazar m

be [biː] (was or were, been, pres am, is, are) być; **you may be wrong** możesz nie mieć racji; **she is reading** ona czyta; **it is me** F to ja; **how much is (are) ...?** ile kosztuje (-ją) ...?; **there is, there are** jest, są

beach [biːtʃ] plaża f; '~wear strój m plażowy

beak [bi:k] dziób *m*

beaker ['bi:kə] kubek *m* (plastikowy)

beam [bi:m] **1.** belka *f*; *light:* promień *m* (światła); **2.** u-śmiechać ⟨-chnąć⟩ się radośnie

bean [bi:n] fasola *f*

bear¹ [beə] niedźwiedź *m*

bear² [-] (*bore, borne or born*); (*carry*) nosić ⟨nieść⟩; (*stand*) znosić ⟨znieść⟩; *child* ⟨u⟩rodzić; **~able** ['-rəbl] znośny

beard [biəd] broda *f*

bearer ['beərə] posiadacz(ka *f*) *m* (*np.* paszportu), okazi-ciel(ka *f*) *m*

bearing ['beərɪŋ] wpływ *m* (*on* na); postawa *f*

beast [bi:st] zwierzę *n*; bestia *f*

beat [bi:t] **1.** (*beat, beaten or beat*) pobić; *eggs etc.* ubi(-ja)ć; *drum* bębnić w; **~ it!** F spieprzaj! F; **~ up** pobić; **2.** uderzenie *n*; *mus.* takt *m*; *drum:* bębnienie *n*; **~en** *pp of* **beat 1**

beautiful ['bju:təful] piękny; **~y** piękno *n*

beaver ['bi:və] bóbr *m*

became [bɪ'keɪm] *past of* **become**

because [bɪ'kɒz] ponieważ; **~ of** z powodu

become [bɪ'kʌm] (*became, become*) zostać, stać się (*a. of s. o.* z kimś); **~ing** twarzowy

bed [bed] łóżko *n*; *animal:* legowisko *n*; *agr.* grządka *f*; **~ and breakfast** pokój *m* ze śniadaniem; **'~clothes** *pl* bielizna *f* pościelowa; **'~ding** pościel *f*; **'~ridden** obłożnie chory; **'~room** sypialnia *f*; **'~sit** F, **'~sitter** *Brt.* kawalerka *f*

bee [bi:] pszczoła *f*

beech [bi:tʃ] buk *m*

beef [bi:f] wołowina *f*

'beehive ul *m*

been [bi:n] *pp of* **be**

beer [biə] piwo *n*

beet [bi:t] burak *m*

beetle ['bi:tl] żuk *m*, chrząszcz *m*

beetroot ['bi:tru:t] burak *m* ćwikłowy

before [bɪ'fɔ:] **1.** *adv space:* na przedzie, z przodu; *time:* przedtem, poprzednio; **2.** *cj* zanim; **3.** *prp* przed; **~hand** z góry

beg [beg] żebrać; błagać

began [bɪ'gæn] *past of* **begin**

beggar ['begə] żebrak *m*

begin [bɪ'gɪn] (*began, begun*) zaczynać ⟨-cząć⟩; rozpoczynać ⟨-cząć⟩; **~ner** rozpoczynający *m*; **~ning** początek *m*

begun [bɪ'gʌn] *pp of* **begin**

behalf [bɪ'hɑ:f]: **on** (*Am. a. in*) **~ of** w imieniu

behave [bɪ'heɪv] zachow(yw)ać się; **~io(u)r** [-vjə] zachowanie *n*

behind [bɪ'haɪnd] **1.** *prp* za; **2.**

adv z tyłu, w tyle; **3.** *s* F tyłek *m* F

being [ˈbiːɪŋ] bycie *n*, istnienie *n*; *human*: istota *f*

Belgi|an [ˈbeldʒən] **1.** belgijski; **2.** Belg(ij)ka *f*) *m*; **~um** [~əm] Belgia *f*

belief [bɪˈliːf] wiara *f* (*in* w)

believe [bɪˈliːv] ⟨u⟩wierzyć (*in* w); **~r** wierny *m*, (człowiek) wierzący *m*

bell [bel] dzwon(ek) *m*

belly [ˈbelɪ] F brzuch *m*

belong [bɪˈlɒŋ] należeć (*to* do); **~ings** *pl* dobytek *m*

beloved [bɪˈlʌvd] **1.** ukochany; **2.** ukochany *m* (-na *f*)

below [bɪˈləʊ] **1.** *adv* na dole, pod spodem; **2.** *prp* pod, poniżej

belt [belt] pas(ek) *m*

bench [bentʃ] ławka *f*

bend [bend] **1.** wygięcie *n*; *in road*: zakręt *m*; **2.** (*bent*) zginać ⟨zgiąć⟩ się

beneath [bɪˈniːθ] **1.** *adv* poniżej, pod spodem, na dole; **2.** *prp* pod

beneficial [benɪˈfɪʃl] korzystny, zbawienny

benefit [ˈbenɪfɪt] **1.** pożytek *m*, korzyść *f*; *social etc.*: świadczenie *n*; *unemployment, child*: zasiłek *m*; **2.** przynosić ⟨-nieść⟩ korzyść; **~ by/from** ⟨s⟩korzystać na

bent [bent] *past and pp of* **bend** 2

beret [ˈbereɪ] beret *m*

berry [ˈberɪ] jagoda *f*

berth [bɜːθ] *mar.* miejsce *n* postoju; *mar.* koja *f*; *rail.* kuszetka *f*

beside [bɪˈsaɪd] *prp* przy, obok; **be ~ o.s.** nie posiadać się (*with* z); → **point** 1; **~s** [~z] **1.** *adv* poza tym, prócz tego; **2.** *prp* oprócz, poza

best [best] **1.** *adj* najlepszy; **2.** *adv* najlepiej; **at ~** w najlepszym razie; **do one's ~** da(wa)ć z siebie wszystko; **make the ~ of** ⟨z⟩robić jak najlepszy użytek z; **~ man** (*pl* **- men**) drużba *m*

bet [bet] **1.** zakład *m*; **2.** (*bet or betted*) zakładać ⟨założyć⟩ się; **you ~** F jeszcze jak!

betray [bɪˈtreɪ] zdradzać ⟨-dzić⟩; **~al** zdrada *f*

better [ˈbetə] **1.** *adj* lepszy; **he is ~** lepiej mu; **2.** *adv* lepiej

between [bɪˈtwiːn] **1.** *adv* pośrodku, między (*jednym a drugim*); **2.** *prp* między, pomiędzy

beverage [ˈbevərɪdʒ] napój *m*

beware [bɪˈweə] strzec/wystrzegać się (*of s.th./s.o.* kogoś/czegoś)

bewilder [bɪˈwɪldə] ⟨z⟩dezorientować; oszałamiać ⟨-łomić⟩

beyond [bɪˈjɒnd] **1.** *adv* dalej (położony); **2.** *prp* za, poza

bias [ˈbaɪəs] (*prejudice*) uprzedzenie *n*; (*inclination*) skłonność *f*; **~(s)ed** uprzedzony, stronniczy

Bibl|e ['baɪbl] Biblia f; **2ical**
['bɪblɪkl] biblijny
bicycle ['baɪsɪkl] rower m
bid [bɪd] **1.** (*bid or bade, bid
or bidden*); *econ.* składać
⟨złożyć⟩ ofertę (*s.th.* na
coś); **2.** *econ.* oferta f; *cards:*
odzywka f; '**~den** *pp of* **bid 1**
big [bɪg] duży
bike [baɪk] motocykl m; F (*bicycle*) rower m
bilateral [baɪ'lætərəl] dwustronny
bilberry ['bɪlbərɪ] czarna jagoda f
bill¹ [bɪl] dziób m
bill² [_] **1.** rachunek m; (*poster*)
plakat m; *pol.* projekt m
ustawy; *Am.* banknot m; **~
of exchange** *econ.* weksel
m; '**~board** *Am.* plansza reklamowa; '**~fold** *Am.* portfel
m
billiards ['bɪljədz] *sg* bilard m
billion ['bɪljən] miliard m
bin [bɪn] pojemnik m; *rubbish:*
kubeł m
bind [baɪnd] (*bound*) (*tie*)
wiązać; *together:* związy-
w(a)ć; *to s.th.* przywiązy-
w(a)ć; (*oblige*) zobowiąz(yw)ać; '**~er** (*a. book.*) intro-
ligator m; (*string*) sznurek m;
covers: skoroszyt m; '**~ing**
1. *adj* wiążący; **2.** *book:* oprawa f, okładka f; *skiing:* wią-
zanie n narciarskie
binoculars [bɪ'nɒkjʊləz] *pl*
lornetka f
biography [baɪ'ɒgrəfɪ] bio-

grafia f
biolog|ical [baɪəʊ'lɒdʒɪkl]
biologiczny; **~y** [-'ɒlədʒɪ]
biologia f
birch [bɜːtʃ] brzoza f
bird [bɜːd] ptak m
biro ['baɪərəʊ] *TM Brt.* długopis m
birth [bɜːθ] urodzenie n, urodziny pl; **give** ~ to urodzić;
date of ~ data f urodzenia;
~ certificate metryka f urodzenia; **~ control** antykon-
cepcja f, planowanie n rodziny; '**~day** urodziny pl; **hap-
py~!** wszystkiego najlepsze-
go!; '**~place** miejsce n urodzenia; **~rate** przyrost m naturalny
biscuit ['bɪskɪt] *Brt.* herbatnik m
bishop ['bɪʃəp] biskup m;
chess: goniec m
bit¹ [bɪt] kawałek m; **a~** trosz-
kę
bit² [_] *computer:* bit m
bit³ [_] *past of* **bite** 2
bitch [bɪtʃ] suka f (*a. fig.* V)
bite [baɪt] **1.** *food:* kęs m;
wound: ukąszenie n, uży-
zienie n; **2.** (*bit, bitten*)
kąsać ⟨ukąsić⟩, ⟨u⟩gryźć;
pepper: palić
bitten ['bɪtn] *pp of* **bite** 2
bitter ['bɪtə] **1.** gorzki; *fig.*
zgorzkniały; **2.** *pl* nalewka
f na ziołach, żołądkowa f
black [blæk] **1.** czarny m;
2. ⟨po⟩czernić; **~ out** zaciem-
ni(a)ć; **3.** *colour:* czerń f; *per-*

son: czarny *m* (-na *f*), Murzyn(ka *f*) *m*; '*~*berry jeżyna *f*; '*~*bird kos *m*; '*~*board tablica *f*; '*~*en poczernić; ⟨s⟩czernieć, ⟨po⟩ciemnieć; *~* ice gołoledź *f*; '*~*mail 1. szantaż *m*; 2. szantażować; '*~*mailer szantażysta *m* (-tka *f*); *~* market czarny rynek *m*; '*~*out (*power cut*) wyłączenie *n* prądu; (*loss of consciousness*) utrata *f* przytomności

bladder ['blædə] *anat.* pęcherz *m*

blade [bleɪd] *grass*: źdźbło *n*; *knife*: ostrze *n*; *sword*: głownia *f*; *oar*: pióro *n* (wiosła); *propeller*: łopat *f* śmigła

blame [bleɪm] 1. winić, obwini(a)ć; *~ s.o. for s.th.* obciążać ⟨-żyć⟩ kogoś odpowiedzialnością za coś; 2. wina *f*, odpowiedzialność *f*

blank [blæŋk] 1. czysty, niezapisany; *econ.* nie wypełniony, in blanco; 2. puste/wolne miejsce *n*; *mil.* ślepy nabój *m*; *lottery*: pusty los *m*

blanket ['blæŋkɪt] 1. koc *m*; 2. pokry(wa)ć

blare [bleə] *radio etc.*: wyć, drzeć się; *trumpet*: ⟨za⟩grzmieć, ⟨za⟩trąbić

blast [blɑːst] 1. wybuch *m*, podmuch *m*; 2. *v/t* wysadzać ⟨-dzić⟩ w powietrze; *v/i* *~off rocket*: ⟨wy⟩startować; F *~!* a niech to szlag! F; '*~*furnace piec *m* hutniczy; '*~*off *rock-*

et: start *m*

blaze [bleɪz] 1. płomienie *pl*, ogień *m*; 2. *fire*: płonąć; *light*: świecić

bleach [bliːtʃ] wybielać ⟨-lić⟩

bled [bled] *past and pp of* **bleed**

bleed [bliːd] (*bled*) krwawić; *fig.* F puszczać, farbować; '*~*ing krwawienie *n*

blend [blend] 1. ⟨z⟩mieszać; 2. mieszanka *f*; '*~*er mikser *m*

bless [bles] (*blessed or blest*) ⟨po⟩błogosławić; (*God*) *~ you!* na zdrowie!; *~ me!*, *~ my soul!* coś podobnego!; '*~*ed ['-ɪd] błogosławiony; '*~*ing błogosławieństwo *n*

blest [blest] *past and pp of* **bless**

blew [bluː] *past of* **blow²**

blind [blaɪnd] 1. *adj* ślepy (*fig. to* na); 2. roleta *f*, żaluzja *f*; *the ~ pl* niewidomi *pl*; 3. oślepi(a)ć; *fig.* zaślepi(a)ć; '*~* alley ślepa uliczka *f*; '*~*fold *s.o.* zawiązać komuś oczy

blink [blɪŋk] *v/t eyes* mrugać ⟨-gnąć⟩; *v/i* ⟨za⟩mrugać oczyma; *lights*: ⟨za⟩migotać

bliss [blɪs] błogość *f*, szczęście *n*

blister ['blɪstə] pęcherz *m*, bąbel *m*

blizzard ['blɪzəd] zamieć *f*

block [blɒk] 1. *wood*: kloc *m*; *stone*: blok *m*; *psych.* blokada *f*; *esp. Am.* (*row of houses*)

kwartał *m*; *a.* **~ of flats** *Brt.*
blok *m* mieszkalny; **2.** *a.* **~ up**
⟨za⟩blokować ⟨się⟩; *pipes:*
zapychać ⟨-pchać⟩ ⟨się⟩
block letters *pl* drukowane
litery *pl*
bloke [bləʊk] *Brt. F* facet *m* F
blond [blɒnd] blond; **~e** blondynka *f*
blood [blʌd] krew *f*; *in cold* **~**
z zimną krwią; **~ donor** daw-
ca *m* krwi; **~group** grupa *f*
krwi; **'~less** bezkrwawy;
~poisoning zakażenie *n*
krwi; **~pressure** ciśnienie *n*
krwi; **~ relation**, **~ relative**
krewny *m* (-na *f*); **'~shed**
rozlew *m* krwi; **'~y** krwawy;
Brt. F cholerny F
bloom [bluːm] **1.** kwiat *m*; **2.**
⟨za⟩kwitnąć
blossom ['blɒsəm] *esp. on
trees:* **1.** kwiecie *n*, kwiat *m*;
2. ⟨za⟩kwitnąć, rozkwitać
⟨-tnąć⟩
blot [blɒt] **1.** kleks *m*; *fig.* plama *f*; **2.** ⟨wy⟩suszyć
blouse [blaʊz] bluzka *f*
blow[1] [bləʊ] cios *m*, uderzenie *n*
blow[2] [-] (*blew, blown*) dmuchać ⟨-chnąć⟩, ⟨za⟩dąć;
mus. flute etc. ⟨za⟩grać na;
fuse: przepalać ⟨-lić⟩ ⟨się⟩;
~one's nose wycierać ⟨wy-
trzeć⟩ nos; **~ up** *v/t* wysadzać
⟨-dzić⟩ w powietrze; *~dzić⟩*
powiększać ⟨-szyć⟩; *balloon*
nadmuch⟨iw⟩ać; *v/i* wybuchać ⟨-chnąć⟩ (*a. fig.*), wyle-

cieć w powietrze; **'~dry** suszyć suszarką; **~n** *pp of*
blow[2]; **'~out:** *they had a
~out mot.* złapali gumę F;
'~up wybuch *m*; *phot.* powiększenie *n*
blue [bluː] niebieski; *F* smutny; **'~bell** *bot.* dzwonek;
'~print plan *m*, schemat *m*
bluff [blʌf] **1.** blef *m*, blaga *f*;
2. ⟨za⟩blefować
blunder ['blʌndə] **1.** głupstwo
n; **2.** ⟨z⟩robić głupstwo
blunt [blʌnt] tępy; *fig.* o-
twarty, szczery; **'~ly** bez
ogródek
blur [blɜː] **1.** (niewyraźna)
plama *f*; **2.** zamaz(yw)ać;
~red *phot.* nieostry
blush [blʌʃ] **1.** rumieniec *m*; **2.**
⟨za⟩rumienić się
boar [bɔː] knur *m*; *wild:* dzik
m
board [bɔːd] **1.** *wooden:* deska
f; (*meals*) wikt *m*; *chess:* szachownica *f*; *chopping:* deska
f do krojenia; *diving:* trampolina *f*; *notice:* tablica *f*; **~
and lodging** zakwaterowa-
nie z wyżywieniem; **~ (of di-
rectors)** zarząd *m*; *on* **~** na
pokładzie; *w* pociągu/auto-
busie; **2.** stołować się (*with*
u); **'~er** stołownik *m*, pensjo-
nariusz/ka *f*; **'~ing card/
pass** *aer.* karta *f* pokładowa;
'~ing house pensjonat *m*;
'~ing school szkoła *f z* inter-
natem
boast [bəʊst] **1.** przechwałka

f; **2.** chwalić/szczycić się (*s.th.* czymś)

boat [bəʊt] łódka *f*; (*ship*) statek *m*

bodily ['bɒdɪlɪ] **1.** *adj* cielesny; **2.** *adv* cieleśnie

body ['bɒdɪ] ciało *n*; (*often dead* ⁓) zwłoki *pl*; gremium *n*; gros *n*, główna część *f*; *mot. a.* (⁓**work**) nadwozie *n*, karoseria *f*; '⁓**guard** ochrona *f* osobista, ochroniarz *m* F

bog [bɒg] bagno *n*, moczary *pl*

boil¹ [bɔɪl] czyrak *m*

boil² [bɔɪl] *v/i* ⟨u⟩gotować (się); '⁓**er** kocioł *m*; '⁓**er suit** kombinezon *m*

bold [bəʊld] śmiały; ⁓ **type** tłusty druk *m*

bolt [bəʊlt] **1.** śruba *f*; zasuwa *f*; **2.** ⁓ **upright** *adv* prosto jakby kij połknął; **3.** *v/t* przy-śrubow(yw)ać; ⟨za⟩ryglować; *v/i* zwi(ew)ać, pryskać ⟨-snąć⟩

bomb [bɒm] **1.** bomba *f*; **2.** ⟨z⟩bombardować

bond [bɒnd] *econ.* obligacja *f*, list *m* zastawny; *pl fig.* więzi *pl*

bone [bəʊn] kość *f*

bonnet ['bɒnɪt] *Brt.* maska *f* (samochodu)

bonus ['bəʊnəs] premia *f*

book [bʊk] **1.** książka *f*, książeczka *f*, księga *f*; *pl a.* księgowość *f*; **2.** ⟨za⟩rezerwować, wynajmować

⟨-jąć⟩; ⁓ **in** *esp. Brt.* zameldować się (w hotelu); ⁓**ed up** obłożony, bez wolnych miejsc; '⁓**case** biblioteczka *f*; '⁓**ing clerk** kasjer(ka *f*) *m* na dworcu; '⁓**ing office** kasa *f* biletowa; '⁓**keeping** księgowość *f*; '⁓**let** ['-lɪt] książeczka *f*; '⁓**shop** księgarnia *f*

boom¹ [buːm] *econ.* boom *m*, rozkwit *m*; (*noise*) huk *m*, grzmot *m*

boom² [-] ⟨za⟩grzmieć

boost [buːst] **1.** *esp. econ. and tech.* podnosić ⟨-nieść⟩, zwiększać ⟨-szyć⟩; *fig.* rozreklamować; **2.** wzrost *m*, skok *m*

boot [buːt] (wysoki) but *m*; *Brt. mot.* bagażnik *m*

booth [buːð] *market etc.*: buda *f*, stoisko *n*; *telephone*: budka *f*, kabina *f*

booze [buːz] F **1.** chlać F; **2.** gorzała *f* F

border ['bɔːdə] **1.** granica *f*; **2.** graniczyć (**on** z)

bore¹ [bɔː] **1.** *tech.* kaliber *m*; **2.** ⟨wy⟩wiercić

bore² [-] **1.** nudziarz *m*; *esp. Brt.* F przykrość *f*; **2.** ⟨z⟩nudzić; **be** ⁓**d** nudzić się

bore³ [-] *past of* **bear**²

boring [-] nudny

born [bɔːn] **1.** *pp of* **bear**²; **2.** *adj* urodzony; **I was** ⁓ **in Scotland** urodziłem się w Szkocji

borne [bɔːn] *pp of* **bear**²

borrow ['bɒrəʊ] pożyczać ⟨-czyć⟩

bosom ['bʊzəm] pierś *f*, łono *n*

boss [bɒs] szef *m*; '**~y** apodyktyczny

botch [bɒtʃ] spaprać

both [bəʊθ] obaj, obydwie, oboje; **~ of them** obaj, obydwie, oboje; **~ ... and** zarówno ... jak i

bother ['bɒðə] **1.** kłopot *m*, przykrość *f*, zawracanie *n* głowy; **2.** *v/t s.o.* męczyć, gnębić; *v/i* przejmować się; *don't ~!* daj spokój!

bottle ['bɒtl] **1.** butelka *f*, butla *f*; **2.** butelkować

bottom ['bɒtəm] dno *n* spód *m*; F tyłek *m*

bought [bɔːt] *past and pp of* **buy**

bound¹ [baʊnd] **1.** *past and pp of* **bind**; **2.** *adj*: **be ~ to do s.th.** na pewno coś zrobić, musieć coś zrobić

bound² [-] w drodze (**for** do)

bound³ [-] **1.** (pod)skok *m*, sus *m*; **2.** odbi(ja)ć się, odskakiwać ⟨-koczyć⟩

bound⁴ [-] **1.** *mst pl* granica *f*; **2.** ograniczać ⟨-czyć⟩; '**~ary** granica *f*; '**~less** bezgraniczny

bouquet [buˈkeɪ] bukiet *m*

bow¹ [baʊ] **1.** ukłon *m*; **2.** *v/i* kłaniać ⟨ukłonić⟩ się (**to s.o.** komuś); *v/t* zginać ⟨-giąć⟩; *head* skłaniać ⟨-łonić⟩, skinąć

bow² [-] *mar.* dziób *m* (statku)

bow³ [bəʊ] *weapon*: łuk *m*; *knot*: kokarda *f*

bowel ['baʊəl] jelito *n*, kiszka *f*; *pl* wnętrzności *f*

bowl¹ [bəʊl] (*small container*) miseczka *f*; (*large container*) półmisek *m*; *toilet*: miska *f*; (*a. sugar ~*) cukiernica *f*

bowl² [-] **1.** *bowling*: kula *f*; **2.** *bowling*: rzucać ⟨-cić⟩; *cricket*: ⟨za⟩serwować; '**~ing** kręgle *pl*

box¹ [-] pudełko *n*, pudło *n*, skrzynka *f*; skrytka *f* pocztowa; *Brt.* F telewizor *m*; *tech.* obudowa *f*; *Brt.* kabina *f* telefoniczna; *jur.* miejsce *n* dla świadka; *thea.* loża *f*; *in print*: ramka *f*; **~ office** *thea. etc.* kasa *f* biletowa

box² [-] boksować: **~ s.o.'s ears** dać komuś po uszach; '**~er** bokser *m*; '**~ing** boks *m*; '**~ing Day** *Brt.* drugi dzień świąt Bożego Narodzenia

boy [bɔɪ] chłopiec *m*

boyfriend chłopak *m*, sympatia *f*; '**~ish** chłopięcy; **~ scout** harcerz *m*

bra [brɑː] biustonosz *m*

brace [breɪs] **1.** *tech.* klamra *f*, zwora *f*; *for teeth*: dentystyczna klamra *f* korekcyjna; *pl Brt.* szelki *pl*; **2.** *tech.* ściągać ⟨-gnąć⟩/spinać ⟨spiąć⟩ klamrą; **~ o.s. up** ⟨zebrać⟩ siły, zmóc ⟨wziąć⟩ się w garść

bracelet ['breɪslɪt] bransoleta f

bracket ['brækɪt] podpórka f, tech. kroksztyn m; print. klamra f

brag [bræg] chełpić/chwalić się

brain [breɪn] anat. mózg m; often pl fig. pomyślunek m F; **'~storming** burza f mózgów; **'~washing** pranie n mózgu; **'~wave** genialny pomysł m

brake [breɪk] 1. hamulec m; 2. ⟨za⟩hamować

bramble ['bræmbl] jeżyna f

branch [brɑːntʃ] 1. a. fig. gałąź f; company etc.: filia f; 2. often **~ off** odgałęzi⟨a⟩ć się

brand [brænd] znak m firmowy; commodity: gatunek m, marka f

brand-'new nowiut⟨eń⟩ki

brass [brɑːs] mosiądz m; **~ band** orkiestra f dęta

brassière ['bræsɪə] biustonosz m

brat [bræt] bachor m

brave [breɪv] dzielny

brawl [brɔːl] burda f, awantura f

bread [bred] chleb m

breadth [bretθ] szerokość f

break [breɪk] 1. school etc.: przerwa f; F szansa f: **give s.o. a ~** da⟨wa⟩ć komuś szansę; **take a ~** ⟨z⟩robić przerwę; **at the ~ of day** o świcie; **lucky ~** F fart m F, uśmiech m losu; 2. (**broke, broken**) v/t ⟨z⟩łamać; (a. ~

in) horse ujeżdżać ⟨ujeżdzić⟩; code etc. ⟨z⟩łamać; news zakomunikować; v/i ⟨z⟩łamać się, załam⟨yw⟩ać się (a. fig); pękać ⟨-knąć⟩, ⟨s⟩tłuc się; weather: zmieni⟨a⟩ć się; day: ⟨za⟩świtać; **~ away** uciekać ⟨uciec⟩, wyr⟨y⟩wać się; **~ down** ⟨po⟩psuć się; mot. zepsuć się; **~ in** włam⟨yw⟩ać się; conversation: wtrącać ⟨-cić⟩ się; door wyłam⟨yw⟩ać się; **~ off** zrywać ⟨zerwać⟩; **~ out** uciekać ⟨uciec⟩; war: wybuchać ⟨-chnąć⟩; **~ up** rozchodzić ⟨-zejść⟩ się, rozpraszać ⟨-ro-szyć⟩ się; marriage etc.: rozpadać ⟨-paść⟩ się; **'~down** załamanie n; mot. defekt m

breakfast ['brekfəst] 1. śniadanie n; **have~** → 2. śniadać, ⟨z⟩jeść śniadanie

breast [brest] pierś f

breath [breθ] oddech m

breathe [briːð] oddychać ⟨odetchnąć⟩

breath|less ['breθlɪs] zadyszany, bez tchu; **'~taking** zapierający dech w piersi

bred [bred] past and pp of **breed** 2

breed [briːd] 1. rasa f; 2. (**bred**) rozmnażać ⟨-nożyć⟩ się; animals etc. hodować; **'~er** hodowca m; **'~ing** animals: hodowla f; (upbringing) wychowanie n

breeze [briːz] wietrzyk m

brew [bruː] beer warzyć; tea

etc. zaparzać ⟨-rzyć⟩; **~ery** ['bruərɪ] browar *m*

bribe [braɪb] **1.** łapówka *f*; **2.** przekupywać ⟨-pić⟩; **~ry** ['-ərɪ] łapownictwo *n*

brick [brɪk] cegła *f*; klocek *m*; **'~layer** murarz *m*

bride [braɪd] panna *f* młoda; **~groom** ['-grʊm] pan *m* młody

bridge [brɪdʒ] most *m*; (*game*) brydż *m*

brief [briːf] **1.** krótki, zwięzły; **2.** zrobić odprawę, zorientować; **'~case** aktówka *f*

briefs [briːfs] majtki *pl*

bright [braɪt] *colour:* żywy; *day, room:* jasny; *light:* jaskrawy; (*brainy*) bystry; **'~en**, *a.* **~ up** rozjaśni(a)ć (się); ożywi(a)ć się; **'~ness** jaskrawość *f*, żywość *f*

brilliant ['brɪljənt] lśniący; *career:* świetny, błyskotliwy; *colour:* jasny, jaskrawy; *idea:* znakomity; *person:* błyskotliwy, uzdolniony

brim [brɪm] *hat:* rondo *n*; *glass:* krawędź *f*

bring [brɪŋ] (**brought**) przynosić ⟨-nieść⟩; *people* przyprowadzać ⟨-dzić⟩; (*persuade*) nakłaniać ⟨-łonić⟩ (**to do** do zrobienia); **~ about** ⟨s⟩powodować; **~ round**, **~ to** ⟨o⟩cucić; **~ up** *question etc.* poruszać ⟨-szyć⟩; *child* wychow(yw)ać

British ['brɪtɪʃ] **1.** brytyjski; **2.** Brytyjczyk *m* (-jka *f*); **the ~**

pl Brytyjczycy *pl*

broad [brɔːd] szeroki; *accent:* silny; *field:* rozległy; *hint:* wyraźny; **in ~ daylight** w biały dzień; **'~cast 1.** (**~cast** *or* **~casted**) *radio, TV:* nada(wa)ć; **2.** *radio, TV:* audycja *f*, program *m*; **'~en** poszerzać ⟨-rzyć⟩; **~ jump** *Am. sp.* skok *m* w dal; **'~minded** światły, o szerokich horyzontach

brochure ['brəʊʃə] broszura *f*

broke [brəʊk] **1.** *past of* **break 2;** F spłukany, bez grosza; **'~n 1.** *pp of* **break 2; 2.** rozbity, złamany (*a. fig.*); **~-'hearted** zrozpaczony

broker ['brəʊkə] makler *m*, pośrednik *m*

bronchitis [brɒŋˈkaɪtɪs] *med.* zapalenie *n* oskrzeli

bronze [brɒnz] **1.** brąz *m*, spiż *m*; **2.** spiżowy

brooch [brəʊtʃ] broszka *f*

brook [brʊk] strumyk *m*

broom [bruːm] miotła *f*

brother ['brʌðə] brat *m*; **~s and sisters** *pl* rodzeństwo *n*; **~-in-law** ['-rɪnlɔː] szwagier *m*; **'~ly** braterski

brought [brɔːt] *past and pp of* **bring**

brow [braʊ] czoło *n*; brew *m*

brown [braʊn] **1.** brązowy; **2.** *v/t* przyrumieni(a)ć; *v/i* ⟨z⟩brązowieć

bruise [bruːz] **1.** siniak *m*; **2.** posiniaczyć, kontuzjować

brush [brʌʃ] **1.** szczotka *f*;

paint: pędzel *m*; **2.** ⟨wy⟩szczotkować; **~ up** *knowledge* odświeżać ⟨-żyć⟩

Brussels sprouts [brʌsl-'sprauts] brukselka *f*

brutal ['bruːtl] brutalny; **~ity** [-'tælətɪ] brutalność *f* (*a. fig.*)

brute [bruːt] bydlę *n* (*a. fig.*)

bubble ['bʌbl] **1.** *air etc.*: bańka *f*, bąbel *m*; **2.** *wine*: musować; *water*: bulgotać

buck [bʌk] *Am. sl.* dolar *m*, dolec F

bucket ['bʌkɪt] wiadro *n*

buckle ['bʌkl] **1.** klamra *f*; **2. ~ on** przypiąć

bud [bʌd] **1.** pączek *m*; **2.** pączkować; *fig.* rozwijać się

buddy ['bʌdɪ] F kumpel *m* F

budget ['bʌdʒɪt] budżet *m*

buff [bʌf] maniak *m*, zapaleniec *m*

bug [bʌg] **1.** *zo.* pluskwa *f*; *Am.* insekt *m*, robak *m*; *tech.* F pluskwa *f* F; *computer*: błąd *m* w programie; **2.** założyć podsłuch; **be ~ged** być na podsłuchu

build [bɪld] **1.** (**built**) ⟨z⟩budować, ⟨wy⟩budować; **2.** budowa *f* (*ciała*); '**~er** murarz *m*, budowniczy *m*; '**~ing 1.** budynek *m*; **2.** *adj* budowlany

built [bɪlt] *past and pp of* **build 1**; **~-'in** wbudowany; **~-'up area** *mot.* teren zabudowany

bulb [bʌlb] cebulka *f*; *electr.* żarówka *f*

bulge [bʌldʒ] **1.** wybrzuszenie

n; **2.** wydymać się, wybrzuszać się; *fig.* pękać (**with** od)

bulk [bʌlk] **1.** (*majority*) przeważająca część *f*; (*mass*) masa *f*; (*fat body*) cielsko *n*; '**~y** objętościowo duży; (*cumbersome*) nieporęczny

bull [bul] *zo.* byk *m*; **~doze** wyrówn⟨yw⟩ać (spychaczem)

bullet ['bulɪt] kula *f*

bulletin ['bulətɪn] biuletyn *m*; *radio*: komunikat *m*; **~ board** *Am.* tablica f ogłoszeń

bully ['bulɪ] **1.** F tyran *m*; **2.** tyranizować, terroryzować

bump [bʌmp] **1.** guz *m*; *mot.* stłuczka *f*; *pl on road*: wyboje *pl*; **2.** walnąć/stuknąć (*into/against* w); (*collide*) zderzyć się (*into/against* z); (*meet by accident*) natknąć się (*s.o.* na kogoś); '**~er** zderzak *m*; '**~y** wyboisty

bun [bʌn] (*słodka*) bułeczka *f*; *hair*: kok *m*

bunch [bʌntʃ] pęk *m*, wiązka *f*; *kids etc.*: F paczka *f*, banda *f*; *flowers*: bukiet *m*; *grapes*: kiść *f*

bundle ['bʌndl] **1.** tobołek *m*, zawiniątko *n*; **2.** *a.* **~ up** zbierać ⟨zebrać⟩ do kupy

bungalow ['bʌŋgələu] domek *m* (*parterowy*); *rodzaj domku kempingowego*

bungle ['bʌŋgl] spaprać, spartaczyć

burden ['bɜːdn] **1.** ciężar *m*, *fig. a.* brzemię *n*; **2.** obciążać ⟨-żyć⟩

burger ['bɜːgə] *gastr.* hamburger *m*

burgl|ar ['bɜːglə] włamywacz *m*; **~arize** ['-raɪz] *Am.* → **burgle**; **~ary** ['-rɪ] włamanie *n*; **~e** ['-gl] wł am(yw)ać się (**s.th.** do czegoś)

burial ['berɪəl] pogrzeb *m*

burn [bɜːn] **1.** oparzenie *n*; **2.** (*burnt or burned*) ⟨s⟩palić; *food* przypalać ⟨-lić⟩; **~t** [-t] *past and pp of* **burn** 2

burst [bɜːst] **1.** (*burst*) *v/i* pękać ⟨-knąć⟩; *v/t* rozsadzać ⟨-dzić⟩; **~ into tears** wybuchnąć płaczem; **2.** pęknięcie *n*; (*explosion*) wybuch *m*; *fig.* wybuch *m*, spazm *m*

bury ['berɪ] ⟨po⟩grzebać

bus [bʌs] autobus *m*

bush [bʊʃ] krzak *m*

business ['bɪznɪs] interes *m*, zajęcie *n*; **on ~** służbowo; *that's none of your ~* to nie twój interes; → *mind* 1; **~ hours** *pl* godziny *m* handlu/urzędowania; **'~like** rzeczowy, oficjalny; **'~man** (*pl* **-men**) człowiek *m* interesu; biznesmen *m* F; **'~ trip** podróż *f* służbowa; **'~woman** (*pl* **-women**) kobieta *f* interesu

bus stop przystanek *m* autobusowy

busy ['bɪzɪ] **1.** zajęty; *street:* ruchliwy; *day:* pracowity; *Am. teleph.* zajęty; **be ~ doing s.th.** być zajętym robieniem czegoś; **2. ~ o.s.**

with/in/about s.th. zajmować ⟨-jąć⟩ się czymś

but [bʌt] **1.** *cj* ale, lecz; jednak; *he could not ~ laugh* mógł się tylko ⟨za⟩śmiać; **2.** *prp* oprócz, poza; *all ~ him* wszyscy oprócz niego; *the last ~ one* przedostatni; *nothing ~ ...* nic tylko ...

butcher ['bʊtʃə] rzeźnik *m*

butter ['bʌtə] **1.** masło *n*; **2.** ⟨po⟩smarować masłem; **'~fly** motyl *m*

buttocks ['bʌtəks] *pl* pośladki *pl*, siedzenie *n*

button ['bʌtn] **1.** guzik *m*; **2.** *mst* **~ up** zapinać ⟨-piąć⟩ (na guziki)

buy [baɪ] (*bought*) kupować ⟨-pić⟩; **'~er** kupujący *m*, nabywca *m*

buzz [bʌz] **1.** brzęczenie *n*, buczenie *n*; *voices:* gwar *m*; **2.** ⟨za⟩brzęczeć, bzykać ⟨-knąć⟩

buzzer ['bʌzə] brzęczyk *m*

by [baɪ] **1.** *prp spatial:* przy, obok; *temporal:* (najpóźniej) do ...; *watch:* według; *source, reason:* przez; *distance:* o; *math.* razy; *surface:* na; *math. divided:* przez; *side ~ side* obok siebie; **~ day** za dnia; **~ night** nocą; **~ bus** autobusem; **~ the dozen** na tuziny; **~ my watch** według mojego zegarka; **a play ~** sztuka (napisana przez) ...; **~ an inch** o cal; **2 ~ 4** 2 razy 4; **2m ~ 4m** 2m na 4m; **6 ~ 3** 6 przez 3;

o.s. sam; **2.** *adv* obok, mimo; w pobliżu; → *put by*

bye [baɪ], *a.* **~'bye** *int* pa!, cześć!

'by|-election dodatkowe wybory *pl*; **'~gone** *a.* miniony; **2.** *let ~gones be ~gones*

co się stało to się nie odstanie; **'~pass 1.** *mot.* obwodnica *f*; *med.* bypass *m*; **2.** *obstacle* omijać ⟨ominąć⟩; *issue* ⟨z⟩ignorować; **'~product** produkt *m* uboczny

byte [baɪt] *computer:* bajt *m*

C

cab [kæb] dorożka *f*; (*taxi*) taksówka *f*; **~ rank**, **'~stand** postój *m* taksówek

cabbage ['kæbɪdʒ] kapusta *f*

cabin ['kæbɪn] chata *f*; *mar. a.* kabina *f*, kajuta *f*

cabinet ['kæbɪnɪt] *pol.* gabinet *m*; *medicine:* szaf(k)a *f*; (*cupboard*) kredens *m*

cable ['keɪbl] **1.** kabel *m* (*a. electr.*); (*telegram*) telegram *m*; **2.** ⟨za⟩telegrafować; *TV* okablow(yw)ać; **~car** kolejka *f* linowa

café ['kæfeɪ] kawiarnia *f*

cafeteria [kæfɪ'tɪərɪə] bar *m* (samoobsługowy)

cage [keɪdʒ] klatka *f*

cake [keɪk] (*pastry*) ciastko *n*; *soap:* kostka *f*

calculat|e ['kælkjuleɪt] obliczać ⟨-czyć⟩, wyliczać ⟨-czyć⟩; **~ion** [-'leɪʃn] wyliczenie *n*, wyrachowanie *n*; **~or** kalkulator *m*

calendar ['kælɪndə] kalendarz *m*

calf¹ [kɑːf] (*pl calves* [-vz]) cielę *n*

calf² [-] (*pl calves* [-vz]) łydka *f*

calibre, *Am.* **-ber** ['kælɪbə] kaliber *m*

call [kɔːl] **1.** wołanie *n*, krzyk *m*; *teleph.* rozmowa *f*; *visit:* (krótka) wizyta *f*; *on ~* gotowy na wezwanie; *make a ~* ⟨za⟩telefonować; **2.** *v/t* nazy(wać) (*cry*) ⟨za⟩wołać, wykrzykiwać ⟨-knąć⟩; (*summon*) przywoł(yw)ać; *teleph.* zadzwonić do; *attention* zwrócić (*to* na); *v/i teleph.* ⟨za⟩telefonować; nazywać się; **~ s.o. names** ⟨na⟩wymyślać komuś; **~at** wstępować ⟨-tąpić⟩ do, odwiedzać ⟨-dzić⟩ (miejsce); *rail.* ⟨przy⟩stawać; *harbour* zawijać ⟨-winąć⟩ do; *teleph.* oddzwaniać ⟨-wonić⟩; **~ for** wzywać ⟨wezwać⟩; (*demand*) wymagać; **~ off** odwoł(yw)ać; **~ on s.o.** odwiedzać ⟨-dzić⟩; **'~box** automat *m* telefoniczny; **'~er** osoba *f* telefonująca; (*visitor*) gość *m*

callous ['kæləs] zrogowaciały; *fig.* gruboskórny, nieczuły

calm [kɑːm] **1.** cichy; spokojny; **2.** cisza *f*, spokój *m*; **3.** *often* **~down** *wind*: uciszać ⟨-szyć⟩ się; *person*: uspokajać ⟨-koić⟩ się

calves [kɑːvz] *pl of* **calf**[1, 2]

came [keɪm] *past of* **come**

camel ['kæml] wielbłąd *m*

camera ['kæmərə] aparat *m* fotograficzny; *(cine)* kamera *f*

camouflage ['kæməflɑːʒ] **1.** kamuflaż *m*, maskowanie *n*; **2.** ⟨za⟩maskować

camp [kæmp] **1.** obóz *m*; **2.** obozować

camp chair krzesło *n* składane

campaign [kæm'peɪn] **1.** kampania *f*; **2.** prowadzić kampanię

camp|er ['kæmpə] obozowicz(ka *f*) *m*; *Am.* mikrobus *m* kempingowy; '**~ground** *esp. Am.* → **campsite**; '**~ing** obozowanie *n*; '**~site** pole *n* namiotowe

can[1] [kæn] *v/aux (past* **could**) móc

can[2] [_] **1.** puszka *f*; **2.** puszkować

Canadian [kə'neɪdjən] **1.** nadyjski; **2.** Kanadyjczyk *m* (-jka *f*)

canal [kə'næl] kanał *m*

canary [kə'neərɪ] kanarek *m*

cancel ['kænsl] *flight, concert*

etc. odwoł(yw)ać; *ticket etc.* anulować, unieważni(a)ć

cancer ['kænsə] *med.* rak *m*

candid ['kændɪd] szczery, otwarty

candidate ['kændɪdət] kandydat(ka *f*) *m*

candle ['kændl] świeca *f*; '**~stick** lichtarz *m*

cando(u)r ['kændə] szczerość *f*, otwartość *f*

candy ['kændɪ] *esp. Am.* słodycze *pl*; cukierek *m*

cane [keɪn] laska *f*; *bot.* trzcina *f*

canned [kænd] ... w puszkach, ... w konserwie; *beer*: puszkowy

cannon ['kænən] (*pl* ~, ~**s**) armata *f*

cannot ['kænɒt] nie mogę/ możesz *itd.*

canoe [kə'nuː] czółno *n*

can opener *esp. Am.* → **tin opener**

can't [kɑːnt] F → **cannot**

canteen [kæn'tiːn] stołówka *f*; *(flask)* manierka *f*

canvas ['kænvəs] płótno *n*

cap [kæp] czapka *f*, kaszkiet *m*; *part of uniform*: czepek *m*; *on bottle*: zakrętka *f*

capab|ility [keɪpə'bɪlətɪ] zdolność *f*; '**~le** zdolny (**of** do)

capacity [kə'pæsətɪ] *(volume)* pojemność *f*; *(output)* wydajność *f*

cape [keɪp] przylądek *m*

capital ['kæpɪtl] **1.** *(city)* stolica *f*; *(letter)* duża litera *f*;

econ. kapitał *m*; **2.** *econ.* kapitałowy; F kapitalny F; *jur. punishment*: główny

capital letter duża litera *f*; **~ punishment** kara *f* śmierci

capsize [kæp'saɪz] przewracać ⟨-rócić⟩ (się) do góry dnem

captain ['kæptɪn] kapitan *m*

caption ['kæpʃn] *cartoon*: podpis *m*; *film*: napis *m*

captiv|ate ['kæptɪveɪt] ujmować ⟨-jąć⟩; *fig.* urzekać ⟨-rzec⟩; **~e** jeniec *m*; **~ity** [-'tɪvətɪ] niewola *f*

capture ['kæptʃə] chwytać ⟨-wycić⟩, pojmać, brać ⟨wziąć⟩ do niewoli

car [kɑː] samochód *m*; *rail.* wagon *m*

caravan ['kærəvæn] *Brt.* przyczepa *f* kempingowa

caraway ['kærəweɪ] kminek *m*

carbohydrate [kɑːbəʊ'haɪdreɪt] węglowodan *m*

carbu|ret(t)er, ~ret(t)or [kɑːbə'retə] *mot.* gaźnik *m*

card [kɑːd] karta *f*; **~board** tektura *f*, karton *m*

cardigan ['kɑːdɪgən] sweter *m* rozpinany

cardinal ['kɑːdɪnl] **1.** zasadniczy, kardynalny; **2.** kardynał *m*; **~ number** liczebnik *m* główny

card index kartoteka *f*

care [keə] **1.** opieka *f*, troska *f*; *(attention)* uwaga *f*; **~ of** *(abbr. c/o) address*: na adres

..., u ...; *take* **~** uważać ⟨-żyć⟩; *take* **~ of** zajmować ⟨-jąć⟩ się; *with* **~!** ostrożnie!; **2.** niepokoić się *(about* o); lubić *(for* **s.o.** kogoś); dbać, troszczyć się *(~ for* o); *I don't* **~!** nic mnie to nie obchodzi!

career [kə'rɪə] kariera *f* zawodowa

care|free beztroski; **'~ful** ostrożny; *be* **~!** uważaj!; **'~less** niedbały, nieostrożny

caress [kə'res] **1.** pieszczota *f*; **2.** pieścić

'caretaker dozorca *m* (-rczyni *f*)

cargo ['kɑːgəʊ] *(pl -go⟨e⟩s)* ładunek *m*

carnation [kɑː'neɪʃn] goździk *m*

carol ['kærəl] kolęda *f*

car park *Brt.* parking *m*

carpet ['kɑːpɪt] dywan *m*

carriage ['kærɪdʒ] powóz *m*; *Brt. rail.* wagon *m*; koszt(y) *m (pl)* transportu

carrier ['kærɪə] przewoźnik *m*; med. nosiciel *m*; *bicycle*: bagażnik *m*; **~ bag** *esp. Brt.* (papierowa/plastikowa) torba *f*

carrot ['kærət] marchew *f*

carry ['kærɪ] nosić ⟨nieść⟩; *(have on one)* nosić/mieć przy sobie; *(transport)* przewozić ⟨-wieźć⟩; **~ on** kontynuować; **~ out** wykonywać, wcielać ⟨-lić⟩ w życie; **~ through** przeprowadzać ⟨-dzić⟩ do końca; **'~cot** *Brt.*

rodzaj torby-łóżeczka do przenoszenia dziecka

cart [kɑːt] wóz *m*

cartoon [kɑːˈtuːn] (*drawing*) dowcip *m* rysunkowy; (*caricature*) karykatura *f*; *Brt.* (*comic strip*) komiks *m*; *film:* film *m* rysunkowy

cartridge [ˈkɑːtrɪdʒ] nabój *m*; *phot.* kaseta *f*; *record-player:* wkładka *f*; *tech.* wkład *m*

carve [kɑːv] *meat* ‹u›kroić; *in wood etc.:* wycinać ‹-ciąć›, ‹wy›rzeźbić; **~er** snycerz *m*

car wash myjnia *f* (samochodowa)

case[1] [keɪs] skrzynka *f*; *violin etc.:* futerał *m*; *glass:* gablotka *f*

case[2] [-] przypadek *m*; *jur.* sprawa *f*; **in ~** (*that*) na wypadek

cash [kæʃ] **1.** gotówka *f*; **~ down** (*zapłata*) w gotówce; **in ~** gotówką; **~ in advance** opłata (gotówką) z góry; **~ on delivery** (*abbr.* **COD**) za pobraniem (pocztowym); **short of ~** bez gotówki; **2.** *cheque etc.* podejmować ‹-djąć›; **~ desk** *dep. store etc.:* kasa *f*; **~ dispenser** automat *m* bankowy; **~ier** [-ˈʃɪə] kasjer(ka *f*) *m*

cassette [kæˈset] kaseta *f*; **~ radio** radiomagnetofon *m*; **~ recorder** magnetofon *m* kasetowy

cast [kɑːst] **1.** rzut *m*; *tech.* odlew *m*; *med.* opatrunek *m*

gipsowy; *thea., film:* obsada *f*; **2.** (**cast**) *tech.* odlewać ‹-lać›; **~ iron** żeliwo *n*; *thea., film:* obsadzać ‹-dzić›

castle [ˈkɑːsl] zamek *m*; *chess:* wieża *f*

casual [ˈkæʒuəl] przypadkowy, nie planowany; *remark:* zdawkowy; *smile:* niewymuszony; *~ wear* niedbały strój *m*; **~ty** [ˈ-tɪ] nieszczęście *n*, wypadek *m*; *mil.* zabity/ranny *m*; **casualties** *pl* ofiary *pl* (wypadku), *mil.* straty *pl* w ludziach; *a.* **~ ward** oddział *m* urazowy

cat [kæt] kot *m*

catalogue, *Am.* **-log** [ˈkætəlɒg] **1.** katalog *m*; **2.** ‹s›katalogować

catalytic converter [kætəˈlɪtɪk kənˈvɜːtə] *mot.* katalizator *m*

catastrophe [kəˈtæstrəfɪ] nieszczęście *n*, katastrofa *f*; (*esp.* **natural**) ~ klęska *f* żywiołowa

catch [kætʃ] **1.** *fish:* połów *m*; *door, window:* zatrzask *m*, haczyk *m*; *lock:* zapadka *f*; (*hidden difficulty*) haczyk *m*, pułapka *f*; **2.** (**caught**) (*seize*) ‹z›łapać, chwytać ‹-wycić›; (*get stuck in*) zahaczać ‹-czyć›, zaczepi(a)ć (się); **~ (a) cold** przeziębi(a)ć się; **~ up (with)** doganiać ‹-gonić›

category [ˈkætəgərɪ] kategoria *f*

cater ['keɪtə] zaopatrywać ⟨-trzyć⟩, aprowizować **(for s.o./s.th.** coś/kogoś); ⟨za⟩dbać **(for** o); **~er** ['~rə] dostawca *m* żywności

caterpillar ['kætəpɪlə] gąsienica *f*

cathedral [kə'θi:drəl] katedra *f*

Catholic ['kæθəlɪk] **1.** katolicki; **2.** katolik *m* ⟨-liczka *f*⟩

cattle ['kætl] bydło *n*

caught [kɔːt] *past and pp of* **catch** 2

cauliflower ['kɒlɪflaʊə] kalafior *m*

cause [kɔːz] **1.** przyczyna *f*; **2.** ⟨s⟩powodować

caution ['kɔːʃn] **1.** ostrożność *f*; *~!* uwaga!; **2.** ostrzegać ⟨-rzec⟩, przestrzegać ⟨-rzec⟩

cautious ['kɔːʃəs] ostrożny

cave [keɪv] jaskinia *f*, grota *f*

CD [siː'diː] (*abbr. for* **compact disc**) *recording:* płyta *f* kompaktowa; *player:* odtwarzacz *m* kompaktowy

cease [siːs] ⟨za⟩przesta(wa)ć; *~'fire* zawieszenie *n* broni

ceiling ['siːlɪŋ] sufit *m*; *tech., fig.* pułap *m*

celebr|ate ['selɪbreɪt] świętować, obchodzić; *~ity* [sɪ'lebrɪtɪ] *person:* sława *f*, znakomitość *f*

celery ['selərɪ] seler *m*

cell [sel] komórka *f*

cellar ['selə] piwnica *f*

cello ['tʃeləʊ] wiolonczela *f*

cellular phone [seljələ 'fəʊn] telefon *m* komórkowy

cement [sɪ'ment] **1.** cement *m*; *(glue)* spoiwo *n*; **2.** ⟨za-/s⟩cementować; *(glue: together)* zespajać ⟨-poić⟩; *(glue)* przyklejać ⟨-leić⟩

cemetery ['semɪtrɪ] cmentarz *m*

cent [sent] *Am.* cent *m*

center *Am.* → **centre**

centi|grade ['sentɪɡreɪd]: **10 degrees ~** 10 stopni Celsjusza; *'~metre, Am. '~meter* centymetr *m*

central ['sentrəl] środkowy, centralny; *~ heating* centralne ogrzewanie *n*; *'~ize* ⟨s⟩centralizować; *~ processing unit* (*abbr. CPU*) *computer:* procesor *m* (główny)

centre, *Am.* **-ter** ['sentə] środek *m*, *fig.* centrum *n*, ośrodek *m*

century ['sentʃʊrɪ] wiek *m*

ceramics [sɪ'ræmɪks] ceramika *f*

cereal ['sɪərɪəl] **1.** zbożowy; **2.** zboże *n*; *processed food:* płatki *pl* (owsiane, kukurydziane *itp.*)

ceremony ['serɪmənɪ] uroczystość *f*, ceremonia *f*

certain ['sɜːtn] pewny, pewien; *a ~ Mr S.* niejaki pan S.; *'~ly* na pewno, z pewnością; *answer:* naturalnie, oczywiście; *'~ty* pewność *f*

certi|ficate [sə'tɪfɪkət] zaświadczenie *n*, świadectwo

n; **~ficate of birth** metryka *f* urodzin; **~fy** ['sɜːtɪfaɪ] zaświadczać ⟨-czyć⟩, poświadczać ⟨-czyć⟩

chain [tʃeɪn] **1.** łańcuch *m;* **2.** przykuwać ⟨-kuć⟩

chair [tʃeə] krzesło *n;* katedra *f;* **~lift** wyciąg *m* krzesełkowy; '**~man** (*pl* **-men**) przewodniczący *m,* prezes *m;* '**~woman** (*pl* **-women**) przewodnicząca *f,* prezeska *f*

chalk [tʃɔːk] kreda *f*

challenge ['tʃælɪndʒ] **1.** wyzwanie *n;* **2.** wyz(y)wać, rzucać ⟨-cić⟩ wyzwanie

chamber ['tʃeɪmbə] izba *f,* sala *f;* '**~maid** pokojówka *f*

champagne [ʃæm'peɪn] szampan *m*

champion ['tʃæmpjən] orędownik *m;* sp. mistrz(yni *f*) *m;* '**~ship** mistrzostwa *pl*

chance [tʃɑːns] **1.** traf *m,* przypadek *m;* (*opportunity*) szansa *f,* okazja *f* (*of* do); **by ~** przypadkiem; **take a ~** zaryzykować; **take no ~s** nie ryzykować; **2.** zaryzykować; **3.** *adj* przypadkowy

chandelier [ʃændə'lɪə] żyrandol *m*

change [tʃeɪndʒ] **1.** zmieni(a)ć (się); *clothes* przeb(ie)rać się; *money* wymieni(a)ć się; *trains, planes etc.* przesiadać ⟨-siąść⟩ się; **2.** zmiana *f,* odmiana *f;* *travelling:* przesiadka *f;* *money:* drobne *pl;* **for a ~** dla odmiany

channel ['tʃænl] *geogr., radio, TV:* kanał *m*

chaos ['keɪɒs] chaos *m;* **~tic** [-'ɒtɪk] chaotyczny

chap [tʃæp] gość *m,* facet *m F*

chapel ['tʃæpl] kaplica *f*

chapter ['tʃæptə] *book:* rozdział *m;* *cathedral:* kapituła *f*

character ['kærəktə] charakter *m;* litera *f,* czcionka *f;* *novel etc.:* postać *f;* **~istic** [-'rɪstɪk] **1.** charakterystyczny (*of* dla); **2.** właściwość *f,* cecha *f* charakterystyczna; **~ize** ['-raɪz] ⟨s⟩charakteryzować

charge [tʃɑːdʒ] **1.** *battery etc.* ⟨na⟩ładować; *s.o.* oskarżyć (*with* o) (*a. jur.*); *econ. s.o.* obciążyć; *money* ⟨za⟩żądać; zaatakować (*at s.th.* coś); **2.** *electr., mil.* ładunek *m; money:* opłata *f; attack:* szarża *f; person:* podopieczny *m; a. jur.* oskarżenie *n;* **free of ~** nieodpłatnie; **be in ~ of** odpowiadać za

charit|able ['tʃærətəbl] dobroczynny; **~y** miłosierdzie *n;* *organization:* organizacja *f* dobroczynna

charm [tʃɑːm] **1.** urok *m,* wdzięk *m;* (*amulet*) amulet *m;* **2.** oczarować; '**~ing** czarujący

chart [tʃɑːt] mapa *f,* wykres *m; pl* lista *f* przebojów

chase [tʃeɪs] **1.** gonić, ścigać; **2.** pościg *m,* gonitwa *f*

chassis ['ʃæsɪ] (*pl* **~** ['-sɪz])

podwozie n

chat [tʃæt] **1.** gawędzić; **2.** pogawędka f; ~ **show** program z gości w studiu

chatter ['tʃætə] **1.** gadać, trajkotać; *teeth*: szczękać; **2.** *people*: paplanina f; *machines*: terkot m, szczęk m; '~**box** gaduła m

cheap [tʃiːp] tani

cheat [tʃiːt] **1.** oszukiwać ⟨-kać⟩; **2.** oszustwo n; oszust m

check [tʃek] **1.** kontrola f, sprawdzenie n; Am. czek m; Am. kwit m kasowy, rachunek m; Am. kwit m bagażowy; Am. numerek m z szatni; *pattern*: krata; **hold** or **keep in** ~ fig. trzymać w ryzach; **keep a** ~ mieć pod obserwacją (**on s.o.** kogoś); **2.** zatrzym(yw)ać; ~ **in** hotel: ⟨za⟩meldować się; aer. załatwi(a)ć formalności przed lotem; ~ **out** hotel: wymeldow(yw)ać się; ~ **up** zasięgać ⟨-gnąć⟩ informacji (**on** o kimś); (restrain) przytrzym(yw)ać; (examine) sprawdzać ⟨-dzić⟩, ⟨s⟩kontrolować; Am. on a list: odhaczać ⟨-czyć⟩; '~**book** Am. książeczka f czekowa; ~ **card** Am. karta f bankowa; ~**ed** kraciasty, w kratę

checker|board ['tʃekəbɔːd] Am. szachownica f; '~**ed** Am. → **chequered**; '~**s** sg Am. warcaby pl

'**check|-in** hotel: zameldowanie n; aer. odprawa f przed lotem; ~ **counter**, ~ **desk** recepcja f na lotnisku; '~**mate 1.** (szach) mat m; **2.** dać mata; '~**out** hotel: wymeldowanie n się; '~**point** punkt m kontrolny; '~**room** Am. szatnia f; Am. przechowalnia f bagażu; '~**up** med. F badanie n lekarskie

cheek [tʃiːk] policzek m; (impudence) tupet m; '~**y** bezczelny

cheer [tʃɪə] **1.** aplauz m, wiwaty pl; ~**s!** Brt. F na zdrowie!; 2. v/t poprawić humor; a. ~ **on** dopingować; a. ~ **up** rozweselać ⟨-lić⟩; v/i wiwatować; a. ~ **up** rozchmurzyć się; ~ **up!** głowa do góry!; '~**ful** ochoczy, wesoły, pogodny; '~**io** [_rɪ'əʊ] int Brt. F cześć!; '~**less** posępny, ponury

cheese [tʃiːz] ser m

chef [ʃef] szef m kuchni

chemical ['kemɪkl] **1.** chemiczny; **2.** pl chemikalia pl

chemist ['kemɪst] chemik m; *dispensing*: aptekarz m; ~'**s** (**shop**) apteka f; ~**ry** ['-trɪ] chemia f

cheque [tʃek] Brt. czek m; '~**book** Brt. książeczka f czekowa; ~ **card** Brt. karta f bankowa

chequered ['tʃekəd] esp. Brt. kraciasty, w kratę; fig. burzliwy

cherry ['tʃerɪ] wiśnia *f*; *sweet*: czereśnia *f*

chess [tʃes] szachy *pl*; **~board** szachownica *f*

chest [tʃest] skrzynia *f*; (*trunk*) kufer *m*; *anat.* klatka *f* piersiowa; **~ of drawers** komoda *f*

chestnut ['tʃesnʌt] kasztan *m*

chew [tʃuː] żuć; **~ing gum** guma *f* do żucia

chicken ['tʃɪkɪn] kurczę *n*; *as food*: kurczak *m*; **~ pox** [pɒks] ospa *f* wietrzna

chicory ['tʃɪkərɪ] cykoria *f*

chief [tʃiːf] **1.** wódz *m*; **2.** główny, naczelny; **~ly** głównie, zwłaszcza, przede wszystkim

child [tʃaɪld] (*pl children* ['tʃɪldrən]) dziecko *n*; *~birth* poród *m*; **~hood** ['~hʊd] dzieciństwo *n*; **~ish** dziecinny; **~less** bezdzietny; **~like** dziecinny; **~ren** ['tʃɪldrən] *pl of child*

chill [tʃɪl] **1.** chłód *m*, ziąb *m*; *illness*: przeziębienie *n*; (*shiver*) dreszcz *m*; **2.** ⟨s⟩chłodzić, ochładzać ⟨-łodzić⟩, ⟨o⟩studzić; **3.** *adj* → **~y** chłodny, zimny

chimney ['tʃɪmnɪ] komin *m*

chimpanzee [tʃɪmpən'ziː] szympans *m*

chin [tʃɪn] podbródek *m*

china ['tʃaɪnə] porcelana *f*

Chinese [tʃaɪ'niːz] **1.** chiński; **2.** Chińczyk *m*, Chinka *f*

chip [tʃɪp] **1.** (*fragment*) od-

łamek *m*; *on glass etc.*: szczerba *f*; *in gambling*: żeton *m*; *computer*: obwód *m* scalony; kość *f* F; *pl Brt.* frytki *pl*; *pl Am.* czipsy *pl*; **2.** wyszczerbić ⟨-bić⟩

chive(s *pl)* [tʃaɪv(z)] szczypiorek *m*

chlorine ['klɔːriːn] chlor *m*

chocolate ['tʃɒkəlɪt] czekolada *f*; **~s** *pl* czekoladki *pl*

choice [tʃɔɪs] **1.** wybór *m*; **2.** wyborowy, doborowy, luksusowy

choir ['kwaɪə] chór *m*

choke [tʃəʊk] **1.** dusić (się); **2.** *mot.* ssanie *n*

choose [tʃuːz] (*chose, chosen*) wybierać ⟨-brać⟩

chop [tʃɒp] **1.** uderzenie *n* (siekierą *itp.*); *pork, lamb*: kotlet *m*; **2.** ciachać ⟨-chnąć⟩; **~ down** ścinać ⟨ściąć⟩; **~per** tasak *m*; *jest.* F helikopter *m*; **~stick** pałeczka *f* do jedzenia

chord [kɔːd] *mus.* akord *m*

chore [tʃɔː] niewdzięczna praca *f*; czarna robota *f* F

chorus ['kɔːrəs] chór *m*; *in a song*: refren *m*; *revue*: chór *m*

chose [tʃəʊz] *past of choose*; **~n** *pp of choose*

Christ [kraɪst] Chrystus *m*

christen ['krɪsn] ⟨o⟩chrzcić

Christian ['krɪstʃən] **1.** chrześcijański; **2.** chrześcijanin *m* (-janka *f*); **~ity** [.trɪ'ænətɪ] chrześcijaństwo *n*; **~ name** imię *n*

Christmas ['krısməs] Boże
Narodzenie n; **at ~** na
Boże Narodzenie; → **merry**;
~ Day pierwszy dzień świąt
Bożego Narodzenia; **~ Eve**
wigilia f Bożego Narodzenia
chronic ['krɒnɪk] chroniczny
chronicle ['krɒnɪkl] kronika f
chubby ['tʃʌbɪ] pucołowaty
chuck [tʃʌk] F wyrzucać
⟨-cić⟩
church [tʃɜːtʃ] kościół m;
'~yard cmentarz m
cider ['saɪdə] jabłecznik m
(napój)
cigar [sɪ'gɑː] cygaro n
cigaret|te Am. a. **-ret**
[sɪgə'ret] papieros m
cine|camera ['sɪnɪkæmərə]
kamera f filmowa; **'~film** taśma f filmowa
cinema ['sɪnəmə] Brt. kino n
cinnamon ['sɪnəmən] cynamon m
circle ['sɜːkl] **1.** koło n, krąg
m; thea. galeria f (2-go pię-
tra); fig. środowisko n; **2.**
okrążać ⟨-żyć⟩
circuit ['sɜːkɪt] obieg m,
okrążenie n; electr. obwód
m; **short ~** zwarcie n
circulat|e ['sɜːkjuleɪt] pusz-
czać ⟨puścić⟩ w obieg;
~ion [_'leɪʃn] krążenie n;
econ. obieg m
circumstance ['sɜːkəmstəns]
wydarzenie n, wypadek m;
mst pl: okoliczność f; **in or
under no ~s** w żadnym wypadku; **in or under the ~s** w

zaistniałej sytuacji
circus ['sɜːkəs] cyrk m; Brt.
okrągły plac m
citizen ['sɪtɪzn] obywatel(ka
f) m; **'~ship** obywatelstwo n
city ['sɪtɪ] miasto n; **the ℒ** lon-
dyńskie City n; **~ centre** Brt.
centrum n (miasta); **~ hall**
ratusz m
civil ['sɪvl] obywatelski; (polite) uprzejmy; jur. cywilny
civilian [sɪ'vɪljən] **1.** cywil m;
2. cywilny
civiliz|ation [sɪvɪlaɪ'zeɪʃn] cy-
wilizacja f; **~e** ['_laɪz] ⟨u⟩cy-
wilizować
civil rights pl prawa pl oby-
watelskie; **~ servant** urzędnik m państwowy; **~ service**
administracja f państwowa;
~ war wojna f domowa
claim [kleɪm] **1.** (demand)
żądanie n; jur. roszczenia
pl; **2.** (maintain) utrzymywać, twierdzić; (demand)
⟨za⟩żądać; right: rościć sobie
prawo
clamp [klæmp] zacisk m,
klamra f
clap [klæp] **1.** hands: klaśnię-
cie n; on the back etc.: klepnięcie n; **2.** hands klaskać
⟨-snąć⟩; s.o. on the back
etc.: klepać ⟨-pnąć⟩
clarity ['klærətɪ] jasność f,
czystość f
clash [klæʃ] **1.** starcie n, potyczka f, utarczka f; cultures
etc.: kolizja f; metal: szczęk
m; **2.** ścierać ⟨zetrzeć⟩ się;

events: zbiec się w czasie; *metal*: szczękać ⟨-knąć⟩; *colours*: gryźć się F

class [klɑːs] *school*: klasa *f*; *university*: zajęcia *pl*; *Am. graduates etc.*: rocznik *m*

classic ['klæsɪk] **1.** klasyk *m*; *example*: klasyczny przykład *m*; **2.** klasyczny; '**∼al** klasyczny

classi|fication [klæsɪfɪ'keɪʃn] klasyfikacja *f*; '**∼fied** [.-faɪd] *mil., pol.* tajny; **∼fied ad**(**vertisement**) ogłoszenie *n* drobne; **∼fy** ['.-faɪ] ⟨s⟩klasyfikować

class|mate *f* kolega *m*/koleżanka *f* z klasy; '**∼room** klasa *f*, sala *f* szkolna

clause [klɔːz] *jur.* klauzula *f*; *gr.* zdanie *n*

claw [klɔː] **1.** pazur *m*; *bird*: szpon *m*; *crab*: szczypce *pl*; **2.** drapać ⟨-pnąć⟩ pazurami, szarpać ⟨-pnąć⟩ pazurami

clay [kleɪ] glina *f*

clean [kliːn] **1.** *adj* czysty; *sl.* nie biorący już narkotyków; **2.** *adv* całkowicie, równo; **3.** *v/t* ⟨o⟩czyścić; *v/i* sprzątać ⟨-tnąć⟩; **∼ out** wyczyścić; **∼ up** oczyścić, dokładnie sprzątnąć, wysprzątać; '**∼er** sprzątacz(ka *f*) *m*, czyściciel *m*; **∼ dry cleaner('s)**

cleanse [klenz] oczyszczać ⟨oczyścić⟩; '**∼r** płyn *m* czyszczący

clear [klɪə] **1.** *adj statement*: jasny; *picture*: wyraźny;

conscience, water: czysty; (*not touching*) wolny (**of** od) (*a. fig.*); *econ.* netto, czysty; **2.** *adv* jasno, wyraźnie; z dala (**of** od); **3.** *v/t* (*often* **∼ away**) uprzątać ⟨-tnąć⟩; *v/i* usuwać ⟨-sunąć⟩ się; *sky*: rozchmurzyć się; *fog*: podnieść się; **∼ off!** F zjeżdżaj! F; **∼ out** F ulotnić ⟨-nieć⟩ się F; **∼ up** *mystery etc.* wyjaśnić, wyświetlić; *weather*: przejaśnić ⟨-nić⟩ się; '**∼ance** ['.-rəns] oczyszczenie *n*; *formalities*: załatwienie *n* formalności; (*consent*) zgoda *f*, pozwolenie *n*; '**∼ing** ['.-rɪŋ] polana *f*; '**∼ly** wyraźnie; (*obviously*) najwyraźniej

clench [klentʃ] zaciskać ⟨-cisnąć⟩

clergy ['klɜːdʒɪ] duchowieństwo *n*; '**∼man** (*pl* -**men**) duchowny *m*

clerk [klɑːk] urzędnik *m* (-*tka f*); *Am.* recepcjonista *m* (-*tka f*)

clever ['klevə] sprytny, mądry

click [klɪk] **1.** *lock etc.*: szczęknięcie *n*; *tongue*: mlaśnięcie *n*; **2.** *lock*: szczękać ⟨-knąć⟩

cliff [klɪf] skała *f*

climate ['klaɪmɪt] klimat *m*

climax ['klaɪmæks] punkt *m* kulminacyjny

climb [klaɪm] wspinać ⟨-piąć⟩ się; *in the air/sky*: wznosić ⟨-nieść⟩ się; '**∼er** wspinacz *m*; *bot.* pnącze *n*

cling [klɪŋ] (**clung**) (**to**) przylegać ⟨-lgnąć⟩ (do)

clinic ['klɪnɪk] klinika f; '~al kliniczny

clip¹ [klɪp] **1.** wycinać ⟨-ciąć⟩; przycinać ⟨-ciąć⟩; **2.** wycinek m; film etc.: urywek m filmu; video: teledysk m

clip² [_] **1.** spinacz m; hair: klamerka f; ear: klips m; **2.** a. ~ **on** przypinać ⟨-piąć⟩ klamerką itp.

cloakroom ['kləʊkruːm] toaleta f; esp. Brt. szatnia f, garderoba f

clock [klɒk] **1.** wall, grand-father, tower: zegar m; **2.** tech. licznik m (liczb.); ~ **in, ~ on** wybi(ja)ć godzinę przyjścia na karcie zegaro-wej; ~ **out, ~ off** wybi(ja)ć godzinę wyjścia na karcie zegarowej; '~wise w kierun-ku wskazówek zegara; '~work mechanizm m (zega-rowy)

clog [klɒg] **1.** chodak m; ~ **up** zatykać ⟨-tkać⟩ (się), za-pychać ⟨-pchać⟩ się

close 1. [kləʊs] adj bliski; friend: serdeczny, bliski; in-spection s.: szczegółowy, gruntowny; atmosphere: duszny, parny; print etc.: gęs-ty, zwarty; **2.** [kləʊs] adv bli-sko; ~ **by** w pobliżu; ~ **at hand** pod ręką; **3.** [kləʊz] v/t zamykać ⟨-mknąć⟩; meet-ing etc. zakańczać ⟨-koń-czyć⟩; v/i zamykać ⟨-mknąć⟩ się; ~ **down** station, channel

zakończyć nadawanie; ~ **in** darkness, night: zbliżać się; ~ **up** people: ściśni(a)ć się

closet ['klɒzɪt] esp. Am. szaf(-k)a f

close-up ['kləʊsʌp] phot. etc. zbliżenie n

cloth [klɒθ] materiał m, tkani-na f

clothe [kləʊð] odzi(ew)ać, ub(ie)rać

clothes [kləʊðz] odzież f, ubranie n

cloud [klaʊd] **1.** chmura f, obłok m; **2.** sky: zachmurzyć (się); glass: zamglić (się); liq-uid: zmącić się; '~burst oberwanie n chmury; '~y pochmurny

clove [kləʊv] spice: goździk m

club [klʌb] **1.** klub m; (stick) pałka f; sp. kij m do golfa; pl cards: trefl m; **2.** uderzać ⟨-rzyć⟩ (pałką)

clue [kluː] trop m, ślad m, wskazówka f

clump [klʌmp] brył(k)a f; trees: kępa f

clumsy ['klʌmzɪ] niezdarny, niezgrabny

clung [klʌŋ] past and pp of cling

clutch [klʌtʃ] **1.** chwyt m; mot. sprzęgło n; **2.** trzymać (kur-czowo), ściskać ⟨-snąć⟩ w rękach

coach [kəʊtʃ] **1.** Brt. mot. autokar m; Brt. rail. wa-gon m; sp. trener m; **2.** dawać korepetycje (**s.o.** komuś);

sp. trenować ⟨**s.o.** kogoś⟩

coal [kəʊl] węgiel *m*

coarse [kɔːs] *cloth*: szorstki, chropowaty; *person*: nieokrzesany

coast [kəʊst] wybrzeże *n*; **'~al** przybrzeżny

coat [kəʊt] **1.** płaszcz *m*, palto *n*; (*layer*) warstwa *f*; **2.** *with paint etc.*: pokry(wa)ć; **'~ing** warstwa *f*, powłoka *f*; **~ of arms** herb *m*

coax [kəʊks] *v/t* nakłaniać ⟨-łonić⟩ (*pochlebstwem itp.*) ⟨**s.o. into doing s.th.** kogoś do zrobienia czegoś⟩; *v/i* przymilać się

cobweb ['kɒbweb] pajęczyna *f*

cock [kɒk] **1.** *zo.* kogut *m*; **2.** (*lift*) podnosić ⟨-nieść⟩; *mil.* odwieść kurek ⟨**s.th.** u czegoś⟩

'cockpit kokpit *m*, kabina *f* pilota

cockroach ['kɒkrəʊtʃ] karaluch *m*

cocoa ['kəʊkəʊ] kakao *n*

cod [kɒd] dorsz *m*

code [kəʊd] **1.** kod *m*; (*rules*) kodeks *m*; **2.** ⟨za⟩kodować

coffee ['kɒfɪ] kawa *f*; **~ bar** *Brt.* kawiarnia *f*

coffin ['kɒfɪn] trumna *f*

coherent [kəʊ'hɪərənt] spójny, logiczny

coil [kɔɪl] **1.** *v/t a.* **~ up** zwijać ⟨zwinąć⟩; *v/i* okręcać ⟨-cić⟩ się, owijać ⟨owinąć⟩ się; **2.** zwój *m*; *electr.* cewka *f*;

med. spirala *f*

coin [kɔɪn] **1.** moneta *f*; **2.** *word* ⟨u⟩tworzyć

coincide [kəʊɪn'saɪd] zbiec się; **~nce** [~'ɪnsɪdəns] zbieg *m* okoliczności

cold [kəʊld] **1.** zimny; *I'm (feeling)* ~ zimno mi; → *blood*; **2.** zimno *n*; (*illness*) przeziębienie *n*

collaborate [kə'læbəreɪt] współpracować

collaps|e [kə'læps] **1.** zawalać ⟨-lić⟩ się; (*faint*) ⟨za⟩słabnąć; **2.** upadek *m*, krach *m*; **~ible** składany

collar ['kɒlə] kołnierz(yk) *m*; *dog*: obroża *f*; **'~bone** obojczyk *m*

colleague ['kɒliːg] kolega *m* ⟨-leżanka *f*⟩

collect [kə'lekt] **1.** *v/t* (*pick up*) odbierać ⟨odebrać⟩; (*gather*) ⟨z⟩gromadzić, zbierać ⟨zebrać⟩; *money* ⟨za⟩inkasować; *v/i* zbierać ⟨zebrać⟩ się; kwestować, zbierać ⟨zebrać⟩ na tacę; **2.** *adv.: a.* **on delivery** (*abbr.* **COD**) *Am.* za pobraniem, za zaliczeniem pocztowym; **call** ~ *Am.* zamówić rozmowę na koszt odbiorcy; ~ **call** *Am.* rozmowa *f* na koszt odbiorcy *F*; **~ed** *fig.* opanowany, skupiony; **~ion** [~kʃn] zbiór *m*, kolekcja *f*; (*picking up*) odbiór *m*; *econ.* inkaso *n*; *eccl.* kwesta *f*; **~ive** zbiorowy, zbiorczy

college ['kɒlɪdʒ] uczelnia *f*;

rodzaj szkoły wyższej; form. kolegium n

collide [kə'laɪd] zderzać ⟨-rzyć⟩ się

collision [kə'lɪʒn] zderzenie n

colloquial [kə'ləʊkwɪəl] potoczny

colonel ['kɜːnl] pułkownik m

colony ['kɒlənɪ] kolonia f

colo(u)r ['kʌlə] **1.** kolor m, barwa f; *pl mil.* sztandar m, *mar.* bandera f; **2.** *v/t* ⟨u⟩farbować; *v/i person:* ⟨za⟩czerwienić się; '**~-blind** nie rozróżniający kolorów'; '**~ed** **1.** barwny, kolorowy; **2.** kolorowy m (-wa f); *pl* kolorowi pl; '**~fast** o trwałych kolorach; '**~ful** *a. fig.* barwny

column ['kɒləm] kolumna f; *print.* szpalta f

comb [kəʊm] **1.** grzebień m; **2.** ⟨u⟩czesać ⟨się⟩

combat ['kɒmbæt] **1.** bój m; **2.** zwalczać

combin|ation [kɒmbɪ'neɪʃn] połączenie n; kombinacja f; **~e** [kəm'baɪn] ⟨po⟩łączyć ⟨się⟩

come [kʌm] (**came, come**) przyby(wa)ć; *on foot a.:* przychodzić ⟨przyjść⟩, *riding, driving etc. a.:* przyjeżdżać ⟨-jechać⟩; **~ across** natykać ⟨-tknąć⟩ się na; *person:* ⟨z⟩robić wrażenie; **~ along** nadchodzić ⟨-dejść⟩; *(join)* przyłącza ⟨-czyć⟩ się (**with** do); **~ apart** rozpadać ⟨-paść⟩ się, rozlatywać ⟨-le-

cieć⟩ się; **~ by** wejść w posiadanie; *visitor:* zachodzić ⟨zajść⟩, wpadać ⟨wpaść⟩; **~ in!** wejść!; **~ off** *button etc.:* odpadać ⟨-paść⟩; **~ on!** dalej(że)!; **~ round** *visitor:* wpadać ⟨wpaść⟩, zaglądać ⟨zajrzeć⟩; **~ to** przychodzić ⟨przyjść⟩ do siebie

comed|ian [kə'miːdjən] komik m; **~y** ['kɒmədɪ] komedia f

comfort ['kʌmfət] **1.** wygoda f; *(consolation)* pociecha f; **2.** pocieszać ⟨-szyć⟩; '**~able** wygodny

comic|(al) ['kɒmɪk(əl)] komiczny; **~s** *pl* komiksy *pl*

command [kə'mɑːnd] **1.** rozkaz m; *mil.* dowództwo n; **2.** rozkaz(yw)ać; *mil.* dowodzić; **~er** dowódca m; **~er in chief** [-ərɪn'tʃiːf] naczelny wódz m; **~ment** przykazanie n

commemorate [kə'meməreɪt] ⟨u⟩czcić (pamięć)

comment ['kɒment] **1.** komentarz m, uwaga f (**on** *s.th.* na temat czegoś); **no ~!** bez komentarzy!; **2.** ⟨s⟩komentować (**on** *s.th.* coś)

commerce ['kɒmɜːs] handel m

commercial [kə'mɜːʃl] **1.** handlowy, komercyjny; *product:* (ogólnie) dostępny na rynku; **2.** *radio, TV:* reklama f

commission [kə'mɪʃn] **1.** *work of art etc.*: zamówienie *n*; *econ.* prowizja *f*; (*committee*) komisja *f*; *mil.* patent *m* oficerski; **2.** zamawiać ⟨-mówić⟩; *mil.* mianować oficerem; **~er** [-ʃnə] komisarz *m*, pełnomocnik *m*

commit [kə'mɪt] poświęcać ⟨-cić⟩ (**to** s.th. czemuś); *crime* popełni(a)ć; **~ o.s.** zobowiąz(yw)ać się (**to** do); **~ment** poświęcenie *n* się; (*obligation*) zobowiązanie *n*; **~tee** [-tɪ] komitet *m*

common ['kɒmən] wspólny; (*ordinary*) pospolity; **have** s.th. **in ~** mieć coś wspólnego; **2 Market** Wspólny Rynek *m*; *pl* **the 2s** *GB parl.* Izba Gmin; **~ sense** zdrowy rozsądek *m*; '**~place** pospolity, banalny

commotion [kə'məʊʃn] tumult *m*, zamieszanie *n*

communal ['kɒmjʊnl] wspólny, społeczny; (*municipal*) komunalny

communicat|e [kə'mju:nɪkeɪt] *v/t* przekaz(yw)ać; *v/i* porozumie(-mieć) się; **~ion** [-'keɪʃn] porozumienie *n*; *pl* łączność *f*; **~ive** [kə'mju:nɪkətɪv] rozmowny, towarzyski

communis|m ['kɒmjʊnɪzm] komunizm *m*; **~t** ['-ɪst] **1.** komunista *m* (-tka *f*); **2.** komunistyczny

community [kə'mju:nətɪ] społeczność *f*

commute [kə'mju:t] *rail. etc.* dojeżdżać; **~r** dojeżdżający *m*; **~r train** pociąg *m* podmiejski

compact 1. ['kɒmpækt] *s* puderniczka *f*; **2.** [kəm'pækt] *adj* zwarty, spoisty; (*small*) niewielkich rozmiarów; *style:* zwięzły; **~ disc → CD**

companion [kəm'pænjən] towarzysz(ka *f*) *m* (podróży *itp.*), osoba *f* towarzysząca

company ['kʌmpənɪ] towarzystwo *n*; *econ.* firma *f*, przedsiębiorstwo *n*; *mil.* kompania *f*; *thea.* trupa *f*; **keep** s.o. **~** dotrzym(yw)ać komuś towarzystwa

compar|able ['kɒmpərəbl] porównywalny; **~ative** [kəm'pærətɪv] *adj* względny; *study:* porównawczy; **~e** [-'peə] *v/t* porówn(yw)ać; *v/i* da(wa)ć się porównać; **~ison** [-'pærɪsn] porównanie *n*

compartment [kəm'pɑ:tmənt] przegródka *f*; *rail.* przedział *m*

compass ['kʌmpəs] kompas *m*; *pl, a.* **pair of ~es** cyrkiel *m*

compatible [kəm'pætəbl] możliwy do pogodzenia, zgodny; **be ~** pasować do siebie (**with** z); *computer etc.*: być kompatybilnym (**with** z)

compensat|e ['kɒmpenseɪt] s.o. wynagrodzić (komuś);

(*balance*) wyrówn(yw)ać; **~ion** [-'seɪʃn] odszkodowanie *n*, rekompensata *f*

compete [kəm'pi:t] ubiegać się (*for* o); współzawodniczyć; *sp.* uczestniczyć w zawodach

competen|ce, **~cy** ['kɒmpɪtəns, '-sɪ] fachowość *f*; znajomość *f* rzeczy, kompetencja *f*; **~t** ['-nt] fachowy, kompetentny

competit|ion [kɒmpɪ'tɪʃn] współzawodnictwo *n*; *econ.* konkurencja *f*; *sp.* zawody *pl*; **~ive** [kəm'petətɪv] konkurujący ze sobą; *person:* zdolny/chętny do współzawodnictwa; **~or** [-tɪtə] *sp.* współzawodnik *m* (-niczka *f*); *econ.* konkurent(ka *f*) *m*

complain [kəm'pleɪn] ⟨po⟩skarżyć się (*about/of* s.th. na coś, **to** *s.o.* komuś), narzekać (*about/of* na); (*protest formally*) składać ⟨złożyć⟩ skargę; **~t** [-t] skarga *f*; *med.* dolegliwość *f*

complete [kəm'pli:t] **1.** całkowity, zupełny, kompletny; **2.** ⟨u⟩kończyć, zakańczać ⟨-kończyć⟩

complexion [kəm'plekʃn] cera *f*

complicated ['kɒmplɪkeɪtɪd] skomplikowany

compliment 1. ['kɒmplɪmənt] komplement *m*; **2.** ['-ment] *s.o.* powiedzieć komplement; (*congratulate*) pogra-

tulować (*on* s.th. czegoś)

component [kəm'pəʊnənt] składnik *m*

compos|e [kəm'pəʊz] składać ⟨złożyć⟩; *mus.* komponować; **be ~ed of** składać się z; **~e o.s.** uspokajać ⟨-koić⟩ się, opanow(yw)ać się; **~ed** spokojny, opanowany; **~er** kompozytor(ka *f*) *m*; **~ition** [kɒmpə'zɪʃn] kompozycja *f*; (*essay*) wypracowanie *n*; **~ure** [kəm'pəʊʒə] zimna krew *f*, spokój *m*

compound 1. [kəm'paʊnd] ⟨z⟩mieszać, ⟨po⟩łączyć; **2.** ['kɒmpaʊnd] *adj* złożony; *med. fracture:* skomplikowany; **3.** ['kɒmpaʊnd] połączenie *n*; *chem.* związek *m*

comprehen|d [kɒmprɪ'hend] pojmować ⟨-jąć⟩; **~sion** [-ʃn] zrozumienie *n*; *beyond* **~sion** nie do pojęcia, niepojęty; **~sive** [-sɪv] **1.** obszerny, wyczerpujący; **2.** *a.* **~sive school** Brt. typ szkoły o szerokim profilu

compress [kəm'pres] ⟨s⟩kondensować, sprężać ⟨-żyć⟩

compromise ['kɒmprəmaɪz] **1.** kompromis *m*; **2.** *v/t* ⟨s⟩kompromitować; *v/i* zawierać ⟨-wrzeć⟩ kompromis/ugodę

compuls|ion [kəm'pʌlʃn] przymus *m*; **~ive** [-sɪv] nałogowy; (*irresistible*) taki, od którego nie ma sposób się oderwać; **~ory** [_sərɪ] przymusowy, obowiązkowy

computer [kəm'pju:tə] komputer *m*; **~ science** informatyka *f*

conceal [kən'si:l] ukryć

conceit [kən'si:t] zarozumiałość *f*, zadufanie *n*; **~ed** zarozumiały

conceiv|able [kən'si:vəbl] możliwy do wyobrażenia; **~e** [_'si:v] *v/t* wyobrazić sobie (**of s.th.** coś); *v/t* pojmować ⟨-jąć⟩; *child* poczynać ⟨-cząć⟩

concentrate ['kɒnsəntreɪt] ⟨s⟩koncentrować się; skupi(a)ć się (**on** na)

concern [kən'sɜːn] **1.** (*care*) troska *f*; (*business*) zainteresowanie *n*; *econ.* firma *f*, przedsiębiorstwo *n*; **2.** ⟨do⟩tyczyć; **~ o.s. with** interesować się; **~ed** (*anxious*) zaniepokojony, niespokojny; (*involved*) zainteresowany

concert ['kɒnsət] koncert *m*; **~o** [kən'tʃeətəʊ] *mus. piece*: koncert *m*

concession [kən'seʃn] ustępstwo *n*

conclu|de [kən'klu:d] doprowadzać ⟨-dzić⟩ do końca; *agreement* zawrzeć; **~sion** [_ʒn] koniec *m*, zakończenie *n*; **~sive** [_sɪv] ostateczny, rozstrzygający

concrete[1] ['kɒnkri:t] konkretny

concrete[2] ['_] beton *m*

condemn [kən'dem] potępi(a)ć; (*sentence*) skaz⟨yw⟩ać; **~ation** [kɒndem'neɪʃn] potępienie *n*

condescend [kɒndɪ'send] raczyć (**to do s.th.** coś zrobić); *to people*: zniżać ⟨-żyć⟩ się do poziomu; **~ing** protekcjonalny

condition [kən'dɪʃn] **1.** stan *m*; *sp.* forma *f*; *pl* warunki *pl*; **on ~ that** pod warunkiem że; **2.** uwarunkować; (*mould*) wychow⟨yw⟩ać; **~al** [_ʃənl] warunkowy

condole [kən'dəʊl] wyrażać ⟨-razić⟩ współczucie (**with s.o.** komuś); **~nce** *mst pl* kondolencje *pl*

condom ['kɒndəm] prezerwatywa *f*

conduct 1. ['kɒndʌkt] zachowanie *n*, prowadzenie (się); **2.** [kən'dʌkt] prowadzić; *phys.* przewodzić; *mus.* dyrygować; **~or** [_'dʌktə] konduktor *m*; *mus.* dyrygent *m*; *phys.* przewodnik *m*

confection [kən'fekʃn] wyrób *m* cukierniczy; **~er** [_ʃnə] cukiernik *m*; **~ery** [_ʃnərɪ] słodycze *pl*; *business*: cukiernictwo *n*

confer [kən'fɜː] *v/t title etc.* nada(wa)ć; *v/i* naradzać ⟨-dzić⟩ się; **~ence** ['kɒnfərəns] konferencja *f*

confess [kən'fes] wyzna(wa)ć; **~ion** [_'feʃn] wyznanie *n*; (*admission of guilt*) przyznanie się (do winy); *eccl.* spowiedź f

confide [kənˈfaɪd] powierzać ⟨-rzyć⟩; zwierzać ⟨-rzyć⟩ się (*in s.o.* komuś)

confiden|ce [ˈkɒnfɪdəns] zaufanie n; (*self-assurance*) pewność f siebie; '**.t** ufny, pewny (siebie); '**.tial** [-ˈdenʃl] poufny

confine [kənˈfaɪn] zamykać ⟨-mknąć⟩, ⟨u⟩więzić; ograniczać ⟨-czyć⟩; *be .d* ograniczać się (*to* do); *be .ed to bed* być przykutym do łóżka; **.ment** (u)więzienie n

confirm [kənˈfɜːm] potwierdzać ⟨-dzić⟩; **.ation** [kɒnfəˈmeɪʃn] potwierdzenie n

conflict 1. [ˈkɒnflɪkt] konflikt m; **2.** [kənˈflɪkt] kolidować (*with* z)

conform [kənˈfɔːm] dostosow(yw)ać się (*to* do)

confront [kənˈfrʌnt] stawiać ⟨postawić⟩ przed; *problem etc.* stawi(a)ć czoła

confuse [kənˈfjuːz] ⟨po⟩mylić; (*bewilder*) ⟨z⟩dezorientować; (*complicate*) ⟨s⟩komplikować; **.ed** zdezorientowany; **.ing** mylący, dezorientujący; **.ion** [-ʒn] (*chaos*) zamieszanie n

congested [kənˈdʒestɪd] zatłoczony, przeciążony; **.ion** [-tʃən] *a. traffic* **.ion** zator m

congratulat|e [kənˈgrætʃʊ-

leɪt] ⟨po⟩gratulować; **.ion** [-ˈleɪʃn] gratulacje *pl*; **.s!** gratuluję!

congregation [kɒŋgrɪˈgeɪʃn] *eccl.* parafia f, parafianie *pl*

congress [ˈkɒŋgres] kongres m, zjazd m

conjur|e [ˈkʌndʒə] ⟨wy⟩czarować; [kənˈdʒʊə] zaklinać, błagać; **.er, .or** [ˈkʌndʒərə] magik m, sztukmistrz m

connect [kəˈnekt] ⟨po⟩łączyć; *electr.* podłączać ⟨-czyć⟩ (*to* do); *rail. etc.* korespondować (*with* z); **.ed** powiązany, związany; *electr.* podłączony; **.ion** *transport:* połączenie n; (*association*) związek m

conque|r [ˈkɒŋkə] zdoby(wa)ć, podbi(ja)ć; **.ror** [-ˌrə] zdobywca m; **.st** [ˈkɒŋkwest] podbój m

conscien|ce [ˈkɒnʃəns] sumienie n; **.tious** [kɒnʃɪˈenʃəs] sumienny

conscious [ˈkɒnʃəs] świadomy; **.ness** świadomość f

conscript 1. [kənˈskrɪpt] *mil.* powoł(yw)ać do wojska; **2.** [ˈkɒnskrɪpt] *mil.* poborowy m; **.ion** [kənˈskrɪpʃn] *mil.* pobór m; służba f wojskowa

consent [kənˈsent] **1.** zgoda f, przyzwolenie n; **2.** zgadzać ⟨zgodzić⟩ się

consequen|ce [ˈkɒnsɪkwəns] skutek m, następstwo n; **.tly** [ˈ-tlɪ] wskutek tego

conserv|ation [kɒnsəˈveɪʃn]

environment: ochrona *f* przyrody; *art*: konserwacja *f*;
~ationist [-ʃnɪst] ekolog *m* F; **~ative** [kən'sɜːvətɪv] **1.** konserwatywny; **2.** *pol. mst* ♀ członek/zwolennik partii konserwatywnej; **~e** [-'sɜːv] oszczędzać ⟨-dzić⟩

consider [kən'sɪdə] (*believe*) uważać; (*contemplate*) rozważać ⟨-żyć⟩; **~able** [-rəbl] znaczny; **~ably** znacznie; **~ate** [-rət] *person*: delikatny; **~ation** [-'reɪʃn] (*deliberation*) rozważenie *n*; (*factor*) kwestia *f*; (*thoughtfulness*) wzgląd *m*; **~ing** [-'sɪdərɪŋ] zważywszy na

consist [kən'sɪst] składać się (*of s.th.* z czegoś); **~ence**, **~ency** [-əns, -ənsɪ] konsekwencja *f*; *substance*: konsystencja *f*; **~ent** konsekwentny

consol|ation [kɒnsə'leɪʃn] pociecha *f*; **~e** [kən'səʊl] pocieszać ⟨-szyć⟩

conspicuous [kən'spɪkjʊəs] rzucający się w oczy, wyraźny

constable ['kʌnstəbl] *Brt.* posterunkowy *m*

constant ['kɒnstənt] stały

constituency [kən'stɪtjʊənsɪ] okręg *m* wyborczy

constitute ['kɒnstɪtjuːt] stanowić; (*make up*) składać ⟨złożyć⟩ się na

constitution [kɒnstɪ'tjuːʃn] *pol.* konstytucja *f*; *health*: konstytucja *f* (fizyczna);

~al [-ʃənl] konstytucyjny

construct [kən'strʌkt] ⟨s⟩konstruować; *building* ⟨z⟩budować; **~ion** [-kʃn] budowa *f*, konstrukcja *f*; *under* **~ion** w budowie; **~ion site** budowa *f*, plac *m* budowy; **~ive** konstruktywny; **~or** konstruktor *m*

consul ['kɒnsəl] konsul *m*; **~ate** ['-sjʊlət] konsulat *m*

consult [kən'sʌlt] *v/t* ⟨po⟩radzić się, zasięgać ⟨-gnąć⟩ porady u; *book etc.* zaglądać ⟨zajrzeć⟩ do; *v/i* naradzać ⟨-dzić⟩ się; **~ant** doradca *m*; *Brt.* lekarz-specjalista *m*; **~ation** [kɒnsəl'teɪʃn] konsultacja *f* ⟨-cje *pl*⟩; **~ing** hour (zamówiona) wizyta *f* u lekarza; **~ing room** gabinet *m* lekarski

consum|e [kən'sjuːm] zużywać); *food* ⟨s⟩konsumować; **~er** konsument *m*; (*user*) użytkownik *m*; **~er goods** *pl* artykuły *pl* konsumpcyjne; **~ption** ['-sʌmpʃn] konsumpcja *f*; *energy etc.*: zużycie *n*

contact ['kɒntækt] **1.** kontakt *m*; **2.** ⟨s⟩kontaktować się (*s.o.* z kimś); **~lens** szkło *n* kontaktowe

contagious [kən'teɪdʒəs] *med.* zakaźny; *fig.* zaraźliwy

contain [kən'teɪn] (*hold*) zawierać; (*restrain*) ⟨za⟩panować nad; **~er** pojemnik *m*; *shipping*: kontener *m*

contaminat|e [kən'tæmɪneɪt] zanieczyszczać ‹-czyścić›; (*irradiate*) skażać ‹skazić›; **~ion** [-'neɪʃn] zanieczyszczenie *n*; *with radiation*: skażenie *n*

contemplate ['kɒntempleɪt] (*consider*) rozważać ‹-żyć›; (*look*) przyglądać się

contemporary [kən'tempərəri] **1.** współczesny; **2.** człowiek *m* dzisiejszy/współczesny

contempt [kən'tempt] pogarda *f*; *with* ~ pogardy; **~uous** [-.tʃʊəs] pogardliwy

content¹ ['kɒntent] *a. pl* zawartość *f*

content² [kən'tent] **1.** zadowalać ‹-wolić›, zaspokajać ‹-koić›; **2.** zadowolony; ~ *o.s. with* zadowalać się, poprzestać na; **~ed** zadowolony, zaspokojony

contest 1. ['kɒntest] *beauty*: konkurs *m*; (*struggle*) rywalizacja *f*; **2.** [kən'test] ubiegać się o; *jur.* podważać ‹-żyć›; **~ant** [kən'testənt] współzawodnik *m* (-niczka *f*); rywal(ka *f*) *m*

continent ['kɒntɪnənt] kontynent *m*; *the* ♀ *Brt.* Europa *f* (*poza Wlk. Brytanią*); **~al** [-'nentl] kontynentalny

continu|al [kən'tɪnjʊəl] nieustanny; **~ation** [-'eɪʃn] kontynuacja *f*; **~e** [-'tɪnjuː] *v/t s.th.* kontynuować; *to do s.th.* robić coś dalej; *to be* **~ed** ciąg dalszy nastąpi; *v/i* trwać (dalej), ciągnąć się; **~ity** [kɒntɪ'njuːətɪ] ciągłość *f*; **~ous** [kən'tɪnjʊəs] ciągły

contracept|ion [kɒntrə'sepʃn] antykoncepcja *f*, zapobieganie *n* ciąży; **~ive** [-.tɪv] *adj and s* (środek *m*) antykoncepcyjny

contract 1. ['kɒntrækt] umowa *f*, kontrakt *m*; **2.** [kən'trækt] zawierać ‹-wrzeć› umowę; (*shirk*) ‹s›kurczyć się; *disease* zarażać ‹-razić› się; **~or** [kən'træktə] *a. building* **~or** przedsiębiorca *m* budowlany

contradict [kɒntrə'dɪkt] sprzeciwi(a)ć się; **~ion** [-.kʃn] sprzeczność *f*; **~ory** [-.tərɪ] sprzeczny

contrary ['kɒntrərɪ] **1.** *adj* przeciwny; *person:* przekorny; **2.** *adv* wbrew (*to s.th.* czemuś); **3.** *s* przeciwieństwo *n*; *on the* ~ wręcz przeciwnie

contrast 1. ['kɒntrɑːst] kontrast *m*; (*opposite*) przeciwieństwo *n*; **2.** [kən'trɑːst] *v/t* przeciwstawi(a)ć *v/i* kontrastować (*with z*)

contribut|e [kən'trɪbjuːt] przyczyni(a)ć się (*to* do), mieć wkład (*to* w); **~ion** [kɒntrɪ'bjuːʃn] wkład *m*

control [kən'trəʊl] **1.** (*check*) panować nad; (*govern*) kierować, kontrolować; (*mas-*

ter) opanow(yw)ać; *tech.* sterować; **2.** (*power*) władza *f*; (*mastery*) panowanie *n*; *pl price etc.*: regulacja *f*; tech. sterowanie *n*; *mst pl tech.* przyrządy *pl* kontrolne/sterownicze; *be in* ~ *of* panować nad; *bring* (*or* **get**) *un-der* ~ zapanować nad; *get out of* ~ wymykać ⟨-mknąć⟩ się spod kontroli; *lose* ~ *of* ⟨s⟩tracić panowanie/kontrolę nad; **~centre** (*Am.* **center**) sterownia *f*; ~ **desk** pulpit *m* kontrolny; **~ler** główny inspektor *m*; ~ *accounts*: rewident *m*; ~ **panel** deska *f* rozdzielcza; ~ **tower** *aer.* wieża *f* kontrolna

controvers|ial [kɒntrə'vɜːʃl] sporny, kontrowersyjny; ~**y** ['kɒntrəvɜːsɪ] spór *m*, kontrowersja *f*; *press*: polemika *f*

convenien|ce [kən'viːnjəns] wygoda *f*; *Brt.* toaleta *f* publiczna; *all* (*modern*) ~**ces** z wszelkimi wygodami; ~**t** wygodny, dogodny

convent ['kɒnvənt] klasztor *m* (żeński)

convention [kən'venʃn] (*assembly*) zjazd *m*; (*agreement*) konwencja *f*; (*custom*) konwenans *m*; ~**al** [-ʃənl] konwencjonalny; (*standard*) standardowy

conversation [kɒnvə'seɪʃn] rozmowa *f*

convert [kən'vɜːt] (*transform*) przemieni(a)ć (się); (*adapt*

przerabiać ⟨-robić⟩; *math.* przeliczać ⟨-czyć⟩; *eccl.* nawracać ⟨-wrócić⟩; ~**ible 1.** przeliczalny; *currency:* wymienialny; **2.** *mot.* kabriolet *m*

convey [kən'veɪ] przekaz(yw)ać; *idea etc.* ⟨za⟩komunikować; ~**or** (**belt**) przenośnik *m* taśmowy

convict [kən'vɪkt] *jur.* ska-z(yw)ać (*of* za); **2.** ['kɒnvɪkt] skazaniec *m*; ~**ion** [kən'vɪkʃn] przekonanie *n*; *jur.* skazanie *n*

convinc|e [kən'vɪns] przeko-n(yw)ać; ~**ing** przekonujący

cook [kuk] **1.** kucharz *m* (-charka *f*); **2.** ⟨u⟩gotować; '~**book** *esp. Am.* książka *f* kucharska; '~**er** *Brt.* kuchenka *f*; ~**ery book** *esp. Brt.* książka *f* kucharska; '~**ie** *Am.* herbatnik *m*

cool [kuːl] **1.** chłodny, orzeźwiający; *fig.* opanowany; **2.** ochładzać ⟨-łodzić⟩

cooperative [kəʊ'ɒpərətɪv] skłonny do współdziałania/ współpracy

cop [kɒp] F (*police*(*wo*)*man*) glina *m* F

cope [kəʊp]: ~ *with* ⟨po⟩radzić sobie; (*contend*) borykać się

copier ['kɒpɪə] kopiarka *f*

copper ['kɒpə] miedź *f*

copy ['kɒpɪ] **1.** kopia *f*; *book etc.*: egzemplarz *m*; *print.* rękopis *m*, maszynopis *m*; *fair*

~ czystopis *m*; **rough** ~ brudnopis *m*; **2.** ⟨s⟩kopiować; *in writing*: przepis(yw)ać; '~**right 1.** prawo *n* autorskie; **2.** chroniony prawem autorskim

coral ['kɒrəl] koral *m*

cord [kɔ:d] **1.** sznur *m* (*a. electr.*), przewód *m*; (*cloth*) sztruks *m*; **2.** sztruksowy; ~**uroy** ['kɔ:dərɔɪ] sztruks *m*; *pl* spodnie *pl* sztruksowe

core [kɔ:] rdzeń *m*, jądro *n* (*a. fig.*)

cork [kɔ:k] **1.** korek *m*; **2.** ⟨za⟩korkować; '~**screw** korkociąg *m*

corn[1] [kɔ:n] zboże *n*; *Am.* kukurydza *f*

corn[2] [_] *med.* odcisk *m*

corner ['kɔ:nə] *street*: narożnik *m*, róg *m*; *room*: kąt *m*, *esp. mot.* zakręt *m*; *football*: róg *m*; *fig.* (*a.* **tight** ~) ślepa uliczka *f*, kozi róg *m*; **2.** *adj* narożny; **3.** *fig.* przypierać ⟨-przeć⟩ do muru; *animal* osaczać ⟨-czyć⟩; ~ **kick** *football*: rzut *m* rożny

coronary ['kɒrənərɪ] F ~ **thrombosis** (*pl* -**ses** [-siːz]) zawał *m* serca

corporat|e ['kɔ:pərət] zbiorowy; *business*: … biznesu; ~**ion** [-ə'reɪ∫n] *jur.* osoba *f* prawna; *business*: korporacja *f*; *Am.* spółka *f* akcyjna; *Brt.* władze *f pl* miejskie

corpse [kɔ:ps] trup *m*

correct [kə'rekt] **1.** prawidło-

wy, poprawny; *time a.*: dokładny; **2.** poprawi(a)ć; ~**ion** [-k∫n] poprawka *f*

correspond [kɒrɪ'spɒnd] odpowiadać (sobie); (*exchange letters*) korespondować (**with, to** z); ~**ence** zgodność *f*; (*letters*) korespondencja *f*; ~**ing** odpowiedni

corridor ['kɒrɪdɔ:] korytarz *m*

corro|de [kə'rəʊd] ⟨s⟩korodować; *relationship etc.* (powoli, stopniowo) niszczyć; ~**sion** [-ʒn] korozja *f*

corrupt [kə'rʌpt] **1.** zdeprawowany; (*dishonest*) skorumpowany; *text*: zniekształcony; **2.** ⟨z⟩deprawować; *with money*: ⟨s⟩korumpować; *text* zniekształcić; ~**ion** [-p∫n] demoralizacja *f*; (*dishonesty*) korupcja *f*

cosmetic [kɒz'metɪk] **1.** kosmetyczny; **2.** kosmetyk *m*

cost [kɒst] **1.** koszty *pl*; (*price*) cena *f*; **2.** (*cost*) kosztować; ~**ly** kosztowny, drogi; ~ **of living** koszty *pl* utrzymania

cosy ['kəʊzɪ] przytulny

cot [kɒt] łóżeczko *n* dziecięce; *Am.* łóżko *n* polowe

cottage ['kɒtɪdʒ] *wiejski domek parterowy*; ~ **cheese** twaróg *m*

cotton ['kɒtn] bawełna *f*; ~**wool** *Brt.* wata *f*

couch [kaʊt∫] tapczan *m*; *in surgery*: leżanka *f*

cough [kɒf] **1.** kaszel *m*; **2.** ⟨za⟩kaszleć

could [kʊd] *past of* **can¹**

council ['kaʊnsl] rada *f*; *Brt.* rada *f* miejska; **~ flat** *Brt.* mieszkanie *n* kwaterunkowe; **~(l)or** ['-sələ] radny *m* (-na *f*)

counsel ['kaʊnsl] **1.** (*advice*) (po)rada *f*; *lawyer:* adwokat *m*; **2.** doradzać ⟨-dzić⟩; **~(l)or** ['-slə] doradca *m*; *esp. Am.* adwokat *m*

count¹ [kaʊnt] ⟨po⟩liczyć; **~ on** liczyć na

count² [-] hrabia *m*

counter¹ ['kaʊntə] *tech.* licznik *m*; *games:* szton *m*, żeton *m*

counter² ['-] *café:* kontuar *m*; *shop:* lada *f*

counter³ ['-] ⟨od⟩parować (cios), odpierać ⟨odeprzeć⟩ (atak)

counter|act [kaʊntə'rækt] influence przeciwdziałać; taste ⟨z⟩neutralizować; **~balance 1.** ['-bæləns] przeciwwaga *f*; **2.** ['-'bæləns] ⟨z⟩równoważyć, ⟨s⟩kompensować; **~clockwise** *Am.* → **anticlockwise**; **~espionage** [-r'espjəna:ʒ] kontrwywiad *m*; **~feit** ['kaʊntəfɪt] **1.** *adj* fałszywy, sfałszowany; **2.** fałszerstwo *n*; **3.** *money etc.* ⟨s⟩fałszować; **~foil** odcinek *m* kontrolny; **~part** odpowiednik *m*

countess ['kaʊntɪs] hrabina *f*

'countless niezliczony

country ['kʌntrɪ] kraj *m*; *in*

the ~ na wsi; **'~man** (*pl* **-men**) rodak *m*; (*peasant*) wieśniak *m*; **'~side** wieś *f*, okolica *f* wiejska; **'~woman** (*pl* **-women**) rodaczka *f*; (*peasant*) wieśniaczka *f*

county ['kaʊntɪ] *Brt.* hrabstwo *n*; *Am.* okręg *m*

couple ['kʌpl] **1.** para *f*; *a ~ of* **F** parę; **2.** ⟨po⟩łączyć

courage ['kʌrɪdʒ] odwaga *f*; **~ous** [kə'reɪdʒəs] odważny

courier ['kʊrɪə] pilot *m* (wycieczek); (*messenger*) kurier *m*

course [kɔːs] (*route*) kurs *m*; *action:* tryb *m* postępowania; *racing:* tor *m*; *golf:* pole *n*; *meal:* danie *n*; *training:* kurs *m*; *of* ~ oczywiście, naturalnie

court [kɔːt] **1.** *jur.* sąd *m*; *royal etc.:* dwór *m*; *tennis:* kort *m*; **2.** zalecać się (**s.o.** do kogoś)

courte|ous ['kɜːtjəs] grzeczny; **~sy** ['-tɪs] grzeczność *f*

'courtyard podwórze *n*

cousin ['kʌzn] kuzyn(ka *f*) *m*, brat *m* cioteczny *i* siostra *f* cioteczna

cover ['kʌvə] **1.** *tech.* osłona *f*; *bedclothes:* przykrycie *n*; *furniture etc.:* pokrowiec *m*; *book:* okładka *f*; *spying:* przykrywka *f*; *mil. etc.* schronienie *n*; **2.** przykry(wa)ć, pokry(wa)ć; *distance:* pokony(wa)ć; *mil.* ubezpieczać; *econ.* stanowić zabezpieczenie; *media:* relacjonować; ~

up ⟨za⟩tuszować; **~age** ['ˌrɪdʒ] *media*: relacjonowanie *n*, transmisja *f*

cow [kaʊ] krowa *f*

coward ['kaʊəd] tchórz *m*; **~ice** ['ɪs] tchórzostwo *n*; **'~ly** tchórzliwy

coy [kɔɪ] (*pozornie*) nieśmiały

crack [kræk] **1.** *s noise*: trzask *m*; (*slit*) pęknięcie *n*, szczelina *f*; **2.** *adj* doborowy; **3.** *v/i* pękać ⟨-knąć⟩, trzaskać ⟨-snąć⟩; *voice*: załam(yw)ać się; *fig.* (*a.* **~ up**) załam(yw)ać się nerwowo; *v/t* ⟨z⟩łamać, ⟨s⟩tłuc; *nut* ⟨u⟩tłuc; *code* ⟨z⟩łamać; *safe* ⟨roz⟩pruć; **'~er** *gastr.* (*słone*) ciasteczko *n*; *toy*: cukierkepetarda *m*

cradle ['kreɪdl] **1.** kołyska *f*; **2.** ostrożnie trzymać

craft [krɑːft] rzemiosło *n*; *aer.* samolot *m* (*pl* ∅); *mar.* (*boat*) łódź *f*, łodzie *pl*; (*ship*) okręt *m*, -y *pl*; **'~sman** (*pl* **-men**) rzemieślnik *m*; **'~y** przebiegły

cramp [kræmp] skurcz *m*

cranberry ['krænbərɪ] żurawina *f*

crane [kreɪn] *zo. and tech.* żuraw *m*

crank [kræŋk] korba *f*; ∅ *person*: oszołom *m*, czubek *m* F

crash [kræʃ] **1.** rozbi(ja)ć się; (*strike*) uderzyć, grzmotnąć; *mot.* mieć wypadek; *aer.* roz-

bi(ja)ć się; **2.** łomot *m*, grzmot *m*; *econ.* krach *m*; *mot., aer.* kraksa *f*; **~course** kurs *m* błyskawiczny; **~diet** dieta-cud *f*; **~helmet** kask *m*

crate [kreɪt] *beer, milk etc.*: skrzynka *f*

crave [kreɪv] (*desire*) pragnąć; (*long*) tęsknić (**for** za)

crawl [krɔːl] **1.** pełzać ⟨-znąć⟩, ⟨po⟩czołgać się; **2.** *swimming*: kraul *m*

crayon ['kreɪən] kredka *f*

craz|e [kreɪz] szał *m*, mania *f*; **'~y** szalony

cream [kriːm] **1.** krem *m*; *liquid*: śmietana *f*; *fig.* śmietanka *f*; **2.** *gastr.* ubi(ja)ć; **~cheese** serek *m* kremowy; **~y** zawierający dużo śmietany; *colour*: kremowy

crease [kriːs] **1.** fałda *f*, zmarszczka *f*; **2.** ⟨po⟩miąć (się)

creat|e [kriːˈeɪt] ⟨s⟩tworzyć; **~ion** twórczość *f*; **~ive** twórczy; **~or** twórca *m*; **~ure** ['kriːtʃə] stworzenie *n*; *imaginary*: stwór *m*

crèche [kreɪʃ] żłobek *m*

credible ['kredəbl] wiarygodny

credit ['kredɪt] **1.** zaufanie *n*, wiara *f*; (*merit*) zasługa *f*; *econ.* kredyt *m*; **2.** przypis(yw)ać; *econ.* udzielać ⟨-lić⟩ kredytu; *econ.* przelewać ⟨-lać⟩ na konto; **~able** zaszczytny, chlubny; **~card** karta *f* kredytowa; **~or** wierzyciel *m*

credulous ['kredjuləs] łatwowierny

creek [kri:k] *Brt.* zato(cz)ka *f*; *Am.* potok *m*

creep [kri:p] (*crept*) skradać się, podkradać ⟨-raść⟩ się; (pod)pełznąć powoli; **'~er** pnącze *n*; **'~y** przyprawiający o dreszcze

crept [krept] *past and pp of* **creep**

crescent ['kresnt] półksiężyc *m*; *street:* (półkolista) uliczka *f*

crevice ['krevis] szczelina *f*, rysa *f*

crew [kru:] załoga *f*

crib [krib] **1.** *Am.* łóżeczko *n* dziecięce; *school:* ściąga *f* F; **2.** *school:* ściągać F

cricket ['krikit] *zo.* świerszcz *m*; *sp.* krykiet *m*

crime [kraim] przestępstwo *n*; (*murder etc.*) zbrodnia *f*

criminal ['kriminl] **1.** *act:* przestępczy; *offence:* kryminalny; *law:* karny; **2.** przestępca *m* (-pczyni *f*)

crimson ['krimzn] amarantowy, purpurowy

cripple ['kripl] **1.** kaleka *m*; **2.** okaleczyć ⟨-czyć⟩ *m*; *fig.* ⟨s⟩paraliżować

crisis ['kraisis] (*pl* **-ses** ['-si:z]) kryzys *m*

crisp [krisp] **1.** chrupiący; *vegetables:* świeży; *air etc.:* rześki; **2.** *pl Brt.* czipsy *pl*

critic ['kritik] krytyk *m*; **'~al** krytyczny; **~ism** ['-sizəm]

krytyka *f*; **~ize** ['-saiz] ⟨s⟩krytykować

crook [kruk] **1.** zgięcie *n*, zakrzywienie *n*; F oszust *m*; **2.** zginać ⟨zgiąć⟩; **~ed** ['-id] krzywy, zakrzywiony, zgięty; F *person:* nieuczciwy

crop [krop] **1.** plon *m*; **2.** *hair* ścinać ⟨ściąć⟩ na krótko

cross [kros] **1.** s krzyż *m*; *biol.* krzyżówka *f*; **2.** *v/i* ⟨s⟩krzyżować się, przecinać ⟨-ciąć⟩ się; **3.** *v/t* przecinać ⟨-ciąć⟩; *street* przechodzić ⟨przejść⟩ na drugą stronę; *biol.* ⟨s⟩krzyżować; **~ off**, **~ out** wykreślać ⟨-lić⟩ się; **~ o.s.** ⟨prze⟩żegnać się; **~ one's legs** założyć nogę na nogę; **keep one's fingers ~ed** trzymać kciuki; **4.** *adj* zły, rozgniewany; **'~breed** *biol.* mieszaniec *m*; **~'country** przełajowy; **~examine** brać ⟨wziąć⟩ w krzyżowy ogień pytań; **'~eyed** zezowaty; **'~ing** przejazd *m* kolejowy; *Brt.* przejście *n* dla pieszych; *mar.* podróż *f* morska; **'~roads** *pl or sg* skrzyżowanie *n*, krzyżówka *f* F; *fig.* rozdroże *n*; **~'section** przekrój *m*; **'~walk** *Am.* przejście *n* dla pieszych; **'~word (puzzle)** krzyżówka *f*

crow¹ [krəu] wrona *f*

crow² [krəu] ⟨za⟩piać

crowd [kraud] **1.** tłum *m*; **2.** tłoczyć się; **~ed** zatłoczony (*with instr.*)

crown [kraʊn] **1.** korona *f; career etc.:* zwieńczenie *n;* **2.** *a. fig.* ⟨u⟩koronować

crucial [ˈkruːʃl] decydujący, przełomowy

crude [kruːd] surowy, nie wykończony, zgrubny; *fig.* nieokrzesany

cruel [krʊəl] okrutny; **'~ty** okrucieństwo *n*

cruise [kruːz] **1.** krążyć; **2.** rejs *m* wycieczkowy

crumb [krʌm] okruch *m,* okruszek *m;* **~le** [ˈ-bl] *v/t* kruszyć; *v/i* ⟨po⟩kruszyć się, rozsyp(yw)ać się

crunch [krʌntʃ] *v/t (eat)* chrupać; *(crush)* rozgnieść z trzaskiem; *v/i* chrzęścić

crush [krʌʃ] **1.** *crowd:* tłum *m;* F pociąg *m* **(on** *s.o.* do kogoś); **2.** ⟨z⟩miażdżyć, zgniatać ⟨-nieść⟩ (się)

crust [krʌst] skorup(k)a *f; bread:* skórka *f*

cry [kraɪ] **1.** żądać, domagać się **((out)** **for s.th.** czegoś); **2.** ⟨za⟩krzyk *m*

crystal [ˈkrɪstl] kryształ *m; (a.* **~ glass)** szkło *n* kryształowe, kryształ *m;* **~lize** [ˈ-təlaɪz] ⟨wy⟩krystalizować (się)

cube [kjuːb] *ice etc.:* kostka *f; figure:* sześcian *m*

cubic [ˈkjuːbɪk] sześcienny, kubiczny; **~le** [ˈ-kl] kabina *f*

cuckoo [ˈkʊkuː] kukułka *f*

cucumber [ˈkjuːkʌmbə] ogórek *m*

cuddle [ˈkʌdl] ⟨przy⟩tulić (się)

cue [kjuː] wskazówka *f; (signal)* sygnał *m; sp.* kij *m* bilardowy

cuff [kʌf] mankiet *m;* **~ link** spinka *f* do mankietów

cul-de-sac [ˈkʌldəsæk] ślepa uliczka *f*

cult [kʌlt] kult *m*

cultivate [ˈkʌltɪveɪt] *land* uprawiać; *talent* rozwijać ⟨-winąć⟩ w sobie; *people* zjednywać sobie, hołubić; **~ion** [ˌ-ˈveɪʃn] *crops:* uprawa *f; tastes etc.:* rozwijanie *n* **(in** w); *people:* zjednywanie *n* sobie

cultural [ˈkʌltʃərəl] kulturowy; *activities:* kulturalny; **~e** [ˈ-tʃə] kultura *f; (animals)* hodowla *f*

cumbersome [ˈkʌmbəsəm] nieporęczny, niewygodny

cup [kʌp] filiżanka *f; egg:* kieliszek *m; bra:* miseczka *f; sp.* puchar *m;* **~board** [ˈkʌbəd] kredens *m,* szafka *f;* **~ final** finały *pl* pucharowe

curable [ˈkjʊərəbl] uleczalny

curb [kɜːb] **1.** ograniczać ⟨-czyć⟩, ukrócić; *s.o.* przywoł(yw)ać do porządku; **2.** *Am.* krawężnik *m*

cure [kjʊə] **1.** kuracja *f; (remedy)* lekarstwo *n;* **2.** *s.o.* uzdrawiać ⟨-rowić⟩; *s.th. a.* wyleczyć

curiosity [ˌkjʊərɪˈɒsətɪ] *qual-*

ity: ciekawość f; *thing*: osobliwość f, ciekawostka f; **~ous** ['-əs] ciekawy; (*peculiar*) osobliwy, niezwykły

curl [kɜːl] **1.** lok m, pukiel m; **2.** v/t *hair* skręcać ⟨-cić⟩ w loki; v/i zwijać ⟨zwinąć⟩ się, skręcać ⟨-cić⟩ się; *hair*: kręcić się; **~ up** *person*: zwinąć się w kłębek; '**~er** wałek m do włosów; '**~y** *hair* kręcony

currant ['kʌrənt] porzeczka f; *dried*: rodzynek m

curren|cy ['kʌrənsɪ] *econ.* waluta f; *foreign* **~cy** dewizy *pl*; **~t** ['-nt] **1.** aktualny; *month, issue, account*: bieżący; **2.** prąd m, nurt m; *electr. a.* natężenie n prądu

curriculum [kə'rɪkjələm] (*pl* **-la** [-lə], **-lums**) program m (nauczania, studiów); **~ vitae** [-'viːtaɪ] życiorys m

curse [kɜːs] **1.** przekleństwo n; *także* v/t & v/i przeklinać ⟨-kląć⟩; **~d** ['-ɪd] przeklęty

curtain ['kɜːtn] zasłona f, kotara f; *lace*: firanka f; *thea.* kurtyna f

curve [kɜːv] **1.** łuk m; (*bend*) zakręt m; *diagram*: krzywa f; **2.** wyginać ⟨-giąć⟩ (się); *car, rocket*: skręcać

cushion ['kʊʃn] **1.** poduszka f; **2.** wyściełać ⟨-słać⟩; *shock* ⟨z⟩amortyzować, osłabi(a)ć

custody ['kʌstədɪ] areszt m;

jur. opieka f nad dzieckiem

custom ['kʌstəm] zwyczaj m, obyczaj m; *econ.* stałe zaopatrywanie się w danej firmie; '**~ary** zwyczajowy; '**~er** klient(ka f) m

customs ['kʌstəmz] *pl* cło n, urząd m celny; **~ clearance** odprawa f celna; **~ officer** celnik m (-niczka f)

cut [kʌt] **1.** (na)cięcie n; *wound*: skaleczenie n; *clothes*: krój m; *meat*: porcja f; *precious stones*: szlif m; *prices, wages*: obniżka f; **2.** (*cut*) ucinać ⟨uciąć⟩; *grass* ścinać ⟨ściąć⟩; *expenditure* obcinać ⟨-ciąć⟩; (*hurt*) skaleczyć; *taxes, expenditure* obniżać ⟨-żyć⟩; *mot. corner* ścinać ⟨ściąć⟩; *she's* **~ting a tooth** wyrzyna jej się ząb; **~ down** ograniczać ⟨-czyć⟩; *tree* ścinać ⟨ściąć⟩; **~ in on s.o.** *mot.* zajechać komuś drogę; **~ off** odcinać ⟨-ciąć⟩; *electricity* wyłączać ⟨-czyć⟩; **~ out** wycinać ⟨-ciąć⟩; *dress etc.* wykrajać ⟨-kroić⟩

cute [kjuːt] sprytny; *esp. Am. pretty*: śliczny, ładniutki

cutlery ['kʌtlərɪ] sztućce *pl*

cut|-'price *Brt.*, **~'rate** *Am.* przeceniony

cycle ['saɪkl] **1.** cykl m; **2.** ⟨po⟩jechać na rowerze; '**~ing** jeżdżenie n na rowerze; *sp.* kolarstwo n; '**~ist** ro-

werzysta *m* (-tka *f*)
cylinder ['sɪlɪndə] *tech.* cylinder *m*; *math.* walec *m*

cynical ['sɪnɪkl] cyniczny
Czech [tʃek] **1.** Czech *m*, Czeszka *f*; **2.** czeski

D

dab [dæb] *from s.th.* wycierać ⟨wytrzeć⟩; *s.th.* (lekko) ⟨po⟩smarować
dad [dæd] F '**~dy** tata *m* F
daft [dɑːft] F głupi; stuknięty F
daily ['deɪlɪ] **1.** (co)dzienny; **2.** dziennik *m*, gazeta *f*; *a.* **~ help** *Brt.* kobieta *f* do sprzątania
dairy ['deərɪ] mleczarnia *f*
damage ['dæmɪdʒ] **1.** uszkodzenie *n*, szkoda *f*; *pl jur.* odszkodowanie *n*; **2.** uszkadzać ⟨-kodzić⟩, nadwyrężać ⟨-żyć⟩
damn [dæm] *a.* **~ed** przeklęty; **~ it!** F cholera! F
damp [dæmp] **1.** wilgotny; **2.** wilgoć *f*; **3.** *a.* **~en** zwilżać ⟨-żyć⟩
danc|e [dɑːns] **1.** ⟨za⟩tańczyć; **2.** taniec *m*; '**~er** tancerz *m* (-cerka *f*)
dandruff ['dændrʌf] łupież *m*
Dane [deɪn] Duńczyk *m*, Dunka *f*
danger ['deɪndʒə] niebezpieczeństwo *n*; **~ous** [' -dʒərəs] niebezpieczny
Danish ['deɪnɪʃ] duński
dar|e [deə] śmieć, mieć śmiałość; *how* **~e you!** jak

śmiesz!; '**~ing** [' -rɪŋ] odważny
dark [dɑːk] **1.** *colour:* ciemny; *room etc. a.:* mroczny; *fig.* posępny; **2.** zmrok *m*; *after* **~** po zmroku; **~en** [' -ən] ściemnieć, pociemnieć; '**~ness** ciemność *f*
darling ['dɑːlɪŋ] **1.** ukochany *m* (-na *f*); **2.** ukochany
dart [dɑːt] **1.** *game:* strzałka *f*; **2.** rzucać ⟨-cić⟩ się do przodu
dash [dæʃ] **1.** ⟨po⟩pędzić; ⟨throw⟩ ciskać ⟨-snąć⟩; *hopes etc.* ⟨z⟩druzgotać; **2.** *(sudden movement forward)* rzut *m* do przodu, wypad *m*; *(small quantity)* odrobina *f*; *rum etc.:* kropelka *f*; *salt etc.:* szczypta *f*; *make a* **~** *for* rzucić się do; '**~board** deska *f* rozdzielcza; '**~ing** olśniewający
data ['deɪtə] *pl (often sg)* dane *pl (a. computer)*; **~ base** baza *f* danych; **~ processing** przetwarzanie *n* danych
date¹ [deɪt] daktyl *m*
date² [-] **1.** data *f*; *(appointment)* (umówione) spotkanie *n*; F randka *f* F; *esp. Am.* osoba, z którą ma się

randkę; *out of* ~ nieaktualny; (*obsolete*) przestarzały; *up to* ~ aktualny; (*modern*) nowoczesny; 2. *v/i* datować się (*from* z); (*age*) starzeć się; *v/t* datować; *esp. Am.* chodzić (*s.o.* z kimś) F; '~d przestarzały

daughter ['dɔːtə] córka *f*; ~-**in-law** ['~.rɪnlɔː] synowa *f*

dawn [dɔːn] 1. świt *m*; 2. ⟨za⟩świtać

day [deɪ] dzień *m*; ~ *off* wolny dzień *m*; *by* ~ za dnia; ~ *after* ~ dzień po dniu; ~ *in*, ~ *out* dzień w dzień; *in those* ~s w owych czasach; *one* ~ któregoś dnia; *the other* ~ onegdaj, któregoś dnia; *the* ~ *after tomorrow* pojutrze; *the* ~ *before yesterday* przedwczoraj; *let's call it a* ~! na dzisiaj dość!; '~**break** brzask *m*, świt *m*; '~**dream** śnić na jawie; '~**light** światło *n* dnia

dazed [deɪzd] oszołomiony

dead [ded] 1. nieżywy, umarły, martwy; (*insensitive*) nieczuły/obojętny (*to* na); ~ *tired* śmiertelnie zmęczony; 2. *the* ~ *pl* umarli *pl*; ~**en** ['dedn] przytępi(a)ć; '~**line** ostateczni/nieprzekraczalny termin *m*; '~**lock** martwy punkt *m*, impas *m*; '~**ly** śmiertelny

deaf [def] głuchy; ~-**and**-**'dumb** głuchoniemy; ~**en** ['defn] ogłuszyć; '~**ening**

ogłuszający; ~'**mute** głuchoniemy

deal [diːl] 1. (*dealt*) *cards* rozda(wa)ć; *blow* zada(wa)ć; *often* ~ *out* rozdzielać ⟨-lić⟩, rozda(wa)ć; ~ *in s.th.* *econ.* handlować czymś; ~ *with s.th.* zajmować ⟨-jąć⟩ się (czymś); *econ. s.o.* robić interesy z (kimś); 2. F interes *m*, handel *m* F; *big* ~! no i co z tego!; *it's a* ~! zrobione!, zgoda!; *a good* ~ sporo (*of s.th.* czegoś); *a great* ~ mnóstwo (*of s.th.* czegoś); ~**er** *econ.* przedstawiciel *m*, dealer *m*; *antiques, drugs:* handlarz *m*; ~**t** [delt] *past and pp of* **deal** 1

dear [dɪə] 1. (*expensive*) drogi; *address:* drogi, kochany; 2 *Sir* (*in letters*) Szanowny Panie!; 2. kochanie, mój drogi *m*/ moja droga *f*; 3. *int* (*oh*) ~!, ~ *me!* o jeju!

death [deθ] śmierć *f*

debate [dɪ'beɪt] 1. dyskusja *f*, debata *f*; 2. roztrząsać, dyskutować

debris ['deɪbriː] gruzy *pl*

debt [det] dług *m*; *be in* ~ mieć dług(i); '~**or** *econ.* dłużnik *m* (-niczka *f*)

decade ['dekeɪd] dziesięciolecie *n*, dekada *f*

decay [dɪ'keɪ] 1. niszczeć; *biol.* próchnieć, rozkładać się; *tooth:* psuć się; 2. rozkład *m*; *med.* próchnica *f*

deceit [dɪ'siːt] oszustwo *n*

deceive [dɪ'siːv] oszuk(iw)ać, okłam(yw)ać

December [dɪ'sembə] grudzień m

decen|cy [ˈdiːsnsɪ] przyzwoitość f; **~t** przyzwoity

decept|ion [dɪ'sepʃn] oszukaństwo n; (*trick*) podstęp m; **~ive** [-tɪv] zwodniczy, złudny

decide [dɪ'saɪd] ⟨z⟩decydować (się), zadecydować; **~d** ewidentny; *views*: zdecydowany

decis|ion [dɪ'sɪʒn] decyzja f, postanowienie n; **~ive** [dɪ'saɪsɪv] decydujący; *person*: stanowczy, zdecydowany

deck [dek] *mar.* pokład m; *esp. Am.* talia f (kart); **~chair** leżak m

declar|ation [deklə'reɪʃn] oświadczenie n, deklaracja f; **~e** [dɪ'kleə] *v/t* oświadczyć; (*announce*) ogłaszać ⟨-łosić⟩; *v/t* ⟨za⟩deklarować

decline [dɪ'klaɪn] **1.** (*diminish*) spadać ⟨spaść⟩; (*refuse*) odmawiać ⟨-mówić⟩ (**to do s.th.** zrobienia czegoś); **2.** spadek m; (*fall*) upadek m, schyłek m

decompose [diːkəm'pəʊz] rozkładać ⟨-złożyć⟩ się

decorate [ˈdekəreɪt] ozdabiać ⟨-dobić⟩; *flat etc.* ⟨wy⟩remontować; (*award*) ⟨u⟩dekorować; **~ion** [-ˈreɪʃn] ozdoba f, dekoracja f; (*medal*) odznaczenie n; **~ive** [ˈ-rətɪv] ozdobny; **~or** [ˈreɪtə] malarz m (pokojowy) *or* tapeciarz m

decrease 1. [ˈdiːkriːs] spadek m; **2.** [diːˈkriːs] spadać ⟨spaść⟩, zmniejszać ⟨-szyć⟩ się

dedicat|ed [ˈdedɪkeɪtɪd] oddany (**to s.th.** czemuś); **~ion** [-ˈkeɪʃn] poświęcenie n

deduct [dɪ'dʌkt] odciągać ⟨-gnąć⟩ (**from** od), potrącać ⟨-cić⟩ (**from** z); **~ion** [-kʃn] dedukcja f; (*subtraction*) potrącenie n

deep [diːp] głęboki (*a. fig.*); **~en** pogłębia(ć) (się) (*a. fig.*); **~freeze 1.** zamrażarka f; **2.** (*-froze, -frozen*) zamrażać ⟨-rozić⟩; **~fry** ⟨u⟩smażyć w tłuszczu

deer [dɪə] *male*: jeleń m; *female*: sarna f; *collectively*: zwierzyna f płowa

defeat [dɪ'fiːt] **1.** pokon(yw)ać, pobić; **2.** klęska f, porażka f

defect [ˈdiːfekt] brak m, mankament m; **~ive** [dɪˈfektɪv] wadliwy, posiadający braki

defence [dɪ'fens] obrona f

defend [dɪ'fend] ⟨o⟩bronić; **~ant** *jur.* oskarżony m (-na f)

defens|e [dɪ'fens] *Am.* → **defence, department;** **~ive 1.** obronny; **2.** gotowość f do obrony

deficien|cy [dɪ'fɪʃnsɪ] (*lack*) brak m; (*shortage*) niedobór *m*, niedostatek *m*; **~t** nieodpowiedni; (*short of*) mający niedobór

defin|e [dı'faın] określać ⟨-lić⟩, ⟨z⟩definiować; **~ite** ['defınıt] zdecydowany, jasno określony/sprecyzowany; **'~itely** zdecydowanie, stanowczo; **~ition** [⸺'nıʃn] definicja *f*; *quality*: wyrazistość *f*; *phot.*, *TV etc.* rozdzielczość *f*; **~itive** [dı'fınıtıv] ostateczny, rozstrzygający

deform [dı'fɔːm] zniekształcić; **~ity** zniekształcenie *n*, deformacja *f*

degenerate 1. [dı'dʒenəreıt] popadać ⟨-paść⟩, przerodzić się ⟨w coś obcego⟩; **2.** [⸺rət] *adj* zwyrodniały, zdegenerowany

degrade [dı'greıd] *s.o.* upadlać ⟨upodlić⟩, poniżać ⟨-żyć⟩; *s.th.* ⟨s⟩powodować degradację

degree [dı'griː] stopień *m*; **by ~s** stopniowo

delay [dı'leı] **1.** *v/t* opóźni(a)ć (*s.th.* coś); *v/i* zwlekać (*s.th.* z czymś); **be ~ed** *rail.*, *etc.* mieć opóźnienie; **2.** zwłoka *f*; *rail.*, *etc.* opóźnienie *n*

delegat|e 1. ['delıgət] delegat(ka *f*) *m*; **2.** ['⸺geıt] *duties*, *power* przekaz(yw)ać; *s.o.* ⟨od⟩delegować; **~ion** [⸺'geıʃn] delegacja *f*; *duties etc.*: przekazanie *n*

delete [dı'liːt] usuwać ⟨usunąć⟩; *computer*: ⟨s⟩ka-

sować

deliberate [dı'lıbərət] celowy, rozmyślny; **~ly** celowo, umyślnie

delica|cy [dı'delıkəsı] delikatność *f*; (*food*) delikates *m*; **~te** ['⸺ət] delikatny; *person*: wątły; **~tessen** [⸺'tesn] *sg shop*: delikatesy *pl*; *pl food*: smakołyki *pl*

delicious [dı'lıʃəs] wyborny, (*delightful*) zachwycający

delight [dı'laıt] **1.** zachwyt *m*; (*great pleasure*) rozkosz *f*; **2.** zachwycać ⟨-cić⟩; rozkoszować się (*in s.th.* czymś); **~ful** czarujący, cudowny, rozkoszny

deliver [dı'lıvə] dostarczać ⟨-czyć⟩; *letters* doręczać ⟨-czyć⟩; *speech* wygłaszać ⟨-łosić⟩; **~y** [ʒrı] dostawa *f*; *post*: doręczenie *n*; *med.* poród *m*; → **cash**; **~y van** samochód *m* dostawczy

demand [dı'mɑːnd] **1.** żądanie *n*, wymaganie *n*; (*need*) zapotrzebowanie *n* (*for* na); *pl* wymagania *pl* (*on* w stosunku do); *econ.* popyt *m* (*for* na); **on ~** na żądanie; **2.** wymagać ⟨za⟩żądać, domagać się; **~ing** wymagający

democra|cy [dı'mɒkrəsı] demokracja *f*; **~t** ['deməkræt] demokrata *m* (-tka *f*); **~tic** [⸺'krætık] demokratyczny

demonstrat|e ['demənstreıt] ⟨za⟩demonstrować; (*prove*) dowodzić ⟨-wieść⟩, wykaz(yw)ać; **~ion** [-'streɪʃn] demonstracja f; **~or** uczestnik m (-niczka f) demonstracji

denial [dɪ'naɪəl] zaprzeczenie n; (*refusal*) odmowa f

denims ['denɪmz] pl dżinsy pl

Denmark ['denmɑːk] Dania f

dense [dens] gęsty; **~ity** ['-ɪtɪ] gęstość f

dent [dent] **1.** wgłębienie n; fig. szczerba f; **2.** wginać ⟨wgiąć⟩; fig. nadwerężać ⟨-żyć⟩

dent|al ['dentl] zębowy; **'~ist** dentysta m (-tka f); **~ure** ['-tʃə] mst pl sztuczna szczęka f

deny [dɪ'naɪ] zaprzeczać ⟨-czyć⟩; (*refuse*) odmawiać ⟨-mówić⟩

depart [dɪ'pɑːt] odchodzić ⟨-dejść⟩; *by car, train etc.*: odjeżdżać ⟨-jechać⟩; *aer.* odlatywać ⟨-lecieć⟩ (*from* z)

department [dɪ'pɑːtmənt] oddział m; univ. instytut m, (*faculty*) wydział m; (*ministry*) ministerstwo n; ⨝ of **Defense/of the Interior** Ministerstwo Obrony/ Spraw Wewnętrznych; ⨝ of **State** USA Departament m Stanu; **~ store** dom m towarowy

departure [dɪ'pɑːtʃə] odejście n; train, coach: odjazd m; plane: odlot m; **~ lounge** poczekalnia f dla odlatujących

depend [dɪ'pend] zależeć (*on s.th.* od czegoś); polegać (*on s.o.* na kimś); *that ~s* to zależy; **~ant** osoba f na utrzymaniu; **~ence** uzależnienie (*on* od); **~ent** uzależniony (*on* od)

deplor|able [dɪ'plɔːrəbl] godny ubolewania; **~e** [-'ɔː] boleć/ubolewać (*s.th.* nad czymś)

deposit [dɪ'pozɪt] **1.** składać ⟨złożyć⟩; (*leave*) zostawi(a)ć; passengers wysadzać ⟨-dzić⟩; bank: wpłacać ⟨-cić⟩; for safekeeping: składać ⟨złożyć⟩ w depozyt; **2.** chem. osad m; geol. a. złoże n; bank: wkład m (długoterminowy); (*down payment*) pierwsza wpłata f

depress [dɪ'pres] naciskać ⟨-snąć⟩; przyciskać ⟨-snąć⟩; (*bring down*) obniżać ⟨-żyć⟩; (*sadden*) przygnębi(a)ć; **~ed** przygnębiony, zniechęcony; **~ion** [-eʃn] zastój m, stagnacja f (a. econ.); psych. depresja f; (*sadness*) przygnębienie n; meteor. niż m

deprive [dɪ'praɪv] pozbawić (*s.o. of s.th.* kogoś czegoś); **~d** ubogi; area: niedorozwinięty (*np. ekonomicznie*)

depth [depθ] głębia f; distance: głębokość f

deputy ['depjʊtɪ] zastępca m (-pczyni f), wice...; Am. zastępca m szeryfa

derive [dɪ'raɪv] v/t czerpać (*from* z); v/i pochodzić, brać

⟨wziąć⟩ się (**from** z)

descen|d [dɪ'send] schodzić ⟨zejść⟩, zstępować ⟨-tąpić⟩; (**fall**) zapadać ⟨-paść⟩; **be ~ded** pochodzić (**from** od); **~dant** potomek m; **~t** [dɪ'sent] zejście n, zstąpienie n; (slope) spadek m; aer. obniżenie n w locie

descri|be [dɪ'skraɪb] opis⟨yw⟩ać; (label) określać ⟨-lić⟩; **~ption** [-'skrɪpʃn] opis m; (kind) rodzaj m

desert[1] ['dezət] pustynia f

desert[2] [dɪ'zɜːt] porzucać ⟨-cić⟩, opuszczać ⟨opuścić⟩; mil. ⟨z⟩dezerterować (**s.th.** z czegoś)

deserve [dɪ'zɜːv] zasługiwać ⟨-służyć⟩ (**s.th.** na coś)

design [dɪ'zaɪn] **1.** ⟨za⟩projektować, ⟨s⟩konstruować; **2.** projekt m; tech. konstrukcja f; **~er** [dɪ'zaɪnə] projektant(ka f) m; tech. konstruktor m

desir|able [dɪ'zaɪərəbl] pożądany, wskazany; **~e** [-aɪə] **1.** życzyć sobie, pragnąć; s.o. pożądać; **2.** życzenie n, pragnienie n; for s.o.: pożądanie n

desk [desk] biurko n; school: ławka f; restaurant etc.: kasa f; hotel: recepcja f

despair [dɪ'speə] **1.** rozpaczać (**at** z powodu); nie mieć nadziei (**of** na); **2.** rozpacz f

desperate ['despərət] rozpaczliwy; person: zdespero-

wany; **~ion** [-'reɪʃn] desperacja f

despise [dɪ'spaɪz] gardzić

despite [dɪ'spaɪt] pomimo

dessert [dɪ'zɜːt] deser m

destin|ation [destɪ'neɪʃn] cel m podróży; s.th. miejsce n przeznaczenia; **~e** ['..ɪn] przeznaczać ⟨-czyć⟩; **'~y** los m

destroy [dɪ'strɔɪ] ⟨z⟩niszczyć

destruct|ion [dɪ'strʌkʃn] (z)niszczenie n; building: (z)burzenie n; **~ive** [-tɪv] niszczycielski; feeling, emotion: zgubny

detach [dɪ'tætʃ] odłączać ⟨-czyć⟩; **~ oneself** odseparow(yw)ać się; mil. odkomenderow(yw)ać; **~ed** house: wolno stojący

detail ['diːteɪl] szczegół m, detal m

detect [dɪ'tekt] wykry(wa)ć; **~ion** wykrycie n, wykrywanie n; **~ive** wywiadowca m; private: detektyw m; **~ive novel/story** powieść f kryminalna, kryminał m; **~or** wykrywacz m, detektor m

detention [dɪ'tenʃn] jur. areszt m; school: zostawienie n po lekcjach

deter [dɪ'tɜː] odstraszać ⟨-szyć⟩

deteriorate [dɪ'tɪərɪəreɪt] pogarszać ⟨-gorszyć⟩ (się)

determin|ation [dɪtɜːmɪ'neɪʃn] determinacja f; s.th. ustalenie n, określenie *n*; **~e** [dɪ'tɜːmɪn] określać ⟨-lić⟩, wyznaczać ⟨-czyć⟩; (*resolve*) postanowić (**to do s.th.** coś zrobić); **~ed** zdecydowany, stanowczy

deterrent [dɪ'terənt] **1.** odstraszający, zapobiegawczy; **2.** środek *m* zapobiegawczy/ odstraszający

detest [dɪ'test] nie cierpieć, nienawidzieć

detour ['diːtʊə] nadłożenie *n* drogi; *Am.* objazd *m*

devalu|ation [diːvæljʊ'eɪʃn] dewaluacja *f*; **~e** [ˌ-'vælju:] ⟨z⟩dewaluować

devastat|e ['devəstett] ⟨s⟩pustoszyć, ⟨z⟩niszczyć; **~ing** niszczycielski; (*upsetting*) załamujący; (*stunning*) zabójczy F

develop [dɪ'veləp] rozwijać ⟨-winąć⟩ się; **~er** *phot.* wywoływacz *m*; **~ment** rozwój *m*; (*event*) obrót *m* sprawy

device [dɪ'vaɪs] urządzenie *n*

devil ['devl] diabeł *m*; **~ish** diabelski

devise [dɪ'vaɪz] wymyślać ⟨-lić⟩, obmyślać ⟨-lić⟩

devote [dɪ'vəʊt] poświęcać ⟨-cić⟩ (**to s.th.** czemuś); **~d** oddany; *research etc.*: wytężony

devour [dɪ'vaʊə] pochłaniać ⟨-łonąć⟩

devout [dɪ'vaʊt] pobożny; (*staunch*) gorliwy, gorący

diabetes [daɪə'biːtiːz] cukrzyca *f*

diagram ['daɪəɡræm] wykres *m*, diagram *m*

dial ['daɪəl] **1.** tarcza *f*; (*indicator*) wskaźnik *m*; *teleph.* tarcza *f*; **2.** *teleph.* wykręcać ⟨-cić⟩; **~ tone** *Am. teleph.* wolny sygnał *m*

dialect ['daɪəlekt] dialekt *m*

dialling code ['daɪəlɪŋ] *Brt. teleph.* numer *m* kierunkowy; **~ tone** *Brt. teleph.* wolny sygnał *m*

dialogue, *Am.* **-log** ['daɪəlɒɡ] dialog *m*

diameter [daɪ'æmɪtə] średnica *f*

diamond ['daɪəmənd] brylant *m*, diament *m*; *cards*: karo *n*

diaper ['daɪəpə] *Am.* pieluszka *f*

diary ['daɪərɪ] dziennik *m*, pamiętnik *m*; *for appointments etc.*: terminarz *m*

dictat|e [dɪk'teɪt] ⟨po⟩dyktować; *fig.* narzucać ⟨-cić⟩ swoją wolę; **~ion** dyktando *n*; *fig.* dyktat *m*; **~or** dyktator *m*; **~orship** dyktatura *f*

dictionary ['dɪkʃənrɪ] słownik *m*

did [dɪd] *past of* **do**

die[1] [daɪ] umierać ⟨umrzeć⟩ (**of** *z*); **~ away** *wind:* ucisząć ⟨-szyć⟩ się; *sound:* zamierać ⟨-mrzeć⟩; *light:* ⟨z⟩gasnąć; **~ down** → **~ away**; *excitement:* uspokajać ⟨-koić⟩ się; **~ out** wymierać ⟨-mrzeć⟩

die[2] [ˌ-] matryca *f*; *Am.* kostka *f* (do gry)

diet ['daɪət] **1.** dieta *f*; **2.** odchudzać się

differ ['dɪfə] *things*: różnić
się; *people*: mieć różne
zdanie; **~ence** ['dɪfrəns] różnica *f*; *opinions*: różnica *f*
zdań; **~ent** odmienny, inny;
(*separate*) różny; **~entiate**
[-'renʃɪeɪt] rozróżni(a)ć, od-
różni(a)ć

difficult ['dɪfɪkəlt] trudny; '**~y**
trudność *f*

dig [dɪg] (*dug*) kopać

digest 1. [dɪ'dʒest] 〈s〉trawić,
〈prze〉trawić; **2.** ['daɪdʒest]
streszczenie *n*; **~ible**
[dɪ'dʒestəbl] strawny; **~ion**
[dɪ'dʒestʃn] trawienie *n*

digit ['dɪdʒɪt] *math.* cyfra *f*;
'**~al** cyfrowy

digni|fied ['dɪgnɪfaɪd] pełen
godności, dystyngowany;
'**~ty** [-əti] godność *f*

digs [dɪgz] *pl Brt.* stancja *f*

diligent ['dɪlɪdʒənt] pilny,
pracowity

dilute [daɪ'ljuːt] rozcieńczać
〈-czyć〉

dime [daɪm] *Am.* dziesięcio-
centówka *f*

dimension [dɪ'menʃn] wymiar *m*

dimin|ish [dɪ'mɪnɪʃ] *v/i*
zmniejszać 〈-szyć〉 *v/t*
pomniejszać 〈-szyć〉,
zmniejszać 〈-szyć〉; **~utive**
[-əˈmætɪk] drobny

din|e [daɪn] 〈z〉jeść (późny)
obiad; **~er** *in restaurant*:
gość *m*; *Am.* bar *m* szybkiej

obsługi; *rail.* wagon *m* restauracyjny; **~ing car** ['daɪ-
nɪŋ] wagon *m* restauracyjny;
~ing room jadalnia *f*, pokój
m jadalny

dinner ['dɪnə] (późny) obiad
m; **~ jacket** smoking *m*; **~
party** proszony obiad *m*;
'**~time** pora *f* obiadowa

dip [dɪp] **1.** zanurzać 〈-rzyć〉
(się), zamaczać 〈-moczyć〉
(się); (*descend*) opaść, ob-
niżyć się; *mot.* pochylić
się; **~ the headlights** *esp.*
Brt. mot. skracać 〈-rócić〉
światła; **2.** zanurzenie *n*;
(*descent*) obniżenie *n*, nachy-
lenie *n*; (*swim*) kąpiel *f*

diploma [dɪ'pləumə] dyplom
m

diploma|cy [dɪ'pləuməsɪ] dy-
plomacja *f*; **~t** ['dɪpləmæt]
dyplomata *m*; **~tic**
[-ə'mætɪk] dyplomatyczny

dire ['daɪə] straszny, ponury

direct [dɪ'rekt] **1.** kierować;
(*instruct*) nakaz(yw)ać; *film
etc.* 〈wy〉reżyserować; *letter
etc.* 〈za〉adresować; *s.o.* skie-
rować (*to* do); **2.** bezpośredni; **~current** prąd *m* stały;
~ion kierunek *m*; *film etc.*:
reżyseria *f*; *pl* wskazówki
pl; **~s** (*for use*) *pl* instrukcja
f; '**~ly** wprost, bezpośrednio;
~or dyrektor *m*; *film etc.*:
reżyser *m*; '**~ory** [-tərɪ] spis *m*

dirt [dɜːt] brud *m*, błoto *m*
plugastwo *n*; **~'cheap** tani
jak barszcz; '**~y 1.** brudny,

zabłocony; *fig.* plugawy, sprośny; **2.** ⟨za⟩brudzić

disabled [dɪs'eɪbld] upośledzony, kaleki

disadvantage [dɪsəd'vɑːntɪdʒ] wada *f*; *situation*: niekorzystna sytuacja *f*; **to one's ~** na czyjąś niekorzyść; **~ous** [dɪsædvɑːn'teɪdʒəs] niekorzystny, ujemny

disagree [dɪsə'griː] nie zgadzać ⟨-godzić⟩ się (**with** z); *food*: ⟨za⟩szkodzić (**with s.o.** komuś); **~able** [-'grɪəbl] nieprzyjemny, niemiły; **~ment** [-'griːmənt] różnica *f* zdań

disappear [dɪsə'pɪə] znikać ⟨-knąć⟩; **~ance** [-rəns] zniknięcie *n*

disappoint [dɪsə'pɔɪnt] rozczarow(yw)ać; **~ment** rozczarowanie *n*

disapprove [dɪsə'pruːv] nie pochwalać (**of s.th.** czegoś)

disarm [dɪs'ɑːm] rozbrajać ⟨-roić⟩ (*a.pol.*); **~ament** [-əmənt] rozbrojenie *n* (*a. pol.*)

disaster [dɪ'zɑːstə] katastrofa *f*; **~rous** [-strəs] fatalny, katastrofalny, zgubny

disbelief [dɪsbɪ'liːf] niedowierzanie *n*; **in ~lief** z niedowierzaniem; **~lieve** [-'liːv] nie wierzyć

disc [dɪsk] krążek *m*; (*record*) płyta *f* (gramofonowa); *computer* → **disk**

disclose [dɪs'kləʊz] wyja-

wi(a)ć, odsłaniać ⟨-łonić⟩

discolo(u)r [dɪs'kʌlə] odbarwi(a)ć

disconnect [dɪskə'nekt] rozłączać ⟨-czyć⟩, odłączać ⟨-czyć⟩; *mains etc.* wyłączać ⟨-czyć⟩

discontent [dɪskən'tent] niezadowolenie *n*; **~ed** niezadowolony, rozgoryczony

discotheque ['dɪskəʊtek] dyskoteka *f*

discount ['dɪskaʊnt] rabat *m*

discourage [dɪs'kʌrɪdʒ] zniechęcać ⟨-cić⟩

discover [dɪs'kʌvə] odkry(wa)ć; **~y** [-rɪ] odkrycie *n*

discredit [dɪs'kredɪt] **1.** ⟨s⟩kompromitować, ⟨z⟩dyskredytować; **2.** kompromitacja *f*

discreet [dɪs'kriːt] dyskretny

discretion [dɪs'kreʃn] dyskrecja *f*

discriminate [dɪs'krɪmɪneɪt] dyskryminować (**against s.o.** kogoś)

discuss [dɪs'kʌs] omawiać ⟨omówić⟩, (*talk over*) ⟨prze⟩dyskutować; **~ion** [-ʃn] omówienie *n*; (*debating*) dyskusja *f*

disease [dɪ'ziːz] choroba *f*

disgrace [dɪs'greɪs] **1.** hańba *f*, wstyd *m*; **in ~** w niełasce; **2.** przynosić ⟨-nieść⟩ wstyd; **~ful** haniebny, sromotny

disguise [dɪs'ɡaɪz] **1.** przebierać ⟨-brać⟩ (*o.s.* się); *voice* zmieni(a)ć; *s.th.* ⟨za⟩-

maskować; (*hide*) ukry(-wa)ć; **2.** przebranie *n*

disgust [dɪsˈɡʌst] **1.** wstręt *m*, odraza *f*; **2.** budzić wstręt/odrazę; **~ing** obrzydliwy, wstrętny

dish [dɪʃ] danie *n*; *crockery*: naczynie *n*; *the ~es pl* naczynia *pl*; **'~cloth** ścier(ecz)ka *f* do naczyń

dishonest [dɪsˈɒnɪst] nieuczciwy; **~y** nieuczciwość *f*

dishono(u)r [dɪsˈɒnə] hańba *f*, niesława *f*

'dish|washer zmywarka *f* do naczyń; **'~water** pomyje *pl*

disillusion [dɪsɪˈluːʒn] rozczarow(yw)ać

disinfect [dɪsɪnˈfekt] ⟨z⟩dezynfekować; **~ant** środek *m* dezynfekujący/odkażający

disintegrate [dɪsˈɪntɪɡreɪt] rozpadać ⟨-paść⟩ się

disinterested [dɪsˈɪntrɪstɪd] bezinteresowny; (*impartial*) bezstronny

disk [dɪsk] *esp. Am.* → **disc**; *computer*: dysk *m*; **~drive** stacja *f* dysków; **~ette** [dɪsˈket] dyskietka *f*

dislike [dɪsˈlaɪk] **1.** niechęć *f*; **2.** nie lubić, czuć niechęć do

dismantle [dɪsˈmæntl] rozmontow(yw)ać

dismiss [dɪsˈmɪs] odprawi(a)ć; *problem etc.* pomijać ⟨-minąć⟩; *subject etc.* zaniechać; **~al** (*sacking*) zwolnienie *n*

dis|obedience [dɪsəˈbiːdjəns]

nieposłuszeństwo *n*; **~obedient** nieposłuszny; **~obey** nie ⟨po⟩słuchać

disorder [dɪsˈɔːdə] nieład *m*; (*riots*) zamieszki *pl*; *med.* zaburzenia *pl*; **~ly** bezładny, niechlujny; *jur.* zakłócający porządek publiczny

disorganized [dɪsˈɔːɡənaɪzd] źle zorganizowany

dispatch [dɪˈspætʃ] wys(y)łać

dispense [dɪˈspens] rozda-wa(ć), rozdzielać ⟨-lić⟩; **~ with** oby(wa)ć się bez; **~r** *tech.* dozownik *m*

disperse [dɪˈspɜːs] rozpraszać ⟨-roszyć⟩ (się)

displace [dɪsˈpleɪs] przesuwać ⟨-sunąć⟩, przestawi(a)ć; *people* przesiedlać ⟨-lić⟩

display [dɪˈspleɪ] **1.** pokaz(yw)ać; *goods* wystawi(a)ć; **2.** wystawa *f*; *tech.* wskaźnik *m*

displease [dɪsˈpliːz] nie ⟨s⟩podobać się

dispos|able [dɪˈspəʊzəbl] jednorazowego użytku; **~al** usuwanie *n*; *garbage*: wywóz *m*; *be/put at s.o.'s ~al* być/oddać do czyjeś dyspozycji; **~e** [-z] pozby(wa)ć się (*of s.th.* czegoś); **~ed** skłonny; **~ition** [-pəˈzɪʃn] usposobienie *n*; (*inclination*) skłonność *f*; (*arrangement*) układ *m*

disprove [dɪsˈpruːv] obalać ⟨-lić⟩, odpierać ⟨-deprzeć⟩

dispute 1. [dɪˈspjuːt] *v/i* spierać się; *v/t* ⟨za⟩kwestionować; **2.** [-, ˈdɪspjuːt] spór *m*

disqualify [dɪs'kwɒlɪfaɪ]
⟨z⟩dyskwalifikować
disregard [dɪsrɪ'gɑːd] pomijać ⟨-minąć⟩
disrespectful [dɪsrɪs'pektfʊl]
lekceważący
disrupt [dɪs'rʌpt] *meeting* zrywać ⟨zerwać⟩; *process* zakłócać ⟨-cić⟩
dissatis|faction [ˌdɪs-
sætɪs'fækʃn] niezadowolenie *n*; **~fied** [-'sætɪsfaɪd] niezadowolony
dissolve [dɪ'zɒlv] rozpuszczać ⟨-puścić⟩ (się); *jur.,
pol.* rozwiąz(yw)ać
distan|ce [dɪstəns] odległość *f*; *sp., psych.* dystans *m*; *at/
from a ~ce* z dala; *from a
~ce* z oddali; *~t* odległy; *person:* z rezerwą
distinct [dɪ'stɪŋkt] różny
(*from* od); (*clear*) wyraźny;
as ~ from w odróżnieniu
od; *~ion* rozróżnienie *n*;
(*difference*) różnica *f*; (*honour*) wyróżnienie *n*; *~ive*
charakterystyczny
distinguish [dɪ'stɪŋgwɪʃ] rozróżni(a)ć (*between* między); odróżni(a)ć (*from*
od); *~ed* wybitny; (*dignified*)
dystyngowany
distort [dɪ'stɔːt] zniekształcać ⟨-cić⟩; *face:* wykrzywi(a)ć
(się); *argument* przekręcać
⟨-cić⟩
distract [dɪ'strækt] *s.o.* odrywać ⟨oderwać⟩; *attention*
rozpraszać ⟨-roszyć⟩; *~ed*

rozkojarzony; **~ion** rozpraszanie/odciągnięcie *n* uwagi;
(*amusement*) rozrywka *f*
distress [dɪ'stres] **1.** strapienie *n*; (*hardship*) niedola *f*;
emergency: rozpaczliwe położenie *n*; **2.** ⟨z⟩martwić,
przygnębi(a)ć
distribut|e [dɪ'strɪbjuːt] rozdzielać ⟨-lić⟩, rozda(wa)ć;
~ion [-'bjuːʃn] podział *m*,
rozdział *m*; *math.* rozkład
m, rozrzut *m*
district [dɪstrɪkt] okręg *m*,
obwód *m*; *city:* dzielnica *f*
distrust [dɪs'trʌst] **1.** nieufność *f*, niedowierzanie *n*; **2.**
nie dowierzać/ufać
disturb [dɪ'stɜːb] przeszkadzać ⟨-kodzić⟩; (*bother*)
⟨za⟩niepokoić; **~ance** zakłócenie *n* spokoju
ditch [dɪtʃ] rów *m*
dive [daɪv] **1.** ⟨za⟩nurkować;
with hand: sięgać ⟨-gnąć⟩;
(*rush*) rzucić się (*for* za); **2.**
skok *m* do wody; *aer.* pikowanie *n*; *~r* nurek *m*
divers|e [daɪ'vɜːs] rozmaity;
~ion [-ʃn] (*amusement*) rozrywka *f*; (*distraction*) odwrócenie *n* uwagi; *Brt.* objazd
m; **~ity** [-sətɪ] różnorodność
f
divide [dɪ'vaɪd] **1.** *v/t* ⟨po⟩dzielić *math.* (*by* przez); *v/i*
dzielić się *math.* (*by* przez);
2. podział *m*
divis|ible [dɪ'vɪzəbl] podzielny; **~ion** [-ʒn] podział *m*;

mil. dywizja *f; math.* dzielenie *n*

divorce [dɪ'vɔːs] **1.** rozwód *m;
get a ~* rozwieść się *(from z); 2. jur.* rozwodzić ⟨-wieść⟩ się *(s.o. z* kimś*); get ~d* rozwieść się

dizzy ['dɪzɪ] oszołomiony

do [duː] *(did, done) v/t* ⟨z⟩robić, ⟨u⟩czynić; *room* ⟨po⟩sprzątać; *dishes* ⟨po⟩zmywać, zmy(wa)ć; *distance etc.* pokon(yw)ać; *sentence* F odsiedzieć; *have one's hair done* zrobić sobie fryzurę; *v/i* wystarczać ⟨-czyć⟩; *that will* ~ to wystarczy; *mieć się, wieść się; ~well* mieć się dobrze; *on introduction: how ~ you ~* bardzo mi miło, jak się Pan(i) ma; *v/aux* in interrogative sentences: ~ *you know him?* (czy) znasz go?; *in negative sentences: I don't know* nie wiem; *for emphasis: ~be quick* pospiesz się, proszę!; *substitute verb to avoid repetitions: ~ you like London? - I* ~ podoba ci się Londyn? - tak; *in question tags: he works hard, doesn't he?* (on) ciężko pracuje, nieprawdaż?; *~ away with* pozby(wa)ć się; *I'm done in* F jestem wykończony F; ~ *up dress etc.* zapinać ⟨-piąć⟩; *hair* upinać ⟨upiąć⟩; *house etc.* ⟨wy⟩remontować; *package* ⟨za⟩pakować; *I could*

~ *with ...* przydałby mi się ...; ~ *without* obchodzić ⟨obejść⟩ się bez

dock¹ [dɒk] **1.** basen *m* portowy, dok *m;* ławа *f* oskarżonych; **2.** *v/t ship* dokować, wprowadzać ⟨-dzić⟩ do portu; *v/t* zawijać ⟨-winąć⟩ do portu/przystani

doctor ['dɒktə] doktor *m,* lekarz *m* (-karka *f)*

document 1. ['dɒkjument] dokument *m;* **2.** ['.ment] udokumentować, ~*ary (film)* [.'mentərɪ] film *m* dokumentalny

dog [dɒg] pies *m;* ~*gie,* ~*gy* ['dɒgɪ] psina *f*

dog-'tired zmordowany

do-it-yourself [duːɪtjɔ'self] **1.** majsterkowanie *n;* **2.** ... dla majsterkowiczów

dole [dəʊl] **1.** *Brt.* F zasiłek *m* (dla bezrobotnych); *be on the* ~ być na zasiłku; **2.** ~ *out* wydzielać ⟨-lić⟩ po trochu

doll [dɒl] lalka *f*

dollar ['dɒlə] dolar *m*

dome [dəʊm] kopuła *f*

domestic [dəʊ'mestɪk] **1.** domowy; *concerning the country:* krajowy; ~: służący *m* (-ca *f);* ~ *animal* zwierzę *n* domowe; ~*ate* [-keɪt] *animals* udomawiać ⟨-mowić⟩, oswajać ⟨-woić⟩; *be* ~*ated* być domatorem

domin|ant ['dɒmɪnənt] dominujący, przeważający; ~*ate*

['neɪt] 〈z〉dominować; **~ation** [-'neɪʃn] dominacja f, panowanie n; **~eering** [-'nɪərɪŋ] apodyktyczny, despotyczny

done [dʌn] pp of **do**; zrobiony; (finished, ready) gotowy; **well ~** gastr. dobrze wypieczony/wysmażony

donkey ['dɒŋkɪ] osioł m

donor ['dəʊnə] dawca m (-wczyni f)

door [dɔː] drzwi pl; **~bell** dzwonek m (do drzwi); **~handle** klamka f; **~keeper** portier(ka f) m, dozorca m (-czyni f); **~mat** wycieraczka f; **~step** próg m

dope [dəʊp] **1.** F narcotic: narkotyk m; information: cynk m F; sl. dureń m F; **2.** odurzać 〈-rzyć〉

dormitory ['dɔːmɪtrɪ] Am. dom m studencki

dose [dəʊs] dawka f

dot [dɒt] kropka f; **on the ~** F co do sekundy; **~ted line** linia f kropkowana

dote [dəʊt]: **~ on s.o.** świata nie widzieć poza kimś

double ['dʌbl] **1.** adj podwójny; **2.** adv podwójnie; **3.** s sobowtór m; film, TV: dubler(ka f) m; **4.** v podwajać 〈-dwoić〉 (się); **~ up** 〈z〉giąć się wpół (with pain z bólu); **~'check** sprawdzać 〈-dzić〉; **~'cross** F przechytrzyć 〈-rzyć〉; **~'decker** autobus m piętrowy, piętrus

m F; **~'park** 〈za〉parkować „na drugiego" (tj. blokując komuś wyjazd); **~'quick 1.** adj: **in ~quick time** →; **2.** adv F błyskawicznie, „piorunem" F; **~ room** pokój m dwuosobowy; **~s** (pl ~) tennis: debel m

doubt [daʊt] **1.** wątpić; **2.** wątpliwość f; **no ~** niewątpliwie; **~ful** wątpliwy; person: niepewny, niezdecydowany; **~less** bez wątpienia

dough [dəʊ] ciasto n; sl. (money) szmal m sl.; **~nut** rodzaj pączka

down¹ [daʊn] **1.** adv w dół; **2.** powalać 〈-lić〉; aer. strącać 〈-cić〉; drink wychylać 〈-lić〉; **~ the street** po ulicy

down² [.] puch m, meszek m

down'hill z góry, z górki; skiing: zjazdowy; **~ 'payment** zadatek m, pierwsza rata f; **~'pour** ulewa f; **~right** zupełny, całkowity; **~stairs 1.** [daʊn'steəz] adv na/w dół; **2.** ['steəz] adj na dole, poniżej; **~to-'earth** przyziemny, konkretny, praktyczny; **~town** esp. Am. **1.** ['taʊn] śródmiejski; **2.** ['taʊn] śródmieście n

doze [dəʊz] **1.** drzemać; **~ off** zdrzemnąć się, przysnąć; **2.** drzemka f

dozen ['dʌzn] tuzin m

drab [dræb] bury; (dreary) nieciekawy, monotonny

draft [drɑːft] **1.** brudnopis m,

szkic *m*; *econ.* weksel *m*; *Am.*
mil. pobór *m*; *Am.* →
draught; **2.** ⟨na⟩szkicować,
⟨na⟩pisać na brudno; *Am.*
mil. powoł(yw)ać; **~ee**
[⌐'tiː] *Am.* poborowy *m*
drag [dræg] wlec ⟨się⟩,
ciągnąć ⟨się⟩, ~ **on** *fig.*
ciągnąć/wlec się
drain [dreɪn] **1.** *v/t* osuszać
⟨-szyć⟩, *(empty)* opróżni⟨ać⟩;
v/i. ~ **off** *or* **away** wyciekać
⟨-ciec⟩; **2.** odpływ *m*, ściek
m; **~age** ['-ɪdʒ] osuszanie
n, drenowanie *n*; '**~pipe** rura
f odpływowa
drama ['drɑːmə] dramat *m*;
~tic [drə'mætɪk] dramatycz-
ny; **~tist** ['dræmətɪst] dra-
matopisarz *m* ⟨-sarka *f*⟩;
~tize ['dræmətaɪz] adapto-
wać ⟨na scenę⟩; *fig.* dramaty-
zować
drank [dræŋk] *past of* **drink**
drastic ['dræstɪk] drastyczny
draught [drɑːft] *(Am.* **draft**)
przeciąg *m*; *liquid:* haust *m*,
łyk *m*; *pl* warcaby *pl*; **beer
on ~,** ~ **beer** piwo *n* beczko-
we; '**~board** *Brt.* szachownica *f*; '**~sman** *(pl -men) esp.
Brt.* kreślarz *m*; *(cartoonist)*
rysownik *m*; '**~y** *esp. Brt.*
pełen przeciągów
draw [drɔː] **1.** *(drew, drawn)*
v/t ⟨na⟩rysować; *(pull)* ⟨po⟩-
ciągnąć; *attention* przyciągać
⟨-gnąć⟩; *breath* brać ⟨wziąć⟩;
curtains zaciągać ⟨-gnąć⟩ *or*
rozsuwać ⟨-nąć⟩; *knife, gun*

wyciągać ⟨-gnąć⟩; *money,
cheque* podejmować
⟨-djąć⟩; *tooth* wyr(y)wać; *water* pobierać ⟨-brać⟩; *v/i
chimney:* ciągnąć; *tea etc.:* naciągać ⟨-gnąć⟩; *sp.* ⟨z⟩remi-
sować; ~ **back** cofać
⟨-fnąć⟩ się; ~ **out** *money* podejmować ⟨-djąć⟩ *fig.* przeciągać ⟨-gnąć⟩; ~ **up** *writing*
⟨na⟩szkicować, ⟨na⟩pisać
na brudno; *car etc.:* zatrzy-
mać się; **2.** pociągnięcie *n*;
lottery: ciągnienie *n*, losowa-
nie *n*; *sp.* remis *m*; *fig.* atrakcja *f*; '**~back** wada *f*
drawer [drɔː] szuflada *f*; *pl
garment:* majtki *pl*
drawing ['drɔːɪŋ] rysunek *m*;
~ **board** rysownica *f*, deska
f kreślarska; ~ **pin** *Brt.* pinezka *f*; ~ **room** salon *m*
drawn [drɔːn] *pp of* **draw** 1
dread [dred] **1.** bać/lękać się;
2. strach *m*, przerażenie *n*;
'**~ful** straszny
dream [driːm] **1.** marzenie *n*;
while sleeping: sen *m*; **2.**
(dreamed *or* **dreamt)** marzyć; *while sleeping:* śnić; '**~er**
marzyciel⟨ka *f*⟩ *m*; **~t**
[dremt] *past and pp of* **dream**
2; '**~y** rozmarzony, marzy-
cielski; *(fantastic)* jak ze snu
drench [drentʃ] zmoczyć ⟨-cz⟩
przemoczyć
dress [dres] **1.** strój *m*, ubiór
m; *woman's:* suknia *f*; **2.**
ubierać ⟨ubrać⟩ się; *salad*
przyprawi⟨a⟩ć; *hair* układać

⟨ułożyć⟩, ⟨u⟩czesać, ⟨u⟩fry-
zować; *wound etc.* opatrywać ⟨-trzyć⟩; *get ~ed* ubrać
się

dressing ['dresɪŋ] toaleta *f*;
med. opatrunek *m*; *salad:*
sos *m* do sałatki; *gastr. Am.*
farsz *m*; **~ gown** szlafrok
m; **~room** *sp.* szatnia *f*; **~ta-
ble** toalet(k)a *f*

dress|maker ['dresmeɪkə]
krawcowa *f*, krawiec *m* damski; **~ rehearsal** *thea.* próba *f*
generalna

drew [druː] *past of draw* 1

drier ['draɪə] → *dryer*

drift [drɪft] **1.** *v/i* dryfować,
unosić się z prądem; *fig.*
być biernym; *snow, sand:*
⟨na⟩gromadzić się; *v/t
⟨stream⟩ nieść; **2.** *river:* prąd
m; *(a. snow ~)* zaspa *f*; **~**
wątek *m*, sens *m* wypowie-
dzi

drill [drɪl] **1.** świder *m*, wiertar-
ka *f*; *(exercise)* ćwiczenie *n*,
mil. musztra *f*; **2.** ⟨wy⟩-
wiercić; *(practise)* ⟨prze⟩ćwi-
czyć

drink [drɪŋk] **1.** (**drank,
drunk**) ⟨wy⟩pić; **2.** napój
m; *alcohol:* drink *m* F;
'~ing water woda *f* do picia

drip [drɪp] **1.** kapać ⟨-pnąć⟩,
ciec; **2.** kapanie *n*, med.
kroplówka *f*; **~'dry** nie wymagający prasowania;
'~ping tłuszcz *m* spod pie-
czeni

driv|e [draɪv] **1.** (**drove, driv-**

en) ⟨po⟩jechać; **~e s.o.
somewhere** zawozić
⟨-wieźć⟩ kogoś dokądś; *car*
kierować; *animals etc.* ⟨po⟩-
pędzić; **~e s.o. mad** doprowadzać ⟨-dzić⟩ kogoś do
szału; **2.** przejażdżka *f*; *tech.,
computer:* napęd *m*; *psych.*
popęd *m*; *fig.* przedsiębior-
czość *f*; *left/right-hand* **~e**
z kierownicą po lewej/pra-
wej stronie; **~e-in** dla zmo-
toryzowanych; **~en** [drɪvn]
pp of drive 1; **~er** ['draɪvə]
kierowca *m*; **~er's license**
Am. prawo *n* jazdy; **'~eway**
podjazd *m*; **'~ing** ['draɪvɪŋ]
prowadzenie *n* samochodu;
tech. napędowy; **'~ing force**
siła *f* napędowa; **'~ing licence** *Brt.* prawo *n* jazdy;
'~ing test egzamin *m* na prawo jazdy

drizzle ['drɪzl] **1.** mżyć; **2.**
mżawka *f*, kapuśniaczek *m*

drop [drɒp] **1.** kropla *f*; *aer.*
zrzut *m*; *altitude, a. fig.:* spadek *m*; **2.** *v/i* spadać ⟨spaść⟩
(a. prices etc.); *ground:* opadać ⟨opaść⟩; *v/t* upuszczać
⟨upuścić⟩, zrzucać ⟨-cić⟩; *remark etc.* rzucać ⟨-cić⟩; *passenger etc.* wysadzać ⟨-dzić⟩,
podrzucać ⟨-cić⟩; *voice*
zniżać ⟨-żyć⟩; **~ s.o. a few
lines** skreślić do kogoś parę
słów; **~ in** wpadać ⟨wpaść⟩;
~ out porzucać ⟨-cić⟩ *(of s.th.*
coś); **'~out** osoba, która
przerwała naukę

drove [drəʊv] *past of* **drive** 1
drown [draʊn] ⟨u⟩topić się,
⟨u⟩tonąć; *be* **~ed** ⟨u⟩tonąć
drug [drʌg] 1. lekarstwo *n*;
(narcotic) narkotyk *m*; *be*
on **~s** narkotyzować się; 2.
narkotyzować, poda(wa)ć
narkotyk; **~ addict** narko-
man(ka *f*) *m*; **~gist** [ˈ-ɪst]
Am. aptekarz *m*; **~store**
Am. apteka *f*
drum [drʌm] 1. bęben *m*; *anat.*
bębenek *m*; *pl mus.* perkusja
f; 2. bębnić; **~mer** perkusis-
ta *m*
drunk [drʌŋk] 1. *pp of* **drink** 1;
2. *adj* pijany; *get* **~** upi(ja)ć
się; 3. pijak *m* (-jaczka *f*);
~ard [ˈ-əd] pijak *m*; **~en** pijany; **~en driving** prowadzenie *n* samochodu po pija-
nemu
dry [draɪ] 1. suchy; *wine etc.*:
wytrawny; 2. suszyć (się);
dishes wycierać ⟨wytrzeć⟩;
~ up wysychać ⟨-schnąć⟩;
~-clean ⟨u⟩prać chemicznie;
~-cleaner('s) *business*: pralnia *f* chemiczna; **~er** *a.* **drier**
suszarka *f*
dual [ˈdjuːəl] dwojaki; *(double)* podwójny; **~ carriageway**
Brt. dwupasmówka *f f*
dubious [ˈdjuːbjəs] wątpliwy,
dwuznaczny; *person*: pełen
wątpliwości
duck [dʌk] 1. kaczka *f*; 2.
uchylać ⟨-lić⟩ się *(s.th.*
przed czymś)
due [djuː] 1. *adj* należny, za-

służony; *(proper)* stosowny,
odpowiedni; *econ.* płatny;
train, etc.: oczekiwany; **~** to
z powodu; *be* **~** to *(do
s.th.)* mieć (coś zrobić); 2.
adv w kierunku; **~** *east* w
kierunku wschodnim; 3. *s
pl* należność *f* (-ności *pl)*
duel [ˈdjuːəl] pojedynek *m*
dug [dʌg] *past and pp of* **dig**
duke [djuːk] książę *m*
dull [dʌl] 1. *(boring)* nudny,
nieciekawy; *blade etc.*: tępy;
sound: głuchy, stłumiony;
weather: pochmurny; 2. stę-
pi(a)ć, przytępi(a)ć
dumb [dʌm] niemy, oniemiały; *esp. Am.* F głupi
dump [dʌmp] 1. ⟨z⟩rzucać
⟨-cić⟩; *s.o.* porzucać ⟨-cić⟩;
econ. sprzeda(wa)ć po cenie
dumpingowej; 2. wysypisko
n
dumpling [ˈdʌmplɪŋ] klucha
f; *(pudding)* jabłko *n* w cieś-
cie, knedel *m*
dungarees [dʌŋgəˈriːz] *pl*
(spodnie-)ogrodniczki *pl*
duplicate 1. [ˈdjuːplɪkət]
wtórny, identyczny; 2. [ˈ-]
duplikat *m*, kopia *f*; 3.
[ˈ-keɪt] powielać ⟨-lić⟩,
⟨s⟩kopiować
dura|ble [ˈdjuərəbl] trwały;
~tion [ˈ-reɪʃn] trwanie *n*
during [ˈdjuərɪŋ] podczas
dusk [dʌsk] zmierzch *m*
dust [dʌst] 1. kurz *m*, pył *m*;
v/t odkurzać ⟨-rzyć⟩; *v/i* ścierać kurze; **~bin** *Brt.* kubeł/

pojemnik *m* na śmieci; '**~er**
ścier(ecz)ka *f* do kurzu;
'**~man** (*pl* **-men**) *Brt.* śmie-
ciarz *m*; '**~y** zakurzony

Dutch [dʌtʃ] **1.** holenderski; **2.**
the ~ *pl* Holendrzy *pl*

duty ['dju:tɪ] obowiązek *m*,
zadanie *n*; *mil., police*: służba
f; *econ.* cło *n*, opłata *f* celna;

on ~ na służbie; **off ~** po
służbie, wolny od służby;
~'free bezcłowy

dye [daɪ] ⟨u⟩farbować; **~**
black ufarbować na czarno

dying ['daɪŋ] umierający; *
species etc.*: wymierający

dynamic [daɪ'næmɪk] dynamiczny; **~s** *sg* dynamika *f*

E

each [iːtʃ] **1.** *adj, pron* każdy; **~**
other się (nawzajem); *to ~*
other sobie nawzajem, jeden drugiemu/drugiemu; **2.**
adv ... na osobę, ... za sztu-
kę

eager ['iːgə] chętny

eagle ['iːgl] orzeł *m*

ear [ɪə] ucho *n*

earl [ɜːl] (brytyjski) hrabia *m*

early ['ɜːlɪ] (za) wcześnie

earn [ɜːn] *money* zarabiać
⟨-robić⟩; *reputation etc.* zys-
kać sobie

earnest ['ɜːnɪst] **1.** szczery,
poważny; (*conscientious*) su-
mienny; **2.** *in ~* na poważnie,
(na) serio, szczerze

earnings ['ɜːnɪŋz] *pl* zarobki
pl

'**ear|phones** *pl* słuchawki *pl*;
'**~ring** kolczyk *m*; '**~shot**:
out of ~shot poza zasięgiem
słuchu; *within ~shot* w zasięgu słuchu

earth [ɜːθ] **1.** ziemia *f*; *Brt.
electr.* uziemienie *n*; **2.** *Brt.*

electr. uziemi(a)ć; **~en**
['ɜːθn] gliniany; '**~enware**
wyroby *pl* garncarskie; '**~ly**
ziemski; '**~quake** trzęsienie
n ziemi; '**~worm** dżdżownica
f

ease [iːz] **1.** łatwość *f*; (*comfort*) wygoda *f*; *at (one's)*
~ spokojny, nieskrępowany;
na luzie F; *be* lub *feel at ~*
czuć się swobodnie; *be* lub
feel ill at ~ czuć się nieswojo;
2. (delikatnie) wsuwać
⟨wsunąć⟩; *tension etc.* roz-
ładow(yw)ać; *pains* uśmie-
rzać ⟨-rzyć⟩

easily ['iːzɪlɪ] z łatwością, łatwo

east [iːst] **1.** *s* wschód *m*; **2.** *adj*
wschodni; **3.** *adv direction*:
na wschód; *location*: na
wschodzie

Easter ['iːstə] Wielkanoc *f*

easy ['iːzɪ] łatwy; *take it ~!*
spokojnie!, nie przejmuj
się!; **~ chair** fotel *m*

eat [iːt] (*ate, eaten*) ⟨z⟩jeść;

animals a.: ⟨ze⟩żreć; **~en** ['i:tn] *pp of* **eat**

eavesdrop ['i:vzdrɒp] podsłuch(iw)ać (**on s.o.** kogoś)

ecolog|ical [i:kə'lɒdʒɪkl] ekologiczny; **~y** [i:'kɒlədʒɪ] ekologia *f*

econom|ic [i:kə'nɒmɪk] gospodarczy, ekonomiczny; **~ical** oszczędny, ekonomiczny; **~ics** *sg* ekonomia *f*; **~ist** [ɪ'kɒnəmɪst] ekonomista *m* (-tka *f*); **~ize** oszczędzać (**on** na); **~y** gospodarka *f*

edg|e [edʒ] **1.** krawędź *f*, obrzeże *n*, brzeg *m*; **on ~** → **edgy**; **2.** obrzeżać ⟨-żyć⟩; *movement*: posuwać ⟨-sunąć⟩ się po trochu; **~y** nerwowy

edible ['edɪbl] jadalny

edit ['edɪt] *text* ⟨z⟩redagować; *newspaper etc.* wyda(wa)ć; **~ion** [ɪ'dɪʃn] wydanie *n*; **~or** [editə] redaktor *m*; *newspaper, magazine*: wydawca *m*; **~orial** [edɪ'tɔːrɪəl] artykuł *m* wstępny

educat|e ['edʒukeɪt] ⟨wy⟩-kształcić; **~ed** wykształcony; **~ion** [⌣ⁿ'keɪʃn] wykształcenie *n*, *form.* edukacja *f*; *system*: oświata *f*; **~ional** o światowy

effect [ɪ'fekt] **1.** (*result*) skutek *m*, rezultat *m*; (*impact*) działanie *n*, wpływ *m*; **take ~** wchodzić ⟨wejść⟩ w życie; (*work*) zadziałać; **2.** prze-

efficien|cy [ɪ'fɪʃənsɪ] sprawność *f*, skuteczność *f*; *industry*: wydajność *f*; **~t** sprawny, skuteczny; *industry*: wydajny

effort ['efət] wysiłek *m*; **~less** łatwy, nie wymagający wysiłku

egg [eg] jajko *n*

eight [eɪt] osiem; **~een** [eɪ'tiːn] osiemnaście; **~h** [eɪtθ] ósmy; **~y** osiemdziesiąt

either ['aɪðə, *Am.* 'iːðə] którykolwiek (z dwóch); **~ ... or** albo ... albo; **not ... ~** też nie, ani też ...

eject [ɪ'dʒekt] wyrzucać ⟨-cić⟩; (*expel*) wyrzucać ⟨-lić⟩

elaborate 1. [ɪ'læbərət] wymyślny, skomplikowany, zawiły; **2.** [⌣eɪt] opis(yw)ać szczegółowo

elastic [ɪ'læstɪk] **1.** elastyczny; **2.** *Brt. a.* **~ band** taśma *f* gumowa, gum(k)a *f*

elbow ['elbəʊ] **1.** łokieć *m*; *tech.* kolano *n*; **2.** ⟨u⟩torować sobie drogę (łokciami)

elder ['eldə] *brother, sister ect.* starszy

elder|ly ['eldəlɪ] starszy; **~st** ['⌣ɪst] *brother, sister etc.* najstarszy

elect [ɪ'lekt] **1.** wybierać ⟨-brać⟩; **2.** nowo obrany; **~ion** [⌣ʃn] wybory *pl*; **~or** wyborca *m*; **~orate** [⌣ərət] wyborcy *pl*

electric [ɪ'lektrɪk] elektryczny; **∼al** elektryczny; **∼ian** [-'trɪʃn] elektryk *m*; **∼ity** [-'trɪsətɪ] elektryczność *f*

electronic [ɪlek'trɒnɪk] elektroniczny; **∼ data processing** elektroniczne przetwarzanie *n* danych; **∼s** *sg* elektronika *f*

elegan|ce ['elɪgəns] elegancja *f*; **∼t** elegancki

element ['elɪmənt] element *m*; *weather:* żywioł *m*; *chem.* pierwiastek *m*; **∼ary** [-'mentərɪ] podstawowy, elementarny; **∼ary school** *Am.* szkoła *f* podstawowa

elephant ['elɪfənt] słoń *m*

elevator [elɪ'veɪtə] *Am.* dźwig *m*, winda *f*

eleven [ɪ'levn] jedenaście; **∼th** [-θ] jedenasty

eligible ['elɪdʒəbl] nadający się, spełniający warunki; **be ∼** kwalifikować się

eliminat|e [ɪ'lɪmɪneɪt] ⟨wy⟩eliminować, usuwać ⟨-sunąć⟩; **∼ion** [-'neɪʃn] eliminacja *f*

else [els] jeszcze; **anything ∼?** czy jeszcze coś?; **no one ∼** nikt więcej; **or ∼** albo też; **∼'where** gdzie indziej

embark [ɪm'bɑːk] załadować na statek, zaokrętować (się); **∼ (up)on** rozpoczynać ⟨-cząć⟩

embarrass [ɪm'bærəs] ⟨za⟩żenować, zawstydzać ⟨-dzić⟩; **∼ed** zażenowany; **∼ing** żenujący; **∼ment** zażenowanie *n*

embassy ['embəsɪ] ambasada *f*

embrace [ɪm'breɪs] **1.** obejmować ⟨objąć⟩; **2.** uścisk *m*

embroider [ɪm'brɔɪdə] ⟨wy⟩haftować; *fig.* ubarwi(a)ć; **∼y** [-rɪ] haft *m*

emerge [ɪ'mɜːdʒ] wyłaniać ⟨-łonić⟩ się; *truth etc.:* wychodzić ⟨wyjść⟩ na jaw

emergency [ɪ'mɜːdʒənsɪ] sytuacja *f* wyjątkowa, nagły wypadek *m*; **in an ∼** w nagłym wypadku, w razie niebezpieczeństwa; **∼ exit** wyjście *n* awaryjne; **∼ landing** *aer.* lądowanie *n* awaryjne; **∼ number** numer *m* alarmowy

eminent ['emɪnənt] wybitny, znakomity

emotion [ɪ'məʊʃn] uczucie *n*, wzruszenie *n*; **∼al** emocjonalny; *person, attitude:* uczuciowy

emperor ['empərə] cesarz *m*

empha|sis ['emfəsɪs] (*pl* **-ses** [-sɪːz]) nacisk *m*; **∼size** ⟨-lić⟩; **∼tic** [ɪm'fætɪk] dobitny

empire ['empaɪə] cesarstwo *n*

employ [ɪm'plɔɪ] zatrudni(a)ć; **∼ee** [emplɔɪ'iː] pracownik *m* ⟨-nica *f*⟩; **∼er** [ɪm'plɔɪə] pracodawca *m* ⟨-wczyni *f*⟩; **∼ment** zatrudnienie *n*

empress ['empris] cesarzowa f

empt|iness ['emptinis] pustka f (a. fig.); **'∼y 1.** pusty, próżny; 2. wypróżni(a)ć, opróżni(a)ć

enable [ı'neıbl] umożliwi(a)ć

enamel [ı'næml] emalia f; pottery: glazura f; nails: lakier m do paznokci

enclos|e [ın'kləʊz] ogradzać ⟨-rodzić⟩; in parcel: ⟨o⟩pakować; in letter: załączać ⟨-czyć⟩; **∼ure** [-ʒə] ogrodzenie n; letter: załącznik m

encounter [ın'kaʊntə] **1.** spotykać ⟨-tkać⟩; difficulties etc. napotykać ⟨-tkać⟩; **2.** spotkanie n; mil. potyczka f

encourag|e [ın'kʌrıdʒ] zachęcać ⟨-cić⟩; **∼ement** zachęta f; **∼ing** [ın'kʌrıdʒıŋ] zachęcający

end [end] **1.** koniec m, kres m; **in the ∼** w końcu; **stand on ∼** hair: stawać ⟨stanąć⟩ dęba; **2.** ⟨za⟩kończyć (się); **∼ up** skończyć, wylądować F

endeavo(u)r [ın'devə] **1.** usiłować, usilnie próbować; **2.** próba f, usiłowanie n; pl starania pl

ending ['endıŋ] gr. końcówka f

'endless bezustanny, nie kończący się

endur|ance [ın'djʊərəns] (stamina) wytrzymałość f; (patience) cierpliwość f; **∼ance test** próba f wytrzymałości;

∼e [-ʊə] wytrzym⟨yw⟩ać

enemy ['enəmı] **1.** wróg m; **2.** wrogi

energ|etic [enə'dʒetık] energiczny; **'∼y** energia f; **∼y-saving** energooszczędny

engage [ın'geıdʒ] v/t zajmować ⟨-jąć⟩; (hire) ⟨za⟩angażować; tech. włączać ⟨-czyć⟩; v/i tech. sprzęgać ⟨-rząc⟩ się; **∼ in** zajmować ⟨-jąć⟩ się (a. seat, toilet, Brt. teleph.); **to get ∼d** zaręczać ⟨-czyć⟩ się (to z); **∼d tone** sygnał m zajętej linii; **∼ment** zaręczyny pl

engine ['endʒın] silnik m; rail. lokomotywa f; **∼ driver** maszynista m

engineer [endʒı'nıə] inżynier m; (repairer) technik m; Am. maszynista m; mil. saper m; **∼ing** [-rıŋ] technika f; **civil ∼ing** inżynieria f

Engl|and ['ıŋglənd] Anglia f; **∼ish** ['ıŋglıʃ] **1.** angielski; **2. the ∼ish** pl Anglicy pl; **'∼ishman** (pl -men) Anglik m; **'∼ishwoman** (pl -women) Angielka f

enjoy [ın'dʒɔı] znajdować ⟨znaleźć⟩ przyjemność (s.th. w czymś); **did you ∼ it?** podobało ci się?; **∼ o.s.** dobrze się bawić; **∼able** przyjemny; **∼ment** zabawa f, uciecha f

enlarge [ın'lɑːdʒ] powiększać ⟨-szyć⟩; **∼ment** powiększenie n

enormous [ɪ'nɔːməs] ogromny, olbrzymi

enough [ɪ'nʌf] dosyć, dość

enquire, enquiry → *inquire, inquiry*

enrol(l) [ɪn'rəʊl] zapis(yw)ać się

ensure [ɪn'ʃɔː] zapewni(a)ć

enter ['entə] *v/t* wchodzić ⟨wejść⟩ (*s.th.* do czegoś); *mar.* wpływać ⟨-łynąć⟩ (*s.th.* do czegoś); *rail.* wjeżdżać ⟨-jechać⟩ (*the station etc.* na stację *itp.*); wpis(yw)ać, wciągać ⟨-gnąć⟩ (*names* nazwiska na listę); *sp.* zgłaszać ⟨-łosić⟩; *v/i* wchodzić ⟨wejść⟩; *sp.* zgłaszać ⟨-łosić⟩ swój udział (*for* w); *~ ... thea.* wchodzić ...

enterpris|e ['entəpraɪz] (*company*) przedsiębiorstwo *n*; (*venture*) przedsięwzięcie *n*; '**~ing** przedsiębiorczy

entertain [entə'teɪn] zabawi(a)ć; **~er** artysta *m* kabaretowy; **~ment** rozrywka *f*

enthusias|m [ɪn'θjuːzɪæzəm] entuzjazm *m*, zapał *m*; **~t** [-st] entuzjasta *m* (-tka *f*); **~tic** [-'æstɪk] entuzjastyczny, zapalony

entire [ɪn'taɪə] całkowity; **~ly** całkowicie

entitle [ɪn'taɪtl] uprawni(a)ć (*to* do)

entrance ['entrəns] *door*: wejście *n*; *gate*: wjazd *m*; **~ fee** opłata *f* za wstęp

entry ['entrɪ] wstęp *m*; (*entrance*) wejście *n*; *lexicon*: hasło *n*; *list*: pozycja *f*; *sp.* zgłoszenie *n*; **~ form** formularz *m*; **~ visa** wiza *f* wjazdowa

envelop [ɪn'veləp] owijać ⟨owinąć⟩, okry(wa)ć; **~e** ['envələʊp] koperta *f*

envi|able ['envɪəbl] godny pozazdroszczenia; '**~ous** zawistny, zazdrosny

environment [ɪn'vaɪərənmənt] środowisko *n*; **~al** [-'mentl] środowiskowy; **~al pollution** zatrucie *n* środowiska; **~al protection** ochrona *f* środowiska; **~alist** [-'təlɪst] ekolog *m*

envy ['envɪ] **1.** zawiść *f*, zazdrość *f*; **2.** zazdrościć (*s.o. s.th.* komuś czegoś)

epidemic [epɪ'demɪk] epidemia *f*

episode ['epɪsəʊd] epizod *m*; *radio, TV*: odcinek *m*

equal ['iːkwəl] **1.** *adj* równy; **be ~ to** czuć się na siłach; *task*: dorastać ⟨-rosnąć⟩ (*s.th.* do czegoś); **2.** *s* osoba *f* równa (innej); *v/t* równać się; *person*: dorówn(yw)ać; **~ity** [ɪ'kwɒlətɪ] równość *f*; **~ize** [-kwəlaɪz] zrówn(yw)ać, wyrówn(yw)ać; '**~ly** równie

equate [ɪ'kweɪt] utożsami(a)ć; **~ion** [-ʒn] *math.* równanie *n*; **~or** [ɪ'kweɪtə] równik *m*

equilibrium [iːkwɪ'lɪbrɪəm]

równowaga *f*, zrównoważenie *n*

equip [ɪ'kwɪp] wyposażać ⟨-żyć⟩; **~ment** wyposażenie *n*, sprzęt *m*

equivalent [ɪ'kwɪvələnt] **1.** równoważny (**to s.th.** czemuś); **be ~** odpowiadać (**to s.th.** czemuś); **2.** odpowiednik *m*

erase [ɪ'reɪz] ⟨z⟩mazać, ścierać ⟨zetrzeć⟩; *sound* ⟨s⟩kasować; **~r** gumka *f*

erect [ɪ'rekt] **1.** wyprostowany; **2.** wznosić ⟨-nieść⟩; **~ion** [-_kʃn] budowa *f*, wzniesienie *n*; *physiol.* erekcja *f*

erotic [ɪ'rɒtɪk] erotyczny

err [ɜː] ⟨z⟩błądzić

errand ['erənd] polecenie *n*, zadanie *n*; **run ~s** załatwiać polecenia

erratic [ɪ'rætɪk] *behaviour*: nierówny, niekonsekwentny; *pattern*: przypadkowy

error ['erə] błąd *m*

escalate ['eskəleɪt] rozszerzać ⟨-rzyć⟩ (się), powiększać ⟨-szyć⟩ (się), rozrastać ⟨-rosnąć⟩ się; **~ion** [-'leɪʃn] eskalacja *f*; **~or** schody *pl* ruchome

escape [ɪ'skeɪp] **1.** *v/t duty etc.* unikać ⟨-knąć⟩; *attention* umykać ⟨umknąć⟩; *v/i* uciekać ⟨uciec⟩, umykać ⟨umknąć⟩; *gas, liquid*: wyciekać ⟨-ciec⟩; **2.** ucieczka *f*; **have a narrow ~** ledwo ujść z życiem

escort 1. ['eskɔːt] *police etc.*: eskorta *f*; (*companion*) osoba *f* towarzysząca; (*hired companion*) (wynajęta) towarzyszka *f*; **2.** [ɪ'skɔːt] odprowadzać ⟨-dzić⟩; *mil., police*: eskortować

especial [ɪ'speʃl] specjalny, szczególny; **~ly** specjalnie, szczególnie, zwłaszcza

espionage ['espɪənɑːʒ] szpiegostwo *n*

essay ['eseɪ] esej *m*; *school*: wypracowanie *n*

essential [ɪ'senʃl] **1.** (*vital*) istotny; (*fundamental*) podstawowy, zasadniczy; **2.** *mst pl* rzeczy *pl* niezbędne/istotne; **~ly** zasadniczo

establish [ɪ'stæblɪʃ] ustanawiać ⟨-nowić⟩; *organization, company* zakładać ⟨założyć⟩; **~ o.s.** wyrabiać ⟨-robić⟩ sobie pozycję; **~ment** założenie *n*, ustanowienie *n*; (*business*) zakład *m*

estate [ɪ'steɪt] posiadłość *f*; *Brt.* osiedle *n*; *Brt.* dzielnica *f* przemysłowa; *jur.* mienie *n*; **~agent** pośrednik *m* handlu nieruchomościami; **~ car** *Brt.* samochód *m* kombi

estimate 1. ['estɪmeɪt] ⟨o⟩szacować, oceni(a)ć; **2.** ['-ət] szacunkowe dane *pl*; *person*: ocena *f*; *job*: kosztorys *m*; **~ion** [-'meɪʃn] wyliczenie *n*; *person*: ocena *f*

Estonia [e'stəʊnɪə] Estonia *f*;

~n 1. *adj* estoński; **2.** Estończyk *m*, Estonka *f*

etern|**al** [ɪ'tɜːnl] (od)wieczny; **~ity** [~nəti] wieczność *f*

European [juərə'pɪən] **1.** europejski; **2.** Europejczyk *m* (-jka *f*)

evade [ɪ'veɪd] (*dodge*) unikać <-knąć> (*s.th.* czegoś); (*escape*) umykać <umknąć> (*s.th./s.o.* czemuś/komuś)

evaluate [ɪ'væljʊeɪt] oceni(a)ć

evaporate [ɪ'væpəreɪt] *v/i* wyparow(yw)ać; *v/t* odparow(yw)ać

evasi|**on** [ɪ'veɪʒn] unikanie *n*; uchylanie *n* się od; **~ve** [~sɪv] wykrętny

even ['iːvn] **1.** *adv* nawet; **2.** *adj* równy, gładki; *math.* parzysty; **get ~ with s.o.** policzyć się z kimś, wyrównać z kimś rachunki

evening ['iːvnɪŋ] wieczór *m*; **in the ~** wieczorem, *regularly*: wieczorami; **this ~** dziś wieczór/wieczorem; **good ~** dobry wieczór

event [ɪ'vent] wydarzenie *n*; (*planned occasion*) impreza *f*; *sp.* konkurencja *f*, dyscyplina *f*; **at all ~s** w każdym wypadku; **in the ~ of** w przypadku

eventually [ɪ'ventʃʊəlɪ] w końcu

ever ['evə] kiedykolwiek; **~ since** odkąd tylko; **'~green** roślina *f* wiecznie zielona;

mus. złoty przebój *m*, niezapomniany utwór *m*; **~'lasting** wieczny, wiekuisty

every ['evrɪ] każdy; **~ other day** (w) co drugi dzień; **~ now and then** od czasu do czasu; **'~body** → **everyone**; **'~day** codzienny; **'~one** każdy (człowiek); **'~thing** wszystko; **'~where** wszędzie

eviden|**ce** ['evɪdəns] *jur.* dowody *pl*; (*testimony*) zeznanie *n*; **give ~ce** zeznawać; **~t** oczywisty, ewidentny

evil ['iːvl] **1.** zły, podły; **2.** zło *n*

evoke [ɪ'vəʊk] wywoł(yw)ać

evolution [iːvə'luːʃn] ewolucja *f*

evolve [ɪ'vɒlv] rozwijać <-winąć> (się)

ex- [eks] były

exact [ɪg'zækt] **1.** dokładny; **2.** wymagać; **~ly** dokładnie; *int* właśnie!

exaggerat|**e** [ɪg'zædʒəreɪt] przesadzać <-dzić>; **~ion** [~'reɪʃn] przesada *f*

exam [ɪg'zæm] F egzamin *m*

examin|**ation** [ɪgzæmɪ'neɪʃn] egzamin *m*; *jur.* przesłuchanie *n*; *med.* badanie *n*; **~e** [~'zæmɪn] ⟨z⟩badać; *school*: ⟨prze⟩egzaminować (**in** z; **on** na temat); *jur.* przesłuch(iw)ać; **~er** *school*: egzaminator(ka *f*) *m*

example [ɪg'zɑːmpl] przykład *m*; **for ~** na przykład

exceed [ɪk'siːd] przekraczać <-roczyć>, przewyższać

⟨-szyć⟩; **~ingly** nadzwyczajnie, niezmiernie

excel [ɪk'sel] celować **(in/at**
w); **~lent** doskonały, świetny

except [ɪk'sept] **1.** wyłączać
⟨-czyć⟩, wykluczać ⟨-czyć⟩;
2. z wyjątkiem; ~ **for** poza;
~ion [-pʃn] wyjątek m; **~ion-
al(ly)** wyjątkowo

excess [ɪk'ses] nadmiar m,
nadwyżka f; *behaviour*: nie-
umiarkowanie n; *pl acts*: wy-
bryki pl; **in ~ of** powyżej; ~
baggage *aer.* nadwyżka f
bagażu; **~ fare** dopłata f do
biletu; **~ive** nadmierny; ~
luggage *esp. Brt. aer.* nadwyżka f bagażu

exchange [ɪks'tʃeɪndʒ] **1.** za-
mieni(a)ć **(for** na), wymie-
ni(a)ć **(for** na); *(swap)* zamienić się **(s.th.** czymś);
money wymieni(a)ć; **2.** zamiana f, wymiana f; *teleph.*
centrala f; *econ.* giełda f;
econ. kantor m wymiany;
rate of ~, ~ rate kurs m (wymiany); → **bill of exchange,
foreign exchange**

Exchequer [ɪks'tʃekə]: **the ~**
GB Ministerstwo n Finan-
sów

excit|able [ɪk'saɪtəbl] pobudli-
wy; **~e** [-aɪt] pobudzać
⟨-dzić⟩, ożywi(a)ć; podniecać ⟨-cić⟩; **~ed** pobudzony,
ożywiony, podniecony;
~ement podniecenie n;
~ing interesujący

exclaim [ɪk'skleɪm] wykrzykiwać ⟨-knąć⟩

exclamation [eksklə'meɪʃn]
okrzyk m; ~ **mark,** *Am. a.* ~
point wykrzyknik m

exclu|de [ɪk'skluːd] wyłączać
⟨-czyć⟩, **~sion** [-ʒn] wyłączenie n; **~sive** [-sɪv] wyłączny; *(select)* ekskluzywny

excursion [ɪk'skɜːʃn] wycieczka f

excuse 1. [ɪk'skjuːz] *(justify)*
⟨w⟩tłumaczyć; *(pardon)*
wybaczać ⟨-czyć⟩; ~ **me!**
przepraszam!; **2.** [-uːs] wy-
tłumaczenie n; *insincere:* wy-
mówka f

execu|te ['eksɪkjuːt] dokon-
(yw)ać egzekucji **(s.o.** na
kimś); *mus. etc., plan* wykon-
(yw)ać; **~tion** [-'kjuːʃn] egzekucja f; *mus. etc.* wykonanie n; **~tive** [ɪg'zekjʊtɪv] **1.**
pol. wykonawczy; **2.** *pol.*
władza f wykonawcza; *party:*
egzekutywa f; *econ.* samodzielny pracownik m firmy

exercise ['eksəsaɪz] **1.** ćwiczenie n; **take ~** zaży(wa)ć
ruchu; **2.** ⟨po⟩ćwiczyć; *rights
etc.* ⟨s⟩korzystać **(s.th.** z czegoś); **~ book** zeszyt m

exhaust [ɪg'zɔːst] **1.** wyczer-
p(yw)ać; **2.** *a.* ~ **fumes** *pl*
spaliny *pl*; **~ed** wyczerpany;
~ion wyczerpanie n

exhibit [ɪg'zɪbɪt] **1.** wysta-
wi(a)ć *(na pokaz)*; *fig.* oka-
z(yw)ać, wykaz(yw)ać; **2.**
eksponat m; *jur.* dowód m

rzeczowy; **~ion** [eksɪ'brɪʃn] wystawa f

exile ['eksaɪl] **1.** wygnanie n; *person*: wygnaniec m; **2.** wygnać

exist [ɪg'zɪst] istnieć; (*survive*) utrzymywać się przy życiu; **~ence** istnienie n, egzystencja f; **~ing** obecny, istniejący

exit ['eksɪt] wyjście n; *mot.* zjazd m

exotic [ɪg'zɒtɪk] egzotyczny

expand [ɪk'spænd] v/i wzrastać ⟨-rosnąć⟩; *phys.* rozszerzać ⟨-rzyć⟩ się; v/t rozszerzać ⟨-rzyć⟩; *institution* rozbudow(yw)ać; **~se** [_ns] przestrzeń f, przestwór m; **~sion** wzrost m, ekspansja f

expect [ɪk'spekt] spodziewać się, oczekiwać; **be ~ing** F być przy nadziei; **~ation** [ek-spek'teɪʃn] oczekiwanie n

expedition [ekspɪ'dɪʃn] wyprawa f, ekspedycja f; (*excursion*) wycieczka f; wypad m F

expel [ɪk'spel] wydalać ⟨-lić⟩ (*from* z); wysiedlać ⟨-lić⟩

expen|diture [ɪk'spendɪtʃə] wydatki pl; (*outlay*) wydatkowanie n; **~se** [_ns] koszty pl; **at the ~se** kosztem (*of s.th.* czegoś); **at s.o.'s ~se** na czyjś koszt; **~sive** drogi

experience [ɪk'spɪərɪəns] **1.** przeżycie n; (*practice*) doświadczenie n; **2.** przeży(wa)ć, doświadczać ⟨-czyć⟩; **~d** doświadczony

experiment 1. [ɪk'sperɪmənt] eksperyment m; *phys., chem.* a. doświadczenie n; **2.** [_ment] ⟨za⟩eksperymentować

expert ['ekspɜːt] **1.** s ekspert m, rzeczoznawca m; (*skilled person*) fachowiec m; **2.** adj biegły

expire [ɪk'spaɪə] (*run out*) wygasać ⟨-snąć⟩; ⟨s⟩tracić ważność; (*pass away*) wyzionąć ducha; **~y** [_ərɪ] wygaśnięcie n (ważności)

expl|ain [ɪk'spleɪn] wyjaśni(a)ć; **~anation** [eksplə'neɪʃn] (wy)tłumaczenie n, wyjaśnienie

explicit [ɪk'splɪsɪt] sprecyzowany, jasny, wyraźnie określony

explode [ɪk'spləʊd] eksplodować, wybuchać ⟨-chnąć⟩

exploit [ɪk'splɔɪt] wyzyskiwać; *s.o.* wykorzyst⟨yw⟩ać

explor|ation [eksplə'reɪʃn] badania pl; **~e** [ɪk'splɔː] ⟨z⟩badać; **~er** [_rə] badacz(-ka f) m

explosi|on [ɪk'spləʊʒn] wybuch m, eksplozja f; **~ve** [_sɪv] **1.** wybuchowy; **2.** materiał m wybuchowy

export 1. [ɪk'spɔːt] ⟨wy⟩eksportować; **2.** ['ekspɔːt] eksport m; (*commodity*) towar m eksportowany; pl eksport m eksportowany; **~er** [ɪk'spɔːtə] eksporter m

expose [ɪk'spəʊz] odsłaniać

⟨-łonić⟩; *phot.* naświetlić; *fig.* ujawni(a)ć; *s.o.* ⟨z⟩demaskować; **~ to** wystawi(a)ć na; *danger etc.:* narażać ⟨-razić⟩ na

express [ɪk'spres] **1.** *v/t* wyrażać ⟨-razić⟩; **~ o.s.** wysławiać ⟨-łowić⟩ się; **2.** *s rail, esp. Brt. post.* ekspres *m*; **3.** *adv esp. Brt.* ekspresem; **4.** *adj* ekspresowy; **~ion** [-ʃn] wyrażenie *n*; **~ive** [-sɪv] wyrazisty; **~ train** pociąg *m* ekspresowy; **~way** *Am.* autostrada *f*

exten|d [ɪk'stend] ciągnąć się, sięgać ⟨-gnąć⟩; *(stick out)* wystawać; *hand etc.* wyciągać ⟨-gnąć⟩; *econ., jur. etc.* rozszerzać ⟨-rzyć⟩ **(to** na); *passport etc.* przedłużać ⟨-żyć⟩; **~sion** [-ʃn] przedłużenie *n*; *arch.* nadbudówka *f*, dobudówka *f*; *teleph.* numer *m* wewnętrzny; **~sive** [-sɪv] szeroki, obszerny; *a.* zasięg *m*; *(dimension)* miara *f*; *(degree)* stopień *m*

exterior [ɪk'stɪərɪə] **1.** zewnętrzny; **2.** *human:* powierzchowność *f*; *things:* część *f* zewnętrzna

external [ɪk'stɜːnl] zewnętrzny

extinguish [ɪk'stɪŋgwɪʃ] ⟨z⟩gasić; **~er** gaśnica *f*

extra ['ekstrə] **1.** dodatkowy; **~ charge** dodatkowa opłata *f*; **2.** dodatek *m*; *pl esp. mot.* wyposażenie *n* dodatkowe; *film:* statysta *m* (-tka *f*)

extract 1. [ɪk'strækt] wydosta(wa)ć; *tooth* usuwać ⟨usunąć⟩; *tech. oil etc.* wydoby(wa)ć; **2.** ['ekstrækt] *plant etc.:* wyciąg *m*; *book etc.:* wyjątek *m*

extraordinary [ɪk'strɔːdnrɪ] nadzwyczajny

extravagan|ce [ɪk'strævəgəns] rozrzutność *f*; **~t** rozrzutny; *(exaggerated)* przesadny; *(elaborate)* ekstrawagancki

extreme [ɪk'striːm] **1.** najdalszy; *fig.* skrajny; **2.** skrajność *f*; **~ly** nadzwyczajnie; szalenie F

eye [aɪ] oko *n*; **~brow** brew *f*; **~lash** rzęsa *f*; **~lid** powieka *f*; **~liner** kredka *f* do oczu; **~shadow** cień *m* do powiek; **~sight** wzrok *m*; **~witness** naoczny świadek *m*

F

fabric ['fæbrɪk] tkanina *f*; *fig.* struktura *f*

fabulous ['fæbjʊləs] bajeczny

face [feɪs] **1.** twarz *f*; (*expression*) mina *f*; (*front*) prawa/czołowa strona *f*; *clock*: tarcza *f*; ~ **to** ~ oko w oko; **2.** stawać ⟨stanąć⟩ w obliczu; (*cope with*) stawi(a)ć czoła

facili‖tate [fəˈsɪlɪteɪt] ułatwi(a)ć; **~ity** łatwość *f* (**for** *s.th.* czegoś); *pl at home etc.*: udogodnienia *pl*

fact [fækt] fakt *m*; **in** ~, **as a matter of** ~ właściwie, prawdę powiedziawszy

factor ['fæktə] czynnik *m*

factory ['fæktərɪ] fabryka *f*

faculty ['fækltɪ] umiejętność *f*, zdolność *f*; *univ.* wydział *m*; *Am. univ.* wykładowcy *pl*

fade [feɪd] zanikać ⟨-knąć⟩, ⟨z⟩gasnąć; *colours*: ⟨wy⟩blaknąć, ⟨wy⟩płowieć

fail [feɪl] *v/t* zawodzić ⟨-wieść⟩; *candidate, exam* oblewać ⟨-lać⟩ F; *v/i attempt*: nie powieść się; **~ure** ['-jə] niepowodzenie *n*, porażka *f*; *tech.* defekt *m*

faint [feɪnt] **1.** *adj* słaby, nikły; *light*: blady; **2.** ⟨ze⟩mdleć

fair¹ [feə] jarmark *m*; *econ.* targi *pl*

fair² [-] (*just*) sprawiedliwy, słuszny; *idea, guess*: dość do-

bry, możliwy; *amount, size, degree*: spory; *hair*: jasny, blond; *skin*: biały; *school*: dostateczny; **play** ~ grać przepisowo; *fig.* postępować uczciwie; **~ly** (*pretty*) dość; (*equally*) sprawiedliwie; **~ness** sprawiedliwość, uczciwość *f*

faith [feɪθ] wiara *f*; **~ful** wierny

fake [feɪk] **1.** fałszerstwo *n*; podróbka *f* F; **2.** (*forge*) ⟨s⟩fałszować; (*feign*) uda(wa)ć

fall [fɔːl] **1.** upadek *m*; *Am. season*: jesień *f*; *pl* wodospad *m*; **2.** (*fell, fallen*) upadać ⟨upaść⟩, spadać ⟨spaść⟩; *night, curtain*: zapadać ⟨-paść⟩; ~ **back on** *s.th.* ⟨po⟩ratować się czymś; ~ **for** *s.o.* F ⟨s⟩tracić dla kogoś głowę; ~ **ill**, ~ **sick** zachorować; ~ **in love with** zakoch(iw)ać się w; **~en** *pp of* **fall** 2

false [fɔːls] fałszywy

fame [feɪm] sława *f*

familiar [fəˈmɪljə] znajomy (**to** *s.o.* komuś); obznany (**with** z); **~ity** [-ˈærətɪ] obeznanie *n* (**with** *s.th.* z czymś), znajomość *f* (**with** *s.th.* czegoś); (*intimacy*) zażyłość *f*

family ['fæməlɪ] rodzina f; ~ **doctor** lekarz m domowy; ~ **name** nazwisko n

famous ['feɪməs] sławny

fan[1] [fæn] wachlarz m; *electric:* wentylator m

fan[2] [.] *sp.* kibic m; *muz.* fan m

fanatic [fə'nætɪk] fanatyk m (-tyczka f); ~**(al)** fanatyczny

fancy ['fænsɪ] **1.** pociąg m, upodobanie n; *(imagination)* fantazja f; **2.** wymyślny, fantazyjny; **3.** mieć ochotę *(s.th.* na coś), pociąg *(s.o.* do kogoś); *(imagine)* wyobrażać ⟨-razić⟩ sobie; ~**free** niezależny, bez zobowiązań

fantastic [fæn'tæstɪk] *(unusual)* niezwykły; *(incredible)* nieprawdopodobny; *(wonderful)* fantastyczny F

fantasy ['fæntəsɪ] *(dream)* marzenie n; *(misconception)* wymysł m; *(unreality)* fantazja f

far [fɑː] **1.** *adj* daleki, odległy; **2.** *adv* daleko; ~ **away**, ~ **off** hen, daleko; **as ~ as** o ile

fare [feə] *(money)* opłata f *(za przejazd)* *(price)* cena f *(biletu);* ~**well 1.** *int* żegnaj!; **2.** pożegnanie n

farfetched [fɑː'fetʃt] nieprawdopodobny

farm [fɑːm] **1.** gospodarstwo n rolne; *poultry, mink, etc.:* ferma f; **2.** *v/i* prowadzić gospodarstwo; *v/t* uprawiać; ~**er**

rolnik m, gospodarz m; ~**house** zagroda f

farsighted [fɑː'saɪtɪd] dalekowzroczny; **be ~** *esp. Am. med.* być dalekowidzem

farthe|r ['fɑːðə] *comp of* **far**; ~**st** ['.ɪst] *sup of* **far**

fascinate ['fæsɪneɪt] ⟨za⟩fascynować; ~**ing** fascynujący

fashion ['fæʃn] moda f; *in ~* w modzie, modny; *out of ~* niemodny; ~**able** modny

fast [fɑːst] szybki, prędki; *phot.* czuły; *colour:* trwały; ~**food** potrawy pl na szybko; ~ **lane** *mot.* pas m szybkiego ruchu; ~ **train** pociąg m pospieszny; **be ~** *clock:* spieszyć się

fasten ['fɑːsn] przymocow⟨yw⟩ać, przytwierdz⟨ać -dzić⟩; umocow⟨yw⟩ać *(to* do); *seatbelt* zapinać ⟨-piąć⟩ się; ~**er** *(zip)* zamek m błyskawiczny; *(clasp)* klamerka f

fat [fæt] **1.** tłusty; *person a.:* gruby; **2.** tłuszcz m

fatal ['feɪtl] śmiertelny

fate [feɪt] los m

father ['fɑːðə] ojciec m; ~**hood** f ojcostwo n; ~**in-law** ['.ɪnlɔː] teść m; ~**ly** ojcowski

fatigue [fə'tiːg] **1.** zmęczenie n *(a. tech.);* **2.** ⟨z⟩męczyć

faucet ['fɔːsɪt] *Am.* kurek m, kran m

fault [fɔːlt] wina f; *character:* wada f; *(defect)* defekt m; *(error)* błąd m; **find ~ with** krytykować; czepiać się F; '**~less** bez zarzutu; '**~y** wadliwy

favo(u)r ['feɪvə] **1.** przysługa f; (approval, sympathy) przychylność f, względy pl; **in ~ of** na korzyść; **do s.o. a ~** oddawać komuś przysługę, coś dla kogoś ⟨z⟩robić; **2.** faworyzować (**s.o.** kogoś), sprzyjać (**s.o.** komuś), (support) popierać ⟨-przeć⟩; **~able** response, people: przychylny; moment: korzystny; '**~ite** ['~rɪt] **1.** ulubieniec m (-nica f), faworyt(ka f) m; **2.** ulubiony

fax [fæks] **1.** (tele)faks m; **2.** ⟨prze⟩faksować

fear [fɪə] **1.** lęk m, strach m (**of** przed); **2.** lękać się, obawiać się; '**~ful** straszny, nieprzyjemny; person: bojaźliwy; '**~less** nieustraszony

feature ['fiːtʃə] **1.** cecha f, właściwość f; pl face: rysy pl; newspaper etc.: (duży) artykuł m; a. **~ film** film m pełnometrażowy; **2.** przedstawiać; (promote) wyróżni(a)ć, uwypuklać ⟨-lić⟩

February ['febrʊərɪ] luty m

fed [fed] past and pp of **feed**

federal ['fedərəl] pol. federalny, związkowy; **~tion** ['re-ɪʃn] federacja f

fee [fiː] honorarium n, entrance, registration: opłata f

feed [fiːd] **1.** animal: pasza f; F posiłek m; **2.** (**fed**) v/t ⟨na⟩-

karmić; family ⟨wy⟩żywić; data wprowadzić; **be fed up with s.th./s.o.** mieć czegoś/kogoś po uszy; v/i żywić się; '**~back** electr. sprzężenie n zwrotne; information etc.: odzew m, reakcja f

feel [fiːl] v/i czuć się; v/t odczu(wa)ć, wyczu(wa)ć; (touch) ⟨po⟩macać; **it ~s ...** wydaje się ...; **~ like** mieć ochotę (**s.th.** na coś); '**~ing** czucie n

feet [fiːt] pl of **foot**

fell [fel] **1.** past of **fall** 2; **2.** walić; tree ścinać ⟨ściąć⟩

fellow ['feləʊ] facet m; gość m F; **~citizen** współobywatel(-ka f) m; **~countryman** (pl **-men**) rodak m (-daczka f)

felt[1] [felt] past and pp of **feel**

felt[2] [~] filc m; **~ tip**, **~tip(ped) pen** pisak m, mazak m

female ['fiːmeɪl] **1.** żeński; **2.** zo. samica f

feminine ['femɪnɪn] kobiecy; '**~st** feministka f

fence [fens] **1.** płot m, ogrodzenie n; **2.** v/t (a. **~e in**) ogradzać ⟨-rodzić⟩, płot ⟨o⟩tować się, uprawiać szermierkę; '**~ing** szermierka f

fender ['fendə] Am. błotnik m

ferry ['ferɪ] **1.** prom m; **2.** wozić tam i z powrotem; on river etc.: przeprawi(a)ć promem

fertile ['fɜːtaɪl] żyzny; **~ity** [fə'tɪlətɪ] płodność f; **~ize** ['fɜːtəlaɪz] nawozić

⟨-wieź⟩; '**~izer** esp. artificial:
nawóz m

festiv|al ['festəvl] festiwal m;
eccl. święta pl; **~e** [-ɪv] świą-
teczny, odświętny; **~ity**
[-'stɪvətɪ] święto n; pl uro-
czystości pl

fetch [fetʃ] przynosić ⟨-nieść⟩

fever ['fiːvə] gorączka f; **~ish**
['-rɪʃ] gorączkujący, roz-
gorączkowany

few [fjuː] mało, niewiele, nie-
wielu; **a ~** parę, paru

fianc|é [fɪ'ɒnseɪ] narzeczony
m; **~ée** [-] narzeczona f

fib|re, Am. **~er** ['faɪbə] włókno
n

fiction ['fɪkʃn] proza f; (in-
vention) fikcja f; **~tious**
[fɪk'tɪʃəs] fikcyjny

fiddle ['fɪdl] **1.** skrzypce n; **2.**
(twiddle) majstrować (with
s.th. przy czymś); (fidget)
bawić się (bezmyślnie) (with
s.th. czymś); a. **~ about** or
around marnować czas; '**~r**
skrzypek m

fidelity [fɪ'delətɪ] wierność f

field [fiːld] pole n; boisko
n; **~ events** pl sp. konkuren-
cje pl nie-biegowe; **~
glasses** pl lornetka f

fierce [fɪəs] srogi; battle etc.:
zawzięty

fif|teen [fɪf'tiːn] piętnaście;
~th [fɪfθ] piąty; '**~ty** pięćdziesiąt; **~ty-'fifty** F pół na
pół

fight [faɪt] **1.** walka f (for o);
(brawl) bójka f; (quarrel)

kłótnia f; **2.** (fought) walczyć (for s.th. o coś); zwalczać (s.th., s.o. coś, kogoś);
(brawl) bić się; (quarrel) kłócić się; '**~er** bojownik m
⟨-niczka f⟩; aer. myśliwiec
m; sp. bokser m

figure ['fɪɡə] **1.** postać f; figura f; math. (digit) cyfra f;
(number) liczba f; (illustra-
tion) ilustracja f; **2.** występować ⟨-tąpić⟩; Am. myśleć,
uważać; **~ out** obliczać
⟨-czyć⟩; solution znajdować
⟨znaleźć⟩; '**~ skating**
łyżwiarstwo n figurowe

file[1] [faɪl] **1.** kartoteka f, akta
pl; computer: plik m; **on ~** w
kartotece; **2.** a. **~ away** letters
etc. wkładać ⟨włożyć⟩ do
kartoteki, ⟨z⟩archiwizować

file[2] [-] **1.** pilnik m; **2.** ⟨s⟩piło-
wać

fill [fɪl] napełni(a)ć; **~ in**
names wpis(yw)ać; form
etc. (Am. a. **~ out**) wypeł-
ni(a)ć; **~ up** napełni(a)ć
(się); tank ⟨za⟩tankować

fillet, Am. a. **filet** ['fɪlɪt] filet m

filling ['fɪlɪŋ] nadzienie n;
tooth: plomba f; **~ station**
stacja f benzynowa

film [fɪlm] **1.** film m; phot. błona f, film m F; plastic: folia f;
2. ⟨s⟩filmować

filter ['fɪltə] **1.** filtr m; **2.**
⟨prze⟩filtrować; **~ tip** filtr
m papierosowy; → '**~-tipped
cigarette** papieros m z filtrem

filth [fɪlθ] brud m; fig. plugastwo n, sprośności pl; **'∼y** brudny; fig. plugawy, sprośny

final ['faɪnl] **1.** końcowy, ostateczny; **2.** sp. finał m, finały pl; mst pl egzamin m końcowy; **∼ly** ['-nəlɪ] w końcu

financ|e [far'næns] **1.** finanse pl; **2.** ⟨s⟩finansować; **∼ial** [-nʃl] finansowy

find [faɪnd] (**found**) znajdować ⟨znaleźć⟩, odnajdować ⟨-naleźć⟩; a. **∼ out** dowiadywać ⟨-wiedzieć⟩ się; (discover) odkry⟨wa⟩ć; **2.** znalezisko n

fine¹ [faɪn] **1.** adj (beautiful) piękny; (thin) cienki; (dainty) delikatny; sand, powder: drobny; **I'm∼** u mnie wszystko dobrze, czuję się znakomicie; **2.** adv bardzo dobrze, wspaniale

fine² [-] **1.** grzywna f, kara f pieniężna; **2.** ⟨u⟩karać grzywną

finger ['fɪŋgə] **1.** palec m; **2.** ⟨po⟩macać; instrument, etc. przebierać ⟨-brać⟩ (**s.th.** po czymś); **'∼nail** paznokieć m; **'∼print** odcisk m palca

finish ['fɪnɪʃ] **1.** ⟨s⟩kończyć (się); a. **∼ off** zakończyć; **∼ up or off** zjeść/wypić do końca; **2.** wykończenie n; sp. meta f, finisz m; **'∼ing line** linia f mety

Finn [fɪn] Fin(ka f) m; **'∼ish** fiński

fir [fɜː] jodła f

fire ['faɪə] **1.** ogień m; disaster: pożar m; **be on ∼** palić się; **catch ∼** zapalić ⟨-lić⟩ się; **set on ∼**, **set ∼ to** podpalać ⟨-lić⟩; **2.** v/t pottery wypalać ⟨-lić⟩; (sack) wyrzucać ⟨-cić⟩ z pracy; weapon strzelać ⟨-lić⟩ (**s.th.** z czegoś); shot odda⟨wa⟩ć; v/i strzelać ⟨-lić⟩; mot. zaskoczyć, zapalić; **∼ alarm** alarm m przeciwpożarowy; **∼arms** ['-rɑːmz] pl broń f palna; **∼ brigade** Brt., **∼ department** Am. straż f pożarna; **∼ escape** schody pl przeciwpożarowe; **∼ extinguisher** gaśnica f; **'∼man** (pl **-men**) strażak m; **'∼place** kominek m; **'∼proof** ogniotrwały; **'∼wood** drewno n opałowe

firm¹ [fɜːm] firma f

firm² [-] body etc.: twardy; friendship etc.: trwały; decision etc.: stanowczy; belief etc.: mocny

first [fɜːst] **1.** adj pierwszy; **at ∼ hand** z pierwszej ręki; **2.** adv najpierw, wpierw; (firstly) najpierw, wpierw; **∼ of all** przede wszystkim; **3.** s **at ∼** z początku; **∼ aid** pierwsza pomoc f; **'∼-aid box** or **kit** apteczka f; **-'class** pierwszorzędny; **'∼ floor** Brt. pierwsze piętro n; Am. parter m; **∼ 'hand** z pierwszej ręki; **'∼ly** po pierwsze; **∼ name** imię n; **∼'rate** pierwszorzędny

fish [fɪʃ] **1.** (*pl* ~, *fish species*: **~es**) ryba *f*; **2.** łowić ryby; **'~bone** ość *f*; **~erman** ['~əmən] (*pl* **-men**) rybak *m*; **~ing** rybołówstwo *n*; (*angling*) wędkarstwo *n*; **~ing rod** wędka *f*; **'~y** F podejrzany

fist [fɪst] pięść *f*

fit[1] [fɪt] atak *m*

fit[2] [..] **1.** nadający się, odpowiedni; (*healthy*) w dobrej kondycji; **2.** *v/i* pasować; *v/t* dopasow(yw)ać; *tech.* ⟨za⟩montować, ⟨za⟩instalować; **'~ness** stosowność *f*, nadawanie n się; (*health*) dobra kondycja *f*; **~ted** nadający się; *clothes:* dopasowany; **~ted carpet** wykładzina *f* dywanowa; **~ter** monter *m*; **~ting 1.** pasujący; **2.** *by tailor:* przymiarka *f*; (*installation*) instalacja *f*; *pl* wyposażenie n wnętrza, instalacje *pl*

five [faɪv] pięć

fix [fɪks] przyczepi(a)ć, przymocow(yw)ać; *attention etc.* ⟨s⟩koncentrować; *eyes* utkwić ⟨on w⟩; *price etc.* ustalać ⟨-lić⟩; *esp. Am. meal* ⟨z⟩robić, przyrządzać ⟨-dzić⟩; **~ed** stały; **~ture** ['~stʃə] część *f* wyposażenia

flag [flæg] flaga *f*, chorągiew *f*

flak|e [fleɪk] **1.** płatek *m*; **2.** *a.* **~e off** łuszczyć się; **'~y** puszysty; *paint:* łuszczący się;

~y pastry ciasto *n* francuskie

flame [fleɪm] **1.** płomień *m*; **2.** ⟨za⟩płonąć

flammable ['flæməbl] *Am. or tech.* → **inflammable**

flannel ['flænl] flanela *f*; *Brt.* ściereczka *f* frotowa; *pl* spodnie *pl* flanelowe

flash [flæʃ] **1.** błysk *m*; *radio etc.:* wiadomość *f* z ostatniej chwili; **2.** błyskać ⟨-snąć⟩, migać ⟨-gnąć⟩; **~back** (nagłe) wspomnienie *n*; **~bulb** żarówka jednorazowego użytku do lampy błyskowej; **~er** *mot.* kierunkowskaz *m*; **~light** flesz *m*; *esp. Am.* latarka *f*; **~ of lightning** błyskawica *f*; **~y** efekciarski; szpanerski *sl.*

flask [flɑːsk] piersiówka *f*; (*Thermos*) termos *m*

flat[1] [flæt] **1.** płaski; *battery:* wyładowany; *drink:* zwietrzały; *refusal:* kategoryczny; *tyre:* bez powietrza; *mus.* z bemolem; **2.** nizina *f*; *esp. Am. tyre:* guma *f* F

flat[2] [..] *Brt.* mieszkanie *n*

flatter ['flætə] pochlebiać; **~y** ['~əɪ] pochlebstwa *pl*

flavo(u)r ['fleɪvə] **1.** smak *m*; *fig.* posmak *m*; **2.** ... **~ed** o smaku ...; **~ing** ['~rɪŋ] przyprawa *f*

flaw [flɔː] *character:* wada *f*; *in glass etc.:* skaza *f*; **'~less** nieskazitelny

fled [fled] *past and pp of* **flee**

flee [fliː] *(fled)* uciekać ⟨uciec⟩

fleet [fliːt] flota *f*

flesh [fleʃ] mięso *n; fig.* ciało *n;* '**~y** mięsisty

flew [fluː] *past of* **fly³**

flexible ['fleksəbl] elastyczny

flicker ['flɪkə] ⟨za⟩migotać

flight [flaɪt] lot *m;* **~ of stairs** kondygnacja *f* (schodów)

fling [flɪŋ] **1.** rzut *m; fig.* romansik *m,* przygoda *f;* **2.** *(flung)* rzucać ⟨-cić⟩; **~ o.s.** rzucać ⟨-cić⟩ się

float [fləʊt] **1.** *tech.* pływak *m; lorry:* platforma *f* (na kołach); **2.** unosić się, pływać

flock [flɒk] *sheep, birds:* stado *n; people:* gromada *f; fig.* tłoczyć się

flood [flʌd] **1.** *disaster:* powódź *f; fig.* zalew *m; a.* **~ tide** przypływ *m;* **2.** zalewać ⟨-lać⟩; '**~light** reflektor *m;* '**~lit** jaskrawo oświetlony

floor [flɔː] **1.** podłoga *f* (*storey*) piętro *n; disco etc:* parkiet *m; ocean etc.:* dno *n;* **2.** układać ⟨ułożyć⟩ podłogę **(s.th.** w czymś); *s.o.* powalać ⟨-lić⟩ na ziemię, *fig.* zatkać F

flop [flɒp] **1.** opadać ⟨-paść⟩; *with noise:* klapnąć, plasnąć; **2.** zapaścięcie *m,* *fig.* klapa *f;* '**~py disk** dyskietka *f*

florist ['flɒrɪst] kwiaciarz *m* (-ciarka *f; or* **~'s** kwiaciarnia *f*

flour ['flaʊə] mąka *f*

flourish ['flʌrɪʃ] bujnie rosnąć; *fig. a.* kwitnąć, rozwijać się, być u szczytu (kariery)

flow [fləʊ] **1.** ⟨po⟩płynąć; **2.** strumień *m,* potok *m*

flower ['flaʊə] **1.** kwiat *m (a. fig.);* **2.** ⟨roz⟩kwitnąć

flown [fləʊn] *pp of* **fly³**

flu [fluː] F grypa *f*

fluent ['fluːənt] *language:* płynny, biegły; *style:* potoczysty

fluff [flʌf] kłaczki *pl; cloth:* puszek *m,* meszek *m;* '**~y** mechaty, puszysty

fluid ['fluːɪd] **1.** ciekły, płynny; **2.** ciecz *f,* płyn *m*

flung [flʌŋ] *past and pp of* **fling** 2

flush [flʌʃ] **1.** *(blush)* rumieniec *m;* (*surge*) przypływ *m; flood:* obfitość *f;* **2.** ⟨za⟩rumienić (się); *a.* **~ out** buchać ⟨-chnąć⟩, tryskać ⟨-snąć⟩; **~ down** spłuk(iw)ać; **~ the toilet** spuszczać ⟨spuścić⟩ wodę

flute [fluːt] flet *m*

fly¹ [flaɪ] mucha *f*

fly² [_] rozporek *m*

fly³ [_] *(flew, flown)* ⟨po⟩lecieć, latać; *plane* pilotować; '**~over** *Brt.* wiadukt *m* (drogowy)

foam [fəʊm] **1.** piana *f;* **2.** ⟨s⟩pienić się; **~ rubber** pianka *f* (gumowa); **~y** pienisty; (*foam-like*) piankowaty

focus ['fəʊkəs] **1.** (*pl* **-cuses,**

-ci ['-saɪ]) interest etc.: ośrodek m; opt., phot. ogniskowa f; phot. ostrość f; **2.** skupia(ć się), ⟨s⟩koncentrować (się); opt., phot. nastawi(a)ć ostrość

fog [fɒg] mgła f; **'~gy** mglisty

foil [fɔɪl] folia f (metalowa)

fold [fəʊld] **1.** often **~ up** składać ⟨złożyć⟩; arms zakładać ⟨założyć⟩; **2.** fałda f

'fold|er skoroszyt m, teczka f; **'~ing** składany

folk [fəʊk] **1.** pl ludzie pl; **2.** ludowy

follow ['fɒləʊ] chodzić ⟨pójść⟩ (**s.o.** za kimś), (tail) śledzić (**s.o.** kogoś); (come after) następować ⟨-tąpić⟩ (**s.th.** po czymś); **as ~s** co/ jak następuje; **'~er** zwolennik m (-niczka f)

fond [fɒnd] czuły; **be ~ of** lubić; **'~le** ['-dl] pieścić; **'~ness** (affection) czułość f; (inclination) zamiłowanie n, pociąg m (**for** do)

food [fuːd] pożywienie n, jedzenie n, pokarm m; collectively: żywność f

fool [fuːl] **1.** głupiec m; **make a ~ of o.s.** ośmieszać ⟨-szyć⟩ kogoś, wystrychnąć kogoś na dudka; **2.** oszuk(iw)ać, wystrychnąć na dudka; (joke) żartować; **~ about** or **around** (lark about) błaznować, wygłupiać się; (do nothing) próżnować; **'~hardy** nieroztropny, lekkomyślny;

'~ish głupi, niemądry; **'~proof** plan etc.: niezawodny

foot [fʊt] (pl **feet** [fiːt]) anat. stopa f; (pl a. **foot**) stopa f (30.48 cm); dół m; **on ~** piechotą; **'~ball** piłka f nożna; **'~hold** oparcie n, stopień m; **'~ing** oparcie n, fig. poziom m; **'~note** przypis m; **'~print** ślad m (stopy), odcisk m (stopy)

for [fɔː] **1.** prp dla; purpose, destination: do; **what's this tool~?** do czego służy to narzędzie?; (on the occasion of) na; **~ Christmas** na gwiazdkę; shows payment, price: za; **~ 2** za dwa funty; send etc.: po; (considering) jak na, zważywszy; **he's young ~ a doctor** jest młody jak na lekarza; length of time: **~ three days** na trzy dni; przez trzy dni; od trzech dni; distance: **walk ~ a mile** przejść milę; **what ~?** po co?; **2.** cj ponieważ, gdyż

forbad(e) [fə'bæd] past of **forbid**

forbid [fə'bɪd] (**-bade** or **-bad, -bidden** or **-bid**) zakazywać ⟨-zać⟩, zabraniać ⟨-ronić⟩; **~den** pp of **forbid**; **~ding** odpychający; ponury, posępny

force [fɔːs] **1.** siła f, moc f; (violence) przemoc f; **the** (**police**) policja f; **~ armed ~s** mil. siły pl zbrojne; **by ~** siłą, przemocą;

come *or* **put into** wchodzić ⟨wejść⟩ *or* wprowadzać ⟨-dzić⟩ w życie; **2.** *s.o.* zmuszać ⟨-sić⟩; *s.th.* narzucać ⟨-cić⟩; wymuszać ⟨-sić⟩; **~ open** door *etc.* wywarzać ⟨-żyć⟩, wyłam(yw)ać; **~d** przymusowy; wymuszony; **~d landing** przymusowe lądowanie *n*; **'~ful** silny

fore [fɔː] przedni; *mar.* dziobowy; przed...; **~arm** ['~rɑːm] przedramię *n*; **'~cast** (*-cast(ed)*) przewidzieć; *weather* przepowiadać ⟨-wiedzieć⟩; **'~fathers** *pl* przodkowie *pl*; **'~finger** palec *m* wskazujący; **'~ground** pierwszy plan *m*; **'~head** ['fɔrɪd] czoło *n*

foreign ['fɒrən] obcy; zagraniczny, cudzoziemski; **~ affairs** *pl* polityka *f* zagraniczna; **~ currency** waluta *f* obca; **'~er** cudzoziemiec *m*, obcokrajowiec *m*; **~ exchange** *money:* dewizy *pl*; *buying and selling:* obrót *m* dewizami; **~ language** język *m* obcy; ♀ **Office** *Brt.* Ministerstwo *n* Spraw Zagranicznych; **~ policy** polityka zagraniczna *f*; ♀ **Secretary** *Brt.* minister spraw zagranicznych *m*

'fore|most1.*adj*czołowy;**2.***adv* **first and ~most** przede wszystkim; **~'see** (*-saw, -seen*)przewidywać⟨-dzieć⟩; **'~sight** dalekowzroczność *f*,

przewidywanie *n*

forest ['fɒrɪst] las *m*; **'~er** leśniczy *m*; **'~ry** leśnictwo *n*

'fore|taste przedsmak *m*; **~'tell** (*-told*) przepowiadać ⟨-wiedzieć⟩; wywróżyć

forever [fə'revə] na zawsze

foreword przedmowa *f*

forge [fɔːdʒ] **1.** kuźnia *f*; **2.** kuć; (*counterfeit*) ⟨s⟩fałszować, podrabiać ⟨-drobić⟩; **'~r** fałszerz *m*; **~ry** [*'*~ərɪ] fałszerstwo *n*; *document, banknote etc.:* falsyfikat *m*

forget [fə'get] (*-got, -gotten*) zapominać ⟨-mnieć⟩; **~ful** zapominalski; **~-me-not** niezapominajka *f*

forgive [fə'gɪv] (*-gave, -given*) przebaczać ⟨-czyć⟩

fork [fɔːk] **1.** widelec *m*; widły *pl*; rozwidlenie *n*; **2.** spulchni(a)ć; rozwidlać ⟨-lić⟩ się

form [fɔːm] **1.** forma *f*; kształt *m*; (*document*) formularz *m*, druk *m*; *esp. Brt. school:* klasa *f*; **2.** ⟨u⟩kształtować (się), ⟨u⟩formować (się), ⟨u⟩tworzyć (się)

formal ['fɔːml] formalny; (*official*) oficjalny; **~ity** [*'*mælətɪ] formalność *f*

format|ion [fɔː'meɪʃn] tworzenie (się) *n*, powstawanie *n*; (*arrangement*) formacja *f*; **~ive** [*'*~mətɪv] kształtujący

former ['fɔːmə] **1.** poprzedni, dawny, miniony; **2.** *the* **~** pierwszy (z dwu); **~ly** dawniej

formidable ['fɔːmɪdəbl] potężny; (*frightening*) straszny

formula ['fɔːmjulə] (*pl* **-las**, **-lae** ['-.liː]) wzór *m*; (*recipe*) przepis *m*; **~te** ['-leɪt] ⟨s⟩formułować; (*frame*) wyrażać ⟨-razić⟩

for|sake [fə'seɪk] (**-sook**, **-saken**) opuścić, porzucić

forth [fɔːθ] dalej, naprzód; **~coming** nadchodzący, przyszły

fortieth ['fɔːtɪɪθ] czterdziesty

fortnight ['fɔːtnaɪt] dwa tygodnie; **in a ~** za dwa tygodnie

fortunate ['fɔːtʃnət] szczęśliwy; pomyślny; **'~ly** szczęśliwie, na szczęście

fortune ['fɔːtʃn] (*money*) majątek *m*, fortuna *f*; (*fate*) los *m*, traf *m*

forty ['fɔːtɪ] czterdzieści

forward ['fɔːwəd] **1.** *adv* (a. **~s**) naprzód, do przodu; **2.** *adj* przedni; (*too confident*) bezczelny; **3.** *s sp.* napastnik *m*; **4.** *v/t* wysłać; przesłać (dalej)

foster| child ['fɒstətʃaɪld] (*pl* **-children**) wychowanek *m*; **~ parents** *pl* przybrani rodzice *pl*

fought [fɔːt] *past and pp of* **fight 2**

foul [faul] **1.** ohydny, wstrętny; *fig. a.* niegodziwy, sprośny; *food:* zgniły; *weather:* brzydki; *sp.* nieprzepisowy; **2.** *sp.* faul *m*; **3.** zanieczy-

szczać ⟨-czyścić⟩; *sp.* ⟨s⟩faulować

found¹ [faund] *past and pp of* **find 1**

found² [-] zakładać ⟨założyć⟩

foundation [faun'deɪʃn] założenie *n*; (*organization*) fundacja *f*; *fig.* podstawa *f*, '**~s** *pl a. fig.* fundament *m*

'founder założyciel *m*

fountain ['fauntɪn] fontanna *f*; **~ pen** wieczne pióro *n*

four [fɔː] cztery; **~teen** [-'tiːn] czternaście; **~th** [-θ] czwarty

fowl [faul] drób *m*

fox [fɒks] lis *m*

fraction ['frækʃn] *math.* ułamek *m*; **~ure** [-ktʃə] złamanie *n*

fragile ['frædʒaɪl] kruchy

fragment ['frægmənt] fragment *m*; okruch *m*

fragran|ce ['freɪgrəns] zapach *m*, woń *f*; '**~t** aromatyczny

frame [freɪm] **1.** ram(k)a *f*; *of glasses:* oprawka *f*; *film:* klatka *f*; **~ of mind** usposobienie *n*, nastrój *m*; **2.** *picture:* oprawi(a)ć; *s.o.* F wrabiać ⟨wrobić⟩ kogoś; '**~work** *tech. a. fig.* szkielet *m*, struktura *f*

France [frɑːns] Francja *f*

frank [fræŋk] **1.** *adj* szczery; **2.** *letters:* ⟨o⟩frankować; '**~ly** szczerze

frantic ['fræntɪk] oszalały; szalony

fraud [frɔːd] oszustwo *n*; (*person*) oszust *m*

freak [friːk] dziwoląg m; dziw m natury; (fan) miłośnik m, maniak m

freckle ['frekl] pieg m

free [friː] **1.** wolny, swobodny; ~ **and easy** beztroski; **set ~** uwalniać ⟨uwolnić⟩; **2.** (*freed*) uwalniać ⟨uwolnić⟩; '~**dom** wolność f; '~**lance** niezależny; '~**mason** mason m; '~**way** Am. autostrada f

freeze [friːz] **1.** (*froze, frozen*) v/i ⟨za⟩marznąć, zamarzać; v/t zamrażać ⟨-rozić⟩; **2.** mróz m; econ., pol. zamrożenie n; **wage ~** zamrożenie n płac; '~**er** (*a. deep freeze*) zamrażarka f; '~**ing** mroźny; '~**ing compartment** zamrażalnik m

freight [freɪt] (*cargo*) przewóz m; (*charge*) opłata f za przewóz; ~ **car** Am. wagon m towarowy; '~**er** frachtowiec m; samolot m towarowy; ~ **train** Am. pociąg m towarowy

French [frentʃ] **1.** adj francuski; **2. the ~** pl Francuzi pl; ~ **doors** pl esp. Am. → **French window(s)**; ~ **fries** pl esp. Am. frytki pl; '~**man** (pl **-men**) Francuz m; ~ **window(s** pl) oszklone drzwi pl; '~**woman** (pl **-women**) Francuzka f

frequen|cy ['friːkwənsɪ] częstość f; electr., phys. częstotliwość f; ~**t 1.** [' ~nt] adj częsty; **2.** [frɪ'kwent] często bywać, uczęszczać

fresh [freʃ] świeży; (*new*) nowy; '~**en** wind: ochładzać ⟨-łodzić⟩ się; (*o.s.*) **up** odświeżać ⟨-żyć⟩ się; '~**ness** świeżość f; '~**water** słodkowodny

friction ['frɪkʃn] tarcie n

Friday ['fraɪdɪ] piątek m

fridge [frɪdʒ] lodówka f

friend [frend] przyjaciel m, przyjaciółka f; **make ~s with s.o.** zaprzyjaźni(a)ć się z kimś; '~**ly** przyjazny; '~**ship** przyjaźń f

fright [fraɪt] strach m; '~**en** przestraszyć; **be ~ened** bać się (*of s.th.* czegoś); '~**ful** przerażający

frigid ['frɪdʒɪd] a. fig. zimny, lodowaty

fringe [frɪndʒ] frędzla f

frog [frɒg] żaba f

from [frɒm] z, od; ~ **9 to 5** (*o'clock*) od dziewiątej do piątej

front [frʌnt] **1.** przód m, przednia część f; front m (a. mil.); **in ~** z przodu; **in ~ of** przed; **2.** stać frontem (*onto* do); ~ **door** drzwi pl frontowe/wejściowe; '~**entrance** wejście n frontowe/główne

frontier ['frʌntɪə] granica f

frost [frɒst] **1.** szron m; (*freeze*) mróz m; **2.** pokry(wa)ć się szronem; ~**bite** odmrożenie n

frown [fraʊn] ⟨z⟩marszczyć brwi

froze [frəuz] *past of* **freeze** 1;
'**~n 1.** *pp of* **freeze** 1; **2.** (za)-
mrożony; **~ food** mrożonki
pl

fruit [fruːt] owoc *m*, owoce *pl*;
'**~ful** owocny; *fig.* owocowy

frustrate [frʌ'streɪt] ⟨s⟩fru-
strować

fry [fraɪ] ⟨u⟩smażyć; **fried
eggs** *pl* jajka *pl* sadzone;
fried potatoes *pl* smażone
ziemniaki *pl*; '**~ing pan** patelnia *f*

fuel [fjuəl] **1.** paliwo *n*; opał *m*;
2. ⟨za⟩tankować; *fig.* podsy-
cać ⟨-cić⟩

fugitive ['fjuːdʒətɪv] zbieg *m*

fulfil, *Am. a.* **-fill** [fʊl'fɪl] wy-
pełni(a)ć, spełni(a)ć; **~ment**
spełnienie *n*, wywiązanie *n*
się

full [fʊl] **1.** *adj* (*filled completely*) pełny/pełen czegoś; (*whole*) cały; **~ of
s.th.** pełny czegoś; **2.**
adv do pełna; (*straight*) prosto; (*grown* dorosły; **~
moon** pełnia *f*; **~ stop** kropka *f*; **~'time** na cały etat

fume [fjuːm] wściekać się; **~s**
pl opary *pl*, wyziewy *pl*

fun [fʌn] zabawa *f*; **for ~** dla
zabawy/żartu; **make ~** wy-
śmiewać się (**of s.o.** z kogoś)

function ['fʌŋkʃn] **1.** funkcja
f; **2.** funkcjonować; '**~al**
funkcjonalny

fund [fʌnd] fundusz *m*; *fig.* zapas *m*, zasób *m*

fundamental [fʌndə'mentl]
zasadniczy, podstawowy

funeral ['fjuːnərəl] pogrzeb *m*

'**funfair** *esp. Brt.* wesołe miasteczko *n*

funny ['fʌnɪ] zabawny

fur [fɜː] futro *n*; (*covering*) nalot *m*

furious ['fjuərɪəs] wściekły

furl [fɜːl] zwinąć

furnish ['fɜːnɪʃ] ⟨u⟩meblo-
wać; zaopatrzyć ⟨-rzyć⟩

furniture ['fɜːnɪtʃə] meble *pl*

furrow ['fʌrəu] **1.** *a. fig.* bruzda
f; **2.** ⟨wy⟩żłobić, ⟨po⟩bruz-
dzić

further ['fɜːðə] **1.** *adv* dalej;
(*more*) więcej; **2.** *adj* dalszy;
(*additional*) dodatkowy; **3.**
v/t popierać ⟨-przeć⟩, wspierać ⟨wesprzeć⟩

furtive ['fɜːtɪv] ukradkowy,
potajemny

fury ['fjuərɪ] furia *f*, wściekłość *f*

fuse [fjuːz] **1.** lont *m*, zapalnik
m; *electr.* bezpiecznik *m*; **2.**
phys., tech. stapiać ⟨stopić⟩
się; *electr.* przepalać ⟨-lić⟩ się

fuss [fʌs] **1.** zamieszanie *n*;
awantura *f*; **2.** *v/t* zawracać
głowę; *v/i* przejmować ⟨się
(drobiazgami); '**~y** kapryśny, drobiazgowy; *clothes*:
wymyślny

futile ['fjuːtaɪl] daremny,
próżny

future ['fjuːtʃə] **1.** przyszłość
f; *gr.* czas *m* przyszły; **2.**
adj przyszły

fuzzy ['fʌzɪ] *hair*: kędzierzawy; *picture*: niewyraźny

G

gadget ['gædʒɪt] przyrząd *m*, F patent *m* F

gag [gæg] **1.** knebel *m*; F gag *m*; **2.** ⟨za⟩kneblować

gai|ety ['geɪətɪ] wesołość *f*; **'~ly** radośnie, wesoło

gain [geɪn] **1.** zysk(iw)ać; zdoby(wa)ć; *experience* naby(wa)ć; *clock:* śpieszyć się; **~ ground** zysk(iw)ać na popularności; **~ on** doganiać; **~ 10 pounds** przytyć 10 funtów; **2.** zysk *m*; wzrost *m*

gale [geɪl] wichura *f*

gall [gɔːl] żółć *f*; **'~ bladder** [_blædə] woreczek *m* żółciowy

gallery ['gælərɪ] *a. arch.* galeria *f*

gallon ['gælən] galon *m* (*Brt. 4,546 l, Am. 3,785 l*)

gallop ['gæləp] **1.** cwał *m*; **2.** cwałować

gallows ['gæləʊz] (*pl* ~) szubienica *f*

gallstone ['gɔːlstəʊn] *med.* kamień *m* żółciowy

gambl|e ['gæmbl] **1.** uprawiać hazard; **2.** ryzyko *n*, ryzykowne przedsięwzięcie *n*; **'~er** hazardzista *m*; **'~ing** hazard *m*

game [geɪm] gra *f*; zabawa *f*; *bridge:* partia *f*; *tennis:* gem *m*; *pl sp.* zawody *pl*, igrzyska *pl*; (*animal meat*) dziczyzna *f*;

(*animals*) zwierzyna *f* łowna

gang [gæŋ] **1.** gang *m*, banda *f*; (*friends*) paczka *f* F; (*workers*) brygada *f*; **2.** **~ up** zmówić się (*on/against* przeciwko)

gap [gæp] szpara *f*, luka *f*; *fig. a.* przepaść *f*

gap|e [geɪp] gapić się; **'~ing** *wound:* otwarty; *abyss:* ziejący

garage ['gærɑːʒ] garaż *m*; (*service station*) warsztat *m* samochodowy

garbage ['gɑːbɪdʒ] *esp. Am.* śmieci *pl*; **'~ can** *Am.* → **dustbin**

garden ['gɑːdn] ogród *m*; **'~er** ogrodnik; **'~ing** ogrodnictwo *n*

gargle ['gɑːgl] płukać gardło

garlic ['gɑːlɪk] czosnek *m*

garment ['gɑːmənt] część *f* garderoby

garret ['gærət] poddasze *n*

garter ['gɑːtə] podwiązka *f*

gas [gæs] gaz *m*; *Am.* F benzyna *f*

gasket ['gæskɪt] *tech.* uszczelka *f*

gasoline ['gæsəʊliːn] (*a. -lene*) *Am.* benzyna *f*

gasp [gɑːsp] **1.** sapać, syknąć; **~ for breath** łapać powietrze

gas|pedal *Am.* pedał *m* gazu; **~ station** *Am.* stacja *f* benzynowa; '**works** *sg* gazownia *f*

gate [geɪt] brama *f*; *aer.* wyjście *n* do samolotu; '**~crash** wpraszać ⟨-rosić⟩ się; '**~way** brama *f* wjazdowa

gather ['gæðə] *v/t* zbierać ⟨-brać⟩; ⟨z⟩gromadzić; *fig.* ⟨wy⟩wnioskować, ⟨z⟩rozumieć (*from* z); **~ speed** nabie(ra)ć szybkości; *v/i* zbierać ⟨zebrać⟩ się, ⟨z⟩gromadzić się; **~ing** [-rɪŋ] zgromadzenie *n*

gauge [geɪdʒ] **1.** przyrząd *m* pomiarowy, wskaźnik *m*; **2.** ⟨z⟩mierzyć

gave [geɪv] *past of* **give**

gay [geɪ] **1.** *adj* radosny, wesoły; **2.** F pedał *m* F

gaze [geɪz] **1.** przyglądać się, przypatrywać się; **2.** (uporczywe) spojrzenie *n*

gear [gɪə] *mot.* przekładnia *f*; bieg *m*; (*tools*) sprzęt *m*, ekwipunek *m*; (*mechanism*) układ *m*, mechanizm *m*; **~box** *mot.* skrzynia *f* biegów; **~ lever**, *Am. a.* **~shift** dźwignia *f* biegów

geese [giːs] *pl of* **goose**

gem [dʒem] kamień *m* szlachetny

gene [dʒiːn] *biol.* gen *m*

general ['dʒenərəl] **1.** *adj* ogólny, powszechny; **2.** *mil.* generał *m*; **~ election** wybory *pl* powszechne; **~ization** [dʒenərəlaɪˈzeɪʃn] uogólnienie *n*; **~ize** uogólni(a)ć; **~ly** zwykle, na ogół; (*by*

most people) ogólnie, powszechnie; **~ practitioner** lekarz *m* ogólny F

generate ['dʒenəreɪt] wytwarzać ⟨-worzyć⟩, ⟨wy⟩produkować; **~ion** [-ˈreɪʃn] pokolenie *n*; **~or** ['-reɪtə] generator *m*; *mot.* prądnica *f*

generlosity [dʒenəˈrɒsɪtɪ] hojność *f*, szczodrość *f*; **~ous** ['-rəs] hojny, szczodry

genius ['dʒiːnjəs] geniusz *m*

gentle ['dʒentl] (*soft*) łagodny, delikatny; (*kind*) miły; **~man** (*pl* **-men**) dżentelmen *m*; *address:* pan *m*

genuine ['dʒenjuɪn] prawdziwy, autentyczny

geographlic(al) [dʒɪəˈgræfɪk(l)] geograficzny; **~y** ['-ɒgrəfɪ] geografia *f*

geologlic(al) [dʒɪəˈlɒdʒɪk(l)] geologiczny; **~ist** [-ˈɒlədʒɪst] geolog *m*; **~y** geologia *f*

geometrlic(al) [dʒɪəˈmetrɪk(l)] geometryczny; **~y** ['-ɒmətrɪ] geometria *f*

germ [dʒɜːm] zarazek *m*; *fig.* zarodek *m*

German ['dʒɜːmən] **1.** *adj* niemiecki; **2.** Niemiec *m* (-mka *f*); '**~y** Niemcy *pl*

gesticulate [dʒeˈstɪkjuleɪt] gestykulować

gesture ['dʒestʃə] gest *m*

get [get] (*got, got* or *Am.* **gotten**) *v/t* (*receive*) dost(aw)ać, otrzym(yw)ać; (*bring*) przynosić ⟨-nieść⟩, poda(wa)ć; (*catch*) ⟨s⟩chwytać; (*under-*

stand) ⟨z⟩rozumieć; ~ **one's hair cut** dać się ostrzyc; ~ **s.th. ready** przygotow(yw)ać coś; **have got** mieć; **have got to** musieć; *v/i (become)* sta(wa)ć się; *(go)* dosta(wa)ć się; *with pp or adj:* ~ **tired** zmęczyć się; ~ **drunk** upić się; **it's ~ting late/cold** robi się późno/zimno; ~ **to know s.o.** pozn(aw)ać kogoś bliżej; ~ **about** rozchodzić się; *news etc.*: rozchodzić ⟨rozejść⟩ się; ~ **along** *(manage)* da(wa)ć sobie radę; *(get on)* zgadzać się (**with** z); ~ **away** uciekać ⟨uciec⟩; ~ **away** unikać ⟨-knąć⟩ odpowiedzialności; ~ **back** wracać ⟨wrócić⟩; ~**in** *(arrive)* przyjeżdżać ⟨-jechać⟩; *(call)* wzywać ⟨wezwać⟩; ~ **off** wysiadać ⟨-siąść⟩; *(remove)* usuwać ⟨usunąć⟩; ~ **on** wsiadać ⟨wsiąść⟩; *(put on)* wkładać ⟨włożyć⟩; *(continue)* kontynuować; ~ **on with s.o.** zgadzać się z kimś; ~ **out** wydosta(wa)ć się; *information:* rozchodzić ⟨-zejść⟩ się; ~ **over** przychodzić ⟨przyjść⟩ do siebie; ~ **together** zebrać ⟨zbierać⟩ się; ~ **up** wsta(wa)ć

ghost [gəʊst] duch *m*; '**~ly** upiorny

giant ['dʒaɪənt] **1.** olbrzym *m*; **2.** *adj* olbrzymi

gidd|iness ['gɪdnɪs] zawrót *m* głowy; '**~y** oszołomiony;

zawrotny

gift [gɪft] prezent *m*; *(talent)* dar *m*, talent *m*; '**~ed** utalentowany

gigantic [dʒaɪ'gæntɪk] olbrzymi, gigantyczny

giggle ['gɪgl] **1.** chichotać; **2.** chichot *m*

gin [dʒɪn] dżin *m*

gipsy ['dʒɪpsɪ] Cygan(ka *f*) *m*

giraffe [dʒɪ'rɑːf] *(pl* **~s,** ~*)* żyrafa *f*

girl [gɜːl] dziewczyn(ka *f*) *f*; '**~friend** dziewczyna *f*; ~ **guide** *Brt.,* ~ **scout** *Am.* harcerka *f*

give [gɪv] *(gave, given) v/t* da(wa)ć; *orders etc.* wyda(wa)ć; *help* udzielać ⟨-lić⟩; *time* poświęcać ⟨-cić⟩; *idea, clue* podsuwać ⟨-sunąć⟩; *~* **her my love** pozdrów ją ode mnie; *v/i* podda(wa)ć się, ustępować ⟨-tąpić⟩; ~ **away** rozda(wa)ć; *secret* wyda(wa)ć; ~ **back** odda(wa)ć; ~ **in** podda(wa)ć się; *paper etc.* odda(wa)ć; ~ **off** *smoke etc.* wydzielać ⟨-lić⟩; ~ **out** rozda(wa)ć; *supply etc.*: wyczerp(yw)ać się; ~ **up** *smoking etc.* rzucać ⟨-cić⟩; podda(wa)ć się; zaprzesta(wa)ć; ~ **o.s. up** poświęcić się (**to s.th.** czemuś); → *gift*

glacier ['glæsjə] lodowiec *m*

glad [glæd] zadowolony; **be** ~ cieszyć się; '**~ly** chętnie

glam|orous ['glæmərəs] o-
lśniewający, czarujący;
'**~o(u)r** czar *m*, urok *m*

glance [glɑːns] **1.** spojrzeć (*at*
na); **2.** spojrzenie *n*

gland [glænd] gruczoł *m*

glare [gleə] oślepiać, razić
blaskiem; **~ at s.o.** przeszy(wa)ć/piorunować kogoś
wzrokiem

glass [glɑːs] szkło *n*; *container*: szklanka *f*, kieliszek *m*;
'**~es** *pl* okulary *pl*; '**~house**
Brt. szklarnia *f*; '**~ware** szkło
n, wyroby *pl* szklane

glaz|e [gleɪz] **1.** ⟨o⟩szklić; **2.**
glazura *f*; **~ier** ['-jə] szklarz
m

glid|e [glaɪd] **1.** ślizgać się;
bird: szybować; **2.** ślizg *m*;
aer. lot *m* ślizgowy; '**~er** szybowiec *m*; '**~ing** szybownic-
two *n*

glimpse [glɪmps] **1.** zobaczyć/
ujrzeć w przelocie; **2.** prze-
lotne spojrzenie *n*

glisten ['glɪsn] lśnić, błyszczeć

glitter ['glɪtə] **1.** błyszczeć; **2.**
blask *m*

globe [gləʊb] kula *f*; (*spherical model*) globus *m*; (*the
Earth*) kula *f* ziemska

gloom [gluːm] półmrok *m*;
fig. przygnębienie *n*; '**~y**
day: mroczny; *person*: ponury; *future*: czarny

glorify ['glɔːrɪfaɪ] gloryfiko-
wać; '**~ious** *victory*: chlubny;
(*splendid*) wspaniały; '**~y**

chwała *f*; chluba *f*; '**~ious**
(*splendid appearance*) wspa-
niałość *f*

glossary ['glɒsərɪ] słowni-
czek *m*

glossy ['glɒsɪ] lśniący, połys-
kujący

glove [glʌv] rękawiczka *f*

glow [gləʊ] **1.** żarzyć się; **2.** żar
m

glue [gluː] **1.** klej *m*; **2.**
⟨s⟩kleić

go [gəʊ] **1.** (*pl goes*) próba *f*;
it's my **~** F moja kolej; *all
the* **~** F ostatni krzyk mody;
have a **~** F spróbować (*at
s.th.* czegoś); **2.** (*went,
gone*) chodzić, iść ⟨pójść⟩
(*to* do); *road etc.*: iść, prowadzić (*to* do); *bus etc.*: jechać;
tech. chodzić, funkcjonować,
poruszać się; **~** *swimming*
iść ⟨pójść⟩ popływać; *it is*
~ing *to rain* będzie padać;
I must be **~ing** muszę iść;
~ a walk chodzić ⟨pójść⟩
na spacer; **~ to school** chodzić do szkoły; **~ to see s.o.**
odwiedzić -dzić⟩ kogoś; *let*
~ puszczać ⟨puścić⟩; **~ at**
rzucać -cić⟩ się na; **~ away**
odchodzić ⟨odejść⟩; **~ back**
wracać ⟨wrócić⟩; **~ back
on** cofać ⟨-fnąć⟩, wycof(y-
w)ać się z; **~ by** kierować
się (*s.th.* czymś); *time*: upły-
wać ⟨-łynąć⟩; **~ down** obniżać ⟨-żyć⟩ się; *sun*: zachodzić; *ship*: zatonąć; **~ for** atakować; **~ in** *sun*: ⟨s⟩chować

się; ~ *in for* brać ⟨wziąć⟩ udział w; zajmować ⟨-jąć⟩ się; ~ *off* wybuchać ⟨-chnąć⟩ *machine, light:* ⟨ze⟩psuć się, wysiadać ⟨-siąść⟩; ~ *on* kontynuować, nie przer(y)wać; (*happen*) dziać się; ~ *out* ⟨z⟩gasnąć; ~ *through* przejść ⟨przechodzić⟩; ~ *up* podnosić ⟨-nieść⟩ się, ⟨pod⟩skoczyć

goal [gəʊl] cel *m*; *sp.* bramka *f*; '~**keeper** bramkarz *m*

goat [gəʊt] koza *f*

'**go-between** pośrednik *m* (-niczka *f*)

god [gɒd] bóg *m*; (*eccl.* 2) Bóg *m*; **thank** 2! dzięki Bogu!; '~**child** (*pl* -**children**) chrześniak *m* (-niaczka *f*); '~**father** (ojciec) chrzestny *m*; '~**mother** (matka) chrzestna *f*

gold [gəʊld] **1.** złoto *n*; **2.** złoty; '~**en** *colour:* złoty, złocisty; '~**smith** złotnik *m*

golf [gɒlf] **1.** golf *m*; **2.** grać w golfa; ~ **club** klub *m* golfowy; *stick:* kij *m* golfowy; '~**course** pole *n* golfowe; '~**er** gracz *m* w golfa

gone [gɒn] **1.** *pp* of **go** 2; **2.** *adj* miniony

good [gʊd] **1.** *adj* dobry; (*suitable*) odpowiedni; (*kind*) miły; (*well-behaved*) grzeczny; *a* ~ **many** wiele, dużo; **be** ~ **at s.th.** być dobrym w czymś; **2.** dobro *n*; **for** ~ na dobre; ~**by(e)** [ˌ-'baɪ]: **1.** *say*

~**by(e) to s.o., wish s.o.** ~**by(e)** pożegnać się z kimś; **2.** *int* do widzenia!, *teleph.* do usłyszenia!; 2 **Friday** Wielki Piątek *m*; ~'**hu-mo(u)red** dobroduszny; ~-'**looking** przystojny; ~'**na-tured** pogodny, życzliwy; '~**ness** dobro *n*

goods [gʊdz] (*possessions*) dobra *pl*; (*articles*) towary *pl*, wyroby *pl*

goose [guːs] (*pl* **geese** [giːs]) gęś *f*; ~**berry** ['guz-] agrest *m*; ~**flesh** ['guːs-], ~**pimples** *pl* gęsia skórka *f*

gorgeous ['gɔːdʒəs] wspaniały

gorilla [gəˈrɪlə] goryl *m*

gospel ['gɒspl] *mst* 2 Ewangelia *f*

gossip ['gɒsɪp] **1.** plotka *f*; *person:* plotkarz *m* (-rka *f*); **2.** plotkować

got [gɒt] *past and pp* of **get**

gotten ['gɒtn] *Am.* *pp* of **get**

govern ['gʌvn] rządzić; ~**ment** rząd *m*; ~**or** ['-ənə] gubernator *m*

gown [gaʊn] suknia *f* wieczorowa; toga *f*

grab [græb] chwytać ⟨-wycić⟩

grace [greɪs] wdzięk *m*, gracja *f*; (*tact*) poczucie *n* przyzwoitości; (*delay*) zwłoka *f*, odroczenie *n*; ~**ful** pełen wdzięku, wdzięczny

gracious ['greɪʃəs] **1.** *adj* łaskawy, miłosierny; **2.** *int* **good(ness)** ~! o Boże!

grade [greɪd] **1.** stopień *m*; (*quality*) gatunek *m*, jakość *f*; *Am. school*: klasa *f*; *esp. Am.* (*mark*) stopień *m*, ocena *f*; **2.** ~ **crossing** *Am.* przejazd *m* kolejowy

gradual ['grædʒʊəl] stopniowy

graduat|e 1. ['grædʒʊət] absolwent(ka *f*) *m*; *univ.* abiturient(ka *f*) *m*; **2.** ['-eɪt] zosta(wa)ć absolwentem, ⟨u⟩kończyć studia; *Am.* ⟨u⟩kończyć szkołę; **~ion** [-'eɪʃn] podziałka *f*; *univ.* absolutorium *n*; *Am.* ukończenie *n* szkoły

graft [grɑːft] *med.* przeszczepi(a)ć; *bot.* szczepić

grain [greɪn] ziarno *n*; zboże *n*; *sand etc.*: ziarnko *n*; *fig.* szczypta *f*, źdźbło *n*

gramma|r ['græmə] gramatyka *f*; **~tical** [grə'mætɪkl] gramatyczny

gramme [græm] gram *m*

grand [grænd] *adj* (*impressive*) wspaniały; *person*: dostojny; **~child** ['-nʧ-] (*pl* **-children**) wnuk *m*, wnuczka *f*; **~daughter** ['-ndɔː-] wnuczka *f*; **~father** ['-d-] dziadek *m*; **~mother** ['-nm-] babcia *f*; **~parents** *pl* dziadkowie *pl*; **~ piano** *mus.* fortepian *m*; **~son** wnuk *m*; **~stand** ['-d-] trybuna *f*

granite ['grænɪt] granit *m*

grant [grɑːnt] **1.** przyzna(-wa)ć; *wish etc.* spełni(a)ć;

take s.th. for ~ed zakładać ⟨założyć⟩ coś z góry; przyjmować ⟨-jąć⟩ coś za oczywistość; **2.** stypendium *n*

grape [greɪp] winogrono *n*; **~fruit** grejpfrut *m*; **~ sugar** cukier *m* gronowy; **~vine** winorośl *f*

graph [grɑːf, græf] wykres *m*; **~ic** ['-ɪk] graficzny; **2.** *mst* **~ics** *pl* grafika *f*

grapple ['græpl] mocować (się) (*with* z)

grasp [grɑːsp] **1.** chwycić, złapać; *fig.* pojąć, zrozumieć; **2.** (u)chwyt *m*; *fig.* zdolność *f* pojmowania

grass [grɑːs] trawa *f*; **~hopper** konik *m* polny; **~ widow** słomiana wdowa *f*; **~ widower** słomiany wdowiec *m*; **~y** trawiasty

grate[1] [greɪt] krata *f*; ruszt *m*

grate[2] [-] ucierać ⟨utrzeć⟩

grateful ['greɪtfʊl] wdzięczny

grater ['greɪtə] tarka *f*

grati|fication [grætɪfɪ'keɪʃn] satysfakcja *f*; **~ty** ['-faɪ] zadowalać ⟨-wolić⟩, zaspokajać ⟨-koić⟩

gratitude ['grætɪtjuːd] wdzięczność *f*

grave[1] [greɪv] grób *m*

grave[2] [-] poważny

gravel ['grævl] żwir *m*

grave|stone nagrobek *m*; **~yard** cmentarz *m*

gravitation [grævɪ'teɪʃn] grawitacja *f*; **~y** ['-vɪtɪ] powaga *f*; *phys.* grawitacja *f*

gravy ['greɪvɪ] sos m (mięsny)

gray [greɪ] Am. → **grey**

graze [greɪz] v/t paść, wypasać; v/i paść się

greas|e [griːs] 1. tłuszcz m; tech. smar m; 2. [-z] ⟨na⟩smarować; ~**y** ['-zɪ] tłusty; usmarowany

great [greɪt] wielki, duży; (important) znaczący; (splendid) F świetny, znakomity; ~'**grandchild** (pl -**children**) prawnuk m (-nuczka f); ~-'**grandfather** pradziadek m; ~'**grandmother** prababcia f; '~**ly** znacząco, znacznie; '~**ness** wielkość f

Greec|e [griːs] Grecja f; ~**k** [griːk] 1. adj grecki; 2. Grek m, Greczynka f

greed [griːd] chciwość f, zachłanność f; '~**y** zachłanny, chciwy; łapczywy

green [griːn] 1. adj w. fig. zielony; 2. zieleń f; '~**grocer** esp. Brt. kupiec m warzywny; '~**house** szklarnia f

greet [griːt] pozdrawiać ⟨-rowić⟩; ⟨po⟩witać; '~**ing** ⟨ro⟩pozdrowienie n, powitanie n; pl (good wish) życzenia pl

grenade [grə'neɪd] granat m

grew [gruː] past of **grow**

grey [greɪ] szary, siwy; ~'**haired** siwy; '~**hound** zo. chart m

grief [griːf] smutek m, żal m

grill [grɪl] 1. piec na ruszcie; 2. ruszt m

grim [grɪm] groźny; ponury

grimace [grɪ'meɪs] 1. grymas

m; 2. ⟨s⟩krzywić się

grin [grɪn] 1. ⟨wy⟩szczerzyć się, ⟨wy⟩szczerzyć zęby; 2. szeroki uśmiech m

grind [graɪnd] (**ground**) ⟨ze⟩mleć, ucierać ⟨utrzeć⟩; knife etc. ⟨na⟩ostrzyć

grip [grɪp] 1. chwytać ⟨-wycić⟩; 2. chwyt m, uścisk m

groan [grəʊn] 1. jęczeć ⟨-czeć⟩; 2. jęk m

grocer ['grəʊsə] właściciel(ka f) m sklepu spożywczego; at the ~'s (shop) w sklepie spożywczym; ~**ies** ['-rɪz] pl artykuły pl spożywcze; ~**y** ['-rɪ] sklep m spożywczy

groin [grɔɪn] anat. pachwina f

groove [gruːv] rowek m

gross [grəʊs] (total) brutto; error etc.: rażący; (vulgar) ordynarny; (fat) tłusty

ground[1] [graʊnd] 1. past and pp of **grind**; 2. adj mielony; ~ **meat** mielone mięso n

ground[2] [-] 1. ziemia f; in water: dno n; (land) teren m; Am. electr. uziemienie n; pl (reason) przyczyna f, powód m, podstawy pl; (area) tereny pl; 2. mar. osiadać ⟨osiąść⟩ na mieliźnie; Am. electr. uziemi⟨a⟩ć; fig. opierać ⟨o-przeć⟩ się (on, in o)

ground| **floor** esp. Brt. parter m; '~**less** bezzasadny; '~**nut** orzeszek m ziemny

group [gruːp] 1. grupa f; 2. grupować (się)

grow [grəʊ] (**grew**, **grown**)

⟨u⟩rosnąć; **~ up** dorastać ⟨-rosnąć⟩

growl [grəul] warczeć ⟨-rknąć⟩

grown [grəun] *pp of grow*; **~-up 1.** [`.ʌp] *adj* dorosły, dojrzały; **2.** [`.ʌp] dorosły *m*

growth [grəuθ] *a. fig.* wzrost *m*

grub [grʌb] larwa *f*

grudge [grʌdʒ] **1.** żałować (*s.o. s.th.* komuś czegoś); zazdrościć; **2.** uraza *f*; **'~ing** niechętny

guarantee [gærən'tiː] **1.** gwarancja *f*; **2.** ⟨za⟩gwarantować; **~y** [`.tɪ] *jur.* rękojmia *f*, poręka *f*

guard [gɑːd] **1.** ⟨u⟩chronić, ⟨u⟩pilnować; zabezpieczać ⟨-czyć⟩ się (*against* przed); **2.** warta *f*, straż *f*; (*person*) strażnik *m*; *Brt. rail.* konduktor *m*; *be on one's ~* być czujnym, mieć się na baczności; *off one's ~* nie przygotowany; **'~ed** ostrożny; **~ian** [`.ɪən] *jur.* opiekun(ka *f*) *m*; **'~ianship** *jur.* kuratela *f*

guess [ges] **1.** zgadywać ⟨-dnąć⟩; *esp. Am.* sądzić; **2.** domysł *m*, domniemanie *n*

guest [gest] gość *m*; **'~house** pensjonat *m*; **'~room** pokój *m* gościnny

guidance [`gaɪdns] kierownictwo *n*, poradnictwo *n*; *mil.* naprowadzanie *n*

guide [gaɪd] **1.** ⟨po⟩kierować;

⟨po⟩prowadzić; **2.** przewodnik *m*; *fig.* wskazówka *f*; (*book*) przewodnik *m*; **'~book** przewodnik *m*; **'~d** kierowany; **'~d missile** pocisk *m* kierowany; **'~lines** *pl* wskazówki *pl*

guilt [gɪlt] wina *f*; **'~y** winny (*of s.th.* czegoś)

guinea pig [`gɪnɪ] świnka *f* morska; *fig.* królik *m* doświadczalny

guitar [gɪ'tɑː] gitara *f*

gulf [gʌlf] zatoka *f*; *fig.* przepaść *f*

gull [gʌl] mewa *f*

gulp [gʌlp] **1.** *often* **~ down** połykać ⟨-lknąć⟩; **2.** łyk *m*, łyknięcie *n*

gum[1] [gʌm] *mst pl* dziąsło *n*

gum[2] [-] **1.** guma *f*; (*resin*) żywica *f*; (*adhesive*) klej *m*; **2.** ⟨przy⟩kleić

gun [gʌn] (*weapon*) broń *f* (palna); (*cannon*) armata *f*, działo *n*; (*pistol*) rewolwer *m*, pistolet *m*; **'~powder** proch *m* strzelniczy; **'~shot** strzał *m*

gurgle [`gɜːgl] ⟨za⟩bulgotać; ⟨za⟩gruchać

gush [gʌʃ] **1.** tryskać ⟨-snąć⟩, chlustać ⟨-snąć⟩; **2.** wytrysk *m*

gust [gʌst] podmuch *m*

gut [gʌt] jelito *n*; *mus.* struna *f*; *pl* wnętrzności *pl*; *pl* (*bravery*) F odwaga *f*

gutter [`gʌtə] *pipe:* rynna *f*; *ditch:* ściek *m*; *a. fig.* rynsztok *m*

guy [gaɪ] F facet *m* F

gym [dʒɪm] F → **gymnasium, gymnastics**; ~ **shoes** *pl* tenisówki *pl*; **~nasium** [~'neɪzjəm] sala *f* gimnas-

tyczna; **~nast** ['~næst] gimnastyk *m*; **~nastics** [~'næstɪks] *sg* gimnastyka *f*

gyn(a)ecologist [gaɪnə'kɒlədʒɪst] ginekolog *m*

H

habit ['hæbɪt] nawyk *m*, zwyczaj *m*; *bad*: nałóg *m*; *monk's*: habit; **~ual** [hə'bɪtʃʊəl] nawykowy, nałogowy; (*customary*) zwyczajny

had [hæd] *past and pp of* **have**

h(a)emorrhage ['hemərɪdʒ] *med.* krwotok *m*

hair [heə] włos *m*, włosy *pl*; **~brush** szczotka *f* do włosów; **~cut** strzyżenie *n*; (*hairstyle*) fryzura *f*; **~do** F fryzura *f*, uczesanie *n*; **~dresser** fryzjer(ka *f*) *m*; *at the* **~dresser's** u fryzjera; **~dryer** (*a.* **hairdrier**) suszarka *f* do włosów; **~less** bezwłosy, pozbawiony włosów; **~pin** spinka *f* do włosów; **~raising** mrożący krew w żyłach; ~ **slide** wsuwka *f*; **~splitting** drobiazgowy; **~style** uczesanie *n*

half [hɑːf] **1.** *s* (*pl* **halves** [hɑːvz]) połowa *f*; ~ *past* **ten**, *Am. a.* ~ *after* **ten** wpół do jedenastej; ~ *an* **hour** pół godziny; ~ *a* **pound** pół funta; **3.** *adv* na pół, do połowy, czę-

ściowo; **~'hearted** niezdecydowany, pozbawiony entuzjazmu; ~ *time sp.* przerwa *f*; **~'way** w połowie drogi

hall [hɔːl] hall *m*, korytarz *m*; (*room*) sala *f*; (*townhall*) ratusz *m*

hallucination [həluːsɪ'neɪʃn] halucynacja *f*

halt [hɔːlt] **1.** przystanek *m*, postój *m*; **2.** zatrzym(yw)ać się

halve [hɑːv] przepoławiać ⟨-łowić⟩; zmniejszać ⟨-szyć⟩ o połowę; **~s** [~vz] *pl of* **half** 1

ham [hæm] szynka *f*

hamburger ['hæmbɜːgə] *gastr.* hamburger *m*

hammer ['hæmə] **1.** młotek *m*; **2.** uderzać ⟨-rzyć⟩/wbi(ja)ć młotkiem; (*hit*) walić, tłuc

hammock ['hæmək] hamak *m*

hamster ['hæmstə] *zo.* chomik *m*

hand [hænd] **1.** ręka *f*; *clock*: wskazówka *f*; (*handwriting*) pismo *n*; (*help*) pomoc *f*; (*worker*) pomocnik *m*; *cards*:

ręka *f*, karty *pl*; **at** ~ blisko; pod ręką; **at first** ~ z pierwszej ręki; **by** ~ ręcznie; **on the one** ~ ..., **on the other** ~ ... z jednej strony..., z drugiej strony...; **on the right** ~ z prawej strony; **off** ~ z rękami!; ręce precz!; ~**s up!** ręce do góry!; **change** ~**s** przechodzić ⟨przejść⟩ w inne ręce; **shake** ~**s** przywitać się, uścisnąć dłoń (**with s.o.** komuś); **2.** wręczać ⟨-czyć⟩, poda(wa)ć; ~ **down** przekaz(yw)ać; ~ **over** odda(wa)ć, przekaz(yw)ać; '~**bag** torebka *f*; '~**book** podręcznik *m*; poradnik *m*; '~**brake** hamulec *m* ręczny; '~**cuffs** *pl* kajdanki *pl*

handicap ['hændɪkæp] **1.** handicap *m*, utrudnienie *n*; *sp. a. fot. m*; *med.* upośledzenie *n*; **2.** utrudni(a)ć, przeszkadzać ⟨-kodzić⟩

handi|craft ['hændɪkrɑːft] rzemiosło *n*, rękodzieło *n*; '~**work** praca *f* ręczna, rękodzieło *n*; *fig.* dzieło *n*, sprawka *f*

handkerchief ['hæŋkətʃɪf] chusteczka *f*

handle ['hændl] **1.** rączka *f*, uchwyt *m*; *knife:* rękojeść *f*; *hammer:* trzonek *m*; *door:* klamka *f*; **2.** dotykać, manipulować; (*treat*) traktować, obchodzić się z; (*deal with*) załatwi(a)ć

hand| luggage bagaż *m* pod-

ręczny; ~**made** ręcznie robiony; '~**rail** poręcz *f*; '~**shake** uścisk *m* dłoni

handsome ['hænsəm] *esp. man:* przystojny; *sum etc.:* znaczny, pokaźny

'hand|writing charakter *m* pisma; kaligrafia *f*; '~**written** odręczny; '~**y** poręczny, wygodny w użyciu, dogodny

hang¹ [hæŋ] (**hung**) wieszać ⟨powiesić⟩, zawieszać ⟨-sić⟩; wisieć; *head* zwieszać ⟨zwiesić⟩; *wallpaper* ⟨wy⟩tapetować

hang² [-] (**hanged**) wieszać ⟨powiesić⟩ (na szubienicy); ~ **o.s.** wieszać ⟨powiesić⟩ się; ~ **about,** ~ **around** stać bezczynnie; ~ **on** trzymać się kurczowo (**to s.th.** czegoś); ~ **on!** F poczekaj no!

hangar ['hæŋə] hangar *m*

'hanger wieszak *m*

hang| glider lotnia *f*; ~ **gliding** lotniarstwo *n*; '~**man** kat *m*; '~**over** kac *m* F

haphazard [hæp'hæzəd] przypadkowy

happen ['hæpən] zdarzać ⟨-rzyć⟩ się, przytrafi(a)ć się; ~**ing** ['hæpnɪŋ] wydarzenie *n*; *art:* happening *m*

happi|ly ['hæpɪlɪ] szczęśliwie; '~**iness** szczęście *n*; '~**y** szczęśliwy

harbo(u)r ['hɑːbə] **1.** port *m*; przystań *f*; **2.** da(wa)ć schronienie; *grudge etc.* żywić

hard [hɑːd] (*firm*) twardy; (*difficult*) trudny; *life*: ciężki; *winter*: srogi; (*severe*) surowy; ~ **of hearing** przygłuchy; ~ **up** F spłukany F; '~**back** *book*: książka *f* w twardej oprawie; '~**cover** → **hardback**; ~ **disk** *computer*: dysk *m* twardy; ~**en** ['hɑːdn] *v/t* utwardzać ⟨-dzić⟩; *v/i* ⟨s⟩twardnieć; ~**headed** praktyczny, trzeźwy; '~**ly** prawie (nie/nikt/ nigdy); ledwo, mało (kto/ co); '~**ness** twardość *f*; wytrzymałość *f*; '~**ship** trud *m*, niedostatek *m*; '~**ware** towary *pl* żelazne; F żelastwo *n*; *computer*: sprzęt *m* komputerowy; '~**y** odporny, twardy

hare [heə] zając *m*

harm [hɑːm] **1.** krzywda *f*; **2.** ⟨s⟩krzywdzić; '~**ful** szkodliwy; '~**less** nieszkodliwy

harmon|ious [hɑːˈməʊnjəs] harmonijny; zgodny; ~**ize** [ˈ-ənaɪz] harmonizować

harpoon [hɑːˈpuːn] **1.** harpun *m*; **2.** trafić harpunem

harsh [hɑːʃ] surowy; *voice*: chrapliwy, szorstki

harvest [ˈhɑːvɪst] **1.** żniwa *pl*, zbiory *pl*; plon *m*; **2.** zbierać ⟨zebrać⟩, sprzątać ⟨-tnąć⟩ (*zboże itp.*)

has [hæz] *msg.* → **have**

haste [heɪst] pośpiech *m*; ~**en** [ˈ-sn] przyspieszać ⟨-pieszyć⟩; pospieszyć; '~**y** po-

spieszny; (*rash*) pochopny

hat [hæt] kapelusz *m*

hat|e [heɪt] **1.** nienawidzić; **2.** nienawiść *f*; ~**red** [ˈ-rɪd] nienawiść *f*

haul [hɔːl] ciągnąć, wlec, holować; (*transport*) przewozić

haunt [hɔːnt] nawiedzać, straszyć; *fig.* prześladować; (*visit*) uczęszczać, często odwiedzać; **this place is ~ed** tu straszy

have [hæv] (**had**) *v/t* mieć, posiadać; ~ **breakfast** ⟨z⟩jeść śniadanie; *with inf*: musieć; **I ~ to go** muszę iść; *with object and pp*: kazać, życzyć sobie; **I had my hair cut** dałem sobie obciąć włosy; ~ **on** mieć na sobie; *fig.* nab⟨ie⟩rać; *v/aux forms perfect tenses*: **I ~ lived here for 5 years** mieszkam tu od 5 lat

hawk [hɔːk] jastrząb *m* (*a. pol.*)

hay [heɪ] siano *n*; ~ **fever** katar *m* sienny; '~**stack** stóg *m* siana

hazard [ˈhæzəd] **1.** ryzyko *n*; **2.** ⟨za⟩ryzykować; '~**ous** ryzykowny

haze [heɪz] mgiełka *f*

hazel [ˈheɪzl] **1.** leszczyna *f*; **2.** *adj colour*: orzechowy; '~**nut** orzech *m* laskowy

hazy [ˈheɪzɪ] zamglony; *fig.* niejasny, mglisty

he [hiː] **1.** *pron* on; **2.** *s* on *m*; **3.** *adj zo. in compounds*: samiec *m*

head [hed] **1.** s głowa f; *plant,
nail*: główka f; *(top)* góra f;
(front) przód m; *(person)* kierownik m, szef m; **£15 a/per
~** 15 funtów na głowę; **40.~** pl
(of cattle) 40 sztuk (bydła);
~s or tails? *coin*: orzeł czy
reszka?; **at the ~** na czele
(of s.th. czegoś); **~ over
heels** na łeb na szyję; **~ over
heels in love** zakochany po
uszy; *lose one's* **~** stracić
głowę; **2.** *adj* główny, naczelny; **3.** v/t *(lead)* prowadzić,
być na czele; *(be in charge)*
kierować; *football*: główko-
wać; v/i kierować się, iść
(for do); **'~ache** ból m głowy; **'~ing** nagłówek m;
'~light reflektor m; **'~line**
nagłówek m; **~'master**
school: dyrektor m szkoły;
~ office centrala f; **~·on** col-
lision: czołowo, czołowy;
'~phones pl słuchawki pl;
~'quarters pl, sg mil. kwatera f główna, punkt m dowo-
dzenia; **'~rest** zagłówek m;
'~strong uparty

heal [hi:l] *(a.* **~ up/over)** ⟨za⟩-
goić się

health [helθ] zdrowie n; *your*
~! na zdrowie!; **~ food** zdrowa żywność f; **~ insurance**
ubezpieczenie n zdrowotne;
~ resort uzdrowisko n; **~
service** służba f zdrowia;
'~y zdrowy

heap [hi:p] **1.** stos m, sterta f;
2. *(a.* **~ up)** układać ⟨ułożyć⟩

stos, ⟨na⟩gromadzić

hear [hɪə] *(heard)* słuchać;
⟨u⟩słyszeć; **~d** [hɜːd] *past
and pp of hear*; **~ing** ['-rɪŋ]
słuch m; *esp. pol.* przesłuchanie n; *jur.* rozprawa f; **with-
in/out of ~ing** w zasięgu/po-
za zasięgiem głosu; **~ing aid**
aparat m słuchowy

heart [hɑːt] serce n *(a. fig.);
fig.* centrum n; *cards*: kier m; **by ~** na pamięć; **~ attack** atak m serca;
'~breaking rozdzierający
serce; **'~burn** zgaga f
'heart|less nieczuły, bez ser-
ca; **~'transplant** transplantacja f serca; **'~y** serdeczny;
meal: obfity

heat [hiːt] **1.** upał m, żar m;
phys. ciepło n; *fig.* uniesienie
n; podniecenie n; **2.** *(a. ~ up)*
podgrze(wa)ć; **'~ed** pod-
grzewany; *fig.* ożywiony,
gorący; **'~er** grzejnik m

heath [hiːθ] wrzosowisko n

heathen ['hiːðn] **1.** poganin m
(-nka f); **2.** *adj* pogański

heather ['heðə] wrzos m

heat|ing ['hiːtɪŋ] ogrzewanie
n; **'~stroke** udar m słoneczny; **~ wave** fala f upałów

heaven ['hevn] niebo n; **'~ly**
niebiański

heavy ['hevɪ] ciężki; *(difficult)*
trudny; *traffic etc.*: intensywny; *rain*: rzęsisty

Hebrew ['hiːbruː] hebrajski

hectare ['hektɑː] hektar m

hedge [hedʒ] żywopłot m;

'~hog jeż *m*

heel [hi:l] pięta *f*; *shoe*: obcas *m*

height [haɪt] wysokość *f*; wzrost *m*; *fig.* punkt *m* kulminacyjny, szczyt *m*, pełnia *f*; **~en** ['~tn] podwyższać ⟨-ższyć⟩

heir [eə] spadkobierca *m*

held [held] *past and pp of* **hold** 1

helicopter ['helɪkɒptə] śmigłowiec *m*, helikopter *m*

hell [hel] piekło *n*; *what the ~ ... ?* F co, do diabła, ...?

hello [hə'ləʊ] *int* cześć; *teleph.* halo

helm [helm] ster *m*

helmet ['helmɪt] hełm *m*, kask *m*

help [help] **1.** pomoc *f*; **2.** pomagać ⟨-móc⟩; **~ o.s.** ⟨po⟩częstować się; *I can't ~ it* nic na to nie poradzę; *I couldn't ~ laughing* nie mogłem powstrzymać się od śmiechu; '**~er** pomocnik *m*; '**~ful** pomocny, przydatny; '**~less** bezradny

hen [hen] kura *f*; *bird*: samiczka *f*

her [hɜː] jej, ją

herb [hɜːb] zioło *n*

herd [hɜːd] stado *n*

here [hɪə] tu(taj); **~'s to you!** twoje zdrowie!; **~ you are!** proszę!

hereditary [hɪ'redɪtərɪ] dziedziczny

heritage ['herɪtɪdʒ] dziedzic-

two *n*, spuścizna *f*

hermetic [hɜː'metɪk] hermetyczny, szczelny

hero ['hɪərəʊ] (*pl -oes*) bohater *m*; **~ic** [hɪ'rəʊɪk] bohaterski

heroin ['herəʊɪn] heroina *f*

herring ['herɪŋ] (*pl ~s, ~*) śledź *m*

hers [hɜːz] jej

herself [hɜː'self] *reflexive*: się, siebie, sobie; *emphasis*: (ona) sama

hesitat|e ['hezɪteɪt] wahać się; **~ion** [~'teɪʃn] wahanie *n*

hi [haɪ] *int* F cześć F

hiccup ['hɪkʌp] (*a. hiccough*) czkawka *f*; **2.** mieć czkawkę, czkać ⟨czknąć⟩

hid [hɪd] *past and pp* '**~den** *pp of* **hide**[1]

hide [haɪd] (*hid, hidden or hid*) ukry(wa)ć (się); ⟨s⟩chować (się)

high [haɪ] **1.** *adj* wysoki; *voice*: cienki; *fig.* zepsuty; F on *drugs*: naćpany F; *in ~ spirits* w świetnym humorze; *it is ~ time* najwyższy czas; **2.** *meteor.* wyż *m*; **~'class** luksusowy; **~'fidelity** hi-fi, wysoka wierność *f* odtwarzania; **~ jump** *sp.* skok *m* wzwyż; **~'light 1.** atrakcja *f*; **2.** uwydatni(a)ć; '**~ly** *fig.* wysoce, wysoko; *think ~ of s.o.* mieć wysokie mniemanie o kimś; '**2ness** *title*: Wysokość *f*; **~'pitched** *tone*: wysoki; *roof*: spadzisty; **~'powered**

o dużej mocy; *fig.* dynamiczny; '**~rise** wieżowiec *m*; '**~road** *esp. Brt.* szosa *f*; ~ **school** *Am.* szkoła *f* średnia; ~ **street** *Brt.* główna ulica *f*; ~ **tech** [‑'tek] supernowoczesny; ~ **technology** zaawansowana technologia *f*; ~'**tension** *electr.* wysokie napięcie *n*; '**~way** *esp. Am.* szosa *f*

hijack ['haɪdʒæk] *plane* uprowadzać ⟨‑dzić⟩, por(y)wać; *train etc.* ⟨ob⟩rabować; '**~er** porywacz *m*

hike [haɪk] **1.** wędrować; **2.** wędrówka *f*, wycieczka *f* piesza; '**~r** wędrowiec *m*, turysta *m*

hilarious [hɪ'leərɪəs] komiczny, wesoły

hill [hɪl] wzgórze *n*, wzniesienie *n*; '**~side** stok *m*, zbocze *n*; '**~y** pagórkowaty, górzysty

him [hɪm] (je)go, (je)mu; **~'self** reflexive: się, siebie, sobie; *emphasis:* (on) sam

hind [haɪnd] tylny, zadni

hind|er ['hɪndə] przeszkadzać ⟨‑kodzić⟩, utrudni(a)ć; **~rance** ['‑drəns] przeszkoda *f*

hinge [hɪndʒ] zawias *m*

hint [hɪnt] **1.** wskazówka *f*; aluzja *f*; **2.** napomykać ⟨‑mknąć⟩

hip [hɪp] *anat.* biodro *n*

hippopotamus [hɪpə‑'pɒtəməs] (*pl* **-muses, -mi** [‑maɪ]) hipopotam *m*

hire ['haɪə] **1.** (*a.* **~ out**) *Brt. car etc.* wynajmować ⟨‑jąć⟩, wypożyczać ⟨‑czyć⟩; *plane etc.* ⟨wy⟩czarterować; *people* najmować ⟨‑jąć⟩; **2.** wynajem *m*; *for* ~ do wynajęcia; *taxi:* wolna; ~ **purchase** *esp. Brt.* sprzedaż *f* ratalna

his [hɪz] jego

hiss [hɪs] **1.** syczeć ⟨syknąć⟩; **2.** syk *m*

histor|ian [hɪ'stɔːrɪən] historyk *m*; **~ic** [‑'stɒrɪk] (*important*) historyczny; **~ical** historyczny; **~y** ['‑ərɪ] historia *f*

hit [hɪt] **1.** (*hit*) (*strike*) uderzać ⟨‑rzyć⟩; F (*reach*) docierać ⟨dotrzeć⟩; (*a.* **~ on** or **upon**) natrafi(a)ć na, wymyśleć ⟨‑lić⟩; **2.** uderzenie *n*; trafienie *n*; *song etc.:* przebój *m*

hitch [hɪtʃ] **1.** doczepi(a)ć, ⟨u⟩wiązać (*to* do); ~ **up** podciągać ⟨‑gnąć⟩; ~ **a ride** złapać okazję; → **hitchhike**; **2.** szarpnięcie *n*; *mar.* węzeł *m*; *fig.* komplikacja *f*; *without a* ~ gładko, bez komplikacji; '**~hike** jeździć autostopem; '**~hiker** autostopowicz *m*

hive [haɪv] ul *m*; (*bees*) rój *m*

hoarse [hɔːs] chrapliwy, ochrypły

hobby ['hɒbɪ] hobby *n*; '**~horse** konik *m* (*a. fig.*)

hockey ['hɒkɪ] *esp. Brt.* hokej *m* na trawie; *esp. Am.* hokej *m* na lodzie

hog [hɒg] wieprz *m*

hoist [hɔɪst] **1.** podnosić ⟨-dnieść⟩; **2.** dźwig *m*

hold [həʊld] **1.** (**held**) *v/t* trzymać; (*conduct*) odby(wa)ć; *fire, breath etc.* wstrzym(yw)ać; (*keep*) utrzym(yw)ać; *position* zajmować; (*contain*) mieścić; *shares etc.* posiadać; (*defend*) bronić; (*think*) uważać (*that* że); ~ **s.th. against s.o.** wymawiać komuś coś; ~ **responsible** *v/t* obciążać ⟨-żyć⟩ odpowiedzialnością; *v/i* trzymać się; (*last*) utrzym(yw)ać się; (*a. ~ the line*) *teleph.* czekać (przy telefonie); ~ **on** trzymać się (**to s.th.** czegoś); *teleph.* czekać (przy telefonie); ~ **out** wytrzym(yw)ać; *supplies etc.*: wystarczać; ~ **up** zatrzym(yw)ać; *bank etc.* ⟨ob⟩rabować; *fig.* stawiać za wzór; **2.** (u)chwyt *m*, trzymanie *n*; (*control*) kontrola *f*, władza *f* (*on, over* nad); **have a** (**firm**) ~ **on s.o.** mieć władzę nad kimś; **catch** (**get, take**) ~ **of s.th.** złapać; zdobyć; **'~up traffic:** zator *m*; (*stickup*) napad *m*

hole [həʊl] **1.** dziura *f*, otwór *m*; **2.** przedziurawi(a)ć

holiday ['hɒlɪdeɪ] święto *n*; *mst pl esp. Brt.* wakacje *pl*, urlop *m*; **take a** ~ wziąć wolny dzień; **~maker** ['hɒlədɪ-] urlopowicz *m*, wczasowicz *m*

Holland ['hɒlənd] Holandia *f*

hollow ['hɒləʊ] **1.** wgłębienie *n*; **2.** *adj* pusty, wydrążony; **3.** *often* ~ **out** wydrążać ⟨-żyć⟩

holocaust ['hɒləkɔːst] zagłada *f*

holster ['həʊlstə] kabura *f*

holy ['həʊlɪ] święty; ♀ **Week** Wielki Tydzień *m*

home [həʊm] **1.** *s* dom *m*, miejsce *n* zamieszkania; *fig.* ojczyzna *f*; **at** ~ w domu; **make o.s. at** ~ rozgościć się; **at ~ and abroad** w kraju i za granicą; **2.** *adj* domowy; krajowy, lokalny; *sp.* miejscowy; **3.** *adv* do domu; w domu; **4.** *v/i:* ~ **in missile:** naprowadzać ⟨-dzić⟩ się (**on s.th.** na coś); ~ **address** adres *m* domowy; ~ **computer** komputer *m* domowy; **'~less** bezdomny; **'~ly** swojski; *food:* prosty; *Am.* pospolity, nieładny; **'~made** własnej/domowej roboty; ♀ **Office** *Brt.* Ministerstwo *n* Spraw Wewnętrznych; ♀ **Secretary** *Brt.* minister *m* spraw wewnętrznych; **'~sick: be ~sick** tęsknić za domem; **~ town** miasto *n* rodzinne; **~ward** [-'wəd] powrotny; **~wards** ku domowi, do domu; **'~work** praca *f* domowa, zadanie *n* domowe

homicide ['hɒmɪsaɪd] *jur.* zabójstwo *n*

homosexual [hɒməʊ'sekʃʊəl]

1. adj homoseksualny; **2.** homoseksualista m (-tka f)

honest ['ɒnɪst] uczciwy; '**~y** uczciwość f

honey ['hʌnɪ] miód m; esp. Am. ~! kochanie!, skarbie!; '**~moon** miesiąc m miodowy

honorary ['ɒnərərɪ] honorowy

hono(u)r ['ɒnə] **1.** honor m, cześć f; zaszczyt m; **2.** zaszczycać ⟨-cić⟩; bill etc. honorować; **~able** ['-ərəbl] zaszczytny; poważany

hood [hʊd] kaptur m; car, pram: bud(k)a f; Am. maska f samochodu

hoof [huːf] (pl **~s, hooves** [-vz]) kopyto n

hook [hʊk] **1.** ha(czy)k m; **2.** zahaczać ⟨-czyć⟩, zaczepi(a)ć

hooligan ['huːlɪɡən] chuligan m

hoot [huːt] ⟨za⟩trąbić; ⟨za⟩hukać

hoover ['huːvə] **1.** TM often ≈ odkurzacz m; **2.** odkurzać ⟨-rzyć⟩ odkurzaczem

hop¹ [hɒp] **1.** v/t przeskakiwać ⟨-koczyć⟩; v/i skakać ⟨skoczyć⟩; **2.** (pod)skok m

hop² [-] chmiel m

hope [həʊp] **1.** mieć nadzieję (**for** na); **I ~ so** mam nadzieję, że tak; **2.** nadzieja f; '**~ful** pełen nadziei; (promising) obiecujący; '**~fully** z nadzieją; '**~less** beznadziejny

horizon [hə'raɪzn] horyzont m; **~tal** [hɒrɪ'zɒntl] poziomy, horyzontalny

horn [hɔːn] a. mus. róg m; mot. klakson m

horoscope ['hɒrəskəʊp] horoskop m

horr|ible ['hɒrəbl] straszny, okropny; '**~ify** ['-ɪfaɪ] przerażać ⟨-razić⟩; '**~or** przerażenie n, groza f

horse [hɔːs] koń m; ' **~back: on ~back** na koniu, konno; '**~power** koń m mechaniczny; **~race** wyścigi pl konne; '**~radish** chrzan m; '**~shoe** podkowa f

hose [həʊz] wąż m (strażacki itp.)

hospitable ['hɒspɪtəbl] gościnny

hospital ['hɒspɪtl] szpital m

hospitality [hɒspɪ'tælətɪ] gościnność f

host [həʊst] gospodarz m, pan m domu

hostage ['hɒstɪdʒ] zakładnik m

hostel ['hɒstl] esp. Brt. dom m akademicki, internat m; mst **youth ~** schronisko n młodzieżowe

hostess ['həʊstɪs] gospodyni f, pani f domu; aer. (a. **air ~**) stewardesa f

hostil|e ['hɒstaɪl] wrogi; **~ity** [-'stɪlətɪ] wrogość f

hot [hɒt] gorący; (spicy) ostry

hotel [həʊ'tel] hotel m

'**hot|house** cieplarnia f;

spot *esp. pol.* punkt *m* zapalny

hour ['auə] godzina *f*; **'.ly** godzinny

house [haus] **1.** (*pl* **houses** ['.zɪz]) dom *m*; **2.** [.z] zapewni(a)ć schronienie, umieszczać ⟨umieścić⟩; **'.breaking** włamanie *n*; **'.hold** domownicy *pl*; **'.keeper** właściciel *m* (domu), najemca *m*; **'.keeping** gospodarstwo *n* domowe, gospodarowanie *n*; ♀ **of Commons** *Brt. parl.* Izba *f* Gmin; ♀ **of Lords** *Brt. parl.* Izba *f* Lordów; ♀ **of Representatives** *Am. parl.* Izba *f* Reprezentantów; **'.wife** (*pl* **'.wives**) gospodyni *f* domowa

hover ['hɒvə] unosić się w powietrzu; **'.craft** (*pl* **~s**) poduszkowiec *m*

how [hau] jak; **~ are you?** jak się masz?; **~ about ...?** a może by tak...?; **~ much/ many?** ile?; **~ much is it?** ile to kosztuje?; **~'ever** jakkolwiek; jednakże

howl [haul] **1.** wycie *n*, ryk *m*; **2.** ⟨za⟩wyć

hug [hʌg] **1.** ⟨przy⟩tulić; **2.** uścisk *m*

huge [hjuːdʒ] ogromny

human ['hjuːmən] **1.** *adj* ludzki, człowieczy; **2.** (*a.* **~ being**) człowiek *m*, istota *f* ludzka; **~e** [.'meɪn] humanitarny; **~itarian** [.mænɪ'teər-

iən] działacz na rzecz dobra ludzkości; **~ity** [.'mænətɪ] człowieczeństwo *n*; ludzkość *f*

humble ['hʌmbl] **1.** pokorny, uniżony; **2.** upokarzać ⟨-korzyć⟩

humid ['hjuːmɪd] wilgotny; **~ity** [.'mɪdətɪ] wilgotność *f*

humiliat|e [hjuː'mɪlɪeɪt] poniżać ⟨-żyć⟩; **~ion** [.mɪlɪ'eɪʃn] poniżenie *n*

humility [hjuː'mɪlətɪ] pokora *f*

humo(u)r ['hjuːmə] **1.** humor *m*; **2.** pobłażać, dogadzać ⟨-godzić⟩

hump [hʌmp] garb *m*; **'.back** garb *m*; *contp.* (*person*) garbus *m*

hunch [hʌntʃ] **1.** → *hump*; przeczucie *n*; **2.** ⟨z⟩garbić; **'.back** garb *m*

hundred ['hʌndrəd] sto

hung [hʌŋ] *past and pp of* **hang**

Hungar|ian [hʌŋ'geərɪən] **1.** *adj* węgierski; **2.** Węgier(ka *f*) *m*; **~y** Węgry *pl*

hunger ['hʌŋgə] **1.** głód *m* (*a. fig.*); **2.** fig. łaknąć, pożądać (**for/after s.th.** czegoś)

hungry ['hʌŋgrɪ] głodny

hunt [hʌnt] **1.** polować; **2.** polowanie *n*; ⟨*search*⟩ poszukiwanie *n*; **~er** myśliwy *m*; **'.ing** polowanie *n*, łowiectwo *n*

hurdle ['hɜːdl] płotek *m*; *fig.* przeszkoda *f*; **~ race** *sp.* bieg

m przez płotki
hurl [hɜ:l] ciskać ⟨-snąć⟩
hurricane ['hʌrɪkən] huragan *m*
hurried ['hʌrɪd] pośpieszny
hurry ['hʌrɪ] 1. *v/t* dostarczać ⟨-czyć⟩, spiesznie przywozić ⟨-wieźć⟩; *often* ~ **up** przyspieszyć ⟨-szać⟩, ponaglać ⟨-glić⟩; *v/i* spieszyć się; ~ **up!** pospiesz się!; 2. pośpiech *m*
hurt [hɜ:t] (**hurt**) *v/t* ⟨z⟩ranić, ⟨s⟩kaleczyć; *fig.* urazić; *v/i* boleć
husband ['hʌzbənd] mąż *m*
hush [hʌʃ] 1. *int* cicho!; 2. uciszać ⟨-szyć⟩, uspokajać ⟨-koić⟩; ~ **up** ⟨za⟩tuszować; 3. cisza *f*
husky ['hʌskɪ] *voice*: ochrypły
hut [hʌt] chata *f*
hydraulic [haɪ'drɔ:lɪk] hydrauliczny; ~**s** *sg* hydraulika *f*
hydro... [haɪdrəʊ] hydro..., wodo...; ~'**carbon** węglowo-

dór *m*; '~**foil** wodolot *m*
hydrogen ['haɪdrədʒən] wodór *m*; ~ **bomb** bomba *f* wodorowa
hyena [haɪ'i:nə] hiena *f*
hygien|e ['haɪdʒi:n] higiena *f*; ~**ic** [-'dʒi:nɪk] higieniczny
hyper... [haɪpə] nad..., hiper ...; '~**market** *Brt.* megasam *m*; ~'**tension** nadciśnienie *n*
hyphen ['haɪfn] *gr.* łącznik *m*
hypno|sis [hɪp'nəʊsɪs] (*pl* **-ses** [-si:z]) hipnoza *f*; ~**tize** ['-nətaɪz] ⟨za⟩hipnotyzować
hypo|crisy [hɪ'pɒkrəsɪ] obłuda *f*, hipokryzja *f*; ~**crite** ['hɪpəkrɪt] obłudnik *m*, hipokryta *m*; ~**critical** [-əʊ'krɪtɪkl] dwulicowy, obłudny
hypothesis [haɪ'pɒθɪsɪs] (*pl* **-ses** [-si:z]) hipoteza *f*
hysteri|a [hɪ'stɪərɪə] histeria *f*; ~**cal** [-'sterɪkl] histeryczny; ~**cs** [-'sterɪks] *mst sg* histeria *f*

I

I [aɪ] ja

ice [aɪs] 1. lód *m*; 2. oziębi(a)ć *mst* ~ **up** *or* **over** zamarzać ⟨-znąć⟩; ~**berg** ['-bɜ:g] góra *f* lodowa; '~**breaker** *mar.* lodołamacz *m*; ~ **cream** lody *pl*; ~**d** mrożony; ~ **hockey** hokej *m* na lodzie; ~ **rink** (sztuczne) lodowisko *n*
icy ['aɪsɪ] *a. fig.* lodowaty

idea [aɪ'dɪə] pomysł *m*; (*conception*) pojęcie *n*, idea *f*; (*guess*) wrażenie *n*, przeświadczenie *n*
ideal [aɪ'dɪəl] idealny
identical [aɪ'dentɪkl] identyczny, taki sam (**to, with** jak); ~ **twins** *pl* bliźnięta *pl* jednojajowe
identi|fication [aɪdentɪ-

fɪ'keɪʃn] identyfikacja f; ~
(*papers pl*) dowód m tożsamości; ~**fy** [-'dentɪfaɪ] rozpozna(wa)ć; ~**fy o.s.** ⟨wy⟩-
legitymować się

identity [aɪ'dentətɪ] tożsamość f; ~ **card** dowód m tożsamości

ideology [aɪdɪ'ɒlədʒɪ] ideologia f

idiom ['ɪdɪəm] idiom m

idiot ['ɪdɪət] idiota m; ~**ic**
[-'ɒtɪk] idiotyczny

idle ['aɪdl] **1.** bezczynny; (*lazy*)
leniwy; *talk*: czczy; *tech.* jałowy; **2.** próżnować; *tech.* chodzić na wolnych obrotach;
mst ~ **away** *time* ⟨z⟩marnować czas

if [ɪf] jeśli, jeżeli; ~ *I were you*
gdybym był na twoim miejscu

ignite [ɪg'naɪt] *v/i* zapalać
⟨-lić⟩ się; *v/t mot.* zapalać
⟨-lić⟩; ~ [-'nɪʃn] zapłon
m; ~**ion key** kluczyk m (zapłonu)

ignor|ance ['ɪgnərəns] ignorancja f, nieznajomość f (*of
s.th.* czegoś); '~**ant** nieuczony, ciemny; nieświadomy; ~**e** [-'nɔː] ⟨z⟩ignorować

ill [ɪl] **1.** *adj* (*unwell*) chory;
(*bad*) zły; *fall* ~, *be taken* ~
zachorować; → *ease*; **2.** *often pl* nieszczęście n, zło n;
~**-advised** nieroztropny,
nierozsądny; ~**-bred** grubiański, źle wychowany

illegal [ɪ'liːgl] nielegalny, bez-

prawny

il·legible [ɪ'ledʒəbl] nieczytelny

illegitimate [ɪlɪ'dʒɪtɪmət] o-
child:
nieślubny

illiterate [ɪ'lɪtərət] niepiśmienny

ill·-'mannered niegrzeczny,
grubiański; ~**-'natured** złośliwy

illness choroba f

ill-'tempered zły, złośliwy

illuminat|e [ɪ'luːmɪneɪt] o-
świetlać⟨-lić⟩; ~**ion** [-'neɪʃn]
oświetlenie n

illus|ion [ɪ'luːʒn] złudzenie n,
iluzja f; ~**ive** [-sɪv], ~**ory**
[-sərɪ] złudny, iluzoryczny

illustrat|e ['ɪləstreɪt] ⟨z⟩ilu-
strować; ~**ion** [-'streɪʃn] ilustracja f

image ['ɪmɪdʒ] wizerunek m,
podobizna f; (*reflection*) odbicie n; (*conception*) wyob-
rażenie f

imagin|able [ɪ'mædʒɪnəbl]
wyobrażalny; ~**ary** urojony,
zmyślony; ~**ation** [-'neɪʃn]
wyobraźnia f, fantazja f;
~**ative** [ɪ'mædʒɪnətɪv] obda-
rzony wyobraźnią; ~**e** [-]
wyobrażać ⟨-brazić⟩ sobie;
(*suppose*) przypuszczać

imitat|e ['ɪmɪteɪt] naśladować;
~**ion** [-'teɪʃn] naśladownic-
two n; imitacja f

immature niedojrzały

immediate [ɪ'miːdjət] natychmiastowy; (*near*) bezpośred-
ni; *family etc.*: najbliższy; ~**ly**
natychmiast; (*directly*) bez-

pośrednio; (when) skoro, jak tylko

immense [ı'mens] ogromny

immerse [ı'mɜːs] zanurzać ⟨-rzyć⟩; **~o.s.** zagłębi(a)ć się (*in s.th.* w czymś)

immigra|nt ['ımıgrənt] imigrant(ka f) m; **~te** ['-eıt] imigrować; **~tion** [-'greıʃn] imigracja f

imminent ['ımınənt] nadciągający, bliski

immoral amoralny, niemoralny

immortal nieśmiertelny

immun|e [ı'mjuːn] a. med. odporny (*to* na); **~ity** odporność f

impact ['ımpækt] undzenie n, zderzenie n; fig. wpływ m

impair [ım'peə] osłabi(a)ć, nadwerężać ⟨-żyć⟩

im'partial bezstronny

impatien|ce niecierpliwość f; **~t** niecierpliwy

imped|e [ım'piːd] ⟨za⟩hamować, utrudni(a)ć; **~iment** [-'pedımənt] przeszkoda f, utrudnienie n

imperative [ım'perətıv] **1.** adj naglący, konieczny; **2.** gr. tryb m rozkazujący

imperfect [ım'pɜːfıkt] niedoskonały, wadliwy; gr. niedokonany

im'peril narażać ⟨-razić⟩ na niebezpieczeństwo

impersona|l bezosobowy; **~te** [ım'pɜːsəneıt] uosabiać ⟨-sobić⟩; wcielać ⟨-lić⟩ się

(*s.o.* w kogoś)

impertinen|ce [ım'pɜːtınəns] impertynencja f; **~t** impertynencki

implant 1. [ım'plɑːnt] med. wszczepi(a)ć; **2.** ['-] wszczep m

implement ['ımplımənt] narzędzie n

implicat|e [ım'plıkeıt] wpląt(yw)ać; **~ion** [-'keıʃn] implikacja f

implicit [ım'plısıt] ukryty; (*unquestioning*) bezwarunkowy

implore [ım'plɔː] błagać (*for* o)

imply [ım'plaı] sugerować, implikować

impolite [ımpə'laıt] niegrzeczny, nieuprzejmy

import 1. [ım'pɔːt] importować; **2.** ['-] import m; (*commodity*) towar m importowany

importan|ce [ım'pɔːtns] znaczenie n, ważność f; **~t** ważny

importer [ım'pɔːtə] importer m

impos|e [ım'pəuz] v/t narzucać ⟨-cić⟩, nakładać ⟨nałożyć⟩; v/i **~e on s.o.** narzucać się komuś; **~ing** okazały, imponujący

impossible niemożliwy

impoten|ce ['ımpətəns] nieudolność f; med. impotencja f; **~t** nieudolny; med. cierpiący na impotencję

impoverish [ɪm'pɒvərɪʃ] zubożać ⟨-żyć⟩

im'practicable niewykonalny

impregnate ['ɪmpregneɪt] impregnować

impress [ɪm'pres] ⟨za⟩imponować, wywierać ⟨-wrzeć⟩ wrażenie; (*press*) odciskać ⟨-snąć⟩; **~ s.o.** zwracać ⟨-rócić⟩ czyjąś uwagę (*with s.th.* na coś); **~ion** [-'preʃn] wrażenie *n*; (*imprint*) odcisk *m*; **~ive** [-'presɪv] imponujący

imprint 1. [ɪm'prɪnt] odciskać ⟨-snąć⟩; **2.** ['-] odcisk *m*

imprison [ɪm'prɪzn] uwięzić; **~ment** uwięzienie *n*

im'probable nieprawdopodobny

im'proper niewłaściwy, niestosowny

improve [ɪm'pruːv] ulepszać ⟨-pszyć⟩, udoskonalać ⟨-lić⟩; **~ment** ulepszenie *n*, udoskonalenie *n*; poprawa *f*

improvise ['ɪmprəvaɪz] improwizować

impudent ['ɪmpjudənt] bezczelny, zuchwały

impulse ['ɪmpʌls] impuls *m*, odruch *m*; (*urge*) bodziec *m*; **~ive** [-'pʌlsɪv] impulsywny

in [ɪn] **1.** *prp* (*within*) w, we, na; **~ London** w Londynie; **~ the street** na ulicy; (*into*) do; **put it ~ your pocket** włóż to do kieszeni; *time*: za, w; **~ two**

hours za dwie godziny; **~ (the year) 1999** w r. 1999; **~ a week** za tydzień; (*by means of*) **~ ink** atramentem; **~ English** po angielsku; **dressed ~ blue** ubrany na niebiesko; **~ my opinion** w mojej opinii; **~ Shakespeare** u Szekspira; **three ~ all** razem trzy; **one ~ ten** jeden na dziesięć; **2.** *adv* w środku, do środka; **3.** *adj* F modny, w modzie

inability niezdolność *f*

inaccessible [ˌmæk'sesəbl] niedostępny

inaccurate niedokładny, nieścisły

in'active nieczynny

in'adequate nieodpowiedni

inappropriate nieodpowiedni, niewłaściwy

in'apt niestosowny

inaugura‖l [ɪ'nɔːgjʊrəl] inauguracyjny; **~te** [-eɪt] ⟨za⟩inaugurować

inborn [ɪn'bɔːn] wrodzony

in'capable niezdolny

incapacitate [ɪnkə'pæsɪteɪt] ⟨u⟩czynić niezdolnym; **~ty** niezdolność *f*

incentive [ɪn'sentɪv] bodziec *m*

incessant [ɪn'sesnt] nieustanny

incest ['ɪnsest] kazirodztwo *n*

inch [ɪntʃ] cal *m* (2,54 *cm*)

incident ['ɪnsɪdənt] incydent *m*, zajście *n*; **~al** [-'dentl] przypadkowy; **~ally** nawiasem mówiąc

incis|e [ɪn'saɪz] nacinać ⟨-ciąć⟩; **~ion** [-'sɪʒn] nacięcie *n*; **~ive** [-'saɪsɪv] dobitny; **~or** [-'saɪzə] *anat.* siekacz *m*

inclin|ation [ɪnklɪ'neɪʃn] skłonność *f*; (*slope*) stok *m*; **~e** [-'klaɪn] 1. schylać ⟨-lić⟩; *fig.* skłaniać się; 2. stok *m*

inclu|de [ɪn'kluːd] zawierać, obejmować; *list.* włączać ⟨-czyć⟩; **tax ~ded** z podatkiem; **~ding** włączając, łącznie; **~sive of...** łącznie z...

income ['ɪŋkʌm] dochód *m*; **~ tax** ['-əmtæks] podatek *m* dochodowy

incompatible niezgodny

incompeten|ce nieudolność *f*, brak *m* kompetencji; **~t** nieudolny, niekompetentny

incomplete niekompletny, niezupełny

incomprehensible niezrozumiały

inconsiderable nieznaczny

inconsiderate bezmyślny

inconsistent niezgodny, sprzeczny

inconspicuous niezauważalny

inconvenien|ce 1. niewygoda *f*, kłopot *m*; 2. sprawi(a)ć kłopot; **~t** niedogodny

incorporate 1. [ɪn'kɔːpəreɪt] włączać ⟨-czyć⟩, zawierać ⟨-wrzeć⟩; 2. [-rət] *adj* → **~d** [-'reɪtɪd] *econ., jur.* zarejestrowany

incorrect niepoprawny, nieprawidłowy

increas|e 1. [ɪn'kriːs] *v/t* zwiększać ⟨-kszyć⟩; *prices* podnosić ⟨-dnieść⟩; *v/i* wzrastać ⟨-rosnąć⟩; 2. ['ɪnkriːs] wzrost *m*; **~ingly** coraz bardziej

incredible niewiarygodny, niesamowity

in'curable nieuleczalny

indeed [ɪn'diːd] 1. *adv* faktycznie, naprawdę; 2. *int* czyżby?, doprawdy?

indefinable nieokreślony, trudny do określenia

indefinite [ɪn'defɪnət] nieokreślony; **~ly** na czas nieokreślony

in'delicate niedelikatny, nietaktowny

independen|ce niepodległość *f*, niezależność *f*; **~t** niepodległy, niezależny

indeterminate [-'tɜːmɪnət] nieokreślony

index ['ɪndeks] (*pl* **-dexes**, **-dices** ['-dɪsiːz]) indeks *m*; *math.* wykładnik *m*; **card ~** katalog *m*; **~ finger** palec *m* wskazujący

Indian ['ɪndjən] 1. *adj from India*: hinduski; *from America*: indiański; 2. *from India*: Hindus *m*; *from America*: Indianin *m*; **~ corn** kukurydza *f*; **~ summer** babie lato *n*

indicat|e ['ɪndɪkeɪt] wskaz(yw)ać; *mot.* mrugać (kierunkowskazem); **~ion** [-'keɪʃn]

wskazówka *f*, znak *m*; **~or**
['_dɪkeɪtə] *tech.* wskaźnik *m*
(*a. fig.*); *mot.* kierunkowskaz
m

indices ['ɪndisi:z] *pl* → ***index***
indifferen|ce obojętność *f*; **~t**
obojętny
indigest|ible niestrawny;
~ion niestrawność *f*
indign|ant [ɪn'dɪgnənt] obu-
rzony; **~ation** [_'neɪʃn] obu-
rzenie *n*
in|dignity upokorzenie *n*;
~direct pośredni
indis|creet niedyskretny; (*in-
cautious*) nierozważny; **~cre-
tion** niedyskrecja *f*; nieroz-
waga *f*
indispensable nieodzowny,
konieczny
indispos|ed niedysponowa-
ny; **~ition** niedyspozycja *f*
indisputable bezsporny
individual [ɪndɪ'vɪdʒʊəl] **1.**
poszczególny, odrębny; (*dis-
tinctive*) osobisty; **2.** osobnik
m, jednostka *f*; **~ly** pojedyń-
czo, osobno
indolen|ce ['ɪndələns] opie-
szałość *f*, lenistwo *n*; **~t**
opieszały, leniwy
indoor ['ɪndɔ:] domowy; *pool*:
kryty; *sp.* halowy; **~s** [_'dɔ:z]
(*inside*) pod dachem, w domu; (*into*) do środka
induce [ɪn'dju:s] skłaniać
⟨-łonić⟩
indulge [ɪn'dʌldʒ] pobłażać;
whim etc. zaspokajać
⟨-koić⟩; **~ in s.th.** pozwalać

⟨-wolić⟩ sobie na coś; **~nce**
pobłażanie *n*; **~nt** pobłaźli-
wy
industrial [ɪn'dʌstrɪəl] przemysłowy; **~ estate** *Brt.*, **~
park** *Am.* dzielnica *f* przemysłowa; **~ist** przemysło-
wiec *m*; **~ize** uprzemysła-
wiać ⟨-słowić⟩
industr|ious [ɪn'dʌstrɪəs]
pracowity; **~y** ['ɪndəstrɪ]
przemysł *m*; (*dilligence*) pra-
cowitość *f*
in|effective,   ~effectual
[ɪnɪ'fektʃʊəl] nieskuteczny
inefficient nieefektywny
inept [ɪ'nept] niestosowny;
nieudolny
inestimable   [ɪn'estɪməbl]
nieoceniony
inevitable [ɪn'evɪtəbl] nie-
uchronny
inexpensive niedrogi
inexperienced niedoświadczony
infan|cy ['ɪnfənsɪ] niemow-
lęctwo *n*; **~t** niemowlę *n*,
(małe) dziecko *n*; **~tile**
['_aɪl] infantylny
infantry ['ɪnfəntrɪ] *mil.* pie-
chota *f*
infect [ɪn'fekt] *food* zakażać
⟨-kazić⟩; *disease*: zarażać
⟨-razić⟩ (*a. fig*); **~ion** [_kʃn]
zakażenie *n*, infekcja *f*;
~ious zakaźny
inferior [ɪn'fɪərɪə] **1.** gorszy,
niższy (**to** niż); **be ~ to s.o.**
ustępować komuś; **2.** podwładny *m*; **~ity** [_'prətɪ] niż-

szość f

infertile [ɪnˈfɜːtaɪl] *soil*: nieurodzajny; *person*: bezpłodny

infidelity niewierność f

infinit|e [ˈɪnfɪnət] nieskończony; **~ive** [-ˈfɪnətɪv] *gr.* bezokolicznik *m*; **~y** [-ətɪ] nieskończoność f

infirm [ɪnˈfɜːm] niedołężny; **~ary** szpital *m*; **~ity** niedołęstwo *n*

inflame [ɪnˈfleɪm] rozpalać ⟨-lić⟩

inflamma|ble [ɪnˈflæməbl] (łatwo) palny; **~tion** [-əˈmeɪʃn] *med.* zapalenie *n*

inflat|able [ɪnˈfleɪtəbl] nadmuchiwany; **~e** [-eɪt] nadmuch⟨iw⟩ać; *tyres etc.* napompo⟨wy⟩wać; *prices* śrubować F; **~ion** *econ.* inflacja f

inflict [ɪnˈflɪkt] narzucać ⟨-cić⟩ (*s.th. on/upon s.o.* coś komuś); *pain* zada(wa)ć; *penalty* nakładać ⟨nałożyć⟩

influen|ce [ˈɪnfluəns] 1. wpływ *m*; 2. wpływać ⟨-łynąć⟩; **~tial** [-ˈenʃl] wpływowy

influenza [ɪnfluˈenzə] grypa f

inform [ɪnˈfɔːm] ⟨po⟩informować, zawiadamiać ⟨-domić⟩ (*of, about* o); **~** *against/on s.o.* donosić ⟨-nieść⟩ na kogoś

informal [ɪnˈfɔːml] nieoficjalny, nieformalny

inform|ation [ɪnfəˈmeɪʃn] in-

formacja f, wiadomość f; **~ation technology** informatyka f; **~ative** [-ˈfɔːmətɪv] pouczający; **~er** informator *m*

infrared [ɪnfrəˈred] *tech.* podczerwony

infrequent [ɪnˈfriːkwənt] rzadki

ingen|ious [ɪnˈdʒiːnjəs] pomysłowy; **~uity** [-dʒɪˈnjuːətɪ] pomysłowość f

ingratitude niewdzięczność f

ingredient [ɪnˈɡriːdjənt] składnik *m*

inhabit [ɪnˈhæbɪt] mieszkać, zamieszkiwać; **~ant** mieszkaniec *m*

inhale [ɪnˈheɪl] wdychać; *cigarette*: zaciągać ⟨-gnąć⟩ się

inherent [ɪnˈhɪərənt] nieodłączny

inherit [ɪnˈherɪt] ⟨o⟩dziedziczyć; **~ance** spadek *m*

inhibit [ɪnˈhɪbɪt] powstrzym⟨yw⟩ać; **~ion** [-ˈbɪʃn] *psych.* zahamowanie *n*

inhuman [ɪnˈhjuːmən] nieludzki; **~e** [-ˈmeɪn] niehumanitarny

initial [ɪˈnɪʃl] 1. *adj* początkowy, wstępny; 2. inicjał *m*; 3. parafować; **~ly** [-ʃlɪ] początkowo

initiat|e [ɪˈnɪʃɪeɪt] zapoczątkow⟨yw⟩ać, ⟨za⟩inicjować; *(give knowledge)* wtajemnicz⟨-czyć⟩ (*into* w); **~ion** [-ˈeɪʃn] inicjacja f; *(start)* zapoczątkowanie *n*;

~ive [ɪˈnɪʃɪətɪv] inicjatywa *f*

inject [ɪnˈdʒekt] *med., tech.* wtryskiwać ⟨-snąć⟩; **~ion** [_kʃn] *med.* zastrzyk *m*; *tech.* wtrysk *m*

injur|e [ˈɪndʒə] *a. fig.* ⟨z⟩ranić; **~ed 1.** *adj* zraniony; *fig.* urażony; **2.** ranny *m*; **~y** [ˈ_ərɪ] uraz *m*, kontuzja *f*

injustice niesprawiedliwość *f*

ink [ɪŋk] atrament *m*

inland 1. [ˈɪnlænd] *adj* krajowy, śródlądowy; **2** *Revenue Brt.* urząd *m* skarbowy; **2.** [_ˈlænd] *adv* w głąb kraju, w głębi kraju

inmost [ˈɪnməʊst] najgłębszy, najgłębiej położony; *fig.* najskrytszy

inn [ɪn] gospoda *f*

innate [ɪˈneɪt] wrodzony

inner [ˈɪnə] wewnętrzny; **~most** → *inmost*

innocen|ce [ˈɪnəsns] niewinność *f*; **~t** [ˈ_snt] niewinny

innovation [ɪnəʊˈveɪʃn] innowacja *f*

innumerable [ɪˈnjuːmərəbl] niezliczony

inoculat|e [ɪˈnɒkjʊleɪt] ⟨za⟩szczepić; **~ion** [_ˈleɪʃn] szczepienie *n*

'input 1. *econ.* wkład *m*; *computer*: wejście *n*; (*data*) dane *pl* wejściowe; **2.** ⟨*-putted* or *-put*⟩; *computer*: wprowadzać ⟨-dzić⟩ dane

inquire [ɪnˈkwaɪə] dowiadywać się, pytać; badać (*into s.th.* coś); **~y** [_rɪ] zapytanie

n, zasięganie *n* informacji; (*investigation*) dochodzenie *n*

insane [ɪnˈseɪn] obłąkany, szalony

insanity [ɪnˈsænɪtɪ] obłęd *m*

inscription [ɪnˈskrɪpʃn] napis *m*

insect [ˈɪnsekt] owad *m*; **~icide** [_ˈsektɪsaɪd] środek *m* owadobójczy

insecure niepewny

inseminate [ɪnˈsemɪneɪt] zapładniać ⟨-łodnić⟩

insensi|ble (*senseless*) nieprzytomny; (*insensitive*) nieczuły (*to* na); **~tive** niewrażliwy (*to* na); (*uncaring*) nieczuły

insert 1. [ɪnˈsɜːt] wkładać ⟨włożyć⟩, umieszczać ⟨umieścić⟩; **2.** [ˈ_sɜːt] wkładka *f*

inside 1. [ɪnˈsaɪd, ˈɪnsaɪd] wnętrze *n*; *turn ~ out* wywracać ⟨-rócić⟩ na drugą stronę; **2.** [_] *adj* wewnętrzny; *information etc.*: poufny; **3.** [ˈsaɪd] *adv* wewnątrz, w środku; do wewnątrz, do środka; **2.** [_] *prp* w, do; *~ the house* w domu

insight [ˈɪnsaɪt] wgląd *m* (*into* w)

insignificant znikomy, nieistotny

insincere nieszczery

insist [ɪnˈsɪst] nalegać (*on* na); upierać się (*on* przy); **~ent** uporczywy

inspect [ɪn'spekt] ⟨z⟩badać; *troops* dokon(yw)ać przeglądu; **~ion** [-kʃn] inspekcja *f*, badanie *n*; **~or** *a. police*: inspektor *m*

inspir|ation [ɪnspə'reɪʃn] natchnienie *n*, inspiracja *f*; **~e** [-'spaɪə] natchnąć, ⟨za⟩inspirować

instal(l) [ɪn'stɔːl] *tech.* ⟨za⟩instalować; **~ation** [-ə'leɪʃn] *tech.* instalacja *f*; *tech.* urządzenie *n*

instal(l)ment [ɪn'stɔːlmənt] *econ.* rata *f*; *story*: odcinek *m*; **~ plan: on/by the ~ plan** *Am.* na raty

instance ['ɪnstəns] przykład; **for ~** na przykład

instant ['ɪnstənt] **1.** moment *m*, chwila *f*; **2.** *adj* natychmiastowy; *food*: błyskawiczny; **~ camera** prosty aparat fotograficzny; **~ coffee** kawa *f* rozpuszczalna; '**~ly** natychmiast

instead [ɪn'sted] zamiast (*of s.th.* czegoś)

instinct ['ɪnstɪŋkt] instynkt *m*; **~ive** [-'stɪŋktɪv] instynktowny

institut|e ['ɪnstɪtjuːt] **1.** zakładać ⟨założyć⟩; instytut *m*; **2.** instytut *m*; **~ion** [-'tjuːʃn] instytucja *f*, zakład *m*

instruct [ɪn'strʌkt] ⟨po⟩instruować; polecić; **~ion** [-kʃn] szkolenie *n*; instrukcja *f*; polecenie *n*; **~s** *pl* **for use** instrukcja *f* obsługi;

~ive pouczający; **~or** instruktor *m*

instrument ['ɪnstrumənt] narzędzie *n*, przyrząd *m*; *mus.* instrument *m*

insubordinate nieposłuszny

insufficient niewystarczający

insulat|e ['ɪnsjuleɪt] *electr., tech.* izolować; **~ion** [-'leɪʃn] *electr., tech.* izolacja *f*

insult 1. [ɪn'sʌlt] znieważać ⟨-żyć⟩; **2.** [-'-] zniewaga *f*

insur|ance [ɪn'ʃɔːrəns] *econ.* ubezpieczenie *n*; **~ance agent** *m* ubezpieczeniowy; **~ance company** towarzystwo *n* ubezpieczeniowe; **~ance policy** polisa *f* ubezpieczeniowa; **~e** [-'ʃɔː] ubezpieczać ⟨-czyć⟩; **~ed** (*pl* **~ed**) ubezpieczony *m*

intact [ɪn'tækt] nietknięty, nienaruszony

integrity [ɪn'tegrɪtɪ] prawość *f*

intellect ['ɪntəlekt] intelekt *m*; **~ual** [-'lektʃʊəl] **1.** *adj* intelektualny; **2.** *s* intelektualista *m*

intellig|ence [ɪn'telɪdʒəns] inteligencja *f*; (*information*) informacje *pl* (wywiadu); (*a.* **~ence service**) wywiad *m*; **~ent** inteligentny; **~ible** zrozumiały

intend [ɪn'tend] zamierzać; przeznaczać ⟨-czyć⟩

intens|e [ɪn'tens] silny; *person*: poważny; **~ify** [-'sɪfaɪ] wzmacniać ⟨-mocnić⟩; **~ity**

intensywność *f*; **~ive** intensywny; **~ive care unit** oddział *m* intensywnej terapii

intent [m'tent] **1.** zamiar *m*, intencja *f*; **2.** *adj* skupiony; **be ~ on doing s.th.** być zdecydowanym na zrobienie czegoś; **~ion** zamiar *m*, intencja *f*; **~ional** umyślny

intercede [ɪntə'siːd] wstawi(a)ć się (**for s.o. with s.o.** za kimś u kogoś)

intercept [-'sept] przechwytywać <-wycić>

intercession [-'seʃn] wstawiennictwo *n*

interchange 1. [ɪntə'tʃeɪndʒ] wymieni(a)ć; **2.** ['-] wymiana *f*; *mot.* bezkolizyjne skrzyżowanie *n*

intercourse ['ɪntəkɔːs] (*a.* **sexual ~**) stosunek *m* płciowy

interest ['ɪntrəst] **1.** zainteresowanie *n*; *econ.* procent *m*; (*share*) udział *m*; **take an ~ in s.th.** <za>interesować się czymś; **2.** <za>interesować (**in s.th.** czymś); '**~ed** zainteresowany (**in s.th.** czymś); **be ~ed** interesować się (**in s.th.** czymś); '**~ing** interesujący; **~ rate** stopa *f* procentowa

interfere [ɪntə'fɪə] wtrącać <-cić> się; **~ with** przeszkadzać <-kodzić>; zakłócać <-cić>; **~nce** [-'fɪərəns] mieszanie *n* się; *tech.* zakłócenia *pl*

interior [ɪn'tɪərɪə] **1.** *adj* wewnętrzny; **2.** wnętrze *n*; → **department**; **~ decorator** (*a.* **~ designer**) dekorator *m* wnętrz

interjection [ɪntə'dʒekʃn] *gr.* wykrzyknik *m*

intermediary [ɪntə'miːdjərɪ] pośrednik *m*; mediator *m*; **~te** [-jət] pośredni

internal [ɪn'tɜːnl] wewnętrzny; **~-combustion engine** silnik *m* spalinowy; ⎣ **Revenue** *Am.* urząd *m* skarbowy; **~ly** wewnętrznie

international [ɪntə'næʃənl] międzynarodowy

interpret [ɪn'tɜːprɪt] tłumaczyć; ustnie [-'teɪʃn] *mus. etc.* interpretacja *f*; (*explanation*) tłumaczenie *n*; **~er** [-'tɜːprɪtə] tłumacz *m*

interrogat|e [ɪn'terəugeɪt] przesłuch(iw)ać; **~ion** [-'geɪʃn] przesłuchanie *n*; **~ion mark → question mark**

interrupt [ɪntə'rʌpt] przer(y)wać; **~ion** [-pʃn] przerwa *f*, przerwanie *n*

intersect [ɪntə'sekt] przecinać <-ciąć> się; **~ion** [-kʃn] przecięcie *n*; *mot.* skrzyżowanie *n*

interval ['ɪntəvl] przerwa *f*; *Brt.* antrakt *m*; *mus.* interwał *m*

interven|e [ɪntə'viːn] interweniować; <w>mieszać się; **~tion** [-'venʃn] interwencja *f*

interview ['ɪntəvjuː] **1.** wy-

wiad m; **2.** przeprowadzać
⟨-dzić⟩ wywiad; **'.er** osoba
f przeprowadzająca wywiad

intestine [ɪn'testɪn] jelito n;
large/small ~ jelito n grubebe/cienkie

intima|cy ['ɪntɪməsɪ] intymność f; poufałość f, zażyłość
f; **~te** ['.-ət] intymny; *friend
etc.*: bliski; *knowledge*: dogłębny

intimidate [ɪn'tɪmɪdeɪt] zastraszać ⟨-szyć⟩

into ['ɪntʊ] *prp* do; w; na

intoler|able [ɪn'tɒlərəbl] nieznośny; **~ant** nietolerancyjny

intricate ['ɪntrɪkət] zawiły

intrigue [ɪn'triːg] **1.** ⟨za⟩intrygować, zaciekawi(a)ć; **2.** intryga f

introduc|e [ɪntrə'djuːs] wprowadzać ⟨-dzić⟩; przedstawi(a)ć; **~tion** [.-'dʌkʃn] wprowadzenie n; przedstawienie
n; *book etc.*: wstęp m

intru|de [ɪn'truːd] niepokoić
(**on s.o.** komuś); przeszkadzać (**on s.o.** komuś); **~der**
intruz m

invade [ɪn'veɪd] dokon(yw)ać
inwazji, najeżdżać ⟨-jechać⟩; **~r** najeżdżca m

invalid[1] ['ɪnvəlɪd] **1.** inwalida
m; **2.** *adj* chory, kaleki

invalid[2] [ɪn'vælɪd] *adj passport etc.*: nieważny

invaluable nieoceniony, bezcenny

invariab|le niezmienny, stały;

~ly niezmiennie; zawsze

invasion [ɪn'veɪʒn] inwazja f

invent [ɪn'vent] wynaleźć;
wymyślać ⟨-lić⟩; **~ion** wynalazek m; **~ive** pomysłowy;
~or wynalazca m

invert [ɪn'vɜːt] odwracać
⟨-rócić⟩; **~ed commas** *pl* cudzysłów m

invest [ɪn'vest] ⟨za⟩inwestować

investigat|e [ɪn'vestɪgeɪt]
⟨z⟩badać; *crime etc.* prowadzić śledztwo; **~ion** [.-'geɪʃn]
śledztwo n

invest|ment [ɪn'vestmənt] lokata f, inwestycja f; **~or** inwestor m

in'visible niewidzialny

invit|ation [ɪnvɪ'teɪʃn] zaproszenie n; **~e** [.-'vaɪt] zapraszać ⟨-rosić⟩

involve [ɪn'vɒlv] wciągać
⟨-gnąć⟩, ⟨za⟩angażować;
(*entail*) pociągać za sobą,
wymagać

in'vulnerable nie do zaatakowania; nietykalny

inward ['ɪnwəd] **1.** *adj* wewnętrzny; skierowany do
wewnątrz; **2.** *adv Am.* → **inwards**; **'~ly** w duchu; **~s** ['.-z]
do środka

Ireland ['aɪələnd] Irlandia f

iris ['aɪərɪs] *anat.* tęczówka f;
bot. irys m

Irish ['aɪərɪʃ] **1.** *adj* irlandzki;
2. the ~ *pl* Irlandczycy *pl*;
'~man (*pl* **-men**) Irlandczyk
m; **'~woman** (*pl* **-women**) Ir-

landka f

iron ['aɪən] **1.** *metal*: żelazo n; *appliance*: żelazko n; **2.** *adj* żelazny; **3.** ⟨wy⟩prasować

ironic(al) [aɪ'rɒnɪk(l)] ironiczny

'iron|ing prasowanie n; **~ing board** deska f do prasowania; **'~works** pl, a. sg huta f żelaza

irony ['aɪərənɪ] ironia f

ir'rational nieracjonalny, irracjonalny

ir'regular nieregularny; (*uneven*) nierówny; (*illegal*) nieprzepisowy; (*odd*) dziwny

ir'relevant nieistotny, nie związany z tematem

irreplaceable niezastąpiony

irresistible nieodparty

irrespective: **~ of** niezależnie od, bez względu na

irresponsible nieodpowiedzialny

irrigat|e ['ɪrɪgeɪt] nawadniać ⟨-wodnić⟩; **~ion** [-'geɪʃn] nawadnianie n

irritable ['ɪrɪtəbl] drażliwy; **~ate** ['-eɪt] irytować, (a. *med.*) podrażnić; **~ation** [-'teɪʃn] irytacja f, rozdrażnienie n; *med.* podrażnienie n

is [ɪz] *sg pres of* **be**

Islam ['ɪzlɑːm] islam m; **~ic** [-'læmɪk] muzułmański

island ['aɪlənd] wyspa f; *mot.* (a. **traffic ~**, Am. **safety ~**) wysepka f

isn't ['ɪznt] *for* **is not**

isolat|e ['aɪsəleɪt] odosobni(a)ć, izolować; **~ed** odosobniony; **~ion** [-'leɪʃn] odosobnienie n, izolacja f

Israel ['ɪzreɪl] Izrael m; **~i** [-'reɪlɪ] **1.** *adj* izraelski; **2.** Izraelczyk m (-lka f)

issue ['ɪʃuː] **1.** s *newspaper etc.*: numer m, wydanie n; *stamps*: emisja f; (*problem*) temat m, kwestia f; (*result*) wynik m; **point at ~** punkt m sporny; **2.** *v/t newspaper etc.* wyda⟨wa⟩ć; *banknotes etc.* emitować; *v/i* wydosta⟨wa⟩ć się

it [ɪt] to, ono

Italian [ɪ'tæljən] **1.** *adj* włoski; **2.** Włoch m, Włoszka f; **~y** ['ɪtəlɪ] Włochy pl

itch [ɪtʃ] **1.** swędzenie n; **2.** swędzić

item ['aɪtəm] pozycja f, punkt m; (*news*) wiadomość f

its [ɪts] *pron* jego; jej; swój

it's [ɪts] *for* **it is, it has**

itself [ɪt'self] pron się; siebie; sobie (*reflexive*); *strong form*: sam; sama; samo

I've [aɪv] *for* **I have**

ivory ['aɪvərɪ] kość f słoniowa

ivy ['aɪvɪ] bluszcz m

J

jack [dʒæk] **1.** *tech.* lewarek *m*, podnośnik *m*; *cards*: walet *m*; **2. ~ up** *mot.* podnosić ⟨-nieść⟩ (lewarkiem)

jackal [ˈdʒækɔːl] szakal *m*

jacket [ˈdʒækɪt] marynarka *f*; *book*: obwoluta *f*

jack|knife (*pl - knives*) nóż *m* składany; **'~pot** pula *f*

jail [dʒeɪl] **1.** więzienie *n*; **2.** ⟨u⟩więzić

jam¹ [dʒæm] dżem *m*

jam² [..] **1.** *v/t* wciskać ⟨-snąć⟩, stłaczać ⟨-łoczyć⟩ (*a. ~ up*) ⟨za⟩blokować; *radio*: zagłuszać ⟨-łuszyć⟩; *v/i* zacinać ⟨-ciąć⟩ się; *brakes*: ⟨za⟩blokować się; **2.** ścisk *m*; *traffic* **~** korek *m* F; *be in a ~* F być w tarapatach

January [ˈdʒænjuərɪ] styczeń *m*

Japan [dʒəˈpæn] Japonia *f*; **~ese** [dʒæpəˈniːz] **1.** *adj* japoński; **2.** Japończyk *m*, Japonka *f*

jar [dʒɑː] słój *m*, słoik *m*

jaundice [ˈdʒɔːndɪs] żółtaczka *f*

jaw [dʒɔː] *anat.* szczęka *f*

jazz [dʒæz] **1.** jazz *m*; **2. ~ up** ożywiać ⟨-wić⟩

jealous [ˈdʒeləs] zazdrosny (*of* o); **'~y** zazdrość *f*

jeans [dʒiːnz] *pl* dżinsy *pl*

jeep [dʒiːp] *TM* łazik *m*, dżip *m*

jeer [dʒɪə] **1.** wyśmi(ew)ać, wyszydzać ⟨-dzić⟩ (*at s.o.* kogoś); **2.** szyderstwo *n*

jell|ied [ˈdʒelɪd] w galarecie; **'~y** galareta *f*, galaretka *f*; **'jellyfish** meduza *f*

jeopardize [ˈdʒepədaɪz] narażać ⟨-razić⟩ na niebezpieczeństwo

jerk [dʒɜːk] szarpać ⟨-pnąć⟩

jersey [ˈdʒɜːzɪ] sweter *m*

jest [dʒest] żart *m*, dowcip *m*; **2.** żartować

jet [dʒet] **1.** strumień *m*; *tech.* dysza *f*; *aer.* odrzutowiec *m*; **2.** tryskać ⟨-snąć⟩; *aer.* podróżować odrzutowcem; **~ engine** silnik *m* odrzutowy

Jew [dʒuː] Żyd *m*, Żydówka *f*

jewel [ˈdʒuːəl] klejnot *m*; **'~(l)er** jubiler *m*; **'~(le)ry** [ˈlrɪ] kosztowności *pl*, biżuteria *f*

Jew|ess [ˈdʒuːɪs] *contp.* Żydówka *f*; **'~ish** żydowski

jiffy [ˈdʒɪfɪ] F chwilka *f*; *in a ~* za chwilkę

jigsaw (*puzzle*) układanka *f*

jingle [ˈdʒɪŋgl] **1.** brzęczeć, dzwonić; **2.** brzęk *m*

job [dʒɒb] praca *f*; (*piece of work*) robota *f*, zadanie *n*; *out of a ~* bezrobotny; **~ centre** *Brt.* urząd *m* zatrudnienia; '**.less** bezrobotny

jockey ['dʒɔkɪ] dżokej *m*

jog [dʒɔg] **1.** trącać ⟨-cić⟩; *sp.* biegać, uprawiać jogging; **2.** szturchnięcie *n*; *sp.* trucht *m*

join [dʒɔɪn] **1.** *v/t* ⟨po⟩łączyć, dołączać ⟨-czyć⟩; *army etc.* wstępować ⟨-tąpić⟩; **~ in** włączać ⟨-czyć⟩ się; **will you ~ me in a drink?** napijesz się ze mną?; *v/i* ⟨po⟩łączyć się; **2.** spojenie *n*, połączenie *n*; '**.er** stolarz *m*

joint [dʒɔɪnt] **1.** złącze *n*; *anat.* staw *m*; **2.** ~'**stock company** *Brt.* spółka *f* akcyjna; **.venture** *econ.* joint venture *n*

jok|e [dʒəʊk] **1.** dowcip *m*, kawał *m*; **play a ~ on s.o.** zrobić komuś kawał; **2.** ⟨za⟩żartować; '**.er** żartowniś *m*, dowcipniś *m*; *cards:* dżoker *m*; '**.ing apart** żarty żartami, żarty na bok; '**.ingly** żartobliwie

jolly ['dʒɔlɪ] **1.** *adj* wesoły; **2.** *adv Brt.* F bardzo

jolt [dʒəʊlt] **1.** wstrząsać ⟨-snąć⟩, szarpać ⟨-pnąć⟩; *vehicle:* podskakiwać ⟨-skoczyć⟩, telepać się F; **2.** szarpnięcie *n*; *fig.* wstrząs *m*

jostle ['dʒɔsl] popychać ⟨-pchnąć⟩, szturchać ⟨-chnąć⟩

journal ['dʒɜːnl] czasopismo *n*; (*diary*) pamiętnik *m*, dziennik *m*; '**.ism** ['-əlɪzəm] dziennikarstwo *n*; '**.ist**

dziennikarz *m*

journey ['dʒɜːnɪ] podróż *f*

joy [dʒɔɪ] radość *f*; '**.stick** *aer. computer:* joystick *m*

jubilee ['dʒuːbɪliː] jubileusz *m*

judg|e [dʒʌdʒ] **1.** sędzia *m*; **2.** *jur.* sądzić; *sp. etc.* sędziować; *fig.* osądzać ⟨-dzić⟩; '**.e)ment** *jur.* wyrok *m*; (*opinion*) zdanie *n*; ocena *f*; (*discernment*) wyczucie *n*; **the Last** 2(e)**ment, Day of** 2(e)**ment** *eccl.* Sąd Ostateczny

jug [dʒʌg] dzbanek *m*

juggle ['dʒʌgl] żonglować; '**.r** żongler *m*

juic|e [dʒuːs] sok *m*; '**.y** soczysty

July [dʒuːˈlaɪ] lipiec *m*

jump [dʒʌmp] **1.** *v/i* skakać ⟨skoczyć⟩, podskakiwać ⟨-koczyć⟩; *v/t* przeskakiwać ⟨-koczyć⟩; **2.** skok *m*

jumper[1] skoczek *m*

jumper[2] *esp. Brt.* sweter *m*

jumpy nerwowy

junct|ion ['dʒʌŋkʃn] *rail.* węzeł *m*; skrzyżowanie *n*; **.ure** ['-ktʃə]: **at this .ure** w tym momencie

June [dʒuːn] czerwiec *m*

jungle ['dʒʌŋgl] dżungla *f*

junior ['dʒuːnjə] *s, adj* młodszy; *sp.* junior *m*

junk [dʒʌŋk] rupieć *m*, rupiecie *pl*, grat *m*; **~ food** *appr.* niezdrowa żywność *f*; '**.ie,** '**.y** *sl.* ćpun *m sl.*; **~ shop**

sklep *m* ze starzyzną

juror ['dʒuərə] sędzia *m* przysięgły, ławnik *m*

jury ['dʒuərɪ] jury *n*; *jur.* ława *f* przysięgłych

just [dʒʌst] **1.** *adj* sprawiedliwy; *(fair)* słuszny; **2.** *adv (exactly)* właśnie, dokładnie; (a short time ago) dopiero co; *(only)* tylko; *(hardly)* ledwo; *~ about* mniej więcej; *~*

like that właśnie tak; *~ now* właśnie teraz

justice ['dʒʌstɪs] sprawiedliwość *f*; wymiar *m* sprawiedliwości; *(judge)* sędzia *m*

justification [dʒʌstɪfɪ'keɪʃn] usprawiedliwienie *n*; *~fy* ['.faɪ] usprawiedliwi(a)ć

juvenile ['dʒu:vənaɪl] **1.** *adj* młodociany, małoletni, nieletni; **2.** *form.* młodzieniec *m*

K

kangaroo [kæŋgə'ru:] kangur *m*

keen [ki:n] *competition etc.*: ostry; *wind*: przejmujący; *(eager)* zapalony; *be ~ on s.o./s.th.* interesować się kimś/czymś, szaleć za kimś/czymś

keep [ki:p] **1.** utrzymanie *n*; *for ~s* na zawsze; **2.** *(kept)* *v/t* zatrzym(yw)ać; trzymać, mieć *(~ closed window etc.* mieć/trzymać zamknięte); *secret* zachow(yw)ać; *family* utrzym(yw)ać; *promise, word* dotrzym(yw)ać; *food* zachow(yw)ać świeżość; *v/i (remain)* pozosta(wa)ć; *(continue)* kontynuować, wciąż coś robić; *~ smiling!* uśmiechaj się! bądź pogodny! *~(on) talking* mówić dalej; *~ (on) trying* wytrwale próbować; *~ s.o. company* dotrzym(yw)ać komuś towa-

rzystwa; *~s.o. waiting* kazać komuś czekać; *~ time clock*: chodzić punktualnie; *~ away* trzymać (się) z dala *(from* od), nie podchodzić; *~ from* powstrzym(yw)ać się *(doing s.th.* od zrobienia czegoś); *~ in* zatrzym(yw)ać; *~ off* nie dopuszczać ⟨-puścić⟩; *~ on* kontynuować; *~ out* nie wchodzić, nie zatrzym(yw)ać; *~ out!* wstęp wzbroniony!; *~ to* trzymać się *(s.th.* czegoś); *~ up* podtrzym(yw)ać *(a. fig)*; *(continue)* kontynuować; *~ up with* dotrzym(yw)ać kroku; *'~er* dozorca *m*, opiekun *m*

kennel ['kenl] psia buda *f*; *often pl* hodowla *f* psów, psiarnia *f*

kept [kept] *past and pp of keep* 2

kerb [kɜːb], *'~stone* *Brt.* krawężnik *m*

kettle ['ketl] czajnik *m*, kociołek *m*

key [ki:] **1.** klucz *m* (*a. fig.*); klawisz *m*; *mus.* tonacja *f*; **2.** ~ *in computer:* wstuki(w)ać, wprowadzać ⟨-dzić⟩ dane; '~**board** klawiatura *f*; '~**hole** dziurka *f* od klucza

kick [kɪk] **1.** kopać ⟨-pnąć⟩; *horse:* wierzgać ⟨-gnąć⟩; ~ *out* wyrzucać ⟨-cić⟩; **2.** kopnięcie *n*

kid [kɪd] **1.** koźlę *n*; F dzieciak *m*; **2.** F *v/t* nab(ie)rać; *v/i* żartować

kidnap ['kɪdnæp] (*-nap⟨p⟩ed*) por(y)wać, uprowadzać ⟨-dzić⟩; '~**(p)er** porywacz *m*; '~**(p)ing** por(y)wanie *n*

kidney ['kɪdnɪ] *anat.* nerka *f*

kill [kɪl] zabi(ja)ć; '~**er** zabójca *m*

kilo ['ki:ləʊ] kilo *n*; ~**gram(me)** ['kɪləʊgræm] kilogram *m*; '~**metre**, *Am.* '~**meter** kilometr *m*

kind[1] [kaɪnd] uprzejmy, życzliwy

kind[2] [_] rodzaj *m*; *all* ~*s of* wszelkiego rodzaju; *nothing of the* ~ nic podobnego; ~ *of* F raczej; coś w rodzaju

kindergarten ['kɪndəgɑ:tn] przedszkole *n*

kind-hearted [kaɪnd'hɑ:tɪd] łagodny, dobrotliwy

'**kind**|**ly** uprzejmie; (*please*) łaskawie, z łaski swojej; '~**ness** uprzejmość *f*

king [kɪŋ] król *m*; '~**dom** królewstwo *n*

kiosk ['ki:ɒsk] kiosk *m*; *Brt.* budka *f* telefoniczna

kiss [kɪs] **1.** pocałunek *m*; **2.** ⟨po⟩całować

kit [kɪt] zestaw *m*; *soldier's etc.:* sprzęt *m*

kitchen ['kɪtʃɪn] kuchnia *f*; ~ *sink* zlewozmywak *m*

kite [kaɪt] latawiec *m*

kitten ['kɪtn] kotek *m*

knee [ni:] kolano *n*

kneel [ni:l] (*knelt or kneeled*) ⟨klęknąć⟩

knelt [nelt] *past and pp of kneel*

knew [nju:] *past of know*

knife [naɪf] **1.** (*pl knives* [_vz]) nóż *m*; **2.** pchnąć nożem

knight [naɪt] rycerz *m*; *chess:* skoczek *m*

knit [nɪt] (*knitted or knit*) ⟨z⟩robić na drutach; (*a. ~ together*) ⟨po⟩łączyć; *bone:* zrastać ⟨zrosnąć⟩ się; '~**ting** robótka *f*; ~**wear** wyroby *pl* dziewiarskie, dzianiny *pl*

knives [naɪvz] *pl of knife* 1

knob [nɒb] gałka *f*

knock [nɒk] **1.** uderzenie *n*; stuknięcie *n*, pukanie *n*; **2.** *v/t* uderzać ⟨-rzyć⟩; *v/i* pukać ⟨-knąć⟩; ~ *down building etc.* ⟨z⟩burzyć; *person* przewracać ⟨-rócić⟩; *car:* przejechać; *price* obniżać ⟨-żyć⟩; ~ *out* powalić; *boxing:* ⟨z⟩nokautować; ~ *over* przewracać ⟨-rócić⟩

know [nəʊ] (*knew, known*) v/t
znać; (*have knowledge*)
umieć; v/i wiedzieć; **you
never ~** nigdy nic nie wiadomo; **~.ing** *look*: porozu-
miewawczy; **~ledge** ['nɒlɪdʒ]

wiedza f; **to my ~ledge** o
ile mi wiadomo; **have a
good ~ledge** znać się (**of
s.th.** na czymś); **~n 1.** *pp of*
know; **2.** *adj* znany

L

lab [læb] F laboratorium *n*
label ['leɪbl] **1.** etykietka f, nalepka f; **2.** opatrywać
⟨-trzyć⟩ etykietką/nalepką
labor ['leɪbə] *Am.* → **labour**
etc.; **~ office** *Am.* urząd *m* zatrudnienia; **~ union** *Am.*
związek *m* zawodowy
laboratory [lə'bɒrətərɪ] laboratorium *n*
labour, *Am.* **-bor** ['leɪbə] **1.**
(ciężka) praca f; (*work*)
siła f robocza; *med.* poród
m; **2.** harować; **'2Party** *pol.*
Partia f Pracy
lace [leɪs] **1.** *cloth*: koronka f;
shoe: sznurowadło *n*; **2.** (*a. ~
up*) ⟨za⟩sznurować
lack [læk] **1.** brak *m* (**of s.th.**
czegoś); **2.** brakować, nie
mieć; **be ~ing** brakować,
nie mieć
lacquer ['lækə] **1.** lakier *m*,
emalia f; **2.** ⟨po⟩lakierować
ladder ['lædə] drabina f
lady ['leɪdɪ] dama f, pani f; 2
title: lady, jej lordowska
mość; **'~bird**, *Am.* a. **'~bug**
biedronka f
laid [leɪd] *past and pp of* **lay²**

lain [leɪn] *pp of* **lie¹** 1
lake [leɪk] jezioro *n*
lamb [læm] jagnię *n*
lame [leɪm] **1.** *adj* kulawy, *fig.*
nieprzekonujący; **2.** okula-
wi(a)ć
lamp [læmp] lampa f, *street*:
latarnia f; **'~post** słup *m* latarni; **'~shade** abażur *m*
land [lænd, *in comb. mst* lənd]
1. ląd *m*; (*ground*) ziemia f;
(*country*) kraj *m*; **by ~** drogą
lądową; **2.** ⟨wy⟩lądować;
goods wyładow(yw)ać
land|lady ['lænleɪdɪ] gospody-
ni f; **~lord** ['lænlɔːd] gospodarz
m; **~owner** ['lændˌəʊnə] ziemia-
nin *m*; **~scape** ['lænskeɪp]
krajobraz *m*
lane [leɪn] dróżka f, uliczka f;
mot. pas *m* ruchu; *sp.* tor *m*
language ['læŋgwɪdʒ] język
m; mowa f
lantern ['læntən] latarnia f
lap¹ [læp] chłeptać
lap² [-] **1.** *sp.* okrążenie *n*; **2.**
sp. ⟨z⟩dublować
lapel [lə'pel] klapa f (mary-
narki)
large [lɑːdʒ] **1.** *adj* duży; **2.** *s*:

at ~ na wolności; ogólnie; '**.ly** w dużym stopniu

lark [lɑːk] skowronek *m*

larynx ['lærɪŋks] (*pl* **-ynges** [lə'rɪndʒiːz], **-ynxes**) *anat.* krtań *f*

laser ['leɪzə] laser *m*; ~ **printer** *computer:* drukarka *f* laserowa

lash [læʃ] **1.** bat *m*, bicz *m*; *eye:* rzęsa *f*; **2.** smagać, chłostać

last¹ [lɑːst] **1.** *adj* (*final*) ostatni; (*recent*) ubiegły, zeszły; ~ **but one** przedostatni; ~ **night** wczoraj wieczorem; zeszłej nocy; **2.** *adv* na końcu; ~ **but not least** co nie mniej ważne; **3.** *s* ostatni; reszta *f*; *at* ~ w końcu, wreszcie

last² [~] *v/i* trwać

'**lastly** wreszcie, na koniec

latch [lætʃ] **1.** zasuwa *f*; **2.** zamykać ⟨-mknąć⟩ na zasuwę

late [leɪt] późny, spóźniony; *be* ~ spóźni⟨a⟩ć się; *train etc.:* mieć opóźnienie; ~ *r on* później; '**.ly** ostatnio

latitude ['lætɪtjuːd] *geogr.* szerokość *f* geograficzna

latter ['lætə] drugi (z dwóch); (*recent*) ostatni

Latvia ['lætvɪə] Łotwa *f*; **.n 1.** *adj* łotewski; **2.** Łotysz(ka *f*) *m*

laugh [lɑːf] **1.** śmiać się (*at* z); **2.** śmiech *m*; '**.ingstock** pośmiewisko *n*; '**.ter** śmiech *m*

launch [lɔːntʃ] **1.** *ship:* wodować; *rocket:* wystrzeli(wa)ć; *project etc.:* zapoczątkow(y-

w)ać; **2.** *ship:* wodowanie *n*; *rocket:* wystrzelenie *n*; '**.(ing) pad** wyrzutnia *f*

launder ['lɔːndə] ⟨wy⟩prać; **.ry** ['.drɪ] pranie *n*; (*place*) pralnia *f*

lavatory ['lævətərɪ] ubikacja *f*

law [lɔː] prawo *n*; (*rule*) ustawa *f*; ~ **court** sąd *m*; '**.ful** legalny; '**.less** bezprawny

lawn [lɔːn] trawnik *m*

law|suit ['lɔːsuːt] proces *m*; **.yer** ['.jə] prawnik *m*

lay¹ [leɪ] *past of* **lie¹**

lay² [~] (**laid**) położyć ⟨kłaść⟩; *table* nakry(wa)ć; *eggs* znosić ⟨znieść⟩; *trap etc.* zastawi(a)ć; ~ *aside* odkładać ⟨odłożyć⟩ na bok; ~ *off* zwalniać ⟨zwolnić⟩ czasowo; ~ *out* ⟨za⟩projektować; rozkładać ⟨-złożyć⟩

lay³ [~] *adj* laicki

'**layer** warstwa *f*

'**layman** (*pl* **-men**) laik *m*

lazy ['leɪzɪ] leniwy

lead¹ [liːd] **1.** (**led**) ⟨po⟩prowadzić; *mil.* dowodzić; ~ *on fig.* nab⟨ie⟩rać; ~ *to fig.* doprowadzać ⟨-dzić⟩ (*s.th.* do czegoś); ~ *up to fig.* być wstępem (*s.th.* do czegoś); **2.** prowadzenie *n*; przewaga *f* (*a. sp.*); (*hint*) wskazówka *f*; poszlaka *f*; *thea.* główna rola *f*; (*leash*) smycz *f*

lead² [led] *metal:* ołów *m*; *pencil:* grafit *m*; **.en** ['.dn] *a. fig.* ołowiany

leader ['liːdə] przywódca *m*;

lider *m*; *Brt.* artykuł *m* wstępny; '**~ship** przywództwo *n*

lead-free ['led'fri:] bezołowiowy

leading ['li:dɪŋ] główny, wiodący

leaf [li:f] **1.** (*pl* **leaves** [~vz]) liść *m*; *table*: klapa *f*; (*page*) kartka *f*, **2. ~ through** ⟨prze⟩kartkować; '**~let** ['~lɪt] ulotka *f*

league [li:g] liga *f*

leak [li:k] **1.** przeciek *m*, wyciek *m*; **2.** *v/i liquid etc.*: przeciekać ⟨-ciec⟩; *gas etc.*: przepuszczać; *v/t* celowo wyjawi⟨a⟩ć; **~ out** *fig.* wyjść na jaw; '**~age** [~ɪdʒ] przeciek *m*; '**~y** nieszczelny

lean¹ [li:n] (**leant** *or* **leaned**) pochylać ⟨-lić⟩ się; **~ on** opierać ⟨oprzeć⟩ się

lean² [~] *adj* chudy

leant [lent] *past and pp of* **lean**¹

leap [li:p] **1.** (**leapt** *or* **leaped**) skakać ⟨skoczyć⟩; **2.** skok *m*; **~t** [lept] *past and pp of* **leap** 1; **~ year** rok *m* przestępny

learn [lɜ:n] (**learned** *or* **learnt**) ⟨na⟩uczyć się; (*become informed*) ⟨do⟩wiedzieć się; '**~ed** ['~ɪd] uczony; '**~er** uczeń *m*, słuchacz *m*; '**~t** [~t] *past and pp of* **learn**

lease [li:s] **1.** dzierżawa *f*; **2.** (*a.* **~ out**) ⟨wy⟩dzierżawić

leash [li:ʃ] smycz *f*

least [li:st] **1.** *adj* najmniejszy; **2.** *adv* najmniej; *at* **~** przynajmniej

leather ['leðə] skóra *f*

leave [li:v] **1.** (**left**) opuszczać ⟨opuścić⟩; zostawi⟨a⟩ć, pozostawi⟨a⟩ć; **~ alone** zostawi⟨a⟩ć w spokoju; *be left* pozostawać, zostać; *there's nothing left* nic nie zostało; **2.** zezwolenie *n*; *sick*: zwolnienie *n*; (*holiday*) urlop *m*; *on* **~** na urlopie

leaves [li:vz] *pl of* **leaf** 1

lecture ['lektʃə] **1.** wykład *m*; *fig.* kazanie *n*; **2.** wykładać; *fig.* prawić kazania; '**~r** wykładowca *m*

led [led] *past and pp of* **lead**¹ 1

left¹ [left] *past and pp of* **leave** 1

left² [~] **1.** *adj* lewy; **2.** *s* lewa strona *f*; *on the* **~** po lewej stronie; *to the* **~** w lewo; **3.** *adv* w lewo; *turn* **~** skręcać ⟨-cić⟩ w lewo; '**~-hand:** **~-hand bend** zakręt *m* w lewo; **~-hand drive** z kierownicą po lewej stronie; **~ turn** zakręt *m* w lewo; **~-'handed** leworęczny; **~ luggage** (*office*) *Brt.* przechowalnia *f* bagażu

leg [leg] noga *f*; *pull s.o.'s* **~** F nabierać kogoś, żartować z kogoś

legacy ['legəsɪ] spadek *m*, dziedzictwo *n*

legal ['li:gl] prawny, prawniczy; (*lawful*) legalny

legend ['ledʒənd] a. fig. legenda f

legible ['ledʒəbl] czytelny

legislate ['ledʒɪsleɪt] ustanawiać ⟨-nowić⟩ prawo, uchwalać ⟨-lić⟩; **~ion** [ˌ-'leɪʃn] ustawodawstwo n; **~ive** ['-lətɪv] ustawodawczy

legitimate [lɪ'dʒɪtɪmət] prawowity

leisure ['leʒə] wolny czas m; **~ly** powolny, niespieszny

lemon ['lemən] cytryna f; **~ade** [ˌ-'neɪd] oranżada f

lend [lend] (**lent**) pożyczać ⟨-czyć⟩; **~ing library** wypożyczalnia f

length [leŋθ] długość f; **at ~** szczegółowo; **~en** przedłużać ⟨-żyć⟩, wydłużać ⟨-żyć⟩

lens [lenz] anat., opt. soczewka f; phot. obiektyw m

lent [lent] past and pp of **lend**

less [les] **1.** adv mniej; **2.** adj mniejszy; **3.** prp mniej; **~en** ['-sn] zmniejszać ⟨-szyć⟩

lesson ['lesn] lekcja f; fig. nauczka f

let [let] (**let**) pozwalać ⟨-wolić⟩; esp. Brt. wynajmować ⟨-jąć⟩; **~ alone** nie mówiąc już o; **~ down** zawieść; **~ go** puszczać ⟨-puścić⟩

lethal ['liːθl] śmiertelny

letter ['letə] list m; litera f; **~box** esp. Brt. skrzynka f pocztowa

lettuce ['letɪs] sałata f

level ['levl] **1.** adj poziomy, równy; **~ with** równoległy, na wysokości/poziomie; **2.** adv **~ with** równo z, blisko; **3.** s poziom m (a. fig.), równia f; **4.** v/t wyrówn(yw)ać; (pull down) zrówn(yw)ać z ziemią; **~ crossing** Brt. przejazd m kolejowy

lever ['liːvə] dźwignia f

liability [laɪə'bɪlətɪ] odpowiedzialność f; podatność f (**to** na); jur. zadłużenie n

liable ['laɪəbl] odpowiedzialny; podatny; **be ~ to** być narażonym/wystawionym na; jur. podlegać (**a fine** grzywnie)

liar ['laɪə] kłamca m

libel ['laɪbl] **1.** jur. oszczerstwo n, zniesławienie n; **2.** zniesławia(ć)

liberal ['lɪbərəl] liberalny; tolerancyjny; (generous) hojny

liberate ['lɪbəreɪt] wyzwalać ⟨-wolić⟩

liberty ['lɪbətɪ] wolność f; **at ~** na wolności; **take the ~** pozwolić sobie (**of doing s.th.** zrobić coś)

librar|ian [laɪ'breərɪən] bibliotekarz m (-karka f); **~y** ['-brərɪ] biblioteka f

lice [laɪs] pl of **louse**

licence, Am. **-cense** ['laɪsəns] licencja f, koncesja f; pozwolenie n; **driving ~** prawo n jazdy

license, Am. a. **-cence** ['-] upoważni(a)ć, udzielać ⟨-lić⟩ pozwolenia; **~ plate**

Am. mot. tablica *f* rejestracyjna

lick [lɪk] **1.** ⟨po⟩lizać; F spuścić lanie; **'~ing** F porażka *f*, lanie *n* F

lid [lɪd] pokryw(k)a *f*, wieko *n*

lie[1] [laɪ] **1.** (*lay, lain*) leżeć; **~ down** kłaść ⟨położyć⟩ się; **~ in** *Brt.* wylegiwać się (w łóżku); **2.** ułożenie *n*, układ *m*

lie[2] [-] **1.** (*lied*) ⟨s⟩kłamać; **2.** kłamstwo *n*

lieutenant [lef'tenənt, *Am.* lu:'tenənt] porucznik *m*

life [laɪf] *pl* (*lives* [~vz]) życie *n*; **~ belt** pas *m* ratunkowy; **'~boat** łódź *f* ratunkowa; **'~guard** ratownik *m*; **~ insurance** ubezpieczenie *n* na życie; **'~ jacket** kamizelka *f* ratunkowa; **'~less** martwy; bez życia; **'~like** jak żywy; **~long** trwający całe życie, dozgonny; **'~-saving** ratownictwo *n*; **'~time** życie *n*

lift [lɪft] **1.** podnieść ⟨-dnieść⟩ (się); **~ off** ⟨wy⟩startować, wznosić ⟨-nieść⟩ się; F ⟨u⟩kraść; **2.** podniesienie *n*; *Brt.* winda *f*; **give s.o. a ~** podwieźć kogoś; **'~-off** *aer.* start *m*

light[1] [laɪt] **1.** *s* światło *n*; (*flame etc.*) ogień *m*; *fig.* **in the ~ of** *Brt.*, *Am.* w świetle; **2.** *adj* jasny; **3.** (*lighted or lit*) *v/t* oświetlać ⟨-lić⟩, oświetlić ⟨-lić⟩; (*a. ~ up*) rozświetlać ⟨-lić⟩; zapalać ⟨-lić⟩; *v/i mst* **~ up** face

etc.: rozjaśni(a)ć się

light[2] [-] *adj* lekki

light bulb żarówka *f*

lighten[1] ['laɪtn] oświetlać ⟨-lić⟩, rozjaśni(a)ć

lighten[2] [-] *v/t* odciążać ⟨-życ⟩; *v/i* zelżeć

'lighter zapalniczka *f*

'light|house latarnia *f* morska; **'~ing** oświetlenie *n*

'lightly lekko

'lightness[1] jasność *f*

'lightness[2] lekkość *f*

lightning ['laɪtnɪŋ] błyskawica *f*; **~ conductor** *Brt.*, **~ rod** *Am.* piorunochron *m*

light pen *tech.* pióro *n* świetlne

likable ['laɪkəbl] sympatyczny

like[1] [laɪk] **1.** *adj* podobny; **2.** *prp* jak; **what is she ~?** jaka ona jest?; **2.** *s* taki sam; coś podobnego

like[2] [-] lubić; **I ~ it** to mi się podoba; **I ~ her** lubię ją; ona mi się podoba; **I would ~ to know** chciałbym wiedzieć; (*just*) **as you ~** jak chcesz; **'~able** → **likable**

like|lihood ['laɪklɪhʊd] prawdopodobieństwo *n*; **'~ly** prawdopodobny; **'~ness** podobieństwo *n*

liking ['laɪkɪŋ] upodobanie *n*

limb [lɪm] *anat.* kończyna *f*; (*branch*) konar *m*

lime[1] [laɪm] wapno *n*

lime[2] [-] *bot.* lipa *f*

limit ['lɪmɪt] **1.** granica *f*, kres *m*; **off ~s** *esp. Am.* zamknięty; *that's the ~!* F to przekracza wszelkie granice!; *within ~s* w pewnych granicach; 2. ograniczać ⟨-czyć⟩ (*to* do); **.ation** [-'teɪʃn] z. ograniczenie *n*; **.ed (liability) company** spółka *f* z ograniczoną odpowiedzialnością

limp [lɪmp] utykać, kuleć

line [laɪn] 1. linia *f*, kreska *f*; (*row*) szereg *m*; (*string*) sznurek *m*; *rail.* tor *m*; *a. fig.* linia *f*, połączenie *n*; *the ~ is busy/engaged teleph.* numer jest zajęty; *hold the ~ teleph.* proszę nie odkładać słuchawki; *draw the ~ fig.* nie posuwać się (*at* do); 2. ⟨po⟩liniować, ⟨po⟩kreskować; *~ up* ustawi(a)ć się w szereg

linen ['lɪnɪn] płótno *n*; *bed etc.*: bielizna *f*

lingerie ['læŋʒəri] bielizna *f* damska

link [lɪŋk] 1. ogniwo *n* (*a. fig.*); (*connection*) połączenie *n*; *fig.* więź *f*; 2. (*a. ~ up*) ⟨po⟩łączyć (się)

lion ['laɪən] lew *m*; **~ess** ['-es] lwica *f*

lip [lɪp] warga *f*; **'~stick** szminka *f*

liqueur [lɪ'kjʊə] likier *m*

liquid ['lɪkwɪd] 1. ciecz *f*; 2. *adj* płynny

liquor ['lɪkə] *Am.* mocny alkohol *m*

lisp [lɪsp] seplenić

list [lɪst] 1. lista *f*, spis *m*; 2.

spis(yw)ać, sporządzać ⟨-dzić⟩ listę/wykaz; *when speaking:* wymieni(a)ć

listen ['lɪsn] słuchać; *~ in* podsłuch(iw)ać; ⟨po⟩słuchać; **'~er** słuchacz *m*

lit [lɪt] *past* and *pp* of *light*[1] 3

liter *Am.* → *litre*

literal ['lɪtərəl] dosłowny

litera|ry ['lɪtərərɪ] literacki; **~ture** ['-rətʃə] literatura *f*

Lithuania [lɪθju'eɪnɪə] Litwa *f*; **~n 1.** *adj* litewski; **2.** Litwin(ka *f*) *m*

litre, *Am.* **-ter** ['li:tə] litr *m*

litter ['lɪtə] *esp. paper:* śmieci *pl*; **~ basket**, **'~bin** kosz *m* na śmieci

little ['lɪtl] **1.** *adj* mały, niewielki; **2.** *adv* mało, niewiele; **3.** *s. a* trochę; *~ by ~* po trochu

live[1] [lɪv] żyć; mieszkać; *~ on* przetrwać; *~ up* żyć zgodnie (*to s.th.* z czymś); sprostać oczekiwaniom

live[2] [laɪv] **1.** *adj* żywy; *electr.* pod napięciem; *radio, TV:* bezpośredni; **2.** *adv* na żywo

live|lihood ['laɪvlɪhud] utrzymanie *n*; **'~ly** żywy, wesoły

liver ['lɪvə] wątroba *f*

lives [laɪvz] *pl* of *life*

living ['lɪvɪŋ] **1.** *adj* żywy, żyjący; **2.** życie *n*, utrzymanie *n*; *earn/make a ~* zarabiać na życie; *standard of ~, ~ standard* stopa *f* życiowa; **~room** salon *m*, bawialnia *f*

lizard ['lɪzəd] jaszczurka *f*

load [ləʊd] **1.** ładunek *m*, ciężar *m* (*a. fig.*); **2.** ⟨za⟩ładować; *gun* ⟨na⟩ładować

loaf [ləʊf] (*pl* **loaves** [-vz]) bochenek *m*

loan [ləʊn] **1.** pożyczka *f*; **on** ~ wypożyczony; **2.** *esp. Am.* pożyczać ⟨-czyć⟩ (*s.o.* komuś)

loathe [ləʊð] czuć odrazę (*s.o./s.th.* do kogoś/czegoś); nie cierpieć (*s.o./s.th.* kogoś/czegoś)

loaves [ləʊvz] *pl of* **loaf**[1]

lobby ['lɒbɪ] hol *m*, westybul *m*; *pol.* lobby *n*, grupa *f* nacisku

lobster ['lɒbstə] homar *m*

local ['ləʊkl] lokalny, miejscowy; ~ **call** *teleph.* rozmowa *f* miejscowa; ~**ity** [-'kælətɪ] rejon *m*; ~**ly** miejscowo; ~**time** czas *m* miejscowy

locat|**e** [ləʊ'keɪt] umiejscawiać ⟨-cowić⟩, ⟨z⟩lokalizować; **be** ~**ed** znajdować się; ~**ion** położenie *n*, lokalizacja *f*; **on** ~**ion** *film:* w plenerze

lock [lɒk] zamek *m*; **2.** (*a.* ~ **up**) zamykać ⟨-mknąć⟩ na klucz; *tech.* ⟨za⟩blokować się; ~ **away** ⟨s⟩chować pod kluczem; ~ **in** zamykać ⟨-mknąć⟩ (*s.o.* kogoś); ~ **up** pozamykać; brać ⟨wziąć⟩ pod klucz; ~ **out** v/t wpuszczać ⟨wpuścić⟩; v/i zamykać ⟨-mknąć⟩ się; *mot. etc.* ⟨za⟩blokować się

'locksmith ślusarz *m*

lodg|**e** [lɒdʒ] **1.** portiernia *f*; stróżówka *f*; *hunting etc.*: domek *m*, chata *f*; **2.** v/i wynajmować pokój (**with** *s.o.* u kogoś); *bullet etc.*: utkwić; v/t wynajmować pokoje; *complaint etc.* wnosić ⟨wnieść⟩; ~**er** (sub)lokator *m*; ~**ing** (wynajęte) mieszkanie *n*

loft [lɒft] strych *m*; poddasze *n*; ~**y** wyniosły

log [lɒg] kłoda *f*, kloc *m*

logic ['lɒdʒɪk] logika *f*; ~**al** logiczny

lollipop ['lɒlɪpɒp] lizak *m*

lone|**liness** ['ləʊnlɪnɪs] samotność *f*; ~**ly** samotny

long[1] [lɒŋ] **1.** *adj* długi; **2.** *adv* długo; **as** *or* **so** ~ **as** tak długo jak; **so** ~! *F* cześć!, na razie!; **3.** *s:* **before** ~ wkrótce; **for** ~ na długo; **take** ~ długo trwać; **I won't take** ~ nie zajmie mi to dużo czasu

long[2] [-] tęsknić (**for** za)

long-'distance międzymiastowy; *sp.* długodystansowy; ~ **call** rozmowa *f* międzymiastowa

longing ['lɒŋɪŋ] tęsknota *f*

longitude ['lɒndʒɪtjuːd] *geogr.* długość *f* geograficzna

long **jump** skok *m* w dal; ~**'range** dalekosiężny, dalekiego zasięgu; ~**'sighted** dalekowzroczny; ~**'term** długofalowy; ~ **wave** fale *pl* długie

loo [luː] *Brt.* F ubikacja *f*

look [lʊk] **1.** spojrzenie *n*, rzut *m* oka (*at* na); *often pl* wygląd *m*; **2.** patrzeć (*at* na), wyglądać; ~ *after* opiekować się; ~ *at* przyglądać się; ~ *back* oglądać ⟨obejrzeć⟩ się za siebie; *fig.* wspominać; ~ *down fig.* spoglądać z góry (*on* na); ~ *for* szukać; ~ *forward to* oczekiwać z niecierpliwością; ~ *into* rozpatrywać ⟨-trzyć⟩; ~ *on* uważać (*s.o. as* kogoś za); gapić się; ~ *out* wypatrywać (*for s.o.* kogoś); ~ *out!* uważaj!; ~ *over* przeglądać ⟨przejrzeć⟩; ~ *round* rozglądać ⟨-zejrzeć⟩ się; ~ *through* przeglądać ⟨przejrzeć⟩; ~ *up* poprawiać się; *fig.* poważać (*to s.o.* kogoś); *word etc.* sprawdzać ⟨-dzić⟩, wyszuk(iw)ać

'**looking glass** lustro *n*

loom [luːm] krosno *n*, krosna *pl*

loop [luːp] **1.** pętla *f*, oczko *n*; *computer*: pętla *f*; **2.** zrobić pętlę, oplatać ⟨-leść⟩

loose [luːs] luźny; ~*n* [-sn] poluźni(a)ć, obluzow(yw)ać

lord [lɔːd] pan *m*; *Brt.* lord *m*; **the** 2 (*a. the* 2 **God**) Pan *m* (Bóg); (**the** (**House of**) 2s *Brt.* Izba *f* Lordów; 2 **Mayor** *Brt.* burmistrz *m* Londynu

lorry ['lɒrɪ] *Brt.* ciężarówka *f*

lose [luːz] (*lost*) *parents etc.* ⟨s⟩tracić; *keys etc.* ⟨z⟩gubić; (fail to win) przegr(yw)ać; *watch, clock*: spóźniać się; ~ *o.s.* zabłądzić; ~'*r* (człowiek) *m* przegrany/zwyciężony

loss [lɒs] strata *f*; zguba *f*; *be at a* ~ być w kropce, nie wiedzieć co począć

lost [lɒst] **1.** *past and pp of* **lose**; **2.** *adj* zgubiony, stracony; przegrany; ~**-and--'found** (**office**) *Am.*, ~ **property office** *Brt.* biuro *n* rzeczy znalezionych

lot [lɒt] los *m* (*a. fig.*); artykuł *m*, obiekt *m*; *esp. Am.* parcela *f*; (*set*) partia *f* (towaru); *the* ~ wszystko; *persons*: wszyscy; *a* ~ *of*, ~*s of* wiele, dużo, mnóstwo

lotion ['ləʊʃn] płyn *m*

loud [laʊd] głośny; *colour*: krzykliwy; ~'**speaker** głośnik *m*

lounge [laʊndʒ] *esp. Brt.* salon *m*, bawialnia *f*; *hotel*: hol *m*, westybul *m*

lous|e [laʊs] (*pl lice* [laɪs]) wesz *f*; ~**y** ['-zɪ] zawszony; *fig.* marny, okropny

lovable ['lʌvəbl] sympatyczny, miły

love [lʌv] miłość *f*; *person*: ukochany *m*, ukochana *f*; *be in* ~ być zakochanym (*with* w); *fall in* ~ zakochać się (*with* w); *make* ~ kochać się; **2.** kochać; (*have a liking*)

uwielbiać; **~ to do s.th.**
⟨z⟩robić coś z przyjemnością; '**~able → lovable**; '**~ly**
śliczny, uroczy; F znakomity; '**~r** kochanek *m*; *music
etc.*: miłośnik *m*

loving ['lʌvɪŋ] kochający

low [ləʊ] **1.** *adj* niski, niewyso-
ki; *voice etc.*: cichy; *trick*:
podły; **2.** *meteor.* niż *m*

lower ['ləʊə] **1.** *adj* niższy; **2.**
obniżać ⟨-żyć⟩, zniżać
⟨-żyć⟩; *fig.* **~ o.s.** zniżyć się
(by do)

'**lowland** nizina *f*; '**~rise**
building: niski, piętrowy

loyal ['lɔɪəl] lojalny, wierny;
'**~ty** lojalność *f*; wierność *f*

luck [lʌk] traf *m*, szczęście *n*;
powodzenie *n*; *bad/hard/ill*
~ pech *m*; *good* ~ powodzenie *n*, szczęśliwy traf *m*;
good ~*!* powodzenia!; '**~ily**
na szczęście; szczęśliwie;
'**~y** mający
szczęście; szczęśliwy; *be* ~*y*
mieć szczęście

lug [lʌg] ⟨przy⟩wlec, ⟨przy⟩-
taszczyć

luggage ['lʌgɪdʒ] bagaż *m*; ~
rack półka *f* bagażowa; ~

van *Brt. rail.* wagon *m* bagażowy

lukewarm [luːk'wɔːm] letni

lull [lʌl] **1.** uspokajać ⟨-koić⟩,
⟨u⟩kołysać; **2.** (chwilowa) cisza *f*; **~aby** ['~əbaɪ] kołysan-
ka *f*

lunar ['luːnə] księżycowy

lunatic ['luːnətɪk] **1.** *adj* szalony; **2.** szaleniec *m*

lunch [lʌntʃ] **1.** lunch *m*; **2.**
⟨z⟩jeść lunch; **~ hour** prze-
rwa *f* na lunch; '**~time** pora
f lunchu

lung [lʌŋ] *anat.* płuco *n*; *the* ~*s*
pl płuca *pl*

lure [luə] **1.** wabik *m*; przynęta
f; *fig.* pokusa *f*; **2.** ⟨z⟩wabić,
⟨z⟩nęcić

lust [lʌst] żądza *f*

luxur|ious [lʌɡ'ʒʊərɪəs] luk-
susowy; **~y** ['lʌkʃərɪ] luksus
m, zbytek *m*

lying ['laɪɪŋ] **1.** *pres p of lie*[1] 1
and lie[2] 1; **2.** *adj* kłamliwy,
zakłamany

lynch [lɪntʃ] ⟨z⟩linczować

lynx [lɪŋks] ryś *m*

lyrics ['lɪrɪks] *pl* tekst *m*, słowa *pl* (piosenki)

M

machine [mə'ʃiːn] maszyna *f*;
~ **gun** karabin *m* maszynowy; **~made** wykonany ma-
szynowo; ~' **tool** obrabiarka
f

machinery [mə'ʃiːnərɪ] ma-

szyny *pl*; *a. fig* mechanizm *m*

mad [mæd] szalony, obłąkany; *esp. Am.* (angry) wściekły; zwariowany (*about s.th.*
na punkcie czegoś); *drive
s.o.* ~ doprowadzić kogoś

do szału; **go** ~ zwariować, oszaleć

madam ['mædəm] *address*: proszę pani

made [meɪd] *past and pp of* **make** 1

'mad|man (*pl* **-men**) szaleniec *m*; **~ness** obłęd *m*, szaleństwo *n*

magazine [mægə'ziːn] czasopismo *n*; *gun*: magazynek *m*

magic ['mædʒɪk] **1.** magia *f* (*a. fig.*), czary *pl*; **2.** *adj* magiczny, czarodziejski; *fig.* czarowny; **~ian** [mə'dʒɪʃn] magik *m*; czarodziej *m*

magnet ['mægnɪt] magnes *m*; **~ic** [.'netɪk] magnetyczny

magnificen|ce [mæg'nɪfɪsns] świetność *f*, wspaniałość *f*; **~t** [-snt] wspaniały

magnify ['mægnɪfaɪ] powiększać ⟨-kszyć⟩; **~ing glass** szkło *n* powiększające

maid [meɪd] pokojówka *f*; **~en** ['-dn] panna *f*; **~en name** nazwisko *n* panieńskie

mail [meɪl] **1.** poczta *f*; **2.** *esp. Am.* przes(y)łać pocztą; **~box** *Am.* skrzynka *f* pocztowa; **~man** (*pl* **-men**) *Am.* listonosz *m*

main [meɪn] **1.** *adj* główny; **2.** *mst pl* sieć *f* zasilająca; **~frame** *computer*: komputer *m* dużej mocy; **~land** ['-lænd] kontynent *m*, ląd *m*; głównie; ~ **road** szosa *f*; ~ **street** *Am.* główna ulica *f*

maintain [meɪn'teɪn] zachow(yw)ać, utrzym(yw)ać; (*assert*) twierdzić; *tech.* konserwować; *family etc.* utrzym(yw)ać

maintenance ['meɪntənəns] utrzym(yw)anie *n*; *tech.* konserwacja *f*; *jur.* alimenty *pl*

maize [meɪz] kukurydza *f*

majestic [mə'dʒestɪk] majestatyczny; **~y** ['mædʒəstɪ] majestat *m*

major ['meɪdʒə] **1.** *adj* główny; większy; *jur.* pełnoletni; *mus.* durowy; **C** ~ C-dur; **2.** *s mil.* major *m*; *jur.* osoba *f* pełnoletnia; *Am. univ.* przedmiot *m* kierunkowy; **~ity** [mə'dʒɒrətɪ] większość *f*; *jur.* pełnoletność *f*

make [meɪk] **1.** (**made**) ⟨z⟩robić; (*produce*) wytwarzać ⟨-worzyć⟩, (wy)produkować; *money* zarabiać ⟨-robić⟩; (*arrive*) dotrzeć ⟨dotrzeć⟩; *mistake* popełni(a)ć; (*equal*) być, równać się; *speech* wygłaszać ⟨-łosić⟩, (*force*) zmuszać ⟨-sić⟩; **I'll ~ you do it!** zmuszę cię do tego!; (*become*) okazać się, zrobić; (*cause to be*) uczynić (**s.o. happy** kogoś szczęśliwym); ~ **it** powieść się; **what do you ~ of it?** co sądzisz o tym?; ~ **friends with** zaprzyjaźni(a)ć się; ~ **believe** uda(wa)ć; ~ **into** przerabiać ⟨-robić⟩; ~ **off** uciekać ⟨uciec⟩; ~ **over** przekaz(yw)ać; ~ **up** *v/t* wymyślać ⟨-lić⟩; v/i malować się; ~ **up one's mind** zdecydować się; **be made up of** być zrobionym z; ~ **up for** wynagradzać ⟨-grodzić⟩; ~ **it up** pogodzić się; **2.** *mot.* marka *f*; '~**believe** udawanie *n*; '~**up** makijaż *m*

male [meil] **1.** *adj* męski; **2.** mężczyzna *m*; *zo.* samiec *m*

malic|**e** ['mælis] złośliwość *f*; ~**ious** [mə'lɪʃəs] złośliwy

malignant [mə'lɪgnənt] złośliwy (*a. med.*)

maltreat [mæl'triːt] ⟨z⟩maltretować

mammal ['mæml] ssak *m*

man [mæn, *in comb.* mən] (*pl* **men** [men]) człowiek *m*, rodzaj *m* ludzki; (*human male*) mężczyzna *m*; **2.** [mæn] *mil. etc.* obsadzać ⟨-dzić⟩

manage ['mænɪdʒ] kierować, zarządzać; (*succeed*) da⟨wa⟩ć sobie radę; zdołać, ⟨po⟩radzić sobie; '~**able** podatny; *task:* wykonalny; '~**ment** *econ.* zarządzanie *n*; kierownictwo *n*, zarząd *m*; '~**r** dyrektor *m*, kierownik *m*, menedżer *m*

mandarin ['mændərɪn] (*a.* **orangen**) mandarynka *f*

mane [meɪn] grzywa *f*

manifest ['mænifest] **1.** *adj* jawny; **2.** ujawni⟨a⟩ć, ukaz⟨yw⟩ać

man|**kind** [mæn'kaɪnd] ludzkość *f*; '~**ly** męski; ~'**made** sztuczny

manner ['mænə] sposób *m*; sposób *m* bycia; *pl* maniery *pl*

man(**o**)**euvre** [mə'nuːvə] **1.** manewr *m*; *fig.* intryga *f*; **2.** manewrować

manor ['mænə] dobra *pl* ziemskie; ~ (**house**) dwór *m*, rezydencja *f*

mansion ['mænʃn] dwór *m*, rezydencja *f*

'**manslaughter** *jur.* zabójstwo *n*

manual ['mænjuəl] **1.** *adj* ręczny, manualny; *worker:* fizyczny; **2.** podręcznik *m*

manufacture [mænju'fæktʃə] **1.** ⟨wy⟩produkować; **2.** produkcja *f*; ~**r** [-ərə] producent *m*

manure [mə'njuə] **1.** nawóz *m*; **2.** nawozić

manuscript ['mænjuskrɪpt] rękopis *m*, manuskrypt *m*

many ['menɪ] dużo, wiele; ~ **times** często; **a great** ~ bardzo dużo/wiele

map [mæp] mapa *f*; *town etc.:* plan *m*

maple ['meɪpl] klon *m*

marble ['mɑːbl] marmur *m*; *ball:* szklana kulka *f*

March [mɑːtʃ] marzec *m*

march [-] **1.** maszerować; **2.** marsz *m*

mare [meə] klacz *f*, kobyła *f*

marg|**arine** [mɑːdʒə'riːn], *Brt.* F *a.* ~**e** [mɑːdʒ] margaryna *f*

margin ['mɑːdʒɪn] margines

m; brzeg *m*, skraj *m*; *fig.* rezerwa *f*, margines *m*; '**.al**
marginesowy

marine ['mə'ri:n] **1.** *adj* morski;
2. żołnierz *m* piechoty morskiej

marjoram ['mɑ:dʒərəm] majeranek *m*

mark [mɑ:k] **1.** *on skin:* znamię *n*; (*stain*) plama *f*; (*sign*)
znak *m*; *fig.* stopnia *f*; (*target*)
stopień *m*, ocena *f*; (*target*)
cel *m*; *hit the* **~**; *miss*
the **~** spudłować; **2.** ⟨po⟩znaczyć, ⟨o⟩znaczyć; (*characterize*) cechować; *school:*
oceni(a)ć; **~ down** ⟨za⟩notować; *price* obniżać ⟨-niżyć⟩;
~ off oddzielać ⟨-lić⟩; *on a
list:* odznaczać ⟨-czyć⟩; **~
out** przeznaczać ⟨-czyć⟩
(*for do*); **~ up** *price* podnosić
⟨-nieść⟩

marke|d [mɑ:kt] wyraźny,
znaczny; '**~r** pisak *m*

market ['mɑ:kɪt] **1.** rynek *m*;
2. sprzeda(wa)ć

marmalade ['mɑ:məleɪd]
dżem *z owoców cytrusowych*

marriage ['mærɪdʒ] małżeństwo *n*; ślub *m*; **~ certificate**
świadectwo *n* ślubu

married ['mærɪd] *man:* żonaty; *woman:* zamężna

marrow ['mærəʊ] *anat.* szpik
m kostny

marry ['mærɪ] *v/t* poślubi(a)ć;
woman: wychodzić ⟨wyjść⟩
za mąż; *man:* ⟨o⟩żenić się;
priest: udzielać ⟨-lić⟩ ślubu;

daughter wydać za mąż, *son*
ożenić; *v/i* (*a.* **get married**)
brać ⟨wziąć⟩ ślub, pob(ie)rać się; *woman:* wychodzić ⟨wyjść⟩ za mąż

marshal ['mɑ:ʃl] *mil.* marszałek *m*; *Am.* szeryf *m*

martial ['mɑ:ʃl] wojenny,
wojskowy

martyr ['mɑ:tə] męczennik *m*
(-nnica *f*)

marvel [mɑ:vl] **1.** cudo *n*; **2.** *v/t*
podziwiać (*at s.o./s.th.* kogoś/coś); *v/i* dziwić się;
'**~(l)ous** cudowny, zdumiewający

mascara [mæ'skɑ:rə] tusz *m*
do rzęs

mascot ['mæskət] maskotka *f*

masculine ['mæskjʊlɪn] męski

mask [mɑ:sk] **1.** maska *f*; **2.**
⟨za⟩maskować (się)

mass [mæs] **1.** masa *f*; *eccl.*
msza *f*; **2.** ⟨z⟩gromadzić się

massacre ['mæsəkə] **1.** masakra *f*; **2.** ⟨z⟩masakrować

massage ['mæsɑ:ʒ] **1.** masaż
m; **2.** masować

massive ['mæsɪv] masywny,
ciężki

mass| media *sg, pl* środki *pl*
masowego przekazu; '**~-produce** produkować masowo;
~ production produkcja *f*
masowa

mast [mɑ:st] maszt *m*

master ['mɑ:stə] **1.** *s* pan *m*;
dog etc.: właściciel *m*; (*teacher*) nauczyciel *m*, pan *m*, pro-

fesor *m*; *art etc.*: mistrz *m*; **2.**
adj mistrzowski; **3.** opano-
w(yw)ać; *fear etc.* pokon(y-
w)ać; **'~piece** arcydzieło *n*; **~y**
['~əri] biegłość *f*; panowanie
n (**over/of** nad)

masturbate ['mæstəbeɪt]
onanizować się

match[1] [mætʃ] zapałka *f*

match[2] [~] **1.** rzecz *f* do komp-
letu; *football etc.*: mecz *m*;
person: godny przeciwnik
m; **be a (no) ~ for s.o.**
(nie) dorówn(yw)ać sobie;
find/ meet one's ~ trafić
na równego sobie; **2.** pasować, dopaso(wy)wać; (*be
equal*) dorówn(yw)ać (D);
'~box pudełko *n* zapałek

mate [meɪt] kolega *m*; *zo.* samiec *m*, samica *f*

material [mə'tɪərɪəl] **1.** *adj*
materialny; (*essential*) istotny; **~ damage** szkoda *f* ma-
terialna; **2.** materiał *m*; **~ize**
⟨z⟩materializować się

maternal [mə'tɜːnl] macierzyński, matczyny

maternity [mə'tɜːnətɪ] macierzyństwo *n*; **~ leave** urlop *m*
macierzyński; **~ ward** oddział *m* położniczy

math [mæθ] *Am.* F matematyka *f*

mathematic|al [mæθə-
'mætɪkl] matematyczny;
~ian [mæθə'tɪʃn] matematyk
m (-tyczka *f*); **~s** [,'mætɪks]
mst sg matematyka *f*

maths [mæθs] *mst sg Brt.* F
matematyka *f*

matt [mæt] matowy

matter ['mætə] **1.** materia *f*,
substancja *f*; *med.* ropa *f*;
(*affair*) sprawa *f*; **a ~ of
course** rzecz *f* naturalna,
coś oczywistego; **as a ~ of
fact** właściwie, w istocie; **a
~ of time** kwestia *f* czasu;
what's the ~ (with you)?
co się (z tobą) dzieje?; **2.**
mieć znaczenie; **it doesn't
~** to nie ma znaczenia, nic
nie szkodzi

mattress ['mætrɪs] materac *m*

mature [mə'tjʊə] **1.** *adj* dojrzały; **2.** dojrze(wa)ć

Maundy Thursday ['mɔːndɪ]
Wielki Czwartek *m*

May [meɪ] maj *m*

may [~] *v/aux* (*past might*)
móc; *wish*: oby; **~ you be
happy** obyś był szczęśliwy;
'~be być może

mayonnaise [meɪə'neɪz] majonez *m*

mayor [meə] burmistrz *m*

maze [meɪz] labirynt *m*

me [miː] mnie, mi; ja

meadow ['medəʊ] łąka *f*

meal [miːl] posiłek *m*; **'~time**
pora *f* posiłku

mean[1] [miːn] *adj* podły; (*un-
generous*) skąpy

mean[2] [~] średnia *f*; *pl* (*a.
sg*) środek *m*, (*income*) środki *pl*; **by all ~s!** oczywiście!,
bardzo proszę!; **by no ~s** w
żadnym razie/wypadku; **by**

~s of przy użyciu/pomocy; **2.** *adj* średni, przeciętny

mean³ [-] (**meant**) znaczyć, oznaczać; (*intend*) mieć na myśli, zamierzać; **~ well** chcieć dobrze

'**meaning 1.** znaczenie *n*, sens *m*; **2.** *adj* look: znaczący; '**~ful** (*expressive*), istotny; '**~less** bez znaczenia

meant [ment] *past and pp of* **mean³**

mean||'**time 1.** tymczasem; **2.** *in the* **~time** → **~**'**while** tymczasem

measure ['meʒə] **1.** miara *f*; jednostka *f* miary; *fig.* krok *m*, środek *m* zaradczy; (*height etc.* ⟨z⟩mierzyć; *clock*: odmierzać; (*have size*) mieć rozmiar; '**~ment** rozmiar *m*, wymiar *m*; pomiar *m*

meat [mi:t] mięso *n*; '**~ball** klops *m*

mechanic [mɪ'kænɪk] mechanik *m*; **~al** mechaniczny (*a. fig.*); maszynowy

mechan||**ism** ['mekənɪzəm] mechanizm *m*; '**~ize** ⟨z⟩mechanizować

medal ['medl] medal *m*

media ['miːdjə] **1.** *pl of* **medium** 1; **2.** *sg, pl* media *pl*

mediat|**e** ['miːdɪeɪt] pośredniczyć; **~ion** [-'eɪʃn] mediacja *f*; '**~or** mediator *m*

medical ['medɪkl] **1.** *adj* medyczny; **2.** badanie *n* lekarskie; **~ certificate** zaświadczenie *n* lekarskie

medicin|**al** [me'dɪsɪnl] leczniczy; **~e** ['medsɪn] lekarstwo *n*; *science*: medycyna *f*

medieval [medɪ'iːvl] średniowieczny

mediocre [miːdɪ'əʊkə] mierny

meditat|**e** ['medɪteɪt] medytować; **~ion** [-'teɪʃn] medytacja *f*

medium ['miːdjəm] **1.** (*pl* **-dia** ['-djə], **-diums**) środek *m*; *pl* środki *pl*; (*radio, TV*) środek *pl* (*masowego przekazu*); **2.** średni; **~ wave** *electr.* fale *pl* średnie

meek [miːk] łagodny

meet [miːt] (**met**) *v/t* spot(y)kać (się); (*get to know*) poznawa)ć; *needs etc.* zaspokajać ⟨-koić⟩; *v/i* (*join*) ⟨po⟩łączyć się; spot(y)kać się; **~ with** spot(y)kać się, napot(y)kać (*difficulties etc.*); '**~ing** spotkanie *n*; (*gathering*) zebranie *n*; *sp.* mityng *m*

melancholy ['melənkəlɪ] **1.** melancholia *f*, smutek *m*; **2.** *adj* melancholijny, smutny

mellow ['meləʊ] **1.** *adj* (*ripe*) dojrzały; (*gentle*) łagodny; **2.** ⟨z⟩łagodnieć

melod|**ious** [mɪ'ləʊdjəs] melodyjny; **~y** ['melədɪ] melodia *f*

melt [melt] *ice*: ⟨s⟩topnieć; *sun etc.*: ⟨s⟩topić; **~ down** ⟨s⟩topić (*metal*)

member ['membə] członek *m* (*a. anat.*); '**~ship** członkostwo *n*, przynależność *f*

membrane ['membreɪn] błona *f*, membrana *f*

memo ['meməʊ] notatka *f*

memorial [mə'mɔːrɪəl] pomnik *m*

memor|ize ['meməraɪz] zapamięt(yw)ać; '**~y** pamięć *f* (*a. computer*); (*recollection*) wspomnienie *n*

men [men] *pl of* **man**

mend [mend] ⟨z⟩reperować, naprawi(a)ć

menstruation [menstrʊ'eɪʃn] menstruacja *f*

mental ['mentl] umysłowy; (*done in the thoughts*) pamięciowy; **~ hospital** szpital *m* dla umysłowo chorych; **~ity** [ˌ'tælətɪ] mentalność *f*, umysłowość *f*; **~ly** ['~təlɪ] umysłowo; **~ly handicapped** upośledzony umysłowo; **~ly ill** umysłowo chory

mention ['menʃn] **1.** wspominać ⟨-mnieć⟩, wzmiankować; **don't ~ it** nie ma za co; **2.** wzmianka *f*

menu ['menjuː] menu *n*, karta *f* (dań); *computer*: menu *n*

merchan|dise ['mɜːtʃəndaɪz] towary *pl*; **~t** ['~ənt] kupiec *m*

merci|ful ['mɜːsɪfʊl] miłosierny, litościwy; '**~less** bezlitosny

mercury ['mɜːkjʊrɪ] rtęć *f*

mercy ['mɜːsɪ] miłosierdzie *n*,

litość *f*, łaska *f*

mere [mɪə] zwykły; (*only*) tylko; '**~ly** po prostu, jedynie

merge [mɜːdʒ] ⟨po⟩łączyć się (*a. econ.*), zl(ew)ać się; '**~r** *econ.* fuzja *f*

meridian [mə'rɪdɪən] południk *m*

merit ['merɪt] **1.** zasługa *f*; **2.** zasługiwać ⟨-łużyć⟩ (*s.th.* na coś)

merry ['merɪ] wesoły; **☐ Christmas!** Wesołych Świąt!; '**~-go-round** karuzela *f*

mess [mes] **1.** bałagan *m*, nieład *m*; *fig.* kłopot *m*, tarapaty *pl*; **2.:** **~ about**, **~ around** próżnować; **~ up** nabałaganić; *fig.* zepsuć

message ['mesɪdʒ] wiadomość *f*; (*important idea*) przesłanie *n*

messenger ['mesɪndʒə] posłaniec *m*

messy ['mesɪ] brudny, niechlujny

met [met] *past and pp of* **meet**

metal ['metl] metal *m*; **~lic** [mɪ'tælɪk] metalowy; *colour, sound*: metaliczny

meter¹ ['miːtə] licznik *m*

meter² [-] *Am.* → **metre**

method ['meθəd] metoda *f*; **~ical** [mɪ'θɒdɪkl] metodyczny, systematyczny

metre, *Am.* **-ter** ['miːtə] metr *m*

Mexic|an ['meksɪkən] **1.** *adj* meksykański; **2.** Meksykanin *m* (-nka *f*); '**~o** Meksyk *m*

miaow [miˈaʊ] ⟨za⟩miauczeć

mice [maɪs] *pl of* **mouse**

micro... [maɪkrəʊ] mikro...; '**~computer** mikrokomputer *m*; '**~electronics** *sg* mikroelektronika *f*; '**~film** mikrofilm *m*

microphone [ˈmaɪkrəfəʊn] mikrofon *m*

microprocessor [ˈmaɪkrəʊˈprəʊsesə] mikroprocesor *m*

micro|scope [ˈmaɪkrəskəʊp] mikroskop *m*; '**~wave** mikrofala *f*; **~wave oven** kuchenka *f* mikrofalowa

mid [mɪd] środkowy, w środku; '**~day** południe *n*

middle [ˈmɪdl] **1.** *adj* środkowy; **2.** środek *m*; **in the ~ of** w środku; **~-aged** w średnim wieku; **2 Ages** *pl* średniowiecze *n*; **~ class(es** *pl*) klasa *f* średnia; **2 East** Bliski Wschód *m*

mid|night północ *f*; '**~summer** pełnia *f* lata; **~way** w połowie drogi; '**~wife** (*pl* -**wives**) położna *f*

might [maɪt] *past of* **may**; '**~y** potężny

migrate [maɪˈgreɪt] migrować, wędrować

mild [maɪld] łagodny, delikatny

mildew [ˈmɪldjuː] pleśń *f*

mildness [ˈmaɪldnɪs] łagodność *f*

mile [maɪl] mila *f* (*1,609 km*)

military [ˈmɪlɪtərɪ] wojskowy

milk [mɪlk] **1.** mleko *n*; **2.** ⟨wy⟩doić; **~ chocolate** czekolada *f* mleczna; '**~man** (*pl* -**men**) mleczarz *m*; **~ tooth** (*pl* - **teeth**) ząb *m* mleczny

mill [mɪl] **1.** młyn *m*; (*factory*) fabryka *f*; **2.** ⟨ze⟩mleć; '**~er** młynarz *m*

milli|gram(me) [ˈmɪlɪgræm] miligram *m*; '**~metre**, *Am.* **-er** milimetr *m*

million [ˈmɪljən] milion *m*; '**~aire** [-ˈneə] milioner *m*

mince [mɪns] ⟨po⟩siekać

mind [maɪnd] **1.** umysł *m*; **be out of one's ~** być szalonym; **bear/keep s.th. in ~** pamiętać; **change one's ~** zmieni(a)ć zdanie; **make up one's ~** zdecydować się; **2.** uważać, zważać; (*look after*) pilnować; **do you ~ if I smoke?, do you ~ my smoking?** pozwolisz, że zapalę?; **~ the step!** uwaga! stopień!; **~ your own business!** pilnuj swoich spraw!; **~ (you)** zauważ; zapamiętaj; **~!** uważaj!; **never ~!** nie szkodzi!; **I don't ~** nie mam nic przeciw

mine[1] [maɪn] mój

mine[2] [-] **1.** kopalnia *f* (*a. fig.*); *mil.* mina *f*; **2.** *coal etc.* wydobywać; *mil.* ⟨za⟩minować; '**~r** górnik *m*

mineral [ˈmɪnərəl] minerał *m*;

~ water woda *f* mineralna
mini... [mɪnɪ] mini...; **~bus** mikrobus *m*; **~skirt** mini-spódniczka *f*
miniature ['mɪnətʃə] miniatura *f*
mini|mal ['mɪnɪml] minimalny; **'~mize** ⟨z⟩minimalizować
mining ['maɪnɪŋ] górnictwo *n*
minister ['mɪnɪstə] minister *m*; *eccl.* pastor *m*
ministry ['mɪnɪstrɪ] ministerstwo *n*; *eccl.* duszpasterstwo *n*
mink [mɪŋk] *zo.* norka *f*
minor ['maɪnə] **1.** *adj* mniejszy, niewielki; *jur.* nieletni; *mus.* molowy, minorowy; **D** ~ d-moll; **2.** *jur.* nieletni *m*, **~ity** [-'nɔrətɪ] mniejszość *f*; *jur.* nieletniość *f*
mint¹ [mɪnt] *bot.* mięta *f*
mint² [-] **1.** mennica *f*; **2.** bić monety
minus ['maɪnəs] minus; mniej
minute ['mɪnɪt] minuta *f*; *fig.* chwila *f*; *pl* protokół *m*; **in a ~** za chwilkę; ***just a ~*** chwileczkę
mirac|le ['mɪrəkl] cud *m*; **~ulous** [mɪ'rækjʊləs] cudowny, nadzwyczajny
mirror ['mɪrə] **1.** lustro *n*; **2.** odzwierciedlać ⟨-lić⟩, odbi⟨-ja⟩ć
mis... [mɪs] nie..., źle...; **~apply** źle zastosować
misbehave źle się zachow(yw)ać

miscellaneous [mɪsə'leɪnjəs] różnorodny
mischie|f ['mɪstʃɪf] psota *f*, figiel *m*; (*harm*) szkoda *f*; **~vous** ['-vəs] psotny, figlarny; złośliwy
miser|able ['mɪzərəbl] (*unhappy*) nieszczęśliwy; (*pathetic*) marny, nędzny; **'~y** nieszczęście *n*, niedola *f*
mis'fortune pech *m*
mis'giving obawa *f*, złe przeczucie *n*
mis'handle źle obchodzić ⟨obejść⟩ się (z)
mis'judge źle ⟨o⟩sądzić
mis'lead (**-led**) wprowadzać ⟨-dzić⟩ w błąd
mis'place zapodziać; *feelings* źle ⟨u⟩lokować; **~d** źle umieszczony
miss¹ [mɪs] (*before a name* 2) panna *f*
miss² [-] **1.** (*fail to hit*) chybi(a)ć, nie trafi(a)ć; (*fail to hear*) nie dosłyszeć; (*fail to see*) nie zauważyć; (*be late*) spóźni(a)ć się; (*avoid*) uniknąć; (*feel the lack*) tęsknić, odczuwać brak; **2.** chybienie *n*; pudło *n* F
missile ['mɪsaɪl] pocisk *m*
missing ['mɪsɪŋ] brakujący, zaginiony; **be ~** brakować
mission ['mɪʃn] *pol.*, *eccl.*, *mil.* misja *f*
mist [mɪst] **1.** mgła *f*, mgiełka *f*; **2. ~ over** zaparować; **~ up** pokryć parą
mistake [mɪ'steɪk] **1.** (**-took**,

-taken) źle zrozumieć, pomylić; ~ *s.o. for s.o. else* wziąć kogoś za kogoś innego; 2. pomyłka *f*, błąd *m*; *by* ~ przez pomyłkę; *~n* w błędzie; *be..n* być w błędzie, mylić się

mistress ['mɪstrɪs] pani *f*; (*teacher*) nauczycielka *f*; (*lover*) kochanka *f*

mistrust 1. nie ufać/dowierzać; 2. nieufność *f*, brak *m* zaufania

misty ['mɪstɪ] mglisty, zamglony

misunderstand (*-stood*) źle zrozumieć; *~ing* nieporozumienie *n*

misuse 1. [mɪs'juːz] niewłaściwie uży(wa)ć; 2. [.-'juːs] złe użycie *n*

mitigate ['mɪtɪgeɪt] ⟨z⟩łagodzić

mix [mɪks] 1. ⟨z⟩mieszać, wymieszać; (*combine*) mieszać się, łączyć się; ~ *up* pomylić (*s.o. with s.o.*) kogoś z kimś); *be..ed up* być zamieszanym (*in* w); 2. mieszanka *f*; *~ed* mieszany (*a. feelings etc.*); *~er* mikser *m*; *~ture* ['.-tʃə] mieszanina *f*, mikstura *f*

moan [məʊn] 1. jęk *m*; 2. jęczeć ⟨jęknąć⟩

mob [mɒb] motłoch *m*

mobile ['məʊbaɪl] ruchomy, przenośny, *~ity* [.-'bɪlətɪ] ruchliwość *f*

mock [mɒk] 1. wyśmi(ew)ać,

⟨wy⟩kpić (*at* z); przedrzeźniać; 2. *adj* udawany, pozorowany; '*~ery* kpina *f*

mode [məʊd] tryb *m* (*a. gr., computer*)

model ['mɒdl] 1. model *m*, wzór *m*; *tech.* model *m*, typ *m*; (*person*) model(ka *f*) *m*; 2. ⟨wy⟩modelować; *clothes etc.* prezentować

moderat|e ['mɒdərət] *adj* umiarkowany; 2. ['.-eɪt] *v/t* ⟨po⟩hamować; ⟨z⟩łagodzić; *v/i* ⟨z⟩łagodnieć; *~ion* [.-'reɪʃn] (*self-control*) umiarkowanie *n*; (*reduction*) złagodzenie *n*

modern ['mɒdən] (*up to date*) nowoczesny; (*not ancient*) współczesny; *~ize* ⟨z⟩modernizować, unowocześni(a)ć

modest ['mɒdɪst] skromny; '*~y* skromność *f*

modi|fication [mɒdɪfɪ'keɪʃn] modyfikacja *f*, zmiana *f*; *~fy* ['.-faɪ] ⟨z⟩modyfikować

moist [mɔɪst] wilgotny; *~en* ['.-sn] zwilżać ⟨-żyć⟩; *~ure* ['.-stʃə] wilgotność *f*

molar (*tooth*) ['məʊlə] (*pl -teeth*) ząb *m* trzonowy

mole [məʊl] kret *m*

molest [məʊ'lest] molestować, napastować

moment ['məʊmənt] chwila *f*, moment *m*; *at the* ~ w tej chwili, obecnie

monarch ['mɒnək] monarcha *m*; '*~y* monarchia *f*

monastery ['mɒnəstəri]
klasztor *m*

Monday ['mʌndɪ] poniedziałek *m*

monetary ['mʌnɪtərɪ] monetarny, pieniężny

money ['mʌnɪ] pieniądze *pl*; ~ order przekaz *m* pieniężny

monitor ['mɒnɪtə] 1. monitor *m*; 2. kontrolować, nadzorować

monk [mʌŋk] mnich *m*

monkey ['mʌŋkɪ] małpa *f*; ~ wrench *tech.* klucz *m* francuski

monopolize [mə'nɒpəlaɪz] ⟨z⟩monopolizować; ~y monopol *m*

monotonous [mə'nɒtənəs] monotonny; ~y [.tnɪ] monotonia *f*

monster ['mɒnstə] potwór *m*

month [mʌnθ] miesiąc *m*; ~ly 1. *adj* miesięczny; 2. miesięcznik *m*

monument ['mɒnjumənt] pomnik *m*

moo [mu:] *cow*: ryczeć

mood [mu:d] nastrój *m*; *be in the* ~ *for s.th.* mieć nastrój/ ochotę na czegoś; ~y kapryśny, zmiennego usposobienia

moon [mu:n] księżyc *m*; *once in a blue* ~ F raz od wielkiego święta; '~light 1. światło *n* księżyca; 2. F pracować na czarno F; '~lit oświetlony światłem księżyca; '~shine *Am.* bimber *m*

moose [mu:s] (*pl* ~) łoś *m*

mop [mɒp] 1. szczotka *f* do mycia podłogi; zmywak *m*; 2. wycierać ⟨wytrzeć⟩; ~ up zmy(wa)ć

moral ['mɒrəl] 1. *adj* moralny; 2. morał *m* (opowieści); *pl* moralność *f*, obyczaje *pl*; ~e [mɒ'rɑːl] morale *n*, duch *m*; ~ity [mɒ'rælətɪ] moralność *f*; ~ize ['mɒrəlaɪz] moralizować

more [mɔː] 1. *adj* więcej; *some* ~ *tea* jeszcze trochę herbaty; 2. *adv* bardziej; ~ *and* ~ coraz ważniejszy; ~ *important* ~, ~ *often* częstszy; ~ *or less* mniej więcej; *once* ~ jeszcze raz; *a little* ~ trochę więcej; ~*over* [.'rəʊvə] ponadto

morgue [mɔːg] kostnica *f*

morning ['mɔːnɪŋ] rano *n*, (po)ranek *m*; przedpołudnie *n*; *in the* ~ (jutro) rano; *this* ~ dzisiaj rano; *good* ~ dzień dobry

mortal ['mɔːtl] 1. *adj* śmiertelny; 2. śmiertelnik *m*; ~ity [.'tælətɪ] śmiertelność *f*

mortgage ['mɔːgɪdʒ] 1. hipoteka *f*; 2. oddać w zastaw hipoteczny

mortuary ['mɔːtʃʊərɪ] kostnica *f*

mosaic [məʊ'zeɪk] mozaika *f*

Moslem ['mɒzləm] 1. *adj* muzułmański; 2. muzułmanin *m* (-nka *f*)

mosque [mɒsk] meczet *m*

mosquito [məˈskiːtəʊ] (pl -to(e)s) moskit m; komar m
moss [mɒs] mech m
most [məʊst] 1. adj najwięcej; bardzo; for the ~ part przeważnie; ~ people większość ludzi; 2. adv najbardziej; ~ of all najbardziej; the ~ important najważniejszy; 3. s większość f; at (the) ~ co najwyżej; make the ~ of s.th. wykorzystywać coś w pełni; '~ly przeważnie, najczęściej
moth [mɒθ] ćma f; clothes: mól m
mother ['mʌðə] 1. matka f; 2. matkować; ~hood ['~hʊd] macierzyństwo n; ~-in-law ['~ərnlɔː] teściowa f; '~ly matczyny, macierzyński; ~ tongue m ojczysty
motif [məʊˈtiːf] art: motyw m
motion [ˈməʊʃn] 1. ruch m; parl. wniosek m; put/set in ~ a. fig. wprawi(a)ć w ruch; 2. skinąć; '~less nieruchomy; ~ picture Am. film m
motiv|ate [ˈməʊtɪveɪt] ⟨u⟩motywować; ~e [ˈ~ɪv] motyw m (działania)
motor [ˈməʊtə] silnik m, motor m; '~bike Brt. motocykl m; '~boat motorówka f; '~car samochód m; '~cycle motocykl m; '~cyclist motocyklista m; ~ist [ˈ~ərɪst] kierowca m; ~ scooter skuter m; '~way Brt. autostrada f
mount [maʊnt] 1. v/t exhibition etc. ⟨z⟩montować,

⟨z⟩organizować; (fix) osadzać ⟨-dzić⟩, oprawi(a)ć; (climb) wspinać ⟨-piąć⟩ się; horse dosiadać ⟨-siąść⟩; v/i (rise) narastać; podnosić się; 2. podstawa f, stojak m; (horse) wierzchowiec m
mountain [ˈmaʊntɪn] góra f; ~eer [-ˈnɪə] wspinacz m; ~eering [-ˈnɪərɪŋ] wspinaczka f; '~ous górzysty
mourn [mɔːn] v/t opłakiwać; v/i płakać (for, over nad); '~er żałobnik m; '~ful żałobny; '~ing żałoba f
mouse [maʊs] (pl mice [maɪs]) mysz f
moustache [məˈstɑːʃ] wąsy pl
mouth [maʊθ] (pl ~s [-ðz]) usta pl; animal: pysk m; river: ujście n; '~ful łyk m, kęs m; '~organ harmonijka f ustna; '~piece ustnik m; teleph. mikrofon m
move [muːv] 1. v/t ruszać ⟨-szyć⟩; przesuwać ⟨-sunąć⟩; form. wzruszać ⟨-ruszyć⟩; ~ house przeprowadzać ⟨-dzić⟩ się; v/i ruszać ⟨-szyć⟩ się; chess: ⟨z⟩robić ruch; ruszać się; parl. etc. stawiać ⟨postawić⟩ wniosek; ~ in ruszać ⟨-dzić⟩ się; ~ on ruszać ⟨-szyć⟩ naprzód/dalej; ~ out wyprowadzać ⟨-dzić⟩ się; 2. ruch m; fig. krok m; chess: ruch m, posunięcie n; get a ~ on! F ruszaj!; '~ment

ruch *m*; poruszenie *n*; *mus.* część *f*

movie ['mu:vɪ] *esp. Am.* film *m*; *pl* kino *n*

moving ['mu:vɪŋ] ruchomy; *fig.* wzruszający; ~ **staircase** ruchome schody *pl*

mow [məʊ] ⟨*mowed, mowed* or *mown*⟩ ⟨s⟩kosić; '~**er** *s* kosiarka *f*; **~n** *pp of* **mow**

much [mʌtʃ] **1.** *adj* dużo, wiele; **2.** *adv* dużo, wiele; *how* ~? ile?; **3.** *s:* *nothing* ~ nic szczególnego

mud [mʌd] błoto *n*

muddle ['mʌdl] **1.** bałagan *m*; **2.** (*a.* ~ *up*) ⟨po⟩mieszać, ⟨po⟩plątać

mud|dy ['mʌdɪ] zabłocony, błotnisty; '~**guard** błotnik *m*

mug [mʌg] kubek *m*

mule [mju:l] muł *m*

multiple ['mʌltɪpl] wielokrotny, wieloraki, wielostronny

multi|plication [mʌltɪplɪ'keɪʃn] mnożenie *n*; ~**plication table** tabliczka *f* mnożenia; '~**ply** ['-plaɪ] ⟨po⟩mnożyć (*by* przez); *animals*: rozmnażać ⟨-nożyć⟩ się; ~'**storey** wielopiętrowy; ~'**storey car park** parking *m* wielopoziomowy

multitude ['mʌltɪtju:d] mnóstwo *n*; *the* ~(**s** *pl*) masy *pl*

mum [mʌm] *Brt.* F mamusia *f* F

mumble ['mʌmbl] ⟨wy⟩mruczeć, ⟨wy⟩mamrotać

mummy ['mʌmɪ] mumia *f*

municipal [mju:'nɪsɪpl] miejski, komunalny

murder ['mɜ:də] **1.** morderstwo *n*, mord *m*; **2.** ⟨za⟩mordować; ~**er** ['-rə] morderca *m*; ~**ous** ['-rəs] morderczy

murmur ['mɜ:mə] **1.** mruczenie *n*, pomruk *m*; **2.** ⟨za⟩mruczeć; (*complain*) szemrać (*at/against* na)

musc|le ['mʌsl] mięsień *m*; ~**ular** [-'kjʊlə] mięśniowy; (*strong*) muskularny

museum [mju:'zɪəm] muzeum *n*

mushroom ['mʌʃrʊm] grzyb *m*

music ['mju:zɪk] muzyka *f*; nuty *pl*; ~**al 1.** *adj* muzyczny; *person*: muzykalny; **2.** musical *m*; ~ **hall** *esp. Brt.* wodewil *m*; ~**ian** [-'zɪʃn] muzyk *m*

must [mʌst] *v/aux* musieć; *I* ~ *not* nie wolno mi; **2.** konieczność *f*

mustache [mə'stɑ:ʃ] *Am.* → **moustache**

mustard ['mʌstəd] musztarda *f*

mute [mju:t] **1.** *adj* niemy; **2.** niemowa *m*; *mus.* tłumik *m*

mutilate ['mju:tɪleɪt] okaleczyć

mutiny ['mju:tɪnɪ] **1.** bunt *m*; **2.** ⟨z⟩buntować się

mutter ['mʌtə] **1.** mruczeć, mamrotać; (*complain*) szemrać; **2.** mruczenie *n*, pomruk *m*

mutton ['mʌtn] baranina *f*

mutual ['mjuːtʃʊəl] wzajemny; (equally shared) wspólny

muzzle ['mʌzl] 1. pysk m; kaganiec m; mil. wylot m lufy; 2. a. fig. nakładać ⟨nałożyć⟩ kaganiec

my [maɪ] mój

myself [maɪ'self] reflexive: się;

siebie, sobie; emphasis: (ja) sam(a)

mysterious [mɪ'stɪərɪəs] tajemniczy; ~y ['-stərɪ] tajemnica f

mystify ['mɪstɪfaɪ] ⟨za⟩intrygować

myth [mɪθ] mit m; ~ology [-'θɒlədʒɪ] mitologia f

N

nag [næg] zrzędzić; marudzić; '~ging dokuczliwy

nail [neɪl] 1. anat. paznokieć m; for hammering: gwóźdź m; 2. przybi(ja)ć; '~ polish, ~ varnish lakier m do paznokci

naked ['neɪkɪd] nagi, goły

name [neɪm] 1. nazwa f; first: imię n; (surname) nazwisko n; what's your ~? jak się nazywasz?; call s.o. ~s ⟨na⟩wymyślać komuś; 2. naz(y)wać, nada(wa)ć imię; (identify) wymieni(a)ć; '~ly mianowicie; '~sake imiennik m

nanny ['nænɪ] niania f

nap [næp] 1. drzemka f; have/take a ~ → 2. zdrzemnąć się

napkin ['næpkɪn] serwetka f; Brt. → '~py Brt. pieluszka f

narcotic [nɑː'kɒtɪk] 1. narkotyk m; 2. adj narkotyczny

narrate [nə'reɪt] opowiadać ⟨-wiedzieć⟩; ~ion narracja f; ~or [nə'reɪtə] narrator m

narrow ['nærəʊ] 1. adj wąski;

fig. ograniczony; 2. zwężać ⟨zwęzić⟩ się; '~ly o włos; ~-'minded ograniczony

nasty ['nɑːstɪ] nieprzyjemny; smell: przykry; (malicious) złośliwy; accident etc.: groźny

nation ['neɪʃn] naród m

national ['næʃənl] 1. adj narodowy; 2 Health Service Brt. państwowa służba f zdrowia; 2 Insurance Brt. system m ubezpieczeń społecznych; 2. park park m narodowy; 2. obywatel m; ~ity [-'nælətɪ] narodowość f; ~ize ['-ʃnalaɪz] ⟨z⟩nacjonalizować

native ['neɪtɪv] 1. adj ojczysty; ~ country ojczyzna f; ~ language język m ojczysty; 2. krajowiec m

natural ['nætʃrəl] naturalny; (innate) wrodzony; ~ gas gaz m ziemny; '~ly naturalizować; bot., zo. aklimatyzować; ~ science nauki pl przyrodnicze

nature ['neɪtʃə] natura f, przyroda f

naughty ['nɔːtɪ] niegrzeczny

nautical ['nɔːtɪkl] morski, żeglarski; **~ mile** mila f morska

navel ['neɪvl] pępek m

navigable ['nævɪgəbl] żeglowny; **~te** [-'eɪt] sterować; pilotować; **~tion** [-'geɪʃn] nawigacja f

navy ['neɪvɪ] marynarka f wojenna

near [nɪə] **1.** adj bliski, niedaleki; **2.** adv blisko; **3.** prp obok, w pobliżu; **4.** v/t zbliżać ⟨-żyć⟩ się (do); **~by 1.** ['-baɪ] adj pobliski; **2.** [.-'baɪ] adv nieopodal, w pobliżu; **~ly** prawie; **~'sighted** krótkowzroczny

neat [niːt] schludny, czysty; whisky etc.: czysty, nierozcieńczony

necessarily ['nesəsərəlɪ] koniecznie; **not ~ily** niekoniecznie; **~y** ['-sərɪ] konieczny, nieodzowny, niezbędny

necessitate [nɪ'sesɪteɪt] wymagać; **~y** [.-'sesɪtɪ] konieczność f

neck [nek] szyja f m; shirt: kołnierzyk m; bottle: szyjka f; **~lace** ['-lɪs] naszyjnik m; **~line** dekolt m; **~tie** Am. krawat m

need [niːd] **1.** potrzebować, wymagać; (have to) musieć; **2.** potrzeba f; (poverty) bieda

f; (reason) powód m; **if ~ be** w razie potrzeby; **in ~** w potrzebie; **be in ~ of s.th.** potrzebować czegoś

needle ['niːdl] igła f

negate [nɪ'geɪt] ⟨za⟩negować, ⟨za⟩przeczyć; **~ion** negacja f, zaprzeczenie n; **~ive** ['negɪtɪv] **1.** adj answer etc.: przeczący; results etc.: negatywny; (less than zero) ujemny; **2.** przeczenie n; phot. negatyw m

neglect [nɪ'glekt] zaniedb(yw)ać

negligence ['neglɪdʒəns] niedbalstwo n; **~ent** niedbały; **~ible** nieistotny, bez znaczenia

negotiable [nɪ'gəʊʃɪət] v/i pertraktować; v/t ⟨wy⟩negocjować; **~ion** [.-'eɪʃn] negocjacja f; **~or** [.-'gəʊʃɪeɪtə] negocjator m

Negro ['niːgrəʊ] (pl **-groes**) Murzyn m

neighbo(u)r ['neɪbə] sąsiad(ka f) m; **~hood** sąsiedztwo n; dzielnica f

neither ['naɪðə, Am. 'niːðə] **1.** adj, pron żaden (z dwóch); **2.** cj: **~ ... nor** ani... ani; **3.** adv też nie

nephew ['nevjuː] bratanek m, siostrzeniec m

nerve [nɜːv] anat., bot. nerw m; (courage) zimna krew f; F tupet m; **~-racking** denerwujący, szarpiący nerwy

nervous ['nɜːvəs] nerwowy,

(*worried*) zdenerwowany, niespokojny

nest [nest] **1.** gniazdo *n*; **2.** ⟨za⟩gnieździć się

net [net] siatka *f*; ~ **curtain** firanka *f*

network ['netwɜːk] *radio, roads etc.* sieć *f*

neutral ['njuːtrəl] **1.** *adj* neutralny; *electr.* obojętny; **2.** państwo *n* neutralne; *mot.* luz *m*; **~ity** [.'træliti] neutralność *f*; **~ize** ['.trəlaiz] unieszkodliwi(a)ć

never ['nevə] nigdy; **~-ending** [.-ər-] nie kończący się; **~theless** [.ðə'les] niemniej, jednak

new [njuː] nowy; świeży; *potatoes:* młody; **nothing ~** nic nowego; **~born** nowo narodzony; **~comer** przybysz *m*; **~ly** *adv* niedawno, dopiero co; **~ moon** nów *m*

news [njuːz] *sg* wiadomości *pl*; ~ **agency** agencja *f* informacyjna; **~agent** *Brt.* kioskarz *m* (-rka *f*); **~cast** *radio, TV:* dziennik *m*; **~caster** lektor(ka *f*) *m* dziennika; ~ **dealer** *Am.* → **newsagent; ~letter** biuletyn *m*; **~paper** gazeta *f*; **~reader** *Brt.* → **newscaster; ~reel** kronika *f* filmowa; **~stand** kiosk *m*

new year nowy rok *m*; **Happy** ⁓! Szczęśliwego Nowego Roku!; ⁓**'s Day** Nowy Rok *m*; ⁓**'s Eve** Sylwester *m*

next [nekst] **1.** *adj* następny; *week etc.:* przyszły; ~ **door** obok; ~ **but one** przedostatni; **2.** *adv* następnie, potem; później; ~ **to** obok; **~door** sąsiedni; najbliższy

nice [nais] miły, przyjemny; **~ly** *adv* miło, przyjemnie

nickname ['nikneim] **1.** przydomek *m*, przezwisko *n*; **2.** przezwać

niece [niːs] bratanica *f*, siostrzenica *f*

niggard ['nigəd] *contp.* skąpiec *m*, sknera *m*, *f*; **~ly** skąpy

night [nait] noc *f*; (*evening*) wieczór *m*; **at** ~, **by** ~, **in the** ~ nocą, w nocy; **good** ~ dobranoc; **~club** klub *m* nocny; **~dress** koszula *f* nocna; **~fall: at ~fall** o zmroku; **~gown** koszula *f* nocna; **~ingale** [.-iŋgeil] słowik *m*; **~ly** **1.** *adj* conocny; cowieczorny; **2.** *adv* co noc, co wieczór; **~mare** ['.meə] koszmar *m*; ~ **school** szkoła *f* wieczorowa; ~ **shift** nocna zmiana *f*; **~shirt** koszula *f* nocna; **~time: at ~time, in the ~time** w nocy, nocą

nine [nain] dziewięć; **~teen** [.'tiːn] dziewiętnaście; **~ety** dziewięćdziesiąt; **~th** [nainθ] dziewiąty

nipple ['nipl] *anat.* sutek *m*, brodawka *f* (piersiowa)

nitrogen ['naitrədʒən] azot *m*

no [nəu] **1.** *adv* nie; **2.** *adj*

żaden; ~ **one** nikt

nobility [nəʊ'bɪlətɪ] szlachetność f; (aristocracy) szlachta f

noble ['nəʊbl] szlachetny; family etc.: szlachecki

nobody ['nəʊbədɪ] nikt

nod [nɒd] **1.** skinąć głową; ~ **off** przysnąć; **2.** skinienie n (głowy)

noise [nɔɪz] hałas m, dźwięk m; radio etc.: szum m; '~**less** bezszelestny, bezgłośny

noisy ['nɔɪzɪ] hałaśliwy

nomin|al ['nɒmɪnl] nominalny; payment: symboliczny; ~**ate** ['-eɪt] mianować; (appoint) wysuwać ⟨-sunąć⟩ kandydaturę; ~**ation** [-'neɪʃn] nominacja f

non... [nɒn] bez..., bez...

nonalcoholic bezalkoholowy

noncommissioned officer podoficer m

none [nʌn] **1.** pron żaden; **2.** adv (wcale) nie; ~**theless** [-ðə'les] → **nevertheless**

nonexistent nie istniejący

non(in)flammable niepalny

non-'iron niemnący się

no-'nonsense rzeczowy

nonsense ['nɒnsəns] absurd m, niedorzeczność f

non'stop nieprzerwany, non stop; train etc.: bezpośredni

noodle ['nuːdl] kluska f, makaron m

noon [nuːn] południe n; **at** ~ w południe

nor [nɔː] → **neither** 2; też nie

norm [nɔːm] norma f; '~**al** normalny; '~**alize** ⟨z⟩normalizować;'~**ally** adv normalnie; zwykle

north [nɔːθ] **1.** północ f; **2.** adj północny; **3.** adv na północ; ~**erly** ['-əlɪ], ~**ern** ['-ðn] adj północny; ~**ward(s)** ['-wəd(z)] adv na północ

Nor|way ['nɔːweɪ] Norwegia f; ~**wegian** [-'wiːdʒən] **1.** adj norweski; **2.** Norweg m (-weżka f)

nose [nəʊz] nos m; węch m; plane etc.: dziób m

nostril ['nɒstrəl] nozdrze n

nosy ['nəʊzɪ] wścibski

not [nɒt] nie; ~ **a** ani

notable ['nəʊtəbl] godny uwagi

notary ['nəʊtərɪ] mst ~ **public** notariusz m

note [nəʊt] **1.** often pl notatka f; (remark) uwaga f; diplomatic: nota f; (letter) liścik m; (money) banknot m; mus. nuta f; **take** ~ **of** s.th. zwrócić uwagę na coś; **2.** zauważać ⟨-żyć⟩; often ~ **down** ⟨za⟩notować; '~**book** notes m; '~**d** znany; '~**pad** notatnik m

nothing ['nʌθɪŋ] nic; ~ **but** tylko; ~ **much** niewiele; **for** ~ na nic; (free) za darmo; **to say** ~ **of** nie mówiąc już o

notice ['nəʊtɪs] **1.** wiadomość f, ogłoszenie n; (dismissal) wypowiedzenie n; (attention) uwaga f; **at short** ~ w krót-

kim terminie, bez uprzedze-
nia; *until further* ~ aż do od-
wołania; *give s.o.* ~ uprzedzać ⟨-dzić⟩ kogoś; *four
weeks'* ~ czterotygodniowe
wypowiedzenie; *take* ~ *of
s.th.* zwrócić uwagę na coś;
2. zauważyć; '**~able** widoczny, dostrzegalny

notify ['nəutifai] zawiadamiać ⟨-domić⟩

notion ['nəuʃn] pojęcie *n*;
(*whim*) kaprys *m*

notorious [nəu'tɔːriəs] osła-
wiony; znany (*for* z)

nought [nɔːt] *Brt.* zero *n*

noun [naun] *gr.* rzeczownik
m

nourish ['nʌriʃ] ⟨wy⟩żywić,
odżywiać; *fig.* żywić; '**~ing**
pożywny; '**~ment** pożywienie *n*

novel ['nɔvl] 1. powieść *f*; 2.
adj nowatorski; '**~ist** ['-əlist]
powieściopisarz *m* (-sarka
f); '**~ty** nowatorstwo *n*, nowość *f*

November [nəu'vembə] listopad *m*

novice ['nɔvis] nowicjusz(ka
f) *m* (*a. eccl.*)

now [nau] teraz, obecnie; ~
and again, ~ *and then* od
czasu do czasu; *by* ~ już;
from ~ *on* odtąd; *just* ~ dopiero co, przed chwilą

nowadays ['nauədeiz] w dzi-
siejszych czasach, obecnie

nowhere ['nəuweə] nigdzie

nuclear ['njuːklə] jądrowy,

nuklearny; ~ **energy** energia
f jądrowa; ~ **physics** *sg* fizy-
ka *f* jądrowa; ~ **power** energia *f* jądrowa; ~ **power station** elektrownia *f* jądrowa;
~ **reactor** reaktor *m* jądrowy; ~ **waste** odpady *pl* pro-
mieniotwórcze; ~ **weapons**
pl broń *f* jądrowa

nude [njuːd] 1. *adj* nagi; 2. *art:*
akt *m; in the* ~ nago

nuisance ['njuːsns] utrapienie *n; make a* ~ *of o.s.* być
nieznośnym

numb [nʌm] 1. *adj a. fig.* zdręt-
wiały, skostniały (*with* z); 2.
⟨s⟩paraliżować

number ['nʌmbə] 1. liczba *f*,
cyfra *f*; (*issue*) numer *m*; 2.
v/t ⟨po⟩numerować; *form.*
(*include*) zaliczać ⟨-czyć⟩;
v/i liczyć, wynosić; '**~less**
niezliczony; '**~plate** *Brt.
mot.* tablica *f* rejestracyjna

numer|al ['njuːmərəl] liczeb-
nik *m;* '**~ous** liczny

nun [nʌn] zakonnica *f*

nurse [nɜːs] 1. pielęgniarka *f*;
(*nanny*) opiekunka *f*; 2.
people pielęgnować; *illness*
leczyć

nursery ['nɜːsəri] żłobek *m*; ~
rhyme rymowanka *f*; ~
school przedszkole *n*; ~
teacher przedszkolanka *f*

nursing ['nɜːsiŋ] pielęgniar-
stwo *n*

nut [nʌt] orzech *m; tech.* nakrętka *f*; '**~cracker(s** *pl*)
dziadek *m* do orzechów

nuts [nʌts] F stuknięty F
'**nut**|**shell** skorupka f orze-
cha; *in a ~shell* w paru słowach, w (największym)
skrócie; '**~ty** orzechowy

nylon ['naɪlɒn] nylon m

O

o [əʊ] **1.** och!, ach!; **2.** *teleph.*
zero n

oak [əʊk] dąb m

oar [ɔː] wiosło n

oasis [əʊˈeɪsɪs] (*pl* -ses
[-siːz]) oaza f (a. fig.)

oat [əʊt] *mst pl* owies m

oath [əʊθ] (*pl* ~**s** [əʊðz]) przysięga f; *on* / *under* ~ pod
przysięgą

obedien|**ce** [əˈbiːdjəns] po-
słuszeństwo n; **~t** posłuszny

obey [əˈbeɪ] ⟨u⟩słuchać; *order
etc.* spełni(a)ć (rozkaz); *law*
przestrzegać

obituary [əˈbɪtjʊərɪ] nekrolog
m

object 1. ['ɒbdʒɪkt] przedmiot
m, obiekt m; (*purpose*) cel m;
gr. dopełnienie n, **2.**
[əbˈdʒekt] sprzeciwi(a)ć się;
~ion [əbˈdʒekʃn] sprzeciw
m; zarzut m; **~ive 1.** adj
obiektywny; **2.** cel m

obligat|**ion** [ɒblɪˈgeɪʃn] obo-
wiązek m, zobowiązanie n;
~ory [əˈblɪgətərɪ] obowiązkowy

oblig|**e** [əˈblaɪdʒ] zobowiąz(yw-
)ać; (*do a favour*) ⟨z⟩robić
grzeczność; *much ~ed!* bardzo dziękuję!; **~ing** uprzejmy

oblique [əˈbliːk] skośny; (*indirect*) okrężny

oblong ['ɒblɒŋ] **1.** prostokąt
m; **2.** adj podłużny

obscene [əbˈsiːn] sprośny

obscure [əbˈskjʊə] **1.** adj
mroczny; (*not known*) nieznany; *fig.* niejasny; **2.** zasła-
niać ⟨-łonić⟩, zaciemni(a)ć

observa|**nce** [əbˈzɜːvns]
przestrzeganie n; **~nt** [-nt]
spostrzegawczy; **~tion**
[ɒbzəˈveɪʃn] obserwacja f;
(*remark*) spostrzeżenie n;
~tory [əbˈzɜːvətrɪ] obserwa-
torium n

observe [əbˈzɜːv] spostrze-
gać ⟨-trzec⟩; (*watch*) obser-
wować; *law etc.* przestrzegać; **~r** obserwator m

obsess [əbˈses]: *~ed by/with
s.th.* opętany przez coś;
~ion obsesja f

obsolete ['ɒbsəliːt] przestarzały

obstacle ['ɒbstəkl] przeszkoda f

obstin|**acy** ['ɒbstɪnəsɪ] upór
m; **~ate** ['-ənət] uparty

obstruct [əbˈstrʌkt] ⟨za⟩taras-
ować, ⟨za⟩tamować; **~ion**
[-kʃn] zator m; *pol., med.* ob-
strukcja f

obtain [əb'teɪn] uzysk(iw)ać, otrzym(yw)ać; **~able** do nabycia

obvious ['ɒbvɪəs] oczywisty

occasion [ə'keɪʒn] okazja *f*, sposobność *f*; (*event*) uroczystość *f*; **~al** sporadyczny; **~ally** czasami, niekiedy

occupant ['ɒkjʊpənt] mieszkaniec *m*, lokator *m*; **~ation** [-'peɪʃn] (*job, pastime*) zajęcie *n*; *mil.* okupacja *f*; **~y** ['-paɪ] zajmować ⟨-jąć⟩; *mil.* okupować

occur [ə'kɜː] zdarzać ⟨-rzyć⟩ się; *it ~red to me* przyszło mi na myśl; **~rence** [ə'kʌrəns] zdarzenie *n*

ocean ['əʊʃn] ocean *m*

o'clock [ə'klɒk] godzina *f*; (*at*) *five ~* o piątej

October [ɒk'təʊbə] październik *m*

octopus ['ɒktəpəs] ośmiornica *f*

odd [ɒd] dziwny; *number*: nieparzysty; **~s** *pl* szanse *pl*

of [ɒv, əv] *z* (*proud ~*); od (*north ~*); na (*die ~*); o (*speak ~ s.th.*); *the city ~ London* miasto Londyn; *the works ~ Dickens* dzieła Dickensa; *your letter ~...* Pański list z...; *five minutes ~ twelve Am.* za pięć dwunasta

off [ɒf] **1.** *adv* precz; *light etc.*: wyłączony; (*cancelled*) odwołany; (*free*) wolny, nie pracujący; *food*: zepsuty; **2.**

prp z; od; **3.** *adj* prawy

offence, *Am.* **~se** [ə'fens] obraza *f*; *jur.* przestępstwo *n*; **~d** [-nd] obrażać ⟨-razić⟩, urażać ⟨urazić⟩; **~sive 1.** *adj* obraźliwy; *weapons*: ofensywny, zaczepny; **2.** ofensywa *f*

offer ['ɒfə] **1.** oferta *f*, propozycja *f*; **2.** ⟨za⟩proponować; ⟨za⟩ofiarować

office ['ɒfɪs] biuro *n*; gabinet *m*; urząd *m*; **~ block** biurowiec *m*; **~ hours** *pl* godziny *pl* urzędowania

officer ['ɒfɪsə] funkcjonariusz *m*; *mil.* oficer *m*

official [ə'fɪʃl] **1.** *adj* urzędowy; oficjalny; **2.** (*wyższy*) urzędnik *m*

often ['ɒfn] często

oil [ɔɪl] **1.** olej *m*, oliwa *f*; (*petroleum*) ropa *f*; **2.** ⟨na⟩oliwić; **~cloth** cerata *f*; **~painting** obraz *m* olejny; **~well** szyb *m* naftowy; **~y** oleisty, tłusty

ointment ['ɔɪntmənt] maść *f*

old [əʊld] stary; **~ age** podeszły wiek *m*; **~ age pension** renta *f* starcza; **~-fashioned** staromodny

olive ['ɒlɪv] oliwka *f*; (*tree*) drzewo *n* oliwne

Olympic Games [əʊ'lɪmpɪk] *pl* olimpiada *f*, igrzyska *pl* olimpijskie

omelet(te) ['ɒmlɪt] omlet *m*

omission [ə'mɪʃn] pominięcie *n*, opuszczenie *n*; **~t**

opuszczać ⟨opuścić⟩, pomijać ⟨-minąć⟩

on [ɒn] **1.** *prp* na ⟨*~ the table*⟩; w ⟨*~ a plane*⟩; (*towards*) do, ku; *time:* w ⟨*~ Sunday*⟩; po ⟨*~ his arrival*⟩; (*near*) przy, nad; (*about*) na temat; **2.** *adv, adj light etc.:* włączony; *clothes:* na (sobie, siebie); (*forward*) dalej; *thea. etc.* w programie; *and so* ~ i tak dalej; *~ and* ~ bez końca

once [wʌns] **1.** *adv* raz; (*formerly*) niegdyś; *~ again,* ~ *more* jeszcze raz; *at* ~ natychmiast; *all at* ~ nagle; *for* ~ choć raz; **2.** *cj* skoro

one [wʌn] *adj* jeden; pewien; *pron, s* jeden; pewien; ktoś, ktokolwiek; ten; *~ day, ~ of these days* kiedyś, któregoś dnia; *~ by* ~ jeden po drugim; *~ another* jeden drugiego, nawzajem; *which* ~? który?; *~'self pron* się; sam; *~-sided* jednostronny; *~-way: ~-way street* ulica *f* jednokierunkowa; *~-way ticket Am.* bilet *m* w jedną stronę

onion ['ʌnjən] cebula *f*

only ['əʊnlɪ] **1.** *adj* jedyny; **2.** *adv* tylko, jedynie; *~ just* co dopiero co

onto ['ɒntʊ, 'ɒntə] *prp* na

onward ['ɒnwəd] naprzód, do przodu; *~(s)* naprzód; *from now ~(s)* odtąd

ooze [uːz] sączyć się

open ['əʊpən] **1.** *adj* otwarty; *in the ~ air* na otwartym po-

wietrzu; **2.** *v/t* otwierać ⟨-worzyć⟩; *v/i* otwierać ⟨-worzyć⟩ się; *~'air* na wolnym powietrzu; *~'handed* szczodry, hojny; *~ing* otwarcie *n*; otwór *m*; *~ly* otwarcie; *~'minded* z otwartą głową

opera ['ɒpərə] opera *f*; *~ glasses pl* lornetka *f* teatralna; *~ house* opera *f*

operat|e ['ɒpəreɪt] *v/t machine* obsługiwać; *med.* ⟨z⟩operować (*on s.o.* kogoś); *~ing system computer:* system *m* operacyjny; *~ing theatre* sala *f* operacyjna; *~ion* [-'reɪʃn] działanie *n*; *med., tech.* operacja *f*

opinion [ə'pɪnjən] opinia *f*, zdanie *n*, pogląd *m*; *in my* ~ moim zdaniem

opponent [ə'pəʊnənt] przeciwnik *m*

opportun|e ['ɒpətjuːn] stosowny; *~ity* [-'tjuːnətɪ] sposobność *f*, okazja *f*

oppos|e [ə'pəʊz] sprzeciwiać się; *be ~ed to ...* być przeciw(ko) ...; *as ~ed to* w przeciwieństwie do; *~ite* ['ɒpəzɪt] **1.** *adj* przeciwny; **2.** *adv* naprzeciw(ko); **3.** *s* przeciwieństwo *n*; *~ition* [ɒpə'zɪʃn] sprzeciw *m*; *pol.* opozycja *f*

oppress [ə'pres] uciskać, ciemiężyć; *~ive* uciążliwy

optician [ɒp'tɪʃn] optyk *m*

optimism ['ɒptɪmɪzəm] optymizm *m*

option ['ɒpʃn] opcja *f*, wybór *m*; **~al** ['ɒpʃənl] fakultatywny

or [ɔː] *cj* lub; albo; czy; **~ else** bo; inaczej (bowiem)

oral ['ɔːrəl] ustny

orange ['ɒrɪndʒ] **1.** pomarańcza *f*; **2.** *adj* pomarańczowy

orbit ['ɔːbɪt] **1.** okrążać; **2.** orbita *f*

orchard ['ɔːtʃəd] sad *m*

orchestra ['ɔːkɪstrə] orkiestra *f*

ordeal [ɔːˈdiːl] ciężka próba *f*

order ['ɔːdə] **1.** kolejność *f*; (*discipline*) porządek *m*, ład *m*; *econ.* zamówienie *n*, zlecenie *n*; (*command*) rozkaz *m*; (*distinction*) order *m*, odznaczenie *n*; *eccl.* zakon *m*; **in ~ to** aby; **out of ~** nieczynny, zepsuty; **2.** (*command*) rozkaz(yw)ać; (*ask for*) zamawiać ‹-mówić›; (*arrange*) ‹u›porządkować; *med.* przepis(yw)ać, zalecać ‹-cić›; **~ly 1.** *adj* zdyscyplinowany, systematyczny; **2.** sanitariusz *m*

ordinary ['ɔːdnrɪ] zwykły; przeciętny

ore [ɔː] ruda *f*

organ ['ɔːgən] narząd *m*, organ *m*; *mus.* organy *pl*; **~ic** [ɔːˈgænɪk] organiczny

organiz|ation [ɔːgənaɪˈzeɪʃn] organizacja *f*; **~e** [ˈnaɪz] ‹z›organizować

orientate ['ɔːrɪənteɪt] ‹z›orientować się, rozeznawa(wa)ć się

origin ['ɒrɪdʒɪn] pochodzenie *n*; początek *m*; **~al** [əˈrɪdʒənl] **1.** *adj* pierwotny; (*unusual*) oryginalny, autentyczny; **2.** *art:* oryginał *m*; **~ality** [ərɪdʒɪˈnælətɪ] oryginalność *f*; **~ate** [əˈrɪdʒəneɪt] pochodzić, zrodzić się

orphan ['ɔːfn] sierota *m*, *f*; **~age** sierociniec *m*

ostrich ['ɒstrɪtʃ] struś *m*

other ['ʌðə] inny; drugi; **the ~ day** niedawno; **every ~ day** co drugi dzień; **~wise** ['-waɪz] poza tym; inaczej

otter ['ɒtə] wydra *f*

ought [ɔːt] *v/aux* powinien, trzeba; **you ~ to have done it** powinieneś był/trzeba było to zrobić

ounce [aʊns] uncja *f* (28, 35 g)

our [aʊə] *adj* nasz; **~selves** ['-'selvz] *reflexive:* się, siebie, sobie; *emphasis:* (my) sami, (my) same

out [aʊt] **1.** *adv* na zewnątrz; poza domem; (*completely*) całkiem; (*aloud*) głośno; *sp.* autowy; (*not fashionable*) niemodny; **2.** *prp:* **~ of** z; poza; bez; **be ~ of s.th.** nie mieć czegoś

'out|break, **'~burst** wybuch *m*

'outcome wynik *m*

out'dated przestarzały

out'do (*-did, -done*) prześcigać ‹-gnąć›, przewyższać ‹-szyć›

outdoor ['aʊtdɔː] na wolnym

powietrzu; *dress*: wyjściowy; **~s** [`_ˈdɔːz`] na (wolnym) powietrzu

outer [`ˈautə`] zewnętrzny; **~ space** przestrzeń *f* kosmiczna

'outfit strój *m*; wyposażenie *n*

out'grow (**-grew, -grown**) wyrastać ⟨-rosnąć⟩ (**s.th.** z czegoś)

'outing wycieczka *f*

'outline 1. zarys *m*, kontur *m*; 2. ⟨na⟩szkicować

out'live przeżyć (**s.o.** kogoś)

'outlook widok *m*; perspektywa *f*; *weather*: prognoza *f*; (*point of view*) pogląd *m*

out'number przewyższać ⟨-szyć⟩ liczebnie

out-of-'date przestarzały; niemodny

'output produkcja *f*; *computer*: wyjście *n*

outrage [`ˈautreɪdʒ`] 1. gwałt *m*, akt *m* przemocy; 2. ⟨za⟩szokować, oburzać ⟨-rzyć⟩; **~ous** [`_ˈreɪdʒəs`] skandaliczny, oburzający

outright 1. [aut`ˈraɪt`] *adv* całkowicie; (*at once*) na miejscu; (*openly*) bez ogródek, wprost; 2. [`ˈ_`] *adj* bezsporny

out'side 1. *s* zewnętrzna strona *f*; 2. *adj* zewnętrzny; 3. *adv* na zewnątrz, z zewnątrz; 4. *prp* na zewnątrz, poza; **~'sider** autsajder *m*

'outskirts *pl* peryferie *pl*

out'spoken szczery

out'standing wybitny; *bills*:

zaległy

outward [`ˈ_wəd`] 1. *adj* zewnętrzny; 2. *adv mst* **~s** na zewnątrz; **~ly** na zewnątrz; na pozór

out'wit przechytrzyć

oval [`ˈəuvl`] 1. *adj* owalny; 2. owal *m*

ovary [`ˈəuvəri`] jajnik *m*

oven [`ˈʌvn`] piekarnik *m*; piec *m*

over [`ˈəuvə`] 1. *prp* (po)nad; na; 2. *adv* na dół/ziemię; na drugą stronę, tam; **all ~** wszędzie; (**all**) **~ again** jeszcze raz, od początku; **~ and ~ again** wielokrotnie; **~all** [`ˈəuvərɔːl`] 1. *adj* całkowity; 2. kitel *m*, fartuch *m*; *pl* kombinezon *m*; **~cast** zachmurzony; **~'come** (**-came, -come**) przezwyciężać ⟨-żyć⟩; **~'crowded** przepełniony, zatłoczony; **~'do** (**-did, -done**) przesadzać ⟨-dzić⟩; **~'flow** przel(ew)ać się; **~'haul** *tech.* przeglądać ⟨-dnąć⟩; **~'head** 1. [`_ˈhed`] *adv* nad głową, powyżej; 2. [`ˈ_hed`] *adj* napowietrzny; **~'hear** (**-heard**) podsłuchać; **~'lap** zachodzić na siebie; **~'load** przeciążać ⟨-żyć⟩; **~'look** nie zauważyć, przeoczyć; **~'night** 1. *adj* nocny; 2. *adv* przez noc, na noc; *fig.* z dnia na dzień, nagle; **stay ~night** zostać na noc, przenocować; **~'rate** przeceni(a)ć, przeceni(a)ć; **~'rule** unieważni(a)ć;

~'run (-ran, -run) przekroczyć czas, przedłużyć się; be ~run with s.th. roić się od czegoś; ~'seas zamorski; ~'see (-saw, -seen) nadzorować; '~seer nadzorca m; '~sight przeoczenie n; ~'sleep (-slept) zaspać; ~'take (-took, -taken) wyprzedać <-dzić>; ~throw 1. ['~θrəʊ] (-threw, -thrown) obalać <-lić>; 2. ['~θrəʊ] przewrót m, obalenie n; '~time nadgodziny pl

over|'turn przewracać <-rócić> (się); ~whelm [əʊvə'welm] przygniatać <-gnieść>;

~'work 1. ['əʊvəwɜːk] przepracowanie n; 2. [-'wɜːk] przepraco(wy)wać się

owe [əʊ] być winnym (coś)

owing ['əʊɪŋ]: ~ to wskutek

owl [aʊl] sowa f

own [əʊn] 1. adj własny; on one's ~ samotnie; samodzielnie; 2. posiadać

owner ['əʊnə] właściciel(ka f) m; '~ship własność f; prawo n własności

ox [ɒks] (pl ~en ['~ən] wół m

oxygen ['ɒksɪdʒən] tlen m

oyster ['ɔɪstə] ostryga f

ozone ['əʊzəʊn] ozon m; ~ hole dziura f ozonowa; ~ layer warstwa f ozonowa

P

pace [peɪs] 1. krok m; tempo n; 2. wyścielać <-rzyć> krokami; v/i kroczyć; '~maker med. stymulator m serca

pacify ['pæsɪfaɪ] uspokajać <-koić>

pack [pæk] 1. tłumok m; cards: talia f; esp. Am. cigarettes etc.: paczka f; 2. v/t <za>pakować, <s>pakować; people <s>tłoczyć; v/i <s>pakować się; people: <s>tłoczyć się; '~age paczka f, pakunek m; computer: pakiet m; '~et ['~ɪt] paczka f, plik m

pact [pækt] pakt m

pad [pæd] 1. podkładka f,

wkładka f; blok m (do pisania); 2. wyścielać <-słać>

paddl|e ['pædl] 1. wiosło n; 2. wiosłować (walk in water) brodzić, taplać się; '~ing pool brodzik m

padlock ['pædlɒk] kłódka f

pagan ['peɪgən] 1. adj pogański; 2. poganin m (-nka f)

page [peɪdʒ] book etc.: strona f; hotel: goniec m

paid [peɪd] past and pp of pay 2

pail [peɪl] wiadro n

pain [peɪn] ból m; pl starania pl; take ~s dokładać <dołożyć> starań; '~ful bolesny;

'~less bezbolesny; **~staking** ['~zteɪkɪŋ] staranny

paint [peɪnt] farba *f*; 2. ⟨na⟩malować, ⟨po⟩malować; **'~box** pudełko *n* z farbami; **'~brush** pędzel *m*; **'~er** malarz *m* (*~*larka *f*); **'~ing** malowanie *n*; *art*: malarstwo *n*; (*picture*) obraz *m*

pair [peə] para *f*; *a ~ of...* para...

pajamas [pəˈdʒɑːməz] *pl Am.* pizama *f*

pal [pæl] F kumpel *m*, kompan *m* F

palace ['pælɪs] pałac *m*

pale [peɪl] blady

palm [pɑːm] dłoń *f*; (*tree*) palma *f*

pamphlet ['pæmflɪt] broszura *f*

pan [pæn] rondel *m*; *frying:* patelnia *f*; **'~cake** naleśnik *m*

pane [peɪn] szyba *f*

panic ['pænɪk] 1. panika *f*; 2. wpadać ⟨wpaść⟩ w panikę

pansy ['pænzɪ] *bot.* bratek *m*

pant [pænt] dyszeć, sapać

panties ['pæntɪz] *pl* majtki *pl*

pants [pænts] *pl esp. Am.* spodnie *pl*; *Brt.* majtki *pl*

panty hose ['pæntɪhəʊz] *Am.* rajstopy *pl*

paper ['peɪpə] 1. papier *m*; (*newspaper*) gazeta *f*; (*exam*) egzamin *m* (pisemny); *conference:* referat *m*; *pl* dokumenty *pl*; 2. ⟨wy⟩tapetować; **'~back** książka *f* w miękkiej

okładce; **~ bag** torba *f* papierowa; **~ clip** spinacz *m*; **~ cup** kubek *m* papierowy

parachute ['pærəʃuːt] spadochron *m*; **'~ist** spadochroniarz *m*

parade [pəˈreɪd] 1. parada *f*; defilada *f*; 2. paradować

paradise ['pærədaɪs] raj *m*

paragraph ['pærəgrɑːf] akapit *m*

parallel ['pærəlel] 1. *adj* równoległy; (*corresponding*) podobny; 2. linia *f* równoległa; *fig.* podobieństwo *n*; *geogr.* równoleżnik *m*

paraly|se *Am.* **-lyze** ['pærəlaɪz] ⟨s⟩paraliżować; **~sis** [pəˈrælɪsɪs] (*pl -ses* [-siːz]) paraliż *m*

parasite ['pærəsaɪt] pasożyt *m*

parcel ['pɑːsl] paczka *f*

pardon ['pɑːdn] 1. przebaczać ⟨-czyć⟩; *jur.* ułaskawia(a)ć; 2. *jur.* przebaczenie *n*; *jur.* ułaskawienie *n*; *I beg your ~* przepraszam

parent ['peərənt] rodzic *m*; *pl* rodzice *pl*; **~al** [pəˈrentl] rodzicielski

parish ['pærɪʃ] parafia *f*

park [pɑːk] 1. park *m*; 2. ⟨za⟩parkować

parking ['pɑːkɪŋ] parkowanie *n*; *place:* parking *m*; *no ~* zakaz *m* parkowania; **~ garage** *Am.* parking *m* wielopoziomowy; **~ lot** *Am.* parking *m*; **~ meter** parkometr *m*; **~**

place parking *m*; **~ ticket** mandat *m* za złe parkowanie

parliament ['pɑːləmənt] parlament *m*; **~ary** [-'mentəri] parlamentarny

parquet ['pɑːkeɪ] parkiet *m*

parrot ['pærət] papuga *f*

parsley ['pɑːslɪ] pietruszka *f*

parson ['pɑːsn] pastor; **'~age** plebania *f*

part [pɑːt] **1.** *v/t* ⟨po⟩dzielić, rozdzielać ⟨-lić⟩; *v/i* rozsta-(wa)ć się; **2.** część *f* (*a. tech.*); *thea., fig.* rola *f*; **take ~ in s.th.** brać ⟨wziąć⟩ udział w czymś

partial ['pɑːʃl] częściowy; (*biased*) stronniczy; **be ~ to s.th.** lubić coś; **~ity** [-ʃɪ'æləti] stronniczość *f*; zamiłowanie *n*, słabość *f*

particip|ant [pɑː'tɪsɪpənt] uczestni|k *m* (-niczka *f*); **~ate** [-peɪt] brać ⟨wziąć⟩ udział, uczestniczyć; **~ation** [-'peɪʃn] uczestnictwo *n*, udział *m*

particle ['pɑːtɪkl] cząstka *f*, drobina *f*

particular [pə'tɪkjʊlə] **1.** *adj* szczególny, specjalny; (*fussy*) wybredny; **in ~** szczególnie, w szczególności; **2.** szczegół *m*, detal *m*; *pl* personalia *pl*; dane *pl*; **~ly** szczególnie, zwłaszcza

'partly częściowo

partner ['pɑːtnə] partner(ka *f*) *m*, wspólnik *m* (-niczka *f*); **'~ship** współudział *m*;

(*company*) spółka *f*

'part-time na pół etatu

party ['pɑːtɪ] (*reception*) przyjęcie *n*; *pol.* partia *f*; (*group*) grupa *f*

pass [pɑːs] **1.** *v/t* przechodzić ⟨przejść⟩, przejeżdżać ⟨-jechać⟩; mijać ⟨minąć⟩; *mot.* wymijać ⟨-minąć⟩; *time* spędzać ⟨-dzić⟩; *ball* poda(wa)ć; *exam* zdać; *law* uchwalić; *judgment* wyda(wa)ć; *v/i* mijać ⟨minąć⟩; przechodzić ⟨przejść⟩, przejeżdżać ⟨-jechać⟩; *cards:* ⟨s⟩pasować; *time:* mijać ⟨minąć⟩; **~ away** umrzeć; **~ for** uchodzić za, udawać; **~ over** pomijać ⟨-minąć⟩; **2.** przepustka *f*; *mountain:* przełęcz *f*; *sp.* podanie *n*; *school:* zdanie *n* egzaminu; *univ.* zaliczenie *n*

passage ['pæsɪdʒ] przejście *n*; (*corridor*) korytarz *m*; *of time:* upływ *m*; (*journey*) podróż *f* (morska)

passenger ['pæsɪndʒə] pasażer(ka *f*) *m*

passer-by [pɑːsə'baɪ] (*pl* **passers-by**) przechodzień *m*

passion ['pæʃn] namiętność *f*, pasja *f*; **~ate** ['-ət] namiętny

passive ['pæsɪv] bierny

pass|port ['pɑːspɔːt] paszport *m*; **'~word** hasło *n*

past [pɑːst] **1.** *s* przeszłość *f*; **2.** *adj* przeszły, ubiegły, miniony; **3.** *adv* obok; **4.** *prp* obok;

po; *half* ~ *two* wpół do trzeciej

paste [peɪst] 1. ciasto *n*; pasta *f*; (*glue*) klej *m*; 2. ⟨s⟩kleić, naklejać ⟨-leić⟩; '~board tektura *f*

pastime ['pɑ:staɪm] rozrywka *f*

pastry ['peɪstrɪ] ciasto *n*

pasture ['pɑ:stʃə] pastwisko *n*

patent ['peɪtənt] 1. patent *m*; 2. opatentować; 3. *adj* patentowy; F oryginalny, swój własny

path [pɑ:θ] (*pl* ~s [-ðz]) ścieżka *f*; droga *f*

pathetic [pə'θetɪk] żałosny

patience ['peɪʃns] cierpliwość *f*; '~t 1. *adj* cierpliwy; 2. pacjent(ka *f*) *m*

patriot ['pætrɪət] patriota *m* (-tka *f*); '~ic [-'ɒtɪk] patriotyczny

patrol [pə'trəʊl] 1. patrol *m*; 2. patrolować; ~ car radiowóz *m*

pattern ['pætən] wzór *m*; wykrój *m*

pause [pɔːz] 1. przerwa *f*; 2. ⟨z⟩robić przerwę

pave [peɪv] ⟨wy⟩brukować; *fig. way* ⟨u⟩torować; '~ment *Brt.* chodnik *m*

paw [pɔː] łapa *f*

pawn [pɔːn] 1. pionek *m*; 2. zastawia(ć

pay [peɪ] 1. płaca *f*; 2. (*paid*) *a. fig.* ⟨za⟩płacić (*for* za); spłacać ⟨-cić⟩; *visit* składać

⟨złożyć⟩; *attention* zwracać ⟨-rócić⟩; '~able płatny; '~day dzień *m* wypłaty; '~ment zapłata *f*, opłata *f*; '~roll lista *f* płac

pea [piː] groszek *m*

peace [piːs] pokój *m*; (*calmness*) spokój *m*; '~ful pokojowy; (*calm*) spokojny

peach [piːtʃ] brzoskwinia *f*

peacock ['piːkɒk] paw *m*

peak [piːk] szczyt *m*; *cap*: daszek *m*; ~ hours *pl* godziny *pl* szczytu

peanut ['piːnʌt] orzeszek *m* ziemny

pear [peə] gruszka *f*

pearl [pɜːl] perła *f*

peasant ['peznt] chłop *m*, wieśniak *m*

peck [pek] dziobać ⟨-bnąć⟩

peculiar [pɪ'kjuːlɪə] osobliwy; (*exclusive*) specyficzny (*to* dla); ~ity [-lɪ'ærətɪ] osobliwość *f*

pedal ['pedl] 1. *tech.* pedał *m*; 2. pedałować

pedestrian [pɪ'destrɪən] pieszy *m*; ~ crossing przejście *n* dla pieszych; ~ precinct deptak *m*

pedigree ['pedɪgriː] rodowód *m*, pochodzenie *n*

pee [piː] F siusiać

peel [piːl] 1. skórka *f*; 2. *v/t* ob(ie)rać; *v/i* ⟨z⟩łuszczyć się

peep [piːp] 1. zerknięcie *n*; 2. zerkać ⟨-knąć⟩

peer [pɪə] przyglądać ⟨-dnąć⟩ się

peg [peg] kołek *m*; wieszak *m*; (*a.* **clothes ~**) klamerka *f* (do bielizny)

pen [pen] pióro *n*; długopis *m*

penalty ['penltı] kara *f*; (*a.* **~ty kick**) *sp.* rzut *m* karny

pence [pens] → **penny**

pencil ['pensl] ołówek *m*

penetrat|e ['penıtreıt] przenikać ⟨-knąć⟩; **~ion** [-'treıʃn] przenikanie *n*, penetracja *f*

penguin ['pengwın] pingwin *m*

'penholder obsadka *f*

peninsula [pə'nınsjulə] półwysep *m*

penis ['pi:nıs] penis *m*, prącie *n*

'pen|knife (*pl* **-knives**) scyzoryk *m*; **~ name** pseudonim *m* literacki

penniless ['penlıs] bez grosza, biedny

penny ['penı] (*pl* **pennies** or **pence** [pens]) pens *m*

pension ['penʃn] emerytura *f*; renta *f*; **~ off** przenosić ⟨-nieść⟩ na emeryturę; **~er** ['-ʃənə] emeryt(ka *f*) *m*; rencista *m* (-tka *f*)

penthouse ['penthaʊs] luksusowe mieszkanie na dachu budynku

people ['pi:pl] *pl* ludzie *pl*; *sg* naród *m*

pepper ['pepə] **1.** pieprz *m*; papryka *f*; **2.** ⟨po⟩pieprzyć; **~mint** pieprz *f* pieprzowa; *sweet:* cukierek *m* miętowy

per [p3:] na; od

perceive [pə'si:v] ⟨s⟩postrzegać

per| cent [pə'sent] procent *m*; **~centage** (*proportion*) procent *m*

perceptible [pə'septəbl] dostrzegalny

percolator ['p3:kəleıtə] zaparzacz *m* do kawy

percussion [pə'kʌʃn] *mus.* perkusja *f*; **~ instrument** instrument *m* perkusyjny

perfect **1.** ['p3:fıkt] *adj* doskonały; (*complete*) zupełny, całkowity; **2.** [pə'fekt] ⟨u⟩doskonalić; **~ion** [-'fekʃn] perfekcja *f*; doskonałość *f*

perforate ['p3:fəreıt] przedziurawi(a)ć

perform [pə'fɔ:m] wykon(yw)ać, dokon(yw)ać; *thea., mus.* wystawi(a)ć, zagrać; **~ance** wykonanie *n*; *thea., mus.* występ *m*, przedstawienie *n*; **~er** wykonawca *m*, odtwórca *m*

perfume ['p3:fju:m] perfumy *pl*; zapach *m*

perhaps [pə'hæps, præps] może

period ['pıərıəd] okres *m* (*a. physiol.*); *esp. Am.* kropka *f*; **~ic** [-'ɒdık] okresowy; **~ical 1.** *adj* okresowy; **2.** czasopismo *n*

peripheral [pə'rıfərəl] **1.** *adj* peryferyjny; **2.** *computer:* urządzenie *n* peryferyjne

perish ['perıʃ] zginąć

perm [pɜːm] trwała f; **~anent**
['.ənənt] trwały, stały
permi|ssion [pə'mɪʃn] po-
zwolenie n; **~t 1.** [.t] zezwalać ⟨-wolić⟩; umożliwi(a)ć
2. ['pɜːmɪt] pozwolenie n,
zezwolenie n

perpetual [pə'petʃuəl] wieczny; (uninterrupted) nieustanny

persecut|e ['pɜːsɪkjuːt] prze-
śladować; **~ion** [.'kjuːʃn]
prześladowanie n

persist [pə'sɪst] weather:
utrzymywać się; person:
upierać się, obstawać (in/
with przy); **~ent** uparty

person ['pɜːsn] osoba f; **~al**
osobisty; (private) prywatny;
~al computer komputer m
osobisty; pecet m F; **~ality**
[.əˈnælɪtɪ] osobowość f;
osobistość f; **~ify** [pə'sɒnɪfaɪ]
ucieleśni(a)ć; personifiko-
wać

personnel [pɜːsəˈnel] personel m; **~ manager** kierownik
m działu kadr

persua|de [pə'sweɪd] przeko-
n(yw)ać; **~sion** [.ʒn] per-
swazja f; **~sive** przekony-
wający

perver|se [pə'vɜːs] przekor-
ny; (annoying) uparty; per-
wersyjny, nienaturalny; **~t**
1. [.'vɜːt] ⟨z⟩ deprawować;
wypaczać ⟨-czyć⟩; **2.**
['pɜːvɜːt] zboczeniec m

pessimism ['pesɪmɪzəm] pe-
symizm m

pest [pest] szkodnik m; zara-
za f; F utrapienie n; **~er** molestować, naprzykrzać się

pet [pet] **1.** zwierzę n domowe; **2.** pieścić

petition [pə'tɪʃn] **1.** petycja f;
2. wnosić ⟨wnieść⟩ petycję

pet name pieszczotliwe imię
n

petrol ['petrəl] Brt. benzyna f;
~ ga(u)ge wskaźnik m pali-
wa; **~ pump** pompa f paliwo-
wa; **~station** stacja f benzynowa

pet shop sklep m ze zwierzę-
tami

pharmacy ['fɑːməsɪ] apteka
f; study: farmacja f

phase [feɪz] faza f

pheasant ['feznt] bażant m

phenomenon [fə'nɒmɪnən]
(pl -na [.nə]) zjawisko n; fe-
nomen m

philosoph|er [fɪ'lɒsəfə] filo-
zof m; **~y** filozofia f

phone [fəʊn] **1.** telefon m; **2.**
⟨za⟩ telefonować; **~ card**
karta f telefoniczna

phon(e)y ['fəʊnɪ] F; **1.** adj fałszywy; lipny F; **2.** oszust m

photo ['fəʊtʃ] fotografia f
'photocop|ier fotokopiarka
f; **~y 1.** fotokopia f; **2.** ⟨z⟩ro-
bić fotokopie

photograph ['fəʊtəgrɑːf] **1.**
fotografia f, zdjęcie n; **2.**
⟨s⟩fotografować; **~er** [fə-
'tɒgrəfə] fotograf(ik) m;
~y [.'tɒgrəfɪ] fotografia f

phrase [freɪz] **1.** wyrażenie n,

zwrot *m; mus.* fraza *f;* **2.** wyrażać ⟨-razić⟩; **'~book** rozmówki *pl*

physic|al ['fızıkl] **1.** *adj* fizyczny; *~al handicap* kalectwo *n;* **2.** badanie *n* lekarskie; *~ian* ['zıʃn] lekarz *m* ⟨-karka *f*⟩; *~ist* ['-sıst] fizyk *m;* **'~s** *sg* fizyka *f*

piano [pı'ænəυ] fortepian *m,* pianino *n*

pick [pık] **1.** wybór *m;* **2.** wyb⟨ie⟩rać; *flowers etc.* zrywać ⟨zerwać⟩, zbierać ⟨zebrać⟩; *nose* dłubać; *~ out* wyb⟨ie⟩rać; wypatrzeć, dostrzec; *~ up* podnosić ⟨-dnieść⟩ ⟨po⟩zbierać; F podłapać, nauczyć się; F *girl* podrywać ⟨-derwać⟩; *(collect)* odbierać ⟨-odebrać⟩

'pick|pocket kieszonkowiec *m;* **'~-up** półciężarówka *f*

picnic ['pıknık] piknik *m*

picture ['pıktʃə] **1.** *(painting)* obraz *m; (photograph)* zdjęcie *n; (film)* film *m; pl* kino *n;* **2.** wyobrażać ⟨-brazić⟩ sobie

pie [paı] placek *m*

piece [piːs] kawałek *m,* część *f; (coin)* moneta *f; mus.* utwór *m; chess etc.:* pionek *m;* *~ by* ~ po kawałku; *in* *~s* w częściach; *to ~s* na kawałki; **'~meal** po kawałku

pier [pıə] molo *n,* pomost *m*

pierce [pıəs] przedziurawi⟨a⟩ć, przebi⟨ja⟩ć

pig [pıg] świnia *f*

pigeon ['pıdʒın] gołąb *m;* **'~hole** przegródka *f*

'pig|headed uparty; **'~sty** chlew *m;* **'~tail** warkocz *m*

pike [paık] *(pl ~, ~s)* szczupak *m*

pile [paıl] **1.** stos *m,* sterta *f;* **2.** *often ~ up* układać ⟨ułożyć⟩ (w stos)

pilgrim ['pılgrım] pielgrzym *m*

pill [pıl] pastylka *f; the ~* pigułka *f* antykoncepcyjna

pillar ['pılə] kolumna *f; ~ box* *Brt.* typ skrzynki pocztowej

pillow ['pıləυ] poduszka *f;* **'~case,** **'~slip** poszewka *f*

pilot ['paılət] **1.** pilot *m;* *~* **scheme** projekt *m* próbny; **2.** pilotować

pimple ['pımpl] pryszcz *m*

pin [pın] **1.** szpilka *f;* **2.** przypinać ⟨-piąć⟩

pincers ['pınsəz] *pl (a. a pair* *of ~)* szczypce *pl,* obcążki *pl*

pinch [pıntʃ] **1.** uszczypnięcie *n; salt etc.:* szczypta *f;* **2.** *v/t* szczypać ⟨uszczypnąć⟩; *v/i* *shoe:* uwierać

pine [paın] sosna *f;* **'~apple** ananas *m*

pink [pıŋk] różowy

pint [paınt] pół kwarty *(Brt.* *0,57 l, Am. 0,47 l)*

pioneer [paıə'nıə] pionier *m*

pious ['paıəs] pobożny

pipe [paıp] **1.** rura *f;* fajka *f;* **2.** *water etc.* przes⟨y⟩łać rurami; **'~line** rurociąg *m*

pirate ['paıərət] **1.** pirat *m;* **2.**

rozpowszechniać bez praw
autorskich

pistol ['pɪstl] pistolet *m*

piston ['pɪstən] tłok *m*

pit [pɪt] **1.** dół *m*; (*mine*) kopalnia *f*; **2.** wystawi(a)ć (*against* przeciw)

pitch [pɪtʃ] **1.** *min.* smoła *f*; *Brt.* boisko *n*; (*degree*) natężenie *n*; *mus.* wysokość *f*; **2.** *tent* rozbi(ja)ć; (*throw*) ciskać ⟨-snąć⟩; *mus.* nastrajać ⟨-roić⟩; *mar.* kołysać ⟨-snąć⟩ się; **'black** czarny jak smoła; **~**

'pitfall *fig.* pułapka *f*

piti|ful ['pɪtɪful] żałosny; **'~less** bezlitosny

pity ['pɪtɪ] **1.** litość *f*; *it's a ~* szkoda; *what a ~!* jaka szkoda!; **2.** litować się, współczuć

pivot ['pɪvət] **1.** *tech.* oś *f*; *fig.* sedno *n*; **2.** *v/i* obracać ⟨-rócić⟩ się

place [pleɪs] **1.** miejsce *n*; *in ~ of* zamiast; *out of ~* nie na miejscu; *take ~* mieć miejsce; zdarzać ⟨-rzyć⟩ się; *in the first/second ~* po pierwsze/drugie; **2.** umieszczać ⟨umieścić⟩, ustawi(a)ć; umieszczać ⟨-ścić⟩; *order* składać ⟨złożyć⟩

plague [pleɪg] **1.** dżuma *f*; plaga *f*; **2.** gnębić

plain [pleɪn] **1.** *adj* prosty; (*clear*) zrozumiały; (*frank*) szczery; **2.** *mst pl* równina *f*; **~chocolate** gorzka czekolada *f*

plait [plæt] **1.** warkocz *m*; **2.**

zaplatać ⟨-leść⟩

plan [plæn] **1.** plan *m*; **2.** ⟨za⟩-planować

plane [pleɪn] **1.** *adj* płaski; **2.** samolot *m*; *math.* płaszczyzna *f*; *fig.* poziom *m*; *tech.* strug *m*

planet ['plænɪt] planeta *f*

plank [plæŋk] deska *f*

plant [plɑːnt] **1.** roślina *f*; *tech.* fabryka *f*; (*machinery*) urządzenia *pl* mechaniczne; **2.** ⟨za⟩sadzić; F podrzucać ⟨-cić⟩, podkładać ⟨-dłożyć⟩; **~ation** [plæn'teɪʃn] plantacja *f*

plaster ['plɑːstə] gips *m*; tynk *m*; *med.* plaster *m*; **2.** ⟨o⟩tynkować; **~ cast** odlew *m* gipsowy; *med.* gips *m*; **~ of Paris** gips *m*

plastic ['plæstɪk] **1.** *mst pl* tworzywo *n* sztuczne; **2.** *adj* plastyczny; (*easily formed*) plastyczny; **~ bag** torba *f* plastykowa; **~ surgery** chirurgia *f* plastyczna; operacja *f* plastyczna

plate [pleɪt] (*dish*) talerz *m*; płyt(k)a *f*, tablica *f*, tabliczka *f*; *book*: plansza *f*

platform ['plætfɔːm] platforma *f*, podwyższenie *n*; *rail.* peron *m*

plausible ['plɔːzəbl] wiarogodny

play [pleɪ] **1.** gra *f*, zabawa *f*; *thea.* sztuka *f*; *tech.* luz *m*; **2.** bawić się; *sp., thea., mus.* ⟨za⟩grać; **~ down** pomniejszać ⟨-szyć⟩; **~ s.o. off** napuszczać ⟨-puścić⟩ kogoś (**against s.o.** na kogoś); **~ up** podkreślać ⟨-lić⟩; **'~er** gracz *m*; instrumentalista *m* ⟨-tka *f*⟩; **'~ful** żartobliwy; **'~ground** boisko *n*; **'~ing field** boisko *n*; **'~mate** towarzysz *m* zabaw; **~wright** ['~raıt] dramaturg *m*

pleasant ['pleznt] przyjemny

please [pliːz] zadowalać ⟨-wolić⟩; chcieć; **~!** proszę!; **~ yourself** rób jak chcesz; **~d** zadowolony

pleasure ['pleʒə] przyjemność *f*

plent|iful ['plentıful] obfity; **'~y** obfitość *f*; **~y of** mnóstwo

pliers ['plaıəz] *pl* (*a.* **a pair of ~**) szczypce *pl*

plimsolls ['plımsəlz] *pl* Brt. tenisówki *pl*

plot [plɒt] **1.** parcela *f*; (*plan*) zmowa *f*, spisek *m*; *story:* fabuła *f*; **2.** spiskować; nakreślać ⟨-lić⟩; **~ter** *computer:* ploter *m*

plough, *Am.* **plow** [plaʊ] **1.** pług *m*; **2.** ⟨za⟩orać

plug [plʌɡ] **1.** zatyczka *f*; *electr.* wtyczka *f*; *mot.* świeca *f*; **2.** zat(y)kać; **~ in** *electr.* włączać ⟨-czyć⟩ do kontaktu

plum [plʌm] śliwka *f*

plumb [plʌm] zgłębia(ć); **~ in** podłączać ⟨-czyć⟩; **'~er** hydraulik *m*

plump [plʌmp] pulchny

plunder ['plʌndə] ⟨s⟩plądrować

plunge [plʌndʒ] zanurzać ⟨-rzyć⟩ (się), zagłębi(a)ć (się)

plural ['plʊərəl] *gr.* liczba *f* mnoga

plus [plʌs] **1.** plus; **2.** plus *m*

pneumatic [njuːˈmætɪk] pneumatyczny; **~ drill** młot *m* pneumatyczny

pneumonia [njuːˈməʊnjə] zapalenie *n* płuc

poach [pəʊtʃ] kłusować; **'~er** kłusownik *m*

P.O. Box [piː əʊ ˈbɒks] skrzynka *f* pocztowa

pocket ['pɒkıt] **1.** kieszeń *f*; **2.** wkładać ⟨włożyć⟩ do kieszeni; **3.** *adj* kieszonkowy; **'~book** notesik *m*; książka *f* (małego formatu); **'~knife** (*pl* **-knives**) scyzoryk *m*; **~ money** kieszonkowe *n*

poem ['pəʊım] wiersz *m*

poet ['pəʊıt] poeta *m* ⟨-tka *f*⟩; **~ic(al)** ['etık(l)] poetyczny; **~ry** ['~trı] poezja *f*

point [pɔınt] **1.** ostrze *n*, czubek *m*; *geogr.* cypel *m*; kropka *f*, *math.* przecinek *m*; *a. sp.* punkt *m*; *fig.* kwestia *f*, sedno *n* sprawy; (*moment*) chwila *f*, moment *m*; *pl* rail. zwrotnica *f*; **to be beside the ~** nie mieć nic do rzeczy, nie wiązać się ze sprawą; **be on the ~ of** mieć właśnie (**leaving etc.** wyjść *itp.*); **to**

the ~ trafny, do rzeczy; **2.** wskaz(yw)ać; ~ *at gun* ⟨wy⟩celować; ~ *out* zwracać ⟨-rócić⟩ uwagę; ~ *to s.o./s.th.* wskaz(yw)ać na kogoś/coś; '**~ed** spiczasty; *fig.* uszczypliwy; '**~er** wskazówka *f*, strzałka *f*; '**~less** bezsenny; ~ *of view* punkt ~ widzenia

poison ['pɔɪzn] **1.** trucizna *f*; **2.** otruć; zatru(wa)ć; ~ *er* truciciel *m*; '**~ous** trujący

poke [pəʊk] wetknąć ⟨wtykać⟩; szturchać ⟨-chnąć⟩; '**~r** pogrzebacz *m*

Poland ['pəʊlənd] Polska *f*

polar ['pəʊlə] polarny; ~ *bear* niedźwiedź *m* polarny

Pole [pəʊl] Polak *m* (-lka *f*)

pole[1] [pəʊl] biegun *m*

pole[2] [pəʊl] słup *m*, drąg *m*, tyka *f*

police [pə'liːs] policja *f*; **~man** (*pl -men*) policjant *m*; **~officer** policjant(ka *f*) *m*; ~ *station* komisariat *m*; **~woman** (*pl -women*) policjantka *f*

policy ['pɒləsɪ] polityka *f*; *insurance*: polisa *f*

Polish ['pəʊlɪʃ] polski

polish ['pɒlɪʃ] **1.** pasta *f* do polerowania; połysk *m*; *fig.* polor *m*, ogłada *f*; **2.** ⟨wy⟩polerować; *shoe* ⟨wy⟩czyścić

polite [pə'laɪt] uprzejmy; '**~ness** uprzejmość *f*

politic|al [pə'lɪtɪkl] polityczny; **~ian** [pɒlɪ'tɪʃn] polityk *m*; **~s** ['pɒlɪtɪks] *sg, pl* poli-

tyka *f*

poll [pəʊl] **1.** ankieta *f*; *pol.* głosowanie *n*, wybory *pl*; **2.** *votes* zdobyć, zebrać; (*question*) ankietować

pollen ['pɒlən] pyłek *m*

pollut|e [pə'luːt] zanieczyszczać ⟨-niezczyścić⟩; **~ion** zanieczyszczenie *n*, skażenie *n*

polo ['pəʊləʊ] polo *n*; ~ *neck esp. Brt.* golf *m*

pomp [pɒmp] pompa *f*, przepych *m*; '**~ous** napuszony, pompatyczny

pond [pɒnd] staw *m*

ponder ['pɒndə] rozważać ⟨-żyć⟩

pony ['pəʊnɪ] kucyk *m*; '**~tail** *hairstyle*: koński ogon *m*

pool [puːl] **1.** basen *m*; (*puddle*) kałuża *f*; **2.** *money* składać ⟨złożyć⟩ się; **~s** *pl* totalizator *m* sportowy

poor [pɔː] biedny, słaby; '**~ly** słabo

pop [pɒp] **1.** trzask *m*; puknięcie *m*; *music*: pop *m*; **2.** pękać ⟨-knąć⟩; przebi(ja)ć; ~ *in* (*visit*) wpadać ⟨wpaść⟩

Pope [pəʊp] papież *m*

poplar ['pɒplə] topola *f*

poppy ['pɒpɪ] *bot.* mak *m*

popul|ar ['pɒpjʊlə] popularny; (*widespread*) rozpowszechniony; **~arity** [⸍'ærətɪ] popularność *f*; **~ate** [⸍'eɪt] zamieszkiwać; **~ation** [⸍'leɪʃn] ludność *f*, populacja *f*

porcelain ['pɔːslɪn] porcelana f

porch [pɔːtʃ] ganek m; *Am.* weranda f

pork [pɔːk] wieprzowina f

porridge ['pɔrɪdʒ] owsianka f

port [pɔːt] port m; *mar.* lewa burta f; *computer:* port m

portable ['pɔːtəbl] przenośny; ~ **radio** radio n przenośne

porter ['pɔːtə] portier m; *rail.* bagażowy m

portion ['pɔːʃn] część f, porcja f, udział m; *food:* porcja f, racja f

portrait ['pɔːtreɪt] portret m

portray [pɔːˈtreɪ] przedstawi(a)ć

Portu|gal ['pɔːtʃʊgəl] Portugalia f; ~**guese** [ˌ'giːz] **1.** *adj* portugalski; **2.** Portugalczyk m (-lka f)

position [pəˈzɪʃn] **1.** pozycja f; *(job)* posada f; *(place)* położenie n; **2.** ⟨u⟩lokować, umieszczać ⟨umieścić⟩

positive ['pɔzətɪv] pozytywny; *(sure)* przekonany; *math.* dodatni; *(definite)* jednoznaczny

possess [pəˈzes] posiadać; ~**ion** posiadanie n; majątek m

possib|ility [pɔsəˈbɪlətɪ] możliwość f, ~**le** ['pɔsəbl] możliwy, prawdopodobny; '~**ly** możliwie, ewentualnie

post [pəʊst] **1.** poczta f; *(pole)* słup m; *(position)* posada f;

mil. posterunek m; **2.** *letter etc.* nada(wa)ć; *sign etc.* wywieszać ⟨-wiesić⟩; '~**age** opłata f pocztowa; '~**al** pocztowy; '~**al order** przekaz m pocztowy; '~**box** *esp. Brt.* skrzynka f pocztowa; '~**card** kartka f pocztowa; '~**code** *Brt.* kod m pocztowy

poster ['pəʊstə] plakat m

post|man (*pl* -**men**) *esp. Brt.* listonosz m, doręczyciel m; '~**mark** stempel m pocztowy; ~ **office** poczta f, urząd m

postpone [pəʊstˈpəʊn] odkładać ⟨odłożyć⟩, odraczać ⟨-roczyć⟩

posture ['pɔstʃə] postawa f; pozycja f

'**postwar** powojenny

pot [pɔt] dzbanek m; *for plants:* doniczka f; *cooking:* garnek m

potato [pəˈteɪtəʊ] (*pl* -**toes**) ziemniak m

potential [pəʊˈtenʃl] **1.** *adj* potencjalny; **2.** potencjał m

pothole wybój m, dziura f

potter ['pɔtə] garncarz m (-carka f); ~**y** ['~ərɪ] garncarstwo n; wyroby *pl* garncarskie; garncarnia f

poultry ['pəʊltrɪ] drób m

pound [paʊnd] **1.** *weight:* funt m (454 g); *money:* funt m; **2.** walić ⟨się⟩

pour [pɔː] lać ⟨się⟩; nal⟨ew⟩ać; *it's* ~**ing** (*with rain*) leje (deszcz)

poverty ['pɒvətɪ] bieda f

powder ['paʊdə] **1.** proszek m; puder m; proch m; **2.** ‹po›pudrować

power ['paʊə] **1.** siła f, moc f; pol. władza f; electr. prąd m; **2.** napędzać; '~-driven tech. mechaniczny; '~-less bezsilny; ~ station elektrownia f

practi|cable ['præktɪkəbl] wykonalny; '~-cal praktyczny; ~-ce ['~tɪs] **1.** praktyka f; wprawa f; **2.** Am. → '~-se ćwiczyć; praktykować; ~-tioner [~'tɪʃnə]: general ~-tioner lekarz m ogólny

praise [preɪz] **1.** (po)chwała f; **2.** chwalić; '~-worthy godny pochwały

pram [præm] wózek m dziecięcy

prank [præŋk] psota f; kawał m

prawn [prɔːn] krewetka f

pray [preɪ] ‹po›modlić się; ~-er [preə] modlitwa f

preach [priːtʃ] wygłaszać ‹-łosić› kazanie; F prawić kazania; zalecać ‹-cić›

precaution [prɪ'kɔːʃn] środek m ostrożności; ~-ary zapobiegawczy; prewencyjny

precede [prɪ'siːd] poprzedzać ‹-dzić›; ~-nce ['presɪdəns] pierwszeństwo n; '~-nt precedens m

precinct ['priːsɪŋkt] teren m; Am. obwód m; Am. rejon m; **pedestrian ~** deptak m

precious ['preʃəs] cenny; drogocenny, szlachetny

precis|e [prɪ'saɪs] dokładny; ~-ion [~'sɪʒn] dokładność f

predecessor ['priːdɪsesə] poprzednik m (-niczka f); przodek m

predict [prɪ'dɪkt] przepowiadać ‹-wiedzieć›; ~-ion przepowiednia f

predomina|nt [prɪ'dɒmɪnənt] dominujący; ~-te [~eɪt] przeważać ‹-żyć›

preface ['prefɪs] wstęp m

prefer [prɪ'fɜː] woleć; '~-ably najlepiej; ~-ence ['prefərəns] preferencja f; skłonność f

pregnan|cy ['pregnənsɪ] ciąża f; '~-t w ciąży

prejudice ['predʒʊdɪs] **1.** uprzedzenie n (against do); **2.** uprzedzać ‹-dzić› (for or against do); ‹za›szkodzić; ~-d uprzedzony

preliminary [prɪ'lɪmɪnərɪ] wstępny

prelude ['prelju:d] wstęp m; mus. preludium n

premises ['premɪsɪz] pl teren m; posesja f; siedziba f

preoccupied [priː'ɒkjupaɪd] zaabsorbowany; zajęty

prepar|ation [prepə'reɪʃn] przygotowanie n; ~-e [prɪ'peə] przygotow(yw)ać

prescri|be [prɪ'skraɪb] a. med. zalecać ‹-cić›, przepis(yw)ać; ~-ption [~'skrɪpʃn] med. recepta f

presence ['prezns] obecność

f; **~ of mind** przytomność *f* umysłu

present¹ ['preznt] **1.** obecny; **at ~** obecnie; **2.** prezent *m*; podarunek *m*

present² [prɪ'zent] wręczać ⟨-czać⟩ **(s.o. with s.th.** komuś coś); przedstawia(ć)

presentation [prezən'teɪʃn] prezentacja *f*; pokaz *m*; *thea.* inscenizacja *f*

present-day [preznt'deɪ] współczesny; **~ly** niedługo (potem); wkrótce; *esp. Am.* obecnie

preservation [prezə'veɪʃn] przechowywanie *n*; ochrona *f*; **~e** [prɪ'zɜːv] **1.** ⟨za⟩konserwować, zaprawi(a)ć; ochraniać ⟨-ronić⟩; **2.** konserwa *f*, konfitura *f*; strefa *f* zastrzeżona, rezerwat *m*

preside [prɪ'zaɪd] przewodniczyć

president ['prezɪdənt] prezydent *m*; dyrektor *m*

press [pres] **1.** prasa *f* (drukarska); drukarnia *f*; **the ~** prasa *f*; **go to ~** iść ⟨pójść⟩ do druku; **2.** (hand to chest) przyciskać ⟨-snąć⟩; button naciskać ⟨-snąć⟩; shirt ⟨wy⟩prasować; zgniatać ⟨-nieść⟩; **~ s.b. to do s.th.** nalegać by ktoś coś zrobił; **~ for** domagać się **(s.th.** czegoś); **~ing** pilny; **~conference** konferencja *f* prasowa

pressure ['preʃə] ciśnienie *n*

presumably [prɪ'zjuːməblɪ]

przypuszczalnie; **~e** [_m] zakładać ⟨założyć⟩, przypuszczać ⟨-puścić⟩; ⟨wy⟩wnioskować

pretence, *Am.* **-se** [prɪ'tens] pozór *m*; udawanie *n*; wykręt *m*; **~d** udawać; mieć aspiracje *pl* **(to do)**; **~sion** aspiracje *pl*, ambicje *pl* **(to do)**

pretty ['prɪtɪ] **1.** *adj* ładny; F niezły; **2.** *adv* całkiem; dość

prevent [prɪ'vent] zapobiegać ⟨-biec⟩; **~ s.b. from doing s.th.** powstrzymać kogoś od ⟨z⟩robienia czegoś; **~ion** zapobieganie *n*; **~ive** zapobiegawczy

previous ['priːvjəs] poprzedni; **~ to** przed; **~ly** poprzednio

prewar [priː'wɔː] przedwojenny

prey [preɪ] zdobycz *f*; łup *m*; **beast of ~** drapieżnik *m*; **bird of ~** ptak *m* drapieżny

price [praɪs] cena *f*; **~less** bezcenny

prick [prɪk] **1.** (feeling) ukłucie *n*; (hole) nakłucie *n*; **2.** ukłuć, nakłu(wa)ć; **~le** ['-kl] (sharp point) kolec *m*; (feeling) ukłucie *n*

pride [praɪd] duma *f*; (group) stado *n*

priest [priːst] ksiądz *m*; kapłan *m*

primarily ['praɪmərəlɪ] przede wszystkim; **~y** podstawowy; najważniejszy; **~y school** szkoła *f* podstawowa

prime [praɪm] pierwszy, główny; znakomity, pierwszorzędny; **~ minister** premier m

primeval [praɪˈmiːvl] prehistoryczny, prastary; pierwotny

primitive [ˈprɪmɪtɪv] prymitywny

prince [prɪns] książę m; **~ss** [ˈʒses, attr ˈ-ses] księżna f; księżniczka f

principal [ˈprɪnsəpl] **1.** główny; **2.** dyrektor m szkoły; **~ally** głównie; **~le** [ˈprɪnsəpl] zasada f; prawo n; zasada f działania; reguła f; **on ~le** z zasady; **in ~le** w zasadzie

print [prɪnt] **1.** druk m; odcisk m; reprodukcja f; phot. odbitka f; **out of ~** wyczerpany; **2.** ⟨wy⟩drukować, ⟨o⟩publikować; phot. ⟨z⟩robić odbitki; **~ out** computer: sporządzać ⟨-dzić⟩ wydruk; **~er** drukarz m; computer: drukarka f; **~out** computer: wydruk m

prior [ˈpraɪə] **1.** adj wcześniejszy; ważniejszy; **2.** adv **~ to** (the war etc.) przed (wojną itd.); **~ity** [ˈraɪɪ] pierwszeństwo n; priorytet m

prison [ˈprɪzn] więzienie n; **~er** więzień m; **~er of war** jeniec m wojenny; **take s.o. ~er** uwięzić kogoś

privacy [ˈprɪvəsɪ] spokój n; samotność f, zacisze n

private [ˈpraɪvɪt] **1.** prywatny, osobisty; **2.** szeregowiec m; **in ~** na osobności

privilege [ˈprɪvɪlɪdʒ] przywilej m; **~d** uprzywilejowany

prize [praɪz] **1.** nagroda f; wygrana f; zdobycz f; trofeum n; **2.** wysoko cenić; **~winner** laureat(ka f) m

pro [prəʊ] **1.** za; **2.** zawodowiec m; **3.** **the ~s and cons** pl za i przeciw

probability [ˌprɒbəˈbɪlətɪ] prawdopodobieństwo n; ewentualność f; **~le** możliwy, prawdopodobny; **~ly** prawdopodobnie

problem [ˈprɒbləm] problem m; kłopot m

procedure [prəˈsiːdʒə] procedura f; sposób m postępowania

proceed [prəˈsiːd] kontynuować; przystępować ⟨-tąpić⟩ (**to** do), zaczynać ⟨-cząć⟩; postępować; wynikać ⟨-knąć⟩ (**from** z); **~ings** pl protokół m, sprawozdanie n; jur. postępowanie n; proces m

process [ˈprəʊses] **1.** proces m; przebieg m; proces m produkcyjny; **2.** przetwarzać ⟨-worzyć⟩ (a. computer); podda(wa)ć obróbce; konserwować; phot. wywoł(yw)ać; **in the ~ (of doing s.th.)** w trakcie (robienia czegoś); **~ion** [prəˈseʃn] procesja f; parada f; **~or**

['prəusesə] *computer*: procesor *m*; *word* **~or** edytor *m* (tekstu)

procla|im [prə'kleɪm] ogłaszać ⟨-łosić⟩; **~mation** [prɒklə'meɪʃn] obwieszczenie *n*, ogłoszenie *n*

produce 1. [prə'djuːs] ⟨wy⟩produkować; wyjmować ⟨-jąc⟩; **~**tworzyć; *fig.* wywoł(yw)ać; *thea.* wystawi(a)ć; 2. ['prɒdjuːs] *agr.* płody *pl* rolne; towary *pl* spożywcze; **~r** [prə'djuːsə] wytwórca *m*; producent *m* (*a. film, thea.*)

product ['prɒdʌkt] produkt *m*; **~ion** [prə'dʌkʃn] produkcja *f*; *thea.* inscenizacja *f*; **~ive** [-'dʌktɪv] produktywny, wydajny; **~ivity** [prɒdʌk'tɪvɪtɪ] wydajność *f*

profess [prə'fes] oświadczać ⟨-czyć⟩; udawać; ⟨s⟩twierdzić; wyzna(wa)ć; **~ion** zawód *m*; grupa *f* zawodowa; **~ional** 1. zawodowy; profesjonalny; fachowy; 2. zawodowiec *m*; fachowiec *m*; **~or** profesor *m*, nauczyciel *m* akademicki

proficien|cy [prə'fɪʃnsɪ] biegłość *f*, sprawność *f*; **~t** biegły

profile ['prəufaɪl] profil *m*

profit ['prɒfɪt] 1. zysk *m*; pożytek *m*; 2. **~ by**, **~ from** ⟨s⟩korzystać z; zysk(iw)ać na; czerpać zysk z; **~able** dochodowy; pożyteczny

profound [prə'faʊnd] głęboki; poważny

program ['prəʊɡræm] 1. *computer* program *m*; *Am.* → *programme* 1; 2. *computer*: ⟨za⟩programować; *Am.* → *programme* 2; '**~me** *Brt.* 1. program *m*; 2. ⟨za⟩programować; '**~(m)er** programista *m* (-tka *f*)

progress 1. ['prəʊɡres] postęp(y *pl*) *m*; **in ~** w toku; 2. [-'ɡres] posuwać ⟨-sunąć⟩ się; rozwijać ⟨-winąć⟩ się; **~ive** [-'ɡresɪv] postępowy; postępujący

prohibit [prə'hɪbɪt] zabraniać ⟨-ronić⟩; **~ion** [prəʊɪ'bɪʃn] zakaz *m*

project 1. ['prɒdʒekt] przedsięwzięcie *n*; 2. [prə'dʒekt] projektować; **~ion** [-'dʒekʃn] część *f* wystająca; (estimate) prognoza *f*; *film*: projekcja *f*; **~or** [-'dʒektə] projektor *m*; *slide*: rzutnik *m*

prolong [prəʊ'lɒŋ] przedłużać ⟨-żyć⟩

prominent ['prɒmɪnənt] wybitny; wyróżniający się, widoczny; wystający

promis|e ['prɒmɪs] 1. obietnica *f*; (dobra) prognoza *f*, nadzieja *f*; 2. obiec(yw)ać; przyrzekać ⟨-knąć⟩; zapowiadać się; '**~ing** obiecujący

promo|te [prə'məʊt] pobudzać, krzewić; awansować (*kogoś*); *econ.* lansować, re-

klamować; **~ter** organizator
m, promotor m; popularyza-
tor m; **~tion** promocja f,
kampania f reklamowa; po-
pularyzacja f; awans m

prompt ['prɒmpt] **1.** natychmiastowy, szybki; punktual-
ny; **2.** skłaniać ⟨-łonić⟩ (**s.o.
to do s.th.** kogoś do zrobienia czegoś); ⟨s⟩powodować;
~ly bezzwłocznie; punktualnie

prone [prəʊn]: **be ~ to** być
podatnym na

pron|ounce [prə'naʊns] wy-
mawiać ⟨-mówić⟩; **~uncia-
tion** [-nʌnsɪ'eɪʃn] wymowa f

proof [pruːf] **1.** dowód m; korekta f; print., phot. odbitka
f; **2.** odporny; **~ against
s.th.** odporny na coś, zabez-
pieczony przed czymś

propaga|te ['prɒpəgeɪt] roz-
powszechni(a)ć; rozmnażać
⟨-nożyć⟩ (się); **~tion**
[-'geɪʃn] rozpowszechnianie
n; rozmnażanie n (się)

propel [prə'pel] napędzać,
poruszać ⟨-szyć⟩, pchać
⟨pchnąć⟩; **~ler** aeroplane:
śmigło n; ship: śruba f napędowa

proper ['prɒpə] porządny,
prawdziwy; właściwy; do-
kładny; prawidłowy; esp.
Brt. F poprawny, stosowny;
~ly właściwość f, cecha f;
własność f; nieruchomość f

prophe|cy ['prɒfɪsɪ] proroc-
two n; **~sy** [-ʹ-aɪ] ⟨wy⟩proro-

kować; **~t** [ʹ-ɪt] prorok m

proportion [prəʹpɔːʃn] część
f, procent m; liczba f; pro-
porcja f; pl wymiary pl; **in
~ to** w stosunku do; **~al** pro-
porcjonalny

propos|al [prəʹpəʊzl] propo-
zycja f, projekt m; oświad-
czyny pl; **~e** [-z] ⟨za⟩propo-
nować; oświadczać ⟨-czyć⟩
się (**to s.o.** komuś); **~tion**
[prɒpəʹzɪʃn] wniosek m; teza
f, pogląd m; przedsięwzięcie
n

prose [prəʊz] proza f

prosecut|e ['prɒsɪkjuːt] ści-
gać sądownie; zaskarżać
⟨-żyć⟩; **~ion** [-ʹkjuːʃn] wyto-
czenie n sprawy sądowej;
proces m sądowy; strona f
oskarżająca; **~or** oskarży-
ciel m; **public ~or** prokura-
tor m

prospect ['prɒspekt] widok
m (a. fig); perspektywa f,
prawdopodobieństwo n;
~ive [prəʹspektɪv] przyszły;
niedoszły

prosper ['prɒspə] (dobrze)
prosperować, kwitnąć; **~ity**
[-ʹsperɪtɪ] pomyślność f,
~ous ['-ərəs] (dobrze) pros-
perujący

prostitute ['prɒstɪtjuːt] prostytutka f

protect [prəʹtekt] ⟨o⟩chronić;
~ion opieka f, ochrona f;
osłona f; zabezpieczenie n;
~ive ochronny; **~or** obrońca
m; opiekun m; osłona f

protein ['prəʊti:n] białko n
protest 1. ['prəʊtest] protest m; sprzeciw m; 2. [prə'test] ⟨za⟩protestować; ⟨za⟩oponować; 2ant [prɒtɪstənt] 1. protestancki; 2. protestant m
protrude [prə'tru:d] wystawać
proud [praʊd] dumny (of z)
prove [pru:v] (proved, proved or Am. proven) udowadniać ⟨-wodnić⟩, dowodzić ⟨-wieść⟩, potwierdzać ⟨-dzić⟩; ukaz(yw)ać; okaz(yw)ać się; '.n 1. sprawdzony; udowodniony; 2. esp. Am. pp of prove
proverb ['prɒvɜːb] przysłowie n
provide [prə'vaɪd] dostarczać ⟨-czyć⟩, zapewni⟨a⟩ć; przewidywać ⟨-widzieć⟩; ~ against zabezpieczać ⟨-czyć⟩ się przed; ~ for utrzym(yw)ać; brać ⟨wziąć⟩ pod uwagę, uwzględni⟨a⟩ć; zezwalać ⟨-wolić⟩ na; ~d, providing (that) pod warunkiem że
province ['prɒvɪns] okręg m, prowincja f
provision [prə'vɪʒn] zaopatrzenie n; zapewnienie n; wsparcie n, pomoc f; ~al tymczasowy
provocation [prɒvə'keɪʃn] prowokacja f; ~cative [prə'vɒkətɪv] prowokacyjny; ~ke [prə'vəʊk] ⟨s⟩prowo-

kować
pseudonym ['sju:dənɪm] pseudonim m
psychiatr|ist [saɪ'kaɪətrɪst] psychiatra m; ~y psychiatria f
psychic(al) ['saɪkɪk(l)] psychiczny; umysłowy
psycho|analysis [saɪkəʊə'næləsɪs] psychoanaliza f; ~logical [-kə'lɒdʒɪkl] psychologiczny; ~logist [-'kɒlədʒɪst] psycholog m; ~logy [-'kɒlədʒɪ] psychologia f; ~path ['-kəʊpæθ] psychopata m; ~therapy psychoterapia f
pub [pʌb] pub m
puberty ['pju:bətɪ] pokwitanie n
public ['pʌblɪk] 1. społeczny, ogólny; publiczny; oficjalny; 2. społeczeństwo n; środowisko n, grupa f społeczna; in ~ publicznie; ~ation [-'keɪʃn] publikacja f; wydanie n; ~convenience toaleta f publiczna
publicity [pʌb'lɪsətɪ] reklama f
public| opinion opinia f publiczna; ~ school Brt. szkoła f prywatna; Am. szkoła f państwowa; ~ transport komunikacja f
publish ['pʌblɪʃ] ⟨o⟩publikować; book wyda(wa)ć; ~er wydawca m; '~ing działalność f wydawnicza; ~ing company, ~ing

house wydawnictwo *n*
pudding ['pudıŋ] *Brt.* deser *m*; pudding *m*
puddle ['pʌdl] kałuża *f*
puff [pʌf] **1.** *cigarette:* zaciągnięcie *n* się; podmuch *m*; dmuchnięcie *n*; **2.** *cigarette:* zaciągać ⟨-gnąć⟩ się (*s.th.* czymś); sapać; dmuchać; *out of* ~ bez tchu; '**~y** spuchnięty
pull [pul] **1.** pociągnięcie *n*, szarpnięcie *n*; przyciąganie *n*; wysiłek *m*; **2.** ⟨po⟩ciągnąć; ~ *back* wycof(yw)ać się; ~ *down* ⟨z⟩burzyć; ~ *in* zatrzym(yw)ać się; *train:* przyjeżdżać ⟨-jechać⟩; ~ *off* zjeżdżać ⟨zjechać⟩; ruszać ⟨-szyć⟩ w drogę; dokon(yw)ać; ~ *out* wyjeżdżać ⟨-jechać⟩; *train:* odjeżdżać (*withdraw*) wycof(yw)ać (się); ~ *o.s. together* brać ⟨wziąć⟩ się w garść; ~ *up car:* zatrzym(yw)ać się; przyciągać ⟨-gnąć⟩
pullover ['puləuvə] sweter *m*
pulsate [pʌl'seıt] pulsować; ~*e* [pʌls] puls *m*, tętno *m*
pump [pʌmp] **1.** pompa *f*, pompka *f* **2.** ⟨na⟩pompować; ~ *s.o. about s.th.* wyciągać ⟨-gnąć⟩ z kogoś informacje o czymś; ~ *up* ⟨na⟩pompować
punch [pʌntʃ] **1.** cios *m* (pięścią); *tech.* dziurkacz *m*, perforator *m*; **2.** uderzać ⟨-rzyć⟩ pięścią; wystuk(iw)ać (na klawiaturze); ⟨prze⟩dziur-

kować; ~ *line* pointa *f*
punctual ['pʌŋktʃuəl] punktualny
puncture ['pʌŋktʃə] przebicie *n*
pungent ['pʌndʒənt] cierpki; ostry
punish ['pʌnıʃ] ⟨u⟩karać; '**~ment** kara *f*; męczarnia *f*
pupil[1] ['pju:pl] *school:* uczeń *m*, uczennica *f*
pupil[2] ['-] źrenica *f*
puppet ['pʌpıt] kukiełka *f*; *fig.* marionetka *f*
puppy ['pʌpı] szczeniak *m*
purchas|e ['pɜːtʃəs] **1.** zakup *m*; nabytek *m*; **2.** naby(wa)ć, zakupywać ⟨-kupić⟩; ~*ing power* siła *f* nabywcza
pure [pjuə] czysty; '**~ly** całkowicie; wyłącznie; (*a. fig.*); ~*ty* ['-rətı] czystość *f*
pur|ify ['pjuərıfaı] oczyszczać ⟨oczyścić⟩ (*a. fig.*); ~*ty* ['-rətı] czystość *f*
purple ['pɜːpl] purpurowy; fioletowy
purpose ['pɜːpəs] cel *m*; zadanie *n*; funkcja *f*; stanowczość *f*; *on* ~ celowo, umyślnie; ~*ful* celowy; '**~ly** celowo
purse [pɜːs] portmonetka *f*; *Am.* torebka *f*
pursu|e [pə'sju:] *aim* zmierzać, dążyć (*s.th.* do czegoś); *subject* zajmować ⟨-jąć⟩ się (czymś); *activity* wykonywać, oddawać się (czemuś); *thief* ścigać (*a. fig.*); ~*er* ścigający *m*; ~*it* [-u:t] pogoń *f*

push [puʃ] **1.** pchnięcie *n*; naciśnięcie *n*; dążenie *n*; dążenie *n*; energia *f*, determinacja *f*; **2.** pchać ⟨pchnąć⟩, popychać ⟨-pchnąć⟩; pchać się, przepychać ⟨-pchnąć⟩ się; *button* naciskać ⟨-snąć⟩; ~ **along** *or* **off** F odchodzić ⟨odejść⟩, znikać ⟨-knąć⟩ F; ~ **on** ⟨po⟩jechać dalej (*a. fig*); '~**chair** spacerówka *f*; '~**y** F nachalny

puss [pus], '~**y(cat)** kotek *m*, kicia *f*

put [put] (*put*) kłaść ⟨położyć⟩, stawiać ⟨postawić⟩, wkładać ⟨włożyć⟩; *question* zada(wa)ć; *idea* wyrażać ⟨-razić⟩; *proposal* przedstawi(a)ć; ~ **away** odkładać ⟨odłożyć⟩ (na miejsce); ~ **back** opóźni(a)ć, przesuwać ⟨-sunąć⟩ (w czasie); *clock* cofać ⟨-fnąć⟩; ~ **down** kłaść ⟨położyć⟩; *hand* opuszczać ⟨opuścić⟩; *riot* ⟨s⟩tłumić; *words* zapis(yw)ać; *ridicule* ośmieszać ⟨-szyć⟩; *animal* usypiać ⟨uśpić⟩; ~ **forward** *clock* posunąć do przodu; *proposal etc.* ⟨za⟩propo-

nować, przedkładać ⟨-dłożyć⟩; ~ **in** wkładać ⟨włożyć⟩; *request* składać ⟨złożyć⟩; *comment* wtrącać ⟨-rącić⟩; ~ **off** odkładać ⟨odłożyć⟩; odmawiać ⟨-mówić⟩; ~ **on** *clothes* zakładać ⟨założyć⟩; *play* wystawi(a)ć; (*turn on*) włączać ⟨-czyć⟩, nastawi(a)ć; ~ **on weight** przy-(bie)rać na wadze; ~ **out** ogłaszać ⟨-łosić⟩; wyciągać ⟨-gnąć⟩ wypuszczać ⟨-puścić⟩; wys(y)łać; *fire* ⟨u⟩gasić; *light* ⟨z⟩gasić; ~ **through** *teleph.* połączyć (**to** z); ~ **together** składać ⟨złożyć⟩; ~ **up** podnosić ⟨-nieść⟩; *tent* rozbi(ja)ć; *wall* wznosić ⟨-nieść⟩, ⟨z⟩budować; *guest* przenocować; *resistance*, *fight* ⟨z⟩organizować; *price* podnosić ⟨-nieść⟩; ~ **up for sale** wystawi(a)ć na sprzedaż; ~ **up with** znosić ⟨znieść⟩

puzzle ['pʌzl] **1.** zagadka *f* (*a. fig.*); łamigłówka *f*, układanka *f*; **2.** zaskakiwać ⟨-skoczyć⟩, zadziwi(a)ć; ~ łamać sobie głowę (**over** nad)

pyjamas [pə'dʒɑːməz] *pl* Brt. piżama *f*

pyramid ['pɪrəmɪd] piramida *f*

Q

quadruple ['kwɒdrupl] **1.** cztery razy większy; **2.** zwiększać ⟨-szyć⟩ (się) czterokrotnie; **~ts** ['-plɪts] pl czworaczki pl

quake [kweɪk] **1.** trząść się; **2.** F trzęsienie n ziemi

qualifications [kwɒlɪfɪ'keɪʃnz] pl kwalifikacje pl; **~fied** ['-faɪd] wykwalifikowany, dyplomowany; **~fy** ['-faɪ] otrzym⟨yw⟩ać dyplom (**as s.o.** kogoś); dzieliby⟨wa⟩ć kwalifikacje; zakwalifikować się (**for** do); **~ty** (wysoka) jakość f; cecha f; zaleta f ⟨za⟩pytać

quantity ['kwɒntətɪ] ilość f

quarrel ['kwɒrəl] **1.** kłótnia f; **2.** ⟨po⟩kłócić się; **~some** ['-səm] kłótliwy

quarter ['kwɔːtə] **1.** ćwiartka f; kwartał m; Am. ćwierć dolara; ćwierć f funta; dzielnica f, pl kwatera f (a. mil.); usu. pl fig. kręgi pl; **a ~ of an hour** kwadrans m; **a ~ to / past** (Am. **a ~ of / after**) za kwadrans / kwadrans po; **2.** ⟨po⟩kroić ⟨po⟩dzielić na cztery części; da⟨wa⟩ć schronienie; mil. ⟨roz⟩kwaterować; **~'final** sp. ćwierćfinał m; **~ly 1.** raz na kwartał, kwartalnie; **2.** kwartalny; **3.** kwartalnik m

queen [kwiːn] królowa f; cards: dama f; chess: hetman m

query ['kwɪərɪ] **1.** zapytanie n, zakwestionowanie n; znak m zapytania; **2.** sprawdzać ⟨-dzić⟩, ⟨za⟩kwestionować; (esp. Am.) ⟨za⟩pytać

question ['kwestʃən] **1.** ⟨za⟩-kwestionować; wypyt⟨yw⟩ać; jur. przesłuch⟨iw⟩ać; **2.** pytanie n; wątpliwość f, niepewność f; problem m, zadanie n; **in** ~ wspominany, o którym mowa; **that is out of the** ~ to wykluczone, to nie wchodzi w rachubę; **~able** niejasny; wątpliwy; **~ing 1.** przesłuchanie n; **~ mark** znak m zapytania; **~naire** ['.'neə] kwestionariusz m

queue [kjuː] **1.** kolejka f; **2.** (a. **~ up**) czekać w kolejce; ustawiać się w kolejkę

quick [kwɪk] szybki, prędki, bystry; krótki; **be** ~! pospiesz się; **~en** przyspieszać ⟨-szyć⟩; **~'tempered** porywczy

quid [kwɪd] pl. ~ Brt. F funt m (szterling), funciak m F

quiet ['kwaɪət] **1.** spokojny, cichy; **2.** cisza f; **~en** usu. **down** uspokajać ⟨-koić⟩ (się)

quilt [kwɪlt] kołdra *f*
quit [kwɪt] **(*quit*)** przesta(-wa)ć; *job* F rzucać ⟨-cić⟩
quite [kwaɪt] całkiem, dość; zupełnie; **~ (so)!** właśnie!
quiz [kwɪz] **1.** quiz *m; school:* sprawdzian *m;* **2.** wypyt(y-w)ać

R

rabbit ['ræbɪt] królik *m*
race[1] [reɪs] rasa *f*
race[2] [_] **1.** wyścig *m (a. fig.);* bieg *m; a ~ against time* wyścig z czasem; *the ~s pl* wyścigi *pl* konne; **2.** ścigać się *(s.o. or against s.o.* z kimś); ⟨po⟩pędzić, ⟨po⟩mknąć; **'~course** *Brt.* tor *m* wyścigów konnych; **~horse** koń *m* wyścigowy; **'~track** tor *m* wyścigowy
racial ['reɪʃl] rasowy; **~ equality** równość *f* rasowa
racing ['reɪsɪŋ] **1.** wyścigi *pl* konne; **2.** wyścigowy
racis|m ['reɪsɪzəm] rasizm *m;* **~t 1.** rasista *m* (-tka *f*); **2.** rasistowski
rack [ræk] **1.** półka *f; clothes:* stojak *m,* wieszak *m; roof:* bagażnik *m* (dachowy); **2.** dręczyć, prześladować; *~ one's brains fig.* łamać sobie głowę
racket ['rækɪt] rakieta *f* (tenisowa)
radar ['reɪdɑː] radar *m*

quotation [kwəʊ'teɪʃn] cytat *m;* oferta *f* cenowa, stawka *f; econ.* notowanie *n;* **~ marks** *pl* cudzysłów *m*
quote [kwəʊt] **1.** cytat *m;* F cudzysłów *m;* **2.** ⟨za⟩cytować; przytaczać ⟨-toczyć⟩; *price* pod(aw)ać

radi|ant ['reɪdjənt] rozpromieniony, rozjarzony; **~ate** ['_ɪeɪt] rozchodzić się promieniście; promieniować; *emotion* tryskać (*s.th.* czymś); **~ate from** emanować; **~ation** ['_'eɪʃn] promieniowanie *n;* **~ator** ['_eɪtə] kaloryfer *m,* grzejnik *m; mot.* chłodnica *f*
radical ['rædɪkl] podstawowy; gruntowny; radykalny
radio ['reɪdɪəʊ] **1.** radio *n;* odbiornik *m* radiowy; *by ~* przez radio, drogą radiową; *on the ~* w radiu; **2.** nad(aw)ać drogą radiową
radish ['rædɪʃ] rzodkiewka *f*
raft [rɑːft] tratwa *f;* materac *m* nadmuchiwany; **'~er** krokiew *f*
rag [ræg] szmat(k)a *f; Brt.* F *newspaper:* brukowiec *m;* **~s** *pl* łachmany *pl*
rage [reɪdʒ] **1.** wściekać się *(about / at* na); *wind, disease etc.:* szaleć; **2.** wściekłość *f,* szał *m*

ragged ['rægɪd] *person*: obdarty; *clothes*: podarty, poszarpany; *edge*: nierówny

raid [reɪd] **1.** nalot *m*; napad *m*; obława *f*; **2.** napadać ⟨-paść⟩ (*s.th.* na coś); zrobić obławę (*s.th.* na coś); ⟨s⟩plądrować

rail [reɪl] poręcz *f*, balustrada *f*; szyna *f*; *towel*: wieszak *m*; *mar.* reling *m*; *rail.* szyna *f*; *by* ~ koleją; '~**road** *Am.* — '~**way** *Brt.* kolej *f*; '~**way line** linia *f* kolejowa; '~**way station** dworzec *m* kolejowy

rain [reɪn] **1.** padać; **2.** deszcz *m*; *it is* ~**ing** pada deszcz; *the* ~**s** *pl* pora *f* deszczowa; '~**bow** tęcza *f*; '~**coat** płaszcz *m* przeciwdeszczowy; '~**drop** kropla *f* deszczu; '~**fall** opad (*y pl*) *m* deszczu; '~**y** deszczowy; *for a* ~**y day** na czarną godzinę

raise [reɪz] **1.** podnosić ⟨-nieść⟩; *rent etc.* podwyższać ⟨-szyć⟩; *money* zbierać ⟨zebrać⟩; *children* wychow(yw)ać; *animals* ⟨wy⟩hodować; *plants* uprawiać; *ban etc.* znosić ⟨znieść⟩; **2.** *Am.* podwyżka *f* (wynagrodzenia)

raisin ['reɪzn] rodzynek *m*

rake [reɪk] **1.** grabie *pl*; **2.** ⟨za⟩grabić; zgarniać ⟨-nąć⟩ (*grabiami*); (*search*) przeszuk(iw)ać

rally ['rælɪ] **1.** zlot *m*, wiec *m*; *mot.* rajd *m*; *tennis*: wymiana

f (*piłek*); **2.** ⟨z⟩gromadzić (się); zbierać ⟨zebrać⟩ (się); ~ *round s.o.* przychodzić ⟨przyjść⟩ komuś z pomocą

ram [ræm] **1.** *zo.* baran *m*; *tech.* kafar *m*; taran *m*; **2.** ⟨s⟩taranować; wbi(ja)ć; wpychać ⟨wepchnąć⟩

ramp [ræmp] rampa *f*, podjazd *m*; garb *m*

ran [ræn] *past of run* 1

ranch [rɑːntʃ, *Am.* ræntʃ] rancho *n*; ferma *f*

random ['rændəm] **1.** *at* ~ na chybił; trafił; **2.** losowy, przypadkowy

rang [ræŋ] *past of ring* 2

range [reɪndʒ] **1.** zakres *m*; zasięg *m*; odległość *f*; *mountain*: łańcuch *m*; *price etc.*: przedział *m*; *rifle*: strzelnica *f*; *missile*: poligon *m*; *econ.* gama *f*, zestaw *m*; pastwisko *n*; **2.** *v/i* oscylować, wahać się (*from ... to ...* or *between ... and ...* od ... do ...) (*a. prices*); *writing etc.*: rozciągać się, mieć zasięg; *v/t books etc.* ustawi(a)ć; *forces* zjednoczyć; '~**r** strażnik *m* leśny; *Am.* komandos *m*

rank [ræŋk] **1.** stopień *m*, ranga *f* (*a. mil.*); klasa *f*; szereg *m*; *taxi*: postój *m*; **2.** zaliczać się; ~ *among* zaliczać się do; ~ *as s.o.* być traktowanym jako ktoś

ransom ['rænsəm] okup *m*; *hold to* ~ więzić żądając

okupu; *fig.* przypierać do muru

rape [reɪp] **1.** gwałt *m;* **2.** ⟨z⟩gwałcić

rapid ['ræpɪd] szybki; ~**ity** [rə'pɪdətɪ] szybkość *f;* '~**s** *pl* bystrzyna *f,* progi *pl*

rar|e [reə] rzadki; *steak:* krwisty; *air:* rozrzedzony; ~**ity** ['~rətɪ] rzadkość *f*

rash¹ [ræʃ] pochopny

rash² [~] wysypka *f;* seria *f*

rasher ['ræʃə] plasterek *m*

rat [ræt] szczur *m*

rate [reɪt] **1.** tempo *n;* szybkość *f;* wskaźnik *m,* współczynnik *m; econ.* stopa *f,* wysokość *f; at any* ~ w każdym bądź razie; *at this* ~ jeśli tak dalej pójdzie; *exchange* ~, ~ *of exchange* kurs *m* wymiany (waluty); *interest* ~ stopa *f* procentowa; **2.** oceni⟨a⟩ć; uzn⟨aw⟩ać (*as* za); mieć dobre zdanie (*s.th.* o czymś); zasługiwać (*s.th.* na coś)

rather ['rɑːðə] dość, dosyć; raczej; ~*!* F jeszcze jak

ration ['ræʃn] **1.** przydział *m;* porcja *f;* **2.** racjonować

rational ['ræʃənl] racjonalny, rozsądny; rozumny; ~**ize** ['~əlaɪz] uzasadni⟨a⟩ć; ⟨z⟩racjonalizować

rattle ['rætl] **1.** grzechotka *f;* grzechot *m;* stukot *m,* stukanie *n;* **2.** stukać; grzechotać; '~**snake** grzechotnik *m*

raw [rɔː] surowy; nieprzetworzony, w postaci naturalnej;

bolesny; niedoświadczony; *weather:* mokry i zimny; ~ *material* surowiec *m*

ray [reɪ] promień *m; hope etc.:* promyk *m*

razor ['reɪzə] brzytwa *f;* maszynka *f* do golenia; ~ *blade* żyletka *f*

re [riː] *econ.* w nawiązaniu do

re- [riː] powtórny; powtórnie

reach [riːtʃ] **1.** *v/t place* sięgać ⟨dotrzeć⟩ do; *object* sięgać ⟨-gnąć⟩ po; *person* ⟨s⟩kontaktować się z; *shelf* dosięgać ⟨-gnąć⟩ (do); *level* osiągać ⟨-gnąć⟩; *v/i* sięgać ⟨-gnąć⟩ (*for* po); ~ *out* wyciągać ⟨-gnąć⟩; **2.** zasięg *m; out of* ~ poza zasięgiem; *within easy* ~ w pobliżu

react [rɪ'ækt] ⟨za⟩reagować (*to* na); sprzeciwi⟨a⟩ć się (*against s.th.* czemuś); ~**ion** reakcja *f;* ~**ionary** ['~ʃnərɪ] reakcyjny; ~**or** reaktor *m*

read 1. [riːd] (*read* [red]) *v/t* ⟨prze⟩czytać; *subject* studiować; (*interpret*) odczyt⟨yw⟩ać; *v/i note:* brzmieć; *book:* czytać się; *instrument:* wskaz⟨yw⟩ać; ~ *to s.o.* czytać komuś; **2.** [red] *past and pp of* **read** 1

readi|ly ['redɪlɪ] chętnie; łatwo; '~**ness** gotowość *f;* chęć *f*

reading ['riːdɪŋ] czytanie *n;* lektura *f;* interpretacja *f; by meter etc.:* odczyt *m*

ready ['redɪ] gotowy (*for* do); natychmiastowy; ~ *cash* (żywa) gotówka; *get* ~ przygotow(yw)ać się; ~'*made* gotowy (do spożycia, użycia)

real [rɪəl] prawdziwy, autentyczny, rzeczywisty; *income*: realny; *for* ~ naprawdę; *the* ~ *thing* oryginał *m*; ~ *estate* nieruchomość *f*, nieruchomości *pl*; ~**istic** ['lɪstɪk] realistyczny; ~**ity** [rɪ'ælətɪ] rzeczywistość *f*; prawdziwość *f*; ~**ization** [rɪəlaɪ'zeɪʃn] *hopes*: spełnienie *n*, realizacja *f* (*a. econ.*); *mistakes*: zrozumienie *n*; '~**ize** zda(wa)ć sobie sprawę (*s.th.* z czegoś); '~**ly** w rzeczywistości; naprawdę; rzeczywiście; ~!, *well* ~! coś takiego!; *not* ~ nie zupełnie

realm [relm] dziedzina *f*; królestwo *n* (*a. fig.*)

rear [rɪə] wycho(wy)wać; *cattle etc.* ⟨wy⟩hodować; *horse*: ⟨u ~ *up*⟩ stawać ⟨stanąć⟩ dęba; **2.** *usu.* ~ tył *m*; *queue*: *usu.* *the* ~ koniec *m*; F tyłek *m* F; **3.** tylny

rearrange [rɪə'reɪndʒ] *furniture* przestawi(a)ć; *appointment* przesuwać ⟨-sunąć⟩

'**rear-view mirror** *mot.* lusterko *n* wsteczne

reason ['riːzn] **1.** przyczyna *f*, powód *m*; rozum *m*; (zdrowy) rozsądek *m*; *for some* ~ nie wiadomo dlaczego;

within ~ w granicach zdrowego rozsądku; **2.** myśleć; rozumować; argumentować; ~ *with* przekonywać; '~**able** rozsądny; racjonalny; *price*: znośny, uczciwy

reassure [rɪə'ʃɔː] uspokajać ⟨-koić⟩, pocieszać ⟨-szyć⟩

rebel 1. ['rebl] rebeliant *m*, powstaniec *m*; buntownik *m*; **2.** [rɪ'bel] ⟨z⟩buntować się (*against* przeciwko); ~**lion** [rɪ'beljən] rebelia *f*, rewolta *f*; bunt *m*; ~**lious** [rɪ'beljəs] buntowniczy

recall [rɪ'kɔːl] przypominać ⟨-mnieć⟩ sobie; *as I* ~ jak pamiętam

receipt [rɪ'siːt] pokwitowanie *n*, kwit *m*; odbiór *m*; *pl* przychody *pl*

receive [rɪ'siːv] otrzym(yw)ać; *criticism etc.* spot(y)kać się z ⟨-tkać⟩ ⟨odebrać⟩; *guests, new members* przyjmować ⟨-jąć⟩; ~**r** odbiornik *m*; *teleph.* słuchawka *f*

recent ['riːsnt] ostatni; niedawny; '~**ly** ostatnio; niedawno

reception [rɪ'sepʃn] przyjęcie *n*; *radio*: odbiór *m*; *hotel*: recepcja *f*; ~ **desk** *hotel*: recepcja *f*; ~**ist** recepcjonista *m*, recepcjonistka *f*

recipe ['resɪpɪ] przepis *m* (kulinarny)

recipient [rɪ'sɪpɪənt] odbiorca *m*

recit|al [rɪ'saɪtl] *mus.* recital *m*; **~e** [-'saɪt] ⟨wy⟩recytować; *list* wymieni(a)ć

reckless ['reklɪs] lekkomyślny

reckon ['rekən] F uważać, sądzić

reclaim [rɪ'kleɪm] odzysk(iw)ać (*a. tech.*); **baggage ~** odbiór *m* bagażu

recogni|tion [rekəg'nɪʃn] rozpoznanie *n*, identyfikacja *f*; uznanie *n*; docenienie *n*; **beyond ~tion** nie do rozpoznania; ⟨roz⟩pozn(aw)ać; doceni(a)ć; spostrzegać ⟨-rzec⟩

recollect [rekə'lekt] przypominać ⟨-mnieć⟩; **~ion** wspomnienie *n*, obraz *m* w pamięci; przypomnienie *n* sobie

recommend [rekə'mend] polecać ⟨-cić⟩; zalecać ⟨-cić⟩; **~ation** [-'deɪʃn] rekomendacja *f*; zalecenie *n*

reconcile ['rekənsaɪl] pogodzić; **be ~ed with s.o.** pogodzić się z kimś; **~e oneself to s.th.** pogodzić się z czymś; **~iation** [-sɪlɪ'eɪʃn] pojednanie *n*, zgoda *f*

reconsider [ri:kən'sɪdə] po wtórnie) przemyśleć

reconstruct [ri:kən'strʌkt] odbudow(yw)ać; ⟨z⟩reorganizować; ⟨z⟩rekonstruować; **~ion** odbudowa *f*; reorganizacja *f*; rekonstrukcja *f*

record 1. ['rekɔ:d] zapis *m*; rejestr *m*; protokół *m*; płyta *f* (gramofonowa); (*past career*) osiągnięcia *pl*, przeszłość *f*; *sp.* rekord *m*; **off the ~** poza protokołem, nieoficjalnie; **2.** [rɪ'kɔ:d] ⟨za⟩rejestrować; zapis(yw)ać; ⟨za⟩notować; on *tape* ⟨na⟩nagr(yw)ać; **~er** [-'k-] magnetofon *m*; *mus.* flet *m* prosty; **~ player** ['rekɔ:d] gramofon *m*

recover [rɪ'kʌvə] wyzdrowieć, wracać ⟨-cić⟩ do zdrowia (*from* po); przychodzić ⟨przyjść⟩ do siebie (*from* po); *money* odzysk(iw)ać; *econ.* wychodzić ⟨wyjść⟩ z kryzysu; **~y** [-ərɪ] powrót *m* do zdrowia; poprawa *f*; *property etc.*: odzyskanie *n*; *econ.* powrót *m* do konjunktury

recruit [rɪ'kru:t] **1.** rekrut *m*; *fig.* nowicjusz(ka *f*) *m*; **2.** ⟨z⟩werbować, zatrudni(a)ć (*for* do)

rectangle ['rektæŋgl] prostokąt *m*

recycl|e [ri:'saɪkl] przetwarzać ⟨-worzyć⟩ powtórnie; **~ing** powtórna przeróbka *f*

red [red] czerwony; *hair*: rudy; ♀ **Cross** Czerwony Krzyż *m*; **~den** ['redn] ⟨po⟩czerwienieć; ⟨za⟩czerwienić się

reduc|e [rɪ'dju:s] ⟨z⟩szyć ⟨-cić⟩, ⟨z⟩redukować; zmuszać ⟨-sić⟩ (*to* do); *sauce etc.* odparow(yw)ać; **~tion**

[ˌ'dʌkʃn] zmniejszenie *n*, redukcja *f*; ograniczenie *n*

redundan|cy [rɪ'dʌndənsɪ] zwolnienie *n* (z pracy); bezrobocie *n*; zbyteczność *f*; **~cy payment** zasiłek *m* dla bezrobotnych; **~t** bezrobotny; zbyteczny

reed [riːd] trzcina *f*; *mus.* stroik *m*

reef [riːf] rafa *f*

reel [riːl] **1.** *thread:* szpulka *f*; *magnetic tape:* szpula *f*; *film, adhesive tape etc.:* rolka *f*; *for angling:* kołowrotek *m*; **2.** zataczać się; chwiać się; **~ in** wyciągać ⟨-gnąć⟩ z wody

refer [rɪ'fɜː]; **~ to** nawiąz(yw)ać do; określać (*as* jako); *notes:* zaglądać do; *literature:* odsyłać do

referee [refə'riː] sędzia *m*; osoba *f* polecająca

reference ['refrəns] aluzja *f*, wzmianka *f*; konsultacja *f*; referencja *f*, list *m* polecający; odwołanie *n* (do literatury); nota *f* bibliograficzna; **with ~ to** w nawiązaniu do; **~ book** informator *m*; publikacja *f* encyklopedyczna

refill 1. ['riːfɪl] F dolewka *f*; *pen:* wkład *m*; **2.** [ˌ'fɪl] powtórnie napełni(a)ć

refine [rɪ'faɪn] oczyszczać ⟨oczyścić⟩, rafinować; udoskonalać ⟨-nalić⟩; **~d** wytworny, dystyngowany; dopracowany; *tech.* rafinowany, oczyszczony; **~ry** [ˌ-ərɪ]

rafineria *f*

reflect [rɪ'flekt] odzwierciedlać ⟨-lić⟩; przedstawi(a)ć; odbi(ja)ć ⟨się⟩; zastanawiać ⟨-nowić⟩ się; *fig.* wpływać ⟨-łynąć⟩ (*on* na opinię o); **~ion** odbicie *n*, odzwierciedlenie *n*; zaduma *f*; spostrzeżenie *n* (*on* co do); **on ~ion** po zastanowieniu

reflex ['riːfleks] odruch *m*; *pl* refleks *m*; **~ive** odruchowy

reform [rɪ'fɔːm] **1.** reforma *f*; **2.** ⟨z⟩reformować; poprawi(a)ć ⟨się⟩

refrain [rɪ'freɪn] **1.** powstrzym(yw)ać się (*from* od); **2.** refren *m*

refresh [rɪ'freʃ]: **~ (o.s.)** odświeżać ⟨-żyć⟩ ⟨się⟩; **~ s.o.'s memory** przypomnieć komuś

refrigerator [rɪ'frɪdʒəreɪtə] lodówka *f*

refuge ['refjuːdʒ] schronienie *n*; **take ~** ⟨s⟩chronić się; **~e** [ˌjuː'dʒiː] uchodźca *m*

refund 1. [rɪ'fʌnd] zwracać ⟨-rócić⟩, ⟨z⟩refundować; **2.** ['riːfʌnd] zwrot *m*

refus|al [rɪ'fjuːzl] odmowa *f*; odpowiedź *f* odmowna; odrzucenie *n*; **~e 1.** [rɪ'fjuːz] odmawiać ⟨-mówić⟩; odrzucać ⟨-cić⟩; **2.** ['refjuːs] odpadki *pl*

regain [rɪ'geɪn] *health etc.* odzysk(iw)ać

regard [rɪ'gɑːd] **1.** uznanie *n* (*for* dla); (*kind*) **~s** (serdeczne) pozdrowienia; **with ~, in ~ to** co się tyczy; **without ~ for** nie zważając na; **2.** uznawać (**as** za); myśleć (**s.o., s.th. with** o kimś, czymś z); **as ~s** co się tyczy; **~ing** odnośnie; **~less** niezależnie (~ **of**) od); bez względu na okoliczności

region ['riːdʒən] region *m*, okręg *m*; *knowledge etc.*: dziedzina *f*; **~s** *pl* prowincja *f*

register ['redʒɪstə] **1.** wykaz *m*, rejestr *m* (*a. mus.*), lista *f*; *Am.* kasa *f* sklepowa; **2.** *v/i* ⟨za⟩rejestrować się, ⟨za⟩-meldować się (**with** na *policji*, w *urzędzie*); *measure-ment*: być ⟨zostać⟩ zarejestrowanym; *v/t car, measure-ment etc.* ⟨za⟩rejestrować; *letter* nad(aw)ać jako polecony; **~ed letter** list *m* polecony

registration [redʒɪ'streɪʃn] rejestracja *f*; **~ document** *Brt. mot.* dowód *m* rejestracyjny; **~ number** *mot.* numer *m* rejestracyjny

regret [rɪ'gret] **1.** żal *m* pl wątpliwości *pl*; **2.** ⟨po⟩żałować; wyrazić ⟨-ra-zić⟩ żal, przepraszać ⟨-ro-sić⟩; *žal; **I ~ to say** z przykrością muszę stwierdzić

regular ['regjʊlə] **1.** regularny; *customer, job*: stały; *sol-dier*: zawodowy; *price, time*: normalny, zwykły; **2.** stały

bywalec *m*; żołnierz *m* zawodowy

regulat|e ['regjʊleɪt] ⟨wy⟩regulować; kontrolować, sterować; **~ion** [-'leɪʃn] **1.** przepis *m*; kontrola *f*; **2.** przepisowy

rehears|al [rɪ'hɜːsl] próba *f*; **~e** [-s] ⟨z⟩robić próbę; ⟨prze⟩ćwiczyć

reign [reɪn] **1.** panowanie *n* (*a. fig.*); **2.** ⟨za⟩panować (*a. fig.*)

rein [reɪn] *pl* lejce *pl*

reinforce [riːɪn'fɔːs] wzmacniać ⟨-mocnić⟩; **~ment** wzmocnienie *n*; **~ments** *pl* posiłki *pl*

reject [rɪ'dʒekt] odrzucać ⟨-cić⟩; *applicant* nie przyjmować ⟨-jąć⟩; **~ion** odmowa *f*; odrzucenie *n*

relate [rɪ'leɪt] *v/t* ⟨po⟩łączyć (**s.th. to s.th.** coś z czymś); *v/i* (*concern*) dotyczyć (**to s.th.** czegoś); (*appreciate*) identyfikować się (**to** z); **~d** powiązany; spokrewniony (*a. fig.*)

relation [rɪ'leɪʃn] związek *m*, powiązanie *n* (**to** z); relacja *f*, stosunek *m*; stosunki *pl* (**between** między); krewny *m* (-na *f*); **~ship** stosunki *pl* (**between** między, **with** z); związek *m* (**between** między, **with** z); pokrewieństwo *n*

relative ['relətɪv] **1.** krewny *m* (-na *f*); **2.** względny; **~ to** w porównaniu z

relax 406

relax [rɪˈlæks] odprężać
⟨-żyć⟩ (się); rozluźni(a)ć
(się)

relay 1. [ˈriːleɪ] *electr., TV*
przekaźnik *m*; *sp.* ~ (race)
sztafeta *f*, bieg ze sztafeto-
wy; *in* ~s na zmianę; 2.
[rɪˈleɪ] *news* przekaz(yw)ać;
TV nad(aw)ać, przekaz(y-
w)ać

release [rɪˈliːs] 1. zwolnienie
n, uwolnienie *n*; udostępnie-
nie *n*; (*relief*) ulga *f*; *press:* o-
świadczenie *n*, komunikat
m; *video etc.*: nagranie *n*,
dzieło *n*; 2. zwalniać ⟨zwol-
nić⟩, uwalniać ⟨uwolnić⟩;
⟨o⟩publikować; (*let go*)
puszczać ⟨puścić⟩

relevant [ˈrelәvәnt] istotny,
znaczący (*to* dla); odpowiedni

reliability [rɪlaɪәˈbɪlәtɪ] nie-
zawodność *f*; ~le [rɪˈlaɪәbl]
niezawodny; pewny

reliance [rɪˈlaɪәns] uzależnienie *n*, zależność *f* (*on* od)

relief [rɪˈliːf] ulga *f*; uwolnienie *n* (*from* od); pomoc *f*;
płaskorzeźba *f*; rzeźba *f* (te-
renu); zmiennik *m*; ~ve [v]
ulżyć; uwalniać ⟨uwolnić⟩;
position: zwalniać ⟨zwolnić⟩
(*of* z)

religi|on [rɪˈlɪdʒәn] religia *f*;
~ous religijny; pobożny

reluctan|ce [rɪˈlʌktәns] nie-
chęć *f*; ~t niechętny, pozbawiony entuzjazmu; *be* ~t to
do s.th. nie palić się do ro-

bienia czegoś

rely [rɪˈlaɪ] ~ *on or upon s.th.*
zależeć od czegoś; polegać
na czymś

remain [rɪˈmeɪn] 1. pozost(a-
w)ać; *it* ~s to *be seen* nie
wiadomo; 2. *pl* pozostałości
pl, resztki *pl*; szczątki *pl*;
~der: *the* ~der reszta *f* (*a.
math.*), pozostała część *f*

remark [rɪˈmɑːk] 1. uwaga *f*; 2.
napomykać ⟨-pomknąć⟩;
⟨s⟩komentować (*on, upon
s.th.* coś); ~able zadziwiają-
cy, nadzwyczajny

remedy [ˈremәdɪ] 1. lek *m*, lekarstwo *n* (*a. fig.*), środek
(*for* na); 2. naprawi(a)ć
(*s.th.* coś), zaradzić (*s.th.*
czemuś)

rememb|er [rɪˈmembә] ⟨za⟩-
pamiętać; przypominać
⟨-mnieć⟩ (*sobie*); ~er me to
her pozdrów ją ode mnie

remind [rɪˈmaɪnd] przypominać ⟨-nieć⟩ (*of s.th.* coś,
about, of s.th. o czymś);
~er przypomnienie *n*; upom-
nienie *n*

remnant [ˈremnәnt] resztka *f*

remote [rɪˈmәʊt] odległy; położony daleko (*from* od);
odosobniony; (*not relevant*)
oderwany (*from* od); *possi-
bility etc.*: mało prawdopodobny; ~ *control* zdalne
sterowanie *n*; pilot *m* F

remov|al [rɪˈmuːvl] usunięcie
n, likwidacja *f*; przepro-
wadzka *f*; ~e [v] zab(ie)rać

(*from* z); *clothing* zdejmować ⟨zdjąć⟩; *stain* usuwać ⟨usunąć⟩; **~ed** odmienny; **~er** *stain etc.*: wywabiacz *m*; *nail polish*: zmywacz *m*

rename [riːˈneɪm] przemianow(yw)ać

renew [rɪˈnjuː] odnawiać ⟨-nowić⟩, wymieni(a)ć; odświeżać ⟨-żyć⟩; *efforts etc.* ponawiać ⟨-nowić⟩; *passport etc.* przedłużać ⟨-żyć⟩; **~al** wznowienie *n*; przedłużenie *n*

renovate [ˈrenəʊveɪt] odnawiać ⟨-nowić⟩

rent [rent] **1.** czynsz *m*; *for* ~ do wynajęcia; **2.** wynajmować ⟨-jąć⟩ (*od kogoś*); ~ *out* wynajmować ⟨-jąć⟩ (komuś)

repair [rɪˈpeə] **1.** naprawi(a)ć; **2.** naprawa *f*

reparation [repəˈreɪʃn] zadośćuczynienie *n*; **~s** *pl* odszkodowanie *n*

repay [riːˈpeɪ] (*-paid*) *money* zwracać ⟨-rócić⟩, odwdzięczać ⟨-czyć⟩ się, ⟨z⟩rewanżować się (*to* za)

repeat [rɪˈpiːt] **1.** powtórzyć ⟨-tarzać⟩ (*after* po); **2.** powtórzenie *n* (*a. TV*)

repel [rɪˈpel] *s.o.* wzbudzać odrazę (*s.o.* w kimś); *invaders* odpierać ⟨odeprzeć⟩; *phys.* odpychać ⟨odepchnąć⟩; **~lent 1.** odrażający (*to* dla); **2.** *insect* **~lent** środek *m* odstraszający owady

repetition [repɪˈtɪʃn] powtórzenie *n*

replace [rɪˈpleɪs] zastępować ⟨-tąpić⟩ (*with*, *by s.th.* czymś); wymieni(a)ć (na nowy); odkładać ⟨odłożyć⟩ (na miejsce); **~ment** zastąpienie *n*; zastępstwo *n*

reply [rɪˈplaɪ] **1.** odpowiadać ⟨-wiedzieć⟩ (*to* na); **2.** odpowiedź *f*; *in* ~ (*to*) w odpowiedzi (na)

report [rɪˈpɔːt] **1.** sprawozdanie *n*, raport *m*; *press*: doniesienie *n*; *Brt. school*: świadectwo *n*; **2.** donosić ⟨-nieść⟩, ⟨za⟩meldować (*in press*: ⟨z⟩relacjonować; opis(yw)ać; *to boss etc.*: składać ⟨złożyć⟩ sprawozdanie (*on* na temat); *to police etc.*: zgłaszać ⟨-łosić⟩; **~er** reporter-(ka *f*) *m*

represent [reprɪˈzent] reprezentować; oznaczać, symbolizować; przedstawiać; **~ation** [-ˈteɪʃn] reprezentacja *f*; przedstawienie *n*, obraz *m*; **~ative** [-ˈzentətɪv] **1.** reprezentatywny; **2.** przedstawiciel(ka *f*) *m*; *Am. pol.* reprezentant *m*

repression [rɪˈpreʃn] represje *pl*; *psych.* tłumienie *n* (uczuć, odruchów)

reproduc|e [riːprəˈdjuːs] *v/t* ⟨z⟩reprodukować; ⟨s⟩kopiować, odtwarzać ⟨-tworzyć⟩; naśladować; *success* powtarzać ⟨-tórzyć⟩; *v/i* rozmnażać ⟨-nożyć⟩ się; **~tion** [.-'dʌkʃn] reprodukcja *f*, kopiowanie *n*, odtwarzanie *n*, naśladowanie *n*; rozmnażanie *n*; kopia *f*

reptile ['reptail] gad *m*

republic [rɪ'pʌblɪk] republika *f*; **~an 1.** republikański; **2.** republikanin *m*

repulsive [rɪ'pʌlsɪv] odrażający, wstrętny

reputation [repju'teɪʃn] reputacja *f*, renoma *f*

request [rɪ'kwest] **1.** prośba *f*, życzenie *n*; **on~** na życzenie; **2.** zwracać ⟨-rócić⟩ się z prośbą, ⟨po⟩prosić (*s.th.* o coś); **~ stop** przystanek *m* na żądanie

require [rɪ'kwaɪə] potrzebować; wymagać; **~ment** wymaganie *n*; warunek *m*; potrzeba *f*

rescue ['reskju:] **1.** ratunek *m*; akcja *f* ratunkowa; **go/ come to the ~** uda(wa)ć się/przychodzić ⟨przyjść⟩ z pomocą; **2.** ⟨u⟩ratować

research [rɪ'sɜ:tʃ] **1.** (*a. pl.*) badania *pl*, praca *f* naukowa (*on, into* nad); **2.** badać ⟨zbadać⟩, prowadzić prace badawcze; **~er** naukowiec *m*

resembl|ance [rɪ'zembləns] podobieństwo *n* (*to* do); **~e** [.-bl] być podobnym (*s.th.* do czegoś), przypominać (*s.th.* coś)

reservation [rezə'veɪʃn] zastrzeżenie *n*, wątpliwość *f*

(*about* w związku z); *table, plane*: rezerwacja *f*; *Am.* rezerwat *m* (Indian); *without* **~** bez zastrzeżeń, bezwarunkowo

reserve [rɪ'zɜ:v] **1.** *usu. pl* zasób *m*; *pl* rezerwy *pl* (*a. mil.*); *sp.* zawodnik *m* rezerwowy; rezerwat *m*; (*restraint*) rezerwa *f*, powściągliwość *f*; **in ~** w rezerwie; **2.** ⟨za⟩rezerwować; **~d** powściągliwy; *table, etc.*: zarezerwowany

reservoir ['rezəvwɑ:] zbiornik *m*; zapas *m*

reside [rɪ'zaɪd] zamieszkiwać; znajdować się (*in* w); **~nce** ['rezɪdəns] miejsce *n* zamieszkania; rezydencja *f*; zamieszkiwanie *n*, pobyt *m*; **~ permit** zezwolenie *n* na pobyt stały; **~nt 1.** zamieszkały, mieszkający; mieszkający na miejscu, miejscowy; **2.** mieszkaniec *m* (-anka *f*)

resign [rɪ'zaɪn] ⟨z⟩rezygnować; pod(aw)ać się do dymisji, ustępować ⟨-tąpić⟩; **~ o.s.** to ⟨po⟩godzić się z; **~ation** [rezɪg'neɪʃn] rezygnacja *f*; ustąpienie *n*; **~ed** pogodzony (*to* z)

resin ['rezɪn] żywica *f*

resist [rɪ'zɪst] stawi(a)ć opór (*s.th.* czemuś); *attack* powstrzym(yw)ać, odpierać; *temptation* nie ulegać ⟨ulec⟩; **~ance** opór *m* (*to* przeciw) (*a. phys.*); *to disease etc.:* odporność *f* (**to** na); **~ant** odporny

resolut|e ['rezəlu:t] zdecydowany, zdeterminowany; **~ion** [.-'lu:ʃn] determinacja *f*; (*decision*) postanowienie *n*; *at UN*: rezolucja *f*; *problem*: rozwiązanie *n*

resolve [rɪ'zɒlv] **1.** postanowienie *n*; **2.** (*decide*) postanawiać <-nowić>; *problem* rozwiąz(yw)ać

resonan|ce ['rezənəns] rezonans *m*; **~t** *voice*: donośny; *room*: akustyczny

resort [rɪ'zɔ:t] **1.** miejscowość *f* wypoczynkowa; uciekanie *n* się (**to** do); **as a last ~** w końcu, jako ostatnia deska ratunku; **2.** uciekać <uciec> się (**to** do)

resource [rɪ'sɔ:s] *pl natural*: bogactwa *pl*, zasoby *pl*; (*money*) środki *pl*; *sg* zaradność *f*; (*source*) źródło *n*, materiał *m* źródłowy; **~ful** pomysłowy; zaradny

respect [rɪ'spekt] **1.** szacunek *m*, poważanie *m* (**for** dla); poszanowanie *n* (**for s.th.** czegoś); *pl* uszanowanie *n*; *treat s.th. with* **~** zachowywać ostrożność używając czegoś; *with* **~** *to* co się tyczy (*s.th.* czegoś); **2.** szanować; *wishes* spełni(a)ć; **~able** przyzwoity; szacowny; **~ful** pełen szacunku; **~ive** odpowiedni, właściwy; **~ively** odpowiednio

respiration [respə'reɪʃn] oddychanie *n*

respond [rɪ'spɒnd] odpowiadać <-wiedzieć> (**to** na, **with s.th.** czymś); reagować (**to** na)

response [rɪ'spɒns] odpowiedź *f*; reakcja *f* (**to** na); **in ~ to** w odpowiedzi na

responsib|ility [rɪspɒnsə'-bɪlətɪ] odpowiedzialność *f* (**for** za); obowiązek *m*; **~le** [.-'spɒnsəbl] odpowiedzialny (**for** za)

rest¹ [rest] **the ~** reszta *f*, pozostała część *f*

rest² [.] **1.** odpoczynek *m*; oparcie *n*; spoczynek *m* (*a. tech.*); *mus.* pauza *f*; *at* **~** w spoczynku; *put,* *set s.o.'s mind at* **~** uspokoić kogoś; **2.** *v/i* odpoczywać <-cząć>; spoczywać <-cząć>; opierać <oprzeć> się (**on** na); *choice etc.*: należeć (**with** do); *v/t body etc.* odprężać <-żyć>, da(wa)ć odpocząć (*s.th.* czemuś); opierać <oprzeć> (**on** na)

restaurant ['restərɒnt] restauracja *f*; **~ car** wagon *m* restauracyjny

rest|ful relaksujący; spokojny, kojący; **~less** niespokojny

restore [rɪ'stɔ:] zwracać <-cić>, odd(aw)ać (**to s.o.** komuś); przywracać <-rócić>; odnawiać <-nowić>, <od>-

restaurować

restrain [rɪ'streɪn] powstrzym(yw)ać (*from* od); ⟨za⟩hamować, ograniczać ⟨-czyć⟩; **~ o.s.** powstrzymywać się (*from* od); **~t** ograniczenie *n*; powściągliwość *f*; umiarkowanie *n*

restrict [rɪ'strɪkt] ograniczać ⟨-czyć⟩ (*to* do); **~ed** ograniczony; *document*: poufny, tajny; *area*: zamknięty, dostępny dla upoważnionych; **~ion** ograniczenie *n* (*of/on s.th.* czegoś)

result [rɪ'zʌlt] **1.** wynik *m*, rezultat *m*; *usu. pl* ocena *f*, stopień *m*; **2.** być skutkiem (*from s.th.* czegoś); ~ *in s.th.* ⟨s⟩powodować coś, ⟨s⟩kończyć się czymś

resume [rɪ'zjuːm] *v/t* wznawiać ⟨-nowić⟩; *seat etc.* zajmować ⟨-jąć⟩ powtórnie; *v/i* trwać dalej; kontynuować

résumé ['rezjuːmeɪ] streszczenie *n*; *Am.* życiorys *m*

retail ['riːteɪl] **1.** detal *m*, sprzedaż *f* detaliczna; **2.** *v/t* sprzedawać w detalu; ~ być w sprzedaży detalicznej (*at* po, w cenie); **~er** [-'teɪlə] detalista *m*

retain [rɪ'teɪn] zachow(yw)ać; zatrzym(yw)ać

retire [rɪ'taɪə] iść ⟨pójść⟩ na emeryturę; ud(aw)ać się na spoczynek; wycof(yw)ać się; **~d** emerytowany; **~ment** emerytura *f*

retrieve [rɪ'triːv] odszukać i zabrać; odzysk(iw)ać; *situation* naprawi(a)ć; *hunt.* aportować

retro|active [retrəʊ'æktɪv] działający wstecz; **~active to** z wyrównaniem do; **~grade** wsteczny; **~spect** ['-spekt]: *in ~spect* z perspektywy czasu; **~spective 1.** przegląd *m* (twórczości); **2.** retrospektywny; działający wstecz

return [rɪ'tɜːn] **1.** *v/i* wracać ⟨wrócić⟩; *v/t* odd(aw)ać (*to s.o.* komuś); *book etc.* odkładać ⟨odłożyć⟩; *compliment* odwzajemni(a)ć; *ball* odbi(ja)ć; *jur.* ogłaszać; *pol.* wybrać, *pl* return *m*; powrót *m* (*to* do); zwrot *m*; *pl* wyniki *pl* wyborów; *econ.* zysk *m*; ~ (*ticket*) bilet *m* powrotny; *by~* (*of post*) odwrotną pocztą, odwrotnie; *in~* w zamian (*for* za); *many happy~s* (*of the day*) sto lat

reunion [riː'juːnjən] zjazd *m*; spotkanie *n* (po latach)

reveal [rɪ'viːl] ujawni(a)ć; odkry(wa)ć; ~ *itself* okaz(yw)ać się (*as s.th.* czymś); **~ing** pouczający; odkrywczy

revenge [rɪ'vendʒ] **1.** zemsta *f*; **2.** ~ *oneself* ⟨ze⟩mścić się (*on* na kimś)

revers|al [rɪ'vɜːsl] zwrot *m* (*o* 180 stopni), odwrócenie *n*; zamiana *f*; **~e** [-s] **1.** przeciwieństwo *n*, coś *n* całkowicie przeciwnego; porażka *f*; odwrotna strona *f*; **~e** (*gear*) *mot.* (bieg *m*) wsteczny; **2.** przeciwny, odwrotny; **3.** odwracać ⟨-rócić⟩; zamieni(a)ć; *decision etc.* zmieni(a)ć; *mot.* cofać ⟨-fnąć⟩

review [rɪ'vjuː] **1.** recenzja *f*; przegląd *m*; analiza *f*; *mil.* inspekcja *f*; **2.** ⟨z⟩recenzować; ⟨prze⟩analizować; ⟨z⟩badać; dokon(yw)ać przeglądu (*a. mil.*)

revis|e [rɪ'vaɪz] zmieni(a)ć, ⟨z⟩modyfikować; dokon(yw)ać poprawek (*s.th.* w czymś); powtarzać (wiadomości), uczyć się **.ion** [-'vɪʒn] korekta *f*, rewizja *f*; powtarzanie *n* wiadomości

reviv|al [rɪ'vaɪvl] ożywienie *n*; odrodzenie *n*; wznowienie; **.e** [-v] ożywi(a)ć; ⟨o⟩cucić; wznawiać ⟨-nowić⟩; *v/i* odży(wa)ć, odradzać ⟨-rodzić⟩ się

revolt [rɪ'vəʊlt] **1.** bunt *m*, rewolta *f*; **2.** *v/i* ⟨z⟩buntować się (*a. fig.*); *v/t* budzić odrazę

revolution [revə'luːʃn] rewolucja *f*; przewrót *m*; przełom *m*; *tech.* obrót *m*; **.ary 1.** rewolucyjny; przełomowy; **2.** rewolucjonista -(tka *f*) *m*

revolve [rɪ'vɒlv] obracać ⟨-rócić⟩ się (*around, round* dookoła; *discussion:* obejmować ⟨objąć⟩ (*around, round s.th.* coś)

reward [rɪ'wɔːd] **1.** nagroda *f*; **2.** nagradzać ⟨-dzić⟩; *attention etc.* zasługiwać ⟨-łużyć⟩ na; **.ing** dający satysfakcję, przyjemny

rewind [riː'waɪnd] (*-wound*) *tape* cofać ⟨-fnąć⟩; *film* zwijać ⟨zwinąć⟩

rheumatism ['ruːmətɪzəm] reumatyzm *m*

rhinoceros [raɪ'nɒsərəs] nosorożec *m*

rhyme [raɪm] **1.** rym *m*; rymowanka *f*; wiersz *m*; *without ~ or reason* ni stąd ni zowąd, bez logicznego uzasadnienia; **2.** rymować (się) (*with* z)

rhythm ['rɪðəm] rytm *m*

rib [rɪb] żebro *n*; *pl* żeberka *pl*

ribbon ['rɪbən] wstęga *f*, wstążka *f*; *typewriter:* taśma *f*

rice [raɪs] ryż *m*

rich [rɪtʃ] bogaty (*in* w); *story:* zabawny; *soil:* żyzny; *food:* tłusty, niezdrowy; *colour:* intensywny; **.es** bogactwa *pl*

rid [rɪd] (*rid* or *ridded*) pozbawi(a)ć (*of s.th.* czegoś); **~ oneself of s.th.** uwalniać ⟨uwolnić⟩ się od czegoś; **be ~ of s.th.** być wolnym od czegoś; **get ~ of s.th.** pozby(wa)ć się czegoś

ridden ['rɪdn] *pp of ride* 2.

riddle ['rɪdl] **1.** zagadka *f* (*a. fig.*); **2.** ⟨po⟩dziurawić; **~d with s.th.** pełen czegoś

ride [raɪd] **1.** przejażdżka *f*, jazda *f*; **2.** (*rode*, *ridden*) *v/t* jeździć, jechać na (czymś); *v/i* jeździć, jechać na koniu; jeździć, jechać (*in s.th.* czymś); ~ *s.th. out* wychodzić 〈wyjść〉 cało z czegoś

ridge [rɪdʒ] grzbiet *m*, szczyt *m*; wypukłość *f*; *roof:* kalenica *f*; *meteor.* front *m*

ridiculous [rɪ'dɪkjʊləs] śmieszny, absurdalny; zabawny

rifle ['raɪfl] strzelba *f*

right [raɪt] 1. *adj* właściwy, prawidłowy; (*not wrong*) dobry; (*not left*) prawy; *all* ~ w porządku, dobrze; *that's all* ~ nic nie szkodzi; *that's* ~ tak jest; *be* ~ mieć rację; ~ *angle* kąt prosty; *put* ~ naprawić; poprawić; 2. *adv* prawidłowo; dobrze; *direction:* w prawo, na prawo; ~ *away* natychmiast; ~ *now* teraz, w tej chwili; *turn* ~ skręcać 〈-cić〉 w prawo; 3. *s* prawo *n* (*to* do); dobro *n*; prawa *f* (ręka, strona *itp.*); *the* ♀ *polit.* prawica *f*; *on the* ~ z prawej strony, na prawo; *on* ~ w prawo; '~*ful* prawowity, prawnie należny; ~*'hand* prawa strona *f*; ~*'handed* praworęczny

rigid ['rɪdʒɪd] sztywny, mało elastyczny (*a. fig.*)

rigorous ['rɪgərəs] rygorystyczny; szczegółowy, dokładny; ~*(u)r* ['rɪgə] *usu. pl.*

trud *m*; *law:* surowość *f*

rim [rɪm] krawędź *f*, brzeg *m*; *wheel:* obręcz *f*; *glasses:* oprawka *f*

ring [rɪŋ] 1. *sound:* dzwonek *m*; (*impression*) brzmienie *n*; *on finger:* pierścionek *m*; *wedding:* obrączka *f*; *for keys:* kółko *n*; (*circle*) koło *n*; (*people:* krąg *m*; *boxing:* ring *m*; *circus:* arena *f*; *give s.o. a* ~ (*za*)dzwonić do kogoś; 2. (*rang, rung*) *v/t Brt.* (*phone*) 〈za〉telefonować (*s.o.* do kogoś); (*phone*) 〈za〉telefonować; *bell:* dzwonić; (*call*) 〈za〉dzwonić (*for* po); *room:* rozbrzmiewać 〈-mieć〉 (*with s.th.* czymś); ~ *the bell* zadzwonić do drzwi; ~ *off* odkładać 〈odłożyć〉 słuchawkę; ~ *s.o. up* 〈za〉dzwonić do kogoś

rink [rɪŋk] *ice:* lodowisko *n*; *other:* tor *m*

rinse [rɪns] (*a.* ~ *out*) opłuk(iw)ać; *mouth* przepłuk(iw)ać

riot ['raɪət] 1. rozruchy *pl*; *colours:* bogactwo *n*; *run* ~ *colours:* szaleć; *run* ~ szaleć; 2. wywoł(yw)ać rozruchy

rip [rɪp] 1. przedarcie *n*, rozdarcie *n*; 2. rozdzierać 〈-zedrzeć〉 (się); ~ *off* zrywać 〈zerwać〉; ~ *out* wyr(y)wać

ripe [raɪp] *fruit:* dojrzały; '~*n* dojrze(wa)ć; '~*ness* dojrzałość *f*

rise [raɪz] 1. (*slope*) wzniesienie n; wage, price: podwyżka f; to fame: dojście n (**to** do); (increase) wzrost m (**of** s.th. czegoś); **2.** (**rose, risen**) unosić ⟨unieść⟩ się; wznosić ⟨-nieść⟩ się; wstaw(a)ć; sun etc.: wst(aw)ać; river: wzbierać ⟨wezbrać⟩; people: ⟨z⟩buntować się; to fame: dochodzić ⟨dojść⟩ (do czegoś); **~** ['rɪzn] pp of **rise** 2

risk [rɪsk] **1.** ⟨za⟩ryzykować; **2.** ryzyko n; zagrożenie n; **at ~** w niebezpieczeństwie; **put at ~** narażać ⟨-razić⟩ na niebezpieczeństwo; **run the ~** ryzykować (**of** s.th. czymś); **'~y** ryzykowny

rival ['raɪvl] **1.** rywal(ka f) m, przeciwnik m ⟨-niczka f⟩; konkurent(ka f) m; coś n dorównującego, równy m; **2.** dorównywać ⟨-nać⟩; **'~ry** rywalizacja f, konkurencja f

river ['rɪvə] rzeka f (a. fig.)

road [rəʊd] between towns: szosa f, droga f (a. fig.); (street) ulica f; **on the ~** w drodze; **'~side 1.** pobocze n, skraj m drogi; **2.** przydrożny; **'~way** jezdnia f; **~ works** pl roboty pl drogowe

roar [rɔː] **1.** animal: ryczeć; wind, sea: ⟨za⟩huczeć, ⟨za⟩szumieć; **~** (**with laughter**) ryczeć ze śmiechu; **2.** ryk m; **~s of laughter** salwy pl śmiechu

roast [rəʊst] **1.** v/t meat ⟨u⟩piec; nuts prażyć; coffee

palić; v/i (feel hot) gotować się; **2.** s pieczeń f; **3.** adj pieczony

rob [rɒb] ⟨ob⟩rabować (**of** z); fig. pozbawi(a)ć (**of** s.th. czegoś), odbierać (**of** s.th. coś); '**~ber** rabuś m, złodziej m; '**~bery** rabunek m, kradzież f

robe [rəʊb] szata f; (dressing gown) szlafrok m; bath: płaszcz m kąpielowy

rock [rɒk] **1.** skała f; (boulder) głaz m; Am. kamień m; mus. muzyka f rockowa; **on the ~s** whisky: z lodem; relationship: skończony; **2.** kołysać (się); building: ⟨za⟩trząsć (się); country: wstrząsać ⟨-snąć⟩ (czymś)

rocket ['rɒkɪt] **1.** rakieta f; **2.** prices: skakać ⟨skoczyć⟩, strzelać ⟨-lić⟩ w górę

rocky ['rɒkɪ] kamienisty

rod [rɒd] pręt m; fishing: wędzisko n; **divining ~** różdżka f

rode [rəʊd] past of **ride** 2

rodent ['rəʊdənt] gryzoń m

roe¹ [rəʊ] (a. roe-deer) sarna f

roe² [..] (hard) **~** ikra f; **soft ~** mlecz m

rogue [rəʊg] łobuz m, nicpoń m; łotr m, łajdak m; elephant: samotnik m

role [rəʊl] rola f (a. thea.)

roll [rəʊl] **1.** film, toilet paper: rolka f; foil: rulon m; food: bułka f; (list) lista f; thunder: huk m, toczenie n się

(grzmotu); *drums*: warkot *m*;
2. v/i ⟨po⟩toczyć się; (*turn over*) przewracać ⟨-rócić⟩ się (na bok, plecy *itp.*); *ship*: kołysać się; *on the floor*: tarzać się, kulać się; v/t ⟨po⟩toczyć; (*turn over*) przewracać ⟨-rócić⟩ (na bok, plecy *itp.*); (*wrap*) zwijać ⟨zwinąć⟩; *trousers* podwijać ⟨-winąć⟩; *cigarette* skręcać ⟨-cić⟩; ~ *over* przewracać ⟨-rócić⟩ (się) (na bok, plecy *itp.*); ~ *up* zwijać ⟨zwinąć⟩ (się); *sleeve* podwijać ⟨-winąć⟩; (*arrive*) przyby(wa)ć, podchodzić ⟨-dejść⟩; ~ **call** sprawdzanie *n* obecności; '~**er** walec *m* (w *curlers*) wałki *pl*; ~**er skate** wrotka *f*; '~**ing pin** wałek *m* do ciasta
Roman ['rəʊmən] **1.** rzymski; **2.** Rzymianin *m* (-nka *f*); ~ **Catholic 1.** rzymsko-katolicki; **2.** katolik *m* (-liczka *f*); ~ **numeral** cyfra *f* rzymska
roman|ce [rəʊ'mæns] **1.** romans *m*; (*excitement*) romantyka *f*; **2.** fantazjować (*about* na temat); ~**tic** romantyczny; idealistyczny, naiwny
Romania [rəʊ'meɪnɪə] Rumunia *f*; ~**n** [~n] **1.** *adj* rumuński; **2.** *s* Rumun(ka *f*)
roof [ruːf] **1.** dach *m*; *mouth*: podniebienie *n*; **2.** pokry(wa)ć dachem; ~ **rack** *mot.* bagażnik *m* dachowy
rook [rʊk] gawron *m*; *chess*:

wieża *f*
room [ruːm, *in compound words* rʊm] pomieszczenie *n*; *in house*: pokój *m*; *in school*: sala *f*; (*space*) miejsce *n* (*for* na); '~**mate** współlokator(ka *f*) *m*; '~**y** przestronny
root [ruːt] **1.** korzeń *m*; *gr.* rdzeń *m*; **put down** ~**s** zapuszczać ⟨-puścić⟩ korzenie, zagrz(ew)ać miejsce; **take** ~ zakorzenić się; **2.** ⟨za⟩korzenić (się); przeszukiwać, przerzucać, przekładać; ~ **about**, ~ **around** grzebać (*for* w poszukiwaniu); ~ **out** wykorzeni(a)ć; wyciągać ⟨-gnąć⟩; '~**ed** zakorzeniony
rope [rəʊp] **1.** lina *f*, sznur *m*; *pl sp.* liny *pl*; *skipping* ~ skakanka *f*; **2.** ⟨z⟩wiązać liną; ~ **off** odgradzać ⟨-rodzić⟩ liną niec *m*
rosary ['rəʊzərɪ] *eccl.* różaniec *m*
rose[1] [rəʊz] róża *f*
rose[2] [rəʊz] *past of rise* 2
rosy ['rəʊzɪ] różowy; rumiany
rot [rɒt] **1.** gnicie *n*; zgniła część *f*; F bzdury *pl*; **2.** v/i gnić (*a. fig.*); v/t powodować gnicie; rozkładać
rota|ry ['rəʊtərɪ] obrotowy; ~**te** [~'teɪt] obracać ⟨-cić⟩ (się); ⟨za⟩stosować rotację; ~**tion** obrót *m*; rotacja *f*
rotten ['rɒtn] zgniły, zepsuty; F fatalny, beznadziejny; F paskudny F

rough [rʌf] **1.** nierówny; *skin*: szorstki; *behaviour*: brutalny; *life*: ciężki; *estimate*: przybliżony; *building*: prymitywny; *sea*: wzburzony; *weather*: burzliwy; *sleep* ~ spać pod gołym niebem; **2.** ~ *it* F żyć w prymitywnych warunkach; ~ *out* naszkicować

round [raʊnd] **1.** adj okrągły; *eyes*: szeroko otwarty; **2.** adv dookoła; ~ *about* około; *the other way* ~ odwrotnie; **3.** prp dookoła; wokół, wkoło; **4.** s runda f; *doctor's*: obchód m; *mus.* kanon m; *drinks*: kolejka f; **5.** v/t okrążać ⟨-żyć⟩; ~ *off* ⟨za⟩- kończyć, dopełni(a)ć; za- okrąglać ⟨-lić⟩; ~ *up* zganiać ⟨zgonić⟩; '~**about 1.** Brt. *mot.* rondo n; Brt. karuzela f; **2.** *in a* ~ *way* w pośredni sposób; ~ *trip* droga f w obie strony; ~ *ticket* Am. bilet m powrotny

route [ruːt] **1.** trasa f; *bus*: linia f; *fig.* droga f; **2.** ⟨s⟩kierować

routine [ruːˈtiːn] **1.** stały porządek m, ograniczą f czasu; (*drudgery*) nuda f; *sp.* program m, układ m; F (*act*) przedstawienie n; **2.** rutynowy; typowy

row¹ [raʊ] (*line*) rząd m; *in a* ~ pod rząd

row² [raʊ] F **1.** kłótnia f; spór m; hałas m; **2.** kłócić się

row³ [raʊ] **1.** przejażdżka f łodzią; **2.** v/i wiosłować, płynąć łodzią; v/t przewozić ⟨-wieźć⟩ łodzią; '~**boat** Am.; '~**ing boat** łódź f wiosłowa

royal [ˈrɔɪəl] **1.** F członek m rodziny królewskiej; **2.** królewski; '~**ty** rodzina f królewska; pl honorarium n autorskie

rub [rʌb] **1.** pocierać ⟨potrzeć⟩ ręką; pocierać ⟨potrzeć⟩ (*against* o); (*clean etc.*) wycierać ⟨wytrzeć⟩; *lotion* wcierać ⟨wetrzeć⟩; ~ *one's hands* zacierać ręce; ~ *down* ścierać ⟨zetrzeć⟩; *body* wycierać ⟨wytrzeć⟩ do sucha; ~ *in* wcierać ⟨wetrzeć⟩; ~ *out* wymaz⟨yw⟩ać

rubber [ˈrʌbə] **1.** guma f; *esp.* Brt. (*eraser*) gumka f (do mazania); **2.** gumowy

rubbish [ˈrʌbɪʃ] śmiecie pl, odpadki pl; *film etc.*: tandeta f; F (*nonsense*) bzdura f; ~ *bin* Brt. pojemnik m na śmiecie

ruby [ˈruːbɪ] rubin m

rucksack [ˈrʌksæk] plecak m

rude [ruːd] niegrzeczny; *joke*: wulgarny; *event etc.*: niespodziewany

rudiment|ary [ruːdɪˈmentərɪ] *tool*: prymitywny; *knowledge*: podstawowy; '~**s** [ˈ~mənts] pl podstawy pl

rug [rʌg] (*carpet*) dywanik m;

(blanket) pled m

rugged ['rʌgɪd] *land*: nierówny; *equipment*: solidny

ruin ['ruːɪn] **1.** ruina f; *pl* ruiny pl; **2.** ⟨z⟩niszczyć

rule [ruːl] **1.** reguła f; *(guideline)* zasada f; *(regulation)* przepis m; *(government)* rządy pl; → *ruler*; *as a* ~ z reguły; **2.** *v/t* rządzić; *line* ⟨wy⟩kreślić; *v/i* rządzić; ~ *out* wykluczać ⟨-czyć⟩; *'*~*r* linijka f; *(leader)* władca m

rumo(u)r ['ruːmə] **1.** plotka f; **2.** *it is* ~*ed that* ... ludzie mówią, że ...

run [rʌn] **1.** *(ran, run)* *v/i* ⟨po⟩biec, biegać; *(escape)* uciekać ⟨uciec⟩ *(from z)*; *in elections*: kandydować *(for president* na prezydenta, *for parliament* do parlamentu); *train, bus*: kursować; *tear, river*: płynąć; *tap*: ciec; *border etc.*: przebiegać; *machine*: działać; *text*: brzmieć; *film etc.*: trwać; *butter*: topić się; *fabric*: farbować; *v/t distance* przebiegać ⟨-biec⟩; *business* ⟨po⟩prowadzić; *hand etc.* przejeżdżać ⟨-jechać⟩; *news item* zamieszczać ⟨-mieścić⟩; ~ *across* natykać ⟨-tknąć⟩ się *(s.o.* na kogoś); ~ *down* *(criticise)* oczerni(a)ć; *company etc.*: osłabi(a)ć; *battery*: wyczerp(yw)ać się; *(knock down)* potrącać ⟨-cić⟩; *(find)* znajdować ⟨znaleźć⟩; *in car* docierać ⟨dotrzeć⟩; ~

into *trouble* napot(y)kać; *(meet)* spotkać; *(collide)* zderzać ⟨-rzyć⟩ się; ~ *off* zbiec; ~ *out* *money etc.*: ⟨s⟩kończyć się; *passport*: ⟨s⟩tracić ważność; ~ *out of* już nie mieć; ~ *out on* opuszczać ⟨opuścić⟩; ~ *over* *(knock down)* przejeżdżać ⟨-jechać⟩; *(practice)* przećwiczyć *(a.* **run through)**; ~ *through* *list* odczyt(yw)ać; ~ *up* *debt* nagromadzić; **2.** bieg m; *ski*: trasa f; *in tights*: oczko n; *econ. on bank*: run m; *on tickets*: duży popyt m; *in the long* ~ na dłuższą metę

rung¹ [rʌn] *pp of* **ring** 2

rung² [_] szczebel m *(a. fig.)*

runner ['rʌnə] biegacz(ka f) m; *(messenger)* goniec m; *(smuggler)* przemytnik m; ~*-up* [_ər'ʌp] zdobywca m drugiego miejsca

'running ciągły; *water*: bieżący; *for two days* ~ dwa dni z rzędu

'runway *aer.* pas startowy

rural ['ruərəl] wiejski

rush [rʌʃ] **1.** szczyt m; *zainteresowanie* n *(for* czymś); *in feeling*: napływ m, przypływ m; **2.** *v/i* ⟨po⟩pędzić, ⟨po⟩gnać; ~ *to do s.th.* spieszyć się by coś zrobić; *v/t* robić ⟨coś⟩ pospiesznie; ruszać na ⟨coś⟩; ponaglać ⟨-lić⟩, poganiać ⟨-gonić⟩; ~ *hour* godzina f szczytu

Russia ['rʌʃə] Rosja f; ~*n* [_n]

1. rosyjski; **2.** Rosjanin *m* (-nka *f*)

rust [rʌst] **1.** rdza *f*; **2.** ⟨za⟩-

rdzewieć

ruthless ['ruːθlɪs] bezlitosny

rye [raɪ] żyto *n*

S

sabotage ['sæbətɑːʒ] **1.** sabotaż *m*; **2.** wysadzać ⟨-dzić⟩, ⟨z⟩niszczyć; sabotować

sack [sæk] **1.** worek *m*; **2.** F zwolnić (z pracy)

sacred ['seɪkrɪd] święty; *art*: sakralny

sacrifice ['sækrɪfaɪs] **1.** *to god*: ofiara *f*; (*something given up*) poświęcenie *n*; **2.** składać ⟨złożyć⟩ w ofierze; (*give up*) poświęcać ⟨-cić⟩

sad [sæd] smutny

saddle ['sædl] **1.** siodło *n*; **2.** ⟨o⟩siodłać

safe [seɪf] **1.** bezpieczny; **2.** sejf *m*; '**~guard 1.** zabezpieczenie *n*; **2.** ochraniać ⟨-ronić⟩

safety ['seɪftɪ] bezpieczeństwo *n*; '**~ belt** pas *m* bezpieczeństwa; '**~ pin** agrafka *f*

said [sed] *past and pp of* **say 1**

sail [seɪl] **1.** żagiel *m*; *trip*: przejażdżka *f* jachtem; **set ~** wypływać ⟨-łynąć⟩; **2.** pływać ⟨po⟩płynąć ⟨po⟩żeglować (**s.th.** (na) czymś); *ship*: płynąć

saint [seɪnt] święty *m* (-ta *f*)

sake [seɪk]: **for the ~ of** dla, przez wzgląd na; **for my ~** dla mnie; **for God's ~, for**

heaven's ~ na miłość boską

salad ['sæləd] sałatka *f*; *raw*: surówka *f*

sale [seɪl] *pl econ.* (*amount*) sprzedaż *f*; *pl econ.* (*department*) dział *m* sprzedaży; *lower prices*: wyprzedaż *f*; (*up*) **for ~** na sprzedaż; **on ~** w sprzedaży; '**~sman** (*pl* **-men**) sprzedawca *m*; handlowiec *m*; **~s manager** kierownik *m* (-niczka *f*) działu sprzedaży; '**~swoman** (*pl* **-women**) sprzedawczyni *f*; handlowiec *m*

saliva [sə'laɪvə] ślina *f*

salmon ['sæmən] łosoś *m*

saloon [sə'luːn] *a.* ~ **car**) *Brt.* limuzyna *f*; *on ship*: salon *m*; *Am.* bar *m*

salt [sɔːlt] **1.** sól *f*; **2.** słony; **3.** ⟨po⟩solić; '**~-cellar** solniczka *f*; '**~y** słony

salvation [sæl'veɪʃn] *eccl.* zbawienie *n*

same [seɪm]: **the ~** taki sam; **the ~ colour** tego samego koloru; **all the ~** tak czy inaczej; **it is all the ~ to me** wszystko mi jedno

sample ['sɑːmpl] **1.** próbka *f*; **2.** ⟨s⟩⟨po⟩próbować

sanct|ion ['sæŋkʃn] **1.** sankcja f; (approval) aprobata f; **2.** dopuszczać ⟨-puścić⟩; ⟨u⟩sankcjonować; **'~ity** świętość f

sand [sænd] **1.** piasek m; **2.** ⟨wy⟩szlifować (papierem ściernym); **~ castle** zamek m z piasku

sandal ['sændl] sandał m 'sand|paper papier m ścierny; '~pit Brt. piaskownica f; '~stone piaskowiec m; '~storm burza f piaskowa

sandwich ['sænwidʒ] **1.** kanapka f; cake: przekładaniec m; **2.** ~ together with s.th. przełożyć czymś; ~ed (in) between s.th. wciśnięty pomiędzy coś

sandy ['sændi] piaszczysty

sane [sein] zdrowy na umyśle; rozsądny

sang [sæŋ] past of sing

sanitary ['sænitəri] czysty, higieniczny; conditions etc.: sanitarny; ~ napkin Am., ~ towel Brt. podpaska f (higieniczna)

sanity ['sænəti] zdrowie n psychiczne; zdrowy rozsądek m

sank [sæŋk] past of sink 1

Santa Claus ['sæntəklɔːz] święty Mikołaj m

sapphire ['sæfaiə] szafir m

sarcastic [sɑːˈkæstik] sarkastyczny

sardine [sɑːˈdiːn] sardynka f

sat [sæt] past and pp of sit

satellite ['sætəlait] satelita m

satir|e ['sætaiə] satyra f; **~ical** [sə'tirəkl] satyryczny

satis|faction [sætis'fækʃn] satysfakcja f; zadowolenie n; ~ factory zadowalający; **~fy** ['..faι] zadowalać ⟨-wolić⟩; curiosity zaspokajać ⟨-koić⟩; condition spełni(a)ć

Saturday ['sætədi] sobota f

sauce [sɔːs] sos m; (check) czelność f; '~pan garnek m, rondel m; '~r spod(ecz)ek m

sausage ['sɒsidʒ] kiełbasa f

savage ['sævidʒ] **1.** dziki; barbarzyńca m; dzikus m

save [seiv] **1.** ⟨u⟩ratować (from od, przed); money, time oszczędzać ⟨-dzić⟩; (keep) przechowywać, odkładać; computer: zapis(yw)ać na dysku; **2.** oprócz

saving ['seiviŋ] oszczędność f (in s.th. czegoś); pl oszczędności pl

savo(u)r ['seivə] **1.** delektować się (s.th. czymś) (a. fig.); **2.** smak m, aromat m; **~y** ['..əri] pikantny; fig. chwalebny

saw[1] [sɔː] past of see

saw[2] [..] **1.** (sawed, sawn or sawed) ⟨prze⟩piłować; **2.** piła f; '~dust trociny pl; **~n** pp of saw[2] 1

say [sei] **1.** (said) mówić ⟨-wiedzieć⟩; prayer odmawiać ⟨-mówić⟩; that is to ~ to znaczy; **2.** wyrażenie n opinii, prawo *n* głosu; '**~ing** powiedzenie *n*

scale [skeɪl] skala *f*; *mus.* gama *f*; *fish:* łuska *f*; *pl* waga *f*
scan [skæn] **1.** przeglądnąć ⟨przejrzeć⟩; ⟨prze⟩badać (wzrokiem); *computer:* skanować; **2.** *med.* badanie *n* skaningowe
scandal [ˈskændl] skandal *m*; *evil:* intryga *f*; *large scale:* plotki *pl*; '**~ous** [ˈ~dələs] skandaliczny
Scandinavian [skændɪˈneɪvjən] **1.** skandynawski; **2.** Skandynaw(ka *f*) *m*
scar [skɑː] blizna *f*
scare [skeə] **1.** histeria *f*; panika *f*; **have a ~** ⟨wy⟩straszyć się; **give s.o. a ~** ⟨wy⟩straszyć kogoś; **2.** ⟨wy⟩straszyć; *~* **away** odstraszać ⟨-szyć⟩; **be ~d of s.th.** bać się czegoś; '**~crow** strach *m* na wróble
scarf [skɑːf] (*pl* **~s, scarves** [~vz]) szalik *m*; *head:* chustka *f*; *shoulders:* chusta *f*
scarves [skɑːvz] *pl* of **scarf**
scatter [ˈskætə] *v/t* rozrzucać ⟨-cić⟩; rozpraszać ⟨-roszyć⟩; *v/i* rozbiegać ⟨-biec⟩ się
scene [siːn] scena *f*; *fig.* miejsce *n*; **behind the ~s** za kulisami; '**~ry** [ˈ~əri] sceneria *f*, krajobraz *m*; scenografia *f*
scent [sent] woń *f*; perfumy *pl*; trop *m*
sceptic [ˈskeptɪk] sceptyk *m* (-tyczka *f*); '**~al** *remark:* sceptyczny; *person:* sceptycznie nastawiony (**about**

do)
schedule [ˈʃedjuːl, *Am.* ˈskedʒuːl] **1.** plan *m*; (*list*) lista *f*; *esp. Am. train etc.:* rozkład *m* jazdy; **on ~** według planu; **behind ~** opóźniony; **2.** ⟨za⟩planować (**for** na)
scheme [skiːm] plan *m*; *evil:* intryga *f*; *large scale:* program *m*, przedsięwzięcie *n*; **2.** knuć
scholar [ˈskɒlə] uczony *m* (-na *f*); stypendysta *m* (-tka *f*); '**~ship** stypendium *n*; nauka *f*
school [skuːl] szkoła *f*; *fish:* ławica *f*; **2.** ⟨wy⟩szkolić; '**~age** wiek *m* szkolny; '**~boy** uczeń *m*; '**~friend** kolega *m* (koleżanka *f*) ze szkoły; '**~girl** uczennica *f*; '**~ing** wykształcenie *n*; '**~teacher** nauczyciel *m* szkolny
scien|ce [ˈsaɪəns] nauka *f*; **~tific** [-ˈtɪfɪk] naukowy; '**~tist** naukowiec *m*
scissors [ˈsɪzəz] *pl* (*a.* **a pair of ~**) nożyczki *f*
scooter [ˈskuːtə] skuter *m*; *toy:* hulajnoga *f*
scope [skəʊp] zakres *m*; (*opportunity*) miejsce *n* (**for** na); **give s.o. ~ to do s.th.** dawać komuś wolną rękę do robienia czegoś
scorch [skɔːtʃ] przypalać ⟨-lić⟩; **~ed** spalony
score [skɔː] **1.** *sp.* wynik *m* (*a. fig.*); *mus.* partytura *f*; *film:*

muzyka *f* (do filmu); **2.** *sp. point* zdoby(wa)ć, *goal* strzelać ⟨-lić⟩; *mark* uzysk(iw)ać

Scot [skɒt] Szkot(ka *f*) *m*

Scotch [skɒtʃ] szkocka whisky *f*

Scots|man ['skɒtsmən] (*pl -men*) Szkot *m*; **'~woman** (*pl -women*) Szkotka *f*

scout [skaʊt] **1.** skaut *m*, harcerz *m*; *mil.* zwiadowca *m*; **2.** przeszuk(iw)ać; **~ (a)round for** poszukiwać

scramble ['skræmbl] *v/i* gramolić się; ⟨po⟩pędzić; walczyć (*for* o); *v/t tech.* ⟨za⟩kodować, ⟨za⟩szyfrować; **'~d eggs** *pl* jajecznica *f*

scrap [skræp] **1.** skrawek *m*, *pl* resztki *pl*; (*a. ~ metal*) złom *m*; *not a ~* ani trochę; **2.** *plan etc.* odrzucać ⟨-cić⟩

scrape [skreɪp] **1.** *sound*: drapanie *n*, szuranie *n*; (*trouble*) tarapaty *pl*; **2.** *v/t* ⟨o⟩skrobać; (*a. ~ away, ~ off*) zeskrob(yw)ać; *hand* zadrap(yw)ać (*against, on* o); *v/i* szurać; (*save*) oszczędzać

scrap|heap złomowisko *n* (*a. fig.*); **~ iron** → **scrap** 1

scratch [skrætʃ] **1.** zadrap(yw)ać; ⟨po⟩drapać (się); **2.** zadrapanie *n*, draśnięcie *n*; (*mark*) rysa *f*; *from* ~ od zera

scream [skriːm] **1.** wrzask *m*; **2.** wrzeszczeć ⟨wrzasnąć⟩

screen [skriːn] **1.** *TV, film etc.*: ekran *m*; *separation*: parawan *m*; rysa *f*; (*hide*) osłaniać ⟨-łonić⟩; *film* wyświetlać ⟨-lić⟩, pokaz(yw)ać; (*examine*) ⟨prze⟩badać

screw [skruː] **1.** wkręt *m*, śruba *f*; **2.** przykręcać ⟨-cić⟩; F (*cheat*) naciągać ⟨-gnąć⟩; **'~driver** śrubokręt *m*

script [skrɪpt] tekst *m*, scenariusz *m*; pismo *n*; **~ure** ['~tʃə]: *the (Holy) ♀(s)* Pismo *n* Święte

scrup|le ['skruːpl] (*usu. pl.*) skrupuł *m*; **~ulous** ['~pjuləs] skrupulatny, dokładny

scuba ['skuːbə]: *~ diving* nurkowanie *n* z aparatem tlenowym

sculpt|or ['skʌlptə] rzeźbiarz *m* (*-arka f*); **~ure** ['~tʃə] rzeźba *f*

sea [siː] morze *n*; **'~food** owoce *pl* morza; **'~front** nabrzeże *n*; **'~going** morski; **'~gull** mewa *f*

seal¹ [siːl] foka *f*

seal² [siːl] **1.** pieczęć *f*; *tech.* korek *m*, zamknięcie *n*; **2.** uszczelni(a)ć; *envelope* zaklejać ⟨-leić⟩

seam [siːm] szew *m*; *coal etc.*: złoże *n*

seaman (*pl -men*) marynarz *m*, żegl•arz *m*

sea|plane hydroplan *m*; **'~port** miasto *n* portowe

search [sɜːtʃ] **1.** szukać (*for s.th.* czegoś); przeszuk(iw)ać (*for* w celu znalezienia); *person* ⟨z⟩rewidować; **2.** poszukiwanie *n*; rewizja *f*; *in* ~ *of s.th.* w poszukiwaniu czegoś; **'~ing** *question*: dociekliwy; *look*: badawczy; **'~light** reflektor *m*; **~ warrant** nakaz *m* rewizji

'sea|shore brzeg *m* morski; **'~sick**: *be ~sick* mieć chorobę morską; **'~side** wybrzeże *n*; *at the ~side* nad morzem; **~side resort** kurort *m* nadmorski

season ['si:zn] **1.** pora *f* roku; *hunting, tourist etc.*: sezon *m*; *Christmas, Easter etc.*: okres; **2.** *food* przyprawi(a)ć; *wood* sezonować; **'~ing** (*a. pl*) przyprawy *pl*; **~ ticket** *rail. etc.* bilet *m* okresowy; *thea.* abonament *m*

seat [si:t] **1.** miejsce *n* do siedzenia; *in car etc.*: fotel *m*; *parl., thea.* miejsce *n*; *organization*: siedziba *f*; **2.** *building* (po)mieścić; **~ oneself** siadać ‹usiąść›; **~ belt** pas *m* bezpieczeństwa

'seaweed wodorost *m*

second ['sekənd] **1.** *adj* drugi; **~ thoughts** wątpliwości *pl*; **2.** *adv* po drugie; jako drugi; **3.** *s* sekunda *f* (*a. mus*); *article*: towar *m* wybrakowany; *person*: sekundant *m*; *gear*: drugi bieg; **4.** *v/t proposal* popierać ‹-przeć›; **'~ary** drugorzędny; **~ary education** szkolnictwo *n* ponadpodstawowe; **~ary school** szkoła *f* średnia; **~'hand** używany; **'~ly** po drugie; **~'rate** dru-

gorzędny; **~s** dokładka *f*

secre|cy ['si:krəsɪ] dyskrecja *f*; sekret *m*; **~t** ['~ɪt] **1.** tajny; ukryty; **2.** sekret *m*, tajemnica *f*

secretary ['sekrətrɪ] sekretarz *m* (-arka *f*)

secret|e [sɪ'kri:t] (*hide*) ukry(wa)ć; *med.* wydzielać ‹-lić›; **~ive** ['si:krətɪv] skryty

sect [sekt] sekta *f*

section ['sekʃn] część *f*; (*department*) wydział *m*; *document*: paragraf *m*; *math.* przekrój *m*

secular ['sekjələ] świecki

secur|e [sɪ'kjuə] **1.** *job*: pewny; (*well protected*) zabezpieczony; (*fixed*) przymocowany; *feel ~e* czuć się bezpiecznie; **2.** (*obtain*) uzysk(iw)ać; (*make safe*) zabezpieczać ‹-czyć› (*against* / *from* przeciwko); (*fasten*) przymocow(yw)ać; **~ity** ['~ərətɪ] bezpieczeństwo *n*

sedative ['sedətɪv] środek *m* uspokajający

sediment ['sedɪmənt] osad *m*

seduce [sɪ'dju:s] uwodzić ‹uwieść›

see [si:] (*saw, seen*) *v/i* widzieć; *I ~* rozumiem, aha; **~ about s.th.** załatwić coś; **~ through s.o.** / *s.th.* przejrzeć kogoś / coś; **~ to s.th.** zająć się czymś; *v/t* widzieć ‹zobaczyć›; (*view, watch*) oglądać ‹obejrzeć›; *sights* zwiedzać ‹-dzić›; *friend* odwiedzieć ⟨-dzić⟩; ~ *a doctor* iść ⟨pójść⟩ do lekarza; ~ *s.o. home* odprowadzać ⟨-dzić⟩ kogoś do domu

seed [siːd] **1.** nasienie *n*; *pl. fig.* ziarno *n*; **2.** *land* obsiewać ⟨-siać⟩; *sp.* rozstawiać ⟨-wić⟩

seek [siːk] (*sought*) poszukiwać; dążyć (*do*)

seem [siːm] wydawać się (być), zdawać się (być); *he* ~**s** (*to be*) *happy* wydaje się być szczęśliwy

seen [siːn] *pp of* **see**

seesaw ['siːsɔː] huśtawka *f*

segment ['segmənt] część *f*; *math.* odcinek *m*

segregat|e ['segrigeit] oddzielać ⟨-lić⟩; ~**ion** [-'geiʃn] segregacja *f*

seize [siːz] chwytać ⟨-wycić⟩; ⟨z⟩łapać (za); *power* zajmować ⟨-jąć⟩; *jur. property* zajmować ⟨-jąć⟩; *jur. person* zatrzym⟨yw⟩ać; ~**ure** [-ʒə] *power*: przejęcie *n*; *property*: zajęcie *n*; *med.* atak *m*

seldom ['seldəm] rzadko

select [si'lekt] **1.** wyb⟨ie⟩rać; **2.** *group, school*: elitarny; ~**ion** (*choosing*) selekcja *f*; *wybór m*; *poems, goods etc.*: wybór *m*

self [self] (*pl* **selves** [-vz]) osobowość *f*; ~**-adhesive** samoprzylepny; ~**-assured** pewny siebie; ~**'confidence** pewność *f* siebie; ~**-contained** *flat*: samodzielny; *person*: samowystarczal-

ny; ~**control** samokontrola *f*; ~**-defence** samoobrona *f*; ~**'-evident** oczywisty; ~**'interest** własny interes *m*; **'~ish** samolubny; **'~less** bezinteresowny; ~**-possession** opanowanie *n*; ~**-reliant** niezależny; ~**-respect** poczucie *n* własnej wartości; ~**'satisfied** zadowolony z siebie; ~**-service** samoobsługowy

sell [sel] (*sold*) *v/t* sprzeda(wa)ć; *v/i* sprzedawać się; kosztować (*at, for*)

selves [selvz] *pl of* **self**

semi... [semi] pół...

semi ['semi] *Brt.* F (*dom*) bliźniak *m*; ~**circle** półkole *n*; ~**circle** półkrąg *m*; ~**conductor** *electr.* półprzewodnik *m*; ~**final** *sp.* półfinał *m*

senat|e ['senit] senat *m*; ~**or** ['-ətə] senator *m*

send [send] (*sent*) wys⟨y⟩łać; ~ *for* pos⟨y⟩łać po; ~ *in* przes⟨y⟩łać; '~**er** nadawca *m*

senior ['siːnjə] **1.** *officer*: starszy; *post*: wyższy; ~ *to* starszy od; *in organization*: wyższy rangą od; **2.** student(ka *f*) *m* ostatniego roku; *s.o.'s* ~ starszy od kogoś; ~ *citizen* emeryt(ka *f*) *m*

sensation [sen'seiʃn] (*ability*) czucie *n*; (*feeling*) uczucie *n*; (*excitement*) sensacja *f*; ~**al** sensacyjny; (*very good*) rewelacyjny

sense [sens] **1.** zmysł *m*; *duty*

etc.: poczucie *n*; (*belief*) uczucie *n*; (*good judgement*) rozsądek *m*; (*meaning*) znaczenie *n*; **in a ~** w pewnym sensie; **talk ~** mieć sens; **'~less** bezsensowny; *bez* czucia

sensib|ility [sensɪ'bɪlətɪ] wrażliwość *f*; **~le** ['sensəbl] rozsądny; (*practical*) praktyczny

sensitive ['sensɪtɪv] wrażliwy (**to** na)

sensu|al ['sensjuəl] zmysłowy; **'~ous** oddziałujący na zmysły

sent [sent] *past and pp of* **send**

sentence ['sentəns] **1.** zdanie *n*; *jur.* wyrok *m*; **2.** skaz(yw)ać (**to** na)

sentiment ['sentɪmənt] uczucie *n*; (*opinion*) odczucie *n*; **~al** [.'mentl] sentymentalny; uczuciowy

separat|e 1. ['separeɪt] oddzielać ⟨-lić⟩ (się) (**from** od); *couple:* rozchodzić ⟨-zejść⟩ się; **2.** ['seprət] oddzielny, osobny; **~ion** [.ə'reɪʃn] oddzielenie *n*; *time:* rozłąka *f*; *jur.* separacja *f*

September [sep'tembə] wrzesień *m*

sequence ['siːkwəns] seria *f*; *film etc.:* sekwencja *f*

sergeant ['saːdʒənt] *mil.* sierżant *m*

serial ['sɪərɪəl] **1.** seryjny, ko-

lejny; *computer:* szeregowy; **2.** powieść *f* w odcinkach; *TV* serial *m*

series ['sɪəriːz] (*pl* ~) seria *f*; *TV:* serial *m*

serious ['sɪərɪəs] poważny

sermon ['sɜːmən] kazanie *n* (*a. fig.* F)

servant ['sɜːvənt] służący *m* (-ca *f*); *fig.* sługa *m*

serve [sɜːv] *v/i* służyć; spełniać funkcję (**as, for s.th.** czegoś); *sp.* ⟨za⟩serwować; *v/t* (*supply*) zaopatrywać; *food* pod(aw)ać; *customers* obsługiwać ⟨-łużyć⟩; *apprenticeship* odb(yw)ać; *jur.* odsiadywać ⟨-siedzieć⟩; **~ out, up** *food* pod(aw)ać

service ['sɜːvɪs] **1.** służba *f* (*a. mil.*); *train, postal etc.:* usługi *pl*; *in shop etc.:* obsługa *f*; (*job*) usługa *f*; *tech.* serwis *m*; *mot.* przegląd *m*; *sp.* grywka *f*; *eccl.* nabożeństwo *n*; **the ~s** *sp jur* zbrojne; **2.** *tech.* zapewni(a)ć serwis; *mot.* robić przegląd; **~ charge** dodatek *m* za obsługę; **~station** stacja *f* obsługi

session ['seʃn] sesja *f*

set [set] **1.** zestaw *m*; *clothes:* komplet *m*; *math.* zbiór *m*; *TV, radio etc.:* odbiornik *m*; *thea.* scenografia *f*; *sp.* set *m*; **2.** ustalony, stały; *work, book:* obowiązkowy; (*ready*) gotowy (**for** na); (*determined*) zdecydowany (**on doing s.th.** zrobić coś);

lunch or meal zestaw *m*; **3.** (**set**) *v/t* (*put*) kłaść ⟨położyć⟩; *into surface*: wpuszczać ⟨wpuścić⟩; *with jewels*: wysadzać ⟨-dzić⟩; *clock, bone* nastawi(a)ć; *hair* układać ⟨ułożyć⟩; *trap* zastawi(a)ć; *time, price etc.* ustalać ⟨-lić⟩; *work* zada(wa)ć; **~ an example** da(wa)ć przykład; **~ the table** nakry(wa)ć do stołu; *v/i sun*: zachodzić ⟨zajść⟩; *concrete*: zastygać ⟨-gnąć⟩; **~ free** uwalniać ⟨uwolnić⟩; **~ aside** odkładać ⟨odłożyć⟩; **~ off** *v/i* wyruszać ⟨-szyć⟩; *v/t bomb* ⟨z⟩detonować; **~ to** zabrać się do pracy; **~ up** *monument* stawiać ⟨postawić⟩, wznosić ⟨-nieść⟩; *apparatus* nastawi(a)ć; *organization* zakładać ⟨założyć⟩; **'~back** niepowodzenie *n*

settee [se'tiː] kanapa *f*

setting ['setɪŋ] *for picnic*: miejsce *n*; *for film*: sceneria *f*; (*environment*) środowisko *n*; *apparatus*: poziom *m*; *gold*: oprawa *f*; *on table*: nakrycie *n*

settle ['setl] *v/t* (*put*) układać ⟨ułożyć⟩; *argument* zakończyć (osiągając porozumienie); (*arrange*) ustalać; *affairs* załatwi(a)ć; *bill* ⟨u-⟩ regulować; *v/i a.* **~ oneself** siadać ⟨usiąść⟩ wygodnie; układać ⟨ułożyć⟩ się; *dust*: osiadać ⟨osiąść⟩; *jur.* załatwi(a)ć

sprawę poza sądem; rozliczać ⟨-czyć⟩ się (**with** z); **~ down** osiedlać ⟨-lić⟩ się; **'~ment** porozumienie *n* (*a. jur.*); *debt*: spłata *f*; *place*: kolonia *f*; *process*: osiedlanie *n* się; **'~r** osadnik *m*

'set-up F system *m*, układ *m*

seven ['sevn] siedem; **~teen** [ˌ-'tiːn] siedemnaście; **~th** ['-θ] siódmy; **~ty** siedemdziesiąt

several ['sevrəl] kilka, kilkanaście

severe [sɪ'vɪə] *damage*: poważny; *critic*: surowy

sew [səu] (*sewed, sewn or sewed*) szyć, przyszy(wa)ć

sew|age ['suːɪdʒ] ścieki *pl*; **~er** ['suə] kanał *m*

sew|ing ['səuɪŋ] szycie *n*; **~n** *pp of* **sew**

sex [seks] płeć *f*; seks *m*; **have ~** mieć stosunek płciowy; **~ual** ['sekʃuəl] seksualny, płciowy

shade [ʃeɪd] **1.** cień *m*; *lamp*: abażur *m*, *glass*: klosz *m*; *colour*: odcień *m*; *Am.* (*blind*) żaluzja *f*; **2.** zacieni(a)ć

shadow ['ʃædəu] **1.** cień *m*; **2.** pokry(wa)ć cieniem

shady ['ʃeɪdɪ] cienisty; *fig.* podejrzany

shaft [ʃɑːft] *axe*: trzonek *m*; *in machine*: wał *m*; *in mine*: szyb *m*; *cart*: dyszel *m*; (*beam*) promień *m*

shak|e [ʃeɪk] (*shook, shaken*) *v/t* potrząsać ⟨-snąć⟩

shellfish

strząsać ⟨-snąć⟩ (*from* z); *~e hands* pod(aw)ać sobie ręce; *v/i* ⟨za⟩trząść się; *voice*: ⟨za⟩drżeć; **'~en 1.** *pp of* **shake; 2.** (*shocked*) wstrząśnięty; **'~y** roztrzęsiony; (*uncertain*) niepewny

shall [ʃəl, *stressed* ʃæl] *v/aux* (*past should*) I *~ do it* zrobię to; *we ~ see* zobaczymy; *it ~ be done* to zostanie zrobione; *~ I tell him?* mam mu powiedzieć?; *~ we go now?* pójdziemy już?

shallow ['ʃæləʊ] **1.** płytki (*a. fig.*); **2.** *pl* mielizna *f*

shame [ʃeɪm] **1.** zawstydzać ⟨-dzić⟩ **2.** wstyd *m*; *what a ~* (jaka) szkoda; *~ on you!* wstydź się!; **'~ful** haniebny; **'~less** bezwstydny

shampoo [ʃæm'puː] **1.** szampon *m*; **2.** ⟨u⟩myć szamponem

shape [ʃeɪp] **1.** kształt *m*; (*figure*) postać *f*; **2.** ⟨u⟩kształtować; **'~less** bezkształtny; **'~ly** kształtny

share [ʃeə] **1.** (*use*) dzielić, używać wspólnie (*with* z); *task* dzielić między siebie; brać udział, włączać się (*in* w); **2.** część *f*, *econ.* akcja *f*; **'~holder** akcjonariusz *m*

shark [ʃɑːk] (*pl ~, ~s*) rekin *m*

sharp [ʃɑːp] **1.** ostry; *person*: bystry; *change etc.*: nagły; *at three* ⟨na⟩punktualnie o trzeciej; **2.** *mus.* krzyżyk *m*; *F ~* fis; **'~en** ⟨na⟩ostrzyć;

~ener ['~pnə] temperówka *f*

shatter ['ʃætə] roztrzask(iw)ać (się); *fig.* rozbi(ja)ć; *hopes* rozwi(ew)ać

shave [ʃeɪv] **1.** (*shaved, shaved or shaven*) ⟨o⟩golić (się); *~ off* ⟨z⟩golić; **2.** golenie *n*; *have a ~* ⟨o⟩golić się; *'~n pp of* **shave** l; **'~r** golarka *f*

shaving ['ʃeɪvɪŋ] **1.** do golenia; **2. ~s** *pl* stróżyny *pl*

shawl [ʃɔːl] szal *m*; *on head*: chustka *f*

she [ʃiː] **1.** *pron* ona; **2.** *s* ona *f*; **3.** *adj zo. in compounds*: samica *f*

shear [ʃɪə] (*sheared, shorn or sheared*) ⟨o⟩strzyc

shed[1] [ʃed] (*shed*) *hair* ⟨s⟩tracić; *clothes* zrzucać ⟨-cić⟩ z siebie; *tears* ⟨u⟩ronić; *blood* przel(ew)ać

shed[2] [-] *for tools*: szopa *f*; *other*: budynek *m*

sheep [ʃiːp] (*pl ~*) owca *f*; **'~dog** owczarek *m*

sheet [ʃiːt] prześcieradło *n*; *paper, aluminium*: arkusz *m*; *note*: kartka *f*; *glass*: płyta *f*

shelf [ʃelf] (*pl shelves* [~vz]) półka *f*

shell [ʃel] **1.** *egg*: skorupka *f*; *nut*: łupina *f*; *snail*: skorupa *f*; *building etc.*: szkielet *m*; (*explosive*) pocisk *m*; **2.** *egg* ob(ie)rać; *nut*: łuskać; (*fire on*) ostrzel(iw)ać; **'~fish** ~) skorupiak *m*

shelter ['ʃeltə] **1.** schronienie n; osłona f; bomb: schron m; bus: wiata f; **2.** ⟨s⟩chronić (się)

shelves [ʃelvz] pl of **shelf**

shepherd ['ʃepəd] pasterz m

shield [ʃiːld] **1.** tarcza f; trophy: odznaka f; (protection) osłona f (**against** przed); **2.** osłaniać ⟨-łonić⟩ (**against** przed)

shift [ʃift] **1.** zmiana f; **2.** przesuwać ⟨-sunąć⟩ (się); zmieni(a)ć (się); stain usuwać ⟨usunąć⟩

shin|e [ʃain] **1.** połysk m; in eyes: blask m; **2.** (**shone**) v/i ⟨za⟩świecić; ⟨za⟩błyszczeć; v/t lamp ⟨s⟩kierować (**on** na); (**shined**) ⟨wy⟩polerować; **~y** błyszczący

ship [ʃip] **1.** statek m; **2.** przes(y)łać (statkiem); **~ment** ładunek m; przesyłka f; **~ping** transport m (morski); **~wreck** katastrofa f morska; wrak m; **~yard** stocznia f

shirt [ʃɜːt] koszula f

shiver ['ʃivə] **1.** dreszcz m; **2.** trząść się

shock [ʃɒk] **1.** szok m; movement: wstrząs m; electr. porażenie m; **2.** wstrząsać ⟨-snąć⟩; (offend) ⟨za⟩szokować

shoe [ʃuː] but m; **in s.o.'s ~s** na czyimś miejscu; **~lace**, Am. **~string** sznurowadło n

shone [ʃɒn] past and pp of

shine 2

shook [ʃʊk] past of **shake**

shoot [ʃuːt] **1.** Brt. polowanie n; bot. pęd m; **2.** (**shot**) v/i strzelać ⟨-lić⟩ (**at** do); Brt. ⟨za⟩polować (na); v/t (kill) zastrzelić; (injure) postrzelić; film ⟨na⟩kręcić; **~ down** plane zestrzelić; person zastrzelić

shop [ʃɒp] **1.** sklep m; (workshop) warsztat m; **2.** usu. **go ~ping** robić zakupy; **~assistant** sprzedawca m (-wczyni f); **~keeper** sklepikarz m; **~lifter** złodziej m sklepowy; **~ping** zakupy pl; **~ping centre** (Am. **center**) centrum n handlowe; **~window** wystawa f sklepowa

shore [ʃɔː] brzeg m; **on ~** na lądzie

shorn [ʃɔːn] pp of **shear**

short [ʃɔːt] **1.** adj krótki; (not tall) niski; (rude) opryskliwy (**with** wobec); **be ~ of s.th.** odczuwać brak czegoś; **2.** adv nagle; **in ~** w skrócie; **~age** ['-idʒ] brak m; **~circuit** electr. spięcie n; **~coming** wada f; **~cut** skrót m; **~en** skracać ⟨-rócić⟩; **~hand** stenografia f; **~ly** wkrótce; **~s** pl szorty pl; **~sighted** krótkowzroczny; **~story** opowiadanie n; **~term** loan: krótkoterminowy; solution: tymczasowy; **~wave** krótkofalowy

shot [ʃɒt] **1.** past and pp of

shoot 2; **2.** strzał *m*; *good, bad etc.*: strzelec *m*; *metal balls*: śrut *m*; *phot.* ujęcie *n*; *med.* F zastrzyk *m*; *sp.* kula *f*; *drink*: kielich *m* F; **have a ~** ⟨s⟩próbować; **'~gun** strzelba *f* śrutowa, śrutówka *f*; **~ put** *sp.* pchnięcie *n* kulą

should [ʃud] **1.** *past of* **shall**; **2.** *I ~* powinienem; **he ~ do it** powinien to zrobić; **he ~ have done it** powinien (był) to zrobić

shoulder ['ʃəuldə] ramię *n*

shout [ʃaut] **1.** krzyk *m*; **2.** krzyczeć ⟨krzyknąć⟩ (*at* na)

show [ʃəu] **1.** (*showed*, *shown or showed*) *v/t* poka-z(yw)ać; (*escort*) ⟨po⟩prowadzić; *v/i* być ⟨stać się⟩ widocznym, ukaz(yw)ać się; **~ off** popisywać się; **~ up** F pojawi(a)ć się; **2.** pokaz *m*; (*exhibition*) wystawa *f*; *thea.* show *m*, przedstawienie *n*; *TV* program *m*; **~ business** przemysł *m* rozrywkowy; **'~down** F decydująca rozgrywka *f*

shower ['ʃauə] **1.** prysznic *m*; *rain*: przelotny deszcz *m*; (*stream*) deszcz *m*, strumień *m*; **have** *or* **take a ~** brać ⟨wziąć⟩ prysznic; obsyp(yw)ać (*with s.th.*) czymś

show|jumping *sp.* skoki *m pl* przez przeszkody; **~n** *pp of* **show** I; **'~room** salon *m* wystawowy

shrank [ʃræŋk] *past of* **shrink**

shred [ʃred] **1.** strzęp *m*; **2.** ⟨po⟩drzeć; **'~der** niszczarka *f*

shrink [ʃrɪŋk] (**shrank** *or* **shrunk, shrunk**) ⟨s⟩kurczyć się; (*move*) odsuwać ⟨-sunąć⟩ się

shrub [ʃrʌb] krzew *m*; **'~bery** krzaki *pl*

shrunk [ʃrʌŋk] *past and pp of* **shrink**[1]

shuffle ['ʃʌfl] *cards* ⟨po⟩tasować

shut [ʃʌt] **1.** (*shut*) zamykać ⟨-mknąć⟩ (się); **~ down** *business* likwidować; **~ up** F zamknąć się F; **2.** zamknięty; **'~ter** okiennica *f*; *phot.* migawka *f*

shuttle ['ʃʌtl] **1.** samolot *m* wahadłowy; *space*: wahadłowiec *m*, prom kosmiczny *m*; *tech.* czółenko *n*; **2.** *plane, bus etc.*: wahadłowy

shy [ʃaɪ] nieśmiały

sick [sɪk] chory; **be ~** ⟨wy⟩miotować; **be ~ of s.th.** mieć dość czegoś; **I fell ~** niedobrze mi

sickle ['sɪkl] sierp *m*

sick| leave: on ~ leave na zwolnieniu lekarskim; **'~ly** chorowity; (*unpleasant*) obrzydliwy; **'~ness** choroba *f*; (*nausea*) mdłości *pl*; **~ness benefit** zasiłek *m* chorobowy

side [saɪd] **1.** strona *f*; *body, box*: bok *m*; *by road*: pobocze *n*; *pl* baczki *pl*; **take**

s.o.'s ~ brać czyjąś stronę; **2.** ~ **with** *s.o.* trzymać czyjąś stronę; **3.** boczny; '**~board** komoda *f*; kredens *m*; '**~car** *mot.* przyczepa *f* motocyklowa; ~ **dish** przystawka *f*; ~ **effect** skutek *m* uboczny; '**~kick** pomagier *m* F; '**~ways 1.** *adj* boczny; **2.** *adv* w bok, na bok; z boku

sieve [sɪv] **1.** sito *n*; przesi(ew)ać; *liquid* przecedzać ⟨-dzić⟩

sift [sɪft] przesi(ew)ać (*a. fig.*)

sigh [saɪ] **1.** westchnięcie *n*; **2.** wzdychać ⟨westchnąć⟩

sight [saɪt] **1.** wzrok *m*; *something seen*: widok *m*; (*look*) spojrzenie *n*; *area*: pole *n* widzenia; *pl* atrakcje *pl* (turystyczne); *gun*: celownik *m*; *at first* ~ na pierwszy rzut oka; *at the* ~ *of s.th.* na widok czegoś; **catch** ~ *of* dostrzegać ⟨-rzec⟩; **2.** dostrzegać ⟨-rzec⟩; '**~seeing** zwiedzanie *n*; **~seeing tour** wycieczka *f* turystyczna

sign [saɪn] **1.** znak *m*; (*gesture*) gest *m*; *on door*: tabliczka *f*; *at roadside*: tablica *f*; *pl* podpis(yw)ać; ~ **in** / **out** zameldować / wymeldować

signal ['sɪɡnl] **1.** sygnał *m*; **2.** d(aw)ać znak

signature ['sɪɡnətʃə] podpis *m*

significance [sɪɡ'nɪfɪkəns] znaczenie *n*; '**~icant** znaczący; '**~y** ['sɪɡnɪfaɪ] oznaczać;

pokaz(yw)ać

silence ['saɪləns] **1.** cisza *f*; *person's*: milczenie *n*; **2.** uciszać ⟨-szyć⟩ (*a. fig.*); '**~r** (*a. mot. Brt.*) tłumik *m*

silent ['saɪlənt] cichy; (*not speaking*) milczący; *I was* ~ milczałem

silicon ['sɪlɪkən] krzem *m*

silk [sɪlk] **1.** jedwab *m*; **2.** jedwabny; '**~y** jedwabisty

sill [sɪl] parapet *m*; *mot.* próg *m*

silly ['sɪlɪ] głupi

silver ['sɪlvə] **1.** srebro *n*; *coins*: bilon *m*; *cutlery etc.*: srebra *pl*; **2.** srebrny

similar ['sɪmɪlə] podobny; '**~ity** [-'lærətɪ] podobieństwo *n*

simmer ['sɪmə] gotować (się) na wolnym ogniu

simple ['sɪmpl] prosty; (*easy*) łatwy; (*genuine*) uczciwy; (*retarded*) niedorozwinięty

simpli|city [sɪm'plɪsətɪ] prostota *f*; '**~fy** [-faɪ] upraszczać ⟨-rościć⟩

simply ['sɪmplɪ] po prostu; *say, write*: prostym językiem; *live, dress*: skromnie

simulate ['sɪmjʊleɪt] imitować; *illness, conditions* symulować

simultaneous [sɪməl'teɪnjəs] jednoczesny

sin [sɪn] **1.** grzech *m*; **2.** ⟨z⟩grzeszyć

since [sɪns] **1.** *prp* od (czasu kiedy / gdy); **2.** *adv* od tego

czasu; **3.** *cj* ponieważ, jako
że

sincer|e ['sɪnˈsɪə] szczery;
Yours ~ely Z wyrazami szacunku; **~ity** [-ˈserətɪ] szczerość *f*

sing [sɪŋ] *(sang, sung)* ⟨za⟩-
śpiewać

singer ['sɪŋə] piosenkarz *m*
(-arka *f*); *opera:* śpiewak *m*
(-waczka *f*)

single ['sɪŋgl] **1.** pojedynczy;
room: jednoosobowy; *Brt.
ticket:* w jedną stronę; *(not
married)* stanu wolnego; **~
parent** osoba *f* samotnie wy-
chowująca dziecko; **2.** *room:*
jedynka *f*; *music:* singiel *m*;
Brt. ticket: bilet *m* w jedną
stronę; **3.** **~ out** wyb⟨ie⟩rać;
~'handed samodzielnie, w
pojedynkę; **~'minded** zdecydowany, uparty; **'~s** *(pl ~)*
sp. gra *f* pojedyncza

singular ['sɪŋgjʊlə] **1.** pojedynczy; *(unusual)* niezwy-
kły; **2.** *gr.* liczba *f* pojedyncza

sink [sɪŋk] **1.** *(sank or sunk,
sunk)* *v/i (go down)* ⟨o⟩pa-
dać ⟨opaść⟩; *ship:* ⟨za⟩tonąć;
voice: ⟨ś⟩cichnąć; *patient:*
⟨za⟩słabnąć; *v/t* zatapiać
⟨-topić⟩; **2.** *kitchen:* zlew *m*;
bathroom: umywalka *f*

sinner ['sɪnə] grzesznik *m*
(-nica *f*)

sip [sɪp] **1.** łyczek *m*; **2.** *(a. ~ at)*
popijać *impf* **(s.th.** coś), wy-
pijać *pf* łyk **(s.th.** czegoś)

sir [sɜː] pan *m*; *Dear* **2** Szanowny Panie; *yes ~* tak jest

sister ['sɪstə] siostra *f*; *Brt.
(senior nurse)* siostra *f* prze-
łożona; **~in-law** ['-rɪnlɔ:]
szwagierka *f*; *(brother's wife)*
bratowa *f*

sit [sɪt] *(sat)* *v/i state:* siedzieć;
action: (a. ~ down) siadać
⟨usiąść⟩; *(pose)* pozować
(for s.o. komuś); *(belong)*
zasiadać **(on** w); *v/t (a. ~
down)* sadzać ⟨posadzić⟩;
examination przystępować
⟨-tąpić⟩ do; **~ up** siadać
⟨usiąść⟩ prosto; nie kłaść
się spać

site [saɪt] miejsce *n*; *for house:*
parcela *f*

sitting ['sɪtɪŋ] posiedzenie *n*;
at one na jedno posiedze-
nie; **~ room** poczekalnia *f*

situat|ed ['sɪtjueɪtɪd] położo-
ny, usytuowany; **be ~ed**
znajdować się; **~ion** [-ˈeɪʃn]
sytuacja *f*; *town, building:*
położenie *n*

six [sɪks] sześć; **~teen** ['-ˈti:n]
szesnaście; **~th** [-sθ] szósty;
'~ty sześćdziesiąt

size [saɪz] wielkość *f*; *clothes
etc.:* rozmiar *m*; **~ up** oce-
ni⟨a⟩ć

skate [skeɪt] **1.** *ice:* łyżwa *f*;
roller: wrotka *f*; **2.** jeździć
na łyżwach / wrotkach

skeleton ['skelɪtn] szkielet *m*

sketch [sketʃ] **1.** szkic *m*; *(outline)* ogólny zarys *m*; *thea.*
skecz *m*; **2.** ⟨na⟩szkicować

ski [ski:] **1.** narta f; **2.** jeździć na nartach

skier ['ski:ə] narciarz m (-arka f); **~ing** narciarstwo n

skilful ['skilful] wprawny

ski lift wyciąg m narciarski

skill [skil] sprawność f, umiejętność f, biegłość f; **~ed** wyszkolony; wprawny; **~ed worker** robotnik m wykwalifikowany; **~ful** Am. → **skilful**

skim [skim] cream etc. zbierać ⟨zebrać⟩; surface prześlizgiwać ⟨-gnąć⟩ się po; **~ (through)** text przeglądać ⟨przejrzeć⟩ (pobieżnie)

skin [skin] **1.** skóra f; fruit: skórka f; on liquid: kożuch m; **2.** animal obdzierać ⟨obedrzeć⟩ ze skóry; fruit ob(ie)rać ze skóry; knee etc. zadrap(yw)ać; **~-diving** swobodne nurkowanie n; **~ny** chudy; **~tight** obcisły

skip [skip] **1.** podskok m; **2.** v/i podskakiwać ⟨-skoczyć⟩; over rope: skakać przez skakankę; v/t F opuszczać ⟨opuścić⟩

skirt [skɜ:t] **1.** spódnica f; on machine: osłona f; **2.** okrążać ⟨-żyć⟩, otaczać ⟨-czyć⟩

skull [skʌl] czaszka f

sky [skai] niebo n; pl under **skies** pl niebo n; **~jacker** ['~dʒækə] porywacz m (samolotu)

slack [slæk] **1.** rope: luźny; (careless) niedbały; **2.** nie przykładać się; **3.** in rope etc.: zwis m, luźna część f liny; econ. zastój m; **~s** pl portki pl

slam [slæm] **1.** door etc. zatrzaskiwać ⟨-snąć⟩ (się); car zrzaskać ⟨-snąć⟩ (into w); **2.** trzaśnięcie n

slander ['slɑ:ndə] **1.** zniesławienie n, oszczerstwo n; **2.** zniesław(i)a(ć)

slap [slæp] **1.** uderzenie n; in the face: policzek m, uderzenie n (w twarz); on the back: klepnięcie n (po plecach); on the bottom: klaps m; **2.** uderzać ⟨-rzyć⟩; on the back: klepać ⟨-pnąć⟩; on the bottom: d(aw)ać klapsa m; **3.** adv wprost

slash [slæʃ] **1.** cięcie n; (cut) rozcięcie n; **2.** v/t rozcinać ⟨-ciąć⟩; prices etc. obniżać ⟨-żyć⟩; v/i rzucać się (at na)

slaughter ['slɔ:tə] **1.** rzeź f, masakra f; animals: ubój m; **2.** mordować; animals bić

slave [sleiv] **1.** niewolnik m (-nica f); **2.** tyrać; **~ry** ['~əri] niewolnictwo n

sled [sled] Am. → **sledge**

sledge [sledʒ] **1.** sanki pl; **2.** jechać (jeździć) na sankach; **~(hammer)** młot m

sleek [sli:k] hair etc.: gładki, lśniący; person: przylizany

sleep [sli:p] **1.** (slept) spać; **~ in** Brt. odsypiać; **~ on sth.** przemyśleć coś przez noc; **2.** sen m; **get to ~** zasypiać ⟨-snąć⟩; **go to ~** iść ⟨pójść⟩

spać; **foot** etc.: ⟨ś⟩cierpnąć;
'**~er** osoba f śpiąca; **rail.** wagon m sypialny; (**berth**)
miejsce n do spania; **light
~er** osoba f o lekkim śnie;
'**~ing bag** śpiwór m; '**~ing
car** wagon m sypialny;
'**~ing pill** tabletka f nasenna;
'**~less** bezsenny; **~ walker**
lunatyk m; '**~y** śpiący

sleeve [sli:v] rękaw m; **for record:** okładka f

sleigh [sleı] sanie pl

slender ['slendə] smukły; **fig.**
skromny

slept [slept] past and pp of
sleep 1

slice [slaıs] **1.** plasterek m; **2.**
(a. **~ up**) ⟨po⟩kroić na plasterki

slid [slıd] past and pp of **slide** 1

slide [slaıd] **1.** (**slid**) ślizgać
(się); **~ down** zsuwać
⟨zsunąć⟩ (się); **~ in** wsuwać
⟨wsunąć⟩ (się); **2.** zjeżdżalnia f; on pavement: ślizgawka f; **phot.** przezrocze n;
Brt. wsuwka f

slight [slaıt] **1.** mały; person:
drobny; **2.** lekceważenie n;
3. ⟨z⟩lekceważyć

slim [slım] **1.** smukły; book:
cienki; chance: znikomy; **2.**
odchudzać się

sling [slıŋ] **1.** med. temblak m;
for cargo: siatka f; for baby:
nosidełko n; **2.** (**slung**) rzucać ⟨-cić⟩; przewieszać
⟨-wiesić⟩ (**over** przez); rope
rozwieszać ⟨-wiesić⟩

slip [slıp] **1.** v/i poślizgnąć się;
v/t wsuwać ⟨wsunąć⟩ (**to s.o.**
komuś); **~ away / out** wymykać ⟨-mknąć⟩ się; **~ down**
ześlizgiwać ⟨-gnąć⟩ się;
into s.th. dress etc. narzucać
⟨-cić⟩ coś na siebie; **~ on**
shoes etc. wsuwać ⟨wsunąć⟩;
2. poślizgnięcie n się; (mistake) pomyłka f; paper: kwitek m; garment: halka f; '**~per**
bambosz m; '**~pery** śliski

slogan ['sləʊgən] slogan m

slope [sləʊp] **1.** pochyłość f;
hill etc.: zbocze n; (angle) pochylenie n; **2.** pochylać ⟨-lić⟩
się; surface: **~ down** opadać;
~ up wznosić się

sloppy ['slɒpı] niedbały; (sentimental) ckliwy

slot [slɒt] **1.** otwór m; **2.** wsuwać ⟨wsunąć⟩ (się); **~ machine** automat m

slow [sləʊ] **1.** wolny, powolny;
be **~** watch: spóźniać się; **2.**
(a. **~ down**) zwalniać ⟨zwolnić⟩; '**~down** zwolnienie n; **~
motion** zwolnione tempo n

slum [slʌm] slumsy pl

slung [slʌŋ] past and pp of
sling 2

sly [slaı] znaczący; (cunning)
chytry

smack [smæk] **1.** uderzenie n;
on the bottom: klaps m; (suggestion) posmak m (**of s.th.**
czegoś); **2.** uderzać ⟨-rzyć⟩;
~ a child on the bottom
d⟨aw⟩ać dziecku klapsa

small [smɔ:l] mały; mistake,

advertisement, print: drobny; **make ~ talk** prowadzić rozmowę towarzyską; **~ change** bilon *m;* **~pox** ['_pɒks] ospa *f*

smart [smɑːt] **1.** elegancki; *esp. Am.* mądry; **2.** boleśnie przeżywać (*from, under s.th.* coś); *eyes:* piec, szczypać

smash [smæʃ] **1.** *v/t* rozbi(ja)ć; *window* zbi(ja)ć; *fig.* ⟨z⟩niszczyć; *v/i* zbi(ja)ć się; **2. ~ (hit)** przebój *m* sezonu; **'_ing** *esp. Brt.* F świetny, rewelacyjny

smear [smɪə] **1.** ⟨po⟩smarować; *(make mark)* pomaz(yw)ać, ⟨po⟩brudzić; *(slander)* oczerni(a)ć; **2.** smuga *f,* plama *f;* *(slander)* oszczerstwo *n*

smell [smel] **1.** zapach *m; unpleasant:* smród *m; sense:* węch *m;* **2.** *(smelt or smelled) v/i* pachnieć (*of s.th.* czymś); *v/t* ⟨po⟩czuć; *(sniff)* ⟨po⟩wąchać; *danger:* wyczu(wa)ć; **~ out** wywęszyć; **'~y** śmierdzący

smelt [smelt] *past and pp of* **smell** 2

smile [smaɪl] **1.** uśmiech *m;* **2.** uśmiechać ⟨-chnąć⟩ się (*at s.o.* do kogoś *a. fortune etc.*: **on s.o.** do kogoś)

smock [smɒk] kitel *m;* *(blouse)* bluzka *f*

smog [smɒg] smog *m*

smoke [sməʊk] **1.** dym *m;* F papieros *m;* **2.** *v/i* palić (papierosy); *chimney:* dymić;

v/t ⟨s⟩palić; *(preserve)* ⟨u⟩wędzić; **'_er** palacz *m,* palący *m; rail.* wagon *m* dla palących; **~ing** palenie *n;* **no ~ing** palenie wzbronione; **~y** zadymiony; *fire:* dymiący

smooth [smuːð] **1.** gładki; *road:* równy; *mixture:* jednolity; *flight:* spokojny; *life:* bezproblemowy; *salesman:* ugrzeczniony, przymilny; **2.** *(a. ~ out)* wygładzać ⟨-dzić⟩

smuggle ['smʌgl] przemycać ⟨-cić⟩; **'~r** przemytnik *m*

snack [snæk] przekąska *f*

snail [sneɪl] ślimak *m*

snake [sneɪk] wąż *m*

snap [snæp] **1.** zrywać ⟨zerwać⟩ (się) *(esp. z* trzaskiem); *(close)* zatrzaskiwać ⟨-snąć⟩ (się); **~** warknąć *(at* na); *dog:* kłapać ⟨-pnąć⟩ zębami *(at* na); *phot.* F pstryknąć zdjęcie; **~ one's fingers** strzelać ⟨-lić⟩ palcami; **2.** trzask *m; phot.* F fotka *f;* **~ fastener** zatrzask *m;* **'~py** elegancki; żwawy; **'~shot** zdjęcie *n*

snatch [snætʃ] **1.** wyr(y)wać *(from* z); chwytać ⟨-wcić⟩ *(at* za); *(steal)* ⟨u⟩kraść *(from s.o.* komuś); **2.** urywek *m*

sneak [sniːk] **1.** *(smuggle)* przemycać ⟨-cić⟩; *(tell)* donosić ⟨-nieść⟩ *(on* na); **~ out** wymykać ⟨-mknąć⟩ się *(of* z); **~ up** zakradać ⟨-raść⟩

się; **2.** donosiciel *m*

sneeze [sni:z] kichać ⟨-chnąć⟩

sniff [snɪf] *v/i* pociągać ⟨-gnąć⟩ nosem; *v/t* (*smell*) obwąch(iw)ać; **~ out** wywęszyć

snob [snɒb] snob *m*; '**~bish** snobistyczny

snoop [snu:p]: **~ around** or **about** F węszyć

snooze [snu:z] drzemać

snore [snɔ:] chrapać

snout [snaʊt] pysk *m*; *pig*: ryj *m*

snow [snəʊ] **1.** śnieg *m*; **2.** padać; *it's ~ing* pada śnieg; '**~ball** śnieżka *f*; '**~drift** zaspa *f* (śnieżna); '**~flake** płatek *m* (śniegu); **~y** śnieżny

so [səʊ] **1.** tak; *I hope ~* mam nadzieję, że tak; **~ am I** ja też; **~ far** do tej pory; **2.** (*therefore*) (tak) więc; **~ that** po to by, tak by; **~ (what)?** no to co?

soak [səʊk] ⟨na⟩moczyć (się); **~ up** wchłonąć ⟨-łonąć⟩

soap [səʊp] mydło *n*; **~ opera** saga *f* telewizyjna; '**~y** mydlany; *surface*: namydlony

sob [sɒb] szlochać

sober ['səʊbə] **1.** trzeźwy; **2.** **~ up** ⟨wy⟩trzeźwieć

so-called tak zwany

soccer ['sɒkə] piłka *f* nożna

sociable ['səʊʃəbl] towarzyski

social ['səʊʃl] społeczny; *life, club etc.*: towarzyski; *animal*:

stadny, gromadny; **~ security** *Brt.* system *m* świadczeń socjalnych; '**~ism** socjalizm *m*; '**~ist 1.** socjalista *m*; **2.** socjalistyczny; **~ worker** pracownik *m* socjalny

society [sə'saɪətɪ] społeczeństwo *n*; (*association*) towarzystwo *n*

sock [sɒk] skarpetka *f*

socket ['sɒkɪt] *electr.* gniazdko *n*

soda ['səʊdə] soda *f*; *drink*: woda *f* sodowa

sofa ['səʊfə] kanapa *f*

soft [sɒft] miękki; *breeze*: łagodny; *voice*: cichy; *colour*: spokojny; *life*: lekki; **~ drink** napój *m* bezalkoholowy; **~en** ['sɒfn] *v/i* ⟨z⟩mięknąć; *v/t* zmiękczać ⟨-czyć⟩; *shock etc.* osłabi(a)ć; '**~ware** *computer*: oprogramowanie *n*

soil [sɔɪl] **1.** gleba *f*; (*territory*) ziemia *f*; **2.** ⟨za⟩brudzić

solar ['səʊlə] słoneczny; **~ cell** bateria *f* słoneczna

sold [səʊld] *past and pp of* **sell**

soldier ['səʊldʒə] żołnierz *m*

sole¹ [səʊl] jedyny; *right*: wyłączny

sole² [-] **1.** podeszwa *f*; **2.** ⟨pod⟩zelować

solemn ['sɒləm] poważny; *promise etc.*: oficjalny; *procession etc.*: uroczysty

solicitor [sə'lɪsɪtə] adwokat *m*, radca *m* prawny, notariusz *m*

solid ['sɒlɪd] **1.** (not liquid or gas) stały; (not hollow) lity; (dense, unbroken) jednolity; line, hour etc.: nie przerywany; grip: mocny; person, building, basis etc.: solidny; work, advice: wartościowy; evidence: konkretny; **2.** ciało n stałe; math. bryła f

solid|arity [sɒlɪˈdærətɪ] solidarność f; **~ify** [səˈlɪdɪfaɪ] zastygać ⟨-gnąć⟩, ⟨s⟩twardnieć; **~ity** solidność f

solit|ary ['sɒlɪtərɪ] samotny; street: pusty; **~ude** ['-tjuːd] samotność f

solu|ble ['sɒljubl] rozpuszczalny; **~tion** [səˈluːʃn] rozwiązanie n; (liquid) roztwór m

solve [sɒlv] rozwiązać; **~nt 1.** rozpuszczalnik m; **2.** econ. wypłacalny

some [sʌm, səm] trochę, kilka (kilku itd.); with pl: niektórzy, jakieś, jakiś; unspecified: pewien, jakiś; **I drank ~ milk** wypiłem trochę mleka; **I see ~ people** widzę kilku ludzi; **~ people do it** niektórzy ludzie to robią; **'~body** ktoś; **'~day** kiedyś (w przyszłości); **'~how** jakoś, w jakiś sposób; **'~one** ktoś; **'~place** Am. → **somewhere**; **'~thing** coś; **'~time** kiedyś; **'~times** czasem; **'~what** nieco; **'~where** gdzieś

son [sʌn] syn m

song [sɒŋ] pieśń f; popular:

piosenka f; bird: śpiew m

'son-in-law (pl **sons-in-law**) zięć m

soon [suːn] wkrótce, niedługo; (early) wcześnie; **as ~ as possible** możliwie najszybciej; **~er or later** prędzej czy później

soothe [suːð] uspokajać ⟨-koić⟩

sophisticated [səˈfɪstɪkeɪtɪd] person: obyty, nowoczesny; behaviour: wyrafinowany, wymyślny; tech. skomplikowany

sorcerer ['sɔːsərə] czarnoksiężnik m

sore [sɔː] **1.** bolący, obolały; **2.** rana f; **~ throat** zapalenie n gardła

sorrow ['sɒrəʊ] smutek m

sorry ['sɒrɪ] state etc.: kiepski, nędzny; **I'm (so) ~!** bardzo mi przykro!; **~! (I apologize)** przepraszam!; **~? (pardon?)** słucham?; **I feel ~ for her** żal mi jej

sort [sɔːt] **1.** rodzaj m, typ m; **~ of** w pewnym sensie, coś jakby; **~ of worried** trochę zaniepokojony; **a ~ of dress** F coś w rodzaju sukni; **out of ~s** F nie w sosie F; **2.** ⟨po⟩sortować; **~ out** wyb(ie)rać; fig. ⟨u⟩porządkować; **'~er** tech. sorter m

sought [sɔːt] past and pp of **seek**

soul [səʊl] dusza f

sound [saʊnd] **1.** mocny;

(*healthy*) zdrowy; (*sensible*) wyważony, sensowny; (*correct*) dobry; *econ.* solidny, pewny; **~ asleep** pogrążony w głębokim śnie; **2.** dźwięk *m* (*a. phys.*); orchestra etc.: brzmienie *n*; **3.** *v/i* wyd(a-w)ać dźwięk, (za)brzmieć; *word:* brzmieć; **you ~ un-happy** robisz wrażenie nieszczęśliwego; *v/t* wydoby-(wa)ć dźwięk z (czegoś); (*pronounce*) wymawiać ⟨-mówić⟩; *mar.* ⟨z⟩mierzyć (głębokość); *med.* osłuchi(-w)ać; **~ out** wybad(yw)ać; **'~proof** dźwiękoszczelny; **'~track** ścieżka *f* dźwiękowa

soup [su:p] zupa *f*

sour [ˈsaʊə] kwaśny; *fig.* skwaszony

source [sɔːs] źródło *n*

south [saʊθ] **1.** południe *n*; **2.** południowy; **3.** na południe; **~erly** [ˈsʌðəli] południowy; **~ern** [ˈsʌðn] południowy; **~ward(s)** [ˈsaʊθwəd(z)] na południe

souvenir [suːvəˈnɪə] pamiątka *f*

sovereign [ˈsɒvrɪn] suwerenny; **~ty** [ˈ-rɒntɪ] władza *f*

Soviet [ˈsəʊvɪət] *hist.* radziecki; **the ~ Union** Związek *hist.* *m* Radziecki

sow[1] [saʊ] maciora *f*

sow[2] [səʊ] (**sowed, sown** *or* **sowed**) ⟨za⟩siać; *field* obsie(w)ać (**with s.th.** czymś); **~n** *pp of* **sow**[2]

space [speɪs] **1.** miejsce *n*; (*a. outer ~*) przestrzeń *f* kosmiczna, kosmos *m*; *between words:* odstęp *m*; **2.** *usu. ~ out* ⟨po⟩oddzielać od siebie; **'~bar** klawisz *m* odstępu; **'~craft** (*pl -craft*) pojazd *m* kosmiczny; **'~ship** statek *m* kosmiczny

spacious [ˈspeɪʃəs] przestronny

spade [speɪd] łopata *f*; **~(s** *pl*) *cards:* pik(i *pl*) *m*

Spain [speɪn] Hiszpania *f*

span [spæn] **1.** (*period*) okres *m*; (*range*) zakres *m*; (*distance*) rozpiętość *f*; **2.** *river etc.:* rozciągać się (po)nad (czymś)

Spani|ard [ˈspænjəd] Hiszpan(ka *f*) *m*; **~sh** hiszpański

spank [spæŋk] (*s.o.*) da(wa)ć klapsa (komuś)

spare [speə] **1.** przeznaczać ⟨-czyć⟩, poświęcać ⟨-cić⟩ (**for** na); oszczędzać ⟨-dzić⟩, ochraniać ⟨-ronić⟩ (**from** przed); (*omit*) przemilczać ⟨-czeć⟩; **to ~** na zbyciu; **2.** zapasowy; (*free*) wolny; **~ (part)** część *f* zamienna; **~ room** pokój *m* gościnny

spark [spɑːk] **1.** iskra *f* (*a. fig.*); **2.** *v/i* iskrzyć; *v/t a.* **~ off** wszczynać ⟨-cząć⟩, ⟨za⟩inicjować; **'~ing plug** *Brt. mot.* świeca *f*; **'~le 1.** połysk *m*; *fig.* blask *m*; **2.** skrzyć się; *people:* błyszczeć; **'~ler** zimny ogień *m*; **'~ling**

błyszczący; *fig.* olśniewający; **~ling wine** wino *n* mu-
sujące; **~ plug** *mot.* świeca *f*

sparrow ['spærəʊ] wróbel *m*

spat [spæt] *past and pp of*
spit[1] 2

spawn [spɔːn] **1.** ikra *f;* **2.**
składać ⟨złożyć⟩ ikrę

speak [spiːk] **(spoke, spok-
en)** *v/i* mówić **(to** do); **(con-
verse)** rozmawiać **(to, with**
z, about o); *v/t word* wypowiadać ⟨-wiedzieć⟩; *truth*
mówić ⟨powiedzieć⟩; **~ English** mówić po angielsku; **~
up** mówić głośno; **'~er** mó-
wiący *m* (-ca *f*); *to audience:*
mówca *m;* → **loudspeaker**

spear [spɪə] włócznia *f*

special ['speʃl] **1.** specjalny;
(unique) szczególny; **2.** *TV:*
program *m* specjalny; *gastr.*
danie *n* firmowe; **~ist**
['-ʃəlɪst] **1.** specjalista *m*
(-tka *f*); **2.** specjalistyczny;
~ity [-ʃɪ'ælɪtɪ] specjalność *f;*
~ize [-ʃəlaɪz] ⟨wy⟩specjali-
zować się *(in* w); **~ly** szczególnie; **(exclusively)** specjalnie

species ['spiːʃiːz] *(pl ~)* gatunek *m*

specific [spɪ'sɪfɪk] określony, konkretny; szczególny,
charakterystyczny **(to** dla);
(precise) dokładny; **~fics**
szczegóły *pl;* **~fy** ['-faɪ]
określać ⟨-lić⟩, ⟨s⟩precyzo-
wać; **~men** ['-mən] okaz *m;*
(sample) próbka *f*

spectacle ['spektəkl] widowi-
sko *n;* **(a pair of)** **~s** *pl* okulary *pl*

spectacular [spek'tækjʊlə]
okazały, efektowny; wido-
wiskowy

spectator [spek'teɪtə] widz *m*

speculate ['spekjʊleɪt] snuć
rozważania **(about, on** o,
na temat); *econ.* spekulować

sped [sped] *past and pp of*
speed 2

speech [spiːtʃ] mowa *f;*
(formal talk) przemówie-
nie *n; (language)* język *m;* **~less**
oniemiały

speed [spiːd] **1.** prędkość *f,*
szybkość *f; (pace)* tempo *n;*
mot. prędkość *f; phot.*
czułość *f;* **2. (sped)** ⟨po⟩pę-
dzić, ⟨po⟩mknąć; **3.
(speeded)** *mot.* przekraczać
⟨-roczyć⟩ dozwoloną pręd-
kość; **~ up** przyspieszać
⟨-szyć⟩; **'~boat** łódź *f* moto-
rowa, ślizgacz *m;* **'~ing**
przekroczenie *n* dozwolonej
prędkości; **~ limit** ograniczenie *n* prędkości; **'~ometer**
[spɪ'dɒmɪtə] prędkościo-
mierz *m;* **'~y** prędki

spell [spel] **1.** zaklęcie *n,* urok
m; weather: okres *m;* **under
s.o.'s ~** pod czyimś uro-
kiem; **2. (spelt** *or* **spelled)**
pisać ortograficznie; **(speak
letters)** ⟨prze⟩literować; **~
out** wyjaśni⟨a⟩ć; **how do
you ~ it?** jak się to pisze?;
'~ing ortografia *f*

spelt [spelt] *past and pp of*
spell 2

spend [spend] (**spent**) spędzać ‹-dzić›; *money* wyd(a-
w)ać

spent [spent] **1.** *past and pp of*
spend; **2.** zużyty; (*tired*) wyczerpany

sphere [sfɪə] kula *f*; *fig.* sfera *f*

spic|e [spaɪs] **1.** przyprawa *f*
(*korzenna*); *fig.* pikanteria
f; **2.** przyprawi(a)ć; '**~y** pikantny

spider ['spaɪdə] pająk *m*;
'**~web** *Am.* pajęczyna *f*

spike [spaɪk] kolec *m*

spill [spɪl] (**spilt** *or* **spilled**)
rozl(ew)ać ‹się›

spilt [spɪlt] *past and pp of* **spill**

spin [spɪn] **1.** (**spun**) obracać
‹-rócić› (się), wirować;
clothes odwirow(yw)ać;
thread prząść ‹-snąć›; **2.** obrót *m*

spinach ['spɪnɪdʒ] szpinak *m*

spinal ['spaɪnl] kręgowy; **~**
column *anat.* kręgosłup *m*;
~ cord rdzeń *m* kręgowy

spine [spaɪn] *anat.* kręgosłup
m; *book*: grzbiet *m*

spiral ['spaɪərəl] **1.** spirala *f*; **2.**
spiralny

spire [spaɪə] iglica *f*

spirit ['spɪrɪt] duch *m*; (*soul*)
dusza *f*; (*liveliness*) energia
f; *pl* napoje *pl* alkoholowe;
(*mood*) nastrój *m*; **~ual**
['ʌtʃʊəl] **1.** duchowy; **2.**
mus. spiritual *m*

spit[1] [spɪt] **1.** ślina *f*; **2.** (**spat**
or Am. **spit**) pluć, spluwać

spit[2] [_] rożen *m*

spite [spaɪt] **1.** złość *f*; *in ~ of*
pomimo; *in ~ of oneself*
wbrew sobie; **2.** (*s.o.*) robić
na złość (komuś); '**~ful** złośliwy

splash [splæʃ] **1.** plusk *m*;
(*drop*) kropla *f*; *colour*: plama *f*; **2.** ‹o›chlapać,
‹o›pryskać

splendid ['splendɪd] wspaniały

split [splɪt] **1.** pęknięcie *n*; podział *m* (*between, into* na,
in w); *pl sp.* szpagat *m*; **2.**
(**split**) *v/i* rozdzielać ‹-lić›
się, rozpadać ‹-paść› się;
wood, dress: pękać ‹-knąć›;
v/t rozdzielać ‹-lić›; *lip* rozcinać ‹-ciąć›; **~** (**up**) ‹po›dzielić (się); '**~ting** *headache*:
ostry

spoil [spɔɪl] (**spoiled** *or*
spoilt) ‹po›psuć; *child a.*
rozpieszczać ‹-pieścić›; **~t**
past and pp of **spoil**

spoke[1] [spəʊk] szprycha *f*

spoke[2] [_] *past*, '**~n** *pp of*
speak

'**spokesman** *pl* **-men** rzecznik *m*

sponge [spʌndʒ] **1.** gąbka *f*; **2.**
wycierać ‹wytrzeć›, ‹wy›-
czyścić

sponsor ['spɒnsə] **1.** sponsor
m; **2.** sponsorować; *proposal*
popierać ‹-przeć›

spontaneous [spɒn'teɪnjəs]
spontaniczny

spoon [spu:n] **1.** łyżka f; **2.** nakładać ⟨nałożyć⟩ (łyżką); **'~ful** łyżka f (**of s.th.** czegoś)

sport [spo:t] **1.** sport m; (*fun*) zabawa f, rozrywka f; **2.** nosić dumnie; **'~ing** sportowy; **~s** adj sportowy; *behaviour:* honorowy

spot [spɒt] **1.** kropka f; *dirty:* plama f; *on skin:* krosta f, pryszcz m; *for picnic:* miejsce n; *rain:* kropelka f; **on the ~** na miejscu; **put on the ~** stawiać ⟨postawić⟩ w kłopotliwej sytuacji; **2.** zauważać ⟨-żyć⟩, dostrzegać ⟨-rzec⟩; **'~light** *thea.* reflektor m

sprang [spræŋ] *past of* **spring 2**

spray [spreɪ] **1.** (*drops*) mgiełka f; (*atomizer*) aerozol m; **2.** opryskiwać ⟨-kać⟩; *with atomizer:* spryskiwać ⟨-kać⟩

spread [spred] *v/t* rozkładać ⟨-złożyć⟩; *butter etc.* rozsmarow(yw)ać (**on** na); *toast etc.* smarować (**with s.th.** czymś); *v/i* rozprzestrzeni(a)ć się; **2.** rozprzestrzenianie n się; *food:* pasta f; *ideas:* upowszechnienie n; *land:* połać f; **'~sheet** *computer:* arkusz m kalkulacyjny

spring [sprɪŋ] **1.** (*season*) wiosna f; (*coil*) sprężyna f; *water:* źródło n; **2.** (**sprang** *or* **sprung, sprung**) skakać ⟨skoczyć⟩; (*fly*) ⟨po⟩lecieć; (*result*) pochodzić, wynikać

(**from, out of** z); **'~board** trampolina f; *fig.* odskocznia f (**for** do)

sprinkle ['sprɪŋkl] *with water:* sprysk(iw)ać; *with powder:* posyp(yw)ać; **'~r** *lawn:* spryskiwacz m

sprung [sprʌŋ] *past and pp of* **spring 2**

spun [spʌn] *past and pp of* **spin 1**

spur [spɜː] **1.** ostroga f; *fig.* bodziec m, impuls m (**to** do); **2.** pobudzać ⟨-dzić⟩; (**a. ~ on**) zachęcać ⟨-cić⟩; *horse* popędzać ⟨-dzić⟩

spy [spaɪ] **1.** szpieg m; **2.** szpiegować (**~ on s.o.** kogoś)

squad [skwɒd] *soldiers etc.:* oddział m; *police:* wydział m; *sp.* drużyna f; **~ car** radiowóz m policyjny

squander ['skwɒndə] ⟨roz⟩trwonić

square [skweə] **1.** kwadrat m; (*open place*) plac m; **2.** (*straighten*) układać ⟨ułożyć⟩; *number* podnosić ⟨-nieść⟩ do kwadratu; *two things:* łączyć (się); **3.** adj kwadratowy; *with right angles:* prostokątny; **area two miles ~** obszar o boku dwu mil; **now we are ~** F teraz jesteśmy kwita F; **4.** adv (*straight*) prosto; (*parallel*) równolegle (**with** do); **~ root** *math.* pierwiastek m kwadratowy

squash [skwɒʃ] **1.** tłok m,

ścisk *m*; *sp.* squash *m*; →
lemon / orange squash; **2.**
zgniatać ⟨-nieść⟩; *(defeat)*
⟨s⟩tłumić

squeak [skwi:k] ⟨za⟩pi-
szczeć; *door etc.*: ⟨za⟩skrzy-
pieć

squeeze [skwi:z] **1.** *v/t* ściskać
⟨-snąć⟩; *liquid, money etc.*
wyciskać ⟨-snąć⟩ *(out of z)*;
fruit wyciskać ⟨-snąć⟩ sok z
(czegoś); *(fit)* wciskać
⟨-snąć⟩; *v/i* przeciskać
⟨-snąć⟩ się; **2.** tłok *m*, ścisk
m; *econ.* ograniczenie *n*

squint [skwint] **1.** zez *m*; **2.**
⟨z⟩mrużyć oczy *(at* patrząc
na)

squirrel ['skwirəl] wiewiórka
f

stab [stæb] **1.** ukłucie *n*; **2.**
pchnąć nożem; *(a. ~ at)*
dźgać ⟨-gnąć⟩ *(with s.th.*
czymś); **~ s.o. in the back**
F zadać komuś cios w plecy

stability [stə'biləti] stabil-
ność *f*; **~ze** ['steibəlaiz]
⟨u⟩stabilizować (się)

stable[1] ['steibl] stabilny;
character: opanowany

stable[2] [*_*] stajnia *f*

stack [stæk] **1.** stos *m*; F mnóstwo *n*; **2.** *(a. ~ up)* układać
⟨ułożyć⟩ *(w stos)*; *(fill)* za-
stawi(a)ć *(with s.th.* czymś)

stadium ['steidjəm] *(pl ~s,
-dia* [*_*djə]) *sp.* stadion *m*

staff [stɑ:f] personel *m*; *factory*: załoga *f*

stage [steidʒ] **1.** etap *m*; *thea.*,

pol., econ. scena *f*; *fig. a.* teatr
m; **2.** wystawi(a)ć (na sce-
nie); *(hold)* ⟨z⟩organizować;
~coach dyliżans *m*

stagger ['stægə] *v/i* zataczać
się; *v/t (shock)* oszałamiać;
~ing ['*_*ɔriŋ] zawrotny

stagna|nt ['stægnənt] *(bę-
dący)* w zastoju; *water*: stojący;
~te [*_*neit] znaleźć się w zastoju

stain [stein] **1.** plama *f (a. fig.)*;
(dye) bejca *f*; **2.** ⟨po⟩plamić
(się); **~less** nierdzewny; **~
remover** wywabiacz *m* plam

stair [steə] stopień *m*; *pl* schody; *pl*; **~case**, **~way** klatka *f*
schodowa

stake [steik] **1.** *money, reputation* stawiać ⟨postawić⟩ *(on*
na); **2.** stawka *f*; *pl* pula *f*;
be at ~ wchodzić w grę

stale [steil] nieświeży; *bread*:
czerstwy; *person*: przepracowany

stall [stɔ:l] **1.** stragan *m*; *information*: stoisko *n*; *in shed*:
stanowisko *n*, boks *m*; *pl
Brt. thea.* parter *m*; **2.** *car*: za-
trzym(yw)ać (się); *person*
przetrzym(yw)ać; *event*
opóźni(a)ć

stammer ['stæmə] **1.** *v/i* jąkać
się; *(say something)* mówić
*(po)*wiedzieć jąkając się;
v/t esp. **~ out** wyjąk(iw)ać;
2. jąkanie *n*

stamp [stæmp] **1.** kupon *m*;
postage: znaczek *m* (pocztowy); *rubber*: pieczątka *f*;

(*mark*) piętno *n*; **2.** *v/t envelope etc.* naklejać ⟨-leić⟩ znaczek na ⟨coś⟩; (*mark*) ⟨o⟩znakować; *v/i* nadeptywać ⟨-pnąć⟩ (**on** na); **~ one's foot** tupać ⟨-pnąć⟩ nogą

stand [stænd] **1.** (**stood**) *v/i* stać ⟨stanąć⟩; (*a. ~ up*) wst⟨a⟩wać; *law*: obowiązywać; (*run*) kandydować (w wyborach); *v/t* stawiać ⟨postawić⟩; *test* wytrzym⟨yw⟩ać; **I can't ~ it** nie mogę tego znieść; **~ back** stać ⟨stanąć⟩ z boku; **~ by** stać bezczynnie; (*be ready*) być w pogotowiu; **~ by s.o.** pozost⟨aw⟩ać przy kimś, popierać kogoś; **~ down** ustępować ⟨-tąpić⟩; **~ for** *abbreviation*: oznaczać; *ideas*: reprezentować; (*tolerate*) pozwalać ⟨-wolić⟩ (na coś); **~ in for** zastępować ⟨-tąpić⟩; **~ still** stać spokojnie; **~ up for** bronić ⟨czegoś⟩; **~ up to s.th.** wytrzymywać coś; **~ up to s.o.** przeciwstawiać się komuś; **2.** *vegetable*: stragan *m*; *information*: stoisko *n*; *news*: kiosk *m*; *for spectators*: trybuna *f*; *furniture*: stojak *m*; (*position*) stanowisko *n*

standard ['stændəd] **1.** (*level*) poziom *m*; (*criterion*) kryterium *n*; *moral*: zasada *f*, norma *f*; (*basis*) wzorzec *m*, standard *m*; **2.** standardowy, znormalizowany; *book*:

podstawowy; **~ of living** stopa *f* życiowa; **~ize** ujednolicać ⟨-cić⟩

standing ['stændɪŋ] **1.** (*permanent*) stały; **2.** pozycja *f*
stand|point ['stændpɔɪnt] punkt *m* widzenia; **~still** martwy punkt *m*

stank [stæŋk] *past of* **stink** 2
staple ['steɪpl] klamra *f*; *office*: zszywka *f*; *part*: podstawowy element *m*; *food*: podstawowy pokarm *m*; *product*: podstawowy artykuł *m*; **~r** zszywacz *m*

star [stɑː] **1.** gwiazda *f*; (*asterisk*) gwiazdka *f*; **2.** oznaczać ⟨-czyć⟩ gwiazdką; *actor*: grać główną rolę (*in* w); **~ring s.o.** z kimś w roli głównej
-stare [steə] **1.** spojrzenie *n*; **2.** gapić się (*at* na)
start [stɑːt] **1.** początek *m*; *sp.* start *m*; (*advantage*) przewaga *f*; **get off to a bad / good ~** źle / dobrze zacząć ⟨-cząć⟩; **2.** *v/i* zaczynać ⟨-cząć⟩ (się); *somewhere*: (**out**) wyruszać ⟨-szyć⟩; *car etc.*: ruszać; *v/t career, race etc.* rozpoczynać ⟨-cząć⟩; *panic* wywoł⟨yw⟩ać; *fire* zapalać ⟨-lić⟩; *business* otwierać ⟨-worzyć⟩; *car etc.* uruchamiać ⟨-chomić⟩; **~ to do, ~ doing** zaczynać robić; **to ~ with** po pierwsze, przede wszystkim; **~er** *food*: przystawka *f*; *sp.* starter *m*;

mot. (a. ~ **motor**) rozrusznik *m*

startl|e ['stɑ:tl] przestraszyć; **'~ing** zaskakujący

starvation [stɑ:'veɪʃn] głód *m*; *death:* śmierć *f* głodowa; **~e** [.v] *v/i* głodować; *die:* umierać ⟨umrzeć⟩ z głodu; *v/t* ⟨za⟩głodzić; *(force)* zmuszać ⟨zmusić⟩ **(into** do); **I'm ~ing** umieram z głodu

state [steɪt] **1.** stan *m*; *(country)* państwo *n*; **2.** państwowy; **3.** stwierdzać ⟨-dzić⟩; *problem* przedstawi⟨a⟩ć; **head of ~** głowa państwa; **the ≈s** F Stany F; **'~ment** stwierdzenie *n*; *pol.* oświadczenie *n*; *bank:* wyciąg *m*

static ['stætɪk] **1.** nieruchomy; **2.** *radio:* zakłócenia *pl*

station ['steɪʃn] **1.** *train:* (big), *bus:* dworzec *m*; *train:* (small), *underground:* stacja *f*; *police etc.:* posterunek *m*; *radio:* rozgłośnia *f*; **2.** ustawi⟨a⟩ć; *mil.* rozmieszczać ⟨-mieścić⟩; **'~ary** nieruchomy; **'~er('s** sklep *m* papierniczy; **'~ery** materiały *pl* piśmiennicze

statistics [stə'tɪstɪks] *pl* (*sg constr.*) statystyka *f*; (*pl constr.*) dane *pl* statystyczne

statue ['stætʃuː] posąg *m*

status ['steɪtəs] pozycja *f* społeczna; *(prestige)* uznanie *n*; *official:* stan *m*; **(marital)** ~ stan *m* cywilny

stay [steɪ] **1.** pobyt *m*; **2.** po-

zost(aw)ać; *(live)* zatrzym(yw)ać się **(with** u, **at, in** w); ~ **away from** or ~ **out of** trzymać się z dala od; ~ **in** nie wychodzić z domu; ~ **up** nie kłaść się spać

steady ['stedɪ] **1.** stały; *hand:* pewny; *table:* stabilny; *voice:* spokojny; **2.** trzymać prosto; **~oneself** odzysk⟨iw⟩ać równowagę

steak [steɪk] stek *m*

steal [stiːl] **(stole, stolen)** ⟨u⟩kraść; *(move)* zakradać ⟨-raść⟩ się; **~ a glance** spojrzeć ukradkiem **(at** na)

steam [stiːm] **1.** para *f*; **2.** *v/i* parować; *(move)* sunąć parując; *v/t food* ⟨u⟩gotować na parze; ~ **up** glass etc.: za-parow(yw)ać; ~ **engine** maszyna *f* parowa; **'~er** parowiec *m*; **'~ship** parowiec *m*

steel [stiːl] **1.** stal *f*; **2.** stalowy

steep [stiːp] **1.** stromy; *in-crease:* znaczny; *fig.* wygórowany; **2.** *food* moczyć

steer [stɪə] prowadzić, kierować (czymś); **~ing wheel** *mot.* kierownica *f*

stem [stem] **1.** łodyga *f*; *glass:* nóżka *f*; *pipe:* cybuch *m*; *gr.* rdzeń *m*; **2.** powstrzym(yw)ać; *blood* ⟨za⟩tamować; ~ **from** wynikać *f*

step¹ [step] **1.** krok *m*; *(stair)* stopień *m*; *pl* drabina *f* składana; **2.** nadepnąć **(on** na); wdepnąć **(in** w); *(walk)* iść

⟨pójść⟩; **~ up** zwiększać ⟨-szyć⟩

step² [-] *in compounds*: przyrodni; **~daughter** pasierbica *f*; **~father** ojczym *m*; **~mother** macocha *f*; **~son** pasierb *m*

stereo ['steriəu] **1.** stereo; **2.** zestaw *m* stereo

steril|e ['sterail] sterylny; wyjałowiony; *(infertile)* bezpłodny; **~ize** ['-ilaiz] ⟨wy⟩sterylizować

stew [stju:] **1.** *food* dusić; **2.** gulasz *m*, potrawka *f*

steward ['stjuəd] zarządca *m*; *ship*: steward *m*; **~ess** stewardessa *f*

stick [stik] **1.** kij *m; thin*: patyk *m; walking, dynamite*: laska *f*; **2.** *(stuck)* *v/i* sterczeć *(in* w); *(adhere)* ⟨przy⟩kleić się *(to* do); *(jam)* zacinać się; *v/t* wtykać ⟨wetknąć⟩ *(in* w); *with glue*: przyklejać ⟨-leić⟩ *(on* do, na); *(put)* F wsadzać ⟨-dzić⟩; **~ out** wystawać; **~ to** to promise etc. dotrzym⟨yw⟩ać czegoś; *idea, person* trzymać się czegoś / kogoś; **~er** naklejka *f*; **~y** lepki; *with glue*: klejący się, samoprzylepny; *(hot)* duszny, parny

stiff [stif] sztywny; *mixture*: gęsty; *door, lock*: ciężko chodzący; *competition etc.*: ostry; *drink*: mocny; **~en** *v/t* usztywni(a)ć; *v/i* ⟨ze⟩sztywnieć

still [stil] **1.** *adj* spokojny; **2.** *adv* jeszcze; *(nevertheless)* jednak; **3.** *cj* jednak

stimul|ant ['stimjulənt] środek *m* pobudzający; **~ate** pobudzać; **~us** ['-əs] *(pl -li)* ['-lai] bodziec *m*

sting [stiŋ] **1.** żądło *n*, **2.** *(stung)* *v/t* kąsać ⟨ukąsić⟩; *v/i* piec

stink [stiŋk] **1.** smród *m*; **2.** *(stank or stunk, stunk)* śmierdzieć

stir [stɜ:] **1.** *v/t liquid* ⟨za⟩mieszać; *(move)* ⟨po⟩ruszyć; *v/i* ruszać się; **~ up** wzburzać ⟨-rzyć⟩; *feeling* wzbudzać ⟨-dzić⟩; **2.** poruszenie *n*; **~ring** ['-riŋ] pobudzający

stitch [stitʃ] **1.** *(thread)* szew *m; wool*: oczko *n; (pattern)* ścieg *m; pain*: kolka *f*; **2.** zszywać ⟨zeszyć⟩

stock [stɔk] **1.** zapas *m; goods*: zapasy *pl; econ. a. pl* akcje *pl; trees, houses*: zasoby *pl; farm animals*: stado *n; rifle*: kolba *f; liquid*: wywar *m; in ~* na składzie; *out of ~* wyprzedany; *take ~ of* oceni(a)ć; **2.** *expression*: obiegowy; **3.** *goods etc.* mieć na składzie; **~ (up)** *(fill)* wypełniać; **~ up** ⟨z⟩robić zapasy *(with s.th.* czegoś); **~broker** makler *m*; **~ed** *lake etc.*: dobrze zarybiony; **~ exchange** giełda *f*; **~holder** *Am.* akcjonariusz *m*

stocking ['stɒkɪŋ] pończocha f

stock market giełda f

stole [stəʊl] past, **~n** pp of **steal**

stomach ['stʌmək] **1.** brzuch m; organ: żołądek m; **2.** przełykać ⟨-łknąć⟩; **'~ache** ból m brzucha

ston|e [stəʊn] **1.** kamień m; commemorative: głaz m; (pl **~e, ~es**) Brt. jednostka wagi (6,35 kg); in fruit: pestka f; **2.** kamienny; **3.** fruit ⟨wy⟩-drylować; person ⟨u⟩kamieniować; '**~y** kamienisty; fig. expression: kamienny

stood [stʊd] past and pp of **stand 1**

stool [stuːl] taboret m; med. stolec m

stop [stɒp] **1.** v/t car, criminal etc. zatrzym⟨yw⟩ać; work, conversation etc. przer⟨y-w⟩ać; (prevent) powstrzym⟨yw⟩ać; v/i przest⟨aw⟩ać; storm, road etc.: ⟨s⟩kończyć się; watch etc.: stawać ⟨stanąć⟩; (cease moving, travelling etc.) zatrzym⟨yw⟩ać się; (cease talking) przer⟨y⟩wać; '**~ off** zatrzym⟨yw⟩ać się na krótko; I **~ped to do it** zatrzymałem się by to zrobić; I **~ped doing it** przestałem to robić; **~ over** ⟨z⟩robić przerwę w podróży; **2.** postój m; bus: przystanek m

storage ['stɔːrɪdʒ] przecho-

wywanie n, magazynowanie (a. computer)

store [stɔː] **1.** (large shop) dom m handlowy; esp. Am. (shop) sklep m; computer: pamięć f; (supply) zapas m; (building, room) magazyn m; **2.** ~ (away) ⟨z⟩magazynować

storey ['stɔːrɪ] Brt. piętro n, kondygnacja f

stork [stɔːk] bocian m

storm [stɔːm] **1.** burza f; **take by ~** brać ⟨wziąć⟩ szturmem; **2.** v/i wściekać się; v/t ⟨za⟩-atakować; **~ in** wpadać ⟨wpaść⟩ jak burza; '**~y** burzliwy

story ['stɔːrɪ] opowieść f; historia f; written: opowiadanie n; newspaper: artykuł m; Am. → **storey**

stove [stəʊv] piec m; kitchen: kuchenka f

straight [streɪt] **1.** adj prosty; answer, talk: uczciwy, szczery; whisky: czysty; **2.** adv prosto; drink: bez rozcieńczenia; **~ ahead, ~ on** prosto przed siebie; '**~ off** → '**~away** od razu; '**~en** wyprostować (się); **~ out** doprowadzać ⟨-dzić⟩ do porządku; '**~for-ward** prosty, oczywisty; person: bezpośredni

strain [streɪn] **1.** resources nadwyrężać ⟨-żyć⟩; patience wyczerp⟨yw⟩ać; muscle etc. naciągać ⟨-gnąć⟩; food odcedzać ⟨-dzić⟩; **2.** obciążenie n; (tension) stres m; med. nad-

wyrężenie *n*, naciągnięcie *n*;
'**~er** sitko *n*

strait [streɪt] (*in proper names often:* **2s** *pl*) cieśnina *f*; *pl* kłopoty *pl* (finansowe)

strange [streɪndʒ] (*odd*) dziwny; (*unknown*) obcy; '**~r** obcy *m*

strangle ['stræŋgl] ⟨u⟩dusić

strap [stræp] **1.** pasek *m*; *on bus*: uchwyt *m*; **2.** przypinać ⟨-piąć⟩ (paskiem)

strategic [strə'tiːdʒɪk] strategiczny; **~y** ['strætɪdʒɪ] strategia *f*

straw [strɔː] słoma *f*; (*tube*) słomka *f*; '**~berry** truskawka *f*

stray [streɪ] **1.** oddalać ⟨-lić⟩ się, ⟨za⟩błądzić; **2.** zabłąkany; *dog*: bezdomny

stream [striːm] **1.** strumień *m*; *cars*: sznur *m*; *insults, questions*: potok *m*; *school*: grupa *f* (*np. wg. zdolności*); **2.** *v/i tears etc.*: spływać (strumieniami); *people etc.*: sunąć, posuwać się; *flag*: powiewać (*in* na); *v/t* dzielić na grupy (*np. wg. zdolności*)

street [striːt] ulica *f*; '**~car** *Am.* tramwaj *m*

strength [streŋθ] siła *f*; (*greatness*) potęga *f*; (*toughness*) wytrzymałość *f*; *light etc.*: moc *f*; '**~en** wzmacniać ⟨-mocnić⟩ (się)

stress [stres] **1.** napięcie *n*, stres *m*; (*emphasis*) nacisk *m*, akcent *m*; **2.** (*emphasize*)

podkreślać ⟨-lić⟩, ⟨za⟩akcentować

stretch [stretʃ] **1.** *v/t* rozciągać się; *person*: przeciągać ⟨-gnąć⟩ się; *v/t* rozciągać ⟨-gnąć⟩; *money etc.* oszczędnie gospodarować (czymś); **2.** *space m*; *time*: okres *m*; *in prison*: wyrok *m*; **3.** *fabric*: elastyczny; '**~er** nosze *pl*

strict [strɪkt] surowy; (*exact*) ścisły

strike [straɪk] **1.** strajk *m*; (*attack*) atak *m*; *oil*: odkrycie *n*; **2.** (*struck*) *v/i* strajkować; uderzać ⟨-rzyć⟩ (*against* w); *illness, troops*: atakować; *clock*: bić, wybijać ⟨-bić⟩; *v/t* uderzać ⟨-rzyć⟩; *thought*: przychodzić ⟨przyjść⟩ do głowy (komuś); (*impress*) robić wrażenie (na kimś); *note* ⟨za⟩grać; *match* zapalać ⟨-lić⟩; *gold* natrafi(a)ć na; *pose* przyjmować ⟨-jąć⟩; **~ home** trafi(a)ć w cel; '**~r** strajkujący *m*; *football*: napastnik *m*

striking ['straɪkɪŋ] *similarity etc.*: uderzający; (*attractive*) rzucający się w oczy

string [strɪŋ] **1.** sznurek *m*; *beads*: sznur *m*; *events*: seria *f*; *mus.* struna *f*; *pl* smyczki *pl*; **2.** (*strung*) **~ up** wieszać ⟨powiesić⟩; *bow* naciągać ⟨-gnąć⟩

strip [strɪp] **1.** rozbierać ⟨-zebrać⟩ (się); pozbawi(a)ć (*of s.th.* czegoś); **~ (down)**

⟨z⟩demontować; **~ off** zdejmować ⟨zdjąć⟩; *paint* zdrap(yw)ać; **2.** *paper etc.*: pasek *m*; *land etc.*: pas *m*; *(runway)* pas *m* startowy

stripe [straɪp] pasek *m*; **~d** w paski

stroke [strəʊk] **1.** ⟨po⟩głaskać; **2.** *brush etc.*: pociągnięcie *n*; *clock*: uderzenie *n*; *swimming*: styl *m*; *med.* udar *m*, wylew *m*

stroll [strəʊl] **1.** przechadzać się; **2.** przechadzka *f*

strong [strɒŋ] silny; *(tough)* mocny, wytrzymały; *action*: zdecydowany; *drink*: mocny

strove [strəʊv] *past of* **strive**

struck [strʌk] *past and pp of* **strike**

structure ['strʌktʃə] struktura *f*; *(building)* budowla *f*; **2.** ⟨u⟩kształtować

struggle ['strʌgl] **1.** walczyć (**for** o, **with** z); *(try to get free)* wyrywać się; **2.** walka *f*; *(effort)* wysiłek *m*

strung [strʌŋ] *past and pp of* **string**

stub [stʌb] reszta *f*; *cigarette*: niedopałek *m*; *cheque, ticket*: odcinek *m*; **2. ~ out** cigarette ⟨z⟩gasić

stubborn ['stʌbən] uparty; *stain etc.*: trudny do usunięcia

stuck [stʌk] *past and pp of* **stick**

stud [stʌd] nit *m*; *in ear*: kolczyk *m*; *on shoes*: korek *m*;

collar: spinka *f*; **~ (farm)** stadnina *f*

student ['stjuːdnt] student(ka *f*) *m*; *Am.* uczeń *m* (-ennica *f*)

studio ['stjuːdɪəʊ] *painter's*: pracownia *f*; *photographer's*: atelier *n*; *TV, film* studio *n*

study ['stʌdɪ] **1.** nauka *f*; *(subject)* przedmiot *m*; *(project)* analiza *f*; *room*: gabinet *m*; *mus.* etiuda *f*; *(drawing)* szkic *m*; **2.** studiować; *for test*: uczyć się

stuff [stʌf] **1.** F rzecz *f*, coś *n*; *clothes, furniture etc.*: rzeczy *pl*; **2.** wpychać ⟨wepchnąć⟩; *bird* wyp(ch)ać; **~ed** wypchany; **~ing** nadzienie *n*; **~y** nadęty; *room etc.*: duszny

stumble ['stʌmbl] potykać ⟨-tknąć⟩ się (**on** o); *(discover)* natykać ⟨-tknąć⟩ się (**across, on, upon** na)

stung [stʌŋ] *past and pp of* **sting**

stunk [stʌŋk] *past and pp of* **stink**

stupid ['stjuːpɪd] głupi; **~ity** [-'pɪdətɪ] głupota *f*

stutter ['stʌtə] **1.** *v/i* jąkać się; *v/t* mówić ⟨powiedzieć⟩ jąkając się; **2.** jąkanie *n* się

styl|e [staɪl] **1.** styl *m*; **2.** ⟨za⟩projektować; *hair* układać ⟨ułożyć⟩; **~ish** elegancki

subconscious [sʌb'kɒnʃəs] **1.** podświadomy; **2. the ~** podświadomość *f*

subject 1. ['sʌbdʒɪkt] temat

m; school: przedmiot *m; in experiment*: osobnik *m; (citizen)* obywatel *m; gr.* podmiot *m;* **2.** [səb'dʒekt] narażać *(s.o. to s.th.* kogoś na coś); **3.** ['sʌbdʒɪkt] narażony *(to* na); *be ~ to law etc.*: podlegać (czemuś); *~ to decision etc.*: według, stosownie do (czego); **~ive** [səb'dʒektɪv] subiektywny

submarine [sʌbmə'riːn] łódź *f* podwodna

submerge [səb'mɜːdʒ] zanurzać ⟨-rzyć⟩ (się); *~ oneself* poświęcać ⟨-cić⟩ się całkowicie *(in s.th.* czemuś)

submiss|ion [səb'mɪʃn] uległość *f; (proposal etc.)* zgłoszenie *n;* **~ive** uległy

submit [səb'mɪt] *v/i. ~ (to* go)dzić się (na coś), ulegać (czemuś); *v/t* przedkładać ⟨-dłożyć⟩

subordinate [sə'bɔːdɪnət] **1.** podwładny *m;* **2.** podporządkowany *(to s.th.* czemuś)

subscri|be [səb'skraɪb] *~be to* view etc. identyfikować się z (czymś); *~be to magazine* prenumerować; **~ber** prenumerator *m; teleph.* abonent *m;* **~ption** [səb'skrɪpʃn] prenumerata *f; society:* składka *f; charity:* datek *m*

subsequent ['sʌbsɪkwənt] późniejszy; **~ly** następnie, później

subsid|ize ['sʌbsɪdaɪz] dotować; **~y** dotacja *f*

substance ['sʌbstəns] substancja *f; (essence)* istota *f*

substantial [səb'stænʃl] znaczny; *building*: potężny

substitute ['sʌbstɪtjuːt] **1.** zastępować ⟨-tąpić⟩; **2.** substytut *m*

subtle ['sʌtl] subtelny

subtract [səb'trækt] odejmować ⟨odjąć⟩

suburb ['sʌbɜːb] przedmieście *n;* **~an** [sə'bɜːbən] podmiejski; **~ia** [-bɪə] tereny *pl* podmiejskie, peryferie *pl*

subway ['sʌbweɪ] przejście *m* podziemne; *Am.* metro *n*

succeed [sək'siːd] *v/i* dać radę; ⟨po⟩wieść się *in business etc.*: ⟨z⟩robić karierę; *v/t* zastępować ⟨-tąpić⟩; *in time:* następować ⟨-tąpić⟩ po (czymś)

success [sək'ses] powodzenie *m,* **~ful** *attempt:* udany; *person:* cieszący się powodzeniem; **~ion** seria *f; in ~ion* pod rząd; **~ive** kolejny; **~or** następca *m*

such [sʌtʃ] taki; *~ a woman* taka kobieta; *~ women* takie kobiety; *~ people* tacy ludzie; *~ a lot of coffee* tyle kawy; *~ a lot of* tylu ludzi; *~ as?* a mianowicie; *~ and such* taki (to) a taki

suck [sʌk] ssać; *~ down, in, up* wsysać ⟨wessać⟩

sudden ['sʌdn] nagły; *all of a*

~ ni stąd ni z owąd; '~ly na-
ngle

sue [sju:] wnosić ⟨wnieść⟩
sprawę do sądu (*s.o.* przeciwko komuś) (*for s.th.* o
coś)

suede [sweɪd] zamsz *m*

suffer ['sʌfə]: ~ (*from*) cierpieć (na)

sufficient [sə'fɪʃnt] wystarczający (*for* do)

suffocate ['sʌfəkeɪt] ⟨u⟩du-
sić (się)

sugar ['ʃʊgə] 1. cukier *m*; 2.
⟨o⟩słodzić

suggest [sə'dʒest] ⟨za⟩pro-
ponować; ~**ion** propozycja
f; (*sign*) ślad *m*; *psych.* suge-
stia *f*; ~**ive** niedwuznaczny,
prowokujący; charaktery-
styczny (*of* dla)

suicide ['su:ɪsaɪd] samobój-
stwo *n*

suit [su:t] 1. (*outfit*) ubranie *n*,
garnitur *m*; *women's, swim-
ming*: kostium *m*; *diver's*:
strój *m*; *cards*: kolor *m*; *jur.*
rozprawa *f*; 2. odpowiadać
(komuś); *colour*: pasować
(komuś); ~ *yourself* rób
jak chcesz; ~**able** odpowiedni; ~**case** walizka *f*

suite [swi:t] *hotel*: apartament
m; *furniture*: komplet *m*, zestaw *m*; *mus.* suita *f*

sulfur ['sʌlfə] *Am.* → **sulphur**

sulphur ['sʌlfə] siarka *f*

sum [sʌm] 1. suma *f*; *mat.* zadanie *n*; *in* ~ w sumie; 2. ~ *up*
podsumow⟨yw⟩ać

summar|ize ['sʌmәraɪz] stre-
szczać ⟨-reścić⟩; ~**y** streszczenie *n*

summer ['sʌmə] lato *n*

summit ['sʌmɪt] szczyt *m*

summon ['sʌmən] wzywać
⟨wezwać⟩; *meeting*: zwoł⟨yw⟩-
ać; ~ *up* zbierać ⟨zebrać⟩;
~**s** ['.z] *sg. jur.* wezwanie *n*

sun [sʌn] słońce *n*; '~**bathe**
opalać się; '~**beam** promień
m słońca; '~**burn** oparzenie
n słoneczne

Sunday ['sʌndɪ] niedziela *f*

sundial zegar *m* słoneczny

sung [sʌŋ] *pp of* **sing**

sunglasses *pl* okulary *pl*
słoneczne

sunk [sʌŋk] *past and pp of*
sink 1; '~**en** *ship*: zatopiony;
cheek etc.: zapadnięte

sun|ny słoneczny; '~**rise**
wschód *m* słońca; '~**set** zachód *m* słońca; '~**shade** parasol *m*; '~**shine** słońce *n*;
'~**stroke** porażenie *n* słoneczne; '~**tan** opalenizna *f*;
get a ~**tan** opalić się

super ['su:pə] F fantastyczny,
fajny F

super... [su:pə] nad..., ponad...

superb [su:'pɜ:b] wspaniały

superior [su:'pɪərɪə] 1. lepszy
(*to s.th.* niż coś, od czegoś);
(*higher ranking*) wyższy;
(*more expensive*) starszy;
smile: wyniosły, dumny; 2.
zwierzchnik *m*

super|market ['su:pəmɑ:kɪt]

(super)market *m*; **~'natural** nadprzyrodzony; **'~power** mocarstwo *n*; **~'sonic** ponaddźwiękowy; **~sti-tion** [ˌˈstɪʃn] przesąd *m*; **~sti-tious** [ˌˈstɪʃəs] przesądny;

~vise ['ˌvaɪz] nadzorować ⟨-rzeć⟩; **~visor** ['ˌvaɪzə] nadzorca *m*; (*tutor*) opiekun *m*

supper ['sʌpə] późny obiad *m*; *late*: kolacja *f*

supplement ['sʌplɪmənt] **1.** dodatek *m* (*to* do); *book*: suplement *m*; **2.** uzupełni(a)ć (*with s.th.* czymś); **~ary** ['ˌmentəri] dodatkowy; **~ary benefit** *Brt.* zasiłek *m*

suppl|ier [səˈplaɪə] dostawca *m*; **~y** [ˌˈaɪ] **1.** zaopatrywać ⟨-trzyć⟩ (*with* w); dostarczać ⟨-czyć⟩ (*to* komuś); **2.** dosta-wa *f*; (*store*) zapas *m*; *econ*. podaż *f*; *usu*. *pl* zaopatrzenie *n*

support [səˈpɔːt] **1.** poparcie *n*; (*comfort*) pociecha *f*; *tech*. podpora *f*; *small*: wspornik *m*; **2.** popierać ⟨-przeć⟩; (*hold*) podpierać ⟨-de-przeć⟩; *family* utrzym(yw)ać; *land* ⟨wy⟩żywić

suppose [səˈpəuz] **1.** przypusz-czać, sądzić; *I ~e* myślę (że); **~ed** [ˌzd] rzekomy; *I'm ~ed to do it* mam to ⟨z⟩robić; *I'm not ~ed to do it* nie powinie-nem tego robić

suppress [səˈpres] *rebellion* ⟨s⟩tłumić; *laugh* powstrzym-(yw)ać; *information* zata-

jać ⟨-taić⟩; **~ion** *freedom*: ograniczenie *n*

suprem|acy [suˈpreməsɪ] przewaga *f*; (*superiority*) wyższość *f*; **~e** [ˌˈpriːm] naj-wyższy

sure [ʃɔː] pewny (*of s.th.* cze-goś); *make ~ that* upewnić się że; **~enough** faktycznie; **~!** jasne!, pewnie; *he's ~ to win* na pewno wygra; **'~ly** na pewno

surface ['sɜːfɪs] **1.** po-wierzchnia *f*; *table etc*.: blat *m*; **2.** wynurzać ⟨-rzyć⟩ się; *news etc*.: wychodzić ⟨wyjść⟩ na jaw

surg|eon ['sɜːdʒən] chirurg *m*; **~ery** zabieg *m*; operacja *f*; *Brt*. *place*: gabinet *m*; **~ical** chirurgiczny

surname ['sɜːneɪm] *Brt*. na-zwisko *n*

surplus ['sɜːpləs] **1.** nadwyż-ka *f*; **2.** dodatkowy, ponad-planowy

surprise [səˈpraɪz] **1.** zasko-czenie *n*; *pleasant*: niespo-dzianka *f*; **2.** zaskakiwać ⟨-skoczyć⟩

surrender [səˈrendə] **1.** pod-danie się *n* (*to s.th.* czemuś); **2.** *v/i* podd(aw)ać się (*to s.th.* czemuś); *v/t* wyrzekać ⟨-rzec⟩ się (czegoś)

surround [səˈraund] otaczać ⟨-czyć⟩ się (*with s.th.* czymś); **~ing** otaczający; **~ings** *pl* otoczenie *n*

survey 1. [səˈveɪ] przyglądać

się (czemuś); *people* ⟨z⟩ba-
dać; *land* ⟨z⟩robić pomiary
geodezyjne (czegoś); *house*
⟨z⟩robić inspekcję (czegoś);
2. ['sɜːveɪ] *people*: badanie *n*;
land: pomiar *m*; *house*: inspekcja *f*

surviv|al [sə'vaɪvl] przetrwa-
nie *n*; **~e** [..aɪv] przeży(wa)ć;
~or pozostały *m* przy życiu;
there were no ~ors nikt
nie ocalał

suspect 1. [sə'spekt] podejrzewać; **2.** ['sʌspekt] podejrzany *m*; **3.** ['..-] podejrzany

suspend [sə'spend] zawieszać ⟨-wiesić⟩; *sp.* ⟨z⟩dysk-
walifikować; **~ed** zawieszo-
ny

suspens|e [sə'spens] napię-
cie *n*; *keep in ~e* trzymać
w napięciu; **~ion** zawieszenie *n*; *liquid*: zawiesina *f*;
sp. dyskwalifikacja *f*; *mot.*
zawieszenie *n*

suspici|on [sə'spɪʃn] podej-
rzenie *n*; (*hunch*) przeczucie
n; **~ous** *glance*: podejrzliwy;
circumstances: podejrzany;
she became ~ous of me za-
częła mnie podejrzewać

sustain [sə'steɪn] podtrzy-
m(yw)ać; *sound* przedłużać
⟨-żyć⟩

swallow[1] ['swɒləʊ] jaskółka *f*

swallow[2] [..] przełykać
⟨-łknąć⟩

swam [swæm] *past of* **swim** 1

swan [swɒn] łabędź *m*

swap [swɒp] **1.** *v/t* zamie-

ni(a)ć (*for* na, *with* z); *views*
wymieni(a)ć (*with* z); *we
~ped cars* (*with each other*)
zamieniliśmy się samocho-
dami; **2.** zamiana *f*

swear [sweə] (*swore, sworn*)
przysięgać ⟨-gnąć⟩; *in court*:
składać ⟨złożyć⟩ przysięgę;
(*curse*) ⟨za⟩kląć, przeklinać;
~word przekleństwo *n*

sweat [swet] **1.** pot *m*; **2.**
(*sweated or Am. a. sweat*)
pocić się; **~er** sweter *m*

Swed|e [swiːd] Szwed(ka *f*)
m; **~en** Szwecja *f*; **~ish**
szwedzki

sweep [swiːp] **1.** (*swept*) *v/t*
floor zamiatać ⟨-mieść⟩;
things zab(ie)rać; *v/i* ⟨po⟩le-
cieć, przelatywać ⟨-lecieć⟩;
2. *move*: ruch *m*; *person*: ko-
miniarz *m*; *land*: połać *f*;
~ing rozległy; *statement*:
(zbyt) ogólny; *generalization*: daleko idący

sweet [swiːt] **1.** słodki; **2.** *Brt.*
cukierek *m*; *Brt.* (*dessert*)
deser *m*; *pl* słodycze *pl*;
~en słodzić; **~ener** słodzik
m; **~heart** ukochany *m*
(-na *f*)

swell [swel] **1.** (*swelled,
swollen or swelled*) ⟨na⟩-
puchnąć; *number*: wzrastać
⟨-rosnąć⟩; *emotion*: nasilać
⟨-lić⟩ się; **2.** *Am.* F fajny F;
~ing opuchlizna *f*

swept [swept] *past and pp of*
sweep 1

swift [swɪft] szybki; *stream*:

wartki

swim [swɪm] **1.** (**swam**, **swum**) v/i ⟨po⟩płynąć, pływać; v/t przepływać ⟨-łynąć⟩ (przez); **go ~ming** iść ⟨pójść⟩ popływać; **2. go for a ~** iść ⟨pójść⟩ popływać; '**~mer** pływak m (-aczka f)

swindle ['swɪndl] **1.** oszuk(i-w)ać; **2.** oszustwo n

swine [swaɪn] (pl ~s) świnia f; (fig. ~**s**)

swing [swɪŋ] **1.** (**swung**) huśtać (się); ruszać ⟨-szyć⟩ (się) (łagodnie po łuku); **the door swung open** drzwi otworzyły się na oścież; **I swung the bag onto my shoulder** zarzuciłem torbę na ramię; **~ round** odwracać ⟨-cić⟩ się; pol. etc. zmieni(a)ć się; **2.** huśtanie n; children's: huśtawka f; pol. etc. zwrot m; mus. swing m

Swiss [swɪs] **1.** szwajcarski; **2.** Szwajcar(ka f) m; **the ~ pl** Szwajcarzy pl

switch [swɪtʃ] **1.** electr. przełącznik m; on wall: kontakt m; Am. rail. zwrotnica f; przejście n (**from s.th. to s.th.** z czegoś na coś); **2.** v/i przechodzić ⟨przejść⟩ (**from** z, **to** do); (swap) zamieni(a)ć się (**with** z); v/t (exchange) wymieni(a)ć, zamieni(a)ć; **~ off** wyłączać ⟨-czyć⟩; **~ on** włączać ⟨-czyć⟩

Switzerland ['swɪtsələnd] Szwajcaria

swollen ['swəʊlən] pp of **swell** 1

sword [sɔːd] miecz m

swore [swɔː] past, **~n** pp of **swear**

swum [swʌm] pp of **swim** 1

swung [swʌŋ] past and pp of **swing** 1

syllable ['sɪləbl] sylaba f

syllabus ['sɪləbəs] (pl -**buses**, -**bi** ['-baɪ]); program m nauczania

symbol ['sɪmbl] symbol m; **~ic** [-'bɒlɪk] symboliczny; **~ize** ['-bəlaɪz] symbolizować

symmetr|ical [sɪ'metrɪkl] symetryczny; **~y** ['sɪmɪtrɪ] symetria f

sympath|etic [sɪmpə'θetɪk] pozytywnie nastawiony (**to** do); (understanding) wyrozumiały (**to** dla); (concerned) pełen współczucia (**over** w związku z); smile: współczujący; (nice) sympatyczny; **~ize** [-'θaɪz] współczuć (**with** komuś); (understand) identyfikować się (**with** z); **~y** współczucie n (**for** dla); **in ~y with s.o.** w solidarności z kimś

symphony ['sɪmfənɪ] symfonia f

symptom ['sɪmptəm] objaw m

synchronize ['sɪŋkrənaɪz] ⟨z⟩synchronizować

synonym ['sɪnənɪm] synonim m

synthetic [sɪn'θetɪk] synte-

tyczny; *behaviour*: sztuczny
syringe ['sırındʒ] strzykawka
f
syrup ['sırəp] syrop *m*

system ['sıstəm] system *m*;
pol. ustrój *m*; *solar*: układ
m; **~atic** [-'mætık] systematyczny

T

tab [tæb] banderola *f*; nalepka *f*; *pick up the~* F ⟨za⟩płacić rachunek
table ['teıbl] **1.** stół *m*; (*chart*)
tabela *f*; *pl multiplication*:
tabliczka *f*; **2.** przedkładać
⟨-łożyć⟩; **~cloth** obrus *f*;
~spoon łyżka *f* stołowa
tablet ['tæblıt] tabliczka *f*;
med. tabletka *f*
taboo [tə'bu:] **1.** zakazany; *a ~
subject* temat *m* tabu; **2.** zakaz *m*, tabu *n*
tack [tæk] **1.** *thumb*: (duża) pinezka *f*; (*small nail*) gwóździk *m* (tapicerski); (*approach*) podejście *n*; **2.** przybi⟨ja⟩ć (gwoździkami),
przypinać ⟨-piąć⟩ pluskiewkami; *Brt.* ⟨za⟩fastrygować
tackle ['tækl] **1.** sprzęt *m*; *tech.*
wielokrążek *m* **2.** ⟨za⟩brać się za ⟨coś⟩; *sp.* ⟨za⟩atakować
tact [tækt] takt *m*; **~ful** taktowny
tactics ['tæktıks] *mil. pl* taktyka *f*
tag [tæg] **1.** zawieszka *f*; *price*:
metka *f*; **2.** ⟨za⟩etykietować
tail [teıl] **1.** ogon *m*; *pl jacket*:
frak *m*; *pl* (*not heads*) orzeł

m; **2.** F śledzić; **'~light** *mot.*
światło *n* tylne
tailor ['teılə] krawiec *m*
take [teık] **1.** (*took, taken*) *v/t*
brać ⟨wziąć⟩; zab⟨ie⟩rać
(*from z, to* do); (*endure*) znosić ⟨znieść⟩; *stadium etc.*
⟨po⟩mieścić; *courage etc.*
wymagać; *decision, risk* podejmować ⟨-djąć⟩; *test etc.*
przystępować ⟨-tąpić⟩ do
⟨czegoś⟩; *drugs etc.* zaży⟨wa⟩ć; *notes* ⟨z⟩robić; *size
of shoes etc.* nosić; *step* ⟨z⟩robić; *oath etc.* składać
⟨złożyć⟩; *temperature*
⟨z⟩mierzyć; *advice* ⟨po⟩słuchać (czegoś); *photograph*
⟨z⟩robić; *math.* odejmować
(*from* od); *v/t plant*: przyjąć
się; **~** *a look* spojrzeć; **~** *a
seat* ⟨u⟩siąść; **~** *a taxi*
⟨po⟩jechać taksówką; **~** *a
walk* iść ⟨pójść⟩ na spacer;
~ *offence* obrażać ⟨-razić⟩
się; **~** *office* obejmować ⟨-jąć⟩ urząd; **~** *power* przejmować ⟨-jąć⟩ władzę; **~**
after s.o. być podobnym
do kogoś; **~** *apart* rozbierać
⟨-zebrać⟩; **~** *away* zab⟨ie⟩rać; **~** *back* odnosić ⟨-nieść⟩

(*to* do); *something said* cofać ⟨-fnąć⟩; ~ **down** *message etc.* zapis(yw)ać; *curtains* zdejmować ⟨zdjąć⟩; ~ **in** przyjmować ⟨-jąć⟩; (*deceive*) na(bie)rać; ~ **off** *hat etc.* zdejmować ⟨zdjąć⟩; *aer.* ⟨wy⟩startować; ~ **a day off** brać ⟨wziąć⟩ dzień wolnego; ~ **on** przyjmować ⟨-jąć⟩; ~ **out** wyjmować ⟨-jąć⟩; *tooth etc.* usuwać ⟨usunąć⟩; ~ **s.o. out** zapraszać ⟨-rosić⟩ (*for* na); ~ **over** przejmować ⟨-jąć⟩ kontrolę (nad czymś); ~ **to** polubić; ~ **up** *as hobby, career*: zajmować ⟨-jąć⟩ się (czymś); *offer, attitude* przyjmować ⟨-jąć⟩; *idea, job* podejmować ⟨-djąć⟩; *time, space* zajmować ⟨-jąć⟩; **2.** *film*: ujęcie *n*; '~**n 1.** *pp of* **take 1**; **2.** *seat*: zajęty; '~**off** *aer.* start *m*

talc [tælk], **talcum powder** ['tælkəm] talk *m*

tale [teɪl] opowiadanie *n*; (*story*) bajka *f*

talent ['tælənt] talent *m*; '~**ed** utalentowany

talk [tɔːk] **1.** rozmowa *f*; (*speech*) prelekcja *f*; (*gossip*) plotki *pl*; **2.** mówić (*about*, *of* o); rozmawiać (*to* z, *about* o); ~ **s.o. into doing s.th.** namawiać ⟨-mówić⟩ kogoś do zrobienia czegoś; ~ **s.th. over** omawiać ⟨omówić⟩ coś; '~**ative** ['~ətɪv] gadatliwy

tall [tɔːl] wysoki; *how* ~ *are you?* ile masz wzrostu?

tame [teɪm] **1.** oswojony; *fig.* potulny, posłuszny; *activity*: nudny; **2.** oswajać ⟨-woić⟩

tampon ['tæmpɒn] tampon *m*

tan [tæn] **1.** opalenizna *f*; **2.** opalać ⟨-lić⟩ się; **3.** jasnobrązowy

tangerine [tændʒə'riːn] mandarynka *f*

tangle ['tæŋgl] **1.** plątanina *f*; *fig.* bałagan *m*; **2.** zapląt(yw)ać się

tank [tæŋk] zbiornik *m*; *mil.* czołg *m*

tanker ['tæŋkə] cysterna *f*; (*ship*) tankowiec *m*

tanned [tænd] opalony

tap [tæp] **1.** kran *m*; *tech.* zawór *m*; *on the shoulder*: klepnięcie *n*; *on* ~ z beczki; (*available*) do natychmiastowego użycia; **2.** stukać ⟨-knąć⟩ (*s.th.* w coś); *rhythm* wystuk(iw)ać; *be* ~**ped** *telephone*: być na podsłuchu

tape [teɪp] **1.** taśma *f*; **2.** nagr(yw)ać (na taśmę); (*attach*) przyklejać ⟨-leić⟩ (taśmą)

taper ['teɪpə] zwężać ⟨zwęzić⟩ się; ~ **off** osłabnąć

tape| **recorder** magnetofon *m*; ~ **recording** nagranie *n* na taśmie

tapestry ['tæpɪstrɪ] gobelin *m*

tar [tɑː] smoła *f*

target ['tɑːgɪt] cel *m*; *sp.* tarcza *f*

tariff ['tærɪf] cło *n* przywozo-

we; *hotel etc.*: cennik *m*

tarnish ['tɑːnɪʃ] *v/t* ⟨z⟩matowić; *reputation* ⟨ze⟩psuć; *v/i* ⟨z⟩matowieć, ⟨za⟩śniedzieć *f*

tart [tɑːt] ciasto *n* owocowe

tartan ['tɑːtən] szkocka krata *f*

task [tɑːsk] zadanie *n*; **~force** oddział *m* specjalny

tassel ['tæsl] frędzel *m*

taste [teɪst] 1. smak *m*; *good, bad*: gust *m*; **have a ~e of s.th.** ⟨s⟩próbować czegoś; 2. *v/i* smakować; *v/t* ⟨s⟩próbować; **'~eful** gustowny; **'~eless** niegustowny; *food*: bez smaku; *remark*: niesmaczny; **'~y** smakowity

tattoo [tə'tuː] 1. tatuaż *m*; *mil.* parada *f*; 2. ⟨wy⟩tatuować

taught [tɔːt] *past and pp of* **teach**

tax [tæks] 1. podatek *m*; 2. ⟨o⟩podatkować

taxi ['tæksɪ] 1. taksówka *f*; 2. *aer.* kołować; **'~cab** taksówka *f*; **'~driver** taksówkarz *m*; **~ rank**, *esp. Am.* **~ stand** postój *m* taksówek

'tax|payer podatnik *m*; **~ return** oświadczenie *n* podatkowe

tea [tiː] herbata *f*; → **high tea**; **'~bag** herbata *f* expresowa; **~ break** przerwa *f* na herbatę

teach [tiːtʃ] *(taught)* ⟨na⟩uczyć; **~er** nauczyciel(ka *f*) *m*

teacloth ścierka *f* do naczyń

team [tiːm] zespół *m*; *sp.* drużyna *f*

'teapot dzbanek *m* do herbaty

tear¹ [teə] 1. *(tore, torn)* ⟨po⟩drzeć; *hole* wydzierać ⟨wydrzeć⟩; 2. rozdarcie *n*, dziura *f*; **~ down** ⟨z⟩burzyć

tear² [tɪə] łza *f*; **'~ful** zapłakany; *voice*: płaczliwy

'tearoom herbaciarnia *f*

tease [tiːz] drażnić

tea| service, **~set** serwis *m* do herbaty; **'~spoon** łyżeczka *f* do herbaty

tea towel ścierka *f* do naczyń

techni|cal ['teknɪkl] techniczny; **~cality** [-'kælətɪ] szczegół *m* techniczny; *jur.* szczegół *m* formalny; **~cian** [-'nɪʃn] technik *m*; **~que** [-'niːk] technika *f*

technology [tek'nɒlədʒɪ] technologia *f*

teenage ['tiːneɪdʒ] *person*: nastoletni; *clothes etc.*: dla nastolatków; **'~r** nastolatek *m*

teens [tiːnz] lata *pl* młodzieńcze *(13-19)*

teeth [tiːθ] *pl of* **tooth**; **~e** [tiːð] ząbkować

teetotal(l)er [tiː'təʊtlə] abstynent(ka *f*) *m*

tele|cast ['telɪkɑːst] transmisja *f* telewizyjna; **~communications** [-kəmjuːnɪ'keɪʃnz] telekomunikacja *f*; **'~fax** telefaks *m*; **~gram**

['græm] telegram *m*

telegraph ['telɪgrɑːf] **1.** telegraf *m*; **2.** ⟨za⟩telegrafować **(s.o.** do kogoś); **~ic** [ˌ'græfɪk] telegraficzny

telephone ['telɪfəʊn] **1.** telefon *m*; **2.** ⟨za⟩telefonować **(s.o.** do kogoś); **~ booth, ~ box** budka *f* telefoniczna; **~ call** rozmowa *f* telefoniczna; **~ directory** książka *f* telefoniczna; **~ exchange** centrala *f* telefoniczna

televise ['telɪvaɪz] nad(aw)ać w telewizji

television ['telɪvɪʒn] telewizja *f*; **on ~** w telewizji; **watch ~** oglądać telewizję; **~ (set)** telewizor *m*

tell [tel] **(told)** mówić ⟨powiedzieć⟩ **(of, about** o); *story etc.* opowiadać ⟨wiedzieć⟩; *(order)* kazać *pf.* **(s.o. to do s.th.** komuś by coś zrobił); *(know, guess etc.)* zorientować się; **~ apart** odróżni(a)ć; **~ s.o. off** udzielać ⟨lić⟩ komuś nagany; **~ on s.o.** F ⟨na⟩skarżyć na kogoś; **~er** sekretarz (liczący głosy w wyborach); *esp. Am.* kasjer(ka *f*) *m*; **~tale** wymowny

temper ['tempə] charakter *m*; *(rage)* gniew *m*, wściekłość *f*; *(mood)* nastrój *m*; **keep one's ~** ⟨za⟩chow(yw)ać spokój; **lose one's ~** wpadać ⟨wpaść⟩ w złość; **~ament** ['~rəmənt] temperament *m*;

~ature ['~prətʃə] temperatura *f*

temple ['templ] świątynia *f*; *anat.* skroń *f*

temporary ['tempərərɪ] tymczasowy

tempt [tempt] ⟨s⟩kusić; **~ation** ['tenʃən] pokusa *f*

ten [ten] dziesięć

tenant ['tenənt] lokator *m*

tend [tend] *v/i* mieć skłonność **(to do s.th.** do czegoś); *(incline)* zbliżać się **(to, towards** do); *v/t* zajmować się *(czymś); land* uprawiać; **~ency** ['~ənsɪ] tendencja *f*

tender¹ ['tendə] czuły; *age:* młody; *meat:* delikatny; *plant:* wrażliwy

tender² ['~] *econ.* **1.** oferta *f* przetargowa; **2.** składać ⟨złożyć⟩

tendon ['tendən] ścięgno *n*

tennis ['tenɪs] tenis *m*; **~ court** kort *m*

tense [tens] **1.** spięty; *body etc.:* sztywny; *situation etc.:* napięty; **2.** napinać ⟨-piąć⟩ się; **3.** *gr.* czas *m*; **~ion** ['~ʃn] napięcie *n*

tent [tent] namiot *m*

tentative ['tentətɪv] tymczasowy; *step:* niepewny

tenth [tenθ] dziesiąty

term [tɜːm] **1.** *(word etc.)* termin *m*; *(period)* okres *m*; *school:* semestr *m*; *pol.* kadencja *f*; *pl* warunki *pl*; **in ~s of** jeśli chodzi o; **in abstract ~s** w sposób abstrakcyjny; *be on good / bad* **~s with s.o.** być w dobrych / złych stosunkach z kimś; 2. naz(y)wać

termin|al ['tɜːmɪnl] **1.** terminal *m*; *bus*: dworzec *m* (autobusowy); **2.** *med. illness*: nieuleczalny; *patient*: nieuleczalnie chory; **~ate** [~eɪt] *v/t* ⟨za⟩kończyć (się); *v/i bus*, *train*: zatrzym(yw)ać się na stacji końcowej; *v/t pregnancy* przer(yw)ać; **~ation** [~'neɪʃn] przerwanie *n*; **~us** ['~əs] (*pl* **-ni** ['~naɪ] *or* **-nuses**) stacja *f* końcowa

terrace ['terəs] szereg *m* (domów jednorodzinnych); *street*: ulica *f* o zabudowie szeregowej

terri|ble ['terəbl] okropny; **~fic** [tə'rɪfɪk] (*great*) świetny, rewelacyjny; (*huge etc*) ogromny; (*powerful*) potężny; **~fy** ['terɪfaɪ] przerażać ⟨~razić⟩

territor|ial [terə'tɔːrɪəl] terytorialny; **~y** ['~tərɪ] terytorium *n*; (*terrain*) teren *m*, obszar *m*

terror ['terə] przerażenie *n*; *child*: diabeł *m*; **~ist** ['~rɪst] terrorysta *m*; **~ize** ['~raɪz] terroryzować

test [test] **1.** test *m*; *med*. badanie *n*; **2.** (*prze*)testować; *med*. ⟨z⟩badać; *put s.th. to the* **~** podd(aw)ać próbie

testament ['testəmənt] testament *m*; (*evidence*) świadec-

two *n*

testicle ['testɪkl] *anat*. jądro *n*

testify ['testɪfaɪ] zezn(aw)ać (*against s.o.* przeciwko komuś); potwierdzać (*to s.th.* coś)

testimon|ial [testɪ'məʊnjəl] opinia *f*; **~y** ['~mənɪ] zeznanie *n*; (*evidence*) świadectwo *n* (*to s.th.* czegoś)

test tube próbówka *f*; '**~-tube baby** dziecko *n* z probówki

text [tekst] tekst *m*; '**~book** podręcznik *m*

textile ['tekstaɪl] tkanina *f*; *pl* przemysł *m* tekstylny

texture ['tekstʃə] struktura *f*; (*feel*) faktura *f*; *mus*. styl *m*

than [ðæn, ðən] niż; *older* **~ her** starszy od niej; *younger* **~ me** młodszy ode mnie

thank [θæŋk] **1.** ⟨po⟩dziękować; (*no*,) **~ you** nie, dziękuję; **2.** *pl* podziękowania *pl*; **~s!** dzięki!; **~s to you** dzięki tobie; '**~ful** wdzięczny

that [ðæt, ðət] **1.** *pron and adj* (*pl* **those** [ðəʊz]) ten; *this one and* **~ one** ten i tamten; *without* **~** to; **~ was my brother** to był mój brat; **2.** *adv* tak; *he wasn't quite* **~ ill** nie był aż tak chory; **3.** *rel pron* (*pl that*) który; *the letter* **~ you never opened** list, którego w ogóle nie otworzyłeś; **4.** *cj* że; *prove* **~ you understand** udowodnij że rozumiesz; **~'s it** (*exactly*) tak jest; *(that is the end)* to wszystko; *~'s* i na tym koniec; *like ~* na ten sposób

thaw [θɔː] **1.** odwilż *f;* **2.** ⟨s⟩topnieć, ⟨roz⟩topić się; *food* rozmrażać ⟨-rozić⟩

the [ðə, *before vowels:* ðɪ, *stressed:* ðiː] **1.** *definite article, no equivalent ~ speed of light* prędkość światła; *~ waiter brought ~ wine list* kelner przyniósł kartę win; **2.** *adv ~ ... ~ ...* im ... tym *...;~ sooner ~ better* im prędzej tym lepiej

theatre, *Am.* **-ter** [ˈθɪətə] teatr *m*

theft [θeft] kradzież *f*

their [ðeə] *~s* [-z] ich

them [ðem, ðəm] (n)ich, (n)im, je, nie, nimi

theme [θiːm] temat *m; art:* motyw *m*

themselves [ðəmˈselvz] *reflexive:* się, siebie, sobie; *emphasis:* (oni) sami, (one) same

then [ðen] **1.** *adv* wtedy; *(afterwards)* potem, później; *(in that case)* w takim razie, wobec tego; *by ~* do tego czasu; *if X ~ Y* jeśli X to Y; **2.** *adj* ówczesny

theology [θɪˈɒlədʒɪ] teologia *f*

theor|etical [θɪəˈretɪkl] teoretyczny; *~y* [ˈ-rɪ] teoria *f*

there [ðeə] tam; *~ is, pl ~ are* jest, są; *~ you are/* to nietrudno; *(I was right)* nie mówiłem?; *(here you*

are) proszę; *~ and back* tam i z powrotem; *~/* no!; *~, no już dobrze; ~abouts* [ˈðeərəbauts] coś koło tego; *~fore* [ˈðeəfɔː] dlatego

thermometer [θəˈmɒmɪtə] termometr *m*

these [ðiːz] *pl of* **this**

thesis [ˈθiːsɪs] (*pl* **-ses** [ˈ-siːz]) teza *f; (dissertation)* praca *f,* rozprawa *f*

they [ðeɪ] oni, one

thick [θɪk] gruby; *crowd, hair, liquid, smoke:* gęsty; *(stupid)* tępy; *night etc.:* ciemny; *~en v/i* ⟨z⟩gęstnieć; *v/t* ⟨za⟩gęszczać; *~et* [ˈ-ɪt] gąszcz *m,* gęstwina *f*

thief [θiːf] (*pl* **thieves** [θiːvz]) złodziej *m*

thigh [θaɪ] udo *n*

thin [θɪn] **1.** chudy; *cloth etc.:* cienki; *liquid, smoke:* rzadki; **2.** *v/t* przerzedzać ⟨-dzić⟩ się; *v/t* rozrzedzać ⟨-dzić⟩

thing [θɪŋ] rzecz *f*

think [θɪŋk] (**thought**) ⟨po⟩myśleć; *~ of* uważać (*as* za); *(remember)* przypominać ⟨-mnieć⟩ sobie; *(know)* znać; *(conceive)* wymyślać ⟨-lić⟩; *what do you ~ about / of it?* co ty myślisz?; *~ s.th. over* przemyśleć coś; *~ s.th. up* wymyślać ⟨-lić⟩ coś

thirst [θɜːst] pragnienie *n; ~y* spragniony; *I am ~y* chce mi się pić

thirt|een [θɜːˈtiːn] trzynaście;

'**~y** trzydzieści

this [ðɪs] (*pl these* [ðiːz]) ten, ta, to; **~ one and that one** ten i tamten; *without pl* to; **~ is my brother** to (jest) mój brat

thorn [θɔːn] cierń *m*; '**~y** ciernisty; *fig.* trudny

thorough ['θʌrə] dokładny; '**~bred** koń *m* pełnej krwi

those [ðəʊz] *pl of* **that** 1

though [ðəʊ] 1. *cj* chociaż; **as ~** jak gdyby; 2. *adv* jednak

thought [θɔːt] 1. *past and pp of* **think**, 2. *m* namysł *m*; (*view*) pogląd *m*; '**~ful** zamyślony; (*considerate*) troskliwy; '**~less** bezmyślny

thousand ['θaʊznd] tysiąc

thread [θred] 1. nić *f* (*a. fig.*); *tech.* gwint *m*; 2. nawlekać ⟨-lec⟩

threat [θret] groźba *f*; zagrożenie *n* (**to** dla); '**~en** ⟨za⟩grozić; '**~ening** groźny

three [θriː] trzy; **~'quarters** trzy czwarte

threshold ['θreʃhəʊld] próg *m*

threw [θruː] *past of* **throw** 2

thrifty ['θrɪftɪ] oszczędny

thrill [θrɪl] 1. podniecać ⟨-cić⟩, ⟨pod⟩ekscytować; 2. dreszcz *m*; '**~er** dreszczowiec *m*; '**~ing** ekscytujący

thrive [θraɪv] (*thrived or throve, thrived or thriven*) dobrze się rozwijać, kwitnąć; **~n** ['θrɪvn] *pp of*

thrive

throat [θrəʊt] gardło *n*

throb [θrɒb] *blood*: pulsować; *heart*: dudnić

throne [θrəʊn] tron *m*

through [θruː] 1. *prp and adv* przez; **from May ~ October** od maja do października; **let s.o. ~** przepuszczać ⟨-puścić⟩ kogoś; **get ~** *teleph.* ⟨po⟩łączyć się ⟨to z⟩; **put s.o. ~** *teleph.* ⟨po⟩łączyć kogoś (**to** z); 2. *adj* train: bezpośredni; **~'out** 1. *prp* przez (cały); 2. *adv* wszędzie, całkowicie

throve [θrəʊv] *past of* **thrive**

throw [θrəʊ] 1. rzut *m*; 2. (*threw, thrown*) rzucać ⟨-cić⟩; **~ oneself into s.th. into prison** wtrącać ⟨-cić⟩ do więzienia; **~ off** odrzucać ⟨-cić⟩; **~ up** V rzygać V; *dust* wzbi⟨ja⟩ć; (*build quickly*) sklecać ⟨-cić⟩; '**~away** jednorazowego użytku; *remark etc.*: zrobiony mimochodem; **~n** *pp of* **throw** 2

thru [θruː] *Am. for* **through**

thumb [θʌm] 1. kciuk *m*; 2. **~ through** book *etc.* przeglądać ⟨-dnąć⟩; '**~tack** *Am.* pinezka *f*

thunder ['θʌndə] 1. grzmot *m*; *traffic*: dudnienie *m*; 2. ⟨za⟩grzmieć; *traffic etc.*: dudnić; '**~storm** burza *f z* piorunami; '**~struck** oszołomiony

Thursday ['θɜːzdɪ] czwartek
m

thus [ðʌs] *form.* dlatego, z tego względu; tak, w ten sposób

tick [tɪk] **1.** (*mark*) haczyk *m*, ptaszek *m*; (*sound*) tyknięcie *n*; *Brt.* (*moment*) chwilka *f*; **2.** *v/t* odhaczać ⟨-czyć⟩; *v/i* tykać ⟨-knąć⟩; **~ off** odhaczać ⟨-czyć⟩

ticket ['tɪkɪt] bilet *m*; *library etc.*: karta *f*, legitymacja *f*; (*tag*) metka *f*; *speeding etc.*: mandat *m*; *lottery*: los *m*; **~ inspector** bileter *m*; **~ office** kasa *f* (biletowa)

tickl|e ['tɪkl] ⟨po⟩łaskotać; **'~ish** mający łaskotki; *fig.* wrażliwy; *situation*: delikatny

tide [taɪd] pływ *m*; **high ~** przypływ *m*; **low ~** odpływ *m*

tidy ['taɪdɪ] schludny; **~ up** sprzątać ⟨-tnąć⟩; **~ oneself up** doprowadzać ⟨-dzić⟩ się do porządku

tie [taɪ] **1.** węzeł *m*; *garment*: krawat *m*; (*bond*) więź *f*; (*draw*) remis *m*; (*match*) mecz *m* eliminacyjny; *Am. rail.* podkład *m*; **2.** (*attach*) przywiąz⟨yw⟩ać; *knot, shoelace* zawiąz⟨yw⟩ać; (*connect*) ⟨po⟩wiązać; **~ down** ograniczać ⟨-czyć⟩

tiger ['taɪɡə] tygrys *m*

tight [taɪt] **1.** *adj clothes*: obcisły; *grip etc.*: mocny;

screw etc.: dokręcony; *knot*: zaciśnięty, mocny; *string etc.*: naciągnięty; (*packed*) ciasny; **2.** *adv hold*: mocno; *shut*: szczelnie; **'~en** *v/t* zaciskać ⟨-snąć⟩; *rope* naciągać ⟨-gnąć⟩; *v/i face* ⟨ze⟩sztywnieć; **~ (up)** *screw* dokręcać ⟨-cić⟩; **~'fisted** F skąpy; **'~rope** *circus*: lina *f*; **~s** *pl esp. Brt.* rajstopy *pl*

tile [taɪl] **1.** *floor etc.*: płytka *f*; *wall a.*: kafelek *m*; *roof*: dachówka *f*; **2.** pokry⟨wa⟩ć płytkami / kafelkami / dachówkami

till¹ [tɪl] *prp* (aż) do; F → **until**

till² [_] kasa *f*

tilt [tɪlt] przechylać ⟨-lić⟩ (się); *fig.* naginać ⟨-giąć⟩

timber ['tɪmbə] drewno *n*; (*beam*) belka *f*

time [taɪm] **1.** czas *m*; (*period*) okres *m*; (*occasion*) raz *m*; *mus.* rytm *m*; *pl. math.*: razy; **~ is up** czas się skończył; **for the ~ being** na razie; **have a good ~** dobrze się bawić; **what's the ~?, what ~ is it?** która godzina?; **the first ~** pierwszy raz; **four ~s** cztery razy; **~ after ~** and (**~)again** wielokrotnie; **all the ~** cały czas; **at a ~** na raz; **at any ~** w każdej chwili; **at all ~s** zawsze; **at the same ~** w tym samym czasie; **in ~** z czasem; *mus.* w tempie; **on ~** punktualnie; **2.** ⟨za⟩planować (**for** na); ⟨z⟩mierzyć *sp.* mierzyć czas; '**~consuming** czasochłonny; '**~er** *kitchen:* minutnik *m*; *tech.* regulator *m* czasowy; '**~ lag** odstęp *m* czasu; '**~less** ponadczasowy; ~ **limit** termin *m*; '**~ly** na czas, w samą porę; ~ **signal** *radio, TV:* sygnał *m* czasu; ~ **switch** *tech.* wyłącznik *m* automatyczny; '**~table** harmonogram *m*; *school:* plan *m* lekcji F, rozkład *m* zajęć; *rail.* rozkład *m* jazdy; *aer.* rozkład *m* lotów; ~ **zone** strefa *f* czasowa

tin [tɪn] cyna *f*; *esp Brt. container:* puszka *f*; '**~foil** folia *f* aluminiowa; ~ **opener** otwieracz *m* do konserw

tint [tɪnt] **1.** odcień *m*, barwa *f*; *(dye)* farba *f* (do włosów); **2.** ⟨po⟩farbować

tiny ['taɪnɪ] malutki

tip [tɪp] **1.** koniuszek *m*; *Brt. rubbish:* wysypisko *n*; *Brt. F (pigsty)* chlew *m*; *in restaurant etc.:* napiwek *m*; *(advice)* rada *f*; *it's on the ~ of my tongue* mam to na końcu języka; **2.** przechylić ⟨‑lić⟩; *(pour)* wysyp(yw)ać; *liquid* wyl(ew)ać; *Brt. rubbish* wyrzucać ⟨‑cić⟩; *in restaurant etc.:* d(aw)ać napiwek *(s.o. komuś)*; ~ *s.o. off* uprzedzać ⟨‑dzić⟩ kogoś, ostrzegać ⟨‑rzec⟩ kogoś; ~**ped** zakończony *(with s.th.* czymś); *cigarette:* z filtrem

tiptoe ['tɪptəʊ] **1.** iść ⟨pójść⟩

na palcach; **2.** *on* ~ na palcach

tire¹ ['taɪə] *Am.* → **tyre**

tire² ['–] ⟨z⟩męczyć (się) *(of s.th.* czymś); ~**d** zmęczony; ~**d out** wyczerpany, wykończony; *be ~d out of s.th.* mieć dosyć / dość czegoś; '**~less** niestrudzony, niezmordowany; '**~some** *(annoying)* denerwujący; *(boring)* nudny

tiring ['taɪərɪŋ] męczący, nużący

tissue ['tɪʃuː] tkanka *f*; *(handkerchief)* chusteczka *f* higieniczna; *cleaning:* papierowy ręcznik *m*; → ~ **paper** bibułka *f*

title ['taɪtl] tytuł *m*; *jur.* tytuł własności

to [tʊ, tə, tuː] **1.** *prp* do; na; dla; *time:* za; *go* ~ *Spain* jechać do Hiszpanii; *go* ~ *school* iść do szkoły; *with one's back* ~ *the wall* plecami do ściany; *tie s.o.* ~ *a tree* przywiązać kogoś do drzewa; *a letter* ~ *s.o.* list do kogoś; *return* ~ *reality* powrócić do rzeczywistości; *from 7* ~ *11* od siódmej do jedenastej; *from beginning* ~ *end* od początku do końca; *five days* ~ *Christmas* pięć dni do Bożego Narodzenia; *similar* ~ *s.th.* podobny do czegoś; *compare s.th.* ~ *s.th.* porównywać coś z czymś lub coś z czymś;

switch over ~ *computers*
przejść (przerzucić się F)
na komputery; *a reaction*
~ *s.th.* reakcja na coś; *an an-*
swer ~ *a question* odpowiedź na pytanie; *make*
sense ~ *s.o.* mieć sens dla
kogoś; *an inspiration* ~
s.o. inspiracja dla kogoś; ~
my surprise ku mojemu
zdziwieniu; *it's five* ~ *six* jest
za pięć szósta; ~ *the right* po
prawej stronie; *give s.th.* ~
s.o. dawać coś komuś; *she*
seems strange ~ *me* ona
wydaje mi się dziwna; *a sec-*
retary ~ *the manager* sekre-
tarka kierownika; **2.** *in inf*
żeby, by; *she went there* ~
see him poszła tam, żeby
się z nim zobaczyć; *I asked*
him ~ *come with me* popro-
siłem go, żeby poszedł ze
mną; *I want* ~ *tell you some-*
thing chcę ci coś powiedzieć; *I am* ~ *do it today*
mam to zrobić dzisiaj; *he*
opened the door ~ *see*
Father kiedy otworzył
drzwi, zobaczył Ojca; *I don't*
know what ~ *do* nie wiem co
robić; **3.** *adv* **come** ~ odzys-
k(iw)ać przytomność; ~ *and*
fro tam i z powrotem

toast[1] [təʊst] *m*; **2.** ~
s.o. wznosić ⟨-nieść⟩ toast
za czyjeś zdrowie

toast[2] [-] **1.** chleb *m* grzanko-
wy; *a piece of* ~ grzanka *f*; **2.**
opiekać ⟨opiec⟩; ~ *oneself*

wygrzewać się

tobacco [təˈbækəʊ] tytoń *m*

today [təˈdeɪ] dzisiaj, dziś

toe [təʊ] palec *m* u nogi

together [təˈgeðə] razem
(*with* z)

toilet [ˈtɔɪlɪt] toaleta *f*; *bowl*:
sedes *m*; ~ **paper** papier *m*
toaletowy; ~**ries** [ˈ-rɪz] przybory *pl* toaletowe; ~ **roll** rolka *f* papieru toaletowego

token [ˈtəʊkən] żeton *m*; *book*
etc.: bon *m*; *love etc.*: symbol
m, gest *m*

told [təʊld] *past and pp of* **tell**

tolera|ble [ˈtɔlərəbl] znośny;
~**nce** wytrzymałość *f*; ~**nt**
tolerancyjny (*of* wobec);
~**te** [ˈ-eɪt] tolerować

toll[1] [təʊl] *bell* bić

toll[2] [təʊl] *m*; *(fee)* opłata *f*;
the death ~ liczba *f* ofiar
śmiertelnych

tomato [təˈmɑːtəʊ] (*pl -toes*)
pomidor *m*

tomb [tuːm] grób *m*

tomorrow [təˈmɒrəʊ] jutro; ~
the day after ~ pojutrze

ton [tʌn] (*weight*) tona *f* (*Brt.*
1016 kg, Am. 907 kg); *metric*
~ → **tonne**

tone [təʊn] ton *m*; *shade*: odcień *m*

tongue [tʌŋ] język *m*; *food*:
ozór *m*; *hold one's* ~ trzymać język za zębami, mil-
czeć

tonight [təˈnaɪt] dzisiaj wieczorem

tonne [tʌn] (*weight*) tona *f*

(metryczna) *(1000 kg)*

tonsil ['tɒnsl] *anat.* migdałek *m*

too [tuː] za; *(as well)* też, także, również

took [tʊk] *past of* **take** 1

tool [tuːl] narzędzie *n*

tooth [tuːθ] *(pl teeth* [tiːθ]) ząb *m;* '**~ache** ból *m* zęba; '**~brush** szczoteczka *f* do zębów; '**~less** bezzębny; '**~paste** pasta *f* do zębów

top [tɒp] **1.** *hill etc.:* szczyt *m; tree:* wierzchołek *m; page etc.:* góra *f; street etc.:* (drugi) koniec *m; table:* blat *m; bottle:* kapsel *m; jar:* nakrętka *f; carrot etc.:* nać *f; clothing:* góra *f; (toy)* bąk *m;* **on ~ of** na; *(in addition to)* oprócz; **2.** *floor etc.:* najwyższy; *end etc.:* najdalszy; *speed etc.:* maksymalny; *person:* czołowy; **3.** *poll etc.* prowadzić *w* (czymś); *amount* przekraczać ⟨-roczyć⟩; *joke etc.* przebi(ja)ć; **~ up** uzupełni(a)ć

topic ['tɒpɪk] temat *m;* '**~al** aktualny

top-secret ściśle tajny

torch [tɔːtʃ] latarka *f; (stick)* pochodnia *f*

tore [tɔː] *past of* **tear**¹ 1

torn [tɔːn] *pp of* **tear**¹ 1

tortoise ['tɔːtəs] żółw *m*

torture ['tɔːtʃə] **1.** tortury *pl; fig.* męczarnia *f;* **2.** torturować; *fig.* zamęczać

toss [tɒs] *v/t* rzucać ⟨-cić⟩; *food* ⟨wy⟩mieszać *(with z)*

(wstrząsając w naczyniu); *pancakes* podrzucać *(na patelni); head* odrzucać ⟨-cić⟩ (do tyłu); *v/i* rzucać się; **~ (up), ~ a coin** rzucać ⟨-cić⟩ monetą

total ['təʊtl] **1.** całkowity; **2.** ogólna liczba *f; in* **~** w sumie; **3.** *numbers etc.* dod(aw)ać; *figure:* wynosić ⟨-nieść⟩

touch [tʌtʃ] **1.** dotyk *m; (act of touching)* dotknięcie *n; (improvement)* poprawka *f; (style)* styl *m;* podejście *n; (small amount)* odrobina *f;* **keep in ~** być w kontakcie; **2.** dotykać ⟨-tknąć⟩ (się); *fig. emotionally:* wzruszać ⟨-szyć⟩; **~ down** *aer.* ⟨z⟩lądować; **~ up** poprawi(a)ć ⟨wy⟩retuszować; **~ (up)on s.th.** nawiąz(yw)ać do czegoś; '**~down** *aer.* lądowanie *n;* '**~ing** wzruszający; *w* wrażliwy; *subject:* drażliwy

tough [tʌf] twardy *(a. fig.); (rough)* brutalny; *task:* trudny

tour [tʊə] **1.** wycieczka *f; sight:* zwiedzanie *n; sp., thea. etc.* trasa *f* objazdowa; **2.** objeżdżać ⟨-jechać⟩; *thea. etc.* jeździć ⟨⟨po⟩jechać⟩ w trasę objazdową

tourist ['tʊərɪst] **1.** turysta *m* (-tka *f);* **2.** turystyczny; **~ agency, ~ bureau, ~ office** biuro *n* podróży

tournament ['tɔːnəmənt] turniej *m*

tow [təʊ] **1.** *give s.o. a ~*
⟨przy⟩holować kogoś; *in ~*
na holu; F za sobą; **2.** ⟨przy⟩-
holować

toward(s) [təˈwɔːd(z)] (*in the
direction of*) w kierunku
⟨czegoś⟩, w stronę ⟨czegoś⟩;
(*for a purpose*) na; (*to achieve
result*) w celu; *attitude ~ s.th.*
stosunek do czegoś

towel [ˈtaʊəl] ręcznik *m*

tower [ˈtaʊə] **1.** wieża *f*; **2.** gó-
rować (*over* nad)

town [taʊn] miasto *n*; ~ **council** rada *f* miejska; ~ **hall** ratusz *m*

toy [tɔɪ] **1.** zabawka *f*; **2.** ~
with idea rozważać, zastana-
wiać się (czymś); *object*
bawić się (czymś)

trace [treɪs] **1.** ślad *m*; **2.** znajdować ⟨znaleźć⟩ (*to* w); *development* ⟨prze⟩śledzić;
drawing ⟨prze⟩kalkować

track [træk] **1.** szlak *m*; *planet
etc.*, *rail.*: tor *m*; *sp.* bieżnia *f*;
magnetic tape etc.: ścieżka *f*;
(*song*) utwór *m*; *pl* ślad *m*,
trop *m*; **2.** ⟨wy⟩tropić; *aer.*
śledzić; ~ *down* ⟨wy⟩tropić;
'~*suit* dres *m*

tractor [ˈtræktə] traktor *m*

trade [treɪd] **1.** handel *m*; (*job*)
zawód *m*; **2.** handlować (*in
s.th.* czymś); ~ (*off*) wymie-
niać(a)ć (*for* na); '~*mark* znak
m handlowy; '~(*s*) *union*
związek *m* zawodowy

tradition [trəˈdɪʃn] tradycja *f*;
~*al* tradycyjny

traffic [ˈtræfɪk] **1.** ruch *m*;
goods: transport *m*; *passengers*: komunikacja *f*; (*trade*)
(nielegalny) handel *m*; **2.**
handlować (*in s.th.* czymś);
~ **circle** *Am.* rondo *n*; ~ **island** wysepka *f*; ~ **jam** korek
m; ~ **light** światło *n* uliczne

trag|edy [ˈtrædʒədɪ] tragedia
f; '~**ic** tragiczny

trail [treɪl] **1.** szlak *m*; (*marks*)
ślad *m*; **2.** *v/t* śledzić; (*drag*)
ciągnąć (*behind one* za
sobą); *v/i* ciągnąć się (*behind s.o.* za kimś); '~**er**
mot. przyczepa *f*; *Am.* przyczepa *f* kempingowa; *film*,
TV: zapowiedź *f*, zwiastun *m*

train [treɪn] **1.** pociąg *m*; *cars
etc.*: karawana *f*; *events*:
ciąg *m*; *dress*: tren *m*; **2.**
kształcić (się) (*as* na); *dog*
szkolić; *sp.* trenować (*for*
do); ~**ee** [-ˈniː] praktykant
m; '~**er** *sp.* trener *m*; *circus*:
treser *m*; *pl* adidasy *pl* F;
'~**ing** szkolenie *n*; *sp.* trening
m

trait [treɪ] cecha *f*

traitor [ˈtreɪtə] zdrajca *m*

tram [træm] tramwaj *m*

tramp [træmp] **1.** włóczęga *m*;
2. wlec się

tranquil [ˈtræŋkwɪl] spokojny; '~(**l**)**izer** środek *m* uspokajający

transatlantic [trænzətˈlæn-
tɪk] transatlantycki

transfer 1. [trænsˈfɜː] przekładać ⟨przełożyć⟩, przeno-

sić ⟨-nieść⟩; przewozić ⟨-wieźć⟩; *money* przel(e-w)ać; *information, property* przenosić ⟨-nieść⟩; *employee* przesić ⟨-się⟩; **2.** ['-] przemieszczanie *n*, przenoszenie *n*; *bank*: przeniesienie *n*; *(decoration)* kalkomania *f*

transform [træns'fɔːm] zmieni(a)ć *(into* w); **~ation** [-fə'meɪʃn] zmiana *f*

transistor [træn'sɪstə] tranzystor *m*

transit ['trænsɪt] przewóz *m*; *goods*: transport *m*; *people*: komunikacja *f*; **~ion** [-'zɪʃn] przejście *n*

translat|e [træns'leɪt] ⟨prze⟩tłumaczyć; **~ion** tłumaczenie *n*; **~or** tłumacz(ka *f*) *m*

trans|mission [trænz'mɪʃn] *knowledge, disease*: przekazywanie *n*; *radio, computer*: transmisja *f*; *mot.* napęd *m*; **~mit** [-'mɪt] przes(y)łać; *(conduct)* knowledge przekaz(yw)ać; **~mitter** nadajnik *m*

transparent [træns'pærənt] przezroczysty; *situation etc.*: oczywisty

transplant 1. [træns'plɑːnt] przesadzać ⟨-dzić⟩; *med.* przeszczepi(a)ć; **2.** ['-] przeszczep *m*; **~ation** [-'teɪʃn] transplantacja *f*

transport 1. [træn'spɔːt] przewozić ⟨-wieźć⟩, ⟨prze⟩-

transportować; **2.** ['-] przewóz *m*, transport *m*; *public* **~** komunikacja *f*; **~ation** [-'teɪʃn] *esp. Am.* → **transport 2**

trap [træp] **1.** ⟨z⟩łapać w potrzask; *person* nab(ie)rać; *energy* zachow(yw)ać; **2.** potrzask *m*, pułapka *f*

trash [træʃ] F *book, film*: szmira *f*; *painting*: kicz *m*; *(people)* hołota *f*; *Am.* śmieci *pl*

travel ['trævl] **1.** ⟨po⟩jechać; *light etc.*: poruszać się; **2.** podróż *f*; **~ agency** biuro *n* podróży; '**~(l)er** podróżnik *m* (-niczka *f*)

tray [treɪ] taca *f*

treason ['triːzn] zdrada *f*

treasure ['treʒə] **1.** skarb *m* (*a. fig.*); **2.** cenić; **~r** skarbnik *m*

treat [triːt] **1.** ⟨po⟩traktować *(as, like* jak); *illness, patient* leczyć; *wood* nasycać *(with s.th.* czymś); **~ s.o. to s.th.** ⟨za⟩fundować komuś coś; **2.** przyjemność *f*; *it's my* **~** ja funduję; '**~ment** terapia *f*, leczenie *n*; '**~y** układ *m*

treble ['trebl] **1.** trzy razy, trzykrotnie; **2.** potrajać ⟨-roić⟩ (się)

tree [triː] drzewo *n*

tremble ['trembl] ⟨za⟩drżeć

tremendous [trɪ'mendəs] ogromny

tremor ['tremə] drżenie *n*; *earth*: wstrząs *m*

trench [trentʃ] rów *m*; *mil.*

okop *m*

trend [trend] trend *m*, tendencja *f*; '**~y** modny

trespass ['trespəs] *jur.* wkraczać ⟨-roczyć⟩ (*on* na); *no* **...ing** wstęp wzbroniony

trial ['traɪəl] test *m*, próba *f*; *jur.* proces *m*; *on ~* przed sądem; (*being tested*) w fazie testowania; *~ and error* metoda *f* prób i błędów

triangle ['traɪæŋgl] trójkąt *m*; **~ular** [-'æŋgjʊlə] trójkątny

tribe [traɪb] plemię *n*

tribunal [traɪ'bjuːnl] trybunał *m*

trick [trɪk] 1. sztuczka *f*, (*deception*) podstęp *m*; *cards*: lewa *f*; *play a ~ on s.o.* zrobić komuś kawał; *a ~ question* pytanie *n* podchwytliwe; 2. naciągać ⟨-gnąć⟩ (*into* na); '**~ery** oszustwo *n*

trickle ['trɪkl] ciec

trick|ster ['trɪkstə] oszust *m*; '**~y** trudny

tricycle ['traɪsɪkl] trójkołowiec *m*

trigger ['trɪgə] 1. *gun*: spust *m*; 2. (*a. ~ off*) wywoł⟨yw⟩ać

trim [trɪm] 1. (*slim*) smukły; 2. (*decoration*) wykończenie *n*; *in* ⟨*good*⟩ w dobrym stanie; *people*: w formie; 3. przycinać ⟨-ciąć⟩; *plan* ⟨-ciąć⟩ redukować; '**~ming** (*decoration*) wykończenie *n*; *pl* dodatki *pl*; *gastr.* resztki *pl*

trip [trɪp] 1. wycieczka *f*; *business ~* wyjazd *m* (służbowy), delegacja *f* F; 2. potykać ⟨-tknąć⟩ się (*over* o); (*walk*) dreptać; *~ up* potykać ⟨-tknąć⟩ się; *~ s.o. (up)* podstawić komuś nogę

triple ['trɪpl] potrójny; **~ts** ['..ɪts] *pl* trojaczki *pl*

triumph ['traɪəmf] 1. triumf *m*; 2. triumfować (*over* nad); **~ant** [-'ʌmfənt] zwycięski

trivial ['trɪvɪəl] nieistotny

trolley ['trɒlɪ] wózek *m*; *rail.* drezyna *f*; *Am.* tramwaj *m*

trombone [trɒm'bəʊn] puzon *m*

troop [truːp] 1. *soldiers etc.*: oddział *m*; *people*: grupa *f*; *animals*: stado *n*; *pl mil.* wojsko *n*; *5,000 ~s* 5.000 żołnierzy; 2. ud⟨aw⟩ać się grupą

trophy ['trəʊfɪ] trofeum *n*

tropic ['trɒpɪk] *geogr.* zwrotnik *m*; *the ~s* tropiki *pl*

trouble ['trʌbl] 1. kłopot *m*, problem *m*; *pol.* zamieszki *pl*; *tech.* awaria *f*; *med.* dolegliwości *pl*; *in ~* w kłopotliwej sytuacji; *fig.* w ciąży; 2. ⟨z⟩martwić; (*hurt*) boleć; '**~-free** bezproblemowy; *tech.* bezawaryjny; '**~maker** wichrzyciel *m*, prowodyr *m*; '**~some** kłopotliwy

trousers ['traʊzəz] *pl* (*a. a pair of ~*) spodnie *pl*

trout [traʊt] (*pl ~*, *~s*) pstrąg *m*

tuneful

truant ['tru:ənt] wagarowicz
m; **play** ~ chodzić, iść
⟨pójść⟩ na wagary

truce [tru:s] rozejm m

truck [trʌk] Am. samochód m
ciężarowy, ciężarówka f F;
rail. wagon m towarowy

true [tru:] prawdziwy; (faithful) wierny (**to s.o.** komuś);
it's ~ to prawda; **come** ~
dream etc.: spełnić się

truly ['tru:lɪ] naprawdę;
Yours ~ form. Z poważa-
niem

trump [trʌmp] atu n; ~ (**card**)
atut m

trumpet ['trʌmpɪt] trąbka f

trunk [trʌŋk] tree: pień m; person: tułów m; elephant: trąba
f; (box) kufer m; Am. mot.
bagażnik m; ~**s** pl kąpielówki
pl; sp. spodenki pl

trust [trʌst] **1.** zaufanie n;
econ. trust m; **2.** ⟨za⟩ufać;
powierzyć (**with s.th.** coś);
~ **s.o. to do s.th.** wierzyć
że ktoś coś zrobi; ~**ee**
[ˌtri:] powiernik m; '~**ful**,
'~**ing** ufny; '~**worthy** godny
zaufania

truth [tru:θ] (pl ~**s** [-ðz]
prawda f; **tell me the** ~ po-
wiedz mi prawdę; **to tell
you the** ~ prawdę mówiąc

try [traɪ] **1.** ⟨s⟩próbować;
starać się, ubiegać się (**for** o);
in court: sądzić (**for** za); ~
on przymierzać ⟨-rzyć⟩; ~
out wypróbow⟨yw⟩ać; **2.**
próba f; **have a** ~ ⟨s⟩próbo-

wać; '~**ing** nieprzyjemny

tube [tju:b] metal, glass: rur-
(k)a f; rubber: wężyk m; anat.
przewód m; (container) tubka f; ≅ (London under-
ground) metro n; tech. kine-
skop m

tuberculosis [tju:bɜ:kju'ləu-
sɪs] gruźlica f

tuck [tʌk] **1.** wkładać
⟨włożyć⟩, wpychać
⟨wepchnąć⟩; ~ **away** money
etc. odkładać ⟨odłożyć⟩;
(hide) ⟨s⟩chować; ~ **into**
s.th. F opychać się czymś
F; ~ **s.o. in**, ~ **s.o. up** otulać
⟨-lić⟩ kogoś; **2.** zakładka f

Tuesday ['tju:zdɪ] wtorek m

tug [tʌg] **1.** pociągnięcie n; (a.
~ **boat**) mar. holownik m; **2.**
⟨po⟩ciągnąć; mar. holować

tuition [tju:'ɪʃn] nauka f (pry-
watna), lekcje pl; (money)
czesne n

tulip ['tju:lɪp] tulipan m

tummy ['tʌmɪ] F brzuszek m

tumo(u)r ['tju:mə] med. guz m

tuna ['tu:nə] (pl ~, ~**s**) tuńczyk
m

tune [tju:n] **1.** melodia f; in ~
instrument: nastrojony; sing,
play: czysto; **out of** ~ instrument: rozstrojony; sing, play:
nieczysto; **2.** mus. ⟨na⟩-
stroić; radio etc. nastawi⟨a⟩ć
(**to** na); (match) przystoso-
w⟨yw⟩ać (**to** do); tech. ⟨wy⟩-
regulować; ~ **in** radio nasta-
wi⟨a⟩ć radio (**to** na); ~ **up** orchestra: ⟨na⟩stroić się; '~**ful**

melodyjny

tunnel ['tʌnl] tunel *m*

turbine ['tɜːbaɪn] turbina *f*

turf [tɜːf] murawa *f*; darń *f*

Turk [tɜːk] Turek *m* (Turczynka *f*); **~ey** Turcja *f*

turkey ['tɜːkɪ] indyk *m*

Turkish ['tɜːkɪʃ] turecki

turmoil ['tɜːmɔɪl] niepokój *m*

turn [tɜːn] **1.** obrót *m*; *car*: skręt *m*; *road*: zakręt *m*; *century*: przełom *m*; **a ~ for the better** zmiana *f* na lepsze; **it's my ~** moja kolej; **~s** na przemian; **take ~s doing s.th.** robić coś na zmianę; **2.** *v/t* odwracać ⟨-rócić⟩; *pages* przewracać; *handle, key* kręcić, przekręcać ⟨-cić⟩; *gun* (s)kierować (**on** na); *attention* (s)kierować; *car, road*: skręcać ⟨-cić⟩; (*change*) przechodzić ⟨przejść⟩ (**from** z, **to** na); *green, sour etc.*: st(a-w)ać się; *milk*: ⟨s⟩kwaśnieć; (*shape with lathe*) toczyć; *it has ~ed eight* minęła ósma; **~ against** s.o. zwracać ⟨-rócić⟩ się przeciwko komuś; **~ s.o. away** odrzucać ⟨-cić⟩ kogoś; **~ back** zawracać ⟨-rócić⟩; **~ down** *offer* odrzucać ⟨-cić⟩; *gas* zmniejszać ⟨-szyć⟩; *radio* ściszać ⟨-szyć⟩; **~ s.o. down** odmawiać ⟨-mówić⟩ komuś; **~ in** F cho-

dzić, iść ⟨pójść⟩ spać; *to police*: wyd(aw)ać; **~ s.th. inside out** odwracać ⟨-rócić⟩ coś na drugą stronę; **~ off** skręcać ⟨-cić⟩, zjeżdżać ⟨zjechać⟩ (**a road** z drogi); *water, gas* zakręcać ⟨-cić⟩; *light, radio etc.* wyłączać ⟨-czyć⟩; **it ~s me off** F to mnie nie podnieca; **~ on** *gas, water etc.* odkręcać ⟨-cić⟩; *appliance* włączać ⟨-czyć⟩; *light* zapalać ⟨-lić⟩; **~ s.o. on** F podniecać ⟨-cić⟩ kogoś; **~ on s.o.** (*attack*) ruszać ⟨-szyć⟩ na kogoś; **~ out** wychodzić ⟨wyjść⟩ (**right/badly** dobrze/źle **for s.o.** komuś); okaz(yw)ać się (**to be** być, **that** że); *light etc.* wyłączać ⟨-czyć⟩; (*produce*) wypuszczać ⟨-puścić⟩; **~ over** (*think about*) ⟨prze⟩analizować; (*give*) przekaz(yw)ać (**to s.o.** komuś); (*move*) odwracać ⟨-rócić⟩; **~ to s.o.** zwracać ⟨-rócić⟩ się do kogoś; **~ up** F (*arrive*) pojawi(a)ć się; F (*be found*) znaleźć się; *gas etc.* zwiększać ⟨-szyć⟩; *radio etc.* zrobić głośniej; **~around** (*time*) czas *m* wykonania; (*change*) zwrot *m*

turning przecznica *f*; **~ point** *fig.* punkt *m* zwrotny

turn'out frekwencja *f*; (*appearance*) wygląd *m*; *econ.* produkcja *f*; **~over** *econ.* obrót *m*; *people*: fluktuacja *f*;

~pike ['~paɪk] *Am.* autostrada *f* (płatna); **'~up** *Brt.* mankiet *m* (spodni)

turpentine ['tɜːpəntaɪn] terpentyna *f*

turtle ['tɜːtl] żółw *m*

tutor ['tjuːtə] *Brt. univ.* opiekun *m* naukowy; korepetytor *m*; **~ial** [~'tɔːrɪəl] *univ.* seminarium *n*

TV [tiːˈviː] telewizja *f*; (*set*) telewizor *m*

twelfth [twelfθ] dwunasty; **~ve** [twelv] dwanaście

twentieth ['twentɪθ] dwudziesty; **~y** ['twentɪ] dwadzieścia

twice [twaɪs] dwukrotnie, dwa razy

twig [twɪg] gałązka *f*

twilight ['twaɪlaɪt] zmierzch *m*

twin [twɪn] **1.** podobny; (*dual*) podwójny; **2.** *pl* bliźnięta *pl*

twinkle ['twɪŋkl] *star:* migotać, mrugać; *eyes:* skrzyć się

twist [twɪst] **1.** wykręcenie *n*;

in a story: zwrot *m*; **2.** wykręcać ⟨-cić⟩ (się); (*sprain*) skręcać ⟨-cić⟩

two [tuː] dwa; *cut in* ~ przecinać ⟨-ciąć⟩ na pół; **'~faced** dwulicowy; **'~pence** ['tʌpəns] dwa pensy *pl*; **'~piece** dwuczęściowy; **'~stroke** *mot.* dwusuwowy; **'~way:** *~way radio* radiostacja *f* nadawczo-odbiorcza; *~way traffic* ruch *m* dwukierunkowy

tycoon [taɪˈkuːn] magnat *m*

type [taɪp] **1.** typ *m*, rodzaj *m*; *print.* druk *m*; *blood* ~ grupa *f* krwi; *not my* ~ nie w moim typie; **2.** pisać na maszynie / komputerze; **'~script** maszynopis *m*; **'~writer** maszyna *f* do pisania

typhoon [taɪˈfuːn] tajfun *m*

typical ['tɪpɪkl] typowy

typist ['taɪpɪst] maszynistka *f*

tyre ['taɪə] *esp. Brt.* opona *f*

U

ugly ['ʌglɪ] brzydki

ulcer ['ʌlsə] wrzód *m*

ultimate ['ʌltɪmət] ostateczny; *power:* najwyższy; **'~ly** w końcu

ultimatum [ʌltɪˈmeɪtəm] (*pl -tums, -ta* [~tə]) ultimatum *n*

ultra... ['ʌltrə] super...; **'~sound** ultradźwięk *m*; **~violet** ultrafioletowy

umbrella [ʌmˈbrelə] parasol *m*

umpire ['ʌmpaɪə] *sp.* sędzia *m*

umpteen [ʌmpˈtiːn] niezliczona liczba

un... [~ʌn] nie...; od...

unabashed [ʌnəˈbæʃt] nie speszony; **~able:** *be ~able to do s.th.* nie móc ⟨z⟩robić czegoś; **~accountable** niewytłumaczalny

unanimous [ju:'nænɪməs] jednogłośny

un|approachable nieprzystępny; **~'armed** nieuzbrojony; **~attached** nie związany (*with* z); **~attended** bez opieki

unaware [ʌnə'weə]: *be ~ of s.th.* nie zdawać sobie sprawy z czegoś; **~s** [-z]: *catch* lub *take s.o. ~s* zaskakiwać ⟨-skoczyć⟩ kogoś

un|'balanced nierównoważony; **~'bearable** nie do zniesienia; **~believable** niewiarygodny; **~'bending** nieustępliwy, nieugięty; **~'bias(s)ed** bezstronny, neutralny; **~'born** nienarodzony; **~'button** rozpinać ⟨-piąć⟩; **~'called-for** nie na miejscu; **~'certain** niepewny

uncle ['ʌŋkl] wuj *m*

un|'comfortable niewygodny; **~'common** rzadki; **~concerned** [ʌnkən'sɜːnd] niezainteresowany; **~condi-tional** bezwarunkowy; **~'conscious** nieprzytomny; **~'cork** odkorkować; **~'cover** odkry(wa)ć; **~'deniable** [ʌndɪ'naɪəbl] niezaprzeczalny

under ['ʌndə] **1.** *prp* pod; *circumstances, conditions, law, construction*: w; *age, amount*: poniżej; *~ the sea* pod dnem powierzchnią morza; **2.** *adv* pod wodę; pod spód; **~'car-riage** *aer.* podwozie *n*;

~'cover tajny; **~'dog** słabsza strona *f*; **~'done** niedopieczony; **~'estimate** [-'estɪmeɪt] nie doceniać; **~ex-posed** [-rɪk'spəʊzd] *phot.* niedoświetlony; **~'fed** niedożywiony; **~'go** (*-went, -gone*) przechodzić ⟨przejść⟩, podda(wa)ć się (czemuś); **~'ground 1.** podziemny (*a. fig.*); **2.** *Brt. London*: metro *n*; **~'lie** (*-lay, -lain*) znajdować się u podstaw (czegoś); **~'line** podkreślać ⟨-lić⟩; **~'mine** podkop(yw)ać; *fig.* osłabi(a)ć, zakłócać ⟨-cić⟩; **~'neath** [-'ni:θ] **1.** *prp* pod; **2.** *adv* pod spód, pod spodem; **~'pants** *pl* majtki *pl* (męskie); **~'pass** przejście *n* podziemne; **~'privileged** żyjący w niedostatku; **~'shirt** *Am.* podkoszulek *m*; **~'staffed** odczuwający brak pracowników; **~'stand** (*-stood*) ⟨z⟩rozumieć; **~'standable** zrozumiały; **~'standing 1.** wyrozumiały; **2.** zrozumienie *n*; *between nations*: porozumienie *n*; **~'statement** niedomówienie *n*; **~'take** (*-took, -taken*) *job* podejmować ⟨-djąć⟩; **~'taking** przedsięwzięcie *n*; **~'wear** bielizna *f*; **~'world** świat *m* przestępczy

un|deserved niezasłużony; **~desirable** niepożądany; **~do** (*-did, -done*) odwiąz(yw)ać; **~'doubted** niewąt-

tionowany; **~doubtedly** bez
wątpienia; **~'dress** rozbierać (-zebrać (się)); **~'due**
nadmierny; **~'earth** odkop(yw)ać; *fig.* odgrzeb(yw)ać;
~'easy niespokojny

unemploy|ed 1. niezatrudniony; **2. the ~ed** pl bezrobotni pl; **~ment** bezrobocie
n; **~ment benefit** Brt. zasiłek
m dla bezrobotnych

un|ending [ʌn'endɪŋ] niekończący się; **~'equal** nierówny, niesprawiedliwy;
~'erring [ʌn'ɜ:rɪŋ] nieomylny; **~'even** nierówny,
~'eventful spokojny, monotonny; **~'failing** niezawodny; **~'fair** niesprawiedliwy;
~'faithful niewierny; **~familiar** nieznany; nie zaznajomiony (**with** z); **~'fasten** rozpinać (-piąć); **~'favo(u)rable** niekorzystny; **~'feeling**
nieczuły; **~'fold** rozwijać
(-winąć); **~'foreseen** nieprzewidziany; **~'forgettable** niezapomniany

unfortunate (*unlucky*) pechowy; (*in difficult situation*)
nieszczęśliwy; **~ly** niestety

un|'founded bezpodstawny;
~'friendly nieprzyjazny;
~'happy nieszczęśliwy; niezadowolony (**about** z);
~'harmed bez obrażeń, cało; **~'healthy** niezdrowy,
szkodliwy dla zdrowia; (*not
well*) chory; *behaviour*: nie-

zdrowy; **~'heard of** nie spotykany; **~'hurt** bez obrażeń

unification [ju:nɪfɪ'keɪʃn]
zjednoczenie n

uniform ['ju:nɪfɔ:m] **1.** jednolity; **2.** strój m roboczy; *mil.*
mundur m; *school*: mundurek m

unify ['ju:nɪfaɪ] ⟨z⟩jednoczyć

unimagina|ble niewyobrażalny; **~tive** pozbawiony
wyobraźni

uninhabit|able nie nadający
się do zamieszkania; **~ed**
niezamieszkały

un|inspired bez natchnienia;
~intelligible niezrozumiały;
~intentional niezamierzony

union ['ju:njən] związek m;
pol. związek m zawodowy;
(*joining*) unia f; **~ist** związkowiec m; **2 Jack** flaga Zjednoczonego Królestwa Wielkiej Brytanii i Irlandii Północnej

unique [ju:'ni:k] niepowtarzalny, jedyny w swoim rodzaju; ograniczony (**to** do);
(*exceptional*) wyjątkowy,
znakomity

unit ['ju:nɪt] całość f; (*team*)
zespół m; *for measuring*: jednostka f; *furniture*: segment
m; *math.* jedność f; **~e**
[-'naɪt] ⟨z⟩jednoczyć (się);
~ed zjednoczony; **the 2ed
States of America** Stany
Zjednoczone Ameryki; **~y**
['-ətɪ] jedność f; (*union*) unia
f

univers|al [ju:nɪ'vɜ:sl] **1.** powszechny; ogólny; **2.** pojęcie *n* ogólne; **~e** ['-vɜːs] wszechświat *m*; *(world)* świat *m*; **~ity** ['-vɜːsətɪ] uniwersytet *m*

un|'just niesprawiedliwy; **~kempt** [ʌn'kempt] zaniedbany; **~'kind** niedobry, okrutny; **~'known** nieznany; **~leaded** [ʌn'ledɪd] bezołowiowy

unless [ən'les] *(if not)* jeśli nie; *(except when)* chyba że

unlike [ʌn'laɪk] niepodobny (do), różny (od); *Bill,* *me, lives here* Bill, w przeciwieństwie do mnie, mieszka tutaj; **~ly** mało prawdopodobny

un|'limited nieograniczony; **~'load** rozładow(yw)ać; wyładow(yw)ać *(from z)*; **~'lock** otwierać ‹-worzyć› (kluczem); **~'lucky** pechowy; **be ~lucky** mieć pecha, nie mieć szczęścia; **~'manned** [ʌn'mænd] bezzałogowy; **~'married** stanu wolnego; **~mistakable** oczywisty, niewątpliwy; **~'moved** niewzruszony; **~'natural** nienaturalny; **~'noticed** niezauważony; **~obtrusive** nie rzucający się w oczy; *house:* pusty; **~'occupied** wolny; *house:* pusty; **~'pack** rozpakow(yw)ać ‹-ać (się)›; **~'pleasant** nieprzyjemny; **~'plug** wyłączać ‹-czyć› z sieci;

~precedented [-'presɪdentɪd] bezprecedensowy; **~predictable** nie do przewidzenia; *person:* nieobliczalny; **~'questionable** niezaprzeczalny; **~'ravel** [ʌn'rævl] rozpląt(yw)ać (się); *fig.* rozwikł(yw)ać; nie z tego świata; *(false)* sztuczny; **~'real** dziwny nie z tego świata; *(false)* sztuczny; **~'reasonable** nierozsądny; **~'reliable** nieodpowiedzialny; **~'rest** *pol.* niepokój *m*; **~restrained** niekontrolowany; **~'roll** rozwijać ‹-winąć› (się); **~'ruly** [ʌn'ruːlɪ] niezdyscyplinowany; *child:* nieposłuszny; **~'safe** zagrożony *(dangerous)* niebezpieczny; **~'said:** *leave* *s.th. ~said* pomijać ‹-minąć› coś milczeniem; **~satisfactory** niezadawalający; **~'savo(u)ry** odrażający; **~'screw** odkręcać ‹-cić›; **~'settled** nieustabilizowany; *(restless)* rozgorzrczony; *place:* niezamieszkały; *argument:* nierozstrzygnięty; **~'sightly** nieestetyczny, mało atrakcyjny; **~'skilled** niewykwalifikowany; **~'sociable** nietowarzyski; **~sophisticated** prosty, niewyrafinowany; **~'sound** błędny, oparty na fałszywych przesłankach; *person:* umysłowo chory; *building:* niepewny; **~'speakable** *(awful)* okropny, straszny; **~'stable** niestabilny; *(not fixed)* luźny; *person:* niezrównoważony; ~**'steady** niepewny, niepewnie idący / stojący; *hand etc.:* drżący; ~**'stuck: come stuck** odklejać ⟨-leić⟩ się; *plan etc.:* ⟨za⟩kończyć się fiaskiem; ~**'suitable** nieodpowiedni *(for* dla); ~**'suspecting** niczego nie podejrzewający; ~**'tangle** rozpląt⟨yw⟩ać; ~**'tapped** nie wykorzystany; ~**'thinkable** nie do pomyślenia; ~**'tie** rozwiąz⟨yw⟩ać

until [ən'tɪl] do; dopóki (nie); ~ **midnight** do północy; *we waited ~ they had left* czekaliśmy dopóki oni nie wyszli

un|'timely przedwczesny, *(not suitable)* nieodpowiedni; ~**'tiring** niestrudzony; ~**'told** niesamowity, nieprawdopodobny; ~**'touched** nietknięty; ~**'troubled** niezmącony, niezakłócony; ~**'used 1.** [ʌn'ju:zd] nieużywany; **2.** [ʌn'ju:st] nieprzyzwyczajony *(to* do); ~**'usual** niezwykły; ~**'varying** niezmienny; ~**'veil** odsłaniać ⟨-łonić⟩; *plans etc.* ujawni(a)ć; ~**'well** chory, niedysponowany; ~**'willing** niechętny; *be* ~**'willing to do s.th.** nie wykazywać chęci do zrobienia czegoś; ~**'wind** *(-wound)* *v/i* odprężyć się; *v/t* odwijać ⟨-winąć⟩; ~**'wrap**

rozpakow⟨yw⟩ać

up [ʌp] **1.** *adv movement:* w górę; *position:* w górze; *(on the wall)* na ścianie; **2.** *prp with movement:* po; *position:* na; ~ *the river* w górę rzeki; ~ *to run, walk etc.:* do; *be* ~ *to level, standard etc.* osiągać ⟨-gnąć⟩; *something bad* knuć; *it's* ~ *to you* to zależy od ciebie; *be I feel* ~ *to doing s.th.* czuć się na siłach coś ⟨z⟩robić; **3.** *adj (not in bed)* na nogach; *road:* w naprawie; *wind:* silny; ~ *and about* w pełni sił *(po chorobie)*; *be* ~ *three points* *sp.* mieć przewagę trzech punktów; *what's* ~? F co jest grane? F; **4.** ~*s and downs* *pl* wzloty *pl* i upadki *pl*

'up|bringing wychowanie *n*; ~**'date** *information* ⟨z⟩aktualizować; *army* ⟨z⟩modernizować; ~**'heaval** [ʌp'hi:vl] zamieszanie *n*; *social:* przewrót *m*; ~**'hill** *adv move:* w górę; *adj* mozolny, ciężki; ~**'hold** *(-held)* *law etc.* przestrzegać; ~**'holstered** [ʌp'həʊlstəd] tapicerowany

upon [ə'pɒn] na; *(after)* po; ~ *crisis* ~ *crisis* kryzys za kryzysem

upper ['ʌpə] górny; *(more important, powerful etc.)* wyższy, ~ *case letter:* duży; ~ *class* arystokracja *f*; ~**'most** *adj* najwyższy; *adv* najwyżej 'up|right wyprostowany; *appliance*: stojący, pionowy; *fig.* prawy, uczciwy; '.rising powstanie *n*; '.set [ap'set] **1.** (-*set*) wytrącać ⟨-cić⟩ z równowagi; *plan etc.* ⟨z⟩dezorganizować; *(overturn)* przewracać ⟨-rócić⟩; **2.** niespokojny, wytrącony z równowagi; *stomach*: rozstrojony; '.side: *.side down* do góry nogami; '.stairs **1.** *movement*: na górę (schodami); *position*: na górze; **2.** *(upper floors)* góra *f*; '.start nowicjusz *m*; '.-to-'stream w górę rzeki; '.-to-'date nowoczesny; *person*: zorientowany; .ward(s) ['-wəd(z)] w górę; .ward(s) *of* ponad

urban ['ɜːbən] miejski

urge [ɜːdʒ] **1.** nalegać, domagać się (*s.o. to do s.th.* by ktoś coś zrobił); *(advise)* zalecać ⟨-cić⟩; *horse etc.* ponaglać ⟨-lić⟩; **~ on** zachęcać ⟨-cić⟩; **2.** żądza *f*; '.nt pilny

urin|ate ['juərɪneɪt] odda(wa)ć mocz; **~e** ['-rɪn] mocz *m*

urn [ɜːn] urna *f*; *tea:* (duży) termos *m*

us [ʌs, əs] nas, nam, nami

usage ['juːsɪdʒ] użycie *n*; *(meaning)* znaczenie *n*; *energy:* wykorzystanie *n*

use **1.** [juːs] wykorzystanie *n*; *ling.* użycie *n*; **have no ~** nie mieć zastosowania; **be of ~** przyd(aw)ać się; **in ~** w użyciu; **it's no ~** nie ma sensu; **2.** [-z] uży(wa)ć; *(exploit)* wykorzyst⟨yw⟩ać; **~ up** zuży⟨wa⟩ć

used¹ [juːzd] używany

used² [juːst]: **be ~ to (doing)** *s.th.* być przyzwyczajonym do (robienia) czegoś; **get ~ to s.th.** przyzwyczajać ⟨-czaić⟩ się do czegoś

used³ [juːst]: **I ~ to live here** kiedyś tu mieszkałem

use|ful ['juːsfl] użyteczny; '.less bezużyteczny

user ['juːzə] użytkownik *m*; '.friendly przyjazny

usual ['juːʒl] zwyczajny; **as ~** jak zwykle; '.ly [-ʒəlɪ] zwykle

utili|ty [juːˈtɪlətɪ] przydatność *f*; *public:* usługa *f* komunalna; **~ze** ['juːtəlaɪz] wykorzyst⟨yw⟩ać

utter ['ʌtə] **1.** *word* wypowiadać ⟨-wiedzieć⟩; *sound* wyd(aw)ać; **2.** całkowity, zupełny; '.ance [-rəns] wypowiedź *f*; '.ly całkowicie, zupełnie

U-turn ['juːtɜːn] *mot.* zawrócenie *n*; *fig.* zwrot *m* o 180 stopni

V

vacan|cy ['veɪkənsɪ] wolne stanowisko n; *hotel:* wolne miejsce n, wolny pokój m; **'.t** wolny; *look, mind etc.:* pusty

vacation [vəˈkeɪʃn] *usu. Brt.* wakacje pl; *jur.* przerwa f wakacyjna; *usu. Am.* urlop m; **.er** wczasowicz m

vacuum ['vækjʊəm] próżnia f; **~ cleaner** odkurzacz m

vagina [vəˈdʒaɪnə] *anat.* pochwa f

vague [veɪg] niejasny, niewyraźny

vain [veɪn] *attempt:* bezowocny, daremny; *person:* próżny; *in ~* na próżno

valid ['vælɪd] słuszny; *ticket etc.:* ważny

valley ['vælɪ] dolina f

valu|able ['væljʊəbl] **1.** wartościowy; **2.** *pl* kosztowności pl; **~ation** [-'eɪʃn] wycena f; *writing etc.:* ocena f

value ['vælju:] **1.** wartość f; *it's good ~* to jest warte swojej ceny; **2.** cenić; *(suggest price)* wyceniać; **~-added tax** *(abbr. VAT)* VAT, podatek m od wartości dodanej; **~less** bezwartościowy

valve [vælv] zawór m

van [væn] furgonetka f; *Brt. rail.* wagon m kryty

vandal ['vændl] wandal m

vanilla [vəˈnɪlə] wanilia f

vanish ['vænɪʃ] znikać ⟨-knąć⟩

vanity ['vænɪtɪ] próżność f

vapo(u)r ['veɪpə] *(steam)* para f

vari|able ['veərɪəbl] **1.** zmienny; **2.** zmienna f; **~ance: be at ~ance with s.th.** stać w sprzeczności z czymś; **~ation** [-'eɪʃn] wariacja f *(a. mus.)*; *(change)* odchylenie n

varied ['veərɪd] różnorodny

variety [vəˈraɪətɪ] różnorodność f; *(sort)* odmiana f; *theatre etc.:* teatr m rozmaitości, rewia f; **a ~ of ...** różnorodne ...

various ['veərɪəs] różny; *(varied)* różnorodny

varnish ['vɑːnɪʃ] **1.** pokost m; **2.** pokostować

vary ['veərɪ] różnić się; zmieni(a)ć się *(with z)*

vase [vɑːz] wazon m

vast [vɑːst] ogromny

vault[1] [vɔːlt] skarbiec m; *(tomb)* grobowiec m

vault[2] [-] **1.** skok m; **2.** *(a. ~ over)* przeskakiwać przez

veal [viːl] cielęcina f

vegeta|ble ['vedʒtəbl] warzywo n; *(plant)* roślina f; **~rian** [-ɪ'teərɪən] **1.** wegetarianin m (-rianka f); **2.** wegetariański

vehicle ['vɪəkl] pojazd *m*

veil [veɪl] **1.** welon *m*; *fig.* zasłona *f*; **2.** ukry(wa)ć

vein [veɪn] żyła *f*; *on leaf:* żyłka *f*

velocity [vɪ'lɒsətɪ] prędkość *f*

velvet ['velvɪt] aksamit *m*

vend|ing machine ['vendɪŋ] automat *m*; **~or** ['-dɔː] sprzedawca *m* (uliczny); *jur.* sprzedający

vent [vent] **1.** wywietrznik *m*, otwór *m* wentylacyjny; *give* **~ to** *feelings* (za)demonstrować; *sound* swój(wa)ć; **2.** *feelings* d(aw)ać upust (*czemuś* on na)

ventilat|e ['ventɪleɪt] ⟨wy⟩wietrzyć; *feelings* ⟨za⟩demonstrować; **~ion** ['-leɪʃn] wentylacja *f*; **~or** ['-leɪtə] wentylator *m*

venture ['ventʃə] **1.** przedsięwzięcie *n*; *business:* spekulacja *f*; **2.** (*take a risk*) odważyć się (*into* na); *opinion* zaryzykować; **~ out** odważyć się wyjść

verb [vɜːb] *gr.* czasownik *m*; **~al** słowny

verdict ['vɜːdɪkt] *jur.* wyrok *m*; *fig.* werdykt *m*

verge [vɜːdʒ] **1.** *road:* pobocze *n*; *on the* **~ of** blisko, na granicy; **2.** ~ *on* graniczyć z

verify ['verɪfaɪ] sprawdzać ⟨-dzić⟩

versatile ['vɜːsətaɪl] wszech-

stronny; *tool etc.*: uniwersalny

vers|e [vɜːs] poezja *f*; (*stanza*) strofa *f*, zwrotka *f*; *Bible:* werset *m*; **~ion** ['-ʃn] wersja *f*

versus ['vɜːsəs] a; *jur.*, *sp.* przeciw

vertical ['vɜːtɪkl] **1.** pionowy; **2.** *the* ~ pion

very ['verɪ] **1.** *adv* bardzo; *before sup:* absolutnie; *the* **~ best** absolutnie najlepszy; *not* ~ nie zupełnie, nie bardzo; **2.** *adj* sam; *from the* **~ beginning** od samego początku; *this* ~ *spot* właśnie to miejsce

vessel ['vesl] (*ship*) okręt *m*; (*container*) naczynie *n* (*a. anat., bot.*)

vest [vest] *Brt.* podkoszulek *m*; *Am.* kamizelka *f*

veteran ['vetərən] weteran *m*

veterinar|ian [vetərə'neərɪən] *Am.*, **~y surgeon** ['-ɪnərɪ] *Brt.* weterynarz *m*

veto ['viːtəʊ] **1.** (*pl* -*toes*) weto *n*; **2.** sprzeciwi(a)ć się (*czemuś, komuś*)

via ['vaɪə] przez

viable ['vaɪəbl] *biol.* zdolny do życia; *econ.* opłacalny

vibrate [vaɪ'breɪt] wibrować; **~ion** ['-ʃn] wibracja *f*

vicar ['vɪkə] pastor *m*; **~age** ['-ɪdʒ] plebania *f*

vice¹ [vaɪs] imadło *n*

vice² [_] zło *n*; (*weakness*) słabość *f*

vice- [vaɪs] wice, vice

vice versa [vaɪsɪ'vɜːsə] odwrotnie

vicinity [vɪ'sɪnətɪ] pobliże *n*, bliskość *f*

victim ['vɪktɪm] ofiara *f*

victor ['vɪktə] zwycięzca *m*; **~ious** [-'tɔːrɪəs] zwycięski; **~y** ['~ərɪ] zwycięstwo *n*

video ['vɪdɪəʊ] **1.** technika *f* video *n*; video(kaseta *f*) *n*; (*machine*) magnetowid *m*; **2.** nagr(yw)ać na video; **'~tape 1.** taśma *f* video; **2.** → *video 2*

view [vjuː] **1.** zapatrywać się na; *house, film etc.* oglądać ⟨obejrzeć⟩; **2.** pogląd *m* (**on** na temat); widok *m*; **in ~ of s.th.** biorąc pod uwagę coś; **in my ~** moim zdaniem; **'~er** telewidz *m*; *at exhibition etc.*: oglądający; *for slides*: przeglądarka *f*

vigo|rous ['vɪgərəs] energiczny; **'~(u)r** energia *f*

village ['vɪlɪdʒ] wioska *f*; **'~r** mieszkaniec *m* wsi

villain ['vɪlən] łotr *m*, łajdak *m*; *in books, films*: czarny charakter *m*

vine [vaɪn] pnącze *n*; (*grape*) winorośl *f*

vinegar ['vɪnɪgə] ocet *m*

violate ['vaɪəleɪt] *law, agreement etc.* naruszać ⟨-szyć⟩; *promise* ⟨z⟩łamać; *peace* zakłócać ⟨-cić⟩; *tomb* ⟨z⟩bezcześcić; *woman* form. ⟨z⟩gwałcić; **~ion** [-'leɪʃn]

law, agreement etc.: naruszanie ⟨-szenie⟩ *n*; *promise*: ⟨z⟩łamanie *n*; *tomb*: ⟨z⟩bezczeszczenie *n*

violen|ce ['vaɪələns] przemoc *f*; (*force*) gwałtowność *f*; **'~t** gwałtowny

violet ['vaɪələt] **1.** fiołek *m*; *colour*: fiolet *m*; **2.** fioletowy

violin [vaɪə'lɪn] skrzypce *pl*

virgin ['vɜːdʒɪn] **1.** dziewica *f*; **2.** dziewiczy

viril|e ['vɪraɪl] męski; **~ity** [-'rɪlətɪ] męskość *f*

virtual ['vɜːtʃʊəl] faktyczny; **~ly** faktycznie

virtue ['vɜːtʃuː] cnota *f*; (*advantage*) zaleta *f*; **by ~e of** z uwagi na; **~ous** [-'tʃʊəs] cnotliwy

virus ['vaɪərəs] wirus *m*

visa ['viːzə] wiza *f*

vise [vaɪs] *Am.* imadło *n*

visib|ility [vɪzɪ'bɪlətɪ] widoczność *f*; **'~le** widoczny

vision ['vɪʒn] wizja *f*, obraz *m* (*a. TV*); (*sight*) wzrok *m*, zdolność *f* widzenia; (*view*) widok *m*

visit ['vɪzɪt] **1.** odwiedzać ⟨-dzić⟩; **2.** odwiedziny *pl*; (*stay*) pobyt *m*; **pay s.o. a ~** przychodzić ⟨przyjść⟩ do kogoś z wizytą; **'~ing hours** *pl* godziny *f pl* przyjęć; **'~or** gość *m* (**to** na)

visual ['vɪʒʊəl] wzrokowy, wizualny; **~ aids** pomoce *pl* wizualne (do nauczania); **'~ize** wyobrazić sobie

vital ['vaɪtl] ważny, istotny; (*energetic*) energiczny, dynamiczny; **~ity** [.'tælɪtɪ] energia *f*, dynamika *f*

vitamin ['vɪtəmɪn] witamina *f*

vivid ['vɪvɪd] *colour, memories etc.*: żywy

vocabulary [və'kæbjʊlərɪ] słownictwo *n*

vocal ['vəʊkl] wyrażający otwarcie swoje poglądy (**on** na temat); *mus.* wokalny; **~s** *pl* śpiew *m*

vocation [vəʊ'keɪʃn] powołanie *n* (**for** do); **~al** zawodowy

vogue [vəʊg] moda *f*

voice [vɔɪs] **1.** głos *m*; *gr.* strona *f*; **2.** *opinion* wyrażać ‹-razić›

void [vɔɪd] **1.** (*a.* **null and ~**) *jur.* nieważny; **~ of s.th.** pozbawiony czegoś; **2.** pustka *f*, próżnia *f*; (*abyss*) przepaść *f*

volcano [vɒl'keɪnəʊ] (*pl* **-noes, -nos**) wulkan *m*

volley ['vɒlɪ] salwa *f*; *fig. of questions etc.*: grad *m*, deszcz *m*; *sp.* wolej *m*; **~ball** siat-

kówka *f*

volt [vəʊlt] *electr.* wolt *m*; **~age** napięcie *n*

volume ['vɒljuːm] tom *m*; *phys.* objętość *f*; *trade etc.*: wielkość *f*; *radio etc.*: głośność *f*, natężenie *n* głosu

volunt|ary ['vɒləntərɪ] ochotniczy; **~eer** [.'tɪə] **1.** ochotnik *m* (-niczka *f*); **2.** zgłaszać ‹-łosić› się na ochotnika (**for** do)

vomit ['vɒmɪt] **1.** ‹z›wymiotować; **2.** wymioty *pl*

vote [vəʊt] **1.** głosowanie *n*; (*choice made*) głos *m*; (*legal right*) prawo *n* głosu; **2.** głosować (**for** na, **against** przeciwko, **on** w sprawie); **~r** wyborca *m*

vow [vaʊ] **1.** przysięga *f*; *eccl.* ślub *m*; **2.** przysięgać ‹-siąc›

vowel ['vaʊəl] samogłoska *f*

voyage ['vɔɪdʒ] rejs *m*; *space*: lot *m*

vulgar ['vʌlgə] wulgarny

vulnerable ['vʌlnərəbl] narażony (**to** na), podatny (**to** na)

vulture ['vʌltʃə] sęp *m*

W

wade [weɪd] brodzić

wafer ['weɪfə] wafel *m*; *eccl.* hostia *f*

waffle ['wɒfl] gofr *m*

wag [wæg] *v/t* ‹po›machać; *dog*: merdać; *v/i* kiwać się

wage[1] [weɪdʒ] *usu. pl* zarobek *m*, tygodniówka *f* F

wage[2] [.] *war* prowadzić

wag(g)on ['wægən] wóz *m*; *Am.* wózek *m*; *Brt. rail.* wagon (towarowy)

waist [weɪst] talia f; **~coat** ['weɪskəʊt] *esp. Brt.* kamizelka f; **'~line** obwód m w pasie

wait [weɪt] **1.** ⟨po⟩czekać (*for* na); **~ at** (*Am.* **on**) **table** obsługiwać ⟨-łużyć⟩ kogoś; *I can't ~, I can hardly ~* nie mogę się doczekać; **2.** czekanie n, oczekiwanie n; **~er** kelner m; **~ing list** lista f oczekujących; **~ing-room** poczekalnia f; **~ress** ['-trɪs] kelnerka f

wake [weɪk] (**woke** *or* **waked**, **woken** *or* **waked**) (*a.* **~ up**) *v/i* chodzić, iść ⟨pójść⟩ (pieszo); *v/t road etc.* chodzić po, iść ⟨pójść⟩ po; *dog* wyprowadzać ⟨-dzić⟩ na spacer; *person* ⟨za⟩prowadzić; **~ away from** porzucać ⟨-cić⟩, zostawi(a)ć; **~ away with** (łatwo) zdoby⟨-wa⟩ć; **~ in** wchodzić ⟨wejść⟩; **~ out** wychodzić ⟨wyjść⟩ (*strike*) ⟨za⟩strajkować; **~ out on s.o.** F opuszczać ⟨opuścić⟩ kogoś; **2.** (*not running*) chód m; (*manner*) krok m; (*stroll*) spacer m; (*path*) ścieżka f; (*route*) szlak m, trasa f spacerowa; **'~er** piechur m

'**walking**' **distance:** *it's within ~ distance* można tam dojść pieszo; **~ stick** laska f; **'walk|out** strajk m; **'~over** łat-

we zwycięstwo n

wall [wɔːl] ściana f; *outside:* mur m

wallet ['wɒlɪt] portfel m

walnut ['wɔːlnʌt] orzech m włoski

waltz [wɔːls] **1.** walc m; **2.** ⟨za⟩tańczyć walca (*with* z)

wand [wɒnd] różdżka f (*fa-rodziejska*)

wander ['wɒndə] wędrować; (*stray*) błądzić (*a. fig.*)

want [wɒnt] **1.** *v/i* chcieć; **~ to do s.th.** chcieć coś ⟨z⟩robić; **~ s.o. to do s.th.** chcieć żeby ktoś coś ⟨z⟩robił; *v/t* pragnąć (seksualnie); (*need*) potrzebować, poszukiwać; **2.** brak m (*of s.th.* czegoś); *in* żądania *pl; for* **~** *of* z*l* wobec braku (czegoś); **~ed** ['-ɪd] poszukiwany

war [wɔː] wojna f

ward [wɔːd] **1.** oddział m; **2.** **~ off** nie dopuszczać ⟨-puścić⟩

wardrobe ['wɔːdrəʊb] szafa f; (*clothing*) ubiory *pl*; *thea.* garderoba f

ware [weə] *usu. in compounds:* wyroby *pl*, towar m; **'~house** magazyn m

war|fare ['wɔːfeə] działania *pl* wojenne; **'~head** *mil.* głowica f

warm [wɔːm] **1.** ciepły; *are you ~?* jest ci ciepło?; **2.** *v/t* ogrz(ew)ać; *v/i* nabierać sympatii (*to* do); **~ up** *v/t food* podgrz(ew)ać; *person* rozgrz(ew)ać; *v/i* rozgrz(e-

w)ać się; **~th** [-θ] ciepło *n*; **~
-'up** rozgrzewka *f*

warn [wɔːn] ostrzegać ⟨-rzec⟩
(*of, against* przed); **'~ing 1.**
ostrzeżenie *n*; **2.** ostrzegaw-
czy

warrant ['wɒrənt] **1.** nakaz *m*;
2. usprawiedliwi(a)ć, uza-
sadni(a)ć; **'~y** gwarancja *f*

wary ['weəri] ostrożny (*of
s.th.* wobec czegoś)

was [wɒz, wəz] *l. and 3. sg.
past of* **be**: *I* ~ (ja) byłem,
byłam; *he* ~ (on) był; *she* ~
(ona) była; *it* ~ (ono) było,
to było

wash [wɒʃ] **1.** *v/t* ⟨u⟩myć;
clothes ⟨wy⟩prać; *v/i* ⟨u⟩-
myć się; *in river, sea etc.*:
płynąć, spływać ⟨-łynąć⟩; ~
away zmyć (wa)ć; *~ down food etc.*: zmy(wa)ć;
~ *down food* popi(ja)ć (*with
s.th.* czymś); ~ *up in kitchen*:
zmy(wa)ć; *Am. in bathroom*:
⟨u⟩myć się; *sea etc.*: wyrzucać ⟨-cić⟩ (na brzeg); **2.** pranie *n*; *have a* ~ ⟨u⟩myć się;
'~able nadający się do prania; **'~basin**, *Am.* **'~bowl**
umywalka *f*; **'~cloth** *Am.*
ścierka *f* do twarzy; **'~er**
pralka *f*; *person*: praczka *f*;
tech. uszczelka *f*, podkładka
f; **'~ing** pranie *n*; **~ing machine** pralka *f*; **~ing powder**
proszek *m* do prania; **~ing-
-'up** zmywanie *n* (naczyń)

wasp [wɒsp] osa *f*

waste [weɪst] **1.** strata *f*; (*misuse*) marnotrawstwo *n*; (*ma-

terial*) odpady *pl*; (*land*) nie-
użytki *pl*; *pl* pustkowie *n*; **2.**
⟨s⟩tracić, ⟨z⟩marnować; ~
away usychać ⟨uschnąć⟩; ~
3. *material*: odpadowy; *land
etc.*: nie używany; **'~d** niepotrzebny; *person*: zmarnowa-
ny; **'~ful** rozrzutny; **~paper**
makulatura *f*; **~paper basket** kosz *m* na śmieci

watch [wɒtʃ] **1.** zegarek *m*;
(*guards*) warta *f*; **2.** obserwo-
wać; (*follow*) śledzić; *TV,
match etc.* oglądać ⟨-dnąć⟩;
(*look after*) opiekować się
(czymś); (*keep an eye on*)
uważać na; ~ (*out*) *for s.th.*
uważać na coś; ~ *out* F
uważać; ~ *out!* uważaj!; ~
over s.o. opiekować się
kimś; **'~dog** pies *m* podwó-
rzowy; *fig.* instancja *f* kontrolna; **'~ful** uważny; **~man**
(*pl -men*) dozorca *m*

water ['wɔːtə] **1.** woda *f*; **2.** *v/t
plant* podl(ew)ać; *horse etc.*
⟨na⟩poić; *v/i mouth*: ślinić
się; *eyes*: łzawić; **~ down**
roz-
cieńczać ⟨-czyć⟩ (wodą),
rozwadniać ⟨-wodnić⟩ (*a.
fig.*); ~ *closet* toaleta *f*;
'~colo(u)r akwarela *f*; **'~fall**
wodospad *m*

watering can ['wɔːtərɪŋ] ko-
newka *f*

water| level poziom *m* wody;
'~melon arbuz *m*; **'~proof**,
'~tight wodoszczelny; *fig.*
sprawdzony; **'~way** droga *f*
wodna; **'~works** *sg, pl* wo-

doc'ągi pl
watt [wɒt] *electr.* wat *m*
wave [weɪv] **1.** fala *f;* **2.** machać ⟨-chnąć⟩; *flag:* powiewać; *hair, grass:* falować; ~ **s.th. aside** zby(wa)ć coś machnięciem ręki; ~ **s.o. away** odganiać ⟨-gonić⟩ kogoś; ~ **to / at s.o.** ⟨po⟩machać do kogoś; '~**length** *phys.* długość *f* fali
wavy ['weɪvɪ] falisty
wax [wæks] **1.** wosk *m;* **2.** ⟨po⟩woskować
way [weɪ] **1.** *(manner, method)* sposób *m; pl* zwyczaje *pl; (skill)* talent *m,* dar *m* **(with** do)*; route:* droga *f; direction:* kierunek *m;* **a long** ~ daleko; **be in the** ~ stać na drodze, przeszkadzać; **by the** ~ przy okazji; **by** ~ **of** ⟨jako, tytułem; *(via)* przez; **divide s.th. four** ~**s** dzielić coś na cztery części; **give** ~ ustępować ⟨-tąpić⟩; *mot.* d(aw)ać pierwszeństwo **(to s.th.** czemuś); **go the other** ~ iść ⟨pójść⟩ w drugą stronę; **have one's (own)** ~ ⟨z⟩robić po swojemu; **in a** ~ w pewien sposób; **lead the** ~ ⟨po⟩prowadzić, pokaz(yw)ać drogę; **lose one's** ~ ⟨z⟩gubić się; **make** ~ uda(wa)ć się **(to** do); zwalniać ⟨zwolnić⟩ miejsce **(for** dla); **the other** ~ **round** odwrotnie; **this** ~ tak, w ten sposób; *(in this di-*

rection) tędy; **under** ~ w trakcie (realizacji); ~ **in** wejście *n;* ~ **of life** sposób *m* życia; ~ **out** wyjście *n;* **2. the** ~ *(how)* jak; tak
we [wiː, wɪ] my
weak [wiːk] słaby; '~**en** *v/t* osłabi(a)ć; *v/i* ⟨o⟩słabnąć; '~**ness** słabość *f*
wealth [welθ] bogactwo *n;* '~**y** zamożny
weapon ['wepən] broń *f*
wear [weə] **1.** *(wore, worn) v/t* nosić; *hair, beard* mieć; *v/i well, badly:* nosić się; ~ **away** *steps, grass:* wycierać ⟨wytrzeć⟩ (się); ~ **down** *shoes, teeth:* ścierać ⟨zetrzeć⟩ (się); *person* osłabi(a)ć; ~ **off** *pain etc.:* mijać ⟨minąć⟩; ~ **out** *shoes:* zuży(wa)ć się; *person* wykańczać ⟨-kończyć⟩; **2.** ubranie *n;* ~ **and tear** zużycie *n*
weary ['wɪərɪ] wyczerpany **(of** *s.th.* czymś)
weather ['weðə] pogoda *f;* '~**-beaten** ogorzały; *building:* naruszony zębem czasu; '~ **forecast** prognoza *f* pogody
weave [wiːv] *(wove, woven)* ⟨u⟩tkać
web [web] pajęczyna *f;* '~**bed** *zo.* płetwiasty
wedding ['wedɪŋ] ślub *m; (party)* wesele *n;* ~ **ring** obrączka *f*
wedge [wedʒ] **1.** klin *m;* **2.** zaklinować

Wednesday ['wenzdɪ] środa f
weed [wiːd] **1.** chwast m; **2.**
plewić; ~ *out* ⟨wy⟩eliminować

week [wiːk] tydzień m; '**~day**
dzień m powszedni; '**~ly 1.**
co tydzień, raz na tydzień;
2. cotygodniowy; **3.** tygodnik m

weep [wiːp] (*wept*) płakać
weigh [weɪ] ⟨z⟩ważyć; fig.
⟨prze⟩analizować

weight [weɪt] **1.** ciężar m; metal: ciężarek m; **2.** ~ (*down*)
obciążać ⟨-żyć⟩; *put on* ~ /
gain ~ ⟨przy⟩tyć; *lose* ~
⟨s⟩chudnąć; '**~less** nieważki, pozbawiony ciężaru;
'**~lifting** sp. podnoszenie n
ciężarów

weird [wɪəd] dziwaczny
welcome ['welkəm] **1.** powitanie n; **2.** ⟨po⟩witać; (*invite*)
mile widzieć; (*you are*) ~ nie
ma za co; ~ *to* witamy w; **3.**
mile widziany, miły

weld [weld] ⟨ze⟩spawać
welfare ['welfeə] dobro n;
(*state help*) opieka f społeczna; ~ *state* państwo m opiekuńcze; ~ *work* praca f socjalna

well[1] [wel] studnia f; tech.
szyb m (a. naftowy)

well[2] [-] **1.** adv dobrze; as ~
również; as ~ as jak również; **2.** adj zdrowy; be / *feel*
~ czuć się dobrze; *get*
~ *soon!* szybko wracaj do
zdrowia; **3.** int no; no więc;

very ~ *then* w porządku; ~
-'**balanced** zrównoważony;
~'**being** dobro n; ~'**earned**
zasłużony

well-'**known** znany; ~'**mannered** dobrze wychowany; ~
-'**off** zamożny, bogaty; ~
-'**read** oczytany; ~'**timed** w
samą porę; ~**to**-'**do** zamożny; ~'**worn** wytarty; fig.
oklepany

went [went] past of **go** 2
wept [wept] past and pp of
weep

were [wɜː] pl and 2. sg past of
be

west [west] **1.** zachód m; **2.** zachodni; **3.** na zachód; '**~erly**
zachodni; '**~ern 1.** zachodni;
2. (*film*) western m;
~**ward(s)** ['-wəd(z)] na zachód

wet [wet] **1.** mokry; fish:
świeży; ~ *paint* świeżo malowane; ~ *through* przemoczony; **2.** (*wet or wetted*)
⟨z⟩moczyć

whale [weɪl] wieloryb m
what [wɒt] **1.** co; jaki; ~
films do you like? jakie filmy lubisz?; ~ *about ...?*
może ...?; ~ *for?* po co?;
so~? no to co?; ~'*ever* **1.** cokolwiek; **2.** co (do licha)

wheat [wiːt] pszenica f
wheel [wiːl] **1.** koło n; mot.
kierownica f (*a.* ~ *wóz m,
cztery kółka pl F*); **2.** (*push*)
⟨po⟩pchać; (*move*) sunąć
łukiem; '**~chair** wózek m in

walidzki

when [wen] **1.** kiedy; **~ did it happen?** kiedy to się stało?; **2.** kiedy, gdy; *he was two ~ she died* miał dwa lata kiedy / gdy ona zmarła; **~'ever** *(any time)* kiedykolwiek; *(every time)* kiedy tylko

where [weə] gdzie; **~ are you from?** skąd jesteś?; **~ to?** dokąd?; **~ are you going?** dokąd idziesz?; **~abouts 1.** [weərə'bauts] gdzież; **2.** ['weərəbauts] miejsce *n* pobytu; **~as** [weər'æz] podczas gdy

wherever [weər'evə] gdziekolwiek

whether ['weðə] czy

which [wɪtʃ] **1.** który; **~ book would you like?** którą książkę chciałbyś?; **2.** co; *she said she was forty, which was a lie* powiedziała, że ma czterdzieści lat, co nie było prawdą; **~'ever** którykolwiek

while [waɪl] **1.** podczas gdy, w czasie gdy; *(though)* chociaż; **2.** chwila *f*; *for a ~* przez jakiś czas

whiskers ['wɪskəz] *pl zo.* wąsy *pl*; *man's*: bokobrody *pl*

whisper ['wɪspə] **1.** szeptać ⟨-pnąć⟩; **2.** szept *m*

whistle ['wɪsl] **1.** gwizdać ⟨-dnąć⟩; **2.** gwizd *m*; *policeman's*: gwizdek *m*

white [waɪt] **1.** biały; *go ~* ⟨po⟩siwieć; *(pale)* ⟨po⟩-blednąć; **2.** biel *f*; *egg*: białko *n*; *person*: biały *m*; *pl* biali *pl*; **~coffee** kawa *f* z mlekiem; **~hot** rozgrzany do białości; '**~n** ⟨wy⟩bielić; '**~wash 1.** wapno *n*; *fig.* mydlenie *n* oczu; **2.** ⟨po⟩bielić; *fig.* maskować, wybielać

who [hu:, hʊ] **1.** kto; **~ did this?** kto to zrobił?; **2.** który; *the only person ~ has class* jedyna osoba, która ma dużą klasę

whoever [hu:'evə] **1.** ktokolwiek; **2.** kto (do licha), któż to

whole [həʊl] **1.** *adj* cały; **2.** *adv* w całości; *a ~ new style* całkiem nowy styl; **3.** *s* całość *f*; *the ~ of Africa* cała Afryka; *on the ~* ogólnie mówiąc; **~foods** *pl* zdrowa żywność *f*; **~'hearted** *support etc.*: pełny; '**~sale** hurt *m*; '**~sale dealer** → '**~saler** hurtownik *m*; '**~some** zdrowy

wholly ['həʊllɪ] całkowicie

whom [hu:m] **1.** kogo, komu, kim; *for* ~ dla kogo; *to* ~ komu; *with* ~ z kim; **2.** któremu, której, którym; *the man ~ I thanked* mężczyzna, któremu dziękowałem

whose [hu:z] czyj

why [waɪ] dlaczego; *that's ~* dlatego

wicked ['wɪkɪd] paskudny, zły

wide [waɪd] **1.** *adj* szeroki; *eye*: szeroko otwarty; *experience*: duży; **2.** *adv* szeroko;

awake całkowicie rozbudzony; **'~ly** *smile etc.*: szeroko; **'~n** rozszerzać ⟨-rzyć⟩; **~-'open** szeroko otwarty; **'~spread** rozpowszechniony

widow ['wɪdəʊ] wdowa *f*; **'~ed** owdowiały; **'~er** wdowiec *m*

width [wɪdθ] szerokość *f*

wife [waɪf] (*pl* **wives** [-vz]) żona *f*

wig [wɪg] peruka *f*

wild [waɪld] **1.** dziki; (*angry*) wściekły; **run ~** dziczeć; **2. the ~s** pustkowie *n*; **in the ~** na wolności; **'~cat** żbik *m*; **'~erness** ['wɪldənɪs] dzicz *f*; **'~life** przyroda *f*

wilful ['wɪlfʊl] *action*: świadomy, celowy; *person*: stanowczy

will [wɪl] **1.** wola *f*; *jur.* testament *m*; **2.** *v/aux* (*past* **would**) *future tenses*: będę, będziesz, będzie *itd.*; *unemployment* **~ continue to rise** bezrobocie będzie nadal rosnąć; **~ you have lunch with us?** czy zjesz z nami obiad?; **~ you help me?** możesz mi?; **'~ing**: **we're ~ing to help you** jesteśmy gotowi ci pomóc; **'~ingly** chętnie

willow ['wɪləʊ] *bot.* wierzba *f*

'willpower siła *f* woli

win [wɪn] **1.** (**won**) wygr⟨yw⟩ać; *prize etc.* zdoby⟨wa⟩ć; **2.** wygrana *f*, zwycięstwo *n*

wind¹ [wɪnd] wiatr *m*; (*breath*)

oddech *m*; F *in stomach*: gazy *pl*; F (*meaningless talk*) bzdury *pl* F

wind² [waɪnd] (**wound**) *road, river*: wić się; *round an object*: owijać ⟨owinąć⟩ (**round** dookoła); *clock* nakręcać ⟨-cić⟩; **~ up** *activity* ⟨s⟩kończyć; *business* zamykać ⟨-mknąć⟩; *clock* nakręcać ⟨-cić⟩; *car window* zakręcać ⟨-cić⟩

winding ['waɪndɪŋ] kręty

wind instrument ['wɪnd] instrument *m* dęty

windmill ['wɪnmɪl] wiatrak *m*

window ['wɪndəʊ] okno *n*; *bank etc.*: okienko *n*; **'~pane** szyba *f*; **'~shop**: **go ~shopping** oglądać wystawy sklepowe; **'~sill** parapet *m*

wind|pipe ['wɪndpaɪp] *anat.* tchawica *f*; **'~screen,** *Am.* **'~shield** przednia szyba *f*; **~shield wiper** wycieraczka *f*; **'~y** wietrzny

wine [waɪn] wino *n*

wing [wɪŋ] skrzydło *n*; *Brt. mot.* błotnik *m*

wink [wɪŋk] **1.** mrugnięcie *n*; **2.** mrugać ⟨-gnąć⟩ (**at** na)

winn|er ['wɪnə] *match, race etc.*: zwycięzca *m*; *prize*: zdobywca *m*; **'~ing** zwycięski; *fig. smile*: ujmujący; **'~ings** *pl* wygrana *f*

winter ['wɪntə] zima *f*

wipe [waɪp] wycierać ⟨wytrzeć⟩ (**from** z); **~ away** *or* **~ off** ścierać ⟨zetrzeć⟩;

out F zmiatać ⟨zmieść⟩ z powierzchni ziemi

wire ['waɪə] **1.** drut m; *electr.* przewód m; *Am.* telegram m; **2.** ⟨po⟩łączyć; *Am.* ⟨za⟩telegrafować do

wisdom ['wɪzdəm] mądrość f

wise [waɪz] mądry; **'~crack** F dowcip m

wish [wɪʃ] **1.** pragnienie n; *last, best etc.*: życzenie n; **2.** pragnąć; *I ~ to make a complaint* chciałbym złożyć skargę; *~ s.o. well / ill* dobrze / źle komuś życzyć; *I ~ I were younger* szkoda, że nie jestem młodszy; *~ for s.th.* wyrażać ⟨-razić⟩ życzenie otrzymania czegoś; **'~ful:** **~ful thinking** pobożne życzenia pl

wit [wɪt] dowcip m; *pl* przytomność f umysłu

witch [wɪtʃ] czarownica f, wiedźma f; **'~craft** czary pl F

with [wɪð] z; *rinse ~ water* przepłukać wodą; *covered ~ dust* pokryty kurzem; *in love ~ s.o.* zakochany w kimś; *are you ~ me?* rozumiesz co ja mówię?; *leave it ~ me* zostaw to u mnie

withdraw [wɪð'drɔː] (*-drew, -drawn*) wycof⟨yw⟩ać (się) (*from z*); (*take out*) wyjmować ⟨-jąć⟩ (*from z*); *money* wypłacać ⟨-cić⟩; (*go*) przechodzić ⟨przejść⟩ (*to* do)

wither ['wɪðə] (*a. ~ away*)

⟨o⟩słabnąć; (*dry up*) usychać ⟨uschnąć⟩

withhold [wɪð'həʊld] (*-held*) **~ permission** odmawiać ⟨-mówić⟩ udzielenia zgody; **~ information** nie udostępni⟨a⟩ć informacji

within [wɪ'ðɪn] wewnątrz, w; **~in budget** nie przekraczając budżetu; **~in two miles of the capital** w odległości dwu mil od stolicy; **~in reach of s.o.** dostępny dla kogoś; **~out** [-'aʊt] **1.** na zewnątrz; **2.** bez

withstand [wɪð'stænd] wytrzym⟨yw⟩ać

witness ['wɪtnɪs] **1.** świadek m; (*testimony*) świadectwo n (*to s.th.* czegoś); **2.** widzieć, być świadkiem (czegoś)

witty ['wɪtɪ] dowcipny

wives [waɪvz] *pl of* **wife**

wizard ['wɪzəd] czarnoksiężnik m; *fig.* ekspert m (*at* od)

woke [wəʊk] *past,* **'~n** *pp of* **wake¹**

wolf [wʊlf] **1.** (*pl* **wolves** [-vz]) wilk m; **2.** ~ (*down*) pożerać ⟨-żreć⟩

wolves [wʊlvz] *pl of* **wolf** 1

woman ['wʊmən] (*pl* **women** ['wɪmɪn]) kobieta f; **'~ly** kobiecy

womb [wuːm] macica f

women ['wɪmɪn] *pl of* **woman**

won [wʌn] *past* and *pp of* **win** 1

wonder ['wʌndə] **1.** zadziwienie n; *technological etc.*: cud m; **2.** zastanawiać się (*about* nad); (*be surprised*) dziwić się (*at s.th.* czemuś); *I ~ if you can help me?* czy mógłbym prosić o pomoc?; **'~ful** wspaniały

won't [wəʊnt] *abbr. for* **will not**

wood [wʊd] drewno *n*; *often* *pl* las *m*; **'~ed** [' .ɪd] zalesiony; **'~en** (*a. fig.*) drewniany; **'~pecker** ['.pekə] dzięcioł *m*; **'~work** (*wooden parts*) stolarka *f* (budowlana); (*craft*) stolarstwo (artystyczne); **'~y** *plant:* zdrewniały; *area:* lesisty

wool [wʊl] wełna *f*; **'~(l)en 1.** wełniany; **2.** *pl* rzeczy *pl* z wełny; **'~(l)y 1.** wełniany; *fig.* mało konkretny; **2.** sweter *m* wełniany

word [wɜːd] **1.** słowo *n*; (*news*) wiadomość *f* (*of* o); (*order*) rozkaz *m*; *pl song:* tekst *m*, słowa *pl*; *have I ~ with s.o.* zamienić *f* z kimś słowo; **2.** ⟨s⟩formułować, wyrażać ⟨-razić⟩ słowami; **'~ing** tekst *m*; **~ processing** (komputerowe) redagowanie *n* tekstów

wore [wɔː] *past of* **wear** 1

work [wɜːk] **1.** praca *f*; *writer's:* dzieło *n*; **~s** *sg* zakład *m*, fabryka *f*; **~s** *pl* roboty *pl*; **~ of art** dzieło *n* sztuki; *at ~* w pracy; *out of ~* bez pracy, bezrobotny; **2.** *v/i* pracować (*on* nad); *medi-*

cine, machine etc.: działać; *v/t machine, area* obsługiwać; *person* zmuszać do pracy; *~ one's way* przedost(aw)ać się; *~ off* pozby(wa)ć się (czegoś); *~ out v/t solution* znajdować ⟨znaleźć⟩; (*calculate*) obliczać ⟨-czyć⟩; (*understand*) ⟨z⟩rozumieć; *v/i* (*develop*) rozwijać ⟨-winąć⟩ się; (*exercise*) trenować; *(o.s.) up* ⟨z⟩denerwować się; **~aholic** [.ə'hɒlɪk] pracoholik *m*; **'~er** robotnik *m*

'working hours *pl* czas *m* pracy

'workman (*pl -men*) robotnik *m*; **'~ship** fachowość *f*

'work|**shop** warsztat *m*; **~ surface**, **~top** blat *m* kuchenny

world [wɜːld] świat *m*; **'~ly** ziemski; *person:* światowy; **~ power** pol. mocarstwo *n*; **~ war** wojna *f* światowa; **'~wide** ogólnoświatowy

worm [wɜːm] *earth:* dżdżownica *f*; (*insect*) robak *m* F; (*tapeworm etc.*) robak *m*

worn [wɔːn] *pp of* **wear** 1; **~-'out** zniszczony; *person:* wyczerpany

worr|**ied** ['wʌrɪd] zatroskany (*about s.th.* czymś); **'~y 1.** martwić (się); *don't ~y!* nie martw się; **2.** zmartwienie *n*; **'~ying** niepokojący

worse [wɜːs] *comp of* **bad:** gorszy; **~n** ['wɜːsn] pogarszać ⟨-gorszyć⟩ (się) worship ['wɜːʃɪp] 1. uwielbienie n; God: kult m; 2. uwielbiać; God czcić

worst [wɜːst] 1. adj sup of bad najgorszy; 2. adv sup of badly najgorzej; 3. the ~ najgorsze; at (the) ~ w najgorszym wypadku / razie

worth [wɜːθ] 1. wart(y); ~ reading wart przeczytania; 2. wartość f; **~less** bezwartościowy; be **~while** opłacać ⟨-cić⟩ się; **~y** ['-ðɪ] wart (of s.th. czegoś)

would [wʊd] past of will 2.; ~ you like ...? chciałbyś ...?

wound[1] [wuːnd] 1. rana f; 2. ⟨z⟩ranić

wound[2] [waʊnd] past and pp of wind[2]

wove [wəʊv] past, '**~n** pp of weave

wrap [ræp] owijać ⟨owinąć⟩ (round wokół); (a. ~ up) zawijać ⟨-winąć⟩ (in w); goods ⟨za⟩pakować (in w)

wreath [riːθ] wieniec m

wreck [rek] 1. wrak m; 2. ⟨z⟩niszczyć; be **~ed** iść ⟨pójść⟩ na dno; **~age** szczątki pl (samolotu itp.)

wrench [rentʃ] 1. szarpać ⟨-pnąć⟩; ~ off odrywać ⟨oderwać⟩; ~ out wyr(y)wać; med. skręcać ⟨-cić⟩ się; 2. szarpnięcie n; tool: klucz m uniwersalny; med. skręcenie n

wrestle ['resl] walczyć (with z), mocować się (with z) (a. fig.); '**~ling** zapasy pl

wrinkle ['rɪŋkl] 1. zmarszczka f; in cloth etc.: fałda f; 2. ⟨z⟩marszczyć (się)

wrist [rɪst] przegub m; ~ watch zegarek m na rękę

write [raɪt] (na)⟨na⟩pisać (wrote, written) (na)pisać; ~ down zapis(yw)ać; ~ off pisać (pisma); debt etc. anulować ⟨-ować⟩; ~ out report ⟨na⟩pisać; cheque etc. wypis(yw)ać; '**~r** pisarz m (-arka f)

writing ['raɪtɪŋ] pismo n; pl utwory pl; in ~ na piśmie

written ['rɪtn] 1. pp of write; 2. adj pisemny

wrong [rɒŋ] 1. adj (not correct) zły; information etc.: fałszywy; be ~ person: ⟨po⟩mylić się, być w błędzie (about s.th. co do czegoś); you were ~ to say yes źle zrobiłeś, że się zgodziłeś; what's ~ with you? co się z tobą dzieje?; don't get me ~ nie zrozum mnie źle; go ~ person: ⟨po⟩mylić się; plan etc.: nie ud(aw)ać się; machine: ⟨ze⟩psuć się; 2. adv źle; 3. zło n; 4. ⟨s⟩krzywdzić; '**~ful** act: krzywdzący; '**~ly** źle

wrote [rəʊt] past of write

wrung [rʌŋ] past and pp of wring

X

X-ray ['eksreı] **1.** promień *m* rentgena; *picture:* zdjęcie *n* rentgenowskie; F (*test*) prześwietlenie *n*; **2.** prześwietlać

⟨-lić⟩

xylophone ['zaıləfəʊn] ksylofon *m*; *toy:* cymbałki *pl*

Y

yacht [jɒt] jacht *m*; **~ing** żeglarstwo *n*

yard¹ [jɑːd] podwórko *n*; (*work area*) zakład *m*

yard² [..] jard *m* (0,914 *m*); **~stick** miara *f* (*a. fig.*)

yawn [jɔːn] ziewać ⟨~nąć⟩

year [jıə] rok *m*; *I've known him for* **~s** znam go od lat; **~ly** (*every year*) co rok; (*once a year*) raz do roku; (*in a year*) rocznie; (*happening once every year*) corocznie; (*of a year*) roczny

yearn [jɜːn] tęsknić (*for* za)

yellow ['jeləʊ] żółty; **~ pages** *pl* teleph. spis numerów telefonicznych przedsiębiorstw

yes [jes] tak

yesterday ['jestədı] wczoraj; *the day before* **~** przedwczoraj

yet [jet] **1.** *adv* jeszcze; *in questions:* już; (*so far*) do tej pory; *I haven't had lunch* **~** nie jadłem jeszcze obiadu; *have you had lunch* **~?** jadłeś

już obiad?; *not* **~** jeszcze nie; **2.** *cj* jednak

yield [jiːld] **1.** ustępować ⟨-tąpić⟩ (*to s.o.* komuś); ulegać ⟨ulec⟩ (*to s.th.* czemuś); **2.** zysk *m*

yogh(o)urt, yogurt ['jɒgət] jogurt *m*

yolk [jəʊk] żółtko *n*

you [juː] ty; *pl* wy; *form.* Pan, Pani; *pl* Państwo; *for* ~ dla ciebie / was / pana / pani / państwa; *see* ~ widzieć ciebie / was / pana / panią / państwa; *with* ~ z tobą / wami / panem / panią / państwem; *about* ~ o tobie / was / panu / pani / państwie

young [jʌŋ] młody; *the* ~ (*animals*) młode *pl*

your [jɔː] twój; *pl* wasz; *form.* Pana, Pani; *pl* Państwa; **~s** [..z] twój; *pl* wasz; *form.* Pana, Pani; *pl* Państwa; **~self** [..'self] *reflexive:* się, siebie, sobie; *emphasis:* (ty) sam

youth [juːθ] młodość *f*; (*young man*) młodzieniec *m*; (*young people*) młodzież *f*; '**.ful** młodzieńczy; **~ hostel** schronisko *n* młodzieżowe

Yugoslav ['juːgəslɑːv] Jugosłowianin *m* (-anka *f*); **~ia** [.'slɑːvɪə] Jugosławia *f*

Z

zero ['zɪərəʊ] (*pl.* **-os, -oes**) zero *n*

zigzag ['zɪgzæg] zygzak *m*

zinc [zɪŋk] cynk *m*

zip [zɪp] **1.** zamek *m* błyskawiczny; **2.** (*a.* **~ up**) zapinać ⟨-piąć⟩ na zamek; **~ code** *Am.* kod *m* pocztowy; **~ fastener**, '**.per** zamek *m* błyskawiczny

zodiac ['zəʊdɪæk]: **the** ♌ zodiak *m*

zone [zəʊn] strefa *f*

zoo [zuː] zoo *n*

zoolog|ical [zəʊə'lɒdʒɪkl] zoologiczny; **~ical garden** ogród *m* zoologiczny; **~y** [zəʊ'ɒlədʒɪ] zoologia *f*

zoom [zuːm] **1.** ⟨po⟩mknąć, ⟨po⟩pędzić; *prices:* skakać ⟨skoczyć⟩; **~ in** *phot.* ⟨z⟩robić zbliżenie; **2.** → **~ lens** *phot.* obiektyw *m* ze zmienną ogniskową

Czasowniki nieregularne
List of Irregular Verbs

Bezokolicznik – Czas przeszły – Imiesłów czasu przeszłego
Infinitive – Past Tense – Past Participle

alight – alighted, alit – alighted, alit

arise – arose – arisen

awake – awoke, awaked – awoken, awaked

be – was (were) – been

bear – bore borne; born

beat – beat – beaten, beat

become – became – become

beget – begot – begotten

begin – began – begun

bend – bent – bent

bet – bet, betted – bet, betted

bid – bade, bid – bidden, bid

bind – bound – bound

bite – bit – bitten

bleed – bled – bled

bless – blessed, blest – blessed, blest

blow – blew – blown

break – broke – broken

breed – bred – bred

bring – brought – brought

broadcast – broadcast(ed) – broadcast(ed)

build – built – built

burn – burnt, burned – burnt, burned

burst – burst – burst

buy – bought – bought

can – could

cast – cast – cast

catch – caught – caught

choose – chose – chosen

cling – clung – clung

come – came – come

cost – cost – cost

creep – crept – crept

cut – cut – cut

deal – dealt – dealt

dig – dug – dug

do – did – done

draw – drew – drawn

dream – dreamed, dreamt – dreamed, dreamt

drink – drank – drunk

drive – drove – driven

dwell – dwelt, dwelled – dwelt, dwelled

eat – ate – eaten

fall – fell – fallen

feed – fed – fed

feel – felt – felt

fight – fought – fought

find – found – found

flee – fled – fled

fling – flung – flung

fly – flew – flown

forbid – forbad(e) – forbid(den)

forecast – forecast(ed) – forecast(ed)

forget – forgot – forgotten

forsake – forsook – forsaken

freeze – froze – frozen

get – got – got, *Am. a.* gotten

gild – gilded – gilded, gilt
give – gave – given
go – went – gone
grind – ground – ground
grow – grew – grown
hang – hung – hung
have – had – had
hear – heard – heard
hew – hewed – hewed, hewn
hide – hid – hidden, hid
hit – hit – hit
hold – held – held
hurt – hurt – hurt
keep – kept – kept
kneel – knelt, kneeled – knelt, kneeled
knit – knitted, knit – knitted, knit
know – knew – known
lay – laid – laid
lead – led – led
lean – leant, leaned – leant, leaned
leap – leapt, leaped – leapt, leaped
learn – learned, learnt – learned, learnt
leave – left – left
lend – lent – lent
let – let – let
lie – lay – lain
light – lighted, lit – lighted, lit
lose – lost – lost
make – made – made
may – might
mean – meant – meant
meet – met – met
mow – mowed – mowed, mown

pay – paid – paid
prove – proved – proved, *Am. a.* proven
put – put – put
quit – quit(ted) – quit(ted)
read – read – read
rid – rid, *a.* ridded – rid, *a.* ridded
ride – rode – ridden
ring – rang – rung
rise – rose – risen
run – ran – run
saw – sawed – sawn, sawed
say – said – said
see – saw – seen
seek – sought – sought
sell – sold – sold
send – sent – sent
set – set – set
sew – sewed – sewn, sewed
shake – shook – shaken
shall – should
shave – shaved – shaved, shaven
shear – sheared – sheared, shorn
shed – shed – shed
shine – shone – shone
shit – shit(ted), shat – shit(ted), shat
shoot – shot – shot
show – showed – shown, showed
shrink – shrank, shrunk, – shrunk
shut – shut – shut
sing – sang – sung
sink – sank, sunk – sunk
sit – sat – sat

sleep – slept – slept
slide – slid – slid
sling – slung – slung
slit – slit – slit
smell – smelt, smelled – smelt, smelled
sow – sowed – sown, sowed
speak – spoke – spoken
speed – sped, speeded – sped, speeded
spell – spelt, spelled – spelt, spelled
spend – spent – spent
spill – spilt, spilled – spilt, spilled
spin – spun – spun
spit – spat, *Am. a.* spit – spat, *Am. a.* spit
split – split – split
spoil – spoiled, spoilt – spoiled, spoilt
spread – spread – spread
spring – sprang, *Am. a.* sprung – sprung
stand – stood – stood
steal – stole – stolen
stick – stuck – stuck
sting – stung – stung
stink – stank, stunk – stunk
stride – strode – stridden
strike – struck – struck

string – strung – strung
strive – strove – striven
swear – swore – sworn
sweat – sweated, *Am. a.* sweat – sweated, *Am. a.* sweat
sweep – swept – swept
swell – swelled – swollen, swelled
swim – swam – swum
swing – swung – swung
take – took – taken
teach – taught – taught
tear – tore – torn
tell – told – told
think – thought – thought
thrive – thrived, throve – thrived, thriven
throw – threw – thrown
thrust – thrust – thrust
tread – trod – trodden
wake – woke, waked – woken, waked
wear – wore – worn
weave – wove – woven
weep – wept – wept
wet – wet, wetted – wet, wetted
win – won – won
wind – wound – wound
wring – wrung – wrung
write – wrote – written

Liczebniki – Numerals

Liczebniki główne – Cardinal Numbers

0 zero *nought, zero*
1 jeden, jedna, jedno *one*
2 dwa, dwie *two*
3 trzy *three*
4 cztery *four*
5 pięć *five*
6 sześć *six*
7 siedem *seven*
8 osiem *eight*
9 dziewięć *nine*
10 dziesięć *ten*
11 jedenaście *eleven*
12 dwanaście *twelve*
13 trzynaście *thirteen*
14 czternaście *fourteen*
15 piętnaście *fifteen*
16 szesnaście *sixteen*
17 siedemnaście *seventeen*
18 osiemnaście *eighteen*
19 dziewiętnaście *nineteen*
20 dwadzieścia *twenty*
21 dwadzieścia jeden *twenty--one*
22 dwadzieścia dwa *twenty--two*
23 dwadzieścia trzy *twenty--three*

30 trzydzieści *thirty*
40 czterdzieści *forty*
50 pięćdziesiąt *fifty*
60 sześćdziesiąt *sixty*
70 siedemdziesiąt *seventy*
80 osiemdziesiąt *eighty*
90 dziewięćdziesiąt *ninety*
100 sto *a or one hundred*
101 sto jeden *a hundred and one*
200 dwieście *two hundred*
572 pięćset siedemdziesiąt dwa *five hundred and seventy-two*
1000 tysiąc *a or one thousand*
1998 tysiąc dziewięćset dziewięćdziesiąt osiem *nineteen (hundred and) ninetyeight*
500 000 pięćset tysięcy *five hundred thousand*
1 000 000 milion *a or one million*
2 000 000 dwa miliony *two million*
1000 000 000 miliard *a or one billion*

Liczebniki porządkowe – Ordinal Numbers

1. pierwszy *first*
2. drugi *second*
3. trzeci *third*
4. czwarty *fourth*
5. piąty *fifth*
6. szósty *sixth*
7. siódmy *seventh*
8. ósmy *eighth*
9. dziewiąty *ninth*
10. dziesiąty *tenth*
11. jedenasty *eleventh*
12. dwunasty *twelfth*
13. trzynasty *thirteenth*
14. czternasty *fourteenth*
15. piętnasty *fifteenth*
16. szesnasty *sixteenth*
17. siedemnasty *seventeenth*
18. osiemnasty *eighteenth*
19. dziewiętnasty *nineteenth*
20. dwudziesty *twentieth*
21. dwudziesty pierwszy *twenty-first*
22. dwudziesty drugi *twenty-second*
23. dwudziesty trzeci *twenty-third*
30. trzydziesty *thirtieth*
40. czterdziesty *fortieth*

50. pięćdziesiąty *fiftieth*
60. sześćdziesiąty *sixtieth*
70. siedemdziesiąty *seventieth*
80. osiemdziesiąty *eightieth*
90. dziewięćdziesiąty *ninetieth*
100. setny *(one) hundredth*
101. sto pierwszy *(one) hundred and first*
200. dwusetny *two hundredth*
572. pięćset siedemdziesiąty drugi *five hundred and seventy-second*
1000. tysięczny *(one) thousandth*
1998. tysiąc dziewięćset dziewięćdziesiąty ósmy *nineteen hundred and ninety-eighth*
500 000. pięćsettysięczny *five hundred thousandth*
1000 000. milionowy *(one) millionth*
2 000 000. dwumilionowy *two millionth*